FUNDAMENTOS DE PROJETO DE EDIFICAÇÕES SUSTENTÁVEIS

K26f Keeler, Marian.
        Fundamentos de projeto de edificações sustentáveis / Marian
   Keeler, Prasad Vaidya ; tradução : Alexandre Salvaterra. – 2. ed.
   – Porto Alegre : Bookman, 2018.
        xx, 368 p. ; 28 cm.

        ISBN 978-85-8260-470-0

        1. Arquitetura. 2. Arquitetura sustentável – Aspectos
   ambientais. I. Vaidya, Prasad. II. Título.

                                                        CDU 728

Catalogação na publicação: Karin Lorien Menoncin CRB 10/2147

MARIAN KEELER | PRASAD VAIDYA

FUNDAMENTOS DE PROJETO DE EDIFICAÇÕES SUSTENTÁVEIS

2ª EDIÇÃO

Tradução
Alexandre Salvaterra
Arquiteto e Urbanista pela Universidade Federal do Rio Grande do Sul

bookman

2018

Obra originalmente publicada sob o título *Fundamentals of Integrated Design for Sustainable Building*, 2nd Edition
ISBN 9781118881910 / 1118881915
Copyright © 2016 John Wiley & Sons, Inc. All Rights Reserved. This translation published under license with the original Publisher John Wiley & Sons, Inc.

Gerente editorial: *Arysinha Jacques Affonso*

Colaboraram nesta edição:

Editora: *Denise Weber Nowaczyk*

Capa: *Márcio Monticelli* (arte sobre capa original)

Imagens da capa: Corte e Diagrama de características de sustentabilidade, Hewlett Packard Foundation, cortesia de EHDD Architecture

Leitura final: *Nathália Bergamaschi Glasenapp*

Editoração: *Clic Editoração Eletrônica Ltda.*

Reservados todos os direitos de publicação, em língua portuguesa, à
BOOKMAN EDITORA LTDA., uma empresa do GRUPO A EDUCAÇÃO S.A.
Av. Jerônimo de Ornelas, 670 – Santana
90040-340 Porto Alegre RS
Fone: (51) 3027-7000   Fax: (51) 3027-7070

Unidade São Paulo
Rua Doutor Cesário Mota Jr., 63 – Vila Buarque
01221-020 São Paulo SP
Fone: (11) 3221-9033

SAC 0800 703-3444 – www.grupoa.com.br

É proibida a duplicação ou reprodução deste volume, no todo ou em parte, sob quaisquer formas ou por quaisquer meios (eletrônico, mecânico, gravação, fotocópia, distribuição na Web e outros), sem permissão expressa da Editora.

IMPRESSO NO BRASIL
PRINTED IN BRAZIL

Os Autores

MARIAN KEELER, associada ao American Institute of Architects, profissional com Certificação LEED, é consultora em edificações sustentáveis em São Francisco. Trabalhou para a Simon & Associates e é especializada em materiais de construção saudáveis.

PRASAD VAIDYA, profissional com Certificação LEED, é professor e diretor da Área de Desempenho Energético da Edificação na CEPT University, Índia, e diretor da zenerG, firma de consultoria de São Francisco especializada em projetos, programas e políticas para soluções sustentáveis com consumo de energia líquido zero.

*Dedicamos este livro aos nossos pais,
Harry e Natalie Keeler
e
Hema e Suresh Vaidya*

Agradecimentos

Gostaríamos de agradecer aos nossos editores da John Wiley & Sons, Paul Drougas e Margaret Cummins, pelo apoio dado a nosso projeto e seu comprometimento com os tópicos de eficiência energética e edificação sustentável.

Tivemos o privilégio de ter uma excelente equipe de produção do livro, e agradecemos a ela por seus esforços consideráveis: Killer Banshee Studios, ilustradores técnicos, pesquisadores, especialistas em permissões e copyright; Peter Vincent, de *The 60's Diary*, autor, dramaturgo e copidesque; Lissa Doty, pesquisadora; Bill Burke, do Pacific Energy Center; e Heidi Eden Goldstein.

Temos a felicidade de conhecer muitos dos profissionais da prática de edificações sustentáveis, aqueles que estão diretamente envolvidos com fazer mudanças e que contribuíram com seus conhecimentos especializados para este livro: Bill Burke, do Pacific Energy Center; Leon Alevantis, do Departamento de Saúde Pública da Califórnia; Jan Stensland, da Inside Matters; Abena Darden, da Thornton Tomasetti/Sustainability; Rupal Sanghvi, da HealthxDesign; James Reinertsen, da Sustainable Design Consulting; Matt Raimi, Aaron Welch e Saneta deVuono-powell, da Raimi + Associates; Eva Craig, Kevin Conger e Jamie Philips, da CMG; Bill Worthen, da Urban Fabrick, Graham Grilli.

Também agradecemos às seguintes pessoas por suas ideias, ativismo, orientações e motivação: Cassandra Adams, o arquiteto Wagdy Anis, da Wiss, Janney, Elstner Associates; Jane Bare, da Agência de Proteção Ambiental dos Estados Unidos; Penny Bonda, Sean Culman e Darrel DeBoer, da DeBoer Architects; Chris Hammer, da Sustainable Design + Behavior; Kathryn Hyde, Maithili Iyer, Erik Kolderup, Sanjay Prakash e Bill Walsh, da Healthy Building Network; Marc Richmond, da Practica Consulting; Kirsten Ritchie, da Gensler; Jennifer Roberts, Marcus Sheffer e Jon Boecker, da 7group; Alex Wilson e Tristan Roberts, da Environmental Building News; Andrew Persily, do Building and Fire Research Laboratory do NIST; Vinay Ghatti, David Eijadi e Thomas McDougall, do The Weidt Group; o artista e fotógrafo Diego Samper, Marlene Samper e Jeorg Stamm.

Teria sido impossível escrever esta obra sem o apoio de nossas famílias e companheiros. Agradecemos especialmente a eles por estarem por trás deste livro e de nossos esforços.

Prefácio

Em 3 de dezembro de 2015, representantes globais do setor da construção civil realizaram pela primeira vez o "Dia da Ação das Edificações" como parte da Conferência das Partes – Conferência das Nações Unidas sobre Mudança Climática ("COP21"). Essa reunião foi um reconhecimento aberto do papel fundamental que as edificações desempenham sobre os crescentes impactos das mudanças climáticas e, ainda mais importante, no desenvolvimento de estratégias reais para a redução, interrupção e – inclusive – reversão das mudanças climáticas. Setenta membros assinaram uma declaração conjunta elaborada durante a reunião, que incluiu a criação da Global Alliance for Buildings and Construction (Aliança Global para Edificações e Construção). Uma das principais decisões foi convidar todos os envolvidos na cadeia de valores da construção a se comprometerem com ações sólidas dentro de suas esferas de atuação governamentais, institucionais, comerciais, acadêmicas ou habitacionais. Uma dessas "grandes ações" é um pedido da Aliança para "trabalharmos juntos para desenvolver planos de ação abrangentes por toda a cadeia de valores, incluindo o foco no desenvolvimento da força de trabalho, nas habilidades e na educação, no suporte à transferência de tecnologia e na capacidade de edificar".[1]

Acreditamos que este livro seja um recurso inicial que oferece aos estudantes uma ferramenta vital para se envolverem nesse plano de ação. Ele também ajudará a entender as camadas inter-relacionadas do projeto de edificações sustentáveis. No projeto e na construção, a inclusão de várias camadas de tecnologia em um prédio é somente parte do caminho para o desenvolvimento de edificações de alto desempenho, que têm baixo impacto ambiental e oferecem espaços saudáveis para seus usuários. A prática do projeto de edificações integradas nos permite ir além disso. Para tanto, projetistas, construtores, engenheiros de obras e usuários precisam conhecer profundamente as questões e tecnologias da edificação sustentável para que possam assimilá-las em uma prática padrão. As informações deste livro nos oferecem maneiras de começar a fazer isso.

Quatro tópicos principais permeiam os conteúdos desta obra: (1) o histórico do ambientalismo, das avaliações, certificações e políticas de sustentabilidade, (2) os poluentes químicos nos interiores, (3) a conservação de recursos e a eficiência dos materiais e (4) o consumo energético das edificações e as tecnologias para o projeto de prédios com baixo consumo de energia. Esta edição apresenta dois novos capítulos sobre a modelagem e medição de energia e os prédios com consumo de energia líquido zero, bem como um novo capítulo sobre mudanças climáticas, saúde e resiliência das edificações e a ampliação do capítulo sobre a química industrial dos materiais de construção. Como a natureza do tema exige, tratamos esses tópicos de modo que estejam entrelaçados ao longo de todo o livro.

Este livro foi escrito por profissionais praticantes da edificação. Ele é o resultado de pesquisas realizadas para projetos reais, com a experiência obtida em campo. Em vez de oferecermos descrições de estratégias selecionadas, apresentamos os aspectos essenciais sobre o que é mais importante na hierarquia do projeto sustentável. Para assuntos abordados apenas de modo introdutório, sugerimos fontes de consulta e exercícios para o estudo adicional. À medida que você ler e estudar, concluirá que, dentre as inúmeras questões ambientais às quais o projeto sustentável responde, os impactos sobre as mudanças climáticas estão entre as mais proeminentes. Os impactos que já estamos sentindo exigem soluções urgentes e certo grau de ativismo para que possamos mudar o curso da história. Paul Hawken afirma que podemos e devemos aproveitar essas ações para encontrar "soluções impactantes e significativas" às mudanças climáticas e criar o que é chamado de *Drawdown*. *Drawdown*, como descreve Hawken, é "o ponto no qual os gases causadores do efeito estufa começarão a declinar a cada ano".[2] As soluções técnicas, sociais e ecológicas com as quais Hawken e sua organização têm trabalhado incluem questões como gestão fundiária, agricultura ou reflorestamento, mas muitas têm relações diretas com o projeto de edificações e o planejamento urbano. No momento em que este livro estava sendo produzido, essas mais recentes soluções de ponta para o acompanhamento do projeto integrado também estavam

---

[1] Programa Ambiental das Nações Unidas, Dia da Edificação no COP21, Aja, http://web.unep.org/climatechange/buildingsday/take-action.

[2] Project Drawdown, www.drawdown.org.

sendo discutidas pelos colegas Janine Benyus, da Biomimicry 3.8, os líderes de projeto sustentável da Google, a especialista em saúde Gail Vittori e o engenheiro de estruturas sustentáveis Frances Yang, da Arup. Grande parte dos desdobramentos desse tema se baseiam em seus estudos sobre a "construção com baixo carbono". É nosso dever:

a. Reduzir a energia incorporada dos materiais de construção, criar materiais cujas características garantam a designação de produto com baixo carbono.
b. Tornar o projeto e a construção de prédios parte de uma economia circular, ou seja, que eles "sejam feitos para fazer de novo".[3] Especificar materiais cujo processamento seja o menor possível e feito na região, além de serem fáceis de reciclar, desconstruir e reusar.
c. Usar o projeto estrutural otimizado e buscar materiais e componentes de edificação que desempenhem mais do que uma função (por exemplo, treliças que, ao mesmo tempo, contribuam para o desempenho lumínico e térmico). Empregar a eficiência dos materiais: usar menos.[4]

Por fim, este livro é sobre a ciência. Para as edificações sustentáveis, a ciência inclui a ciência natural, a ciência da edificação, a ciência dos materiais, a climatologia, a sociologia e a ciência da saúde. O entendimento do conforto térmico e seu relacionamento com os sistemas de climatização mecânicos podem envolver muita engenharia. Entender os produtos químicos industriais e seus impactos na saúde humana é, por si, uma área de estudo complexa. Nosso objetivo é tornar a ciência acessível e de fácil assimilação, de tal modo que ela possa ser apresentada a uma equipe de projeto integrado. As questões e abordagens apresentadas neste livro evoluirão, como ocorre com qualquer ciência, assim como as tecnologias e o cenário político. Contudo, algumas coisas simplesmente fazem sentido. As questões básicas da sustentabilidade permanecerão intactas: desligar os equipamentos quando não os estiver utilizando, não desperdiçar recursos e jamais pressupor, e sim perguntar.

Ao longo dos capítulos deste livro, com a variedade de questões, tecnologias e soluções de projeto que discutiremos, esperamos transmitir os aspectos básicos da sustentabilidade de modo que se tornem uma parte essencial de sua abordagem ao projeto, à construção e à operação de edificações.

Convidamos você a usar este livro como um guia ao iniciar sua jornada pelas edificações sustentáveis.

---

[3] Ellen McArthur Foundation, www.ellenmacarthurfoundation.org.
[4] Frances Yang, apresentação "Embodied Carbon: Material Optimization by Design", sessão: "Reducing Embodied Carbon in Buildings and Materials", Conferência BuildWell 2016, 12 de fevereiro de 2016, São Francisco.

Colaboradores

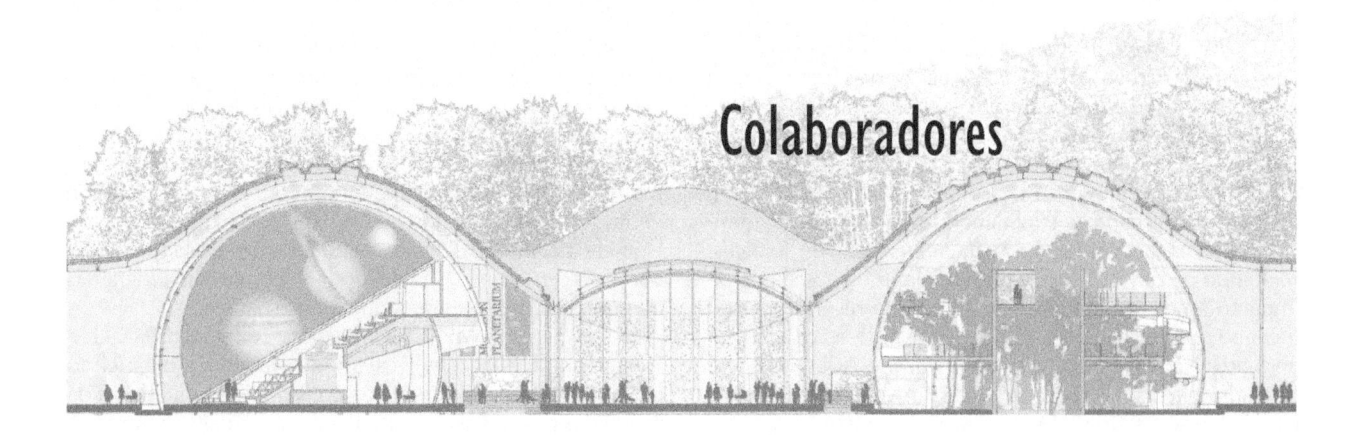

A Killer Banshee Studios (KBS) é uma firma de arte, projeto e pesquisa fundada em 1996 por Kriss De Jong e Eliot Daughtry. A equipe foca os campos da mídia, tecnologia e educação e frequentemente faz parcerias com ONGs com consciência social. Utilizando sua experiência com pesquisas complexas e difíceis, ela aplica o projeto prático a conceitos, informações e visualizações a fim de encontrar soluções para problemas reais de projetos reais. Há mais de 15 anos, a equipe vem produzindo inúmeros projetos, com sites relacionados, livros e registros, sempre visando facilitar a compreensão de ideias complexas. Seus projetos incluem desde sistemas de colaboração online inovadores, como o Rocket Network para musicistas, até o iEngineer, um sistema de revisão para a revisão de documentos de engenharia. De Jong e Daughtry já criaram projetos com o apoio da Andy Warhol Foundation, do National Endowment for the Arts, do NY State Council on the Arts, do NYC Dept of Cultural Affairs, da Clorox Foundation e da Alameda County Arts Commission. Das 469 imagens existentes neste livro, a KBS pesquisou, interpretou e criou 139 ilustrações e investigou a propriedade, os termos dos direitos autorais e as proteções associadas com as 330 imagens restantes.

Leon Alevantis, MS, PE, LEED AP, recentemente se aposentou no Departamento de Saúde Pública da Califórnia (CDPH), onde manteve os cargos de engenheiro mecânico sênior e gerente em sustentabilidade por mais de 10 anos. Durante esse período, Leon liderou inúmeros projetos de sustentabilidade para os imóveis de propriedade do CDPH, tornando-o um dos órgãos estaduais mais importantes na implementação do decreto-lei do governo da Califórnia sobre edifícios públicos sustentáveis. Antes disso, Leon foi o chefe da Seção de Qualidade do Ar do Interior do Departamento de Serviços de Saúde da Califórnia (que posteriormente passou a ser chamado de CDPH), onde coordenou os inúmeros esforços pioneiros do estado para a concepção, a especificação, o projeto e a implementação da qualidade do ar do interior e outras medidas de sustentabilidade nos prédios públicos da Califórnia. Leon foi uma pessoa fundamental no desenvolvimento e na implementação da California Section 01350, uma especificação para testagem e seleção de materiais de construção com base em critérios de saúde e que desfruta de prestígio internacional. Entre seus projetos de pesquisa, foi feito o maior estudo conhecido sobre emissões de materiais de construção com conteúdo reciclado. Leon é membro ativo do comitê da norma Standard 189.1 ("Standard for the Design of High-Performance Green Buildings") da American Society of Heating, Refrigerating, and Air-Conditioning Engineers (ASHRAE), já foi membro de vários outros comitês da ASHRAE e foi autor colaborador da obra Internal Air Quality Design Guide, da ASHRAE.

Kevin Conger, FASLA, é um dos três sócios-fundadores da CMG Landscape Architecture, um ateliê de São Francisco. Mr. Conger atua como Presidente e Diretor Executivo da CMG, dirigindo muitos dos projetos da empresa e desempenhando um papel ativo na comunidade de projeto da baía de São Francisco. Seus projetos recentes incluem a Better Market Street, o Yerba Buena Street Life Plan e planos de renovação urbana para Treasure Island, Hunters Point e Concord Naval Weapons Station, bem como projetos para universidades, escolas, parques e empreendimentos residenciais urbanos em áreas já consolidadas. Kevin foi recentemente agraciado com o título Seed Fund Fellowship por seu trabalho como projetista e seu empenho na promoção de espaços mais vibrantes e democráticos em São Francisco, e é membro da American Society of Landscape Architects.

Eva B. Craig estudou projeto sustentável na Harvard University (Mestrado de Arquitetura em Desenho Urbano) e na Rice University (Bachalerado em Arquitetura). Sua prática de arquitetura tem se voltado para serviços de consultoria sobre edificações saudáveis. Seu conjunto de obras consiste em residências particulares e escritórios, inclusive os do Environmental Working Group, na baía de São Francisco. Ela é especializada em questões relacionadas a famílias com crianças.

Abena Darden, LEED AP ND, é diretora de projetos de sustentabilidade da Thornton Tomasetti. Ela tem mais de seis anos de experiência na indústria da edificação sustentável, oferecendo suporte técnico online sobre o LEED, a documentação necessária para o LEED e a gestão de projetos. Ela oferece consultoria em sustentabilidade para empreendimentos de pequena ou larga escala, incluindo projetos de plano diretor e projetos que buscam a certificação LEED for Neighborhood Development. Os papéis de Abena nesses projetos incluem o desenvolvimento de diretrizes de planos diretores sustentáveis, o fornecimento de documentos técnicos para o LEED e a gestão do relacionamento com clientes. Ela também presta consultoria para os projetos que buscam a certificação LEED for New Construction and Existing Buildings Operations &

Maintenance para uma variedade de clientes, incluindo os corporativos e os do setor hoteleiro. Abena é bacharel em Inglês pela Universidade de Copenhage e atuou como Especialista no Tema para o novo exame da LEED v4 Green Associate.

Saneta deVuono-Powell, MCP, JD, é planejadora e especialista em saúde comunitária na Raimi + Associates. Ela tem mais de uma década de experiência em pesquisas qualitativas, envolvimento comunitário e implementação de políticas, incluindo pesquisas sobre ação participatória e análises de impacto ambiental. O interesse de Saneta resultou de seu trabalho com a implementação de políticas de ação durante o período em que trabalhou como advogada na ACLU do Norte da Califórnia e, posteriormente, na Human Impact Partners. Ela obteve seu título de Mestre em Planejamento Urbano e Regional na UC Berkeley, com foco em equidade, saúde e ambiente. Saneta retornou recentemente aos Estados Unidos após completar um programa Fulbright de um ano na Espanha, onde pesquisou o uso dos espaços públicos e das vias navegáveis de Granada e Barcelona.

Graham Grilli é natural de Rhode Island e tem sido um ambientalista engajado desde muito jovem. Após obter o grau de Bacharel em Ciência Ambiental e passar vários anos adquirindo experiência com a construção, hoje está cursando o Mestrado em Arquitetura no Illinois Institute of Technology. Graham espera que o projeto inteligente e o pensamento inovador em breve revolucionem o modo como habitamos nosso planeta.

Jamie Phillips, ASLA, é arquiteto paisagista e sócio-sênior na Conger Moss Guillard Landscape Architecture, especializando-se em sistemas de gestão pluvial e projeto de sistemas de tratamento de água da chuva em larga escala que relacionem espaços abertos públicos, habitats e sistemas naturais. Seus projetos incluem a Creche do Condado de Marin e muitos outros ambientes escolares sustentáveis e projetos de renovação, como o Plano Diretor e de Gestão de Águas Pluviais da Treasure Island e o Plano de Gestão do Habitat da Yerba Buena Island.

Matt Raimi, AICP, LEED-AP, fundou a Raimi + Associates em 2006 e tem quase 20 anos de experiência em planejamento em todas as regiões dos Estados Unidos. Seu foco é a criação de cidades mais sustentáveis e melhores de se viver, e ele tem falado muito sobre a aplicação dos princípios do Novo Urbanismo a planos abrangentes, a adoção das preocupações com a saúde pública no processo de planejamento e a promoção do desenvolvimento sustentável no nível local. Ele já dirigiu a elaboração de muitos Planos Gerais, planos específicos e planos de corredor na área da Baía de São Francisco e em todo o estado da Califórnia, dando ênfase à criação de comunidades saudáveis e sustentáveis. Matt Raimi é o co-autor de um livro pioneiro sobre crescimento inteligente e o impacto da urbanização dispersa chamado *Once There Were Greenfields: How Urban Sprawl is Undermining America's Environment, Economy and Social Fabric*. Ele também é o autor de várias outras publicações, como *Understanding the Relationship Between Public Health and the Built Environment* (USGBC, 2006) e *Five Years of Progress: 110 Communities Where ISTEA is Making a Difference* (STPP, 1996). Matt é mestre em planejamento regional pela University of North Carolina, em Chapel Hill, e bacharel em arquitetura pela University of Rochester, além de ser planejador certificado pelo AICP.

James Reinertsen, AIA, LEED AP BD+C e BO+M, GGP é Gerente de Projeto na firma Sustainable Design Consulting LLC. Ele se dedica à gestão do processo de projeto sustentável em uma variedade de projetos de edificação, incluindo escolas, universidades, prefeituras e prédios residenciais multifamiliares. Ele tem experiência com muitos sistemas de certificação LEED (Construções Novas, Escolas, Interiores Comerciais, Prédios Existentes, Operações e Manutenção), com o Green Garage Certification Program e com programas de projeto sustentável de municípios e condados.

Rupal Sanghvi, MPH, é a fundadora e diretora da HealthxDesign (lê-se Health by Design), que identifica o papel do projeto – inclusive do ambiente construído – na melhoria da saúde das pessoas. Por meio de uma abordagem rigorosa e que permeia vários setores, a HealthxDesign colabora com firmas de projeto, planejamento, engenharia e arquitetura que são líderes no mercado, a fim de alavancar o conhecimento sobre as ciências sociais e da saúde e as metodologias de análise para otimizar o desempenho do projeto na perspectiva dos usuários. Ela é pesquisadora-chefe no Public Health Institute, membro do Design Trust for Public Space e professora em meio turno na Parsons, the New School for Design. Rupal é uma avaliadora frequente na American Public Health Conference e já recebeu o Prêmio pela Inovação na Promoção da Saúde e Prevenção de Doenças conferido pelo Secretário da Saúde dos Estados Unidos. Ela obteve seu grau de Mestre em Saúde Pública na Saúde Ambiental na University of Michigan.

Jan D. Stensland, LEED AP BD+C e ID+C, é sócia-fundadora da Inside Matters, que oferece consultoria, ensino e pesquisa em qualidade do ambiente interno e projeto sustentável para corporações, agências governamentais, fabricantes, instituições de saúde e universidades. Sua especialidade é edificações e materiais de mobília saudáveis. Como uma das primeiras professoras de LEED, ela lecionou o LEED para Interiores Comerciais, Saúde, Fabricantes de Produtos, e o LEED 101. Jan é palestrante convidada em universidades e conferências sobre edificações saudáveis no mundo inteiro, incluindo as de GreenBuild, EnvironDesign, BuildWell e International Society of Indoor Air Quality. Seu grau de Bacharel em Arquitetura de Interiores foi obtido na University of Oregon e seu Mestrado em Ciência das Relações Humanas Ambientais/Pesquisa Aplicada foi feito na Cornell University. Sua obra já foi descrita como "a Mãe Terra Encontra a Sra. Ciência" pois ela confere uma abordagem animada, prática e cheia de bom senso baseada em sólidas pesquisas científicas à sua paixão por prédios e materiais saudáveis.

Aaron Welch, LEED-AP, é sócio sênior na Raimi + Associates. Aaron tem bastante experiência com planejamento e projeto, sustentabilidade na escala do bairro e construção ecológica, transporte multimodal e promoção da saúde por meio do planejamento. Ele já trabalhou em projetos de empreendimentos orientados para o transporte público, planos de corredor urbano, planos de transporte, planos de planejamento integrado e planos de comunidades saudáveis por toda a Califórnia e os Estados Unidos. Aaron tem muita experiência com a implementação da sustentabilidade na escala de vários prédios ou de um bairro, inclusive com vários projetos de comunidades existentes, bem como com os primeiros dois (e, até o momento, os únicos) projetos-piloto do LEED-ND

(Novos Empreendimentos) dos Estados Unidos que receberam o nível de certificação Platina. Aaron já ofereceu consultoria técnica direta para o U.S. Green Building Council, o Natural Resources Defense Council, a Local Initiative Support Corporation e a Agência de Proteção Ambiental dos Estados Unidos, bem como para a implementação do LEED para Bairros a mais de uma dúzia de projetos de desenvolvimento do setor privado ou de ONGs na América do Norte. Ele é especialista em escrever textos técnicos e didáticos, aos quais agrega a grande paixão e o entusiasmo por seu trabalho. O interesse profissional de Aaron por planejamento e sustentabilidade vem da época em que trocou seu primeiro carro por uma bicicleta de corrida italiana feita à mão, que ele ainda usa para chegar ao trabalho.

Bill Worthen, FAIA, LEED Fellow, avaliador da GreenPoint e é o sócio-fundador da Urban Fabrick Inc., uma firma de consultoria em sustentabilidade, projeto colaborativo e comunicação, com escritórios em São Francisco e Nova York. Ao longo de sua carreira de 20 anos, Bill vem equilibrando o desenvolvimento de políticas com o lobby profissional e público, a experiência prática, a pesquisa e o ensino entre colegas. Seu objetivo é tornar a edificação sustentável uma competência-chave de todo profissional de projeto licenciado. Bill é membro do C40 Cities Roadmap Review Committee e do Living Future California Congress, e representa a população na Força-Tarefa Municipal da Edificação Sustentável da Cidade e do Condado de São Francisco (City and County of San Francisco's Municipal Green Building Task Force).

Sumário

Capítulo 1   **O Processo de Projeto Integrado de Edificações** 1
    O que é o projeto integrado de edificações? 1
    O processo 1
    As áreas de foco: energia, recursos e ambiente interno 6
    Recursos 13

Capítulo 2   **A História dos Movimentos Ambientalistas** 15
    As origens 15
    Os movimentos com origem no povo 16
    A Revolução Industrial 19
    A revolução química moderna 20
    Os dois percursos paralelos do Ambientalismo: os movimentos de conservação e preservação 21
    O movimento ecológico 24
    Recursos 25

Capítulo 3   **Conferências e Tratados Internacionais** 27
    O Clube de Roma 30
    As conferências internacionais 30
    Depois de Quioto 33
    Recursos 37

Capítulo 4   **O Surgimento da Edificação Sustentável e das Políticas de Edificação Sustentável** 39
    A definição de edificação sustentável 40
    As raízes da edificação sustentável 42
    O ônus ambiental 43
    A construção sustentável hoje 43
    A história das políticas energéticas dos Estados Unidos 45
    Códigos de edificação sustentável nos Estados Unidos 49
    O caminho aos códigos de sustentabilidade 50
    Resumo 53
    Recursos 53

Capítulo 5   **Os Produtos Químicos no Meio Ambiente, nas Edificações e nos Seres Humanos** 55
    A emissão, a transmissão, a deposição e a imissão 55
    Os caminhos da transmissão 61
    O direito de saber: a transparência química 63
    A química sustentável e os materiais de construção 71
    Repensando os sistemas prediais 72
    Sistemas de ar 73
    Recursos 76

Capítulo 6	**Fundamentos da Qualidade do Ar do Interior**	**79**
	Por que a boa qualidade do ar do interior é importante?	79
	Os fatores que influenciam a qualidade do ar do interior	80
	Os tipos de poluentes internos	80
	Como incentivar o projeto de qualidade do ar do interior	84
Capítulo 7	**As Questões de Qualidade do Ambiente do Interior**	**93**
	O que é qualidade do ambiente do interior?	93
	Outras questões de qualidade do ambiente do interior	103
	As vantagens da boa qualidade do ambiente do interior	104
	Recursos	105
Capítulo 8	**Como as Edificações Consomem Energia**	**107**
	A energia no ciclo de vida de uma edificação	107
	Evolução das edificações e seu impacto no consumo de energia	107
	Padrões de consumo da energia para operação predial	110
	O calor e os modos de transferência térmica	111
	Clima e tempo	114
	As respostas da arquitetura vernacular ao clima	118
	Necessidades dos usuários	118
	Conclusão	123
	Recursos	123
Capítulo 9	**A Redução das Cargas Energéticas**	**125**
	As decisões preliminares: seleção do terreno, tamanho do prédio e transporte	126
	Análise do terreno	126
	Volumetria e orientação	128
	A pele ou vedação externa da edificação	128
	Iluminação	137
	Cargas de equipamentos elétricos	141
	O projeto passivo	142
	Estudo de caso: escola em Damasco, Síria	149
	Recursos	153
Capítulo 10	**Sistemas de Climatização Eficientes em Energia**	**155**
	Sistemas centralizados *versus* descentralizados	156
	Sistemas descentralizados	156
	Sistemas centralizados de calefação e resfriamento	159
	Controles de climatização	164
	Água quente para consumo doméstico	167
	O zoneamento térmico e seu impacto no projeto arquitetônico	167
	Diretrizes preliminares de projeto	168
	Recursos	169
Capítulo 11	**Modelagem e Medição de Energia**	**171**
	Parâmetros de energia	171
	Energia *in loco* (secundária) e energia na origem (primária)	172
	Medidores gerais, medidores individuais e *benchmarking*	172
	Modelagem de energia	175
	Ferramentas de modelagem energética	180
	Uso da modelagem para fazer orçamentações integradas	183
	Recursos	185
Capítulo 12	**Sistemas de Consumo de Energia Líquido Zero e de Energia Renovável**	**187**
	Definições de prédios com consumo de energia líquido zero	187
	Geração *in loco* de energia renovável	188

	O potencial técnico das edificações com consumo de energia líquido zero	193
	Questões de projeto de edificações com consumo de energia líquido zero	194
	O consumo de energia líquido zero na escala comunitária	195
	As redes de utilidades públicas e a geração distribuída	196
	As políticas públicas para as edificações com consumo de energia líquido zero	198
	Estudos de caso	199
	Recursos	206
Capítulo 13	**As Mudanças Climáticas e a Resiliência**	**209**
	A ciência	209
	Recursos	222
Capítulo 14	**Como os Prédios Utilizam os Recursos**	**225**
	O que são os recursos naturais?	225
	Recursos	239
Capítulo 15	**A Especificação de Materiais e a Certificação de Produtos**	**241**
	Os benefícios do ceticismo saudável	241
	Os materiais têm impactos múltiplos	242
	As bases para a seleção de materiais	242
	Entrando em contato com a assistência técnica	244
	Declarações de produto ambiental	246
	Os testes de emissões	247
	Certificações, classificações e selos de produtos	247
	As ferramentas para reunir as informações	252
	Recursos	257
Capítulo 16	**Como as Paisagens Construídas e as Edificações Contribuem para a Qualidade e a Conservação da Água**	**259**
	A bacia hidrográfica urbana: sua função	259
	As políticas da água nos Estados Unidos	260
	Poluentes preocupantes para a paisagem	260
	Gestão de águas pluviais em áreas urbanas: o projeto de baixo impacto	263
	Planejamento do terreno: objetivos principais	263
	A preservação e a proteção de córregos, pântanos e vegetação preexistente	263
	As melhores práticas de manejo para controle e tratamento	264
	A conservação de água no projeto de paisagismo	268
	Consumo de água e de energia nas edificações	269
	Recursos	273
Capítulo 17	**Os Bairros e as Comunidades Sustentáveis**	**275**
	O que são comunidades sustentáveis?	275
	Breve história do planejamento sustentável	276
	História do desenvolvimento urbano disperso convencional nos Estados Unidos	276
	Componentes do planejamento da cidade sustentável	284
	Conclusão	300
	Recursos	300
Capítulo 18	**Os Sistemas de Certificação e as Ferramentas Práticas**	**301**
	O que é um sistema de certificação ou classificação de sustentabilidade?	301
	Missão do Living Building Challenge	307
	O WELL Building Standard, do Delos	307
	Os sistemas regionais nos Estados Unidos	309
	Ed Mazria e o 2030 Challenge	313
	As ferramentas práticas que orientam os sistemas de certificação	314
	Recursos	316

Capítulo 19 **A Avaliação do Ciclo de Vida (LCA)** 317
  Definições 318
  As normas e a metodologia 318
  Os componentes 320
  Recursos 332

Capítulo 20 **Gestão dos Resíduos e o Setor da Edificação** 333
  Impactos dos resíduos 333
  Ciclos do lixo 334
  Definição de lixo ou resíduo 335
  Fontes de lixo 336
  O lixo hospitalar 337
  A gestão integrada do lixo 337
  Os benefícios da gestão dos resíduos de construção 339
  A demolição ecologicamente sustentável 340
  A incineração 340
  Do lixo ao combustível 341
  As melhores práticas 341
  O redirecionamento 343
  O projeto para desmontagem (DfD) 343
  Os planos para a gestão dos resíduos de construção 345
  Outras estratégias para lidar com o lixo no canteiro de obras 345
  Lixo Zero 346
  Recursos 350

  Glossário 351

  Índice 357

O Processo de Projeto Integrado de Edificações 1

O que é o projeto integrado de edificações?

O projeto integrado de edificações é a prática de projetar com sensibilidade para a sustentabilidade. Até pouco tempo, o termo "projeto sustentável" sempre aparecia entre aspas, o que fazia parecer que seu significado era mutável e questionável em termos de viabilidade. Atualmente, pode-se pensar no projeto sustentável como um *projeto integrado de edificações* quando inclui certos elementos-chave: o uso das forças dos diversos membros da equipe, a busca dos objetivos e a elaboração de um método de responsabilização no projeto.

O uso de "projeto integrativo", uma evolução do termo, vem tornando-se frequente devido a uma diferença de nuances: "integrado" refere-se a um processo finalizado; "integrativo" é um processo contínuo. Ambos abordam o trabalho de imaginar um prédio e colocá-lo em funcionamento. Para os fins deste livro, utilizaremos o termo processo de projeto integrado.

O projeto integrado preocupa-se com os recursos de energia, água e materiais e com as decisões relacionadas à qualidade do ambiente do interior. Essas questões e estratégias serão abordadas brevemente neste capítulo e tratadas mais profundamente nos próximos.

Com o projeto integrado, podemos visualizar as variáveis do projeto interconectadas e usá-las para desenvolver e avaliar soluções. Como estudantes de projeto e de ciência da construção que estudam o ambiente construído, vocês estão aprendendo a ser solucionadores de problemas, o que os prepara para imaginar e antecipar as possíveis implicações até mesmo da decisão de projeto mais benigna. Aprender sobre projeto integrado irá ajudá-los a usar os conhecimentos sobre os impactos dessas decisões. Todo estudante de projeto arquitetônico deveria ser proficiente nessas habilidades para ser um membro de equipe produtivo e eficiente.

Outro aspecto-chave do *projeto integrado é que as decisões de projeto feitas no início do processo não comprometem a efetividade das que precisarão ser feitas posteriormente.*

O processo de projeto integrado, mais do que o projeto convencional (ou tradicional), exige que um conjunto de objetivos e prioridades seja seguido e que a avaliação das decisões de projeto seja feita honestamente, a fim de produzir uma edificação sustentável bem-sucedida. O processo funciona porque há uma comunicação entre os membros da equipe e porque cada participante compreende os desafios e as responsabilidades do resto da equipe.

Uma vez que cada decisão de projeto tem inúmeras consequências, e não um efeito isolado, o projeto integrado de qualidade demanda o entendimento das inter-relações de cada um dos materiais, sistemas e elementos espaciais (Figura 1-1). Ele exige que todos os atores encarem o projeto de maneira holística, em vez de se concentrarem individualmente em cada parte.

O processo

A realidade da prática profissional pode ser simulada em um ateliê por qualquer estudante de projeto, atribuindo-se papéis a uma equipe e trabalhando colaborativamente em busca de uma solução. Isso pode ser aplicado ao projeto de um prédio, ao desenvolvimento de um plano diretor ou mesmo à criação de políticas de uso de solo ou de desenvolvimento de bairros.

Aprender sobre o processo de projeto integrado desde o início da educação sobre projeto é benéfico para torná-lo uma abordagem padrão. Não há roteiro para o processo perfeito, mas há diversos elementos-chave que precisam ser incluídos em cada fase do projeto desde a conceptualização, o desenvolvimento e durante a construção. Esses elementos principais são: estabelecer objetivos; fazer o *brainstorm* de ideias em sessões do tipo *charrette*; desenvolver ideias; fazer análises para ajudar a avaliar as ideias; avaliar as ideias em sessões do tipo *charrette*; e tomar decisões e documentá-las. Assim que o projeto estiver concluído, durante a crítica feita pelos professores, é muito importante que seja avaliada a eficácia do processo de projeto integrado de cada equipe.

Neste capítulo, veremos como o projeto integrado se dá na prática.

Entenda o escopo e o conjunto de objetivos

É extremamente útil desenvolver um cronograma de reuniões da equipe com base nos momentos-chave de um projeto ou nos prazos de entrega escolares. O primeiro encontro deve

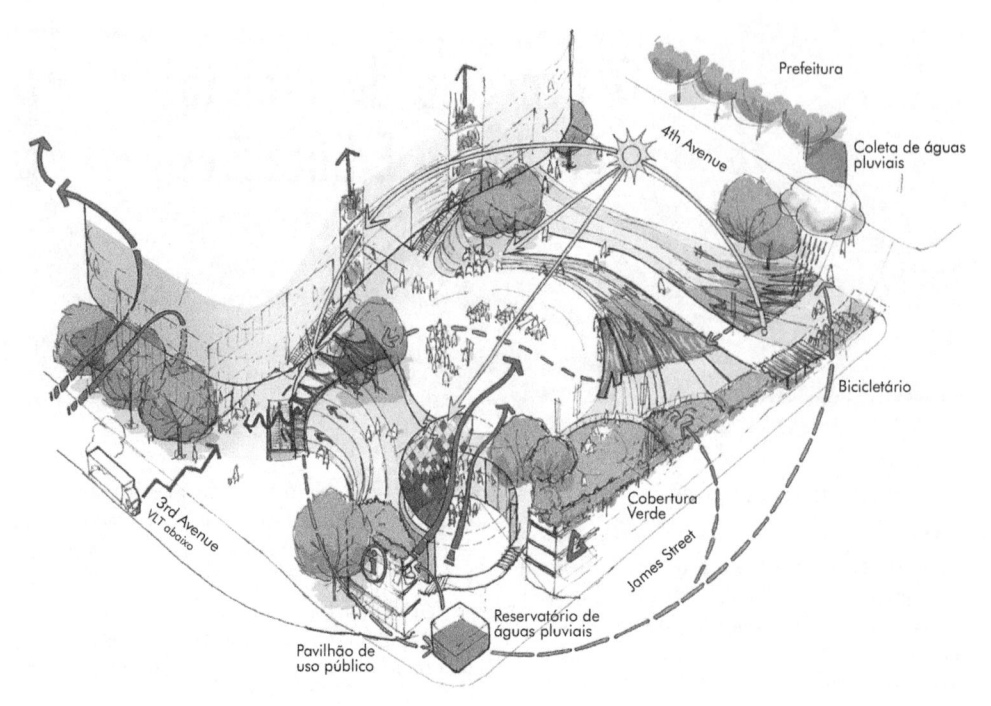

FIGURA 1-1 Esboço mostrando as condições do terreno e tecnologias no projeto da Foster + Partners para a Civic Square, em Seattle, Washington. Todas as decisões de projeto integrado devem ser tomadas considerando seus múltiplos impactos. Imagem por cortesia da PHA Consult.

ser um debate com os *atores*[1] no projeto introduzindo os seguintes questionamentos:

- **Tamanho e tipo:** De que tipo é o projeto? Quais são o tamanho e a escala do projeto? O projeto é uma torre comercial; o desenvolvimento de um bairro sustentável, ou uma escola particular pequena em dois hectares (20 mil m^2)?
- **Regulamentos e códigos:** Algum plano diretor orienta a nova edificação no terreno e descreve o escopo do projeto e as fases da construção? Existem diretrizes legais para o projeto das vedações externas? Alguma legislação municipal, regional, estadual ou nacional regulamenta o projeto sustentável? Serão exigidos códigos de sustentabilidade ou certificações de edificação sustentável obrigatórias para que se possa construir? Se isso for o caso, qual é a frequência das revisões periódicas? Quais são as densidades populacionais e os índices urbanísticos do terreno?
- **Geografia:** O projeto será inserido em uma área urbana consolidada ou será desenvolvido em um espaço aberto? Quais são os condicionantes geográficos e do terreno? Qual é a zona climática e quais são as oportunidades para o projeto passivo de energia? Quais são as precipitações locais? Quais são seus recursos e condicionantes ambientais? Quais são as opções de transporte público ou de baixo impacto disponíveis?
- **Objetivos de desempenho ambiental:** A localização do projeto ou o programa de necessidades do cliente sugere metas ou objetivos de desempenho para o uso de recursos de energia, água ou materiais? O programa inclui a certificação por uma norma ambiental ou um sistema de avaliação sustentável? Esses objetivos e quaisquer outros adicionais são aceitos por toda a equipe?
- **Orçamento do projeto:** De onde vem o dinheiro que financia o projeto? A origem dos recursos é um órgão governamental, uma prefeitura, um empreendedor privado ou um proprietário de residência? O orçamento prevê e apoia os objetivos de desempenho ambiental?

As respostas a essas perguntas ajudarão as equipes de projeto integrado a mapear o processo.

Considere os impactos ambientais

Antes de projetar com responsabilidade, você precisa entender as possíveis vulnerabilidades e as oportunidades disponíveis no terreno e na comunidade. A Figura 1-2 é um exemplo de mapa de recursos e contém um exercício visual que pode ajudar a identificar os impactos ambientais resultantes de um projeto. Muitas questões adicionais podem ser mapeadas, de demografia a níveis de ruído. No caso do processo de projeto integrado de edificações sustentáveis, a equipe dedicará um tempo considerável para avaliar os detalhes do terreno. As

---

[1] Os atores são as pessoas, entidades ou agências que investiram – seja como proprietário, financiador, usuário ou projetista – no projeto, na construção e no resultado final do projeto da edificação.

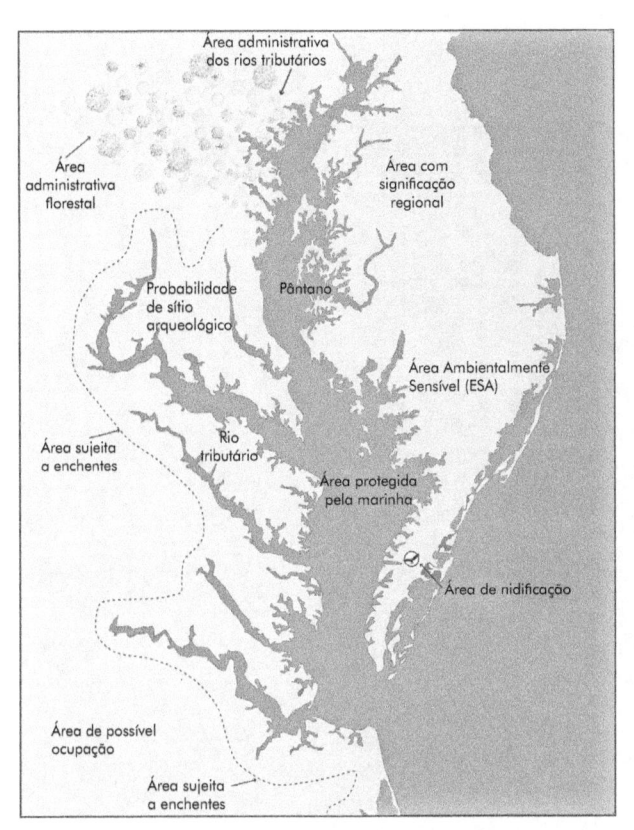

FIGURA 1-2 Um exemplo de mapa mostrando os recursos biológicos e hidrológicos ao redor de um terreno. Ilustração de Killer Banshee Studios.

questões relativas a impactos biológicos ou hidrológicos e que devem ser consideradas incluem:

- A vegetação e/ou os animais ameaçados serão afetados?
- Há algum pântano nas proximidades?
- O projeto deve restaurar os pântanos ou as áreas virgens caso exerça algum impacto sobre eles?
- Há algum rio tributário no terreno?
- A qualidade da água potável será afetada?
- Qual é o padrão atual de escoamento superficial da água da chuva?
- A água da chuva percola e é drenada até o lençol freático ou algum corpo d'água nas proximidades?
- Já existem superfícies impermeáveis no terreno?
- Como as superfícies impermeáveis afetarão a perda de água pelo sistema de esgoto ou pelo processo de evaporação?
- A construção provocará a erosão ou a perda do solo devido ao vento?

Entenda as responsabilidades da equipe e defina as atribuições

Quais membros da equipe serão responsáveis por pesquisar, apresentar e resolver as questões identificadas pelas perguntas anteriores?

De preferência, cada membro da equipe de projeto integrado terá um papel e uma área de especialidade claramente definidos que contribuirão para a atividade projetual pela qual ele ou ela será responsável. A definição de tais atribuições pode levar à defesa de determinadas soluções do projeto. Mais uma vez, um exercício de ateliê simula a prática do projeto integrado profissionalmente.

Na prática do projeto integrado, a gama de interessados inclui os proprietários, os usuários e operadores do prédio, os vários projetistas e engenheiros (arquitetura, paisagismo, estrutura e outros projetos complementares, como os do sistema de climatização), consultores especializados (iluminação natural, energia, certificação de edificação e comissionamento), o construtor e o engenheiro responsável e – inclusive – os membros da comunidade afetados pelo projeto (Figura 1-3).

Outros membros da equipe serão responsáveis por questões mais específicas, como as coberturas verdes, a conversão *in loco* de energia eólica em elétrica ou o tratamento das águas servidas. Pode ser que fabricantes ou especialistas de alguns sistemas, como as tecnologias integradas à edificação (tratamento de esgoto ou água e sistemas fotovoltaicos), estejam presentes ao menos durante algumas fases do projeto.

Em um ateliê de projeto, funções convencionais básicas devem ser atribuídas a cada membro da equipe, e cada um deve ser responsável por documentar suas próprias estratégias e decisões.

Considere as questões do terreno e da comunidade

Um projeto pode abordar questões do terreno e da comunidade, como: fornecimento e acesso aos recursos da comunidade, espaços abertos, gestão de lixo sólido, cultivo de alimentos, parques ou corpos de água administrados pela comunidade, acesso solar dos vizinhos, dentre outros. As soluções planejadas com relação ao terreno (materiais, energia e qualidade do ar), como possíveis elementos de projeto, devem considerar seu impacto na comunidade.

Por exemplo, a cobertura plana de uma edificação longitudinal, cuja fachada mais ampla está voltada para o norte (no hemisfério sul) e cujo piso é uma grossa laje de concreto, apresenta a possibilidade de ganhos térmicos e de termoacumulação; por outro lado, os grandes beirais das edificações de climas quentes protegem os usuários contra o ofuscamento e os ganhos térmicos indesejáveis. Outro exemplo: um projeto de escola pode fornecer à comunidade o acesso ao terreno para a criação de hortas urbanas, a fim de aumentar o fornecimento de alimentos produzidos no local e educar os estudantes sobre os benefícios do cultivo de produtos orgânicos. As sombras geradas por uma nova edificação também podem ter um impacto adverso em um terreno vizinho ao bloquear o acesso solar.

Os projetos de estacionamento com piso asfáltico escoam a água da chuva para o coletor pluvial, impedindo que ela seja aproveitada para outros usos; já os projetos com superfícies porosas deixam que a água passe para o lençol freático, o

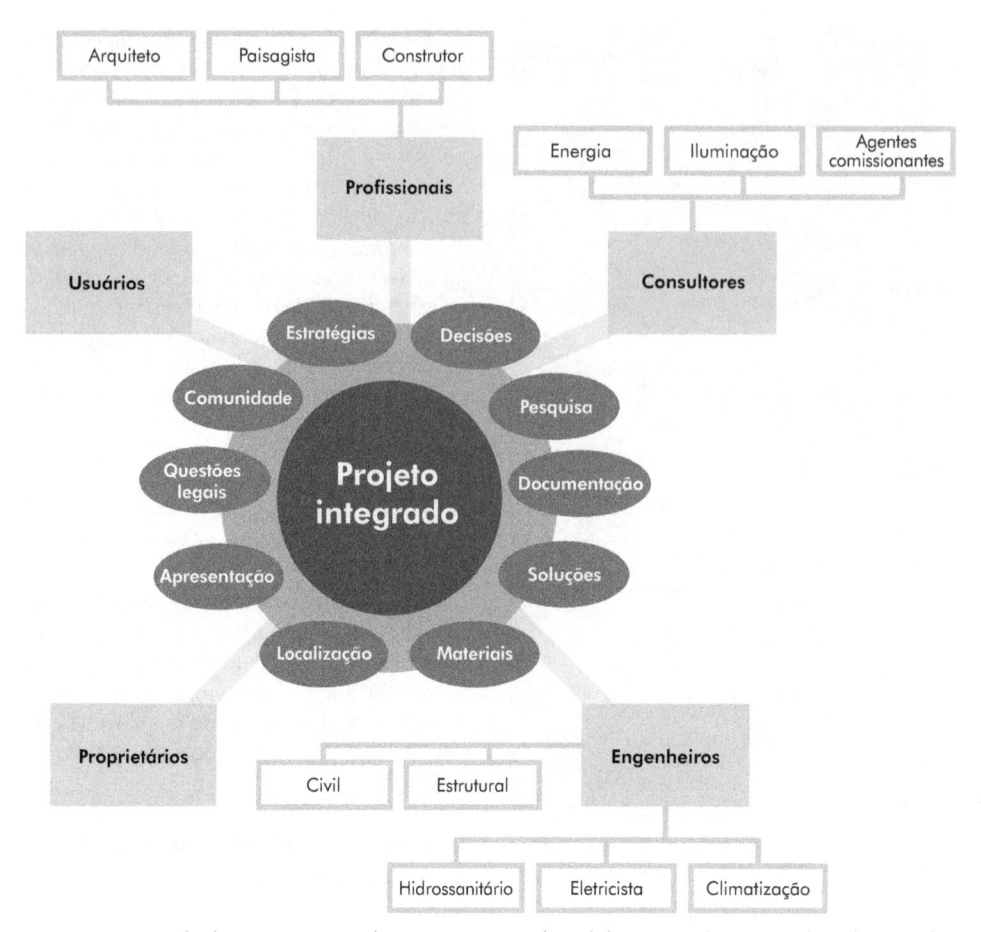

FIGURA 1-3 Há inúmeros envolvidos no processo de projeto integrado colaborativo. Ilustração de Killer Banshee Studios.

que contribui para a eficiência do ciclo da água. Além disso, uma área com superfície porosa é duradoura, embora permita a infiltração da água.

Uma vez que a sustentabilidade nas edificações envolve a justiça social, o projeto comunitário é considerado parte do processo de projeto integrado e, consequentemente, assume um significado muito mais profundo. Em termos de impacto social, todos os projetos podem melhorar ou mesmo deslocar comunidades preexistentes. A equipe de projeto integrado deve examinar a história do sítio e sua etnografia, determinando as condições ideais para melhorar a qualidade de vida das comunidades preexistentes.

Ao mesmo tempo, o projeto tem condições de criar uma comunidade – um conceito que faz parte do ensino de arquitetura tradicional completo. Por meio do projeto integrado, a criação de comunidades assume uma nova dimensão.

A equipe deve, por exemplo, encarar os futuros usuários de um projeto habitacional multifamiliar como mais do que simples elementos no programa de necessidades. Ela também deve garantir a preservação da estrutura social, além de fornecer oportunidades para que os habitantes se envolvam com o seu ambiente ou se afastem dele, participando do planejamento de seus lares e das futuras gerações. O plano de sustentabilidade britânico, "Securing the Future – UK Government Sustainable Development Strategy",[2] enfatiza a justiça social e a inclusão como alguns dos diversos temas-chave do desenvolvimento sustentável (Figura 1-4). Mais recomendações para mudanças na política de sustentabilidade são destacadas como chave para os impactos socioeconômicos das mudanças climáticas: Christophe Degryse e Philippe Pochet publicaram um artigo em 2009 para o the European Trade Union Institute, "Paradigm Shift: Social Justice as a Prerequisite for Sustainable Development", cuja tese afirma que "as mudanças comportamentais impostas pela crise ecológica serão inviáveis sem uma preocupação com a justiça social".[3] Como esclareceremos em um capítulo posterior, as populações vulneráveis sofrerão com as emergências ambientais profundas atribuídas pelas mudanças climáticas. Isso torna a justiça social um indicador essencial do projeto sustentável.

---

[2] Disponível no Departamento do Reino Unido para Questões Ambientais, Alimentícias e Rurais [United Kingdom Department for Environment, Food, and Rural Affairs], https://www.gov.uk/government/publications/securing-the-future-delivering-uk-sustainable-development-strategy.

[3] Christophe Degryse and Philippe Pochet, working paper for the European Trade Union Institute, "Paradigm Shift: Social Justice as a Prerequisite for Sustainable Development," 2009. http://www.etui.org/Publications2/Working-Papers/Paradigm-shift-social-justice-as-a-prerequisitefor-sustainable-development.

Capítulo 1 O Processo de Projeto Integrado de Edificações

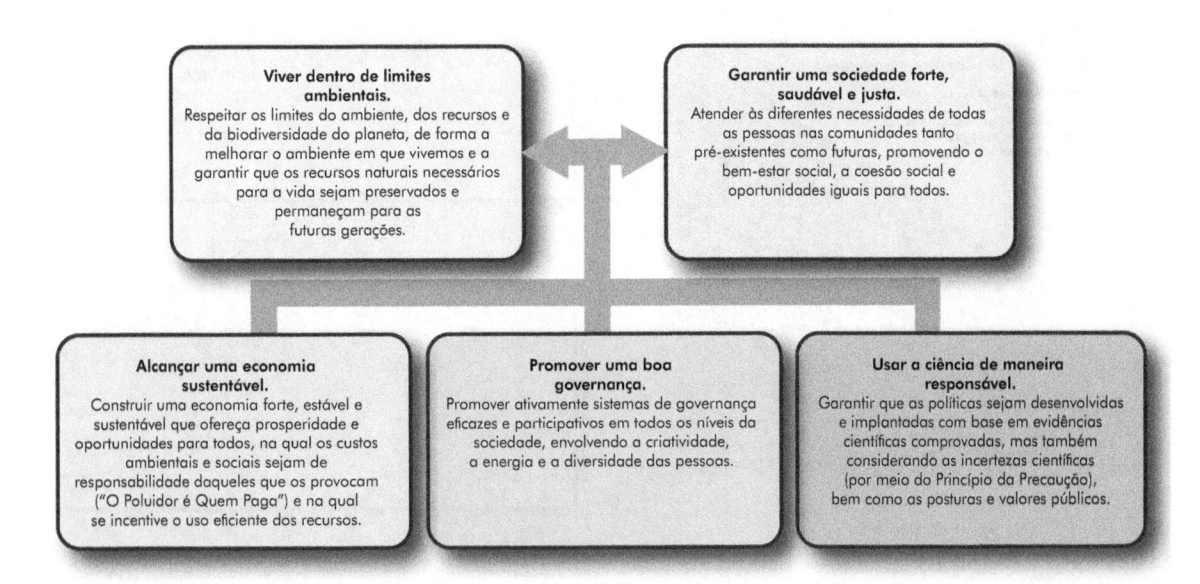

Viver dentro de limites ambientais.
Respeitar os limites do ambiente, dos recursos e da biodiversidade do planeta, de forma a melhorar o ambiente em que vivemos e a garantir que os recursos naturais necessários para a vida sejam preservados e permaneçam para as futuras gerações.

Garantir uma sociedade forte, saudável e justa.
Atender às diferentes necessidades de todas as pessoas nas comunidades tanto pré-existentes como futuras, promovendo o bem-estar social, a coesão social e oportunidades iguais para todos.

Alcançar uma economia sustentável.
Construir uma economia forte, estável e sustentável que ofereça prosperidade e oportunidades para todos, na qual os custos ambientais e sociais sejam de responsabilidade daqueles que os provocam ("O Poluidor é Quem Paga") e na qual se incentive o uso eficiente dos recursos.

Promover uma boa governança.
Promover ativamente sistemas de governança eficazes e participativos em todos os níveis da sociedade, envolvendo a criatividade, a energia e a diversidade das pessoas.

Usar a ciência de maneira responsável.
Garantir que as políticas sejam desenvolvidas e implantadas com base em evidências científicas comprovadas, mas também considerando as incertezas científicas (por meio do Princípio da Precaução), bem como as posturas e valores públicos.

FIGURA 1-4 Dentre os cincos pontos principais do planejamento britânico de sustentabilidade, três tratam de questões sociais. Imagem por cortesia da Câmara de Veradores de Torbay, Devon, Reino Unido.

O projeto integrado educará os cidadãos sobre as edificações sustentáveis e também sobre a relação entre a edificação, a comunidade e o entorno. Ensinar os futuros habitantes sobre a manutenção singular e as práticas de limpezas exigidas por um prédio desse tipo é parte do processo de projeto integrado.

Avalie os impactos inter-relacionados das soluções propostas

Utilize uma *charrette* de projeto para que os vários membros da equipe possam contribuir em suas especialidades e colocar em debate os prós e contras das soluções identificadas. Os membros devem se comunicar e interagir entre si.

Por exemplo, o membro da equipe responsável pela análise energética pode apontar que estratégias para iluminar naturalmente um espaço, como janelas altas e prateleiras de luz, também podem reduzir o ofuscamento e aumentar a produtividade do prédio.

Os projetistas recomendarão os acabamentos interiores, e esse trabalho terá um importante impacto na qualidade do ar do interior e na distribuição da luz no espaço. O projetista pode propor o uso de um material de piso específico com 100% de borracha reciclada; no entanto, embora utilize os recursos de modo inteligente, o material exala um odor muito forte por meses após a instalação – o que não ocorre com pisos de borracha virgem. Materiais de cores claras refletem bem a luz e podem ajudar a reduzir o número de luminárias necessárias, resultando em custos de construção e consumo de energia mais baixos.

Modelos e cálculos auxiliam a equipe a quantificar o impacto das estratégias de projeto. Diversos cenários podem ser modelados para que se entenda de que forma as mudanças nas variáveis de projeto podem afetar os resultados. Essas projeções podem ser analisadas em termos do aumento dos custos. Por exemplo, aumentar os níveis de isolamento da cobertura, das paredes e das janelas em um clima frio reduz o consumo de energia e os custos de operação, mas resulta em custos de construção adicionais. Quando os valores de isolamento são suficientemente elevados, é possível eliminar o sistema de calefação em um prédio não residencial, o que não apenas reduz os custos de operação, mas também os de construção.

É comum se pensar que a maioria das estratégias sustentáveis implica aumento de custos. No entanto, são as abordagens de projeto tradicionais, que geralmente tratam o projeto sustentável como uma etapa posterior ao projeto, que elevam os custos. A abordagem do projeto integrado pode exigir honorários adicionais, mas também pode levar a custos iniciais mais baixos e à redução nos custos de operação. Na prática profissional, uma *análise do custo de ciclo de vida* ou um exercício de estimativa de custo integrado pode ser feito para avaliar essas estratégias e sua viabilidade econômica no longo e no curto prazo. A Figura 1-5 compara os custos de vida útil das edificações nas alternativas de construção, mostrando que uma edificação sustentável que gera sua própria energia proporciona a melhor relação custo e vida.

Tecnologias novas ou de última geração geralmente são vistas como arriscadas e são evitadas devido à confiabilidade e possível imprevisibilidade dos sistemas inovadores. O projetista responsável afirmará que os sistemas de alta tecnologia podem contribuir para um bom projeto, e, no contexto do projeto integrado, isso implica envolver agentes comissionantes, operadores dos prédios e usuários, que discutirão a operação e o desempenho dos sistemas para reduzir imprevistos e, consequentemente, riscos.

Concilie as abordagens concorrentes

Pouquíssimos projetos conseguem atingir um desempenho ambiental tal que os impactos adversos de uma edificação no ambiente sejam eliminados e o prédio auxilie os ecossistemas naturais a regenerarem o ambiente. Contudo, a maioria dos

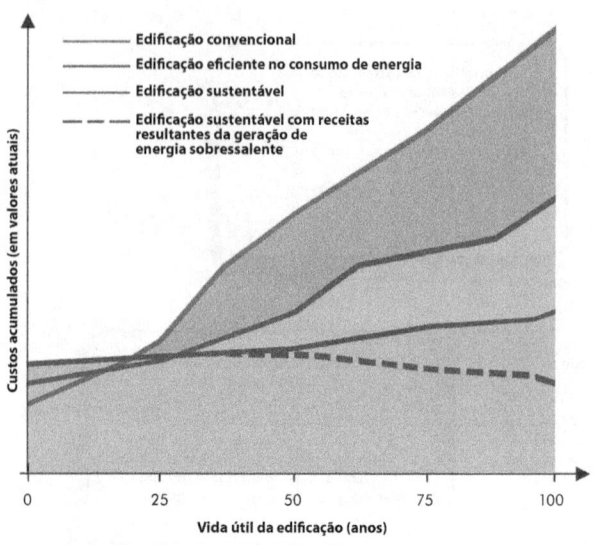

FIGURA 1-5 Uma comparação do custo de ciclo de vida de quatro tipos de edificação: uma edificação convencional, uma edificação eficiente no consumo de energia, uma edificação sustentável e uma edificação sustentável com receitas resultantes da geração de energia sobressalente. Os custos acumulados da edificação com estratégias de consumo eficiente de energia e com receitas geradas com a venda de energia são significativamente mais baixos, enquanto os gastos da edificação convencional aumentam vertiginosamente com o passar do tempo. Fonte: Ted Kesik, University of Toronto; ilustração de Killer Banshee Studios.

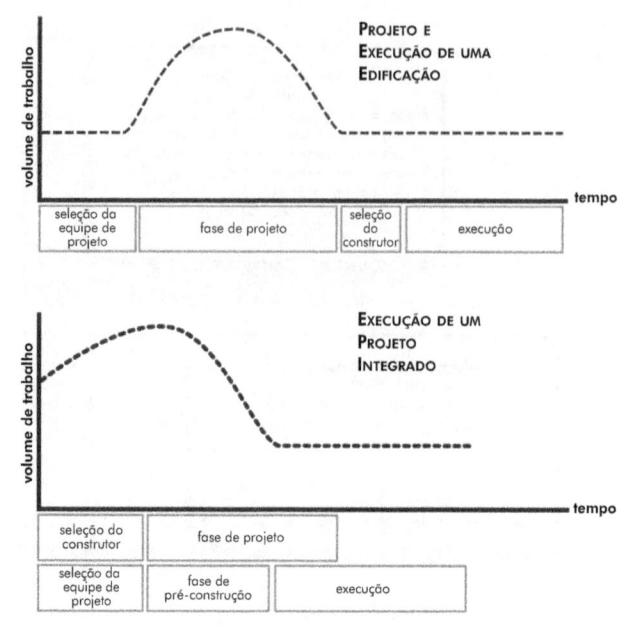

FIGURA 1-6 A execução de um projeto integrado exige o envolvimento do construtor desde o início, além de várias atividades e estudos preliminares. Ilustração de Killer Banshee Studios.

projetos pode ter um progresso considerável rumo a esses objetivos pesando os méritos e os efeitos complementares identificados nas seções anteriores dessa obra e testando suas soluções e impactos.

Muitas vezes há, para cada projeto, várias soluções ideais que se relacionam com os condicionantes de maneira única. A liderança da equipe se torna fundamental na discussão e no processo de seleção das melhores ideias porque, em última análise, para ser eficiente, a equipe deve se comprometer com uma abordagem e direção. É evidente que, no final, será preciso tomar uma decisão definitiva. Neste ponto, as atribuições da equipe e o processo de projeto integrado também são extremamente importantes. Uma liderança que tenha experiência com o processo de projeto integrado pode se beneficiar com a experiência compartilhada dos vários membros da equipe.

Além do projeto e da construção

Na prática profissional, o processo de projeto integrado não termina com a construção. Os administradores, usuários, inquilinos, locadores, zeladores e gerentes de instalações precisam de treinamento a fim de compreender o comportamento de cada decisão sustentável inter-relacionada. Os manuais dos inquilinos e dos administradores auxiliam nessa compreensão e aumentam a probabilidade de sucesso das edificações sustentáveis integradas. A contratação de diversos especialistas – processo definido e descrito a seguir – garante que a edificação seja saudável e funcional, o que, por sua vez, confirma que o objetivo de projeto foi alcançado. O projeto integrado aproveita a colaboração desses interessados desde o início do processo, e os envolve na tomada de decisões para obter consensos e garantir o bom desempenho da edificação futura (Figura 1-6).

As áreas de foco: energia, recursos e ambiente interno

A energia

As edificações consomem 32% da energia do mundo. Nos Estados Unidos, 48% da energia vai para as edificações, 28% para o transporte e 24% para a indústria. Ter o consumo de energia em novas edificações comparado ao das edificações convencionais existentes já é considerado rotina em uma abordagem de projeto integrado; o número de projetos que aspiram ao consumo de energia líquido zero continua a crescer.

Como discutido anteriormente no capítulo, o projeto integrado é aquele no qual *as decisões de projeto feitas no início não comprometem a efetividade das que precisarão ser feitas posteriormente*. Isso é exemplificado no foco do projeto de baixa energia, no qual as decisões de projeto iniciais, como seleção de terreno, implantação do prédio, volumetria e projeto de fenestração servem para reduzir as cargas de aquecimento e resfriamento e fornecer luz natural. As estratégias de projeto passivo levam essas medidas ainda mais adiante ao aumentar o tempo que um prédio pode

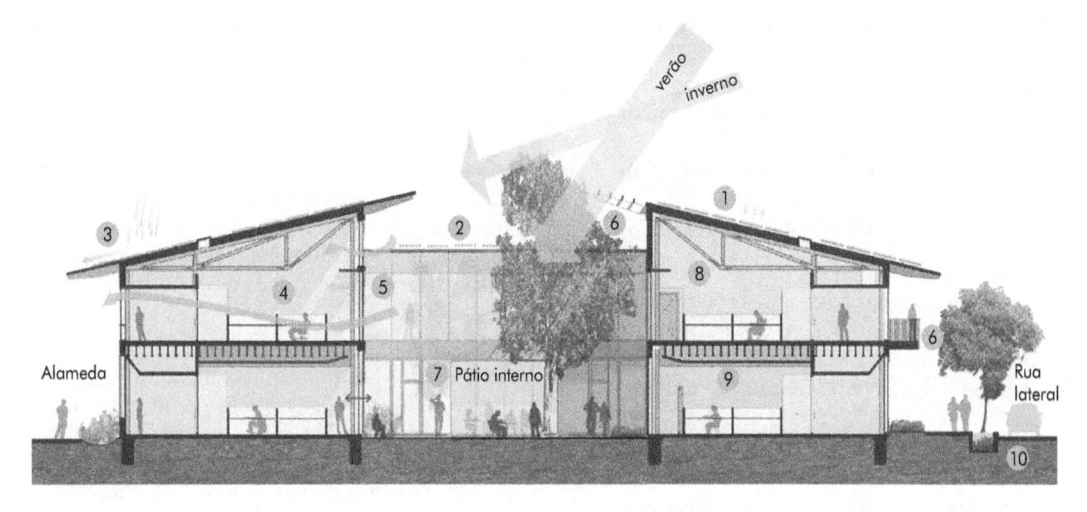

① Painéis fotovoltaicos, gerando 100% da eletricidade consumida
② Painéis solares de aquecimento de água
③ 100% da água da chuva é coletada para reúso
④ Profundidade máxima de 12,2 m otimiza a iluminação e ventilação naturais
⑤ Microbrises automáticos abaixam quando há incidência solar direta
⑥ Estratégias de sombreamento em múltiplas camadas
⑦ Janelas com vidros triplos extremamente isoladas
⑧ Estrutura aparente de madeira certificada pelo FSC
⑨ Vigas refrigeradas com 100% de ar fresco
⑩ Estratégias de "ruas sustentáveis" coletam e filtram a água da chuva

FIGURA 1-7 O Edifício Sede da Packard Foundation é um prédio com consumo de energia líquido zero proporcionado por elementos como forma, proteção solar, janelas de abrir, redução de cargas térmicas e um sistema de resfriamento de baixo consumo energético, que usa resfriamento gratuito na maior parte do ano. Imagem por cortesia de EHDD.

operar sem iluminação artificial, aquecimento, resfriamento ou sistemas de ventilação (Figura 1-7).

As inter-relações entre as decisões de projeto determinam o consumo de energia durante a operação do prédio. No processo de projeto integrado, os projetistas estão cientes de uma gama mais completa de impactos, incluindo estética, energia, operações e experiência do usuário.

No mundo real da arquitetura e do projeto, o processo de projeto integrado utiliza modelos de energia para medir a diferença entre as estratégias de projeto.

Os objetivos de desempenho de energia devem ser estabelecidos no início do processo para que sejam determinadas metas significativas e opções de avaliação do nível da realização. Nos Capítulos 8 a 10, cobriremos o histórico do uso energético das edificações e a abordagem para o projeto de baixa energia. O Capítulo 11 introduz os conceitos de medidas e modelagem para a definição de responsabilidades durante o projeto, a construção e o processo de operação. O Capítulo 12 introduz as melhores práticas atuais de projeto de baixo consumo energético: edificações com consumo de energia líquido zero.

Estudantes cujo foco seja o desempenho energético precisarão estabelecer uma meta de redução de consumo de energia para a edificação em comparação à prática padrão (aquela que atende ao mínimo exigido pelos códigos) de sua região. Precisarão aprender os conceitos, tecnologias e estratégias de projeto passivo que ajudam na redução das cargas nas edificações. Deverão estudar a iluminação e os sistemas de climatização e fazer visitas de campo para ver esses sistemas funcionando na vida real. O aprendizado sobre a modelagem de energia e a dinâmica de como a energia é consumida em um prédio pode ajudá-los a orientar o encarregado pela modelagem, que em troca pode oferecer opiniões valiosas para a avaliação das opções de projeto. Você pode aprender sobre as ferramentas de modelagem de energia descritas no Capítulo 11 para testar cenários nos estudos preliminares e no projeto conceitual. Aprender ainda na graduação a usar as ferramentas de informática que avaliam o desempenho energético da edificação deve estar entre os objetivos de todos os estudantes de arquitetura e engenharia.

Códigos de energia e guias prescritivos como os Advanced Energy Design Guides da ASHRAE podem ser úteis para entender as exigências de desempenho básicas de sistemas prediais. Uma solução otimizada que utilize modelos de energia para avaliar uma abordagem de projeto integrado pode superar facilmente essas abordagens prescritivas para a redução do consumo energético. Uma prática comum é estabelecer metas de desempenho como um percentual de redução em comparação a códigos ou diretrizes prescritivas (30% melhor do que a Norma ASHRAE 90.1 2010, por exemplo). Contudo, os proprietários percebem cada vez mais que as equipes de projeto respondem com mais criatividade a metas de consumo energético absolutas, por exemplo, uma meta de 25 kBTU/ft^2 por ano.

Seja feita por um estudante ou por um profissional, a abordagem de edificações de baixo consumo energético consiste:

- no projeto apropriado da forma do prédio e de suas vedações externas para coletar a energia gratuita do terreno

na forma de iluminação natural, calor solar passivo e resfriamento passivo;
- no projeto das vedações externas, da iluminação, dos acessórios e dos equipamentos do edifício para reduzir as cargas;
- no projeto de sistemas de climatização que minimizem o consumo de energia; e
- no projeto de sistemas para gerar energias renováveis *in loco*.

Todos os esforços de projeto citados acima precisam ser respaldados em exercícios de modelagem para avaliar as opções e, posteriormente, devem ser assegurados na operação do prédio mediante um sistema de monitoramento de energia.

Recursos

Como ocorre com todas as decisões sustentáveis, considerar o uso de recursos desde o início é essencial para um projeto sério. Nos Estados Unidos, o setor da construção civil contribui com 40% do uso total de matéria-prima (3 bilhões de toneladas anualmente).[4] A Agência de Proteção Ambiental dos Estados Unidos estima que a percentagem seja de 60% ou mais.[5] Uma série de impactos ambientais está associada à mineração, ao extrativismo, ao processamento e ao transporte de matérias-primas, bem como à obtenção e ao fornecimento de água potável. O uso eficiente da água e do solo, assim como dos recursos minerados e extraídos, auxilia na redução desses impactos ambientais.

Estamos enfrentando uma crise de mudanças climáticas e seus consequentes impactos: temperaturas extremas, perda de lavouras, exaurimento do solo e da água. Temos de lidar com uma tarefa planetária monumental: tentar equilibrar a energia, as emissões e os fluxos de água. É necessário examinar os recursos, materiais, produtos e sistemas, incluindo suas vidas úteis, para implantar o projeto integrado completamente. Quando os arquitetos e projetistas abordam essas questões na escala local, criamos "bolsões" de sustentabilidade que têm um alcance mais profundo nos recursos que consumem, e tornamos essa tarefa não apenas possível, mas também significativa em seu efeito cumulativo.

Duas estratégias-chave para uma gestão de recursos inteligente são otimizar o potencial que os recursos têm de aumentar a efetividade e a eficiência e reduzir ou "eliminar completamente o conceito de lixo", como William McDonough e Michael Braungart propuseram em *The Hannover Principles*.[6] Assim como algumas culturas usam o animal inteiro – do focinho à cauda, do bico às garras –, tanto para a alimentação quanto para o aquecimento, deveríamos fazer o mesmo com árvores e placas de granito (que são bons exemplos de matérias primas que estão sendo ameaçadas de exaustão), sempre fazendo seu uso criterioso. Para complementar a gestão, deve-se compreender o equilíbrio da natureza e evitar intervenções nocivas durante a extração e o processamento desses recursos. O poder do projeto integrado torna-se maior com a oportunidade de determinar e especificar a origem dos materiais de construção para evitar esses impactos adversos. As Figuras 1-8 e 1-9 mostram os resultados das práticas de manejo florestal sustentáveis em relação às não sustentáveis.

Água

As edificações dos Estados Unidos utilizam 12,2% de toda a água potável, ou seja, 57 trilhões de litros por ano.[7] Nos capítulos seguintes, discutiremos estratégias específicas para reduzir o consumo de água durante a construção e a ocupação, e também para utilizar a água não potável e a água da chuva para fins que não sejam o consumo humano. As águas pluviais coletadas devem ser aproveitadas, conforme descrevemos na Figura 1-10.

Como arquitetos e projetistas, devemos pensar em soluções construídas, como sistemas de armazenagem de água, sejam elas naturais ou humanas, e em soluções de tratamento de água no terreno e na própria edificação. Um bom preparo para estudar as opções de estratégias de conservação de água inclui *a redução do consumo de água na edificação, a redução do consumo de água na edificação, a redução do consumo de água nos jardins e a reciclagem de água* in loco.

A redução do consumo de água na edificação. As edificações sustentáveis influenciam o projeto integrado de maneira significativa no que se refere à água, pois têm condições

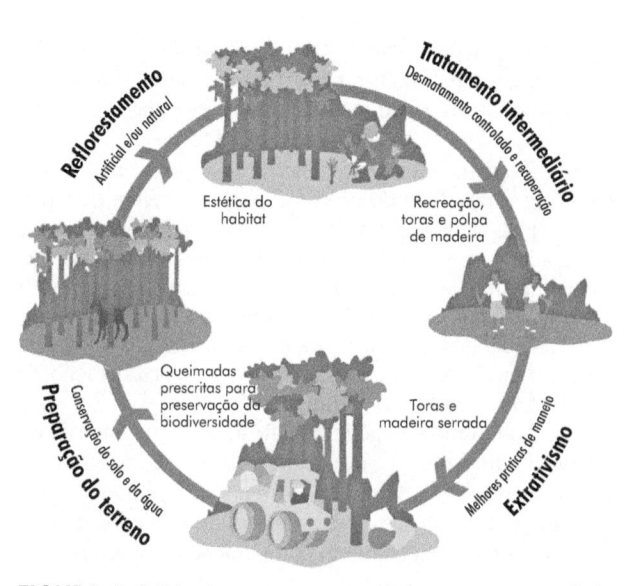

FIGURA 1-8 Técnicas para o extrativismo responsável de recursos. *Reforestation: Growing Tomorrow's Forests Today*®, ©1998, 2000. American Forest & Paper Association, Inc.

---

[4]N. Lenssen and D. M. Roodman, "Paper 124: A Building Revolution: How Ecology and Health Concerns Are Transforming Construction," *Worldwatch* (1995), Worldwatch Institute.

[5]"Na verdade, as atividades de construção utilizam 60% das matérias-primas, além de alimentos e combustíveis, de toda a economia norte-americana," www.epa.gov/greenhomes/SmarterMaterialChoices.htm.

[6]William McDonough and Michael Braungart, *The Hannover Principles, Design for Sustainability*, 10th Anniversary Edition, commissioned as the official design guide for the EXPO 2000 World's Fair, William McDonough + Partners, McDonough Braungart Design Chemistry, 2003.

[7]Dados fornecidos pelo Serviço Geológico dos Estados Unidos [United States Geological Service] (1995).

FIGURA 1-9 Técnicas de extrativismo destrutivo de recursos. ECAHINE: Energy Wood Production Chains in Europe.

de reduzir a quantidade de água potável necessária para descartar os dejetos humanos. A reciclagem das águas conhecidas como águas servidas e *águas fecais* oferece duas estratégias de conservação de água potável. (Figura 1-11).

O projeto e a especificação cuidadosos dos aparelhos sanitários, alinhados com a demanda ocupacional, são outras formas de reduzir o uso de água potável. Pode ser necessária a reeducação dos usuários no que diz ao comportamento quanto à utilização da água. Utilizar aparelhos sanitários eficientes no consumo de água e se acostumar com diferentes tipos de fontes de água exige nova postura. O método de redução do uso de água envolve o cálculo de diversos fatores mediante o uso de uma linha de base ou um cenário de projeto padronizado e a apresentação de um estudo de caso para referência. Trata-se de um exercício de modelagem que, consequentemente, pode ser usado como uma ferramenta de projeto. Para fazer modelos que visem à redução do uso de água potável no lançamento de esgoto, é preciso considerar os seguintes fatores:

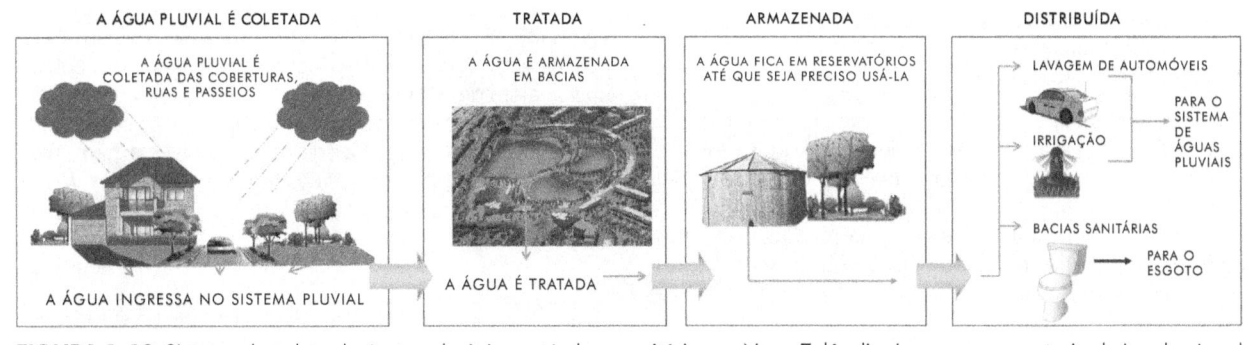

FIGURA 1-10 Sistema de coleta de águas pluviais no nível comunitário, na Nova Zelândia. Imagem por cortesia de Landco Land Developments.

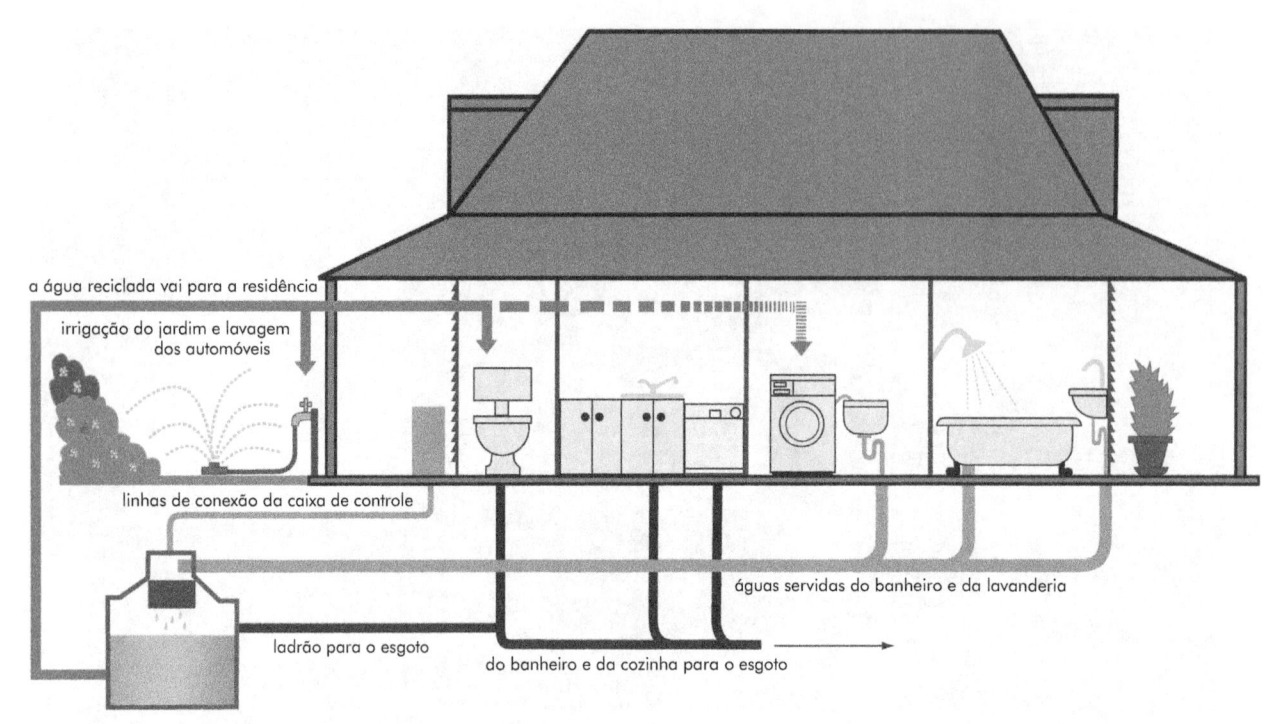

FIGURA 1-11 As águas servidas provenientes de banheiras, chuveiros, pias e da lavagem de roupa podem ser tratadas e reutilizadas na descarga de bacias sanitárias e na irrigação dos jardins. Imagem por cortesia de Tanked Australia, Rainwater Storage Solutions.

- A ocupação, ou seja, quantas pessoas utilizam a edificação e em quais horários elas estão presentes
- A frequência do uso
- Os tipos de aparelhos hidrossanitários

A redução do consumo de água nos jardins. As equipes de projeto têm condições de projetar visando à redução significativa do uso de água nos jardins e, ao mesmo tempo, à diminuição do consumo de água potável no interior da edificação. Novamente, recomendamos a comparação entre cenários simples, a partir da modelagem de pressupostos consistentes sobre o clima e a paisagem, para obter a eficiência da irrigação. Para a modelagem das questões referentes à paisagem, é preciso considerar os seguintes fatores:

- Os tipos de plantas (adaptadas ao clima, espécies nativas, xerojardinagem, evitar monoculturas)
- A eliminação de desperdícios
- Os sistemas de irrigação
- O controle da erosão
- A gestão da água da chuva

A reciclagem de água *in loco*. Evidentemente, o controle do consumo de água é apenas um dentre os vários aspectos envolvidos na maximização da eficácia no uso da água; os outros são a boa gestão dos recursos hídricos e até a possibilidade de produzir água própria para uso, seja por meio de tecnologias de tratamento ou da dessalinização. Os exemplos incluem:

- A coleta e a armazenagem das águas pluviais
- O tratamento das águas fecais (*in loco* e integrado às edificações)
- A recuperação das águas servidas da rede municipal
- A dessalinização
- O uso da água condensada e exsudada[8] dos sistemas de climatização
- O uso da filtragem por osmose reversa na água servida

A fim de proteger e gerir os recursos hídricos existentes, também é possível desenvolver programas educativos de conservação da água voltados para os usuários das edificações. Será necessário repensar os métodos históricos de manejo do abastecimento de água, do seu uso comunitário e da sua distribuição.

As matérias-primas da construção

No Capítulo 14, discutiremos exemplos de recursos. Existem vários tipos de recursos, incluindo *os vivos e os não vivos*, como metais, minerais, óleos e madeira; *os recursos energéticos renováveis*, como a energia das marés, dos ventos e do sol; além de outros *recursos renováveis e não renováveis*.

No caso de edificações, as matérias-primas são tratadas diretamente nas categorias de recursos vivos e não vivos, embora os recursos energéticos renováveis também façam parte de seus ciclos de vida.

---

[8]"Blow-DownWater: Introduction, Alliance for Water Efficiency, www.allianceforwaterefficiency.org/blow_down_water_introduction.aspx.

Especificar os materiais de construção é essencial para projetar edificações sustentáveis. Fazer perguntas sobre a vida útil dos produtos é uma boa maneira de aprender sobre a variabilidade, a utilidade e a contribuição dos materiais para a degradação do meio ambiente. (A seleção dos materiais será discutida em outro capítulo.)

Durante o processo de projeto integrado, os arquitetos e demais projetistas devem reunir dados sobre os materiais e produtos que desejam especificar para então criar uma edificação eficiente em termos de recursos, utilizando os materiais de mineração e extrativismo com inteligência. O projetista deve se informar a respeito dos seguintes fatores relacionados aos produtos:

- Embalagem
- Conteúdo reciclável
- Reciclabilidade, reúso e recuperação
- Produção de lixo
- Processo de fabricação em circuito fechado
- Durabilidade e tempo de vida útil
- Proporção de recursos renováveis e não renováveis em cada produto
- Energia incorporada do ciclo de vida total

Diversos bancos de dados e sistemas de materiais de construção, como o Pharos (Figura 1-12) auxiliam os especificadores na pesquisa sobre os benefícios e as desvantagens dos materiais selecionados. Em conjunto com as certificações de produto (discutidas no Capítulo 15), eles facilitam o trabalho de fazer as melhores escolhas ambientais.

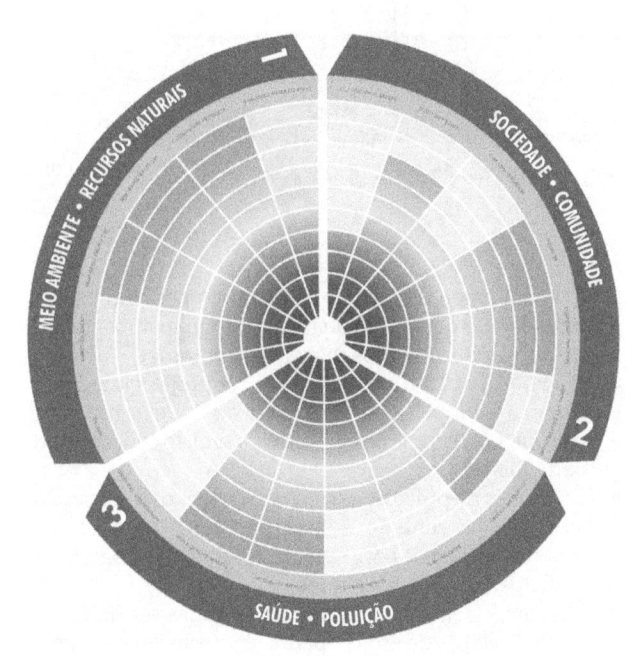

FIGURA 1-12 A "roda" ou "lente" Pharos ilustra três núcleos da sustentabilidade: ambiente e recursos, social e comunidade e saúde e poluição. Ela classifica materiais ao longo de uma escala visual dentro da lente. O Pharos Project™ é um projeto da Healthy Building Network.

O ambiente interno

Tratar da qualidade do ambiente interno é importante porque, pelo menos no mundo desenvolvido, é nele que passamos 98% do nosso tempo. Portanto, é imperativo que consideremos esse ponto como um elemento-chave do projeto integrado. Como veremos no Capítulo 7, a qualidade do ar do interior diz respeito a uma série de questões relativas ao conforto do usuário e à qualidade do trabalho no espaço vivo: temperatura, umidade, brilho, acústica, acesso à luz natural e vistas, eficiência da circulação do ar nos espaços ocupados e a qualidade do ar do interior por si só. Os próprios usuários do prédio podem tratar de muitos desses assuntos, desde que os sistemas prediais deem a eles a oportunidade de controlar seus ambientes.

A qualidade do ar do interior deve ser a principal preocupação dos projetistas de edificações integradas, uma vez que ela está diretamente relacionada à saúde dos usuários no longo prazo, como aprenderemos no Capítulo 6. A má qualidade do ar do interior gera inúmeros problemas, conforme descreve a Figura 1-13. Para obter um bom ar interno, é preciso reduzir a exposição dos usuários a produtos químicos preocupantes (por exemplo, cancerígenos, tóxicos do sistema reprodutivo e outras substâncias químicas possivelmente prejudiciais à saúde), considerando os quatro elementos da boa qualidade do ar do interior durante todo o projeto:

- O *controle da fonte*, que inclui a seleção criteriosa dos materiais, acabamentos, móveis e acessórios da edificação; selecione-os de acordo com as emissões de compostos orgânicos voláteis (COVs), e não pelo conteúdo.
- O *controle da ventilação*, que inclui o projeto de sistemas que filtrem adequadamente o ar externo e o façam circular, ultrapassando as taxas de troca de ar mínimas.
- A *avaliação da edificação e da qualidade do ar interno*, que permite aos engenheiros e construtores determinar se os sistemas da edificação estão funcionando de maneira adequada.
- A *manutenção da edificação*, que envolve a introdução de novos produtos químicos capazes de produzir efeitos sinergéticos e de gerar novas substâncias químicas preocupantes. O uso de produtos de limpeza e de manutenção benignos ao meio ambiente e o estabelecimento de um programa de zeladoria sustentável são outras formas de tentar garantir uma melhoria contínua da qualidade do ar.

Outro fator que afeta o ambiente interno envolve uma área de pesquisa que vem se popularizando rapidamente: o potencial que a química dos materiais tem de afetar a saúde humana. Examinaremos essa questão com mais detalhes no Capítulo 5; ela é citada aqui porque deveria ser incluída como um componente no processo de projeto integrado, especialmente em relação à qualidade do ambiente e do ar do interior.

Depois de ler este capítulo, talvez você comece a achar que o projeto integrado de edificações é extremamente complicado. Porém, se o projeto integrado for abordado como

SINTOMAS RELACIONADOS AOS POLUENTES DO AR INTERNO

	Partículas			Bioaerossóis				Gases		
	Poeira, terra, cinzas	Fumaça de cigarro	Pólen	Mofos, bolores, fungos	Bactérias, vírus	Convívio com animais domésticos	Ácaros	Monóxido de carbono	Formaldeídos	Compostos Orgânicos Voláteis (VOCs)
Dores de cabeça		✓	✓					✓	✓	✓
Tontura	✓			✓		✓	✓			
Cansaço			✓					✓		✓
Náuseas								✓	✓	
Vômito									✓	
Urticária					✓					✓
Irritação nos olhos	✓	✓	✓	✓	✓	✓			✓	✓
Irritação no nariz	✓	✓	✓	✓	✓	✓	✓		✓	✓
Irritação na garganta	✓	✓							✓	
Irritações respiratórias		✓		✓	✓		✓		✓	✓
Tosse	✓	✓	✓	✓	✓	✓	✓		✓	
Falta de ar				✓	✓	✓	✓		✓	
Infecções respiratórias	✓	✓		✓	✓	✓				✓
Asma (piora do quadro)	✓	✓	✓	✓	✓	✓	✓		✓	✓
Reações alérgicas	✓		✓	✓	✓	✓	✓			
Câncer de pulmão		✓								

FIGURA 1-13 A má qualidade do ar interno pode ter diversos efeitos negativos. Fonte: DTR Corporation; ilustração de Killer Banshee Studios.

uma maneira inovadora de resolver desafios, mas ainda assim bem embasada e aliada ao pensamento sustentável, tanto sua prática quando os resultados dos seus esforços serão benéficos. Este livro apresenta aos estudantes "uma nova arquitetura sustentável", isto é, uma arquitetura capaz de projetar e produzir ambientes construídos eficientes e saudáveis.

EXERCÍCIOS

1. Memorize três estatísticas fundamentais identificadas no capítulo e que são capazes de ilustrar os efeitos do exaurimento de recursos naturais na construção convencional.
2. Crie um mapa de recursos ambientais para um projeto hipotético e determine qual local teria um impacto ambiental menor sobre os recursos do entorno.
3. Planeje uma *charrette* de ateliê de projeto integrado. Como as atribuições seriam divididas entre os membros da equipe? De quais níveis e fases do projeto cada membro participaria?
4. Em termos de processo de projeto integrado, quais seriam as diferenças entre um edifício alto (uma "torre") e uma escola particular de ensino fundamental? Quais consultores participariam de cada projeto?
5. Desenvolva um cronograma de reuniões regulares em torno de etapas de projeto para seu projeto atual de ateliê da faculdade de arquitetura.

Recursos

AIA Knowledge Net, AIA Center for Integrated Practice, http://network.aia.org/centerforintegratedpractice/home/.

Deutsch, Randy. *BIM and Integrated Design: Strategies for Architectural Practice.* Hoboken, NJ: John Wiley & Sons, 2011.

IPD Case Studies. AIA Minnesota, School of Architecture, University of Minnesota, March 2012.

Macaulay, David. *Integrated Design-MITHUN.* Seattle, WA: Ecotone Publishing, 2008.

Roberts, Tristan. *Energy Modeling: Early and Often.* Environmental Building News, March 2013.www.buildinggreen.com/auth/article.cfm/2013/3/1/Energy-Modeling-Early-and-Often/.

7group and Bill Reed. *The Integrative Design Guide to Green Building: Redefining the Practice of Sustainability.* Hoboken, NJ: John Wiley & Sons, 2009.

William McDonough and Michael Braungart. *The Hannover Principles: Design for Sustainability.* 10th anniversary ed., commissioned as the official design guide for the EXPO 2000 World's Fair, William McDonough + Partners, McDonough Braungart Design Chemistry, 2003.

A História dos Movimentos Ambientalistas 2

Meanwhile, at social Industry's command,
How quick, how vast an increase! From the germ
Of some poor hamlet, rapidly produced
Here a huge town, continuous and compact,
Hiding the face of earth for leagues – and there,
Where not a habitation stood before,
Abodes of men irregularly massed
Like trees in forests, – spread through spacious tracts,
O'er which the smoke of unremitting fires
Hangs permanent, and plentiful as wreaths
Of vapour glittering in the morning sun.
— William Wordsworth,
The Excursion*

Eu acredito na floresta, na campina, e na noite durante a qual o milho cresce.
— Henry David Thoreau,
Walking

É praticamente impossível fazer justiça à história e ao desenvolvimento do movimento ambientalista e à emergência das edificações sustentáveis. Estamos falando de uma cronologia linear sobreposta a uma progressão periódica de vertentes e tendências. Com frequência, o desafio de desvendá-las se assemelha muito a desenrolar um emaranhado de fios. Alguns fios são fáceis de encontrar, mas outros não; e é quase impossível localizar o início.

A fim de explicar a interdependência do movimento ambientalista e das edificações sustentáveis, devemos considerar vários fatores concomitantes:

- A tenacidade e a dedicação dos principais líderes internacionais para aprovar leis globais, negociar tratados e criar planos de ação com o intuito de proteger o meio ambiente.
- A história do movimento ambientalista como algo global, e não regional.

- A necessidade de criar nomes e marcas para identificar as principais tendências.
- A identificação de caminhos abrangentes e concisos até o presente, focando naqueles que mais influenciaram o desenvolvimento das edificações sustentáveis.
- A compreensão do assunto de modo temático e não cronológico.

Para tanto, este capítulo discute os seguintes temas:

- As origens: os temas convergentes
- As origens no povo: os líderes precursores
- Os dois grandes catalisadores: a Revolução Industrial e a revolução química moderna
- O prelúdio dos movimentos de conservação e preservação
- As trajetórias que acompanham o movimento ambientalista: a conservação *versus* a preservação e Emerson e Thoureau
- O movimento ecológico
- O ambientalismo internacional moderno
- A emergência das edificações sustentáveis

A história do ambientalismo é um campo de estudo abrangente, visto que ele consiste em um movimento complexo cujas fontes são sociais, políticas e científicas. Como procura dar uma visão geral do assunto, este capítulo fornece somente um esboço dos temas ambientalistas que mais se sobrepõem e se interconectam. Aconselhamos os alunos a prosseguir com as leituras suplementares sugeridas no final do capítulo.

As origens

As origens do movimento das edificações sustentáveis não advêm de um único evento, pelo contrário, se devem aos efeitos cumulativos de marcos convergentes, cujas raízes remontam aos primórdios da humanidade. Para acompanhar seu desenvolvimento, precisamos, primeiramente, analisar o advento da consciência ambiental.

Nossos ancestrais eram muito apegados ao meio ambiente, já que sua sobrevivência dependia dele. Eles utilizavam os recursos naturais disponíveis para criar abrigos, caçar e, posteriormente, cultivar a terra e viajar.

Ainda que os meios fossem grosseiros e o dia a dia fosse simples, os recursos naturais eram abundantes em relação ao tamanho e à densidade da população. É fácil simplificar e ro-

---

*N. de T.: *Tradução livre – A Excursão:* Enquanto isso, sob o comando da Indústria social, / Que rápido, que enorme crescimento! Do germe / De um vilarejo miserável qualquer, rapidamente produzido / Aqui está uma cidade enorme, contínua e compacta, / Escondendo a face da terra por ligas e ligas – e lá, / Onde não havia sequer uma habitação, / Moradias de homens reunidas de modo irregular / Como árvores nas florestas, – espalhadas em campos espaçosos, / Sobre as quais a fumaça de chaminés incansáveis / Paira permanente, abundante como grinaldas / De vapor cintilante no sol da manhã.

mantizar esse período, pressupondo um equilíbrio confortável entre os primeiros humanos e o planeta, mas a destruição do meio ambiente, assim como a tradição de habitar uma área reduzida, também faz parte dos primórdios da sustentabilidade. Os primeiros humanos não fugiram à regra.

Aprendemos, desde o início da humanidade, a exaurir os recursos naturais abundantes dos quais dispomos, e esse comportamento permeia toda a história da humanidade – frequentemente com o desaparecimento de comunidades. Em seu livro *Colapso: Como as Sociedades Escolhem entre o Fracasso e o Sucesso* (2005), Jared M. Diamond cita o caminho quíntuplo que resultou na desintegração de determinadas sociedades, sendo que uma de suas facetas é a degradação do meio ambiente. O esgotamento dos recursos naturais está entre os fatores que levaram ao colapso de diversas sociedades primitivas. Como o autor defende em seu livro, o desaparecimento das culturas primitivas advém de cinco causas inter-relacionadas: danos ambientais, mudanças climáticas, vizinhos hostis, parceiros comerciais amigáveis e as respostas humanas a tais eventos. Os moradores da Ilha de Páscoa, os anasazis (Figura 2-1) e os maias são algumas das tragédias culturais primitivas estudadas por Diamond.[1]

Os estudiosos acreditam que, ao longo da história, desastres naturais e outros tipos de destruição ambiental em diferentes escalas, junto com eventos climáticos extremos e suas consequências, têm dado forma às sociedades e ao meio ambiente.

O cientista Nick Brooks afirma que as mudanças climáticas graduais são parcialmente responsáveis pelo surgimento das civilizações e culturas de adaptação; ele acrescenta, porém, que desastres ambientais repentinos não permitiram que determinadas culturas se adaptassem ao ambiente mutável – o que conhecemos como "capacidade de adaptação".[2]

A incapacidade de se preparar e se adaptar aos efeitos das mudanças climáticas nos biossistemas, na disponibilidade de alimentos e nos padrões climáticos decorre da resposta humana ineficaz que Diamond descreve em seu livro. A destruição do meio ambiente é consequência de tal incapacidade.

Além de ter sido uma das principais causas do desaparecimento das culturas primitivas, a destruição do meio ambiente continua sendo uma ameaça para a vida contemporânea. O período em que vivemos fornece inúmeros exemplos de tal destruição: a extinção de espécies, a destruição das florestas tropicais, a carência de plantações, a exaustão do solo, a pesca e as práticas florestais irresponsáveis, e os danos aos pântanos e rios devido à poluição industrial (Figura 2-2). A mudança climática está entre as expressões mais abrangentes das ameaças à saúde do meio ambiente e dos seres humanos, uma vez que, além de resultar da intervenção humana, ela contribui para a destruição ambiental descrita anteriormente. Ela também é um dos desafios mais difíceis de enfrentar, o que se deve à enorme controvérsia em torno de suas causas e à reação aos métodos propostos para lidar com a destruição.

FIGURA 2-1 O Palácio do Povo Anasazi, construído sob a proteção natural dos penhascos. Imagem do Army Corps of Engineers; fotógrafo: Timothy H. O'Sullivan.

Embora os cientistas estudem as alterações climáticas há décadas, hoje em dia, com a emergência da conscientização pública, o assunto adquiriu vigor e interesse renovados. O crescente movimento ativista está incentivando a compreensão das mudanças climáticas, algo que pode fortalecer as pessoas para além das fronteiras políticas, econômicas e geográficas. Isso é um lembrete de que, como uma cultura global, temos a capacidade adaptativa de sobreviver. (As mudanças climáticas serão discutidas em um capítulo posterior.)

Os movimentos com origem no povo

"Se a espinha dos morros quebrar, a planície abaixo será inundada".

— Slogan do Movimento Chipko

Paul Hawken é um escritor visionário muito citado pelo movimento ambientalista. O livro *Natural Capitalism: Creating the Next Industrial Revolution* (*Capitalismo Natural: Criando a Próxima Revolução Industrial*) (1970),[3] que ele escreveu com Amory Lovins e L. Hunter Lovins, é um tratado sobre o modelo inovador de uma nova economia, na qual a capacidade de carregamento ambiental está chegando ao fim. Trata-se de

---

[1] Jared M. Diamond, *Collapse: How Societies Choose to Fail or Succeed* (New York: Viking Press, 2005).

[2] W. Neil Adger and Nick Brooks, "Does Global Environmental Change Cause Vulnerability to Disaster?" in *Natural Disaster and Development in a Globalizing World*, ed. Mark Pelling (London and New York: Routledge, 2003).

[3] Paul Hawken, Amory Lovins, and L. Hunter Lovins, *Natural Capitalism: Creating the Next Industrial Revolution* (Snowmass, CO: Rocky Mountain Institute, 2008).

FIGURA 2-2 Uma paisagem transformada pelas atividades industriais em larga escala. Fotógrafo: John Varigos.

uma obra revolucionária, que faz parte das leituras obrigatórias de escolas do ensino médio e de muitas disciplinas das faculdades.

Em *Blessed Unrest*,[4] Paul Hawken relata o início do movimento ambientalista. Ele fala de um movimento que teve início junto com as ideias de justiça social e ambiental – duas correntes distintas que, atualmente, percorrem o mesmo caminho. Sabiamente, o autor conclui que a sustentabilidade ambiental e a justiça social não podem ser separadas.

A filosofia da edificação sustentável é um componente importante deste movimento convergente. Para compreender o movimento atual e a evolução da edificação sustentável, primeiro precisamos analisar as origens do pensamento ambientalista.

Apesar da crença geral, o movimento ambientalista não nasceu exclusivamente na era vitoriana; na verdade, o ativismo – por exemplo, a destruição de tecelagens que os luditas levaram a cabo na Inglaterra, no ano de 1811, em resposta ao desemprego resultante do surgimento do tear moderno – não era conhecido até então (Figura 2-3). As primeiras leis antipoluição foram aprovadas em Roma e na China, enquanto o Peru e a Índia já estavam cientes da necessidade de preservar o solo.[5] O Reino Unido criou uma agência para controlar a poluição por meio da Lei dos Álcalis (Alkali Act) de 1863, que buscava implementar controles sobre as emissões do gás cloreto de hidrogênio pela indústria de álcalis.

Uma das expressões mais comoventes dos primeiros esforços de conservação aconteceu na Índia na década de 1730, quando um grupo liderado por Amrita Devi, uma matriarca da Bishnoi – uma seita hindu proveniente do Rajastão, no noroeste da Índia, conhecida por se dedicar à proteção do

FIGURA 2-3 Com frequência, o termo "ludita" é mal empregado para se referir àqueles que são contra a indústria e a tecnologia modernas mecanizadas. Na verdade, o movimento ludita estava preocupado com a sustentabilidade econômica das comunidades ameaçadas com o advento da Revolução Industrial. Working Class Movement Library, Salford, Reino Unido.

---

[4]Paul Hawken, *Blessed Unrest: How the Largest Movement in the World Came into Being and Why No One Saw It Coming* (New York: Viking Press, 2007).

[5]Lorraine Elliott, "Environmentalism?—A History of the Environmental Movement," in *Encyclopedia Britannica Online*, 2007, www.britannica.com/eb/article-224631.

meio ambiente e por acreditar na natureza sagrada das árvores – frustrou os esforços do Marajá de Jodhpur, que pretendia derrubar as árvores da região para dar lugar a edificações. Embora os relatos variem bastante, sabe-se que, um a um, os habitantes do vilarejo encontraram a morte à medida que foram cercando as árvores na frente dos empregados do marajá. Diz-se que, antes de morrer ao ser cortada com uma árvore, Amrita Devi disse: "Vale a pena salvar uma árvore, mesmo ao custo de uma vida" (Figura 2-4). Até que os esforços de construção fossem abandonados, 362 pessoas de todas as idades perderam suas vidas. Em resposta à tragédia, as árvores passaram a ser protegidas por decreto real.[6]

Essa antiga forma de protesto hindu deu origem ao Movimento Chipko, também na Índia, na década de 1970, no qual surgiu o termo "abraçador de árvore" (treehugger). Como ocorreu com a Bishnoi, o Movimento Chipko foi liderado por mulheres que se opunham ao desflorestamento para fins corporativos, e que, mais uma vez, cercaram as árvores com seus próprios corpos para protegê-las. Aproveitando a resistência às práticas governamentais de desflorestamento, os membros do movimento também protestaram contra as limitações sobre a derrubada de árvores que, anteriormente, haviam sido impostas sobre seus próprios padrões de vida e subsistência.

A ação ambientalista prosseguiu por muitos anos, gerando a vertente ecofeminista do ambientalismo.[7]

É possível traçar um paralelo entre o Movimento Chipko e os métodos de protesto pacíficos de Mahatma Gandhi. Neste caso, as questões irmãs (o feminismo e o ambientalismo) têm uma correspondência espiritual, visto que ambas expressam os caminhos irmãos descritos por Hawken, ou seja, a coincidência das temáticas sociais e ecológicas.

As estrelas do ecofeminismo incluem mulheres notáveis como Wangari Maathai (Figura 2-5), que recebeu o Prêmio Nobel da Paz em 2004 por ter implantado o Green Belt Movement (Movimento do Cinturão Verde) tanto no Quênia como em âmbito internacional, convocando todos a plantar árvores de forma a impedir a erosão do solo e recuperar as florestas. Novamente, esse movimento foi alavancado e implantado por mulheres, cujos padrões de vida e trabalho estão intimamente associados à saúde do meio ambiente como um todo e giram em torno de símbolos de vida e proteção, incluindo as árvores.[8]

FIGURA 2-4 Membros do Movimento Chipko abraçam uma árvore, fato que deu origem ao termo "abraçador de árvore". Imagem de Right Livelihood.

FIGURA 2-5 Dra. Wangari Maathai, fundadora do Movimento do Cinturão Verde e ganhadora do Prêmio Nobel da Paz em 2004. Fotógrafo: Martin Rowe.

---

[6]"India's Original Green Brigade," Times of India, April 11, 2006.

[7]Ramachandra Guha, The Unquiet Woods: Ecological Change and Peasant Resistance in the Himalaya (Berkeley and Los Angeles: University of California Press, 2000).

[8]Para saber mais sobre o Movimento do Cinturão Verde, acesse http://greenbeltmovement.org.

Os povos indígenas já iniciaram muitas ações ambientalistas em todo o mundo. Contudo, é preciso observar que esses primeiros ativistas pertenciam a pequenas comunidades cujo trabalho era definido pelos desafios impostos pela geografia da região e pelas políticas autoritárias. Hoje em dia, porém, a descrição parcial da história ambiental deixa de lado, discretamente, as histórias dos povos indígenas.

Nos Estados Unidos da América, como em outros países ao redor do mundo, muitos povos indígenas eram conhecidos pelo respeito à natureza e pela relação com os elementos naturais que formavam seu entorno. Eles sabiam que era preciso equilibrar as inter-relações entre a necessidade de sustento da comunidade e a responsabilidade de honrar as práticas espirituais que se refletiam na natureza. Essas pessoas acreditavam fazer parte do ciclo integrado da natureza e da vida, reconhecendo a conexão de seus ancestrais com o mundo natural.

Como essas culturas tinham formas de sustento e hábitos de vida diferentes, até as abordagens ambientalistas mais primitivas variavam entre si. Algumas sociedades já superexploravam o meio ambiente, embora nada se compare ao que foi feito pela população europeia assim que se firmou no Novo Mundo.[9]

Em 2007, o Prêmio Ambiental Goldman (Goldman Environmental Prize) foi entregue a Sophia Rabliauskas, membro da Poplar River First Nation, no Canadá, que se tornou uma ativista ao defender a preservação por meio do florestamento sustentável da floresta boreal de sua região – um exemplo bem-sucedido de ativismo ambiental em escala de justiça social.[10]

A Revolução Industrial

Pode-se dizer que a infraestrutura criada pela Revolução Industrial do século XIX é muito parecida com aquele navio a vapor [O Titanic]. Ela é impulsionada por combustíveis fósseis, reatores nucleares e produtos químicos. Ela libera resíduos nas águas e fumaça nos céus. Ela tenta trabalhar seguindo as regras que ela mesma estabeleceu, opondo-se às leis do mundo natural. E, embora nos pareça ser invencível, as falhas básicas de projeto prenunciam o desastre.

–"The Next Industrial Revolution". William McDonough e Michael Braungart, Atlantic, outubro de 1998.

Para falar sobre a conscientização ambiental, sempre partimos da Revolução Industrial, que ninguém sabe exatamente quando começou, incluindo todas as suas fases e manifestações regionais.[11] Em essência, a Revolução Industrial provocou a transição internacional da sociedade agrícola e agrária, que se baseava na comunidade rural em pequena escala e na economia de subsistência, para a sociedade industrializada, que vivia em um ritmo muito mais rápido. Surgiu uma comunidade urbana empobrecida e praticamente desconhecida, na qual mulheres e crianças eram fundamentais para a força de trabalho. Durante este período de transição, as condições de vida e trabalho eram escabrosas – e o mesmo se pode dizer das consequências ambientais dessa grande mudança. Por meio da retrospectiva, conseguimos entender tanto os malefícios como os benefícios históricos da contribuição da revolução para o crescimento das cidades modernas; das tecnologias de comércio, importação/exportação e fabricação; e, em última análise, da melhoria da saúde pública.

Em muitos continentes e por muito tempo, a Revolução Industrial provocou o surgimento de conflitos sociais que estavam intimamente relacionados aos impactos ambientais paralelos. A Era Romântica dos poetas e romancistas foi notável por observar, em primeira mão, a revolução e suas implicações sociais e ambientais.

Manifestando-se em relação à Revolução Industrial, Mary Wollstonecraft Shelley (1797-1851) escreveu sobre os perigos das ciências e das máquinas em *Frankenstein ou o Prometeu Moderno* (*Frankenstein: Or The Modern Prometheus* – 1818), cuja linha de apoio se refere à figura mítica que trouxe o fogo para a humanidade e que simboliza a criatividade e a audácia humanas (Figura 2-6). No final, tanto Prometeu como o Dr. Frankenstein são punidos por soltar as amarras de um monstro moderno indefinido. O monstro de Frankenstein era um produto da ciência moderna, mas também sua vítima.

FIGURA 2-6 No livro *Frankenstein*, de Mary Shelley, o monstro era uma metáfora da era moderna.

---
[9]Benjamin Kline, *First Along the River: A Brief History of the U.S. Environmental Movement* (San Francisco: Acada Books, 2000, p. 14).

[10]Para saber mais sobre Sophia Rabliauskas e o Prêmio Goldman, acesse www.goldmanprize.org.

[11]Peter N. Stearns, *The Industrial Revolution in World History* (Boulder, CO: Westview Press, 1998).

A reação do poeta William Blake (1757-1827) foi igualmente vigorosa. Ele contrapôs "os campos verdes e agradáveis da Inglaterra" com as "tecelagens escuras e satânicas" da Revolução Industrial.[12] George Orwell, cujo período mais fértil como escritor costuma ser associado ao final da segunda revolução industrial inglesa, descreveu, em grande parte de sua obra, as adversidades sociais e políticas do progresso da Revolução Industrial, lastimando o advento das máquinas e o preço que as pessoas tinham de pagar para compreender sua própria humanidade. Em *O Caminho para Wigan Pier* (1937), Orwell relata, em primeira mão, as experiências de indivíduos empobrecidos e desempregados em uma cidade mineradora de carvão no norte da Inglaterra. "A seu ver, Wigan era o término histórico da revolução industrial, o declínio miserável do 'progresso'. [Orwell] usou Wigan para especular sobre o destino do ser humano em uma era das máquinas consolidada, madura e sombria".[13]

Durante este período, a natureza propriamente dita foi transformada em objeto e passou a ser vista como um produto agrícola e econômico. O economista agrônomo Richard T. Ely, um dos primeiros a estudar a Revolução Industrial, observou que o conceito econômico primário de "terra" era desassociado da natureza; ele era encarado, basicamente, em termos de propriedade ou posse, mas separado da natureza.[14]

Apenas no início do século XX, algumas subdivisões da teoria econômica começaram a enxergar a terra em termos de economia do meio ambiente e dos recursos naturais – disciplinas que buscam preservar a produção agrícola limitada com base na conservação da terra e da natureza.

Conforme observa Bill McDonough, ainda vivemos com a infraestrutura criada pela Revolução Industrial. Posteriormente, no final do século XIX e no início do século XX, quando a segunda revolução industrial chegava ao fim, o advento da química moderna e da indústria bélica gerou outra transformação: o desenvolvimento de produtos químicos sintéticos.

A revolução química moderna

O slogan da DuPont – "coisas melhores para uma vida melhor por meio da química" –, lançado na década de 1930, se tornou uma vítima do ceticismo cultural durante os anos de protesto da década de 1960, nos Estados Unidos; a partir daí, a sociedade passou a desconfiar cada vez mais de tais slogans corporativos.

Em grande parte, esse ceticismo resultou dos esforços da jovem bióloga Rachel Carson (Figura 2-7) e de seu livro precursor A *Primavera Silenciosa* (*Silent Spring*) (1962), que chamou a atenção para a proliferação em grande escala de

FIGURA 2-7 Rachel Carson, cujo livro A *Primavera Silenciosa* (1962) foi a pedra de toque dos movimentos ambientalistas e da saúde. Imagem da Administração Atmosférica e Oceânica Nacional dos Estados Unidos.

inseticidas, pesticidas e herbicidas, bem como seu impacto sobre a biosfera, a cadeia alimentar, o ciclo da água e, em última análise, os seres humanos. É provável que Carson tenha dado início à discussão referente ao impacto da indústria moderna sobre a saúde do meio ambiente e dos seres humanos. Ela observou que as substâncias químicas inseticidas solúveis em lipídios encontraram sua residência ideal nos tecidos adiposos e nos órgãos de seres humanos e outros mamíferos.[15] O conceito de armazenagem química de longo prazo e carga corporal passou a ser compreendido pelo público em geral quando seu livro foi publicado em capítulos na revista *New Yorker*. Embora a indústria química tenha feito o possível para desacreditar e caluniar Carson, o livro incitou discussões e controvérsias que levaram à criação de agências fiscalizadoras do meio ambiente, como a Agência de Proteção Ambiental (EPA) dos Estados Unidos.

Em 1972, o pesticida químico DDT (dicloro-difenil-tricloroetano) foi banido, e muitos outros inseticidas (ou "biocidas", conforme o termo cunhado por Carson) foram retirados do mercado dos Estados Unidos. Contudo, ainda são comuns a produção e a exportação de pesticidas proibidos e restringidos em muitos países para outras partes do mundo, ainda que exista um mecanismo de notificação internacional obrigatória em vigor.[16]

Desde meados do século XX, despejos de produtos químicos e acidentes industriais – como a liberação do gás isocianato

---

[12] William Blake, *Jerusalem, The Emanation of the Giant Albion* (1804-1820?). Jerusalém aparece em muitas coleções. Blake imprimiu quatro cópias por conta própria, uma delas a cores, que foram reproduzidas em uma publicação recente: *Jerusalem, The Emanation of the Giant Albion*, The Illuminated Books of William Blake, vol. 1, ed. Morton D. Paley (Princeton, NJ: William Blake Trust & Princeton University Press, 1997; orig. 1991).

[13] Hamza Walker, "Darren Almond, May 06–June 20, 1999," Renaissance Society at the University of Chicago, n.d., http://archive.renaissancesociety.org/site/Exhibitions/Essay.Darren-Almond.40.html and http://vimeo.com/16566837.

[14] Herman E. Daly and John B. Cobb Jr., *For the Common Good: Redirecting the Economy toward Community, the Environment, and a Sustainable Future* (Boston: Beacon Press, 1994).

[15] Carson, *Silent Spring*. Rachel Carson cita duas classes de inseticidas: os hidrocarbonos clorados e os fosfatos orgânicos, que agem sobre o sistema nervoso e os órgãos vitais.

[16] Para saber mais sobre o mecanismo de notificação internacional obrigatória para a produção e a exportação de pesticidas banidos e proibidos para outras partes do mundo, acesse o site da EPA: www.epa.gov/pesticides/international/trade.

de metila pela Union Carbide em Bophal, na Índia, em 1984; a descoberta de décadas de despejos de produtos químicos da Hooker Chemical & Plastics Corporation[17] na comunidade do Love Canal, nas Cataratas do Niágara, em Nova York; e outros despejos de produtos tóxicos no meio ambiente, como o derramamento de óleo da Exxon Valdez em Prince William Sound, no Alasca (1989) (Figura 2-8) – grifaram a importância de controlar as indústrias químicas e de manufatura.

Os acidentes industriais nucleares – como o incêndio em uma usina nuclear de Windscale, Inglaterra, em 1957 (Figura 2-9); o acidente nuclear na Ilha ThreeMile, perto de Harrisburg, Pensilvânia, Estados Unidos, em 1979; e a explosão do reator nuclear da cidade de Chernobil em 1986, no norte da Ucrânia – fizeram com que as pessoas começassem a suspeitar dos governos. A desconfiança típica desse período levou aos protestos antinucleares do final da década de 1970. Surgiu, então, uma nova vertente do ativismo ambientalista, que era essencialmente passional e que foi vista com ceticismo pelo público em geral devido às suas práticas ativistas. Ainda assim, a junção dos desastres ambientais e do ativismo social desencadeou aquilo que conhecemos como Novo Ambientalismo. Apesar do tom passional, as comunidades clamavam o desenvolvimento de políticas públicas para questões ambientais, tanto nos Estados Unidos como em escala global.

Os dois percursos paralelos do Ambientalismo: os movimentos de conservação e preservação

Os primeiros ambientalistas ocidentais eram todos homens, isto é, naturalistas que exaltavam a vida selvagem e os habitats por meio da ciência, da filosofia, da arte e da literatura. Outros eram líderes que proviam a saúde pública e estratégias para a prevenção de doenças, como a sanitização e a infraestrutura de esgotos moderna. Os movimentos de Preservação e Conservação norte-americanos se desenvolveram juntos, mas logo divergiram devido a uma diferença na perspectiva sobre a relação humana com o mundo natural.[18]

Porém, antes de tratar dos conservacionistas e dos preservacionistas, faremos uma breve apresentação das questões mais relevantes de saúde ambiental: o controle da poluição e a saúde pública. Na Pensilvânia do século XVIII, Benjamin Franklin e muitos outros nomes do bem-estar social lideraram protestos que exigiam o controle da poluição da água por abatedouros, curtumes e peleiros. Franklin também desenvolveu outras inovações cívicas, como os "clubes" de bombeiros voluntários e o Hospital da Pensilvânia, que se dedicava ao tratamento de indivíduos de baixa renda e com problemas mentais.[19] Outro líder foi o engenheiro civil Sir Joseph Bazalgette, que ficou encarregado de modernizar os sistemas cloacais depois do Great Stink (Grande Fedor) de 1858, resultante da poluição massiva e constante proveniente dos esgotos abertos de Londres, que, por sua vez, eram lançados no Rio Tâmisa – uma situação descrita por Charles Dickens como "obscena".

O interesse pela saúde pública aumentou no mesmo período, o que fez com que novas medidas fossem tomadas para projetar novos sistemas e criar políticas referentes à proteção legal da saúde e da qualidade de vida. Mais uma vez, verifica-se a convergência entre as vertentes do ambientalismo e da responsabilidade social.

Os papéis fundamentais de Emerson e Thoreau

> O Oeste a que me refiro é apenas outro nome para a Selva; e o que estou tentando dizer é que a preservação do Mundo se encontra na Selva. Todas as árvores lançam suas fibras em busca da Selva. As cidades as importam a qualquer preço. Os homens aram a terra e viajam pelos mares em sua busca. Das

FIGURA 2-8 Tentativa de limpeza após o derramamento de óleo da Exxon Valdez, em Prince William Sound, Alasca, 1989. Foto por cortesia do Conselho Exxon Valdez Oil Spill Trustee.

FIGURA 2-9 Funcionários de uma indústria de laticínios descartando leite após o incêndio na usina nuclear de Windscale, no Reino Unido, em 1957. "Pouring Milk, 1957", Ivor Nicholas.

---

[17] A Hooker Chemical & Plastics Corporation é uma filial da Occidental Petroleum.

[18] John McCormick, *Reclaiming Paradise: The Global Environment Movement* (Bloomington: Indiana University Press, 1989).

[19] "Benjamin Franklin: An Extraordinary Life, An Electric Mind" (documentário do Public Broadcasting Service, que foi ao ar em 19 e 20 de novembro de 2002), www.pbs.org/benfranklin.

florestas e dos sertões vêm os tônicos e as cascas de árvores que sustentam a humanidade. Nossos ancestrais eram selvagens. A lenda de Rômulo e Remo sendo amamentados por uma loba não é uma fábula inexpressiva. Os fundadores de todos os Estados que se tornaram eminentes tiraram sua alimentação e seu vigor de uma fonte natural semelhante.[20]
— Henry David Thoreau, "Walking"

Quando gozamos de boa saúde, o ar fresco nos proporciona um prazer inacreditável. Ao cruzar o paço municipal coberto de neve, ao crepúsculo, sob um céu encoberto, sem pensar em algo bom em especial, experimentei um sentimento de perfeição. Sinto-me tão satisfeito que chego a ter medo.
— Ralph Waldo Emerson, "Nature"

Para entender as origens da filosofia conservacionista-preservacionista, precisamos examinar uma corrente específica do modernismo: trata-se do ambientalismo ocidental, ou transcendentalismo romântico, cujas origens remontam desde o poeta inglês William Wordsworth (1770-1850) até Ralph Waldo Emerson (1803-1882), o sacerdote da Igreja Unitária que se tornou filósofo, escritor e poeta.

Wordsworth e Emerson se conheceram em 1833 durante um período fundamental das viagens de Emerson pela Europa, quando o pensamento científico contemporâneo e as novas descobertas no mundo natural o levaram a concluir que "a natureza é a materialização da mente divina. Por meio do conhecimento da natureza, a mente humana se corporifica, até que, finalmente, o corpo e o espírito deixam de ser metades partidas da Criação e se tornam um todo".[21] O contato de Emerson com Wordsworth e outros românticos ingleses aprofundou seu interesse pela espiritualidade do mundo natural.

Esse interesse se refletiu em Nature, ensaio escrito por ele e publicado em 1836. A obra revelou a filosofia de Emerson, que acreditava que a natureza é o "espírito universal" que existe para servir a humanidade. Com seu ensaio e a criação do movimento transcendentalista (que sustentava que a verdadeira espiritualidade não depende da religião organizada), Emerson forneceu a base para o ensaísta, naturalista e filósofo Henry David Thoureau (1817-1862).

Foi nos bosques de Emerson que Thoreau observou o ritmo da natureza, registrou sua coexistência com o mundo natural e articulou a crença de que, sem a vida selvagem, a humanidade não existiria. Seu livro Walden, or, Life in the Woods (Walden, ou A Vida nos Bosques, 1854) e seus ensaios sobre a natureza e a desobediência civil pacífica deram forma aos princípios básicos do pensamento e do ativismo ambiental.

Emerson era um preservacionista que, com frequência, observava o poder da natureza e as tentativas humanas de submetê-la e conquistá-la. Para ele, a sociedade civilizada, a indústria e o crescimento das cidades interferiam na paisagem, enquanto os fazendeiros, cuja subsistência dependia da coexistência cuidadosa com a natureza, pareciam protegê-la e utilizá-la com sabedoria. Thoreau é conhecido como o pai do ambientalismo, em parte, devido à enorme influência que exerceu sobre os futuros líderes do movimento, incluindo John Muir, o preservacionista-ambientalista que fundou o Sierra Club em 1892, e David Brower, o fundador do Earth Island Institute and Friends of the Earth, entre outros. Devido aos seus atos de desobediência civil pacífica e por ser um dos poucos ambientalistas de seu tempo a estudar os povos indígenas marginalizados da Nova Inglaterra, as mensagens de justiça social de Thoreau chegaram até líderes do século XX, como Mahatma Gandhi e Martin Luther King Jr.

Nos Estados Unidos, artistas e escritores de então eram influenciados diretamente pela herança de Wordsworth, Emerson e Thoreau.[22] Thomas Cole (1801-1848), o fundador da Escola do Rio Hudson de pintores de paisagens, promoveu a visão romântica da natureza ao destacar a majestade e a imensidão das montanhas (Figura 2-10) de maneira muito semelhante à utilizada pelos pintores chineses de paisagens, que retratavam a própria insignificância humana frente à enormidade da natureza. Cole, porém, fez isso de outro modo. Ainda que a romantização da natureza fosse seu tema central, ele também destacou em sua obra, por meio de alegorias, o ritmo incessante da intervenção humana sobre a paisagem natural, como resposta àquilo que observara em primeira mão na revolução industrial europeia.

George Perkins Marsh foi outro escritor influente a seguir a linha de Thoreau. Seu livro, O Homem e a Natureza; ou a Geografia Física Modificada pela Ação Humana (Man and Nature; or, Physical Geography as Modified by Human Action) (1864), foi chamado por Lewis Mumford de "as origens do movimento conservacionista".[23]

Embora fosse um amante da natureza, diferentemente de Thoureau, Marsh acreditava que ela devia ser domada, mas também protegida por uma boa vigilância. Ao contrário de seus contemporâneos, porém, Marsh pensava que os fenômenos naturais não determinavam a geografia física, e, portanto, não configuravam os seres humanos. Ele afirmava que a intensidade e a extensão da intervenção humana, como nas práticas florestais irresponsáveis, prejudicariam o meio ambiente.[24]

Considerando os dois partidos políticos que dominam os Estados Unidos atualmente, podemos dizer que a palavra "conservador" derivou do primeiro presidente dos Estados Unidos verdadeiramente conservacionista em termos de meio ambiente – Theodore Roosevelt (1858-1919). Uma de suas plataformas presidenciais foi a proteção dos recursos naturais, e sua administração (1901-1909) deu várias contribuições legislativas, como a proteção das florestas, a gestão das terras públicas e a preservação da vida selvagem.

Roosevelt fundou o U.S. Forest Service (Serviço de Florestas dos Estados Unidos), que criou parques nacionais com milhões de hectares (o primeiro deles foi o Parque Nacional

---

[20]Henry David Thoreau, "Walking," Atlantic Monthly 9, no. 56 (1862): 657–674.

[21]Laura Dassow Wells, Emerson's Life in Science: The Culture of Truth (Ithaca, NY: Cornell University Press, 2003), 4.

[22]Barbara Novak, American Painting of the Nineteenth Century: Realism, Idealism, and the American Experience (Boulder, CO: Icon Editions, 1979), 61.

[23]Lewis Mumford, Brown Decades: A Study of the Arts in America, 1865–1885 (Mineola, NY: Dover Press, 1972), 78. See also Mumford, Condition of Man (Houghton Mifflin, 1973), and Peter Smith, Technics and Civilization, 1984.

[24]Daniel W. Gade, "Review of 'George Perkins Marsh: Prophet of Conservation by David Lowenthal,'" Geographical Review 92, no. 3 (2002): 460–462; David Lowenthal, George Perkins Marsh: Versatile Vermonter (New York: Columbia University Press, 1958), 248.

FIGURA 2-10 O pintor Thomas Cole, fundador da Escola do Rio Hudson, encantou-se com a majestade das paisagens norte-americanas. Imagem © Museu de Arte Metropolitano, pintura de Thomas Cole.

Yellowstone) e colocou os refúgios de vida selvagem sob a proteção do governo. Ele também foi o primeiro presidente dos Estados Unidos a convocar uma conferência internacional: a North American Conservation Congress, realizada em 18 de fevereiro de 1909; representantes do Canadá, do México e da província de Newfoundland (Terra Nova) estiveram presentes. O efeito mais significativo decorrente dessa conferência foi o desejo de convocar futuramente uma conferência internacional para abordar o tema da conservação. Roosevelt acreditava na necessidade de uma solução global: "É evidente que os recursos naturais não são limitados pelas fronteiras que separam as nações, e que a necessidade de conservá-los neste continente é tão grande como a área sobre a qual eles se encontram".[25]

Por ter sido um caçador durante toda a vida, Roosevelt costuma ser citado pelos adeptos da caça que acreditam que os recursos naturais devem ser conservados para tal atividade recreativa. Este período deu origem àquilo que chamamos de ética da conservação de recursos, o que corresponde à pauta de reformas da Era Progressista. Os defensores das duas pautas desconfiavam das razões das empresas privadas e da agricultura corporativa, e também acreditavam que ambos precisavam ser supervisionados pelo governo para que se pudesse administrar e controlar com sabedoria o uso pródigo dos recursos naturais.

Os conservacionistas progressistas acreditavam que somente o governo conseguiria gerir os recursos naturais de maneira eficaz, o que garantiria a abundância natural e também o vigor econômico.[26] Roosevelt e Gifford Pinchot, o presidente da National Conservation Commission (Comissão Nacional de Conservação) e primeiro presidente do Serviço de Florestas dos Estados Unidos (U.S. Forest Service), acreditavam que as reservas naturais deviam ser "conservadas" para permitir o desenvolvimento econômico dos humanos. Esse ponto de vista não negava aos empreendimentos privados o direito de utilizar os recursos naturais; na verdade, o objetivo da gestão de recursos era criar diretrizes e promover o manejo do gado, das plantações e do descarte dos resíduos industriais.

Acredita-se que Pinchot, por ter sido educado nos princípios alemães de gestão florestal, que encorajavam a produção máxima, foi responsável por dividir os conservacionistas e os preservacionistas. Enquanto Roosevelt e outros conservacionistas tradicionais afirmavam que a natureza precisava ser manejada com sabedoria para ser utilizada pelos humanos, os preservacionistas, como John Muir, buscavam proteger a vida selvagem como um local de estudo, reflexão e lazer.

Roosevelt teve um primeiro contato com a perspectiva preservacionista em 1903, quando foi convidado a passear

---

[25]"Roosevelt Invites Canada and Mexico; Calls a North American Conference on Conservation of Resources for Feb. 18. Pinchot to Take Letters Will Journey First to Canada and then to Mexico to Discuss the Proposed Meeting," *New York Times*, December 28, 1908.

[26]Kline, *First Along the River: A Brief History of the U.S. Environmental Movement* (San Francisco: Acada Books, 2000), 54.

pelo Vale Yosemite com John Muir (Figura 2-11).[27] Durante o acampamento que durou três dias, o ativista Muir tentou convencer Roosevelt a proteger as áreas de vida selvagem, e conseguiu inspirá-lo a instituir sistemas de proteção para o Vale Yosemite por meio do Congresso dos Estados Unidos. Em 1892, John Muir fundou o Sierra Club, uma organização cuja vitalidade continua lutando pela legislação ambiental até hoje. Atualmente, existem inúmeras organizações privadas que lutam pela preservação das áreas de vida selvagem.[28]

O movimento ecológico

O movimento ecológico foi outra prática que surgiu no século XX, e é especialmente relevante para as edificações sustentáveis integradas. A ecologia, um novo ramo da ciência, já fazia parte da consciência humana desde o início do século passado, postulando que o meio ambiente é um conjunto de organismos inter-relacionados. Ela se tornou atual devido a outro ícone, Aldo Leopold (1887-1948). Assim como Thoreau, ele teve um período de retorno à floresta, durante o qual viveu em um barraco na fazenda de Sand County, em Wisconsin.

FIGURA 2-11 Theodore Roosevelt e John Muir em Glacier Point, no Vale Yosemite, Califórnia, 1906. Imagem por cortesia da Biblioteca do Congresso; fotógrafos: Underwood & Underwood.

A obra resultante, *A Sand County Almanac* (*O Almanaque de Sand County*), é considerada o Walden de Leopold.

Leopold começou como administrador de reservas florestais (na verdade, ele foi um guarda-florestal, como Gifford Pinchot), mas, diferentemente de Pinchot, acreditava que seu trabalho se encaixava em um contexto mais amplo. Ele queria influenciar o modo como os cientistas explicavam o ambientalismo em termos da nova ecologia. Leopold se desiludira com os cientistas, visto que estes não consideravam o ecossistema como um todo. Ele optou por encarar a ecologia de maneira integrada, examinando o equilíbrio dos ecossistemas e suas inter-relações.

Leopold acreditava que existiam dois tipos de conservacionistas:

- Aqueles que veem a terra como um solo capaz de gerar valores econômicos ao oferecer árvores para serem usadas como madeira ou ao criar pastagem para o gado (*os conservacionistas, que usam a terra para fins econômicos*).
- Aqueles que veem a terra como uma biota, ou seja, uma coleção de espécies inter-relacionadas que, quando danificada em um de seus aspectos, repercute em um conjunto de questões associadas (*os ecologistas – éticos da terra*).

É provável que o conceito de ética da terra tenha sido a principal contribuição de Leopold para a filosofia ambiental; suas leituras históricas e o meio em que vivia o levaram a acreditar que o tratamento ético da "terra" inexistia. A ética da terra de Leopold, resumida no capítulo final de *A Sand County Almanac*, convoca os seres humanos a refletir sobre suas obrigações e relações para com a terra, enfatizando que tais obrigações devem incluir a conservação ambiental, mesmo quando essa "conservação" não resulta em ganhos econômicos.

Por se tratar de uma extensão da filosofia clássica, a ética da terra incorpora a "comunidade biótica". A respeito da ética da terra, Leopold afirmou que "em breve, a ética da terra mudará o papel do *homo sapiens*, que passará de conquistador da comunidade terrestre a simples membro e cidadão dela. Ela implica o respeito pelos demais membros e também o respeito pela comunidade propriamente dita".[29]

Ainda no século XX, James Lovelock elaborou a "teoria de Gaia", derivada da filosofia da ecologia e sustentada pelo conceito de edificações sustentáveis integradas. Lovelock foi um cientista da NASA (National Aeronautics and Space Administration) e, portanto, uma fonte confiável para o público leigo, embora sua teoria tenha sido ridicularizada por seus colegas.

A filosofia original de Lovelock (publicada inicialmente como a teoria de Gaia, em 1979) afirmava que a terra é um "superorganismo", ou seja, uma soma de partes inter-relacionadas que mantém o meio ambiente em equilíbrio – em essência, regulando-se a si próprio.[30] Posteriormente, Lovelock reestruturou sua teoria e passou a falar de autorregulamentação, o que é interessante discutir atualmente, já que estamos lidando com os resultados das ações humanas sobre um planeta abundante.

---

[27]Theodore Roosevelt, "John Muir: An Appreciation." *Outlook* 109 (January 15, 1915): 27–28, www.sierraclub.org/John_Muir_Exhibit/life/appreciation_by_roosevelt.html.
[28]Hawken's *Blessed Unrest* e seu Web site, Wiser Earth, lista as referidas organizações: WiserEarth: Community Tools for Creating a Just and Sustainable World: http://www.wiserearth.org/.

[29]Leopold, *Sand County Almanac*, 204.
[30]Lovelock, *Gaia, A New Look at Life on Earth*. (Oxford and New York: Oxford University Press, 1982 [orig. 1979]), 144.

EXERCÍCIOS

1. Nos poemas Jerusalem, de William Blake e The Excursion, de William Wordsworth, a natureza é antropomorfizada e exaltada nos termos que os poetas utilizam para defini-la. Como você descreveria as resoluções ou diretrizes que cada poeta fornece para seus leitores?
2. Em seu livro *A Fierce Green Fire: The American Environmental Movement*, e seu documentário da PBS, o autor Philip Shabecoff descreve três ondas do movimento ambiental nos Estados Unidos, reivindicando a necessidade de uma quarta onda, que deve tornar o sistema político sustentável seguindo as mesmas prioridades que outros países estabeleceram para implementar essas mudanças de maneira bem-sucedida. Quais países e sistemas políticos trabalharam para "domesticar suas máquinas e torná-las úteis sem que causem danos"?[31]
3. Aos olhos do público, qual figura contemporânea pode ser associada a John Muir em termos de capacidade de encorajar mudanças, motivar a participar do movimento ambientalista e conscientizar para tais questões? O que esses indivíduos têm em comum? Algumas dessas figuras notórias são reconhecidas anualmente durante o processo de nomeação para o Goldman Environmental Prize.
4. Utilizando o Environmental Performance Index (EPI) Data Explorer,[32] estude a classificação dos países e selecione nove indicadores para comparar as tendências na Europa, América Latina e países africanos. Uma análise interessante pode ser traçada entre a vitalidade da saúde ambiental e dos ecossistemas de cada nação. Como as tendências de acesso a saneamento se comparam às de intensidade de emissões de carbono em cada país? As emissões de carbono em países menos desenvolvidos são inversamente proporcionais? Qual é a correlação – se é que existe – entre a degradação ambiental e a saúde humana?

Recursos

Carson, Rachel. *Silent Spring*. Boston and Cambridge, MA: Houghton Mifflin and Riverside Press, 1962.

Diamond, Jared M. *Collapse: How Societies Choose to Fail or Succeed*. New York: Viking Press, 2005.

Emerson, Ralph Waldo. *Nature and Selected Essays*. New York: Penguin Classics, 2003.

Hawken, Paul, Amory Lovins, and L. Hunter Lovins. *Natural Capitalism: Creating the Next Industrial Revolution*. Snowmass, CO: Rocky Mountain Institute, 2008.

Hawken, Paul. *Blessed Unrest: How the Largest Movement in the World Came into Being and Why No One Saw It Coming*. New York: Viking Press, 2007.

Kline, Benjamin. *First Along the River: A Brief History of the U.S. Environmental Movement*. San Francisco: Acada Books, 2000.

Leopold, Aldo. *Sand County Almanac and Sketches from Here and There*. New York: Oxford University Press, 1949.

Lovelock, James. *Gaia: A New Look at Life on Earth*. Oxford and New York: Oxford University Press, 1982 (orig. 1979).

McCormick, John. *Reclaiming Paradise: The Global Environment Movement*. Bloomington: Indiana University Press, 1989.

Thoreau, Henry David. *Walden, or, Life in the Woods*. New York: T. Y. Crowell & Company, 1899 (orig. 1854).

---

[31] Shabecoff, Philip, *A Fierce Green Fire: The American Environmental Movement*. (Washington, DC: Island Press, revised edition, 2003), 291.

[32] Environmental Performance Index Data Explorer, desenvolvido pelo Yale Center for Environmental Law & Policy e pelo Center for International Earth Science Information Network, Columbia University, http://epi.yale.edu/epi/data-explorer.

Conferências e Tratados Internacionais 3

A história do ativismo ambiental, que discutimos no Capítulo 2, explica como o Novo Ambientalismo resultou de diferentes movimentos sociais, culturais e ambientalistas, e levou o ativismo internacional para a esfera das políticas públicas. Neste período de transição, os atores do novo ambientalismo deixaram de ser artistas e escritores e passaram a ser legisladores e políticos.

Como o próprio movimento, os tratados internacionais foram criados por instituições que competem entre si e que, embora bem-intencionadas, atrasaram o processo de implantação. Felizmente, com a valiosa participação de organizações não governamentais (inclusive ambientais), as políticas ambientais chegaram a algum consenso sobre diversas questões.

Para entender profundamente a história dessas novas diretrizes, conferências e tratados ambientais, relatos abrangentes das crescentes convenções que deram origem ao movimento da edificação sustentável – incluindo algumas das proteções ambientais de longo alcance – podem ser encontrados em *Reclaiming Paradise* (1989), de John McCormick; *Environmentalism, A Global History* (2000), de Ramachandra Guha; *A Fierce Green Fire* (edição revisada de 2003), de Philip Shabecoff; e o documentário baseado na obra, *A Fierce Green Fire: The Battle for a Living Planet* (dirigido por Mark Kitchell, 2012).

O pensamento ambiental internacional, apoiado por acordos intergovernamentais posteriores, surgiu de uma conjuntura política diferente da atual. As primeiras conferências tinham como foco a proteção da vida silvestre por meio do intercâmbio de pesquisas científicas. Congressos de pesquisas científicas também eram realizados regularmente, ainda que no início não buscassem a regulamentação.

A primeira organização ambientalista internacional, a Comissão Consultora de 1913 para a Proteção Internacional da Natureza (1913 Consultative Commission for the International Protection of Nature), foi criada para proteger as aves migratórias. Anteriormente, em 1900, a Convenção pela Preservação dos Animais, Pássaros e Peixes na África havia sido organizada para controlar o comércio de partes de animais caçados ilegalmente, como o marfim, embora a proteção não tenha sido concedida a muitas espécies menores, o que serviu como um exemplo inicial das limitações das proteções internacionais.

Na década de 1930, a política do New Deal (Novo Acordo) elaborada pelo presidente Franklin Roosevelt buscou, dentre outras coisas, a proteção e a gestão dos recursos ambientais. Roosevelt também fundou o National Resources Board (Conselho Nacional de Recursos Nacionais) por decreto-lei em 1934; o objetivo do órgão era informar "os aspectos físicos, sociais, governamentais e econômicos das políticas públicas para o desenvolvimento e o uso da terra, da água e de outros recursos nacionais, além de outros temas relacionados que, ocasionalmente, possam ser solicitados pelo Presidente".[1]

Em meados do século XX, após a Segunda Guerra Mundial, Gifford Pinchot e outros continuaram reivindicando congressos, conferências e organizações para a conservação e a proteção da vida selvagem em nível internacional.

Trazendo outros avanços, o Presidente Harry Truman estabeleceu a Comissão de Políticas Materiais do Presidente (President's Materials Policy Commission – também conhecida como Paley Commission), um importante estudo de políticas de energia e recursos naturais que visava reforçar a segurança nacional frente à "ameaça comunista", criando os mecanismos para lidar com as possíveis faltas de energia e aumentos de custos. O Relatório da Comissão Paley (1952) defendeu a conservação e a utilização de estratégias energéticas alternativas a fim de promover o crescimento econômico. Ele se voltou para o empreendimento privado com supervisão governamental, buscando criar novas tecnologias como o aquecimento de água pelo sol e a tecnologia de energia solar.[2]

Depois da Segunda Guerra Mundial e dos progressos ambientalistas promovidos pelas Nações Unidas (ONU), o movimento ambientalista floresceu em todo o mundo. Ocorreram avanços rápidos e de grande alcance nas regulamentações ambientais dos Estados Unidos; além disso, medidas de proteção em escala federal foram aprovadas pelo governo. Consulte o quadro a seguir para saber mais sobre essas questões e os impactos causados por elas.

Dado o cenário político internacional das décadas de 1970 e 1980, a consciência ambiental assumiu o tom ativista de novo ambientalismo e levou a pauta ao âmbito político.

---

[1] Franklin Delano Roosevelt, Executive Order no. 6777 (fundando o National Resources Board), June 30th, 1934, www.presidency.ucsb.edu/ws/print.php?pid=14715.

[2] Frank N. Laird, *Solar Energy, Technology Policy and Institutional Values* (Cambridge and New York: Cambridge University Press, 2001).

O nascimento do partido "The Greens" (Die Grünen) e sua assimilação à política tradicional como o Partido Verde foi mais um golpe dos ambientalistas. Uma das fundadoras do Partido Verde foi a alemã Petra Kelly, ambientalista antinuclear e ativista pela paz, posteriormente eleita para o Bundestag (Figura 3-1). No Congresso da Fundação Verde, em 1980, um grupo-chave de líderes desenvolveu uma plataforma baseada em quatro pilares: sabedoria ecológica, justiça social, democracia popular e não violência.

Entre 1978 e 1984, outros Partidos Verdes floresceram na Suíça, Bélgica, Alemanha Ocidental, Luxemburgo, Áustria, Finlândia, Itália, Suécia, Irlanda e nos Países Baixos. Desde então, partidos verdes se formaram no Canadá, México, Peru, Austrália, Nova Zelândia, Coréia do Norte, assim como em países em desenvolvimento como Índia, Colômbia e Líbano. Os quatro pilares fundamentais dos partidos originais sofreram transformações ao longo dos anos e diferentes países adotaram e expandiram "solidariedades" e "princípios" contemporâneos. Atualmente, a Global Greens Charter inclui Sustentabilidade e Respeito à Diversidade entre seus princípios.[3] Partidos ambientalistas alternativos, como o British Ecology Party e o Mouvement d'Ecologie Politique na França, foram criados em 1973 e 1980, respectivamente.

No final da década de 1970, líderes políticos começaram a notar que a crise ambiental atravessava todas as regiões do planeta, afetando países menos desenvolvidos assim como nações industrializadas e tanto populações grandes como pequenas.

Países como o Quênia e a Índia testemunharam o surgimento de organizações populares não governamentais (ONGs) muito ativas, dedicadas ao ambientalismo e à preservação da vida selvagem.[4] Questões como a poluição dos pântanos e a chuva ácida cruzaram fronteiras políticas e geográficas. Evidentemente, os países em desenvolvimento enfrentam enormes desafios para oferecer educação e serviços de saúde para as suas populações, bem como apoiar a igualdade entre os

FIGURA 3-1 Petra Kelly concentrou-se nos "quatro temas mais próximos a seu coração: paz e não violência, ecologia, feminismo e direitos humanos, e as ligações entre eles". (www.rightlivelihood.org/kelly.html)   Fonte: Right Livelihood Award Foundation Archive, rightlivelihood.org.

sexos. Fica difícil privilegiar questões como a energia renovável quando isso ocorre às custas da criação de empregos e da autossuficiência econômica na África, ou da melhoria das condições de vida nas favelas do Rio de Janeiro, no Brasil, por exemplo.

Além disso, muitos países em desenvolvimento não possuem políticas ambientais que possam ser usadas como ferramentas para implementar novos acordos internacionais. Seus déficits sociais monumentais podem impedir a resolução das questões ambientalistas tradicionais; isso atrasa, consequentemente, a criação de políticas ambientais ou "verdes". Com frequência, é preciso diferenciar a sustentabilidade para os países em desenvolvimento e os países desenvolvidos, ou seja, a sustentabilidade "marrom" em oposição à "verde". Essa diferenciação é discutida na *Agenda 21 for Sustainable Construction in Developing Countries (Agenda 21 para a Edificação Sustentável em Países em Desenvolvimento)*:

> Em geral, a Agenda Verde (Green Agenda), que lida com os problemas da riqueza e do superconsumismo, é mais urgente nos países ricos. A Agenda Marrom (Brown Agenda), que lida com os problemas da pobreza e do subdesenvolvimento, enfatiza a necessidade de reduzir as ameaças ambientais para a saúde que

---

Marcos ambientalistas após a Segunda Guerra Mundial

1948: A Organização das Nações Unidas para a Educação, a Ciência e a Cultura (UNESCO) fundou a União Internacional para a Preservação da Natureza (IUPN) na Suíça e na Bélgica.

1949: A IUPN organizou a Conferência Científica das Nações Unidas sobre a Conservação e a Utilização de Recursos, em Nova York.

1956: A IUPN se tornou a União Internacional para a Conservação da Natureza (ICUN) e dos Recursos Naturais, devido ao engajamento de cientistas e ecologistas.

1960: O WWF (World Wildlife Fund) se tornou o segmento financeiro da ICUN.

---

[3] Global Greens Charter, www.globalgreens.org/globalcharter and www.globalgreens.org/sites/globalgreens.org/files/GG_charter_2012_english.pdf
[4] John McCormick, *Reclaiming Paradise: The Global Environment Movement* (Bloomington: Indiana University Press, 1989).

A legislação ambientalista dos Estados Unidos 1970-2000

Década de 1970
- 1969: Lei de Políticas Ambientalistas Nacionais (National Environmental Policy Act).
- A Agência de Proteção Ambiental dos Estados Unidos – EPA (U.S. Environmental Protection Agency) e o Conselho para a Qualidade do Ar (Council on Environmental Quality) são fundados.
- 1970: Lei do Ar Limpo (Clean Air Act).
- 1972: Lei da Água Limpa (Clean Water Act).
- Proteção de mamíferos marinhos e espécies ameaçadas.
- Regulamentações para o lançamento de lixo no oceano, controles de pesticidas e da qualidade da água, programas de radiação, substâncias tóxicas.
- 1975: Definidas as normas de eficiência em uso de combustíveis.
- 1976: Lei de Recuperação e Conservação de Recursos Naturais (Resource Conservation and Recovery Act) (controle do descarte de resíduos nocivos).
- 1977: Criação do Departamento de Energia (Department of Energy) (DOE).
- 1979: Instalação de painéis termais solares na cobertura da Casa Branca durante a administração Carter.

Década de 1980
- 1980: Lei Completa da Resposta, Indenização e Responsabilização Ambiental (Superfund Act).
- Ênfase na conservação e na eficiência do uso de energia.
- 1980: Remoção dos painéis termais solares da cobertura da Casa Branca (administração Reagan).
- 1981: O Relatório Global 2000 para o Presidente (The Global 2000 Report to the President) (solicitado pelo Presidente Carter) foi lançado pelo Conselho para a Qualidade Ambiental (Council on Environmental Quality).[1]
- 1986: Lei da Água Potável Segura (Safe Drinking Water Act).
- Anulação de muitas regulamentações ambientais.

O Congresso dos Estados Unidos reforça as leis ambientais existentes, década de 1990
- Lei para a Prevenção da Poluição (Pollution Prevention Act).
- Emendas tornaram mais rigorosa a Lei do Ar Limpo (Clean Air Act).
- Lei de Políticas Energéticas de 1992 (Energy Policy Act of 1992): Os códigos de energia foram revisados, apoiando as fontes de energia alternativa.
- Temas: Tecnologias limpas, inclusão das minorias no ambientalismo, aquecimento global, destruição da camada de ozônio. Lei de Proteção do Deserto da Califórnia (California Desert Protection Act).
- Assinatura dos tratados do Rio.
- Regulamentações: controle das emissões de poluentes.

Legislação ambiental federal dos Estados Unidos
- Cortes orçamentários no programa EPA Energy Star.
- A EPA afrouxa os planos de testagem de pesticidas e as normas de notificação para a indústria química.
- As medidas de proteção das áreas de vida selvagem e das florestas são relaxadas.
- Triplicam as autorizações para a perfuração de óleo e gás.
- Lei de Políticas Energéticas de 2005 (Energy Policy Act of 1992): Aumento na produção de energia carbonífera e etanol; oferta de incentivos fiscais e garantias a empréstimos feitos por empresas de energia visando a tecnologias energéticas. A perfuração de óleo do Refúgio de Vida Selvagem Nacional do Ártico (Artic National Wildlife Refuge) foi removida da redação final da lei.
- O dióxido de carbono (CO_2) não é considerado poluente pela Lei do Ar Limpo (Clean Air Act).
- O Serviço Florestal dos Estados Unidos (U.S. Forest Service) aprova a construção de estradas e o corte de madeira em algumas florestas nacionais; segundo a Lei do Ar Limpo (Clean Air Act), não é necessária a autorização para construção de algumas estradas perto de pântanos.
- Lei de Independência Energética e Segurança Patrimonial de 2007 (Energy Independence and Security Act of 2007): incentivos para etanol, carvão mineral, aterros de lixo e incineração de biomassa e resíduos; altera-se a definição de "energia renovável"; plano de eliminação gradual das lâmpadas incandescentes; novas normas para a economia de combustível; leis mais permissivas que citam os poluentes de "corpos de água".

---

[1] Gerald O. Barney, *The Global 2000 Report to the President, A Report Prepared by the Council of Environmental Quality and the Department of State* (Charlottesville, VA: Blue Angel, 1981), 1. Pesquisadores utilizaram a modelagem por computador para prever futuras tendências ambientais e demográficas. Uma das conclusões do relatório afirmava que: "Se as tendências atuais permanecerem, o mundo, no ano 2000, será mais populoso e estará mais vulnerável à destruição do que o mundo no qual vivemos atualmente. São previstos, com clareza, problemas graves envolvendo pessoas, recursos e o meio ambiente. Apesar da grande produção de materiais, a população mundial será mais pobre do que a atual em diversas maneiras".

- Lei Norte-Americana da Segurança Energética e Energia Limpa de 2009 (American Clean Energy and Security Act of 2009); junho de 2009.
- Lei Norte-Americana de Energia de 2010 (American Power Act of 2010): um programa de limitação e comércio (*cap-and-trade*) com um programa de cumprimento alternativo para os mercados de transporte de combustíveis e óleo refinado cria incentivos e normas para aumentar a eficiência energética. *Status*: em discussão no Senado.
- Plano de Ação Climática do Presidente Obama, junho de 2013 (ações selecionadas):
  - Corte da poluição por carbono
  - Energia limpa
  - Desenvolvimento de comunidades resilientes: preparação para as mudanças climáticas
  - Desenvolvimento de transportes com baixa emissão de carbono
  - Redução de gases causadores do efeito estufa e destruidores da camada de ozônio (metano, hidroflurocarbonos)
  - Minimização dos impactos do desmatamento
- Veto presidencial ao Oleoduto da Keystone XL, fevereiro de 2015.
- Lei Norte-Americana de 2015 da Melhoria da Eficiência Energética – Relatório sobre "Edifícios Melhores" e padrões de referência apresentado ao Departamento de Energia (DOE).
- Agência de Proteção Ambiental dos Estados Unidos, Norma sobre a Poluição com Carbono das Novas Usinas de Energia, Regras Finais, agosto de 2015.

resultam das más condições sanitárias, da superpopulação, do abastecimento inadequado de água, da poluição nociva à saúde do ar e das águas, e do acúmulo local de lixo sólido.[5]

O Clube de Roma

O movimento ambientalista começou a se orientar para a unidade global com a formação do Clube de Roma em 1968, uma organização não governamental internacional focada nos problemas mundiais, a "problemática", que estuda "os problemas políticos, sociais, culturais, ambientais e tecnológicos de uma perspectiva global, multidisciplinar e de longo prazo. Ela reune cientistas, pesquisadores, empresários e chefes de estado de todos os continentes".[6] Uma de suas contribuições importantes foi a publicação, em 1972, de "Limits to Growth" (Limites ao Crescimento), que previu pela primeira vez em uma escala global a capacidade de carregamento ecológica do planeta face a "um desejo de acumulação infinita" até o ano 2100. O modelo matemático demonstrou que até o ano de 2072 os recursos naturais serão exauridos e as populações diminuirão, resultado da incapacidade de atender às nossas necessidades.

As conferências internacionais

Na mesma época do lançamento de "Limits to Growth", ocorreu a primeira Conferência das Nações Unidas sobre o Meio Ambiente Humano, em 1972, em Estocolmo. Outras conferências foram realizadas a seguir, com resultados variados, como comprometimento, planos de ação e objetivos futuros. A maioria resultou na criação de agências de proteção ambiental em vários países. Elas também levaram a vários tratados internacionais sobre o meio ambiente. Para nossos fins, trataremos das conferências que mais tiveram impacto sobre as edificações sustentáveis.

FIGURA 3-2 Emblema do Programa Ambiental das Nações Unidas. Imagem por Cortesia do Departamento de Informações Públicas das Nações Unidas.

1972: a Conferência de Estocolmo

O novo ambientalismo assumiu um tom político em 1972, durante a Conferência de Estocolmo, alcunha dada à Conferência das Nações Unidas sobre o Ambiente Humano (UN Conference on the Human Environment). Esse evento, cujo objetivo era estudar estratégias para corrigir problemas ambientais em todo o planeta, é considerado um divisor de águas, devido à grande quantidade de conferências das Nações Unidas que foram realizadas a seguir.

Um dos resultados foi o Programa Ambiental das Nações Unidas (UNEP; Figura 3-2), encarregado de pôr em prática os 26 princípios da Declaração de Estocolmo.[7] Além disso, elaborou-se um plano de ação que trata de questões de recursos naturais, direitos humanos, desenvolvimento sustentável e normas ambientais para cada país. A conscientização pública que resultou da conferência incitou os ambientalistas ocidentais a entender a preocupação com o meio ambiente em escala global.[8]

---

[5]*Agenda 21 for Sustainable Construction in Developing Countries: A Discussion Document*, International Council for Research and Innovation in Building and Construction and the United Nations Environment Programme, International Environmental Technology Centre (UNEP-IETC), Chrisna du Plessis, CSIR Building and Construction Technology, Pretoria South Africa, 2002, paragraph 2.2.1, page 9.

[6]Government of Québec, Développement Durable, Environnement et Lutte Contre les Changements Climatiques, "Sustainable development: historical markers," www.mddelcc.gouv.qc.ca/developpement/reperes_en.htm.

[7]Stockholm Declaration (June 1972), www.unep.org/Documents.Multilingual/Default.asp?DocumentID=97&ArticleID=1503.

[8]McCormick, *Reclaiming Paradise*, 99.

Comissão Mundial sobre Meio Ambiente e Desenvolvimento de 1984 (a Comissão Brundtland)

Outra conferência histórica das Nações Unidas foi realizada em Genebra, em 1984. Um dos pontos altos da conferência foi a Comissão Mundial sobre Meio Ambiente e Desenvolvimento encarregar seu presidente de então, o primeiro-ministro norueguês Mrs. Gro Harlem Brundtland, de elaborar um relatório, que foi publicado em 1987 e é conhecido como *Nosso Futuro Comum* (*Our Common Future*).

O relatório da Comissão Brundtland destacou questões de população, alimentação, segurança, saúde das espécies e dos ecossistemas, energia, indústria e uma ampla variedade de desafios urbanos. Ele concluiu que os problemas sociais e a saúde ambiental são preocupações paralelas e questões interligadas. Em outras palavras, o grau de degradação ambiental corresponde ao nível de pobreza dos países em desenvolvimento. Chrisna du Plessis observa que "embora os países em desenvolvimento consumam muito menos recursos e emitam muito menos gases de efeito estufa do que os países desenvolvidos, a degradação ambiental tem um impacto mais direto e visual e ameaça a sobrevivência dos pobres de maneira mais imediata".[9] O desenvolvimento sustentável estava entre as questões destacadas pela WCED. Foi durante a conferência de Genebra que surgiu a definição de desenvolvimento sustentável que foi adotada pelo movimento da edificação sustentável. Definiu-se o desenvolvimento sustentável como "o desenvolvimento que atende às necessidades do presente sem comprometer a capacidade das futuras gerações de atender às suas próprias necessidades".[10]

1987: o Protocolo de Montreal

Vale a pena mencionar a ratificação do tratado conhecido como Protocolo de Montreal para Substâncias que Destroem a Camada de Ozônio (Montreal Protocol on Substances that Deplete the Ozone Layer) em 1987, uma vez que ela resultou em melhorias nas práticas de construção e gestão de edificações e, mais especificamente, naquelas que estão relacionadas ao uso de refrigerantes em sistemas mecânicos, retardantes de fogo e materiais de limpeza.

O protocolo exigiu a eliminação gradual dos clorofluorcarbonos (CFCs), isto é, hidrocarbonos halogenados capazes de destruir a camada de ozônio, até 1999. Infelizmente, as alternativas aos clorofluorcarbonos – hidrofluorcarbonos (HFCs) e hidroclorofluorcarbonos (HCFCs) – têm um significativo potencial de provocar o aquecimento global. Ajustes e alterações posteriores vêm sendo feitas para o Protocolo de Montreal ao longo dos anos, focando em produtos químicos adicionais que possam ser eliminados gradualmente e formulando maneiras para que os países em desenvolvimento possam atender às prescrições. Atualmente, estima-se que os HCFCs serão eliminados progressivamente até 2030.[11] Os resultados passíveis de verificação indicam que a camada de ozônio está respondendo às ações sugeridas pelo tratado. Em 2009, o tratado, junto com a Convenção de Viena, foi o primeiro tratado internacional a ser ratificado universalmente pela ONU.

1992: a Cúpula da Terra do Rio de Janeiro (Eco-92)

Em 1992, 179 governos participaram da Conferência das Nações Unidas para o Meio Ambiente e o Desenvolvimento (UN Conference on Environment and Development) na cidade do Rio de Janeiro, no Brasil.[12]

A rodada inicial da Conferência de Estocolmo de 1972 aconteceu no Quênia em 1982, mas não resultou em progressos significativos. Além de várias questões fundamentais – entre elas, as energias alternativas, a produção de toxinas, o transporte público, a falta de água e os direitos dos povos autóctones –, o desenvolvimento econômico e sustentável voltou a ser discutido, enfatizando-se as necessidades dos pobres em áreas tanto urbanas como rurais.[13]

A reunião de cúpula realizada no Rio de Janeiro foi outro evento histórico, pois "influenciou todas as conferências posteriores das Nações Unidas, que examinaram as relações entre os direitos humanos, a população, o desenvolvimento social, as mulheres e os assentamentos humanos, além da necessidade de um desenvolvimento ambientalmente sustentável".[14] O evento gerou cinco relatórios:

- A *Declaração do Rio*, contendo 27 princípios que vão das toxinas que cruzam fronteiras à implementação do princípio da precaução para o desenvolvimento sustentável: http://habitat.igc.org/agenda21/rio-dec.htm.
- A *Agenda 21*, que estabeleceu quatro objetivos detalhados, planos de ação e a implementação de estratégias para a sustentabilidade ambiental e evolucionária: http://habitat.igc.org/agenda21/.
- A Declaração de Princípios das Florestas (Statement of Forest Principles), um acordo não obrigatório que foi o primeiro a tratar de práticas florestais sustentáveis em escala internacional: http://www.iisd.org/rio+5/agenda/principles.htm.
- A Convenção sobre Diversidade Biológica (Convention on Biological Diversity), uma dentre duas convenções com força de lei que lida com a preservação de espécies: http://www.cbd.int/default.shtml.
- A Convenção-Quadro das Nações Unidas sobre Mudanças Climáticas (Framework Convention on Climate Change), o segundo acordo com força de lei que resultou da conferência e serviu como base para o Protocolo de Quioto: http://unfccc.int/not_assigned/b/items/1417.php.

---

[9]*Agenda 21 for Sustainable Construction in Developing Countries*, op.cit. paragraph 3.1, page 22.

[10]Brundtland Commission Report, http://www.un-documents.net/wcedocf.htm.

[11]Ozone Secretariat and the United Nations Environment Programme, *Handbook for the Montreal Protocol on Substances that Deplete the Ozone Layer*, 7th ed. (Nairobi, Kenya: Secretariat of the Vienna Convention for the Protection of the Ozone Layer and the Montreal Protocol on Substances that Deplete the Ozone Layer, United Nations Environment Programme, 2006), http://ozone.unep.org/Publications/MP_Handbook/index.shtml.

[12]Informações sobre a Cúpula da Terra do Rio de Janeiro: www.un.org/geninfo/bp/enviro.html.

[13]Rio Declaration (1992), www.un.org/documents/ga/conf151/aconf15126--1annex1.htm.

[14]UN Conference on Environment and Development, www.un.org/geninfo/bp/enviro.html.

32 Fundamentos de Projeto de Edificações Sustentáveis

O objetivo central, segundo a definição do Artigo 2 da *Convenção-Quadro das Nações Unidas sobre Mudanças Climáticas* era: "estabilizar as concentrações dos gases causadores do efeito estufa a um nível que impediria a interferência antropogênica (induzida pelos seres humanos) nociva no sistema climático". Ela continua, afirmando que "tal nível deve ser alcançado dentro de um prazo suficiente para permitir que os ecossistemas se adaptem naturalmente à mudança climática, para garantir que a produção de alimentos não seja ameaçada e permitir que o desenvolvimento econômico avance de uma maneira sustentável".[15] O objetivo e os princípios da Convenção inspiraram diversas conferências climáticas vitais para o progresso da edificação ecológica.

De acordo com a nova estrutura desenvolvida no Rio, reuniões formais anuais das Partes da UNFCCC, conhecidas como Conferências das Partes (COPs), vêm sendo organizadas desde o evento ocorrido na cidade. Em termos simples, o trabalho das COPs é acompanhar o progresso do combate às mudanças climáticas, criar obrigações para que países desenvolvidos reduzam suas emissões de gases do efeito estufa, explorar e financiar a inovação nas estratégias de adaptação e mitigação e auxiliar os países em desenvolvimento a alcançar suas metas. O ápice dessas conferências foi o terceiro encontro anual, em Quioto.

1997: o Protocolo de Quioto

O Protocolo de Quioto, um tratado ratificado pela Convenção-Quadro das Nações Unidas sobre Mudanças Climáticas (UNFCCC, na sigla em inglês) em 1997, advém de um dos itens de ação estabelecidos na Cúpula da Terra do Rio de Janeiro de 1992. O Protocolo de Quioto exige que os países se comprometam com a redução dos gases de efeito estufa, incluindo o dióxido de carbono (CO_2), ou comercializem suas emissões quando necessário (Figura 3-3).[16]

A meta dos Estados Unidos era uma redução de 7% dos níveis de 1990 até 2012.[17] O Protocolo de Quioto tem uma relevância particular para o estudo das edificações sustentáveis, uma vez que as edificações são responsáveis por 39% das emissões de dióxido de carbono dos Estados Unidos como um subproduto da construção, de agentes refrigerantes e do uso dos sistemas de energia. Essa estatística foi feita pelo Centro

---

[15]UN *Framework Convention on Climate Change* Text, http://unfccc.int/fi les/essential_background/background_publications_htmlpdf/application/pdf/conveng.pdf.

[16]Kyoto Protocol Reference Manual on Accounting of Emissions and Assigned Amounts, United Nations Framework Convention on Climate Change (UNFCCC) Secretariat, February 2007, http://unfccc.int/kyoto_protocol/items/2830.php. Para streaming em tempo real e informações atualizadas sobre as emissões de dióxido de carbono (CO_2), acesse: http://breathingearth.net/.

[17]Kyoto Protocol Reference Manual, http://unfccc.int/kyoto_protocol/items/2830.php.

FIGURA 3-3 A Convenção sobre Mudanças Climáticas das Nações Unidas, em Quioto, no Japão. Fotografia: Cortesia de IISD/Earth Negotiations Bulletin.

de Soluções Climáticas (antigo Centro Pew sobre as Mudanças Climáticas Mundiais) e calcula a contribuição de edificações industriais em 5%, edificações comerciais em 17% e edificações residenciais em 21%.[18] Em uma representação gráfica das emissões de CO_2 por setor econômico, podemos ver que emissões relacionadas a edificações são mais altas que as da indústria e dos transportes (Figura 3-4a). Nos dados do ano 2000, interpretados pelo relatório do IPCC de 1996 (Figura 3-4b), podemos acompanhar as emissões de setores mundiais.

Em agosto de 2014, 192 países (mais recentemente o Afeganistão) já haviam se unido ao Protocolo, mas apenas 83 se tornaram signatários.[19] A fase de comprometimento inicial expirou em 2012, e somente uma porção dos países signatários continua se comprometendo. Os Estados Unidos retiraram seu apoio em 2001 durante a administração de George W. Bush, e o Canadá fez o mesmo em 2011, alegando que o Protocolo seria impraticável sem a participação dos Estados Unidos e da China.

2002: a Cúpula da Terra de Johanesburgo (Rio +10)

A quarta conferência derivada da Conferência de Estocolmo de 1972 foi realizada em Johanesburgo, na África do Sul (Figura 3-5). A UN World Summit on Sustainable Development (Reunião de Cúpula Mundial das Nações Unidas para o Desenvolvimento Sustentável) resultou no Plano de Implantação de Johanesburgo. O plano se concentrou em questões sociais, como a erradicação da pobreza, a melhoria das condições de saúde e a promoção do vigor econômico nos países em desenvolvimento.

A cúpula reconheceu o tripé da sustentabilidade estabelecido no Rio de Janeiro, em 1992: o desenvolvimento econômico, o desenvolvimento social e a proteção ambiental. Em outras palavras, os participantes concordaram em "focar a atenção do mundo e direcionar as ações para resolver grandes desafios, incluindo a melhoria da vida das pessoas, e conservar os recursos naturais em um mundo cuja população não para de crescer e cuja demanda por alimentos, água, abrigo, higiene, energia, serviços de saúde e estabilidade econômica é cada vez maior".[20]

Essa foi outra conferência importante, na qual os princípios e o comprometimento à Agenda 21 do Rio foram defendidos por representantes de muitos outros países, junto com líderes industriais, empresários e organizações não governamentais.

Entre os resultados mais significativos da conferência, destaca-se a importância do desenvolvimento sustentável e da construção sustentável para os países menos desenvolvidos.

A UNEP incumbiu a arquiteta, pesquisadora e ativista sul-africana Chrisna du Plessis de produzir a *Agenda 21 for Sustainable Construction in Developing Countries* (*Agenda 21 para a Construção Sustentável em Países em Desenvolvimento*), de forma a contribuir para a Cúpula da Terra de Johanesburgo, que se concentrou nas necessidades de sustentabilidade específicas dos países em desenvolvimento.[21]

Em suma, a *Agenda 21* abordou a necessidade de aprimorar o processo de construção nos países em desenvolvimento, formulando novas tecnologias da construção para a preservação dos recursos, operações com consumo de energia eficiente, conservação de água e práticas responsáveis de gestão de recursos hídricos. Além disso, foram abordados os problemas da habitação sustentável e da justiça social tanto rural como urbana. Tudo isso contribuiu para melhores práticas internacionais em termos de construção sustentável.

Depois de Quioto

Sete anos após ser proposto, o Protocolo Quioto foi finalmente ratificado pela maioria dos países-membros quando a Rússia assinou o protocolo, em 2005. Durante a Conferência da UNFCCC em Montreal, em 2005, foram implementados muitos dos objetivos estabelecidos pelo Protocolo de Quioto. Além das decisões sobre desenvolvimento limpo, reflorestamento e uso do solo, os resultados da conferência focaram diretrizes para:

- reunir e compartilhar informações sobre as emissões dos gases causadores do efeito estufa, políticas nacionais e melhores práticas;
- lançar estratégias nacionais para a abordagem das emissões dos gases causadores do efeito estufa e a adaptação aos impactos esperados, incluindo a disponibilização de suporte financeiro e tecnológico para países em desenvolvimento;
- cooperar no preparo para a adaptação aos impactos das mudanças climáticas.[22]

Grande parte do trabalho do Programa Ambiental das Nações Unidas desde Quioto envolveu a criação de um sucessor para o Protocolo de Quioto, que expirou em 2012. As conversas continuaram em fevereiro de 2007, durante os encontros do G8

Emissões de dióxido de carbono dos Estados Unidos por setor

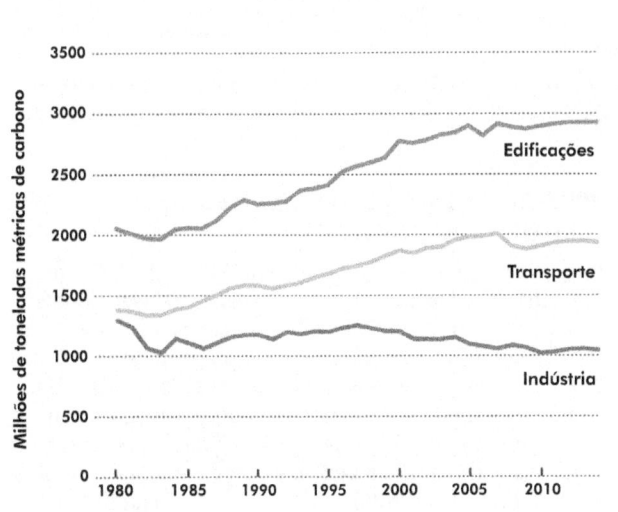

FIGURA 3-4A Emissões de dióxido de carbono por setor. © 2008 2030, Inc./Architecture 2030. Fonte dos dados: Administração de Informações Energéticas dos Estados Unidos. Todos os direitos reservados. Usada sob permissão.

---

[18]Center for Climate and Energy Solutions (C2ES), antigo Pew Center on Global Climate Change, http://www.c2es.org; http://www.pewclimate.org.

[19]Para ter acesso a uma listagem atualizada dos países que ratificaram o Protocolo de Quioto, visite: http://unfccc.int/kyoto_protocol/status_of_ratification/items/2613.php.

[20]Johannesburg World Summit on Sustainable Development, 2002, www.un.org/jsummit/html/basic_info/basicinfo.html.

[21]*Agenda 21 for Sustainable Construction in Developing Countries*, op. cit.

[22]Climate Action Network Canada, COP 11 – Montreal, 2005 United Nations Climate Change Conference, http://climateactionnetwork.ca/archive/e/cop-11/.

Tabela de emissões mundiais dos gases causadores do efeito estufa

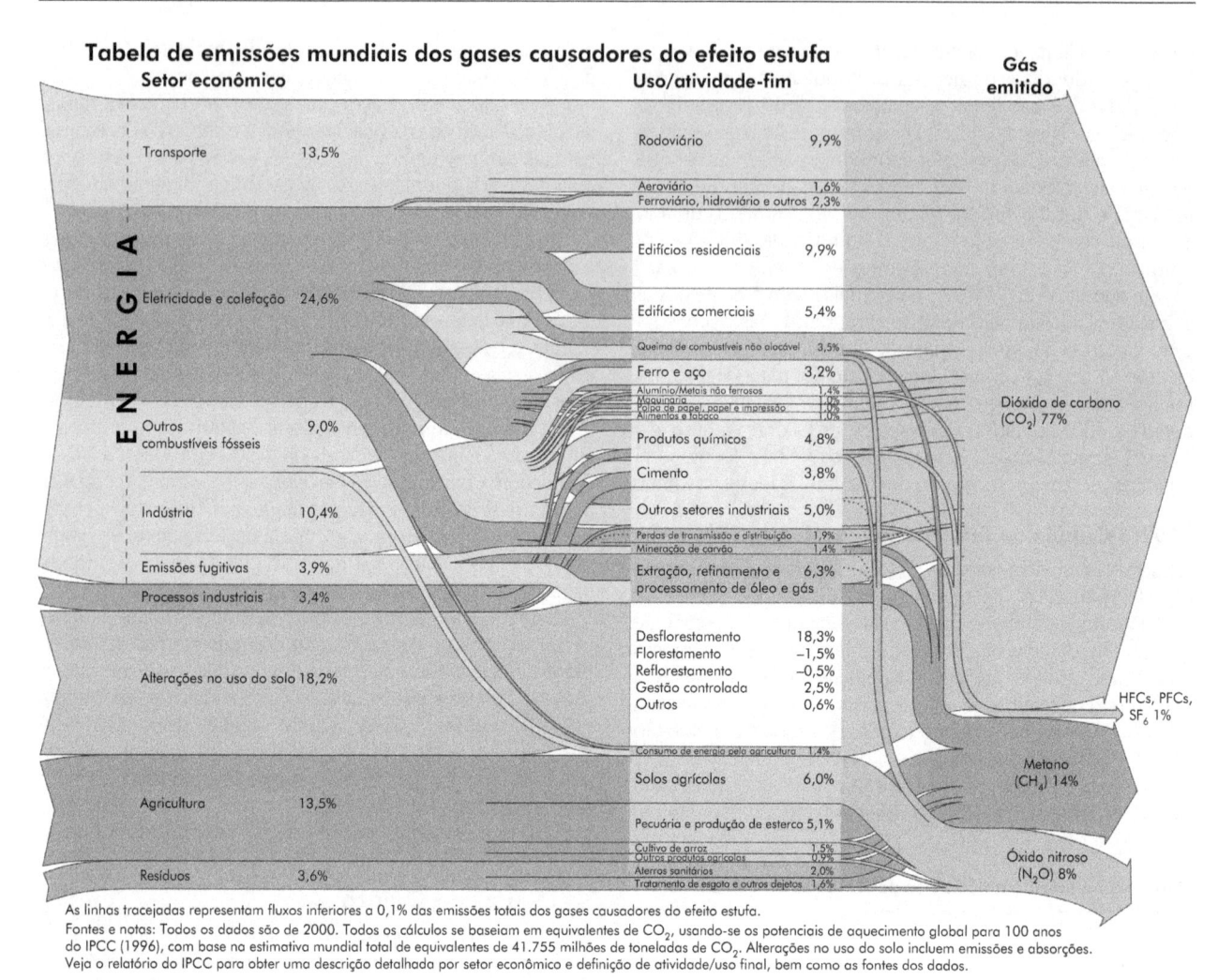

Setor econômico		Uso/atividade-fim		Gás emitido
Transporte	13,5%	Rodoviário	9,9%	
		Aeroviário	1,6%	
		Ferroviário, hidroviário e outros	2,3%	
Eletricidade e calefação	24,6%	Edifícios residenciais	9,9%	
		Edifícios comerciais	5,4%	
		Queima de combustíveis não alocável	3,5%	
		Ferro e aço	3,2%	
		Alumínio/Metais não ferrosos	1,4%	Dióxido de carbono (CO$_2$) 77%
		Maquinaria	—	
		Polpa de papel, papel e impressão	1,0%	
		Alimentos e tabaco	1,0%	
Outros combustíveis fósseis	9,0%	Produtos químicos	4,8%	
		Cimento	3,8%	
Indústria	10,4%	Outros setores industriais	5,0%	
		Perdas de transmissão e distribuição	1,9%	
		Mineração de carvão	1,4%	
Emissões fugitivas	3,9%	Extração, refinamento e processamento de óleo e gás	6,3%	
Processos industriais	3,4%			
Alterações no uso do solo	18,2%	Desflorestamento	18,3%	
		Florestamento	−1,5%	
		Reflorestamento	−0,5%	HFCs, PFCs, SF$_6$ 1%
		Gestão controlada	2,5%	
		Outros	0,6%	
		Consumo de energia pela agricultura	1,4%	
Agricultura	13,5%	Solos agrícolas	6,0%	Metano (CH$_4$) 14%
		Pecuária e produção de esterco	5,1%	
		Cultivo de arroz	1,5%	
		Outros produtos agrícolas	0,9%	
Resíduos	3,6%	Aterros sanitários	2,0%	Óxido nitroso (N$_2$O) 8%
		Tratamento de esgoto e outros dejetos	1,6%	

As linhas tracejadas representam fluxos inferiores a 0,1% das emissões totais dos gases causadores do efeito estufa.
Fontes e notas: Todos os dados são de 2000. Todos os cálculos se baseiam em equivalentes de CO$_2$, usando-se os potenciais de aquecimento global para 100 anos do IPCC (1996), com base na estimativa mundial total de equivalentes de 41.755 milhões de toneladas de CO$_2$. Alterações no uso do solo incluem emissões e absorções.
Veja o relatório do IPCC para obter uma descrição detalhada por setor econômico e definição de atividade/uso final, bem como as fontes dos dados.

FIGURA 3-4B Quadro dos fluxos das emissões de gás causadores do efeito estufa ao redor do mundo. © 2008 2030, Inc./Architecture 2030. Fonte dos dados: Administração de Informações Energéticas dos Estados Unidos. Todos os direitos reservados. Usada sob permissão.

e do O5 (incluindo oito nações industrializadas, mais as importantes nações-observadoras: Brasil, China, Índia, México e África do Sul),[23] e depois no Processo de Diálogo de Heiligendamm. Dentre os tópicos de discussão proeminentes em 2008–2009 estava o objetivo de desenvolver tecnologias para a redução das emissões de CO$_2$. Outro foco importante foi colocado na questão de como incluir e auxiliar os países emergentes nos esforços de eficiência energética e nas promessas de cortar as emissões mundiais de dióxido de carbono em 50% até 2050.

No momento, os países membros do G20 continuam as discussões sobre esses objetivos por meio de seu trabalho com energia, meio ambiente e crescimento sustentável.[24] No que diz respeito ao Protocolo de Quioto, diversos países participantes se comprometeram com uma segunda rodada de cortes de emissões, mesmo após a data de caducidade do acordo.

2007–2013: Conferências das Mudanças Climáticas da UNFCCC

Participantes do evento realizado em Quioto em 1997, representantes de aproximadamente 180 países e observadores de organizações intergovernamentais e não governamentais se reuniram em Bali para discutir uma proposta internacional que visa reduzir as emissões de carbono de acordo com o mandato de Quioto. Esse encontro ficou conhecido como o "Caminho de Bali" (Bali Roadmap), por não ter delineado as reduções reais, mas, em vez disso, ter pavimentado o caminho para discussões futuras antes da data meta de 2009.[25] Entretando, o "Plano de Ação de Bali"[26] apresentou objetivos colaborativos valiosos:

---

[23] G8 Summit 2007 Heiligendamm, "Breakthrough on Climate Protection," www.g-8.de/nn_92160/Content/EN/Artikel/__g8-summit/2007-06-07-g8--klimaschutz__en.html.

[24] Organisation for Economic Co-operation and Development (OECD), the work of G20: www.oecd.org/g20/topics/energy-environment-greengrowth/.

[25] United Nations Framework Convention on Climate Change (2007), http://unfccc.int/meetings/cop_13/items/4049.php.

[26] The Bali Action Plan, UNFCCC, CONFERENCE OF THE PARTIES, Thirteenth session, Bali, December 3–14, 2007. Revised draft decision, Ad Hoc Working Group on Long-term Cooperative Action under the Convention," http://unfccc.int/fi les/meetings/cop_13/application/pdf/cp_bali_act_p.pdf.

FIGURA 3-5 Participantes da Cúpula Mundial das Nações Unidas para o Desenvolvimento Sustentável em Joanesburgo, África do Sul, 2002. Imagem por cortesia das Nações Unidas.

- Metas de longo-prazo para a redução das emissões de CO_2
- Tomada de ações para apoiar a mitigação das mudanças climáticas
- Aumento das ações sobre estratégias adaptativas
- Fornecimento de investimento e recursos financeiros para apoiar os objetivos do Protocolo de Quioto
- Desenvolvimento de tecnologias para apoiar as ações apontadas para mitigação e adaptação

Em 2008, houve a proposta fracassada de aumentar a taxa existente de 2% do comércio de carbono para 3%, um desacordo que quase pôs por terra a Conferência de Poznán; todavia, a UNFCCC se baseou nos objetivos do ano interior. Um ponto alto foi o Fundo de Adaptação de 60 milhões de dólares para ajudar os países em desenvolvimento na recuperação dos impactos das mudanças climáticas no meio ambiente e na saúde humana. O Fundo de Adaptação dá suporte financeiro aos países em desenvolvimento signatários do Protocolo de Quioto para a criação e a implementação de projetos de adaptação.[27] Exemplos de tais projetos incluem o Projeto de Aproveitamento da Biomassa da Casca do Arroz em Pichit, na Tailândia, e uma usina de geração de eletricidade usando a força das marés, na República da Coreia.

A conferência de 2009 em Copenhagen estabeleceu um objetivo-chave que limita aumentos da temperatura média para, no máximo, 2°C acima dos níveis pré-industrializados. Outros destaques incluem melhorias no Mecanismo do Desenvolvimento Limpo (Clean Development Mechanism – CDM), um sistema de financiamento para o Fundo de Adaptação das Nações Unidas.[28] Por meio do CDM, nações industrializadas podem adquirir créditos de redução de emissões certificados. Os créditos, equivalentes a uma tonelada de CO_2, podem compensar as emissões de nações desenvolvidas. Outro mecanismo de compensação de carbono foi criado em Copenhagen e chama-se "Reducing Emissions from Deforestation and Forest Degradation" (Reduzindo as Emissões do Desflorestamento e a Degradação das Florestas – REDD). "O REDD é um esforço para criar um valor financeiro para o carbono armazenado nas florestas, oferecendo incentivos para países em desenvolvimento reduzirem as emissões de áreas desmatadas e investirem em caminhos para o desenvolvimento sustentável. O 'REDD+' vai além das questões de desmatamento e degradação das florestas e inclui o papel da conservação, a gestão sustentável das florestas e a melhoria dos estoques de carbono nas florestas".[29]

Os mecanismos-chave de investimento apresentados em Copenhagen foram ampliados em 2010 na Conferência da UNFCCC, em Cancun. Os Acordos de Cancun incluíram um mecanismo que poderia transferir tecnologia para países em desenvolvimento para apoiar seus esforços na adaptação às mudanças climáticas e em sua mitigação. O Fundo do Clima Sustentável foi lançado para, posteriormente, apoiar políticas e

---

[27]Exemplos de projetos financiados por meio do Fundo de Adaptação podem ser acessados em http://cdm.unfccc.int/Issuance/SOPByProjectsTable.html.

[28]The UNFCCC Adaptation Fund, http://unfccc.int/cooperation_and_support/fi nancial_mechanism/adaptation_fund/items/3659.php.

[29]Saiba mais sobre o REDD+ em: www.un-redd.org/aboutredd/tabid/102614/default.aspx.

programas em países em desenvolvimento. A maior realização dos Acordos de Cancun foi a adoção das metas de redução de emissões pelos países desenvolvidos. Os países em desenvolvimento foram encorajados a criar planos e estratégias nacionais de baixas emissões de carbono.

As metas de redução de emissões estabelecidas em Cancun foram intensificadas em 2011, em Durban. As Partes da UNFCCC determinaram que até 2020 todos os países estarão sob o mesmo "regime legal, reforçando os compromissos com o controle dos gases causadores do efeito estufa". No mesmo ano, os países se comprometeram a reforçar a assistência financeira aos países em desenvolvimento.

Uma emenda ao Protocolo de Quioto foi feita na Conferência das Mudanças Climáticas de Doha, em 2012, estabelecendo um segundo período de comprometimento. Além disso, os eventos climáticos extremos daquele ano motivaram discussões sobre como desenvolver a capacidade adaptativa em países vulneráveis, de modo que as perdas e os danos graves pudessem ser minimizados. Em Varsóvia, foram aprovados a Estrutura para REDD Plus de 2013 e o Mecanismo Internacional para Perdas e Danos de Varsóvia. O conceito de um acordo climático universal ganhou força com o mandato para se elaborar uma proposta inicial até a próxima conferência em Lima, com o objetivo de um acordo finalizado até o evento de Paris, em 2015. Os países foram convidados a desenvolver contribuições nacionais que formassem as bases de um acordo.

Foi apropriado que a conferência de 2014 tenha ocorrido em Lima, uma vez que sua parte Amazônica enfrenta desafios particulares. A situação do Peru em relação às mudanças climáticas é precária. Há uma degradação ambiental em larga escala causada por desflorestamento e mineração ilegais; de fato, 47,5% das emissões de carbono no país são causadas pelo desmatamento, de acordo com o inventário de 2000 sobre gases causadores do efeito estufa. No entanto, embora tenha se tornado mais próspero, o Peru continuará a focar também a diminuição dos níveis de desigualdade socioeconômica em sua nação heterogênea. Os resultados das discussões de Lima foram multifacetados e voltados para o preparo de um acordo internacional para a conferência de Paris em 2015. O Pedido de Lima para a Ação Climática incluiu a exigência do desenvolvimento de "Planos de Adaptação Nacionais" antes das discussões de Paris no inverno de 2015, visando construir uma estrutura para auxiliar os países em desenvolvimento mais impactados pelas mudanças climáticas a se adaptarem à nova realidade. Os resultados principais também incluíram o seguinte:

- com base na Conferência das Partes de Varsóvia, foram desenvolvidas "Contribuições Determinadas para cada Nação", nas quais cada país buscará reduzir as emissões dos gases causadores do efeito estufa;
- um documento com "elementos", discutido e finalizado com a intenção de servir como um esboço inicial para as negociações de Paris, com a ressalva de ser considerado como ainda em desenvolvimento;
- o processo de "perdas e danos" iniciado em Varsóvia para ajudar os países em desenvolvimento em situação de vulnerabilidade devido aos impactos climáticos perdeu ímpeto em Lima, e a decisão de incluí-lo como uma pauta a ser abordada em Paris continua incerta. Apesar disso, um plano de dois anos foi instituído para identificar os impactos climáticos inevitáveis e propor estratégias de gestão de risco;
- para criar transparência, os países desenvolvidos concordaram em apresentar uma "Avaliação Multilateral" de seus esforços e progresso de mitigação rumo aos compromissos de taxas de emissão de carbono para 2020;
- contribuições Financeiras Climáticas: Foram feitas contribuições financeiras para o Fundo de Climática Sustentável de Cancun dos países desenvolvidos para os em desenvolvimento, e a previsibilidade dos fundos disponíveis foi enfatizada.

Nos meses anteriores à Rodada de Paris, ocorreram importantes conferências menores sobre o clima e grupos de trabalho, e comitês foram criados sob a tutela da Estrutura da ONU sobre Mudanças Climáticas. Durante esse período, as nações foram convidadas a contribuir ao pedido de Lima por ação, ajudando, dessa forma, no objetivo final de desenvolver um acordo em Paris. A Conferência de Paris de 2015, muito aguardada, visava a criação de um acordo climático formal baseado em anos de conversas e colaboração entre as Partes. O que foi especialmente surpreendente após o evento foi sua recepção positiva, o que não ocorreu nas conversas anteriores. O presidente francês François Hollande chamou-o de "a revolução mais pacífica já conquistada [referindo-se à história de revoluções da França] – uma revolução por mudanças climáticas".[30]

Tudo contribuiu para essa reação; a COP21 de Paris marcava uma série de "primeiras vezes":

- a reafirmação dos comprometimentos anteriores de limitar o aumento da temperatura global para menos de 2°C e encorajar o limite de 1,5°C;
- os compromissos assumidos pelos países para estabelecer, revisar, relatar e regularmente reavaliar suas contribuições estabelecidas;
- embora o processo de "perdas e danos" e o mecanismo de Varsóvia para abordá-lo tenham sido discutidos e apoiados em Paris, não houve qualquer acordo de obrigatoriedade ou outro específico para compensação;
- a reafirmação de resultados de acordos anteriores indicando um comprometimento dos países desenvolvidos de apoiar os objetivos de mitigação e adaptação de países em desenvolvimento, também permitindo que outros países em desenvolvimento contribuam voluntariamente;
- cento e cinquenta chefes de estado compareceram ao primeiro dia de conferência, o maior encontro já realizado.

Estimou-se que a versão final do Acordo de Paris seria assinada já em abril de 2016. Durante o recesso da conferência, o secretário-geral das Nações Unidas Ban Ki-moon afirmou: "o trabalho começa amanhã", acrescentando, "Com esses elementos estabelecidos, os mercados agora têm o sinal de que precisavam para liberar a energia total da criativida-

---

[30]"Nearly 200 Nations Adopt Climate Agreement At COP21 Talks in Paris." December 12, 2015. National Public Radio. www.npr.org/sections/thetwo-way/2015/12/12/459464621/final-draft-of-world-climateagreement-goes-to-a-vote-in-paris-Saturday.

de humana e aumentar os investimentos que permitirão o crescimento resiliente e com menos emissões de carbono".[31]

E agora?

A maior parte desse capítulo focou o dilema das mudanças climáticas e os esforços rumo a um acordo internacional que amenize seus impactos em todas as nações. A triste verdade é que o ritmo do progresso político está em descompasso com o avanço desses impactos. Devido às diferenças drásticas na vulnerabilidade ao redor do mundo, o senso de urgência varia. Parece que o valor das conversas sobre o clima de uma geração trouxe, a cada conferência, expectativas de mudanças e promessas de um acordo mundial, mas não conseguiu resultar em mudanças reais.

Importantes mudanças ocorrerão e continuarão a se desenvolver. Em novembro de 2013, o presidente dos Estados Unidos, Barak Obama, e o da China, Xi Jinping, concordaram com reduções nas emissões de carbono que fortalecerão significativamente os acordos futuros sobre essa questão. Historicamente, essas nações têm sido responsáveis por um terço das emissões de carbono mundiais e lutam contra o estabelecimento de níveis de referência obrigatórios para as reduções. Com um acordo mútuo – os Estados Unidos reduzindo a emissão dos gases causadores do efeito estufa em 26–28% abaixo dos níveis de 2005 até 2025 e a China estabelecendo como data limite para o pico de suas emissões o ano de 2030 e comprometendo-se a aumentar as fontes de energia limpa em relação às de petróleo em 20% também até 2030 – um acordo internacional futuro é, agora, mais provável.

Atualmente, existem dois objetivos de ação; um deles é integrar a ciência das mudanças climáticas e seus impactos sociopolíticos à grade curricular desde os primeiros anos na escola. O segundo é mudar a pauta das conversas sobre as mudanças climáticas e não discutir apenas as emissões de CO_2, mas também o desenvolvimento de tecnologias e mecanismos sociais que moldem a capacidade das populações mais vulneráveis de se adaptarem a um ambiente novo, variável e desafiador. Essa qualidade é chamada de "resiliência" e pode fazer parte do projeto de nossos prédios, infraestruturas, comunidades e, em última instância, da saúde humana e biológica.

EXERCÍCIOS

1. As reuniões de cúpula ambientalistas internacionais têm tratado temas que incluem a proteção da camada de ozônio, a redução dos poluentes e as emissões de dióxido de carbono (CO_2). Quais críticas foram feitas aos resultados de tais conferências? Até que ponto é possível chegar a um consenso global sobre questões ambientais? O que pode ser feito para garantir o sucesso futuro dessas conferências?
2. O Protocolo de Quioto é famoso por ter recomendado a redução das emissões de CO_2, o que foi ratificado por 41 países até 2005. Quais foram as justificativas apresentadas pelos países que assinaram e não ratificaram?
3. Por que o desmatamento é relevante para os debates sobre mudanças climáticas? Quais países têm mais a ganhar, ou perder, nos esforços de combate à degradação das florestas?
4. Discuta o conceito de resiliência e sua relação com o progresso sendo feito nas Conferências sobre Mudanças Climáticas das Nações Unidas.
5. Compare os princípios e as premissas da Conferência Internacional sobre Mudanças Climáticas do Instituto Heartland com aquelas das Conferências Climáticas das Nações Unidas. Além de divulgar a ciência climática, quais são suas contribuições duradouras? [http://climateconference.heartland.org/cosponsors-2/]

Recursos

A Fierce Green Fire: The Battle for a Living Planet. Documentary film, written and directed by Mark Kitchell, 2012.
Agenda 21 for Sustainable Construction in Developing Countries: A Discussion Document, http://habitat.igc.org/agenda21/.
Brundtland Commission Report (World Commission on the Environment and Development, Geneva, Switzerland, 1984), June 1987, www.un-documents.net/wced-ocf.htm.
Cartagena Protocol on Biosafety, http://bch.cbd.int/protocol/.
Guha, Ramachandra. Environmentalism, A Global History. Penguin, 2014.
Intergovernmental Panel on Climate Change, www.ipcc.ch.
Johannesburg (South Africa) World Summit on Sustainable Development, 2002, www.un.org/jsummit/html/brochure/brochure12.pdf.
Klein, Naomi. *This Changes Everything: Capitalism vs. The Climate.* New York: Simon & Schuster, 2014.
McCormick, John. *Reclaiming Paradise: The Global Environmental Movement.* Bloomington: Indiana University Press, 1991.
Montreal Protocol on Substances that Deplete the Ozone Layer, Sept. 16, 1987 26 ILM 1541.
Pew Center on Global Climate Change, www.pewclimate.org.
Rio Declaration on Environment and Development (1992) http://habitat.igc.org/agenda21/rio-dec.htm.
Second World Climate Conference 1YB. *International Environmental Law* 473, 475 (1990).
Shabecoff, Philip. *A Fierce Green Fire.* Island Press. 2003.
Stockholm Convention on Persistent Organic Pollutants, www.pops.int (2000).
The Paris Agreement. Resources. Center for Climate and Energy Solutions. www.c2es.org/international/paris-agreement.
United Nations Conference on the Human Environment (Stockholm, Sweden), 1997, www.unep.org/Documents.Multilingual/Default.asp?DocumentID=97.
United Nations Framework Convention on Climate Change, 2007, http://unfccc.int/meetings/cop_13/items/4049.php.United Nations Framework Convention on Climate Change, COP 21. Adoption of the Paris Agreement. November 30, 2015 to December 11, 2015. http://unfccc.int/resource/docs/2015/cop21/eng/l09.pdf.

---

[31]COP21: UN chief hails new climate change agreement as "monumental triumph," UN News Centre. December 12, 2015. www.un.org/apps/news/story.asp?NewsID=52802#.VpdLbzZ3RUR.

O Surgimento da Edificação Sustentável e das Políticas de Edificação Sustentável

4

Desde a primeira edição deste texto, muito tem mudado na adoção de leis, códigos e políticas de edificação sustentável. Temos visto a continuação do desenvolvimento de políticas de ação e a transformação do mercado. O grau de adoção da construção sustentável sempre dependeu de motivadores do mercado. De um lado da escala estavam os inovadores, aqueles que lideraram, desenvolveram e implementaram as políticas de ação da sustentabilidade. Depois vieram os primeiros a adotar a ideia, aqueles que podiam assumir certo grau de risco e se motivavam pelo reconhecimento do mercado, como os sistemas de certificação ou os selos ecológicos. A parcela intermediária do mercado é formada por aqueles que têm aversão a riscos, mas se dispõem a tomar decisões relacionadas aos resultados finais se tiverem incentivos ou créditos tributários. Por fim, havia os retardatários, que adotaram medidas de edificação sustentável motivados pelo receio de estarem deixando de cumprir as normas e os códigos de edificação.

Em uma extremidade do espectro político, vimos grandes empresas contrárias à sustentabilidade e lobistas da indústria química tentando barrar certificações LEED obrigatórias para projetos públicos. No outro lado, apesar dos esforços conjuntos para diluir ou prevenir a edificação sustentável institucionalizada, tem havido progressos nas leis de proteção ao clima propostas e nos acordos internacionais sobre a edificação ecológica, como aqueles que discutimos no Capítulo 3.

Neste capítulo, examinaremos as origens da edificação sustentável e como a constatação do ônus ambiental da poluição da água e do ar, da destruição de habitats e da ameaça à vida selvagem promoveu a legislação. Também veremos o status atual da edificação sustentável e resumiremos o desenvolvimento da política energética no Ocidente. A partir desse ponto, veremos como surgiram os códigos de edificação e energia sustentáveis.

No mundo inteiro, os códigos de energia são mais reconhecidos e familiares do que os códigos de edificação sustentável propriamente ditos, em virtude do preço da energia, das misturas de combustível, da disponibilidade de tecnologias renováveis, dos extremos climáticos e do desejo de segurança energética. Nas nações em desenvolvimento, a primeira prioridade é a redução do consumo de energia por meio de uma política que garanta a autossuficiência energética.[1] O desenvolvimento de políticas sobre a eficiência energética e as tecnologias da energia renovável são uma decorrência natural. Como indica a Figura 4-1, no entanto, muitos países ainda não desenvolveram códigos energéticos obrigatórios nem voluntários.[2] Isso se dá por diversas razões, entre as quais a necessidade de direcionar recursos para outras prioridades, como a segurança alimentar ou o abastecimento de água. Assim, as reformas no uso do solo frequentemente precedem o desenvolvimento de políticas energéticas detalhadas. No entanto, como veremos no Capítulo 13 sobre a resiliência e as mudanças climáticas nos chamados países em desenvolvimento, grande parte do foco vem sendo direcionado à adaptação às mudanças climáticas. Está se tornando cada vez mais evidente, como podemos ver nos acordos internacionais sobre mudanças climáticas, que conferir segurança energética é um dos elementos-chave da adaptação (ou resiliência), e é por isso que hoje há, no mundo inteiro, uma mobilização para modernizar e planejar códigos de energia adequados em termos culturais e geográficos.

Os anos que passaram desde a primeira edição deste livro têm testemunhado uma crescente ênfase na adoção de edificações ecologicamente sustentáveis impostos pelos códigos de construção. Os praticantes há muito tempo reconheceram que a questão um tanto banal do desenvolvimento de normas e códigos deve acompanhar a emergência de ideias, estratégias e tecnologias de edificação sustentável. Essa é a única área na qual as normas prescritivas e de desempenho conseguem efetivar a edificação ecológica, em vez de serem estritamente focadas nas políticas de ação. Códigos e normas de construção, como o International Green Construction Code (IgCC), o ASHRAE 189.1 Standard for the Design of High-Performance Green Buildings, o Green

---

[1] IEA/OECD/UNDP, "Modernising Energy Codes to Secure Our Global Energy Future," OECD/IEA, 9 rue de la Fédération, 75739 Paris Cedex 15, France and United Nations Development Programme (UNDP) 304 East 45th Street, New York, NY 10017, page 9.
[2] Para estatísticas atuais de consumo de energia dos países membros da IEA, acesse: www.sustainablebuildingscentre.org/pages/beep.

Status da implementação dos códigos de energia para novas edificações residenciais

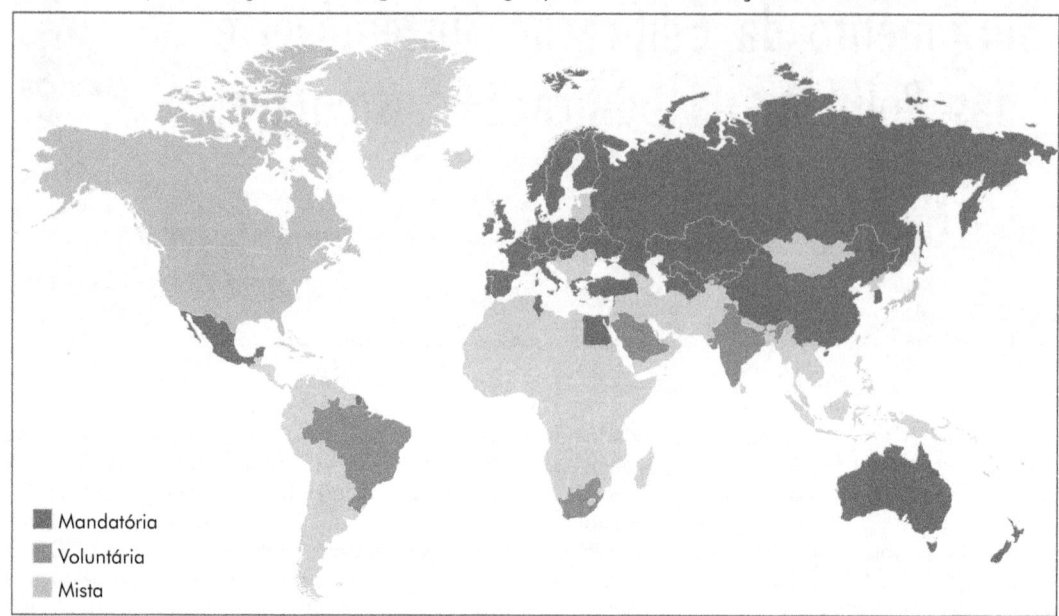

- Mandatória
- Voluntária
- Mista

O levantamento representado neste mapa não faz pré-julgamentos sobre o *status* ou a soberania de qualquer território, a delimitação de fronteiras ou limites internacionais, ou o nome de qualquer território, cidade ou área.

Status da implementação dos códigos de energia para edificações residenciais existentes

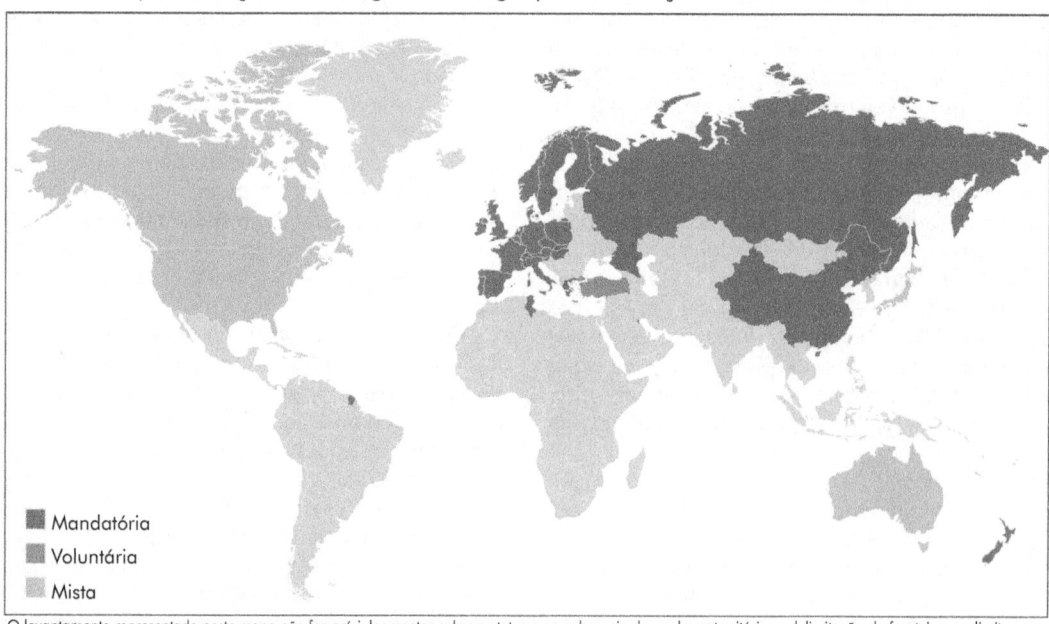

- Mandatória
- Voluntária
- Mista

O levantamento representado neste mapa não faz pré-julgamentos sobre o *status* ou a soberania de qualquer território, a delimitação de fronteiras ou limites internacionais, ou o nome de qualquer território, cidade ou área.

FIGURA 4-1 Conforme o UNDP e a IEA, o planejamento para uma maior eficiência energética por meio dos códigos de energia consiste de quatro fases: planejamento, implementação, monitoramento e avaliação. Modernising Building Energy Codes, 3.

Building Assessment Protocol (ANSI/GBI01–2010), o 2012 ICC 700 National Green Building Standard, o código CALGreen californiano e outras leis sobre a edificação sustentável vêm sendo aprovados nos Estados Unidos, no Canadá e no Reino Unido.

Em primeiro lugar, vejamos como chegamos à definição de edificação sustentável.

A definição de edificação sustentável

O conceito de edificação sustentável advém naturalmente da história fértil do ambientalismo. Até 10 anos atrás, porém, essa expressão nos fazia pensar em uma filosofia corajosa, embora primitiva, cujos adeptos desejavam viver de maneira independente, afastando-se da sociedade. As palavras associadas à edificação sustentável nos Estados Unidos das décadas de 1960 e 1970 incluíam "edificações subterrâneas", "autossuficientes" e "ecológicas" (Figura 4-2). Hoje em dia, porém, palavras como "integrada", "eficiente", "de alto desempenho", "elegante" e "resiliente" são aplicadas a elas com frequência (Figura 4-3).

A abordagem da edificação integrada, que considera o ciclo de vida em todos os níveis, é essencial para a definição contemporânea de edificação ou construção sustentável.

Atualmente, existem muitas definições formais para o termo "edificação sustentável", mas todas têm em comum pelo menos um dentre vários componentes essenciais; além disso, a maioria dos arquitetos concorda que, para ser sustentável, uma edificação precisa solucionar mais do que um problema ambiental (por exemplo, o esgotamento dos recursos naturais, a lotação dos depósitos de lixo, as emissões de carbono, etc.). Ainda que não possa solucionar todos os problemas, a edificação sustentável deve:

- Tratar das questões de demolição no terreno e de resíduos da construção, bem como dos resíduos gerados pelos seus usuários.
- Buscar a eficiência na utilização dos recursos.
  - Minimizar o impacto da mineração e do extrativismo na produção de materiais e contribuir para a recuperação dos recursos naturais.
  - Reduzir o consumo de solo, água e energia durante a manufatura dos materiais, a construção da edificação e a utilização por seus usuários.
  - Planejar uma baixa energia incorporada durante o transporte dos materiais ao terreno.
  - Trabalhar de modo lógico à medida que a cadeia de produção de materiais é traçada.
- Buscar a conservação de energia e projetar visando ao consumo eficiente de energia na alimentação dos sistemas de calefação, refrigeração, iluminação e força. Já que a construção de edificações está entre os principais emissores de dióxido de carbono (CO_2), planejar a redução de tais emissões é um grande desafio e logo se tornará uma obrigação social e política inegociável.

FIGURA 4-2 O famoso Earthship, feito a partir de pneus usados e algumas latas de cerveja, utiliza estratégias passivas de calefação e refrigeração, evitando, de maneira criativa, que os produtos descartados acabem em depósitos de lixo. Imagem © Kirsten Jacobsen.

FIGURA 4-3 A Ala de Ciências do Edifício Vivo da Escola Bertschi, em Seattle, Washington, foi uma das primeiras edificações a obter a certificação Living Building Challenge (versão 2.0). Fotógrafo: Benjamin Benschneider.

- Oferecer um ambiente interno "saudável":
  - Evitar o uso de materiais de construção e limpeza que emitam compostos orgânicos voláteis (VOCs) e suas interações sinergéticas.
  - Evitar o uso de equipamentos que não controlem ou não filtrem de maneira adequada a entrada ou a produção de particulados.
  - Controlar a entrada de poluentes externos por meio de filtragem do ar, ventilação e capachos adequados; o mesmo se aplica aos contaminantes usados pelos usuários, como em produtos de higiene pessoal.
  - Projetar uma conexão com o exterior que forneça ventilação natural, iluminação diurna e vistas para o exterior.

Os sistemas de certificação ou as diretrizes de sustentabilidade do mundo inteiro abordam questões similares em um alto nível, ou seja, na redução da degradação ambiental e na melhoria da qualidade do ambiente interno dos prédios. Contudo, eles se diferem nos detalhes pelos quais abordam e implementam suas abordagens de resposta aos desafios locais e regionais. Assim, dificilmente surgirá uma definição única e definitiva do que seria uma edificação ecológica ou sustentável. Ainda que alguns estados, prefeituras e órgãos governamentais dos Estados Unidos tenham adotado o LEED ou outro programa de edificação sustentável de modo isolado, não haverá um consenso (exceto quanto a diretrizes federais de sustentabilidade) até que a construção sustentável deixe de ser uma escolha e se torne uma necessidade imperativa. No entanto, como podemos ver das descrições dadas anteriormente, há um tema comum: o projeto de uma edificação sustentável equivale a um projeto responsável.

As edificações sustentáveis deixam um grande legado de projeto. Poderíamos apontar para inúmeros prédios tradicionais (Figura 4-4) que poderiam ser considerados razoavelmente bem projetados, pois seus projetos refletiram os climas regionais, eles usaram de modo eficiente materiais de construção facilmente disponíveis e técnicas de edificação comprovadas, garantiram um nível de conforto por meio de estratégias apropriadas (como a acumulação de calor em massas térmicas) ou reduziram a demanda imposta ao meio ambiente com o armazenamento da água.

Em muitas partes do mundo, bolsões de forças contraculturais se inspiraram na inteligência e eficiência dessas estratégias de edificação.

As raízes da edificação sustentável

Nos Estados Unidos, as origens do movimento moderno de construção sustentável se encontram em marcos econômicos e ambientais. A tradição de edificar de modo inteligente foi profundamente redefinida após a economia norte-americana baseada nos combustíveis fósseis ter ignorado a essência de um bom projeto. Prédios mais estanques passaram a ser projetados a fim de atenuar os impactos políticos da falta do petróleo, e não em virtude de um comprometimento voluntário para reduzir o consumo desse combustível. A resposta ao embargo ao petróleo decretado em meados dos anos 1970 pela OPEC (a Organização dos Países Exportadores de Petróleo) levou ao projeto de edificações mais estanques para reduzir os gastos com calefação e resfriamento. (A Figura 4-5 ilustra o impacto do racionamento da gasolina, em função do embargo ao petróleo, na vida cotidiana dos norte-americanos.) Essa prática foi a resposta predominante às restrições sobre a importação do petróleo. Ironicamente, essa tendência a prédios mais estanques se tornou o elemento mais característico do movimento da edificação sustentável, em termos de conservação de energia e qualidade do ar do interior, algo que será tratado nos Capítulos 6, e 8 a 11.[3]

No entanto, a crise do petróleo trouxe benefícios inesperados, pois transformou a necessidade de economizar energia nas habitações em algo pessoal, o que inclui o desenvolvimento de

FIGURA 4-4 Arquitetura de barro de Mali. Três bilhões de pessoas ao redor do mundo moram ou trabalham em edificações feitas com paredes de tijolo de barro, adobe ou taipa. Vinte por cento dos prédios da Lista do Patrimônio Histórico Mundial foram feitos com esses materiais. Imagem © Huib Blom.

FIGURA 4-5 O embargo do petróleo levou ao racionamento de gasolina na década de 1970. Warren K. Leffler, U.S. News & World Report Magazine Photograph Collection.

Trechos deste capítulo apareceram pela primeira vez em uma solicitação do LEED feita pelo Sistema de Aposentadoria dos Funcionários Públicos da Califórnia [*California Public Enployees' Retirement System*] (CalPERS).

[3] A construção de edificações mais vedadas também teve consequências negativas: por exemplo, má qualidade do ar interno, síndrome da edificação doente e doenças relacionadas às edificações.

alternativas para a obtenção de energia e o racionamento de gasolina para conservar combustíveis. O interesse pelo consumo eficiente de energia levou à fundação de agências federais cujas missões foram impulsionadas pelo movimento ambientalista.

O início da década de 1970 testemunhou o nascimento da Agência de Proteção Ambiental dos Estados Unidos (EPA) e do Departamento de Energia (DOE) do mesmo país. A indústria da construção acompanhou a tendência, desenvolvendo o Comitê para Energia do Instituto de Arquitetos dos Estados Unidos (AIA), que evoluiu e, atualmente, é conhecido como Comitê do AIA para o Meio Ambiente COTE (AIA Committee on the Environment). A edificação sustentável surgiu a partir desses grupos, e era vista como uma disciplina com várias vertentes, incluindo uma preocupação com o ciclo de vida e a geração de lixo dos materiais de construção, a conservação do solo e da água, a qualidade do ar dos interiores e a qualidade dos ambientes internos, além do motivador original: a redução de energia.

Na década de 1990, a administração Clinton aprovou vários decretos lei relacionados ao meio ambiente, estabelecendo um estudo de caso por meio do projeto Sustentabilidade da Casa Branca (Greening of the White House). Posteriormente, o presidente Bill Clinton criou o conselho do Presidente para o Desenvolvimento Sustentável (President's Council on Sustainable Development). O governo federal aproveitou os benefícios do movimento da construção sustentável a fim de estabelecer padrões de sustentabilidade para vários setores governamentais, incluindo o exército, os parques nacionais e as edificações de inúmeras agências.

O ônus ambiental

Quando os governos nacionais, estaduais e municipais começam a legislar sobre medidas de edificação sustentável, isso indica que já existe um consenso que apoia as mudanças no modo como construímos as edificações. Os custos operacionais enxutos, a maior eficiência dos trabalhadores e a construção de edificações mais duráveis significam economias no longo prazo.

Também é benéfico para a sociedade em geral nos preocuparmos com os extensos danos ambientais que são evitados quando se constroem prédios sustentáveis. Segundo o U.S. Green Building Council (Conselho da Edificação Sustentável dos Estados Unidos), "a indústria da construção é uma das que mais consome energia e água no planeta".[4]

Os prédios respondem por 48% do consumo total de energia (Figura 4-6) e por 74,9% do consumo de energia nos Estados Unidos.[5] As edificações também são responsáveis por 30% dos gases causadores do efeito estufa e consomem 30% das matérias-primas. Quase 170 milhões de toneladas de lixo foram geradas em 2003 com atividades de demolição, reforma e construção de prédios.[6] A construção civil também consome quase 12% de nossa água potável.

---
[4]The U.S. Green Building Council, www.usgbc.org.
[5]Dados do U.S. Energy Information Administration conforme apresentado pela Architecture 2030, http://architecture2030.org/the_problem/buildings_problem_why; U.S. Department of Energy, *Buildings Energy DataBook* 2013 (Washington, DC: U.S. Department of Energy), http://buildingsdatabook.eren.doe.gov.
[6]U.S. Environmental Protection Agency (EPA) Green Building, Reducing Waste, www.epa.gov/greenhomes/ReduceWaste.htm.

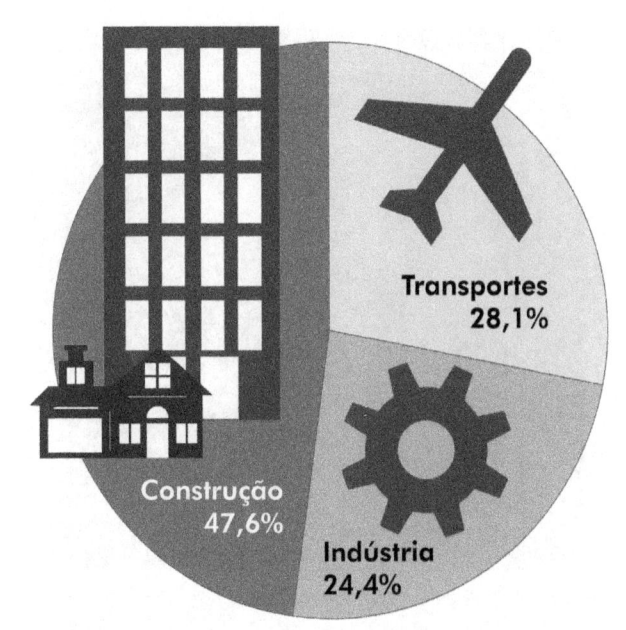

FIGURA 4-6 Quase metade da energia consumida nos Estados Unidos em 2013 foi empregada no setor da construção. Imagem por cortesia de Architecture 2030. © 2015 2030, Inc./Architecture 2030. Todos os direitos reservados. Utilizada sob permissão. Fonte dos dados: Administração das Informações sobre Energia dos Estados Unidos.

É evidente que as edificações são responsáveis por um enorme passivo ambiental. O movimento da construção sustentável vem respondendo a essa degradação ambiental desde o embargo do petróleo imposto pela OPEP na década de 1970.

O aumento dos preços do petróleo na década de 1970 incitou pesquisas significativas que visavam melhorar a eficiência energética e encontrar fontes de energia renováveis. Isso, junto com o movimento ambientalista das décadas de 1960 e 1970, levou aos primeiros experimentos na construção sustentável contemporânea. Como não ocorreu qualquer mudança em larga escala para práticas de edificação sustentável como uma resposta natural do mercado, ferramentas políticas, como os incentivos e regulamentos compulsórios, vêm sendo criados para tratar do problema. O clima político e os ciclos eleitorais veem da mesma maneira as oscilações de atividade na área da pesquisa e desenvolvimento de tecnologias limpas.

A construção sustentável hoje

A construção sustentável surgiu a partir de uma gênese rústica e era associada a uma cultura com estilos de vida alternativos e uma filosofia de "aperto de cintos". Mas hoje já não representa um movimento sociopolítico característico da contracultura. Os prédios sustentáveis do século XXI fazem sentido como máquinas, aparelhos e elementos de desenho de produtos eficientes, bem desenhados; eles são invenções de alto desempenho (Figuras 4-7 e 4-8).

Assim como há componentes audiovisuais, eletrodomésticos e automóveis de alto desempenho, existem edificações com alto desempenho em termos de consumo de energia, qualidade do ar interno e despesas com recursos (ou consumo de capital natural). Os benefícios de tais edificações são

FIGURA 4-7 A estética moderna desta luminária de jardim com LEDs (diodos emissores de luz) da marca Corona é um exemplo de elegância na tecnologia sustentável. As células fotovoltaicas transformam a luz do sol em energia durante o dia, e seus LEDs começam a brilhar automaticamente assim que o sol se põe. Ela não utiliza cola ou fixações, o que facilita a desmontagem para fins de reciclagem ou reúso. Projeto de Shane Kohatsu e Emi Fujita, 2007.

quantificáveis e concretos para os proprietários, usuários, projetistas e construtores.[7]

Ainda que em nível básico, é possível associar o projeto integrado de edificações ao conceito de Gaia proposto por James Lovelock – ou seja, as edificações podem ser vistas como organismos compostos por sistemas interatuantes e inter-relacionados (Figura 4-9). No mundo das medidas e resultados, contudo, os benefícios do projeto sustentável integrado afetam diretamente o resultado final das edificações (Figura 4-10), além dos objetivos complementares de manterem as pessoas saudáveis, reduzir o lixo, economizar energia e reduzir os custos operacionais.

No final de 2006 houve uma transformação importante no mercado da edificação ecológica, acarretada, em parte, pelas novas construções feitas pelos grandes construtores de prédios comerciais tanto na costa leste como na oeste dos Estados Unidos, que foram motivados por benefícios tributários como aqueles oferecidos pelo estado de Nova York[8] ou pelo Priority Gold Permitting Process de São Francisco.[9] As empresas mais vanguardistas se deram conta de que a melhoria da qualidade do ar dos interiores e as reduções tangíveis no custo de operação de um prédio lhes ajudavam a se diferenciar no mercado. Seus principais clientes e inquilinos começaram a pedir espaços comerciais que tivessem determinada certificação de sustentabilidade, considerando que tais prédios melhoram a produtividade de seus empregados, conservam os recursos de modo mais efetivo e aumentam as eficiências em geral, e, portanto, reduzem a pegada ambiental total.

A tendência parece indicar que o projeto sustentável irá além da medição dos meros benefícios econômicos, alcan-

---

[7] Lisa Fay Matthiessen and Peter Morris, "The Cost of Green Revisited: Re-examining the Feasibility and Cost Impact of Sustainable Design in the Light of Increased Market Adoption," 2007, www.usgbc.org/resources/cost-green-revisited.

[8] New York State Department of Environmental Conservation, New York State Green Building Tax Credit Legislation Overview, www.dec.ny.gov/regs/4475.html.

[9] San Francisco Planning Department, Revisions to Director's Bulletin 2006–02, regarding the Planning Department's priority of processing applications, from John Rahaim, Planning Director to the Members, San Francisco Planning Commission, October 30, 2008.

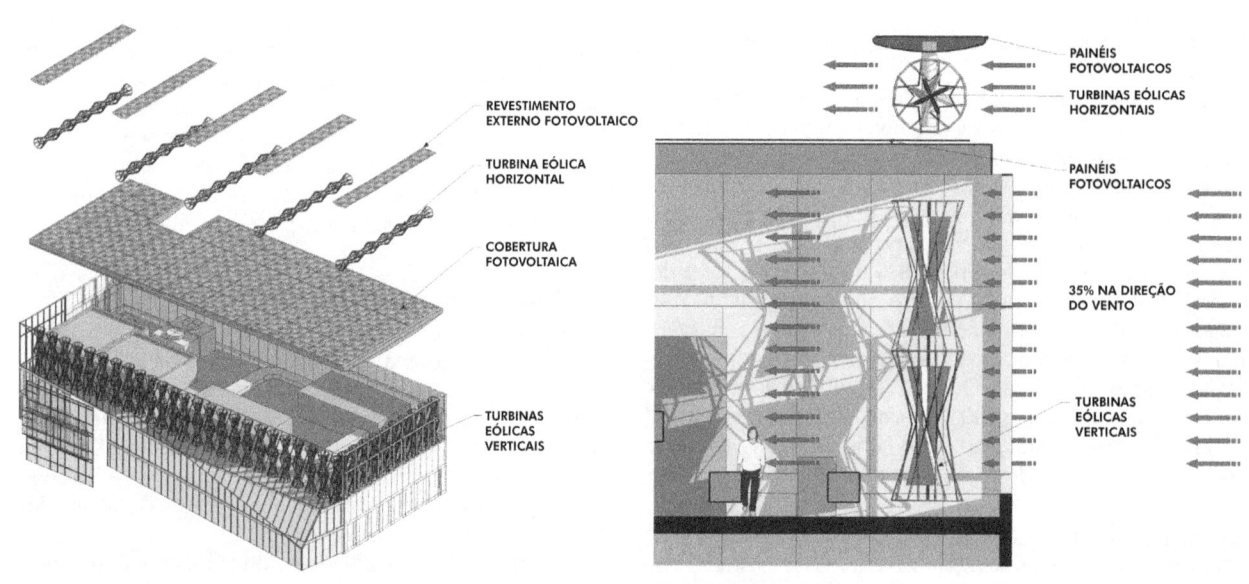

FIGURA 4-8 Diagramas da sede recém construída da Comissão de Utilidades Públicas de São Francisco (Public Utilities Commission), um exemplo de prédio de escritórios comerciais de altura média e construído em um ambiente urbano que adotou o projeto integrado, painéis solares, turbinas eólicas, projeto sísmico inovador e ventilação passiva. Imagem por cortesia da KMD Architects.

FIGURA 4-9 O Arcosanti de Paolo Soleri é uma representação física do conceito de "arquiecologia" (arcology), ou seja, a interação dos sistemas vivos com a arquitetura. Arcosanti; imagem do livro *Arcology: City in the Image of Man*. Cambridge, MA: MIT Press, 2006.

çando uma definição mais ampla do ambiente construído. Essa definição levará os futuros prédios sustentáveis além de um sistema de pontuação ecológica para fins de certificação, tornando o projeto integrado uma exigência fundamental. Como já discutimos, o projeto integrado produz edificações vivas e resilientes que usam sistemas com pegadas ambientais mínimas ou mesmo nulas. Esses sistemas podem limpar a água que usam e gerar energia limpa para as edificações e seus bairros, além de utilizarem uma variedade de outros conceitos de projeto integrado, como a geração zero de lixo e o projeto ativo para a saúde física dos usuários. Estamos nos aproximando do ponto de virada, a partir do qual surgirão novos conceitos que definirão a sustentabilidade em termos totalmente novos. As novidades incluem as ideias de equidade social e ambiental, ou seja, a oferta equitativa de ar, água, solo e energia limpos para todas as populações, como preconiza a "Pétala da Equidade" do Living Building Challenge (LBC) versão 3.0. Outro bom exemplo é o Imperativo "Organizações Justas" do LBC, que pede que ao menos uma empresa participante da equipe de projeto apresente suas políticas de ação em termos de benefícios aos trabalhadores, segurança, responsabilidade ambiental, diversidade e benefícios à comunidade local.

Agora vamos analisar a política energética e a legislação dos Estados Unidos para termos uma ideia de como as políticas sobre edificação sustentável foram desenvolvidas e implementadas.

A história das políticas energéticas dos Estados Unidos

Neste breve histórico da política energética dos Estados Unidos, que culminou com a U.S. Energy Independence and Security Act of 2007 (Lei da Independência e Segurança Energética dos Estados Unidos de 2007), veremos que a oportunidade de se basear em leis anteriores hoje está levando à neutralidade em carbono e ao conceito de consumo zero de energia líquida. A energia, em todas as suas formas e ramificações no crescimento econômico, tem sido uma preocupação constante dos líderes políticos e governantes desde a corrida pelo desenvolvimento das armas nucleares durante a Segunda Guerra Mundial. Os programas criados

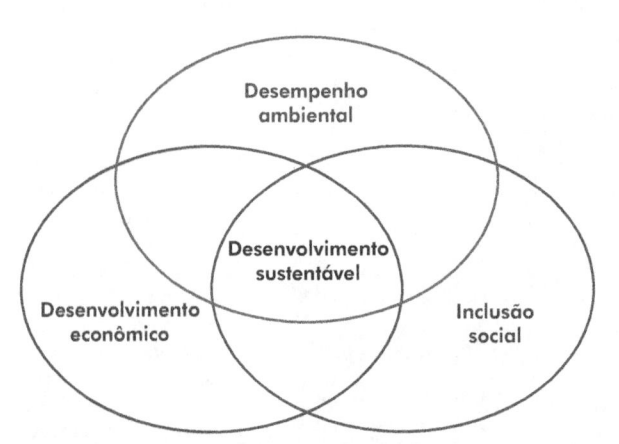

FIGURA 4-10 O resultado tríplice ou triplo relaciona as sustentabilidades econômica, ambiental e social. Imagem por cortesia de Cameron Johnstone, ESRU.

para o desenvolvimento das armas nucleares formam a base do Departamento de Energia dos Estados Unidos. A questão da segurança energética nacional se tornou uma preocupação federal nos últimos anos: como a energia é gerada, consumida e protegida, bem como ela é utilizada como arma e método de controle, deve ser vista conjuntamente sob a lente da segurança nacional. Além disso, essa política federal é um importante elemento para o sucesso do movimento atual pela edificação sustentável (Figura 4-11).

Depois da Segunda Guerra Mundial, discutiu-se muito quem deveria ter o controle das tecnologias de energia atômica, se uma agência civil ou militar. Até então, tais tecnologias se concentravam na infraestrutura enorme e extremamente misteriosa do Projeto Manhattan, que tinha inúmeros laboratórios de pesquisa e uma folha de pagamento cheia de líderes mundiais renomados – todos envolvidos na pesquisa atômica. O sistema do Laboratório Nacional dos Estados Unidos é fruto da infraestrutura do Projeto Manhattan, enquanto a Comissão de Energia Atômica (Atomic Energy Commission) foi submetida à administração civil, e não militar. Mas foi apenas em 1954 que o uso exclusivo da tecnologia atômica por parte do governo foi estendido à iniciativa privada para o desenvolvimento de um novo setor industrial: o da energia nuclear. Em 1974, a Atomic Energy Commission (Comissão de Energia Atômica) foi reorganizada, e a regulamentação da energia atômica passou para as mãos da Nuclear Regulatory Commission (Comissão Reguladora Nuclear). Naquela época, não havia uma política energética abrangente quanto às várias fontes de combustíveis e seus usos, e quanto à infraestrutura e tecnologia do país. Foi o embargo ao petróleo de meados da década de 1970 (geralmente chamado de "crise energética") que promoveu o surgimento de uma nova legislação. A Department of Energy Organization Act of 1977 (Lei da Organização do Departamento de Energia de 1977) criou o Departmento de Energia (DOE) dos Estados Unidos para reunir uma variedade de atividades federais, inclusive a pesquisa e o desenvolvimento. A missão do DOE atual é "transformar o sistema energético da nação e garantir a liderança em tecnologias energéticas limpas, promover a ciência e engenharia de padrão internacional como um pilar da prosperidade econômica e melhorar a segurança nuclear por meio de esforços ambientais, de defesa e não proliferação de armas nucleares".[10]

O Energy Star é um programa conjunto da Agência de Proteção Ambiental dos Estados Unidos e do Departamento de Energia, cujo foco é "proteger nosso clima por meio de uma eficiência energética superior". Nas duas décadas que terminaram em dezembro de 2012, estima-se que as famílias e empresas dos Estados Unidos haviam economizado mais de 239 bilhões de dólares em contas de energia elétrica e prevenido a emissão de mais de 1,9 bilhões de toneladas de emissões de gases de efeito estufa.[11]

A Legislação Federal

A *Energy Policy Act of 1992* (Lei da Política Energética de 1992) consiste em 27 títulos com medidas elaboradas para reduzir a dependência dos Estados Unidos em energia importada, oferecer incentivos para energias limpas e renováveis e promover a conservação energética nas edificações. Ela exige que os estados estabeleçam códigos energéticos mínimos para os prédios comerciais e que considerem códigos residenciais mínimos baseados nos códigos voluntários atuais. Isso ajudou a criar normas como a ASHRAE 90.1, a ASHRAE 90.2, e o Model Energy Code. A lei exigia normas de eficiência para equipamentos como os de climatização comercial, motores elétricos e luminárias. Ela exigia que os estados considerassem novas normas regulatórias que abrissem o caminho para programas de eficiência em energia administrados pela demanda e pagos pelos consumidores das concessionárias de energia.

---

[10] A Brief History of the Department of Energy, United States Department of Energy, http://energy.gov/management/office-management/operational-management/history/brief-history-department-energy.

[11] Energy Star website, www.energystar.gov/about.

FIGURA 4-11 O apoio federal para a inovação relacionada à energia pode ser visto em eventos educacionais como o Solar Decathlon, patrocinado pelo Departamento de Energia dos Estados Unidos. Uma das competições dentro do Decathlon é o concurso Energy Balance (Equilíbrio Energético), que exige um equilíbrio entre as entradas e saídas de energia, ou seja, o consumo de energia líquido zero. © Bokeh Design, apresentado pela equipe solardecathlon.at Team Austria & LISI.

Ela estabeleceu normas, como as que definem limites permissíveis para os aparelhos sanitários, incluindo bacias sanitárias, bacias sanitárias com descarga dupla, lavatórios, torneiras, pias de cozinha e duchas. Com isso, a indústria de aparelhos sanitários passou a atender a exigências de desempenho uniformes, objetivas e mensuráveis em termos de consumo de água admissível.

O selo energético de adesão voluntária, o Energy Star, foi lançado no mesmo ano, ajudando os consumidores a rapidamente identificarem computadores, monitores e eletrodomésticos que consumiam pouca energia. Hoje há residências, plantas industriais e edifícios comerciais com certificação Energy Star.

Essas atividades foram o pano de fundo e a base para as intervenções políticas que ajudaram a manter o desenvolvimento dos sistemas de certificação de sustentabilidade no final dos anos 1990 livres do lobby dos grandes atores do setor, que, de outro modo, talvez tivessem interesse em manter o *status quo*.

Uma nova fase do desenvolvimento das políticas energéticas nos Estados Unidos foi iniciada com o Decreto-Lei 13123 – Greening the Government Through Efficient Energy Management (Tornando o Governo Sustentável por meio da Gestão de Energia Eficiente). Sancionada pelo presidente Bill Clinton em junho de 1999, essa lei exigiu que o governo federal se tornasse sustentável em muitas áreas, com a promoção do consumo eficiente de energia por meio da liderança, as metas de redução das emissões de gases de efeito estufa, as metas para o aprimoramento do consumo eficiente de energia e as energias renováveis, entre outras. O governo federal norte-americano é dono e gerencia uma grande quantidade de imóveis em todo o país. As normas de aquisição ou contratação para construir imóveis que exigiam eficiência energética no parque imobiliário federal criaram um grande mercado para bens e serviços de alto desempenho.

A *2001 National Energy Policy (*Política de Energia Nacional de 2001)[12] baseou-se no programa Energy Star, mostrou como estudo de caso uma casa com consumo de energia líquido zero e incluiu uma imagem de um arranjo fotovoltaico do Edifício Condé Nast, na Four Times Square da cidade de Nova York (Figura 4-12). Ela também discutiu as características de energia renováveis que poderiam ser utilizadas nos prédios e fez um apelo pelo projeto holístico das edificações a fim de atingir a conservação e eficiência energética.

A *Energy Policy Act of 2005*[13] (EPAct 2005; Lei da Política Energética de 2005) sugeriu prédios de alto desempenho como uma maneira de reduzir o consumo energético do país. A EPAct 2005 definiu o termo "edificação de alto desempenho" como "um prédio que integra e otimiza todos os principais atributos das edificações de alto desempenho, incluindo a eficiência energética, a durabilidade, o desempenho ao longo da vida útil e a produtividade dos usuários".[14]

Em 2005, ela encarregou o *National Institute of Building Sciences*[15] do desenvolvimento de políticas sobre questões ambientais e energéticas, sob a supervisão do recém-estabelecido High Performance Building Council (Conselho da Edificação de Alto Desempenho – NIBS). Sendo uma ONG sem fins lucrativos, a missão do instituto é "servir ao interesse público (...) dando suporte para o progresso da ciência e tecnologia da edificação com o propósito de melhorar o desempenho dos prédios de nosso país e, ao mesmo tempo, reduzir os resíduos e conservar a energia e os recursos".[16]

As Iniciativas do High-Performance Building Council abordam várias questões, incluindo o Projeto Baseado no Alto Desempenho para o Desenho das Vedações Externas de um Prédio, que está investigando formas de mensuração e os atributos com os quais a fenestração, a estrutura, as instalações e a arquitetura deveriam ser projetadas. Além disso, espera-se que esse projeto ofereça uma "Ferramenta de Requisitos de Desempenho para o Proprietário" (OPR) que possa ajudar os proprietários a buscar prioridades específicas relacionadas aos atributos energéticos, ambientais, de segurança física e patrimonial, de sustentabilidade, de durabilidade, operacionais e de efetividade em custo.[17]

O NIBS também tem outros programas relacionados com diferentes aspectos dos prédios sustentáveis, incluindo os Conselhos de Avaliação de Risco e Mitigação de Riscos Múltiplos e o Programa de Projetos Resilientes Integrados (IRDP). Como foi descrito no Capítulo 13, o projeto, a construção e a operação de prédios e comunidades resilientes é fundamental para a geração da capacidade adaptativa das edificações em face das mudanças climáticas. No contexto dessas iniciativas do NIBS, contudo, o foco é principalmente o desenvolvimento de tecnologias que permitam às edificações funcionarem após desastres provocados pelo homem. Trabalhando com o Departamento de Segurança Interna, o IRDP planeja desenvolver uma ferramenta de modelagem que ajude no planejamento da proteção balística, química, biológica e radiológica dos prédios. O NIBS também criou o Sustainable Buildings Industry Council (Conselho do Setor de Edificação Sustentável – SBIC) como maneira de desenvolver diretrizes, revisar normas e unir os atores da construção no esforço de criar edificações sustentáveis. Um dos resultados mais úteis do trabalho do SBIC é o Whole Building Design Guide. (Consulte a seção Recursos, ao fim deste capítulo.)

O Energy Independence and Security Act of 2007 (Lei de Independência e Segurança Energética de 2007) associa a redução do consumo de energia pelas edificações à necessidade de diminuir a dependência do país em relação aos combustíveis fósseis estrangeiros.

O Escritório de Eficiência Energética e Energia Renovável (EERE) norte-americano sob a direção do Departamento de Energia (DOE), oferece benefícios diretos e suporte claro às edificações sustentáveis por meio de sua adoção a programas de pesquisa: escritórios de Biomassa, Tecnologias de

---

[12]Para saber mais sobre a Política de Energia Nacional de 2001 [*2001 National Energy Policy*], consulte o seguinte resumo em: http://www.whitehouse.gov/energy/Overview.pdf.

[13]Para saber mais sobre a Lei de Políticas Energéticas de 2005 [*Energy Policy Act of 2005*] (EPACT 2005), consulte o resumo feito pelo Departamento de Energia dos Estados Unidos: http://www.energy.gov/about/EPAct.htm.

[14]EPACT 2005, Section 914. Building Standards, Definition of High Performance Building.

[15]O National Institute of Building Sciences (NIBS) foi criado pelo Congresso dos Estados Unidos por meio do *Housing and Community Development Act de 1974*.

[16]National Institute of Building Sciences, mission statement, www.nibs.org/?page=about.

[17]National Institute of Building Science, www.nibs.org/?page=hpbc_resources.

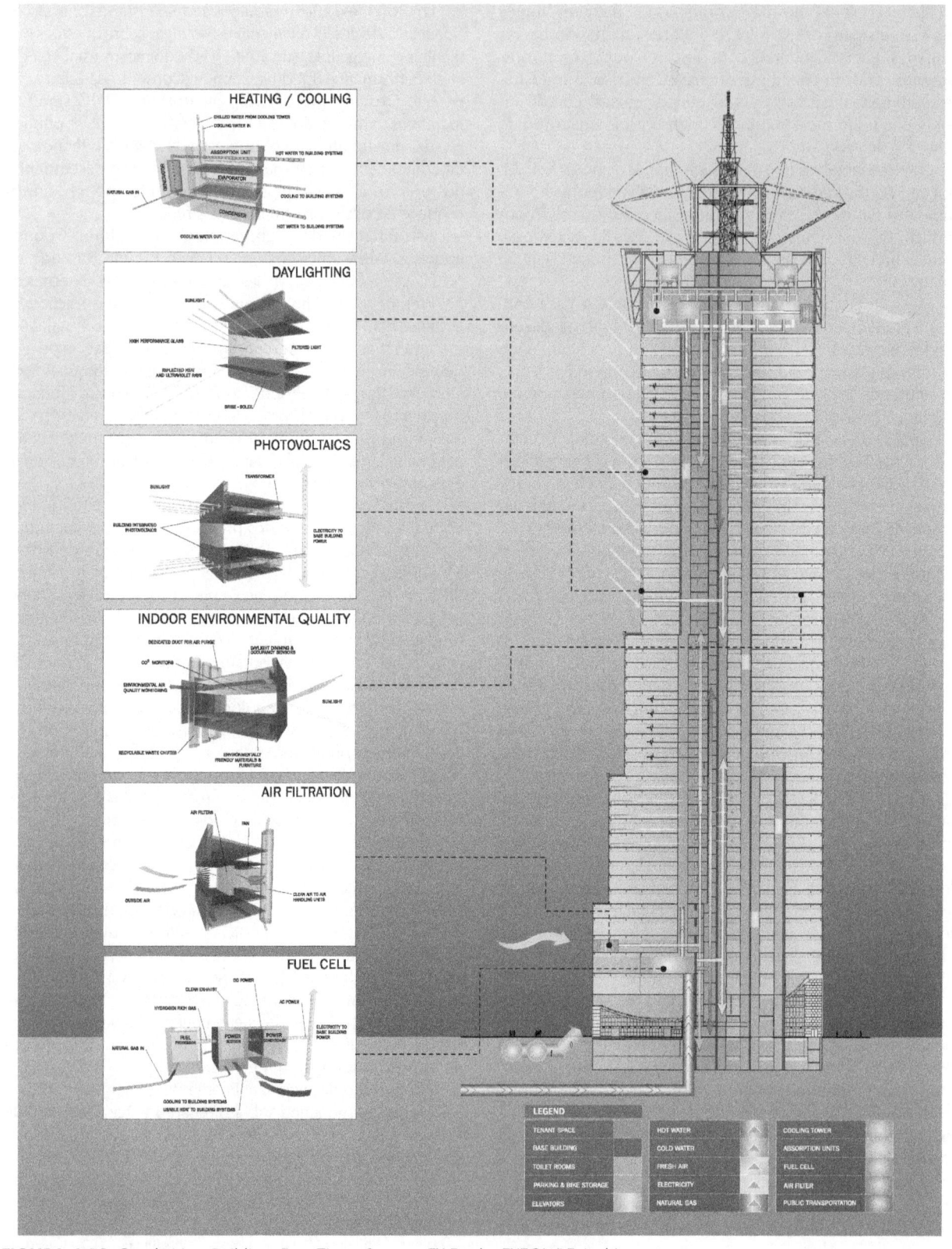

FIGURA 4-12 Condé Nast Building, Four Times Square, FX Fowle. FXFOWLE Architects.

Edificação, Programa Federal de Gestão Energética, Tecnologias Geotérmicas, Hidrogênio, Células de Combustível e Tecnologias de Infraestrutura, Tecnologias de Energia Solar, e Tecnologias Hídricas e Eólicas Intergovernamentais, entre outros. A Energy Information Administration (Administração das Informações sobre Energia – EIA) é um órgão do Sistema Estatístico Federal dos Estados Unidos que coleta, analisa e dissemina informações sobre energia a fim de dar assistência aos elaboradores de políticas, aos mercados e ao público com relação à interação da energia com a economia e o meio ambiente. O EIA coleta dados e usos, fontes e fluxos sobre os fins energéticos. Esses dados podem ser acessados pelo público.

Instrumentos políticos: códigos, programas e sistemas de certificação

Códigos de uso obrigatório

Os Estados Unidos adotaram códigos energéticos de desempenho mínimo para as edificações como um componente essencial de sua política energética abrangente. Essa política se desenvolveu aos poucos ao longo dos últimos 35 anos, iniciando como uma maneira de abordar as ameaças potenciais à vida, saúde e segurança. Com o passar do tempo, no entanto, vários elaboradores de políticas levaram o desenvolvimento dos códigos à esfera dos padrões energéticos das edificações que tratam do conforto, de taxas de financiamento sustentadas pelo governo federal e, por fim, da preocupação com o fornecimento de energia. Em 1978, a legislação exigiu normas de conservação de energia mais rigorosas para os estados que recebiam verbas federais. A lei EPAct de 1992 definiu especificamente o Model Energy Code de 1992 e o Standard 90.1 da American Society of Heating, Refrigerating and Air-Conditioning Engineers (ASHRAE) (a versão comercial do código de energia para edificações) como os códigos de energia modelo para o país.

Enquanto códigos modelo para prédios residenciais e comerciais são desenvolvidos no nível nacional com a participação ativa dos interessados, os códigos citados são adotados nos níveis estadual e local (condados e municípios), sendo implementados e cobrados nesses níveis do mercado norte-americano. A lei American Reinvestment and Recovery Act (Lei Americana do Reinvestimento e da Recuperação – ARRA) de 2009, no entanto, exigiu que os estados adotassem o IECC 2009 para os prédios residenciais, ou corressem o risco de perder suas verbas de estímulo econômico.

Programas voluntários de incentivo

As concessionárias de energia foram os administradores originais dos programas de eficiência energética, projetadas para interferirem no mercado oferecendo incentivos para tecnologias mais eficientes e produtos específicos. As verbas desses programas vieram dos clientes, e os programas eram aprovados pelos órgãos reguladores dos estados. Os benefícios financeiros oferecidos pelo uso de componentes mais eficientes ajudaram a criar mercados para os produtos, introduzindo-os no processo de projeto e construção. A teoria era que, ao reduzir por meio das vendas o custo de uma tecnologia mais eficiente, as concessionárias poderiam remover também a primeira barreira do custo de produtos, eletrodomésticos, moradias e prédios mais eficientes. A análise da edificação total na forma da modelagem energética começou a ser adotada pelo mercado do DSM no final da década de 1980. Os pilotos das linhas aéreas Pacific Northwest começaram a analisar o valor interativo de decisões de projeto relacionadas entre si ou não em termos da eficiência energética total.

A Energy Policy Act (Lei da Política Energética) de 2005 estabeleceu incentivos tributários aos proprietários de edificações e às equipes de projeto que atingissem os desempenhos energéticos prescritos para as edificações.

Sistemas voluntários de certificação

Sistemas de certificação de sustentabilidade, como o ENERGY STAR da EPA (Agência de Proteção Ambiental dos Estados Unidos) e o LEED Green Building Rating System do USGBC começaram como sendo programas voluntários. Agências governamentais, como a GSA, e vários governos municipais, de condados e estaduais adotaram a certificação LEED como uma exigência obrigatória para qualquer construção nova paga por eles. Após quatro atualizações feitas nos primeiros 10 anos, o USGBC elaborou um ciclo de desenvolvimento de três anos para o LEED, com o objetivo de que, em determinado momento, todos os prédios com certificação LEED sejam neutros em carbono e tenham impacto ambiental zero. O sistema de certificação e rotulação de sustentabilidade ENERGY STAR é utilizado tanto para equipamentos e aparelhos eletrodomésticos como para prédios. A certificação ENERGY STAR para edificações não residenciais se baseia em dados reais sobre o consumo energético dos prédios e em dados projetados sobre o consumo energético das novas edificações.

Códigos de edificação sustentável nos Estados Unidos

William J. Worthen, FAIA, LEED AP

As políticas de construção sustentável, os pedidos de licença e os códigos de edificação são maneiras de tirar o projeto sustentável da esfera das iniciativas voluntárias e levá-lo para as políticas públicas obrigatórias. Esses métodos oferecem-nos uma maneira de mensurar o impacto das edificações sustentáveis. Em uma escala maior, o projeto e a construção dos prédios sustentáveis se torna parte da solução dos problemas da elevação do nível dos mares, dos eventos climáticos extremos e da segurança energética.

Os *códigos de edificações modelo* modernos são conjuntos integrados de normas de construção adotadas por um governo municipal, fazendo ou não alterações à legislação relativa a todos os aspectos da construção de uma edificação. Em geral, os códigos usam padrões de segurança, materiais e testagem aceitos nacionalmente; eles são criados a fim de proteger os usuários e definir padrões mínimos aceitáveis para todos os tipos de edificação, além de técnicas de construção e instalações prediais admissíveis.

Grande parte do ambiente construído atual é produto de um *projeto que atende minimamente a um código de obras*; ou seja, a maioria das equipes de projeto desenha e constrói prédios que atendem aos padrões mínimos permitidos por um código para que receba as licenças necessárias e obtenha o alvará de ocupação ("habite-se") conferido pelas autoridades locais. As decisões de projeto geralmente são ditadas por simples cálculos de custos iniciais e cronogramas de projeto.

Os códigos de edificações sustentáveis representam uma mudança de paradigma fundamental, afastando-se dos padrões de projeto mínimos aceitáveis e das normas de construção com o menor denominador comum. Alguns códigos de sustentabilidade, ou "reach codes", como o Standard 189, do ASHRAE, incluem exigências que efetivamente buscam um nível superior de desempenho predial. Um dos melhores precedentes para as posturas municipais sobre sustentabilidade é a Green Building Ordinance de São Francisco.

O exemplo de São Francisco

Em 04 de agosto de 2008, Gavin Newson, o prefeito de San Francisco, assinou aquela que talvez tenha sido a legislação de construção mais sustentável (Lei No. 180–08) já adotada por qualquer esfera governamental dos Estados Unidos.[18] A legislação é ampla e assertiva, definindo objetivos quantificáveis de sustentabilidade para a construção, com níveis de exigência cada vez maiores, com o passar do tempo. Ela se aplica a todas as novas reformas comerciais, residenciais e comerciais de grande porte que forem regulares. A legislação da edificação sustentável representa os esforços conjuntos do gabinete do prefeito e das secretarias municipais de planejamento urbano e fiscalização de obras, junto com arquitetos e engenheiros de renome e líderes dos setores imobiliários e da construção civil. Posturas municipais e leis sobre construção sustentável, planos de prioridade para a concessão de alvarás a edificações ecológicas, compromissos para a redução das emissões de carbono e o objetivo de não se gerar dejeto algum são alguns dos esforços de sustentabilidade que estão sendo adotados por prefeituras de todo os Estados Unidos.

Inserir políticas de sustentabilidade efetivas nos códigos de edificação atuais mudará o modo pelo qual as coisas são feitas nas sociedades industriais modernas, e essas políticas continuarão a desempenhar um papel cada vez maior neste século.

A situação atual

Essencialmente, a crise climática mundial gira em torno das características das tecnologias energéticas e da conservação de energia e, assim como a crise energética da década de 1970, desencadeia um movimento que preza a sustentabilidade. Hoje em dia, o mesmo desejo de conservar e maximizar nosso abastecimento de energia, bem como de buscar tecnologias energéticas novas e mais limpas, está encorajando os construtores a redescobrir soluções naturais, passivas, elegantes e historicamente comprovadas para projetar edificações com consumo eficiente de energia. No entanto, esse ímpeto difere um pouco do movimento da construção sustentável que marcou a década de 1970. Conforme discutimos no início deste capítulo, os primeiros experimentos em termos de habitações sustentáveis foram considerados um ideal da contracultura.

> Várias iniciativas do LEED, incluindo leis, decretos executivos, resoluções, postura municipais, políticas de aço e incentivos são encontradas em 45 estados, incluindo 206 localidades (142 cidades grandes, 36 condados e 28 cidades pequenas), 34 administrações estaduais, 14 agências ou órgãos federais, 17 jurisdições de escolas públicas e 41 instituições de ensino superior dos Estados Unidos.*
>
> *LEED Public Policies, 2009, www.usgbc.org/Docs/Archive/General/Docs691.pdf

Contrastando, os prédios sustentáveis modernos, nos Estados Unidos, são promovidos por outra forte motivação: os incentivos econômicos.

Em 2000, o Estado de Nova York aprovou um Programa de Créditos Tributários das Edificações Sustentáveis a fim de oferecer incentivos de até dois milhões de dólares por prédio, que pode ser aplicado tanto a seguros empresariais como pessoais, ou a tributos empresariais pagos pelos bancos. A lei exigia que os proprietários e os inquilinos das edificações trabalhassem lado a lado com a equipe de projeto durante o projeto e a construção, de forma a garantir a eficácia do consumo de energia eficiente e da qualidade do ar interno, além de reduzir os diferentes impactos ambientais exercidos pelas edificações comerciais e habitacionais do estado. O Programa de Créditos Tributários das Edificações Sustentáveis oferece aos proprietários e ou inquilinos seis componentes possíveis, de ampliações totais ou parciais dos prédios a células de combustível e sistemas fotovoltaicos, com uma alocação de fundos original de 25 milhões de dólares. Em sua forma legal original, a lei permitia aos requerentes aplicar um certificado composto por créditos entre 2001 e 2004, e a obter os créditos ao longo de cinco anos.[19]

Pela primeira vez nos Estados Unidos, o projeto de edificações sustentáveis pôde oferecer benefícios financeiros tangíveis para a construção comercial em grande escala. Imediatamente, os investidores sensatos que buscavam benefícios fiscais tiraram proveito dos incentivos. Em pouco tempo, eles descobriram que os custos acrescidos e os honorários profissionais dos projetistas das edificações sustentáveis eram mais do que compensados pelos incentivos oferecidos; além disso, com o passar do tempo, as edificações sustentáveis propriamente ditas valorizavam o projeto. Os empreendedores e as equipes de projeto da Torre Hearst e da Solaire, ambas na cidade de Nova York, usaram os incentivos tributários para pagar pelos elementos de sustentabilidade dos prédios.

O caminho aos códigos de sustentabilidade

Neste momento, uma coisa parece clara: as técnicas de construção e o projeto sustentável mudam as regras básicas.[20]

---

[18] San Francisco Green Building Ordinance (Ord. No. 180–08, added September 4, 2008). Disponível para download em http://sfdbi.org/greenbuilding-ordinance.

[19] New York State Green Building Tax Credit Legislation Overview, www.dec.ny.gov/regs/4475.html.

[20] American Institute of Architects and Associated General Contractors of America, Primer on Project Delivery, October 15, 2004.

Áreas de pesquisa financiadas pelo governo federal dos EUA

Os itens marcados em CINZA estão relacionados às políticas de sustentabilidade e aos sistemas de edificação de alto desempenho.

Fonte de energia	Eficiência energética	Ciências biológicas
Biomassa	Edificações	Sequestro de carbono
Carvão mineral	ENERGY STAR	Ciências químicas
Energia Elétrica	Financiamento	Mudanças climáticas
Combustíveis fósseis	Habitações	Informática
Fusão	Indústria	Ciências energéticas
Geotermia	Usinas de energia elétrica	Ciências ambientais
Hidrogênio	Atividades estaduais	Fusão nuclear
Energia hidráulica	Transporte	Pesquisas sobre o genoma
Gás Natural	Proteção climática	Geociência
Energia nuclear		Subsídios e contratos
Petróleo		Física de alta energia
Energias renováveis		Recursos de informação
Energia solar		Ciências da vida
Energia eólica		Ciências dos materiais
		Nanotecnologia
		Laboratórios nacionais
		Medicina nuclear
		Física nuclear
		National Science Bowl®
		Ensino e educação
		Desenvolvimento da força de trabalho

FIGURA 4-13 Lista parcial das áreas de pesquisa energética que recebem subsídios federais nos Estados Unidos. Fonte: Departamento de Energia dos Estados Unidos.

A época de justificar as vantagens econômicas do projeto sustentável, ou de explicar o que significam os sistemas de certificação, já passou. Atualmente, os desafios da edificação sustentável estão em áreas mais complicadas da política – o licenciamento e a elaboração de políticas – e na concorrência entre aqueles que desejam ser "o mais sustentável". As melhorias apresentadas pelas edificações sustentáveis de fato reduzem os impactos ambientais, quando essas são comparadas aos projetos que atendem aos códigos de obras (ou seja, atendem aos mínimos estabelecidos pelos códigos para edificações convencionais), que, às vezes, são chamados de projetos com custos iniciais mínimos. Contudo, para acelerar e aumentar os benefícios ambientais, é necessário continuar a desenvolver e implementar códigos de edificação sustentável, que mudam as práticas convencionais de projeto de processos (nas quais uma empresa é contratada para projetar e também executar a obra, a obra é contratada com o construtor que oferece o menor preço ou é feita uma licitação). Em vez dessas práticas, adota-se o projeto e a entrega integrados de uma edificação.

As exigências da edificação sustentável estão surgindo em municípios do mundo inteiro. Elas assumem diferentes formas, incluindo incentivos de planejamento, que permitem uma maior densidade, e incentivos financeiros para encorajar as práticas da edificação sustentável. Nos Estados Unidos, governos estaduais e locais (municipais e de condados) estão aprovando leis e posturas municipais, alterando códigos de obras ou adotando exigências de sustentabilidade para construções comerciais e residenciais.

Na Califórnia, o comprometimento estadual pode ser visto pelo fato de tanto a Comissão de Energia do Estado da Califórnia como a Comissão de Utilidades Públicas da Califórnia terem adotado os objetivos do 2030 Challenge.[21] Depois disso, foram propostas várias leis estaduais na Califórnia, estabelecendo que, a partir de 2030, todas as novas construções comerciais e residenciais teriam de ser projetadas como edificações com consumo de energia líquido zero. Significativamente influenciada pela aprovação da Proposta de Lei 32 (Lei da Califórnia para Soluções de Aquecimento Global de 2006), a Comissão de Energia do Estado da Califórnia criou, no início de 2008, o 2007 Integrated Energy Policy Report – IEPR (Relatório de Políticas Energéticas Integradas de 2007), que prioriza as políticas que possibilitam que o estado atenda às suas necessidades energéticas em um

---
[21] Architecture 2030, www.architecture2030.com.

mundo dependente do carbono[22], adotando muitas das metas do Architecture 2030. No outono de 2007, o estado também aprovou o primeiro conjunto de emendas ao código de obras do estado, hoje conhecido como CALGreen.[23] Assim, a Califórnia se tornou o primeiro estado do país a adotar normas de edificação sustentável como parte de seu código de obras. Em dezembro de 2008, a Assembleia Legislativa da Califórnia aprovou o Climate Change Proposed Scoping Plan (Plano de Definição de Escopos Propostos para Abordar as Mudanças Climáticas), estabelecendo estratégias que o estado adotará para reduzir as emissões dos gases causadores do efeito estufa que, em última análise, provocam as mudanças climáticas.

Algumas décadas passadas do surgimento da edificação sustentável, hoje está claro que os motivadores do mercado deixaram de ser as "diretrizes" oferecidas pelos inovadores, líderes e precursores do movimento. Hoje já temos códigos de edificação (ou obras) sustentáveis, os verdadeiros motivadores do setor como um todo, que estão na outra extremidade do espectro dos códigos. Os códigos de edificação surgiram por motivos de segurança nas construções e proteção à vida e para padronizar essas medidas estabelecidas de modo colaborativo. São normas de projeto e construção geralmente aceitas nas áreas dos sistemas de arquitetura, estruturais, hidrossanitários, elétricos, mecânicos, de prevenção e combate a incêndio e de segurança patrimonial. Na Europa, o Eurocode, acompanhado por anexos específicos para certos países, hoje é obrigatório para todos os projetos públicos, e começa a ser adotado pelo setor privado. A Índia tem um sistema similar, que usa o National Building Code e o Energy Conservation Building Code como bases para os códigos municipais ou regionais.

No sentido tradicional, há dois métodos para tornar obrigatório um sistema de códigos de edificação: o sistema prescritivo (que dá uma descrição detalhada do método exato para se atender à exigência) e o sistema baseado no desempenho (que apresenta um limite mínimo, um sistema de medição ou uma expectativa de desempenho). Os códigos baseados em objetivos estão se tornando populares em virtude do desejo de tornar as normas de edificação claras e colaborativas. Esse tipo de código está sendo adotado no mundo inteiro. Tais códigos são organizados por conjuntos de objetivos explicitamente definidos, mas permitem que a flexibilidade dos métodos de desempenho demonstre o cumprimento das normas. Entre os exemplos de códigos de objetivos estão os códigos do Canadá, que buscam beneficiar a segurança, saúde e acessibilidade. Os códigos da Austrália também são baseados em objetivos, o que os torna muito claros e fáceis de entender. Para abordar os aspectos únicos da edificação sustentável, os elaboradores de códigos e as entidades normalizadoras têm lançado vários códigos ao longo dos últimos anos. Nesses códigos, há muita sobreposição nas estratégias de edificação sustentável. Eles incluem características de sustentabilidade familiares, que conhecemos de normas e sistemas de certifi-

---

[22]California Energy Commission, 2007 Integrated Energy Policy Report? (Adaptado em 5 de dezembro de 2007), www.energy.ca.gov/2007_energypolicy/index.html.

[23]California Building Standards Commission, Green Building Standards, adotado pela California Building Standards Commission em 17 de julho de 2008, conforme as emendas do California Green Building Standards Code, CCR, Title 24, Part 11, www.documents.dgs.ca.gov/bsc/2009/part11_2008_calgreen_code.pdf.

O 2030 Challenge tem como objetivo insistir para que os setores da arquitetura e construção adotem as seguintes metas:

> "Todos os prédios, empreendimentos e grandes reformas novas devem ser projetados para alcançar a meta de ficarem 70% abaixo da média ou mediana regional ou nacional para seu tipo de edificação em termos de consumo de combustíveis fósseis, emissão de gases causadores do efeito estufa e desempenho do consumo energético.
>
> No mínimo, uma área equivalente de prédios existentes deve ser renovada a cada ano a fim de ficarem 70% abaixo da média ou mediana regional ou nacional para seu tipo de edificação em termos de consumo de combustíveis fósseis, emissão de gases causadores do efeito estufa e desempenho do consumo energético.
>
> A norma para a redução de uso de combustíveis fósseis para todos os prédios novos e grandes reformas deve aumentar para: 80% em 2020, 90% em 2025 e neutralidade em carbono em 2030 (isto é, não usar qualquer combustível fóssil que emita gases causadores do efeito estufa em sua operação)".

Fonte: The 2030 Challenge, Architecture 2030, http://architecture2030.org/2030_challenge/the_2030_challenge.

---

cação como o LEED e o BREAAM. A diferença, nesse caso, é que os protocolos de certificação e selos ecológicos estabelecem diretrizes e estratégias de adoção voluntária, cujo sucesso é, então, premiado com um reconhecimento (uma placa, certificado ou vantagem competitiva). Os códigos prescritivos, por outro lado, são fiscalizados e orientados pelas jurisdições locais (prefeituras e condados). Esse movimento para tornar os códigos "mais ecológicos" muda o modo pelo qual os proprietários, projetistas e construtores abordam seus processos de edificação.

A maioria dos códigos aborda questões de implantação, água, energia, emissões de carbono e qualidade do ambiente interno em diferentes graus de detalhamento. Vários códigos, contudo, têm aspectos que os diferenciam dos demais. Embora não tenha sido o primeiro código de edificação sustentável, o 2015 International Green Construction Code (IgCC – hoje em seu terceiro ciclo de revisão) é o mais conhecido. Um de seus objetivos expressos é "tornar a edificação sustentável uma prática cotidiana". Ele foi elaborado em 2009 pelo International Code Council e patrocinado pelo American Institute of Architects (AIA), ASTM International, ASHRAE, U.S. Green Building Council (USGBC) e Illuminating Engineering Society (IES). Este código norte-americano é obrigatório para todos os tipos de edificação, exceto habitações unifamiliares e habitações multifamiliares de baixa altura, quando adotado por uma jurisdição. Oregon, Carolina do Norte, Maryland, Rhode Island e partes do Arizona adotaram o IgCC.

Aspectos únicos do IgCC:

- zEPI (Índice de Desempenho Energético Zero) baseado no desempenho: conforme a seção 602.1.1 zEPI, "Os projetos baseados no desempenho devem demonstrar um zEPI máximo de 51 (um prédio que atende às exigências mínimas do código de edificações receberia pontuação 100, enquanto aqueles mais eficientes tenderiam a zero) e devem comprovar redução nas emissões de CO_2e em relação àquelas definidas pelo ASHRAE 90.1".[24]
- Os pavimentos asfálticos não atingem o nível exigido de valor de refletância que beneficiarão a redução do efeito de ilha de calor urbana. O IgCC é o único regulamento de sustentabilidade que efetivamente proíbe o uso de asfalto.[25]
- Ele permite o uso de água pluvial tratada, de água rejeitada pela osmose reversa, de água drenada das fundações e de água do retorno de uma piscina como fontes aceitáveis de água não potável para os processos de uma edificação.
- O IgCC é um código complementar às outras normas do ICC, inclusive o ICC 700 National Green Building Standard. Essa norma estabelece diretrizes para tornar mais sustentáveis moradias uni e multifamiliares, além de permitir adaptações específicas a cada clima local.

A Norma ASHRAE 189.1: Standard for the Design of High-Performance Green Buildings (Norma para o Projeto de Edificações Sustentáveis de Alto Desempenho) tem como objetivo ser utilizada como ponto de partida para que as jurisdições que a adotem desenvolvam seus próprios códigos de edificação. Ela também busca ser uma opção aceitável ao International Green Construction Code.[26]

Aspectos únicos da ASHRAE 189.1:

- Seção 10.3.1.6, Prevenção da Poluição nas Atividades de Construção: Subutilização dos Veículos de Construção: "Os veículos utilizados em uma construção não devem permanecer ociosos no canteiro de obra por mais de 5 minutos ao longo de um período de 60 minutos, exceto quando isso for necessário para que eles possam executar sua função relacionada à obra".[27]
- Para aprimorar suas exigências de desempenho energético, a norma 189.1 exige o comissionamento das barreiras de ar ou um teste de pressurização do prédio inteiro.

Resumo

À medida que os códigos e as políticas energéticas se dedicam cada vez mais ao objetivo de criar prédios restaurativos, regenerativos e vivos, as definições de "prédio sustentável" e "prédios admissíveis" se aproximarão, e não será mais possível construir uma edificação que atenda às prescrições mínimas de um código de obras e não seja sustentável. Os futuros arquitetos, projetistas e construtores, ao liderar seus clientes e suas equipes de projeto através das novas complexidades e conflitos que surgirão com essas mudanças frente à edificação ecológica, precisarão entender as leis como contribuintes e condicionantes dos projetos. Nessa breve análise, vimos que os códigos e as leis podem ajudar os prédios sustentáveis resultantes do projeto integrado a gerar amplos benefícios à economia, à saúde, à sociedade e ao meio ambiente. Esses benefícios podem ser entendidos de maneira integrada:

Para o proprietário e o construtor, a construção sustentável oferece um rápido retorno sobre investimento e um processo de venda ou aluguel que reduz os custos de inatividade de capital.

Para o síndico ou gestor de um imóvel, materiais, produtos e sistemas duradouros e de baixa manutenção significam gastos com substituição menos frequentes e cronogramas de manutenção reduzidos.

Para o funcionário, a possibilidade de trabalhar no ambiente interno confortável e controlável de uma edificação sustentável (e não em um ambiente de escritório convencional) pode ser um fator decisivo na escolha entre dois empregos.

Para o proprietário, a residência sustentável oferece um ambiente interno saudável, materiais e sistemas duráveis e menos gastos com energia.

EXERCÍCIOS

1. Sim Van der Ryn, arquiteto e coautor de *Ecological Design* (2007), diz: "Podemos aprender muito ao passar das assertivas abstratas das políticas de ação às questões particulares de projeto. É aqui, no nível das fazendas, edificações e processos de manufatura concretos, que as questões da cultura e da natureza ficam mais evidentes. É aqui que os contornos de um mundo sustentável ficam definidos".[28] Compare a assertiva de Van der Ryn sobre os fatores que formam a sustentabilidade com a teoria de Gaia de James Lovelock ou o conceito de arquiecologia de Paolo Soleri.
2. Quais passos podem ser dados em nível local para se conseguir aprovar leis ou diretrizes de edificação sustentável em seu município ou campus universitário?
3. Em sua opinião, em que ponto estará a legislação da edificação sustentável em nível federal no ano 2018? No que você baseia sua previsão?
4. De que modo o desenvolvimento de edificações sustentáveis, projeto resiliente e desempenho energético podem se relacionar? Qual é o método integrado ideal para a garantia do sucesso dos futuros códigos de obras?

Recursos

Beyond Green™: Guidelines for High-Performance Homes. National Institute of Building Sciences. Sustainable Buildings Industry Council (SBIC), 2013.

Brand, Stewart. *The Clock of the Long Now: Time and Responsibility: The Ideas Behind the World's Slowest Computer*. New York: Basic Books, 1999.

California Building Standards Commission. *2007 California Green Building Standards Code, CCR, Title 24, Part 11*. Sacramento: State of California, 2008.

---

[24] International Green Construction Code, Section 602, Modeled Performance Pathway requirements, 602.1.1 zEPI.

[25] Kaplow, Stuart, "The 2015 IgCC Takes a Major Step Forward," Green Building Law Update, May 7, 2014, www.greenbuildinglawupdate.com/2014/05/articles/codes-and-regulations/the-2015-igcc-takes-amajor-step-forward.

[26] ANSI/ASHRAE/IES/USGBC Standard 189.1–2014, Standard for the Design of High-Performance Green Buildings, www.ashrae.org/resources—publications/bookstore/standard-189-1.

[27] Standard 189.1–2014, Chapter 10, Construction and Plans for Operation, Section 10.3.1.6.

[28] Sim Van der Ryn and Stuart Cowan, Ecological Design (Washington, DC: Island Press, 2007).

Evans, Dean. *High-Performance School Buildings Resource and Strategy Guide. Sustainable Buildings Industry Council*. National Institute of Building Sciences, Washington, DC: 2005.

Green Building Information Gateway, www.gbig.org.

Lima, Antonietta Iolanda. *Soleri: Architecture as Human Ecology*. New York: Monacelli, 2003.

Matthiessen, Lisa Fay, and Peter Morris. "The Cost of Green Revisited: Re-examining the Feasibility and Cost Impact of Sustainable Design in the Light of Increased Market Adoption," 2007. www.usgbc.org/resources/cost-green-revisited.

Mazria, Ed. *The Passive Solar Energy Book: A Complete Guide to Passive Solar Home, Greenhouse, and Building Design*. Emmaus, PA: Rodale Press, 1979.

McDonough, William, and Michael Braungart. *Cradle to Cradle: Remaking the Way We Make Things*. New York: North Point Press, 2002.

Soleri, Paolo. *Arcosanti: An Urban Laboratory?* 2nd ed. Santa Monica, CA: VTI Press, 1987.

Van der Ryn, Sim. *Design for Life: The Architecture of Sim Van der Ryn*. Salt Lake City, UT: Gibbs Smith, 2005.

WBDG Whole Building Design Guide. Per the NIBS website, WBDG is a comprehensive, Internet-based portal to a wide range of federal and private sector, building-related guidance, criteria, and technology. It includes a comprehensive library of over 12,000 design criteria, other construction documents, and executable programs from federal and private organizations. www.wbdg.org.

Os Produtos Químicos no Meio Ambiente, nas Edificações e nos Seres Humanos 5

Talvez você esteja se perguntando por que um capítulo sobre química, produtos químicos e seus efeitos sobre a saúde faz parte de um livro didático sobre o projeto de edificações sustentáveis. Do mesmo modo que as exigências aos arquitetos têm evoluído com o passar do tempo e incluído o desenho assistido por computador (CAD), o Building Information Modeling (BIM), e o projeto para uma época de grandes preocupações com o terrorismo, as pessoas envolvidas com o setor da construção precisam acompanhar as demandas de suas profissões. Atualmente, a prática da arquitetura está muito mais complexa porque nos exige um conhecimento maior, que inclui códigos de edificações que estão sempre mudando, normas de acessibilidade universal e regras referentes a áreas de projeto especializadas, como escolas e hospitais. Até mesmo o conceito e a prática da sustentabilidade que, em breve, serão exigidos de todos os arquitetos, são multifacetados. Uma de suas facetas exige que os arquitetos adotem uma postura crítica na hora de avaliar os produtos, materiais e sistemas com base em sua capacidade de afetar o meio ambiente e a saúde humana. Os produtos de construção já não são mais avaliados apenas em termos de desempenho e custo. Este capítulo apresenta conceitos que levantarão questões sobre os componentes dos diferentes sistemas de edificações. Aprendemos a ler a tabela de informações nutricionais nas embalagens de alimentos; agora, será preciso aplicar a mesma técnica e a mesma mentalidade crítica à maneira como selecionamos os materiais de construção.

Rapidamente, a consciência pública começa a absorver os métodos que podem ser utilizados para reduzir a nossa exposição a essas substâncias. Alguns exemplos: as últimas décadas têm testemunhado o desaparecimento do fumo como um hábito de socialização. Hoje temos ciência dos riscos impostos pelo fumo passivo à saúde das pessoas. Mas, e quanto ao fumo passivo resultante de terceiros, ou seja, o fumo que é absorvido e reemitido pelos elementos de decoração de um interior, como os tecidos? Também é parte de nossa consciência o impacto crescente das mudanças climáticas globais. Como veremos, os poluentes não respeitam fronteiras, e seus impactos serão uma ameaça cada vez maior à saúde pública, assim devemos abordar esse problema projetando e construindo prédios que respondam a tais ameaças. Com relação às edificações sustentáveis, esse conhecimento gradual nos prepara para que alcancemos o projeto integrado, nos mantendo atentos à criação de um ambiente construído mais saudável e mais resiliente.

Em primeiro lugar, vamos entender como os poluentes e os produtos químicos artificiais vão parar em nossos organismos. Quais são as fontes de poluição e onde elas se originaram? Que riscos elas representam à nossa saúde? De que maneira os projetistas e construtores podem projetar e construir de modo consciente, sabendo que há materiais de construção que são perigosos? De que modo a publicação dos dados sobre produtos químicos pode nos ajudar? Em suma, o que precisamos saber sobre essas novas informações sobre a química e a ciência da construção?

A emissão, a transmissão, a deposição e a imissão

A jornada dos poluentes e produtos químicos até nossos corpos tem início assim que são lançados (*emitidos*) (Figura 5-1). Eles viajam pelo tempo e pelo espaço (*transmissão*), indo parar no ar, na água, no solo e nos alimentos que consumimos (*deposição*). A partir daí, os poluentes e as substâncias químicas sobem na cadeia alimentar e se tornam uma fonte de exposição (*imissão*, um termo médico). A distância coberta

FIGURA 5-1 É preciso reavaliar o controle sobre as usinas manufatureiras ou de geração de energia, de forma a limitar a emissão, a transmissão e a deposição. Imagem por cortesia de FSA/OWI; fotógrafo: Alfred T Palmer.

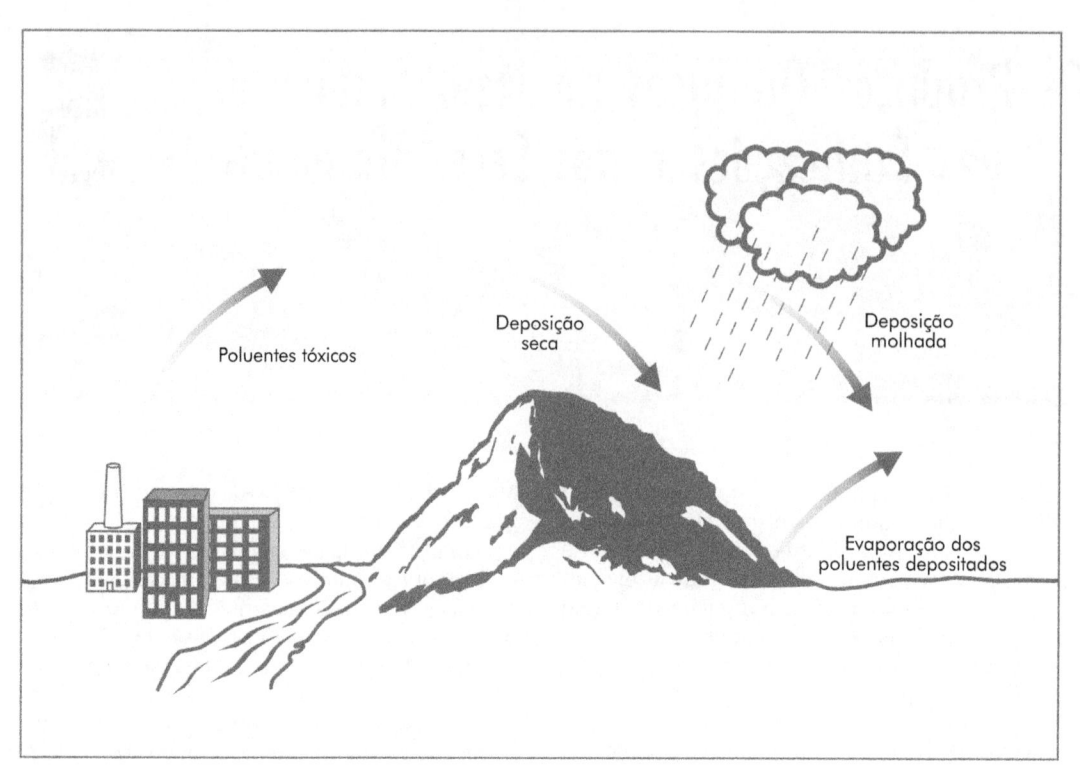

FIGURA 5-2 O transporte de toxinas ocorre por meio de ciclos contínuos de precipitação, deposição e evaporação. Imagem por cortesia de U.S. EPA Office of Air Quality Planning & Standards.

pela transmissão e a velocidade da dispersão dependem de fatores climáticos, como a velocidade do vento, a turbulência, o calor, a nebulosidade e os índices pluviométricos, além de características geográficas, como a topografia dos desertos e das montanhas. A transmissão química é afetada pelos efeitos das mudanças climáticas globais e os eventos climáticos extremos, mas os cientistas ainda estão desenvolvendo metodologias para avaliar e prever esses efeitos. Os eventos climáticos incomuns, como o calor extremo, afetam os poluentes dos ambientes internos e externos e aumentam os níveis de ozônio, criando, portanto, produtos químicos sinérgicos desconhecidos que geram impactos sobre os seres humanos e ecológicos. A indústria e a agricultura são responsáveis pela *migração de poluentes através das fronteiras* – um termo usado para descrever a propensão dos poluentes a se deslocarem indiscriminadamente, sem respeitarem as fronteiras criadas pelo homem. Quando as substâncias químicas conseguem chegar a áreas remotas, fala-se em alcance de longa distância. Um estudo revelou que as populações de esquimós que habitam áreas remotas do Ártico têm duas vezes mais dioxina em seus corpos do que os canadenses que moram mais perto das fontes químicas (Figura 5-2).[1] Outros fatores contribuem para a migração de substâncias químicas e poluentes; entre eles, destacam-se as mudanças climáticas, as condições climáticas severas, as atividades vulcânicas, os desastres naturais, o bioterrorismo e o uso indiscriminado de antibactericidas e antibióticos.

Um panorama das fontes de substâncias químicas e poluentes

É preciso reconhecer o fato de que a química moderna possibilitou avanços técnicos e medicinais significativos nos últimos dois séculos; todavia, estamos mais cientes de que, por meio da industrialização, os produtos químicos artificiais continuam fazendo parte do processamento de itens que utilizamos diariamente, como cosméticos, eletrônicos, alimentos embalados e materiais de construção. Além disso, esses produtos também são usados na agricultura (Figura 5-3). Essa consciência começou a surgir em meados do século XX, provocada pela obra de Rachel Carson, *A Primavera Silenciosa (Silent Spring)* – sua crítica e seu estudo sobre o DDT feitos em 1962 – e por uma série de emissões de produtos químicos no meio ambiente que foram amplamente divulgadas. Até então, grande parte dos produtos químicos artificiais – incluindo os bifenis policlorados – não era conhecida pelo público em geral.[2]

Dos mais de 85 mil produtos químicos registrados pela Agência de Proteção Ambiental dos Estados Unidos (EPA), entre 2.500 e 3 mil deles são "produtos químicos com volume

---

[1] Barry Commoner, Paul Woods Bartlett, Holger Eisl, and Kimberly Couchot, Center for the Biology of Natural Systems (CBNS), *Long-Range Air Transport of Dioxin from North American Sources to Ecologically Vulnerable Receptors in Nunavut, Arctic Canada* (New York: Queens College, City University of New York). O relatório conclui: "Em suma, os resultados deste projeto confirmam que os processos atmosféricos e ecológicos que transportam a dioxina pelo ar a partir de suas inúmeras fontes até os seres humanos, por cadeias alimentares tanto terrestres como marítimas, são problemas com dimensões continentais, se não globais". Disponível em formato eletrônico no site www.arl.noaa.gov/documents/workshop/2009_Mexico_City/pdf_files/dioxrep_EN-1.pdf.

[2] Roberta C. Barbalace, "The Chemistry of Polychlorinated Biphenyls, PCB, the Manmade Chemicals That Won't Go Away," http://environmentalchemistry.com/yogi/chemistry/pcb.html.

Capítulo 5 Os Produtos Químicos no Meio Ambiente, nas Edificações e nos Seres Humanos

o histórico de desenvolvimento de um número significativo desses produtos químicos. As indústrias do petróleo e dos plásticos, o desenvolvimento de armamentos, a produção de pesticidas, a indústria em geral e o lixo hospitalar, entre outros, deram origem a alguns dos produtos que, atualmente, são usados para fins aparentemente benignos e associados a benefícios avançados. Vamos então examinar em detalhes essas fontes.

Produtos derivados da indústria do petróleo

Os produtos sintéticos do petróleo, derivados do carvão mineral e do coque, foram originariamente desenvolvidos como auxílio aos equipamentos e máquinas a combustível durante a Primeira e a Segunda Guerra Mundial, e ajudaram muito as nações poderosas cujos interesses dependiam da manutenção de sua tecnologia de defesa. Hoje em dia, o petróleo é muito utilizado em solventes, combustíveis, lubrificantes, adesivos, asfalto, fibras sintéticas, plásticos, tintas, detergentes, produtos farmacêuticos e fertilizantes disponíveis no mercado (Figura 5-4). Um exemplo particularmente extremo de um produto com fins militares que se tornou um produto de amplo uso comercial é o desenvolvimento do petróleo sintético e a forma como a pesquisa levou ao desenvolvimento do metano. O metano tem ocorrência natural e costuma ser associado ao biogás e ao gás natural. Ainda assim, ele é um gás de efeito estufa e, em certas misturas, se torna explosivo. Os derivados do metano, por sua vez, levaram à produção do tetril, que foi usado em explosivos durante as duas guerras mundiais. Embora não seja mais fabricado, o tetril pode ser encontrado em muitos depósitos de lixo contaminados nos Estados Unidos.

O petróleo é problemático, pois seus produtos derivados são difíceis de serem descartados, contribuem para a emissão dos gases causadores do efeito estufa e são difíceis de capturar e conter de uma maneira efetiva. Consequentemente, esses produtos são lançados no meio ambiente. Infelizmente,

FIGURA 5-3 Os benefícios do DDT (dicloro difenil tricloroetano) eram considerados universalmente saudáveis. Imagem do Bureau of Entomology & Plant Quarantine, Agricultural Research Administration, U.S. Department of Agriculture, and the U.S. Public Health Service, Federal Security Agency, 1947.

de alta produção", o que significa que são fabricados a uma taxa de mais de 500 mil toneladas por ano. Em 2014, quase 45% desses produtos químicos com alto volume de produção não contava com "estudos toxicológicos adequados e conduzidos a fim de avaliar seus efeitos sobre a saúde dos seres humanos e da vida selvagem". O Departamento de Substâncias Tóxicas da Califórnia indica que "2 mil novos tipos de produtos químicos são introduzidos no comércio a cada ano nos Estados Unidos, a uma média de sete novos produtos químicos por dia".[3] Somente um pequeno percentual dos produtos químicos com alto volume de produção é testado especificamente quanto a seus efeitos sobre as crianças.[4] Essas estatísticas são uma importante consideração, pois apresentam

---

[3] California Department of Toxic Substances Control, Emerging Chemicals of Concern, www.dtsc.ca.gov/assessingrisk/emergingcontaminants.cfm.

[4] Bill Moyers and Sherry Jones, *Trade Secrets: A Bill Moyers Report*, New York: Public Affairs Television, in association with Washington Media Associates, 2001. www.pbs.org/tradesecrets/. Dr. Philip Landrigan (chairman, Preventive Medicine, Mt. Sinai School of Medicine, New York) comenta que: "Há 80 mil produtos químicos artificiais que foram registrados na EPA para possível uso no comércio. Desses 80 mil, cerca de 15 mil são realmente produzidos a cada ano em quantidades significativas, e, desses 15 mil, apenas 43%, aproximadamente, foram testados de maneira adequada para determinar se poderiam ou não causar lesões aos seres humanos".
Environmental Working Group, "Body Burden—The Pollution in Newborns: A Benchmark Investigation of Industrial Chemicals, Pollutants and Pesticides in Umbilical Cord Blood," July 14, 2005, ww.ewg.org/research/body-burden-pollution-newborns.

FIGURA 5-4 O petróleo e seus produtos derivados não são somente onipresentes no ambiente como são um dos principais componentes dos plásticos, que são muito utilizados em uma variedade de materiais de construção. Fonte: Jeffrey Thompson.

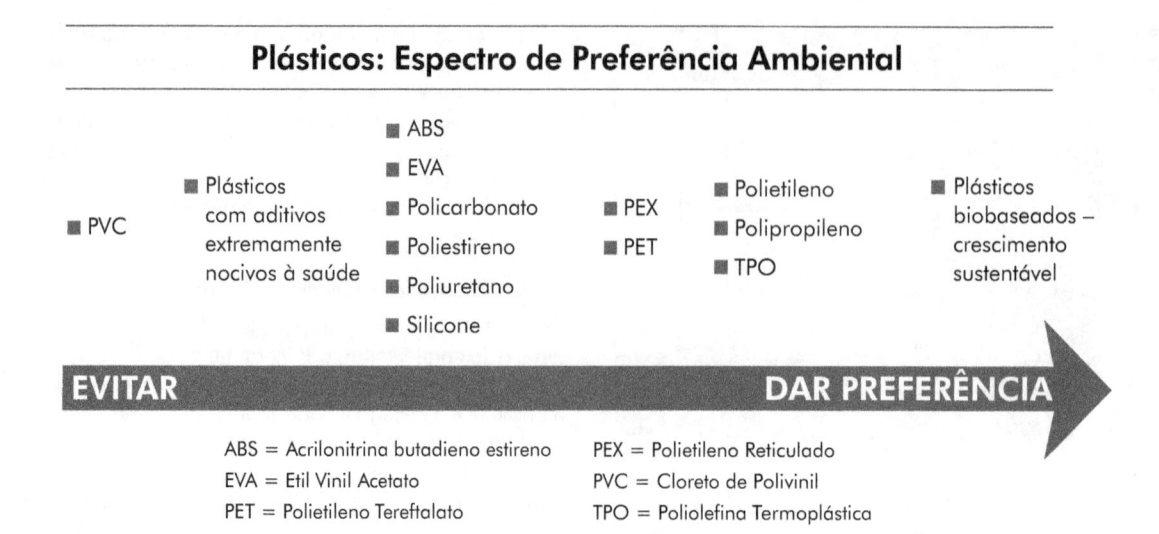

Plásticos: Espectro de Preferência Ambiental

- PVC
- Plásticos com aditivos extremamente nocivos à saúde
- ABS
- EVA
- Policarbonato
- Poliestireno
- Poliuretano
- Silicone
- PEX
- PET
- Polietileno
- Polipropileno
- TPO
- Plásticos biobaseados – crescimento sustentável

EVITAR → DAR PREFERÊNCIA

ABS = Acrilonitrina butadieno estireno
EVA = Etil Vinil Acetato
PET = Polietileno Tereftalato
PEX = Polietileno Reticulado
PVC = Cloreto de Polivinil
TPO = Poliolefina Termoplástica

Rossi, Mark & Tom Lent, "Creating Safe and Healthy Spaces Selecting Materials that Support Healing", In: Designing the 21st Century Hospital, Center for Health Design & Health Care Without Harm, 2006, página 66 (http://www.healthybuilding.net/healthcare/HCWH-CHD-Designing_the_21st_Century_Hospital.pdf).

FIGURA 5-5 O Espectro de Preferência Ambiental dos plásticos conforme o Health Care Without Harm. Imagem por cortesia de Mark Rossi, Clean Production Action.

um número desproporcional de atividades industriais que os utilizam está situado em comunidades de baixa renda.

Paralelamente à introdução de substâncias químicas nos produtos que utilizamos diariamente, herbicidas e pesticidas estão sendo introduzidos de maneira direta em nossas fontes de alimento por meio de organismos geneticamente modificados. Na década de 1990, o advento das sementes geneticamente modificadas criou um sistema de distribuição para tais substâncias químicas.[5] Até os fabricantes de componentes para materiais de construção passaram a utilizar substâncias químicas inventadas para os alimentos. Aqui, não trataremos apenas das indústrias e dos produtos criados por elas, mas também da criação de substâncias químicas sintéticas em uma ampla variedade de aplicações.

Plástico, o "material milagroso"

Os plásticos foram os materiais milagrosos dos anos pós-Segunda Guerra Mundial, embora seu desenvolvimento tenha começado ainda no século XVIII. Os marcos da história do plástico incluem o desenvolvimento da borracha (1839), do poliestireno (também em 1839), da resina de fenol formaldeído (1907), do poliuretano (1937), do náilon (1939), do polietileno de alta densidade (HDPE) e do polipropileno (ambos em 1951). Durante a década de 1950, as pesquisas focadas nos polímeros levaram ao desenvolvimento de diferentes plásticos, incluindo o cloreto de polivinil (PVC).[6]

O termo *plástico* inclui materiais orgânicos que apresentam os elementos químicos *carbono* (C), *hidrogênio* (H), *nitrogênio* (N), *cloro* (Cl) e *enxofre* (S); esses, por sua vez, têm algumas propriedades semelhantes àquelas encontradas naturalmente em materiais inorgânicos, como madeira, chifres e resina (Figura 5-5). "Os materiais orgânicos se baseiam nos polímeros, que são produzidos pela conversão de produtos naturais ou pela síntese de produtos químicos primários derivados do petróleo, gás natural ou carvão mineral."[7] A Figura 5-6 mostra uma breve comparação do ciclo de vida de oito tipos de plástico. A tabela descreve quatro das principais questões com as quais devemos nos preocupar quando especificamos e usamos os plásticos: quais são os produtos químicos que compõem sua matéria prima; quais são os produtos químicos utilizados em sua fabricação; quais produtos químicos fazem parte da fase de uso; e, por último, o que acontece no final do uso – o plástico é reciclado ou enviado a um depósito de lixo?

Por ser um material extremamente versátil, o plástico pode ser moldado, extrudado e – conforme os tipos de aditivo e plastificante empregados – usado em uma grande variedade de aplicações, como para-choques de automóveis, adesivos, hélices de helicóptero, colchões, revestimentos de piso e parede, e fibras de carpete.

Os plásticos também produzem venenos problemáticos durante a fabricação e o uso. Grande parte de seus precursores e de seus aditivos é considerada nociva, representando uma ameaça para a saúde humana. Os *ftalatos* são exemplos de aditivos plásticos que afetam a nossa saúde. Eles podem ser acrescentados, por exemplo, ao processo de produção de PVC, uma vez que o tornam mais macio e maleável.

---

[5] Em um estudo alemão realizado em 2005, os ratos alimentados com Mon 863, uma variedade de milho criada pela Monsanto, desenvolveram diversos problemas de saúde, incluindo anemia, câncer e lesões nos rins e no fígado. Veja Stephen Lendman, "Potential Health Hazards of Genetically Engineered Foods," *Global Research*, 22 de fevereiro de 2008. http://www.globalresearch.ca/index.php?context=va&aid=8148.

[6] Para saber mais sobre as pesquisas com polímeros realizadas na década de 1950, acesse www.chemheritage.org/discover/online-resources/chemistry-in-history/themes/petrochemistry-and-synthetic-polymers/synthetic-polymers/index.aspx.

[7] Rosanne Koelmeyer Anderson, "Plastic waste recycling in progress: Watch out for the bags, Help save the environment." *Sunday Observer*, July 15, 2007.

Toxicidade do ciclo de vida dos plásticos

Plástico	Produtos químicos preocupantes para o gado	Produtos químicos preocupantes para a manufatura	Produtos químicos preocupantes para a fase de uso	Reciclável?	Fim da vida
ABS (acrilonitrilo-butadieno-estireno)	●	●	●	Sim, mas misturado com materiais virgens	Não é biodegradável e pode conter retardantes de chama brominados (BFRs)
PET (polietileno tereftalato)	●	●	●	Sim, facilmente	Não é biodegradável
PLA (ácido polilático)	○	○	○	Sim, mas não costuma ocorrer devido à baixa demanda	Biodegradável
Policarbonato	●	●	●	Difícil	Não é biodegradável, pois contém BPA (bisfenol A)
Polietileno, incluindo polietileno de baixa/alta densidade (LDPE/HPDE)	○	○	○	Sim, mas frequentemente é deciclado em outros produtos. O polietileno reticulado não é reciclado	Não é biodegradável
Polipropileno	○	○	○	Sim, mas é um desafio, devido à contaminação cruzada	Não é biodegradável
Poliestireno	●	●	●	Algumas formas são, mas não costumam ser aceitas por muitos programas de reciclagem	Não é biodegradável, pois pode conter retardantes de chama brominados (BFRs)
PVC (cloreto de polivinila)	●	●	● Em versões plasticizadas	Alguma reciclagem em setores específicos da indústria, como a fabricação de carpetes e painéis de revestimento de parede	Não é biodegradável, pois pode conter ftalatos

● sim   ○ nenhum

FIGURA 5-6 Uma comparação da toxicidade do ciclo de vida dos plásticos. Imagem por cortesia de Building Green, Inc. & BizNGO Clean Production Action.

Contudo, estudos conduzidos em 2005 determinaram que os ftalatos presentes no pó doméstico levam a desenvolvimentos anormais nos tecidos genitais e reprodutivos de ratos.[8] Essa substância está presente em produtos de higiene pessoal, como perfumes e esmaltes para unhas, e também em materiais de construção, incluindo revestimentos de parede de vinil e pisos flexíveis.

Quando aquecido, o plástico libera o *bisfenol A* (BPA), outra substância química encontrada no policarbonato. Estudos mostram que ele imita o estrogênio (um hormônio), e, em testes feitos com animais, comprovou-se que ele prejudica os fetos em desenvolvimento e representa risco reprodutivos por várias gerações.[9]

A exposição humana aos plásticos e seus produtos derivados ocorre por meio do uso de muitos produtos de consumo e materiais de construção, mas, mesmo após o uso desses produtos, eles geram mais uma rota de exposição ambiental: o descarte e a incineração. Os organoclorados, como a dioxina e os furanos, são lançados quando os plásticos são destruídos por

---

[8]Shanna H. Swan, et al., "Decrease in Anogenital Distance among Male Infants with Prenatal Phthalate Exposure," *Environmental Health Perspective* 113, no. 8 (August 2005): 1056–1061. See also: Julia R. Barrett, "Phthalates and Baby Boys: Potential Disruption of Human Genital Development," *Environmental Health Perspective* 113, No. 8 (August 2005): A542.

[9]"Plastic Chemical Safety Weighed," "Miranda Hitti, Web MD," August 8, 2007, www.webmd.com/news/20070808/plastic-chemical-safety-weighed?page=1.

meio da incineração.[10] A melhor forma de descartar plásticos, de acordo com o American Chemistry Council, é em um aterro sanitário, onde se previne a degradação por meio do uso de capas de revestimento de plástico prescritas pelas agências de proteção ambiental na construção do aterro. Ainda assim, isso é um problema, pois o plástico não se decompõe. Por meio das rotas de transmissão, como os esgotos pluviais, o lixo sólido e o descarte nas vias públicas, os plásticos contribuem para poluir o meio ambiente, sendo que o impacto mais grave é na superfície e no leito dos mares. Grande parte do lixo marinho pode ser atribuída, por exemplo, ao descarte inadequado de sacolas de supermercado. Os biomas oceânicos são afetados pelos plásticos, que são ingeridos pela fauna ou se emaranham na fauna e na flora. Um dos resultados do descarte inadequado do plástico é a sinistra "Grande Mancha do Pacífico", uma vasta faixa de dejetos flutuantes que se estende entre a Califórnia e o Havaí, 80% da qual é constituída de plástico. O uso de sacolas plásticas e de *styrofoam* (plástico esponjoso) foi banido por comunidades desde Coles Bay, na Tasmânia, até São Francisco, nos Estados Unidos, em uma tentativa de solucionar esse tipo de problema ambiental.

Felizmente, muitos produtos finais são feitos de plástico reciclado, criando um novo mercado e ampliando a indústria de reciclagem do material. Hoje em dia, o plástico reciclado é usado para fazer produtos de construção, como madeira plástica, quebra-molas, pisos flexíveis, revestimentos de paredes e janelas e materiais de superfície. Como construtores e arquitetos, somos atraídos pelas propriedades flexíveis e moldáveis do plástico, bem como pela ampla variedade de possibilidades de projeto. Pensando de maneira holística, porém, devemos tentar limitar a exposição dos usuários das edificações aos materiais de construção que contêm plástico; é preciso se informar sobre a durabilidade, o descarte e as opções de reciclagem para esses materiais com o término de sua vida útil.

---

[10]"Alguns produtos químicos como as dioxinas e os furanos são gerados acidentalmente nos processos industriais que utilizam cloro e na produção e incineração de determinados plásticos," Coming Clean, Body Burden, www.chemicalbodyburden.org/whatisbb.htm.

PVC: resumo da controvérsia, para arquitetos

A estrutura do PVC

A estrutura molecular do PVC é composta por cadeias de monômeros de cloreto de vinila (VCM), que, por sua vez, são formadas por três átomos de hidrogênio, um átomo de cloro e dois átomos de carbono. O petróleo e o sal são os materiais que dão origem a este monômero. Por meio da eletrólise do cloreto de sódio, é produzida uma molécula de cloro. Já a combinação do cloro com o etileno, produzido pelo óleo, resulta no dicloreto de etileno. Esse elemento é aquecido a altas temperaturas para criar o VCM; com a adição dos estabilizadores de calor e de enchimentos como o chumbo e os plastificantes (ou ftalatos), ele chega ao formato trabalhável – seja rígido ou flexível – para ser usado em pisos flexíveis, bases de carpete, revestimentos internos de parede, rodapés, esquadrias de janela, tabecas, mobiliários, revestimentos de cabos e fios, tubos, cortinas de boxe de banheiro, capas de chuva, interiores de automóveis, instrumentos médicos, sistemas de administração de medicamentos, embalagens de alimentos e brinquedos infantis. Por ser barato, leve e trabalhável, o PVC tem sido aclamado como um plástico milagroso desde a sua invenção, em 1872, visando aproveitar os resíduos de cloro da indústria de lâmpadas de acetileno.[1] Quando usado adequadamente e com o grau de saturação indicado pelos arquitetos, o PVC é, literalmente, o "tecido de nossas vidas".

A saúde humana

Na verdade, porém, o tecido de nossas vidas é a teia composta pela cadeia alimentar, o ciclo da água e o nosso ambiente físico. Quando acrescentamos a essa teia muitos produtos derivados tóxicos e bioacumulativos, como as dioxinas, o chumbo, vários ftalatos ou plastificantes, e estabilizadores de metal pesado, passamos a brincar com o equilíbrio ambiental e a ameaçar a saúde humana. Ao longo de suas vidas úteis, os produtos derivados do versátil PVC, junto com seus aditivos e precursores, podem afetar a saúde humana gravemente; entre seus efeitos, encontram-se o câncer, a disrupção endócrina, a endometriose, danos neurológicos, defeitos de nascença, o desenvolvimento de crianças com deficiências e danos aos sistemas reprodutor e imunológico.[2] Os aditivos que tornam o PVC um produto viável liberam particulados e gases ou, com o tempo, são removidos em contato com líquidos, podendo causar câncer, asma e envenenamento por chumbo.[3]

---

[1]Mary Bellis, "History of Vinyl, Waldo Semon Invented Useful Polyvinyl Chloride aka PVC or Vinyl," http://inventors.about.com/od/sstartinventors/a/Vinyl.htm.
[2]Healthy Building Network, "EPA Reaffirms PVC's Negative Health Impacts," www.healthybuilding.net.
[3]Tox Town, Environmental health concerns and toxic chemicals where you live, work and play, http://toxtown.nlm.nih.gov/text_version/chemicals.php?id=84.

Fonte: Marian Keeler, arcCA, *Architecture California: The Journal of the American Institute of Architects California Council* 05 no. 4 (Fall 2005).

Produtos derivados do desenvolvimento de armamentos

Muitos consumidores ficariam surpresos ao saber que alguns plásticos da atualidade derivam dos produtos químicos utilizados para fins militares. Em meados do século XX foram desenvolvidos inúmeros produtos químicos que foram utilizados para atividades bélicas de larga escala, seja para deslocar equipamentos e pessoas, seja como armas – os agentes químicos de guerra. Um exemplo de agente químico de guerra é o fosgênio, um gás venenoso à temperatura ambiente que foi criado como agente químico e utilizado pela primeira vez em 1915, como agente sufocante. Entre todas as substâncias químicas usadas na guerra, o fosgênio foi responsável pela grande maioria das mortes (80%).[11] Atualmente, ele é encontrado em plásticos como o poliuretano (usado em isolamento e bases de carpete) e o policarbonato (usado na fabricação de CDs), e também em pesticidas.

O cloro talvez seja o melhor exemplo de transição do uso militar para o convencional. Ele serviu como base para os armamentos com gás mostarda, cujos efeitos mortais foram sentidos em 1917, na cidade de Yprès, em Flandres Ocidental, durante a Primeira Guerra Mundial. Hoje em dia, o cloro e seus componentes são encontrados em plásticos, tintas e adesivos; todos são muito úteis para a fabricação de materiais de construção.

O amoníaco está entre as primeiras substâncias químicas desenvolvidas durante as guerras mundiais; seus derivados (o ácido nítrico e os nitratos) foram usados em explosivos. Hoje em dia, o amoníaco é um dos componentes encontrados em fertilizantes e agentes frigorígenos (refrigerantes).

Durante a Guerra Fria e a Guerra do Vietnã, inseticidas, herbicidas e fungicidas foram desenvolvidos para fins militares. Dentre eles, um dos mais notórios é o Agente Laranja, que, quando degradado, libera dioxina (Figura 5-7). Estima-se que o Agente Laranja tenha provocado defeitos de nascença em mais de 500 mil crianças vietnamitas.[12] Toda essa pesquisa é responsável pelo desenvolvimento dos primeiros pesticidas e pela fabricação dos pesticidas, fungicidas, herbicidas e fertilizantes ainda utilizados diariamente.

A introdução de pesticidas na agricultura foi um dos principais legados do desenvolvimento de armas químicas. As pesquisas e o desenvolvimento dos inseticidas orgânicos sintéticos começaram por volta de 1930. Em 1948, o químico suíço Paul Hermann Müller recebeu o Prêmio Nobel de Fisiologia ou Medicina pelo desenvolvimento do DDT, que praticamente erradicou a malária em algumas regiões do mundo. Como os pesticidas sintéticos eram extremamente populares, a pesquisa e o desenvolvimento de inseticidas com base botânica (e, consequentemente, menos tóxicos) foram deixados de lado. Após a publicação da obra de Rachel Carson, *Silent Spring*, o DDT foi finalmente banido – mas apenas em 1972. Como veremos posteriormente ao discutir o conceito de carga corporal, é devido à persistência do DDT que ainda trazemos seu legado em nossos corpos. Graças à Lei de Qualidade dos Alimentos de 1996 (Food Quality Act of 1996), a Agência de Proteção Ambiental dos Estados Unidos foi incumbida de analisar a tolerância aos pesticidas, para então alterar as regras referentes a eles. Dentre os triunfos da nova legislação, destaca-se a remoção do diazinon do mercado.[13]

Não é surpresa constatar que, antes do surgimento dos pesticidas na década de 1930, as pragas eram controladas por uma combinação de métodos mecânicos, petróleo, materiais inorgânicos de uso tradicional e cultural, como o arsênico e o enxofre, e métodos de base botânica. Essas técnicas levaram

FIGURA 5-7 Pulverização do herbicida e desfolhante Agente Laranja durante a guerra do Vietnã. Fotógrafo: Brian K. Grigsby, SPC5, Exército dos Estados Unidos.

ao conceito de manejo integrado de pragas (MIP), que surgiu na década de 1970. As pesquisas atuais para o controle de pestes estão focadas em tipos de iscas, controles direcionados menos tóxicos, biopesticidas, ferormônios e reguladores de crescimento de insetos (IGR, na sigla em inglês).

Os caminhos da transmissão

Já examinamos os materiais e seus compostos químicos – verdadeiros "venenos sem passaportes"[14] – que são depositados no meio ambiente com as atividades humanas, sua emissão, transmissão, deposição e imissão. Agora veremos as rotas de exposição, ou percursos de transmissão ao corpo humano, bem como a outros organismos vivos cuja existência está intimamente ligada à nossa cadeia alimentar. Os fatores que devem ser considerados no entendimento dos percursos incluem o nível de exposição a certos produtos químicos, o tempo de exposição (que pode ser agudo, de curto prazo, crônico, ou contínuo e repetido com o passar do tempo), a sensibilidade e a vulnerabilidade a eles. Muitas pessoas são mais vulneráveis à exposição química em função de doenças, ou porque estão imunodeprimidas, grávidas, subnutridas ou sofrem dos efeitos do abuso de certas substâncias.[15]

De acordo com estatísticas da Rede WWF, "entre 1930 e 2000, a produção global de produtos químicos criados pelos seres humanos passou de 1 milhão a 400 milhões de toneladas por ano".[16] Os pesquisadores australianos estimam que

---

[11]"Facts about Phosgene," CDC Fact Sheet (Centers for Disease Control), Department of Health and Human Services, 2/7/05, www.bt.cdc.gov/agent/phosgene/basics/pdf/phosgene-facts.pdf.
[12]Geoffrey York and Mick Hayley, "'Last Ghost' of the Vietnam War," *Globe and Mail*, July 12, 2008.
[13]U.S. EPA, Pesticides: Topical and Chemical Fact Sheets, Diazinon, www.epa.gov/pesticides/factsheets/chemicals/diazinon-factsheet.htm.

[14]World Wildlife Fund, Australia, www.wwf.org.au/?2489/International-toxics-treaty-comes-into-force-today.
[15]New York State Department of Health, www.health.ny.gov/environmental/about/exposure.htm.
[16]World Wildlife Fund, "Detoxing the Planet," August 22, 2011, www.wwf.org.uk/wwf_articles.cfm?unewsid=5126.

a produção anual de produtos químicos orgânicos dobrará a cada sete ou oito anos (Figura 5-8). Uma vez que humanos foram alvos no desenvolvimento das armas químicas, os caminhos da transmissão química puderam ser entendidos. A absorção pela inalação está entre as rotas de transmissão mais comuns. A inalação das emissões químicas de determinados acabamentos internos, como seladores ou tintas para madeira, pode agir sobre os pulmões e ter efeitos de longo prazo em outros sistemas corporais. Outro método de transmissão é o contato direto ou indireto pelas membranas mucosas e pela pele; isso ocorre tanto entre seres humanos como entre animais e seres humanos. Nas edificações, o contato se dá por produtos de limpeza domésticos e industriais comuns. A ingestão por alimentos ou por água também é um caminho de transmissão. Os efluentes das indústrias ou plantas fabris também podem contaminar a água que bebemos. Outras rotas de exposição (que não são o tema deste livro) podem ser atribuídas à atividade humana, entre as quais se destaca a exposição à radiação.

Os danos causados pelos produtos químicos podem ser classificados de várias maneiras, dependendo de que lista de impactos ou riscos é consultada. *Grosso modo*, há quatro categorias gerais: os *carcinogênicos/mutagênicos* (que causam câncer, ou provocam mudanças celulares que contribuem para o desenvolvimento do câncer), os *teratogênicos* (que provocam más-formações congênitas), os *toxicantes do desenvolvimento ou da reprodução* (que causam desenvolvimento fetal anormal ou prejudicam o sistema reprodutivo) e os *disruptores endócrinos* (que interferem na função hormonal normal). Outras categorias documentadas pela *ILO Encyclopedia of Occupational Health and Safety* são os irritantes (que irritam os tecidos), os asfixiantes (que prejudicam a oxigenação dos tecidos), os venenos sistêmicos que contribuem para danos nos órgãos (rins e fígado) e os sensibilizantes (que causam alergias).[17] Os asmagênicos (produtos químicos com determinado tipo de impacto sobre o sistema respiratório) têm ganhado mais atenção em virtude do aumento alarmante das taxas de asma no mundo inteiro. Os asmagênicos não são desencadeantes da asma; eles causam asma em pessoas que não têm a doença, por meio da sensibilização – ou seja, causando uma resposta dos anticorpos – e irritando o sistema respiratório. Muitos desses produtos químicos são persistentes e bioacumulantes, assim seus prejuízos também podem ser transmitidos de uma geração à outra. Essa "poluição herdada" causa prejuízo à saúde através das gerações.

Os impactos nos seres humanos

Em 2001, o jornalista Bill Moyers trouxe o conceito da "carga corporal química" ao grande público por meio de sua reportagem investigativa, *Trade Secrets*.[18] O conceito da carga corporal química é definido como "a quantidade total de uma substância no corpo".[19] Algumas substâncias se acumulam no corpo por serem armazenadas na gordura ou nos ossos e, portanto, serem eliminadas de um modo muito lento. A quantidade de uma substância química determinada armazenada no corpo em um momento específico é resultado de sua exposição, principalmente quando se trata de substâncias químicas possivelmente tóxicas. As cargas corporais podem resultar de armazenagens de curto ou longo prazo, por exemplo, "a quantidade de metal nos ossos, a

---
[17]Lillienberg, Linnea, "Recognition of Hazards." *Occupational Hygiene*, Robert F. Herrick, editor, *Encyclopedia of Occupational Health and Safety* (Geneva: International Labor Organization, 2011), 30.

[18]*Trade Secrets*, Moyers and Jones, www.pbs.org/tradesecrets/.

[19]Green Facts: Facts on Health and the Environment (organização belga sem fins lucrativos fundada em 2001), Glossary, www.greenfacts.org/glossary/abc/body-burden.htm.

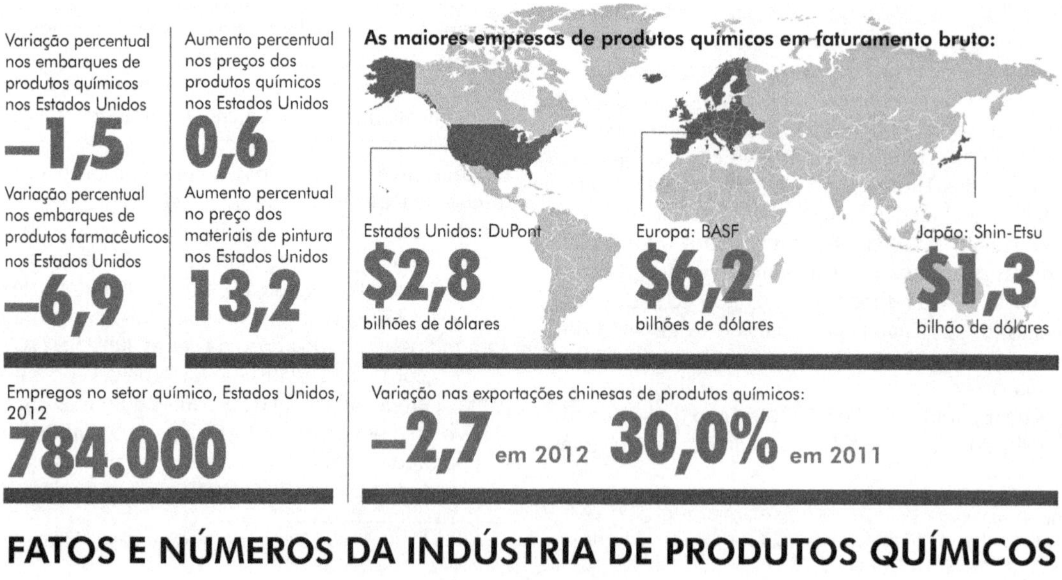

FATOS E NÚMEROS DA INDÚSTRIA DE PRODUTOS QUÍMICOS

FIGURA 5-8 A produção de substâncias químicas no ano de 2012 varia conforme as pesquisas feitas na Austrália. Fonte: Killer Banshee Studios, com base em Chemical & Engineering News.

quantidade de uma substância lipofílica, ou seja, que tem afinidade pelas gorduras, como o PCB no tecido adiposo, ou a quantidade de monóxido de carbono no sangue".[20]

Há cerca de 30 anos, o National Center for Environmental Health, que faz parte dos Centers for Disease Control and Prevention, vem monitorando seres humanos para compreender a exposição humana às substâncias tóxicas encontradas no meio ambiente. O biomonitoramento envolve a medição das substâncias no sangue, na urina, no leite materno, no cabelo e nos pelos, nos órgãos e nos tecidos corporais. As substâncias químicas que compõem a carga corporal são: PCBs (bifenis policlorados, compostos clorados usados como refrigerantes em equipamentos elétricos), DDT (dicloro difenil tricloroetano, um pesticida cujo uso foi proibido na década de 1970), PBDE (éteres de difenilo polibromado, um tratamento retardante de fogo aplicado a materiais de construção), dioxinas (usadas na fabricação do cloreto de polivinil [PVC] e de outros plásticos, mas liberadas durante a sua incineração), ftalatos (um agente plastificante do PVC, que também é usado em cosméticos), triclosan (um agente antibactericida de uso bastante comum), furanos, metais, organoclorados e inseticidas com organofosfatos. Grande parte dessas substâncias químicas pode contribuir para síndromes como a desordem do espectro autista, doenças autoimunes e deficiências de aprendizado, males que atualmente estão sendo analisados sob a ótica dos fatores ambientais contribuintes. Os efeitos mais "visíveis" e quantificáveis sobre a saúde estão associados às taxas cada vez mais altas de alergias, asma e câncer, bem como aos resultados da disrupção endócrina por substâncias químicas conhecidas como toxicantes do sistema reprodutor.

O direito de saber: a transparência química

Progressos significativos nas leis sobre o direito à informação vêm aumentando a consciência pública sobre a produção e o descarte de produtos químicos e as atividades de gestão do lixo por parte da indústria e das agências governamentais. A Emergency Planning and Community Right to Know Act (Lei do Planejamento de Emergência e Direito de Saber Comunitário) foi aprovada em 1986, seguida pela Pollution Prevention Act (Lei da Prevenção da Poluição) em 1990. A Agência de Proteção Ambiental dos Estados Unidos (EPA) desenvolveu o Inventário de Emissão de Produtos Tóxicos (TRI) em 1988, um banco de dados público que atualmente contém 683 produtos químicos e categorias químicas que reúnem informações sobre as emissões e controla "a gestão de certos produtos químicos tóxicos que podem representar risco à saúde humana e ao meio ambiente."[21] Cinquenta outros países têm modelado suas próprias versões de listas de produtos perigosos, inventários químicos (ou "lançamento de poluentes e registros de transferência") com base no TRI.

Os projetistas e construtores devem usar essas listas de produtos perigosos para se familiarizarem com os materiais de construção e processos de fabricação associados a tais produtos químicos controlados. As listas de produtos químicos controlados são abundantes no mundo inteiro e podem ser confusas e repetitivas. (Veja a Figura 5-9.) Ainda assim, elas podem ajudar os projetistas na seleção criteriosa de materiais. Vejamos alguns exemplos de materiais controlados:

O *arsênico*, que ocorre naturalmente no minério de cobre e pela fundição de minérios. Ele é transformado de sólido em gás e emitido para o ar pelas chaminés; a seguir, o arsênico se deposita no solo. O cobre costuma ser usado em acabamentos decorativos, painéis e fios elétricos.

O *bário* é um metal de ocorrência natural utilizado na recuperação das reservas de petróleo, na fabricação de lâmpadas fluorescentes, na soldagem, na produção de borracha e de películas de vidros refletivos, em tomadas e em tubos de aspiradores de pó. Ele se dissolve na água e é encontrado em solos, lagos, rios e córregos. Além disso, formas de vida aquática o transportam por longas distâncias.

O *Selênio-79* é um produto secundário do lixo nuclear que está presente no solo. Sua presença no meio ambiente resulta de vazamentos radioativos. O selênio de ocorrência natural é um material não metálico, mas também resulta do processo eletrolítico de refinamento do cobre. A utilização do selênio na fabricação de sistemas fotovoltaicos é extremamente importante para a indústria da construção civil.

O *benzeno* é um composto químico orgânico, obtido na forma de líquido derivado do petróleo. Antigamente um aditivo da gasolina, ele hoje é utilizado na manufatura de remédios, plástico, borracha sintética e pigmentos. Ele se deposita no solo e nos lençóis freáticos. A borracha e o plástico são usados com frequência como materiais de construção.

O *cloreto de polivinila* é o monômero utilizado para fabricar o PVC e é amplamente empregado em muitos materiais de construção. (Veja o box "PVC: Resumo da Controvérsia, para Arquitetos" na página 60.)

Outra medida, mais recente, da transparência no uso dos produtos químicos é a tendência a dar informações sobre eles por meio de um documento de declaração. As informações sobre os ingredientes de um material em particular são tradicionalmente reveladas por meio de uma Ficha de Segurança do Material (MSDS), um documento padronizado que descreve os impactos na saúde, o manuseio seguro, a toxicidade, o armazenamento e o descarte de um material, composto ou substância. No entanto, as exigências do relatório permitem aos fabricantes uma margem para evitar a revelação de certos ingredientes considerados como patenteados ou um segredo comercial. Além disso, se o conteúdo de certo material ficar abaixo das "quantidades mínimas", ele não precisa aparecer em uma MSDS. Um estudo feito em 2008 revelou que, "as MSDSs avaliadas não contêm informações sobre todos os produtos químicos presentes, inclusive aqueles que sabidamente são sérios sensibilizantes ou carcinogênicos". Alguns ingredientes, como os encontrados nas fragrâncias, não precisam ser revelados, de acordo com as leis de patente, ainda que sejam tóxicos. Além do mais, alguns produtos

---

[20] Green Facts: Facts on Health and the Environment (a Belgian nonprofit organization founded in 2001), www.greenfacts.org; EPA health-care glossary, www.epa.gov/ttn/atw/hlthef/hapsec1.html; para uma lista de substâncias químicas e seus efeitos, acesse: Human Toxome Project, Environmental Working Group, www.bodyburden.org.

[21] EPA, "What Is the Toxics Release Inventory (TRI)?" www2.epa.gov/toxics-release-inventory-tri-program/learn-about-toxics-release-inventory. Para acesso às informações do TRI, veja www.epa.gov/triexplorer/, www.epa.gov/enviro/, www.scorecard.org, and www.rtk.net.

Listas de produtos químicos em todo o mundo

JURISDIÇÃO	LISTA AMPLA		LISTA FOCADA CORRENTE	
Washington	Produtos químicos de alta prioridade	2.000	Produtos químicos altamente preocupantes para crianças	66
Maine	Produtos químicos preocupantes	1.400	Lista de 1º/07/2012 dos produtos químicos extremamente preocupantes	70
			Produtos químicos prioritários [banidos]	2
Minnesota	Produtos químicos extremamente preocupantes	1.700	Produtos químicos prioritários	9
Canadá	Produtos químicos prioritários	4.300	Produtos químicos de mais alta prioridade (para fornecer dados)	200
Austrália	Produtos químicos existentes prioritários para análise	3.000	Produtos químicos prioritários	800
Europa	Lista de substâncias restritas	1.000	Substâncias extremamente preocupantes NÃO SÃO UM SUBCONJUNTO DA LISTA DE SUBSTÂNCIAS RESTRITAS	84
Japão	Produtos químicos monitorados	1.550	Produtos químicos prioritários [relatório e divulgação]	88
Agência de Proteção Ambiental dos Estados Unidos	Lista de candidatos	345	Substâncias químicas do plano de trabalho da TSCA (Lei de Controle das Substâncias Tóxicas de 1976)	83
Califórnia	Produtos químicos candidatos (aproximadamente)	~1.200	Lista inicial de produtos químicos candidatos (aproximadamente)	~230

Department of Toxic Substances Control   Janeiro de 2013

FIGURA 5-9 As substâncias químicas controladas variam conforme a jurisdição, classificação e grau de risco, embora haja coincidência e unanimidade quanto a alguns dos elementos químicos industriais mais comuns. Fonte: California Department of Toxic Substances Control.

químicos foram encontrados em concentrações superiores àquelas listadas na MSDS".[22] Em 2012, o formato da MSDS evoluiu para a Folha de Dados sobre Segurança (SDS), regulada pela Norma de Comunicação de Risco (HCS). Embora hoje seja mais amigável e fácil de interpretar, a SDS ainda não conta toda a história.

Nos últimos anos, uma colaboração entre os líderes de projeto de edificações sustentáveis desenvolveu a Colaboração para a Declaração de Produto Saudável, que resultou em um nova ferramenta de informação sobre produtos químicos para os materiais de construção chamada de Declaração de Produto Saudável, ou HPD™. De modo similar à Declaração de Produto Ambiental (EPD), a HPD é preenchida e publicada pelo próprio fabricante. Em vez de focar apenas nos impactos na fase do ciclo de vida da degradação ambiental, como a acidificação e a eutrofização (categorias de impacto do ciclo de vida), essa declaração baseada na saúde revela os constituintes de um produto químico e avalia "cada relação de um ingrediente com o contexto maior da saúde humana e ecológica". O processo é voluntário, mas pede ao fabricante que revele todos os ingredientes químicos agregados propositalmente, bem como os produtos químicos residuais, se forem superiores a 100 ppm. Os projetistas estão indo um passo além dessa Declaração de Produto Saudável e informando aos fabricantes de produtos que não especificarão seus materiais a menos que tenham fornecido uma HPD.

Para o futuro imediato, planeja-se que existam verificações das HPDs feitas por terceiros. Essas verificações demonstrarão que as declarações em uma HPD são completas e precisas, tornando-a uma ferramenta indispensável para os processos de projeto e especificação.

De modo similar, o rótulo "Declare", desenvolvido pela ONG International Living Future Institute (ILFI) como parte de seu sistema de certificação Desafio da Edificação Viva, oferece aos fabricantes a oportunidade de revelar os produtos químicos constituintes de um material de modo bastante similar à tabela de informações nutricionais dos alimentos. A força do rótulo Declare é que ele oferece uma designação "Livre de itens da Lista Vermelha".[23] Essa lista inclui os produtos químicos que representam riscos múltiplos. As Listas Vermelhas vêm sendo desenvolvidas ao longo dos anos por várias entidades, do ILFI a firmas de arquitetura (Perkins + Will) e empresas de tecnologia como o Google. As entidades governamentais, como a Comissão da União Europeia sobre o Meio Ambiente, a Agência de Proteção Ambiental dos Estados Unidos e o Estado da Califórnia reconhecem várias categorias de tais produtos químicos como "Produtos Químicos Preocupantes".

A profusão de listas – de produtos químicos, riscos, impactos e classificações – pode confundir o pesquisador iniciante (Figura 5-10). Atualmente, o método de pesquisa preferido é conduzido por meio de fontes primárias, como a GreenScreen for Safer Chemicals, da Clean Production Action.

---

[22] A. M. Nicol, A. C. Hurrell, D. Wahyuni, W. McDowall, and W. Chu. "Accuracy, Comprehensibility, and Use of Material Safety Data Sheets: A Review," *Am J Ind Med*. 51, November 2008 (11): 861–76.

[23] A base de dados para pesquisa do rótulo Declare pode ser acessada em www.declareproducts.com/product-database.

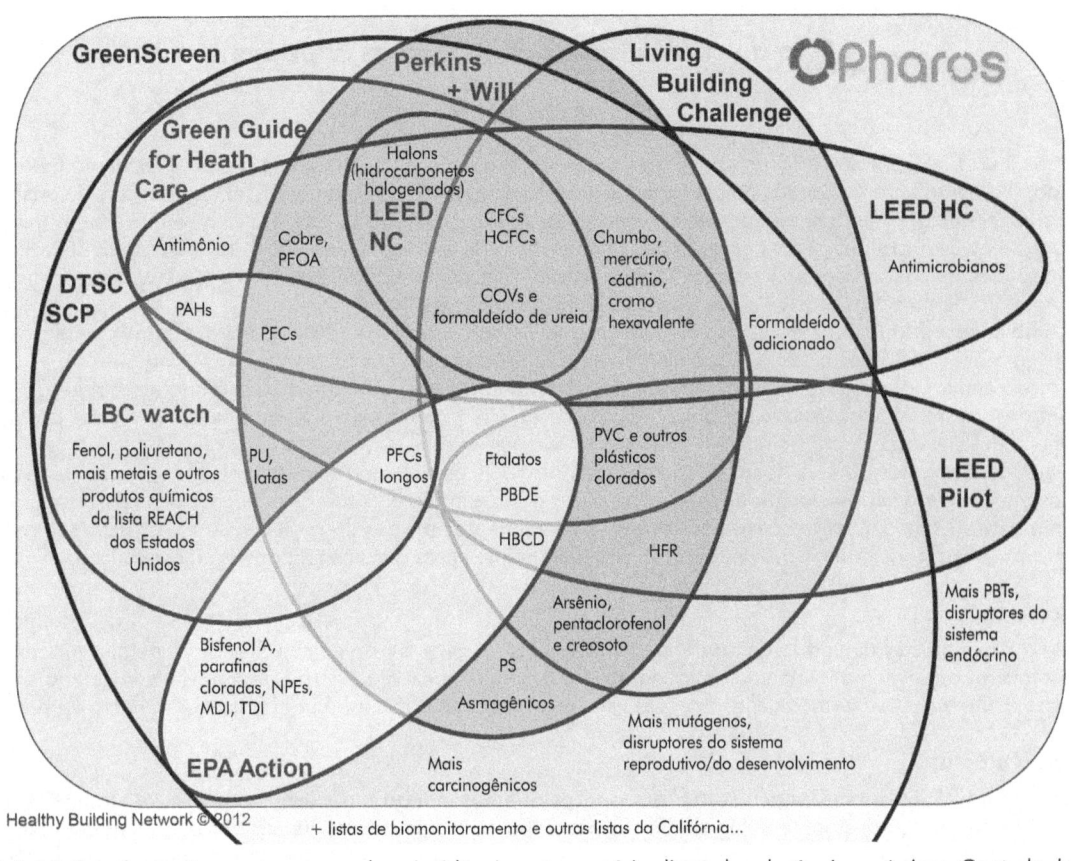

FIGURA 5-10 Esta ilustração mostra o grau de coincidência entre as várias listas de substâncias químicas. Contudo, há muitas substâncias nocivas que são específicas de cada setor industrial e que não são abordadas por essas listas. Elas deveriam ser consideradas e analisadas sempre que aparecerem nos materiais de construção. Imagem por cortesia de Healthy Buildings Network.

O GreenScreen classifica os produtos químicos em termos de sua persistência potencial, bioacumulação, toxicidade e nível de testagem de segurança. Sua estrutura faz parte de uma ferramenta de pesquisa relacionada, o Projeto Pharos, que automatiza a pesquisa sobre produtos químicos GreenScreen e oferece uma "ferramenta de navegação para aqueles que buscam materiais de construção bons para as pessoas e para o planeta".[24] O Pharos inclui 68 listas de produtos químicos e tem um banco de dados crescente sobre os materiais de edificação. Os projetistas e especificadores podem começar a restringir suas opções de produtos e ponderar os riscos, mesmo quando os produtos químicos estão presentes em apenas uma parte por milhão. Outra boa notícia é que o mercado de materiais de construção está respondendo a esses movimentos, publicando os componentes que formam seus produtos. Ao divulgarem os ingredientes dos produtos, os fabricantes passaram inclusive a redesenhá-los com base nesses requisitos.[25]

As fontes descritas neste capítulo são valiosíssimas para o profissional que busca projetar edificações mais saudáveis. O Quartz Common Products Database, um banco de dados aberto compilado por Google, Healthy Building Network e outros é o mais recente de todos. (Consulte a seção Recursos no final deste capítulo.) Um novo esforço para "harmonizar" essas listas e os bancos de dados está tomando forma, de modo que a especificação de produtos possa ser feita de forma estratégica, com confiança na pesquisa.

O princípio da precaução e a Convenção de Estocolmo

Várias organizações ambientais, organizações de saúde pública e grupos de pesquisa sem fins lucrativos contribuíram para que a questão da presença de substâncias químicas no meio ambiente ficasse mais visível e chegasse ao conhecimento do público em geral. Junto a pesquisadores médicos, muitas organizações e grupos fizeram recomendações para a revisão de legislações preexistentes.

O Environmental Working Group (EWG) é um grupo composto por engenheiros, cientistas e especialistas em políticas de ação sem fins lucrativos, cuja missão consiste em cobrar o direito do público de saber da ocorrência de vazamentos químicos e impactos ambientais. Um dos

---
[24] Bill Walsh, "The Future of Materials Selection: Project Pharos, November 9, 2006, www.healthybuilding.net/news/2006/11/09/the-future-of-materials-selection-project-pharos#sthash.q6HBaMX7.dpuf.
[25] Um exemplo recente é a reformulação do sistema R-Guard® FastFlash® Air & Waterproof Barrier, da Prosoco. Este sistema foi desenvolvido para um projeto específico de Living Building Challange, o Seattle's Bullitt Center, e seu projeto é livre de itens das Listas Vermelhas.

A lista de conferência das moradias saudáveis

Eva B. Craig, AIA

As normas atuais do setor da construção civil revelam que a proteção da nossa saúde é uma questão de menor prioridade do que a implementação dos outros focos do projeto integrado, como a eficiência energética e a conservação da água. O prejuízo à nossa saúde que é causado pelas edificações é real, embora nem sempre se manifeste de modo agudo ou seja fácil de medir por meio de causa e efeito. As estatísticas de saúde pública atuais sugerem, com uma especificidade cada vez maior, que nos tornamos, sem querer, participantes de um experimento de larga escala e sem monitoramento sobre as exposições aos elementos químicos e à radiação.

Os ambientes em que vivemos têm se tornado coquetéis de produtos químicos cada vez mais complexos, cujas inúmeras interações e efeitos ainda são praticamente inexplorados.

De modo similar, a radiação eletromagnética (EMR, também conhecida como EMFs) ainda é considerada um tópico controverso nos Estados Unidos, embora o Conselho da União Europeia já tenha lançado diretrizes para limitar a exposição das pessoas.[1]

Em média, passamos 90% de nosso tempo nos interiores. Os prédios que exigem mais atenção são as moradias, já que os mais vulneráveis aos efeitos de longo prazo dos danos ambientais são as crianças. Elas passam muito mais tempo em suas casas do que em outras edificações, especialmente em seus dormitórios, onde os riscos são maiores.

Como projetista consciente, procure dominar completamente essas questões de projeto e construção:

Seleção do terreno

Implante a casa (ou cada unidade de moradia) o mais longe possível de áreas com má drenagem, emissão de gases do solo (como o radônio), solo contaminado, fontes de poluição aérea externa e redes de eletricidade. Estude a orientação dos prédios em termos de insolação e ventilação, pois ambos contribuem para nosso senso de bem-estar.

Leiaute da planta

Localize os dormitórios o mais longe possível de espaços que possam produzir exposições eletromagnéticas ou químicas: (1) a garagem (exaustão de automóveis), (2) a cozinha ou a sala de estar (eletrodomésticos que podem poluir o ar com produtos derivados da combustão) e (3) espaços com equipamentos que emitem altos níveis de radiação eletrodoméstica (especialmente quando localizados no outro lado de uma parede no qual a cama está localizada). Inclua um vestíbulo de entrada que encoraje as pessoas a remover seus calçados, limitando a exposição aos produtos industriais trazidos da rua.

Acabamentos de interior

Considere cuidadosamente tanto os materiais existentes como os novos materiais e acessórios. Evite o uso, remova ou cubra (1) toxinas conhecidas (como chumbo, amianto, PVC, formaldeídos, fibra de vidro e retardadores químicos de chamas); (2) produtos misteriosos (com dados incompletos sobre sua segurança); (3) materiais que emitem gás; (4) materiais tóxicos que se decompõem em moléculas que se prendem no pó e podem ser inalados (como as tintas convencionais ou fibras de carpete, após o período em que emitem gases).[2]

Os sistemas de climatização

Evite sistemas de calefação de ar forçado (ou projete-os com o máximo de filtragem quando também forem utilizados para o resfriamento do ar), pois eles distribuem pós que podem ser tóxicos e alérgenos nos espaços em que respiramos. Em vez disso, especifique pisos com calefação radiante ou radiadores de parede.

Proteção térmica e contra umidade

Evite o surgimento de mofo e fungos facilitando o projeto e a instalação adequada dos seguintes sistemas prediais: (1) drenagem e impermeabilização das fundações; (2) ventilação dos recintos e pisos técnicos; (3) sistemas adequados de barreira à umidade, isolamento das paredes, calefação e, talvez, desumidificantes bem mantidos (em climas muito úmidos); (4) portas e janelas instaladas com drenagem adequada; (5) vidraças isoladas (para evitar a condensação de umidade).

---

[1] WHO, What is EMF, www.who.int/peh-emf/about/WhatisEMF/en/index4.html. In addition, refer to EU Directive, 2001, which discusses the need for exposure limits; http://ec.europa.eu/health/ph_determinants/environment/EMF/implement_rep_en.pdf. Veja também a Diretriz de 2013 que aumenta os limites de exposição para os trabalhadores: http://eur-lex.europa.eu/LexUriServ/LexUriServ.do?uri=OJ:L:2013:179:0001:0021:EN:PDF.

[2] Environmental Working Group, Healthy Homes Tips, www.ewg.org/research/healthy-home-tips/tip-8-get-rid-toxic-dust#whytoxic; Silent Spring Institute, Flame Retardant Fact Sheet, www.silentspring.org/sites/default/files/flame-retardant-follow-up-factsheet_0.pdf.

Sistema hidrossanitário

Especifique sistemas hidrossanitários que (1) sejam feitos de cobre sem soldas de chumbo (evite tubulações de chumbo ou PVC), (2) tenham tubulações suficientemente flexíveis para permitir recalques diferenciais no terreno ou atividades sísmicas, (3) vedem as perfurações para passagem de tubos (prevenindo infiltrações de ar indesejadas) e (4) inclua subsistemas que permitam a filtragem eficiente da água.

Sistema elétrico

Siga o Princípio da Precaução e proteja as áreas de dormir da radiação eletromagnética posicionando de modo adequado eletrodomésticos, equipamentos e pontos de eletricidade. Considere a inclusão de chaves gerais que desliguem todo o sistema elétrico da casa (que não seja de emergência ou precise estar ligado) durante a noite. Use um medidor de Gauss (um instrumento para medir a intensidade de um campo magnético) para conferir a radiação eletromagnética dentro da casa (focando nas áreas que podem ter fiação que não esteja conforme o código de obras).

Acústica e privacidade

Se a casa se localiza em um contexto urbano no qual o ruído externo é elevado, especifique janelas com vidros triplos e paredes com isolamento que possam amortecer o som. Sempre projete paredes mais pesadas ao redor dos dormitórios e portas maciças em todas as áreas privativas.

Um senso de natureza

Para a maioria das pessoas, o ambiente interno ideal traz à mente a experiência de um ambiente externo agradável, com clima bom. Internalize a luz natural de modo abundante, mas difundido, por meio de portas, janelas e claraboias. Projete com a ventilação natural, sem criar correntes de vento desagradáveis, mas permitindo a entrada de brisas e odores agradáveis e sons da natureza. Considere a introdução do som reconfortante da água corrente, usando jogos de água. Abra as vistas para áreas com iluminação natural ou vegetação.

Preocupações para as pessoas

"Nós damos forma às nossas edificações, e, depois, elas nos dão forma", disse Winston Churchill sobre o potencial que o ambiente construído tem de nos inspirar. Hoje, podemos confirmar de modo científico que os prédios também nos afetam fisicamente. Construir um espaço saudável não é difícil uma vez que você se dedique a entender os problemas envolvidos. No entanto, a construção de um espaço não saudável é ainda mais fácil, pois construir para a saúde não faz parte de nossas práticas de edificação usuais. Elas estão cheias de materiais tóxicos e não exigem medidas de segurança suficientes para os principais sistemas prediais (proteção térmica e contra a umidade, sistemas hidrossanitários e elétricos). Como projetista, você contribuirá para a criação de prédios que moldarão várias gerações de pessoas que os ocuparão. Até o momento em que a indústria da edificação evolua para exigir normas adequadas, cabe a você a responsabilidade de projetar de modo que não cause prejuízo à saúde. Projete espaços como se eles fossem ser ocupados pelas pessoas que você mais ama.

---

estudos encomendados e financiados por ele mostrou que, dentre 413 substâncias químicas selecionadas, 287 estavam presentes no sangue do cordão umbilical de recém-nascidos. Dos produtos químicos encontrados, 180 causam câncer em seres humanos ou animais, 217 são tóxicos ao cérebro e sistema nervoso e 208 causam problemas de desenvolvimento.[26] O EWG recomendou uma atualização da Lei de Controle de Substâncias Tóxicas dos Estados Unidos, de 1976 (Toxic Substances Control Act of 1976 – TSCA), para torná-la uma "verdadeira lei ambiental e de saúde pública". Quando a TSCA foi aprovada, ela arrolou 62 mil produtos químicos que estavam no mercado há anos, mas exigiu a testagem de segurança em menos de 200 desses produtos.

Desde então, mais de 85 mil produtos químicos entraram no mercado, e, desde 1990, apenas cinco deles tiveram seu uso restrito. Para que tenha seu uso controlado, é necessário provar que um produto químico representa risco à saúde humana.[27] O EWG e outras entidades já propuseram que as revisões deveriam exigir uma testagem mais rigorosa dos produtos químicos, que todos os produtos químicos que não foram testados quanto à sua segurança fossem removidos do mercado, e que a Agência de Proteção Ambiental dos Estados Unidos (EPA) recebesse uma autoridade clara para exigir estudos de segurança como requisito para a venda dos produtos químicos e oferecesse incentivos a alternativas sustentáveis a esses produtos industriais e de consumo geral.[28]

---

[26]"Detailed findings," *Body Burden: The Pollution in Newborns*, Environmental Working Group (EWG) Study (Washington, DC: EWG, 2005), www.ewg.org/research/body-burden-pollution-newborns. Em 2008-2009, o EWG encomendou estudos de laboratório que identificaram 232 produtos químicos industriais e poluentes no cordão umbilical de recém-nascidos: "*Pollution in People: Cord Blood Contaminants in Minority Newborns*," Environmental Working Group, (Washington, DC: EWG, 2009), www.ewg.org/research/minority-cord-blood-report/executive-summary.

[27]Ibid and EWG, Triclosan Risk Assessment, www.ewg.org/news/testimony-official-correspondence/ewg-letter-epa-0.

[28]Physicians for Social Responsibility, "The Need for Chemical Reform in the United States," Fact Sheet, www.psr.org/resources/the-need-for-chemical-reform.html.

Como uma tentativa para renovar a Lei de Controle das Substâncias Tóxicas, a Lei dos Produtos Químicos Seguros de 2010 (Safe Chemicals Act of 2010) foi introduzida pelo Senado norte-americano quase no mesmo momento que foi proposta a Lei da Câmara dos Deputados dos Estados Unidos sobre a Segurança dos Produtos Químicos Tóxicos (House of Representatives Toxic Chemicals Safety Act). Em 2011, foi introduzida a Lei do Produtos Químicos Seguros, uma revisão. Em 2013, foi proposta nos Estados Unidos uma nova lei revisada, a Lei dos Produtos Químicos Seguros, enviada ao Comitê sobre Meio Ambiente e Obras Públicas. Esses esforços para aprovar leis sobre a segurança dos produtos químicos têm recebido uma forte reação por parte da indústria de produtos químicos e outros grupos interessados. Contudo, o envolvimento da comunidade geral e acadêmica pode se contrapor a essas barreiras. A Rede Internacional para a Eliminação de Poluentes Orgânicos Persistentes (IPEN), uma coalisão de 700 ONGs de 100 países, apoiou a realização da Convenção de Estocolmo sobre Poluentes Orgânicos Persistentes de 2001 e outras Declarações de Dubai e do Japão. Sua missão é "agir internacionalmente para minimizar e, sempre que possível, eliminar os produtos químicos tóxicos, perigosos".[29] No nível individual, reduzir o contato pessoal com os produtos químicos industrializados é um passo importante. A Agência para o Registro de Substâncias Tóxicas e Doenças (Agency for Toxic Substances and Disease Registry – ATSDR) fornece recomendações sobre como reduzir a exposição aos produtos

---

[29] International POPs Elimination Network (IPEN), www.ipen.org.

A necessidade de mudanças na produção e no uso de substâncias químicas

Nos regulamentos atuais, há três grandes vácuos: o vácuo dos dados, o vácuo da segurança e o vácuo da tecnologia. A mudança na abordagem das substâncias químicas extingue o vácuo dos dados e fornece as informações hoje faltantes sobre a toxicidade e segurança desses elementos. O vácuo da segurança, em que os órgãos estatais não conseguem avaliar ou fazer o controle de riscos (e, portanto, permitem que substâncias químicas perigosas sejam lançadas no mercado), também deve ser trabalhado. Por fim, o vácuo da tecnologia, no qual as empresas têm pouco ou nenhum incentivo para buscar métodos ou substâncias químicas alternativas e mais seguras, deve ser resolvido, para tornar as políticas de fabricação e uso desses produtos mais favoráveis aos consumidores. As seguintes abordagens podem ajudar a fechar esses vácuos:

- Exigir tecnologias e alternativas mais seguras. Procurar eliminar o uso e as emissões dos produtos químicos perigosos alterando processos, substituindo-os por outros elementos mais seguros, redesenhando produtos e sistemas e premiando a inovação. Aumentar o investimento público e privado na pesquisa e desenvolvimento de elementos químicos, produtos, materiais e processos sustentáveis.
- Desenvolver processos e políticas que garantam controles mais rápidos, priorizações e tomadas de decisões sobre uma grande variedade de substâncias químicas. Estabelecer políticas e processos que controlem uma grande variedade de substâncias químicas agrupadas em classes evitará avaliações muito demoradas (de substância por substância) e o atraso de ações contra produtos químicos prejudiciais à saúde.
- Transferir aos fabricantes o ônus de comprovar a segurança de uma substância química. Em vez de esperar que o governo prove os efeitos prejudiciais, os fabricantes deveriam assumir essa responsabilidade. As substâncias químicas que não conseguirem atender ao padrão de segurança serão proibidas ou terão seu uso controlado.
- Eliminar a cláusula de Informação Empresarial Confidencial nos registros de produtos químicos. Essa cláusula permite aos fabricantes ocultar informações sob a justificativa de que são segredo comercial e, portanto, necessárias para que sejam competitivos.
- Criar uma câmara de compensação de dados sobre o uso de substâncias químicas. Criar uma câmara de compensação que documente onde todas as substâncias químicas são feitas e onde e como são utilizadas; incluir todos os dados sobre segurança disponíveis; e identificar os componentes químicos dos produtos de consumo.
- Classificar as substâncias químicas em níveis de preocupação. Implementar um sistema para a classificação de substâncias químicas nas categorias de preocupação alta, moderada, baixa e desconhecida. Esse sistema em níveis permitirá a priorização dos produtos químicos extremamente perigosos (os persistentes, bioacumulativos ou tóxicos) para que possam ser gradualmente banidos após a identificação de substitutos mais seguros.
- Proteger a Saúde das Crianças. Priorizar o início imediato da proibição gradual das substâncias químicas que são encontradas no sangue do cordão umbilical de recém-nascidos. A Lei das Substâncias Químicas Seguras para as Crianças (Kid-Safe Chemicals Act – KSCA) exigiria o biomonitoramento e consideraria esses elementos inseguros e de proibição gradual obrigatória.
- Abordar o problema das substâncias químicas herdadas. As comunidades afetadas pelas substâncias químicas herdadas, como o chumbo e a dioxina, precisam de remediação minuciosa para que esses elementos possam ser removidos de seus ambientes.

Fonte: Physicians for Social Responsibility, "The Need for Chemical Reform," www.psr.org/resources/the-need-for-chemical-reform.html.

químicos, que pode ser útil para que os projetistas orientem seus clientes.³⁰

Essas recomendações estão intimamente associadas ao *princípio da precaução* adotado pela União Europeia em 1992. A declaração do princípio da precaução foi divulgada no ponto alto de uma conferência histórica que reuniu cientistas, filósofos, advogados e ativistas ambientais, com a finalidade de desenvolver uma "abordagem antecipatória" referente à tomada de decisões no âmbito do meio ambiente e da saúde pública. A Wingspread Consensus Statement on the Preventive Principle (Declaração Consensual de Wingspread sobre o Princípio da Precaução, janeiro de 1998), assim chamada de acordo com o local onde foi realizada a conferência, produziu a seguinte diretriz:

Sempre que uma atividade ameaça o meio ambiente ou a saúde humana, é necessário adotar medidas preventivas mesmo que algumas relações de causa e efeito ainda careçam de fundamentação científica definitiva. Neste contexto, o proponente de uma atividade, e não o público, deverá ter o ônus da prova. O processo de aplicação do princípio da precaução deve ser aberto, oferecer informações suficientes e ser democrático, incluindo, na medida do possível, todas as partes afetadas. Ele também deve incluir o exame de todas as alternativas, incluindo a inação.³¹

A Convenção de Estocolmo também foi importante por marcar o início do movimento para evitar os riscos, em vez de avaliar os riscos. Essa distinção é importante quando se trata de avaliar o que há em nossos materiais de construção.

A maneira tradicional de olhar para o conteúdo químico é avaliar seus possíveis impactos à saúde com base na quantidade de produtos químicos e a intensidade e duração da exposição. Nos Estados Unidos, os produtos químicos são analisados pela Administração Federal da Segurança Ocupacional e Saúde (Federal Occupational Safety & Health Administration – OSHA) com base nos Limites de Exposição Admissíveis (PEL) baseados em uma média ponderada de oito horas. A maioria desses limites não é atualizada desde 1970. A própria OSHA admite que os limites "não protegem suficientemente a saúde do trabalhador. Isso tem sido demonstrado pela redução dos limites de exposição permissíveis recomendados por muitas organizações técnicas, profissionais, industriais e governamentais, tanto dentro como fora dos Estados Unidos".³² Em outras palavras, os produtos químicos são tradicionalmente analisados em termos dos riscos possíveis que surgem durante um período de oito horas de exposição a um limite de produto químico geralmente aceito, que pode estar desatualizado.

---

³⁰Agency for Toxic Substances and Disease Registry (ATSDR), www.atsdr.cdc.gov, and *How to Reduce Your Exposure to Chemicals at Home, Work, and Play*, www.atsdr.cdc.gov/emes/public/docs/How%20to%20Reduce%20Your%20Exposure%20to%20chemicals%20at%20home%20work%20and%20play%20fs.pdf.

³¹Science and Environmental Health Network, "Wingspread Statement on the Precautionary Principle," January 1998, http://sehn.org/wingspread-conference-on-the-precautionary-principle/. A Conferência de Wingspread sobre o Princípio da Precaução foi promovida pela Science & Environmental Health Network, uma organização que une a ciência aos interesses públicos, e pela Johnson Foundation, a W. Alton Jones Foundation, o C. S. Fund, e o Lowell Center for Sustainable Production da Universidade de Massachusetts-Lowell. A declaração na íntegra.

³²OSHA, www.osha.gov/dsg/annotated-pels/.

A Declaração de Wingspread

A Declaração Consensual de Wingspread sobre o Princípio da Precaução: A liberação e o uso de substâncias tóxicas, a exploração dos recursos naturais e as alterações físicas no meio ambiente tiveram consequências imprevistas que afetam a saúde pública e o meio ambiente. Entre essas preocupações estão as altas taxas de deficiências do aprendizado, asma, câncer, defeitos de nascença e extinção de espécies; somam-se a isso as mudanças climáticas globais, a destruição da camada de ozônio atmosférico e a contaminação de todo o planeta por substâncias tóxicas e materiais nucleares.

- Acreditamos que as leis ambientais e outras decisões preexistentes, principalmente aquelas que se baseiam na avaliação de riscos, não têm conseguido proteger adequadamente a saúde humana e o meio ambiente – isto é, o sistema maior do qual os seres humanos são somente uma pequena parte.
- Acreditamos haver evidências irrefutáveis de que os danos aos seres humanos e ao meio ambiente em geral são de tal magnitude e gravidade que se faz necessário adotar novos princípios para a realização das atividades humanas.
- Embora saibamos que as atividades humanas podem envolver riscos, é preciso que procedamos com mais cuidado do que tem sido empregado na história recente. As corporações, entidades governamentais, organizações, comunidades, os cientistas e demais indivíduos devem adotar uma abordagem preventiva em todas as atividades humanas.
- Portanto, é preciso usar o Princípio da Precaução: Sempre que uma atividade ameaça o meio ambiente ou a saúde humana, é necessário adotar medidas preventivas mesmo que algumas relações de causa e efeito ainda careçam de fundamentação científica definitiva.
- Neste contexto, o proponente de uma atividade, e não o público, deve arcar com o ônus da prova. O processo de aplicação do princípio da precaução deve ser aberto, oferecer informações suficientes e ser democrático, incluindo, na medida do possível, todas as partes afetadas. Ele também deve incluir o exame de todas as alternativas, incluindo a inação.

Um exemplo excelente de aplicação do princípio da precaução em escala global é a Convenção de Estocolmo sobre Poluentes Orgânicos Persistentes da UNEP, de 2001, que resultou na assinatura de um tratado, em 2004, que urgiu um esforço internacional "para a proibição gradual de substâncias químicas que persistem no meio ambiente e que podem ser transportadas ao redor do mundo".¹ A lista inicial de 12 elementos visados pelo tratado incluía nove pesticidas organoclorados, três substâncias químicas industriais e produtos químicos derivados. Nove outros poluentes orgânicos foram adicionados em 2009, e

---

¹Para ter acesso à lista completa de substâncias químicas e países que assinaram e ratificaram a convenção, acesse www.pops.int/.

mais cinco entre 2011 e 2015.² Embora outros governos estejam mais atrasados nessa questão, já não é permitido, na União Europeia, produzir ou importar em grande escala substâncias químicas, a menos que estejam registradas na Agência Europeia de Substâncias Químicas (ECHA).³

---

²Listagem de POPs na Convenção de Estocolmo, http://chm.pops.int/TheConvention/ThePOPs/ListingofPOPs/tabid/2509/Default.aspx.
³Lowell Center for Sustainable Production, University of Massachusetts, "A Compendium of Methods and Tools for Chemical Hazard Assessment" May 2011, www.sustainableproduction.org/downloads/Methods-ToolsforChemHazardAss5-2011.pdf.

A fim de tratar dessa deficiência, os fabricantes têm optado por recomendar limites de exposição reduzidos.

O grupo de médicos, profissionais da saúde pública, construtores de prédios sustentáveis e cientistas interessados no assunto e que lideram o movimento pela publicação dessas informações sobre os produtos químicos afirma que a questão fundamental é que deveríamos adotar o princípio da precaução, ou seja, olhar para o tipo de risco que um ingrediente representa, em vez de esperar que se provem seus efeitos nocivos. Um exemplo: o PBDE (o éter de bifenil policlorado) tem moléculas similares aos PCBs (bifenis policlorados), que foram banidos em 1979. Em virtude do status atual dos regulamentos químicos, os cientistas precisarão provar os danos à saúde humana antes que o PBDE se torne um dos raros produtos químicos proibidos pela Agência de Proteção Ambiental dos Estados Unidos (EPA).³³

Em outras palavras, o argumento é que devemos evitar o risco de um perigo. A avaliação de risco convencional é um processo lento e que foca apenas um cenário de exposição específico, geralmente em um local de trabalho industrial. Como já vimos, não há uma abundância de testes regulatórios para produtos químicos antes que eles entrem no mercado, assim a avaliação do risco poderia se basear em vários fatores desconhecidos. Muitas vezes a avaliação do risco pressupõe que precauções e roupas de proteção serão utilizadas quando um produto for testado. Uma avaliação da ameaça à saúde, por outro lado, é uma medida mais real dos verdadeiros impactos à saúde humana. Oferecer aos projetistas, construtores e consumidores as informações sobre o perigo dos produtos químicos é muito mais direto e informativo. O esforço para mudar a forma de pensamento para esse tipo de avaliação será uma batalha longa e árdua. Em um capítulo mais adiante, avaliaremos como podemos fazer perguntas relevantes sobre o perigo à saúde (e não o risco) para desmascarar a falsa sustentabilidade exercida por alguns fabricantes. Um primeiro passo poderia ser envolver os fabricantes na solução, perguntando-lhes sobre os perigos à saúde representados pelos materiais, e não sobre seus riscos. Faça perguntas do tipo "você poderia me ajudar a entender por que seu material tem esse produto químico?" Ou então: "qual é sua função específica, e quais produtos químicos alternativos estão sendo desenvolvidos para substituí-lo?".

As substâncias químicas e os poluentes da indústria da construção civil

Já estudamos as fontes, as rotas de transmissão e os impactos dos produtos químicos existentes no ambiente na saúde e no corpo humano. Muitas dessas fontes são materiais de construção cujas emissões químicas internas têm diversos efeitos na saúde. Uma vez que passamos a maior parte do nosso tempo em ambientes internos (aproximadamente 90% do tempo),³⁴ a presença desses químicos nos ambientes é particularmente preocupante. As edificações modernas costumam ser extremamente herméticas por razões acústicas e de conservação de energia. Junto às emissões dos materiais de construção, a estanqueidade pode contribuir para a carga química total das edificações através da introdução de inúmeras substâncias químicas – muitas das quais se unem à nossa carga corporal química e são classificadas como compostos orgânicos voláteis ou poluentes aéreos perigosos.³⁵

Os compostos orgânicos voláteis evaporam rapidamente e sua presença no ar diminui com o tempo. O benzeno e o tolueno são exemplos dessas substâncias. Diferentemente dos compostos orgânicos voláteis, cujas emissões são rápidas, os compostos orgânicos semivoláteis são emitidos mais lentamente e por períodos mais longos. Os exemplos de compostos orgânicos semivoláteis incluem os ftalatos, os amaciantes usados na fabricação do PVC e os retardantes de chamas halogenados. Eles são especialmente preocupantes, pois interagem com os particulados e o pó, criando um sistema de transporte eficiente por meio da ingestão e da inalação. Os compostos orgânicos voláteis costumam anteceder outras substâncias químicas que não estão presentes no processo de fabricação de materiais de construção.

Os profissionais do setor da construção devem conhecer as seguintes classificações:

- Toxinas bioacumuladoras persistentes (PBTs): Algumas PBTs são produtos químicos que caem na categoria das toxinas conhecidas pelo acrônimo CMRTNEs (que corresponde a carcinogênicos, mutágenos, toxicantes do sistema reprodutivo, toxicantes do desenvolvimento [teratogênicos], neurotoxicantes e disruptores endócrinos). As organotinas e os metais pesados, incluindo o chumbo e o mercúrio, são exemplos de toxinas persistentes e bioacumulativas.

- Os poluentes orgânicos persistentes são um subconjunto das toxinas persistentes e bioacumulativas; eles incluem os furanos, as dioxinas e os PCBs.

Como futuros profissionais da edificação sustentável, precisamos estar cientes de que determinadas toxinas persistentes

---

³³Ian Urbina, "Think Those Chemicals Have Been Tested?" *New York Times*, April 13, 2013. www.nytimes.com/2013/04/14/sunday-review/think-those-chemicals-have-been-tested.html?_r=0.

³⁴U.S. Environmental Protection Agency Green Building Workgroup, "Buildings and the Environment: A Statistical Summary" (Washington, DC: U.S. EPA, 2004), www.epa.gov/greenbuilding/pubs/gbstats.pdf.

³⁵O termo "poluentes aéreos perigosos" é cada vez mais utilizado em vez do termo "compostos orgânicos voláteis", que inclui várias substâncias químicas que não são necessariamente tóxicas.

> **Estatísticas de asma, alergia e câncer nos Estados Unidos**
>
> - Aproximadamente 39,5 milhões de pessoas nos Estados Unidos foram diagnosticadas com asma, de acordo com uma estatística de 2012.[1]
> - A OMS estima que, em 2012, o número de mortes relacionadas à poluição do ar, tanto em ambientes urbanos como rurais, foi de 3,7 milhões.
> - A poluição do ar nos interiores foi relacionada a 4,3 milhões de mortes em 2012, principalmente em virtude de cozinhar com carvão, madeira e biomassa.[2]
> - O Instituto Nacional do Câncer dos Estados Unidos estima que a incidência de câncer poderia ser reduzida em até 80 a 90%, se causas ambientais como a dieta, o tabaco e o álcool, bem como a radiação, os agentes infecciosos e as substâncias presentes no ar, na água e no solo, fossem resolvidas.[3]
>
> ---
> [1]American Lung Association, Epidemiology and Statistics Unit, Research and Health Education Division, *Trends in Asthma Morbidity and Mortality* (Washington, DC: American Lung Association, September 2012).
> [2]World Health Organization, "Seven million premature deaths annually linked to air pollution," News Release, Geneva, March 25, 2014.
> [3]National Cancer Institute (NCI), www.cancer.gov.

e bioacumulativas e poluentes orgânicos persistentes podem ser encontrados nos materiais de construção, incluindo:

- Os produtos derivados e os precursores de materiais como o PVC e outros plásticos – por exemplo, ftalatos em pisos, borrachas e outros materiais flexíveis
- O metal, o chumbo e os compostos do cromo em tintas de arquitetura, vernizes, tintas de impressão e plásticos
- Bisfenol A – BPA (também encontrado no revestimento interno de latas utilizadas para alimentos) em tintas, tintas de epóxi e revestimentos[36]
- Retardantes de chamas halogenados, encontrados em isolamentos com espuma injetada, cloreto e certos halogênios bromados, utilizados em fiações e tecidos de estofamento. (Os retardantes de chamas halogenados são solventes orgânicos que contêm átomos de halogênio: cloro, flúor, bromo ou IODINE.)
- Hidrofluorcarbonos (HFCs) e perfluorcarbonos (PFCs), gases que destroem a camada de ozônio e são utilizados em fluidos frigorígenos (líquidos arrefecedores)
- O arsênico, atualmente banido da madeira autoclavada
- Compostos de perfluorcarbono (PFC), produtos antiaderência ou antimanchas utilizados em tintas, coberturas metálicas, painéis solares e revestimentos de parede, que tornam os materiais duradouros e resistentes ao efeito da radiação ultravioleta

---
[36]Até quantidades extremamente pequenas de bisfenol A são nocivas. Descobriu-se que produtos feitos de policarbonatos emitem quantidades cada vez maiores de bisfenol A a cada lavagem em uma máquina de lavar louças do que o faziam quando novos.

- Triclosan e outros antimicrobianos utilizados em tecidos e forros isolantes

Os impactos sobre a saúde humana gerados pela exposição às substâncias químicas identificadas anteriormente podem não se manifestar por longos períodos. Alguns produtos químicos têm a capacidade de afetar sistemas humanos específicos, e os sintomas às vezes não se manifestam durante muitos anos após a exposição. Outros efeitos sobre a saúde, contudo, se tornam evidentes de modo relativamente rápido. Três condições que costumam ser associadas aos prédios são a síndrome da edificação doente (SBS), a doença relacionada à edificação (BRI) e a sensibilidade química múltipla (MCS).

A síndrome da edificação doente se manifesta pelos sintomas de coriza – irritação da membrana mucosa – que ocorrem em um ambiente interno, mas que diminuem quando o indivíduo afetado sai do recinto. As doenças relacionadas às edificações consistem em impactos permanentes sobre a saúde, que podem estar diretamente relacionados à exposição a substâncias químicas no ambiente interno. A definição de sensibilidade química múltipla (MCS) ainda está sendo debatida. Até pouco tempo, sua existência também não era reconhecida. Em geral, essa sensibilidade resulta das substâncias químicas presentes em nosso ambiente que advêm de materiais de construção, pesticidas e produtos derivados do petróleo, como gás, cosméticos, solventes e equipamentos de escritório. A sensibilidade química múltipla afeta mais de um órgão do sistema e pode ocorrer com baixos níveis de exposição química. (As questões da qualidade do ar interno serão discutidas mais adiante, em detalhes.)

A química sustentável e os materiais de construção

Grupos de pesquisa como o Environmental Working Group e a Healthy Building Network, entre outros, colocaram a necessidade de se desenvolver alternativas mais sustentáveis para as substâncias químicas industriais no topo de suas listas de recomendações. Devido a tais recomendações, o campo da "química sustentável" está crescendo rapidamente. Isso tem implicações para inúmeros envolvidos no setor da construção sustentável e também na indústria da construção convencional. Contando com materiais internos mais saudáveis feitos a partir de processos químicos sustentáveis, por exemplo, os arquitetos e construtores terão uma ferramenta com a qual projetar espaços internos igualmente mais saudáveis.

Embora tenha sido há pouco integrado aos currículos universitários, o conceito de química sustentável surgiu no final da década de 1990, devido à publicação do revolucionário livro de Paul T. Anastas e John C. Warner, *Green Chemistry: Theory and Practice*.[37] A *química sustentável* é oficialmente definida como "o projeto de produtos e processos químicos capazes de reduzir ou eliminar o uso e a geração de substâncias

---
[37]Paul T. Anastas and John C. Warner, *Green Chemistry: Theory and Practice* (Oxford and New York: Oxford University Press, 1998).

> **As áreas de atenção para os projetistas**
>
> A. Materiais das vedações externas de um prédio:
>   - Paredes, vidraças, barreira à umidade ou vapor, isolantes e esquadrias
> B. Materiais fora das vedações externas:
>   - Impermeabilizantes, escoramentos e estabilizantes
> C. Materiais de acabamento interno:
>   - Carpetes
>   - Tintas, vedantes, *stains* e revestimentos
>   - Adesivos, mástiques e selantes
>   - Fontes de formaldeído: telhas e madeiras compostas
>   - Tratamentos de madeira, tecidos e espumas de estofados, conservantes de móveis
>   - Materiais que contêm PVC, como pisos flexíveis, persianas e revestimentos de parede
> D. Produtos de manutenção, higiene pessoal e limpeza

nocivas".[38] A missão da química sustentável é "direcionar as empresas para a ética e a ciência da prevenção".[39] Novamente, a ideia do princípio da precaução é fundamental. Assim como ocorre com a tarefa de se lidar com as mudanças climáticas, os incentivos para se apressar a inovação e a tecnologia neste campo relativamente novo podem fomentar uma mobilização em grande escala, além de criar novos empregos.

A substituição dos materiais de construção que contêm substâncias tóxicas por alternativas mais sustentáveis e menos comprometedoras para a saúde é orientada pelos princípios da química sustentável (resumidos no quadro a seguir). As referências feitas ao "projeto" de substâncias e processos químicos são relevantes para os estudantes, mas é preciso também observar que o princípio final inclui a prevenção de acidentes e de possíveis emissões de substâncias químicas no meio ambiente.

Um excelente recurso para arquitetos, projetistas e construtores é o Green Science Policy Institute, de Berkeley. Sua missão é apresentar dados científicos objetivos a uma variedade de organizações a fim de "facilitar a tomada de decisões bem embasada quanto ao uso de elementos químicos nos produtos de consumo". Como parte dessa missão, eles colaboraram no desenvolvimento de "Six Classes": uma série de breves *webnars* que explicava as seis classes de elementos químicos mais perigosas e seus usos nos materiais de construção. (Veja Recursos, no final deste capítulo.) As classes são: (1) elementos químicos fluorados, como os impermeabilizantes utilizados em tecidos e panelas antiaderentes; (2) antimicrobianos, como o triclosan, encontrados em alguns revestimentos arquitetônicos, mas também utilizado em meias e pastas de dente; (3) retardadores de chamas com bromo, cloro ou fosfato, encontrados em fiações, isolamentos e espumas de estofados; (4) bisfenol A (BPA) (encontrado no plástico policarbonato, no epóxi e nos retardadores de chamas), ftalatos (um "amaciante" encontrado em plásticos maleáveis – inclusive brinquedos para bebês – como o vinil) e outros plasticizantes, que podem afetar a função hormonal (ou seja, causar a disrupção endócrina); (5) certos solventes empregados em tintas, revestimentos, soluções de limpeza ou removedores, que formam várias subcategorias: clorados, oxigenados, hidrocarbonos (benzeno, xileno, tolueno, hexano) e siloxano de metilo; e (6) metais pesados, como chumbo, mercúrio e cromo.

A série é valiosa, pois os pesquisadores e apresentadores discutem onde esses elementos químicos são encontrados e como podem ser evitados ou substituídos. A série de *webinars* busca perguntar: "é legal, seguro e necessário?".

Repensando os sistemas prediais

Como criar locais saudáveis para se viver, trabalhar e brincar, sem interferir nos processos e nas matérias primas durante a fabricação? A resposta para essa pergunta está em outro exemplo de como a sustentabilidade vestiu o manto do ativismo social. Os arquitetos e engenheiros têm o dever de projetar conforme padrões prescritos de segurança à vida e precaução razoável. A nossa responsabilidade não se resume ao projeto de estruturas resistentes a terremotos ou ao planejamento de um número adequado de saídas de emergência. Conforme os padrões de segurança, a nossa responsabilidade aumenta e passa a incluir a qualidade do ambiente interno e, consequentemente, a saúde dos usuários de nossas edificações. Esta é a oportunidade ideal para incorporar o princípio da precaução à nossa prática de arquitetura. Aqueles que estão envolvidos com o setor da construção têm o potencial de melhorar a saúde pública e ambiental com práticas responsáveis de projeto e especificação e instalação de produtos.

Os sistemas de edificação trazem, limpam e circulam a água potável, introduzem e regulam a eletricidade e os combustíveis e trazem, filtram, circulam e liberam o ar viciado no exterior. Eles também oferecem conforto térmico aos usuários (umidade, calor e frio) e permitem seu controle. Outro componente do conforto térmico é o modo pelo qual o fluxo de ar (velocidade), sua circulação e exaustão afetam os usuários. O movimento do ar, desde que seja bem regulado, pode melhorar a satisfação dos usuários, ainda que as temperaturas internas estejam um pouco acima das faixas de conforto típicas para os exteriores.

Lembre-se das consequências da má circulação do ar durante viagens aéreas como um exemplo de ar preso e exalado repetitivamente, juntamente com a exposição aos perfumes e produtos de higiene pessoal dos passageiros, os materiais de limpeza da aeronave e os produtos derivados dos combustíveis usados.

---

[38] Warner Babcock Institute for Green Chemistry, "The Twelve Principles of Green Chemistry" (Woburn, MA: Beyond Benign, a Warner Babcock Foundation, n.d.), www.beyondbenign.org/greenchemistry/12principles.html.
[39] San Francisco Department of the Environment, White Paper, "The Precautionary Principle and the City and County of San Francisco," March 2003.

Os princípios da química sustentável

1. Evite a produção de resíduos, em vez de tratá-los ou limpá-los.
2. Maximize a economia de átomos para evitar desperdiçá-los.
3. Desenvolva substâncias químicas sintéticas menos perigosas.
4. Crie substâncias químicas e produtos seguros, mas que ainda assim tenham bom desempenho.
5. Use solventes e condições de reação mais seguros.
6. Aumente a eficiência energética utilizando a temperatura e a pressão ambientes.
7. Utilize estoques de abastecimento renováveis e não esgotáveis (use resíduos agrícolas em vez de estoques de abastecimento de combustíveis fósseis).
8. Evite derivados químicos, pois eles usam reagentes adicionais e geram resíduos.
9. Use catalisadores, em vez de reagentes estoiquiométricos, para minimizar a produção de resíduos.
10. Desenvolva substâncias e produtos químicos que degradem após o uso.
11. Analise em tempo real, a fim de prevenir a poluição e os produtos derivados.
12. Minimize o risco de acidentes: desenvolva substâncias químicas e suas formas (sólida, líquida ou gasosa) a fim de minimizar o risco de acidentes químicos, inclusive explosões, incêndios e emissões no ambiente.

Fonte: Anastas & Warner, Green Chemistry, 29-54.

Sistemas de ar

Os sistemas mecânicos ou as instalações prediais podem afetar a qualidade do ar interno de diferentes maneiras.

A ventilação: Uma ventilação natural, passiva ou baseada em um sistema mecânico é um tópico fundamental, com diversas variáveis. Considere os seguintes fatores: a qualidade do ar externo; a localização das fontes de poluição – o tráfego de veículos, a indústria local, a manufatura e o processamento; a instalação das tomadas e saídas de ar; as condições climáticas; e as trocas de ar necessárias para fins de conforto e saúde. Segundo os códigos de edificações, a taxa de troca de ar pode ser baixa; contudo, para ambientes onde a higiene é fundamental, como hospitais e laboratórios, ela deve ser mais alta. Algumas estratégias de ventilação incluem o uso de filtros de alta eficiência para barrar os particulados do ar externo de maneira efetiva. É preciso isolar as áreas de armazenagem de substâncias químicas e as garagens das áreas ocupadas da edificação utilizando-se sistemas de ventilação distintos.

A calefação: Os sistemas de calefação são mais eficazes quando a vedação externa da edificação tem uma boa hermética e um bom isolamento térmico; no entanto, eles passaram a comprometer a qualidade do ar interno após a crise energética da década de 1970. Se calibradas de modo incorreto, a temperatura e a umidade produzidas por um sistema de calefação podem levar ao crescimento de mofo, por exemplo. As fontes de água contaminada nos equipamentos de climatização e desumidificadores (qualquer equipamento que use água circulada para fazer transferência térmica) devem ser evitadas. É importante contratar engenheiros mecânicos para equilibrar, testar e projetar os sistemas de calefação das edificações.

Resfriamento ambiente e refrigeração: Os refrigerantes dos sistemas mecânicos têm estado sujeitos há muita regulação ao longo dos anos. Os clorofluorcarbonetos (CFCs), cujo uso era bastante comum, foram banidos por afetarem a camada de ozônio. Da mesma maneira, os hidroclorofluorcarbonetos (HCFCs) estão começando a ser eliminados gradualmente. Refrigerantes alternativos já chegaram ao mercado, e os fabricantes de sistemas de climatização terão de se adaptar a eles. Assim como ocorre com os sistemas de calefação e umidade, o crescimento de mofo devido à refrigeração também é preocupante.

Sistemas hidráulicos

Como veremos no capítulo sobre a água no paisagismo e nas edificações, as demandas de água variam conforme a localidade e o tipo de edificação e podem ser para beber, se banhar, fazer limpeza (pessoal, de um interior ou do próprio prédio), irrigar os jardins ou fazer a descarga sanitária. Cada uma dessas demandas pode afetar a saúde humana, e todas elas exigem uma análise em dois níveis: *mitigação dos elementos químicos* em nosso suprimento de água e *introdução de água limpa* em nossos prédios (Figura 5-11).

É necessário considerar tais necessidades de maneira holística. A seguir, listamos algumas das considerações holísticas relativas ao consumo de água nas edificações:

O abastecimento: a principal preocupação está na obtenção de água de fontes municipais ou rurais *in loco* e na sua circulação por sistemas de tubulação adequados. A Safe Drinking Water Law (Lei da Água Potável Segura) obriga que a Agência de Proteção Ambiental dos Estados Unidos (EPA) estabeleça normas para proteger a saúde humana contra os contaminantes presentes na água potável. A partir dessa lei, a EPA desenvolveu padrões nacionais para a água potável e criou um sistema federal e estadual conjunto que visa a garantir o cumprimento dos referidos padrões. Também de acordo com a lei, a EPA controla a injeção subterrânea de resíduos líquidos para proteger as fontes subterrâneas de água potável.[40]

A qualidade: a qualidade da água potável é afetada pela necessidade de se remover particulados, bactérias e poluentes do abastecimento de água. Substâncias químicas, como o cloro, foram introduzidas para combater as bactérias, criando

---

[40]U.S. EPA, Office of Ground Water and Drinking Water (OGWDW), "Ground Water and Drinking Water," http://water.epa.gov/drink/index.cfm.

FIGURA 5-11 A qualidade da água e os poluentes em potencial, segundo a Agência de Proteção Ambiental dos Estados Unidos (EPA). Imagem por cortesia de USGS/EPA; ilustração: Killer Banshee Studios.

outra série de problemas. As fontes de água e os métodos usados para tratá-las variam conforme o município. As comunidades mais afastadas costumam depender da água de poços artesianos, que, como vimos anteriormente, podem ser o ponto final da migração de inúmeras substâncias químicas ambientais.

O tratamento: o tratamento de água para reúso por meio de tecnologias *in loco* ou de sistemas naturais é uma questão de abastecimento e retorno que tem efeitos significativos sobre a saúde. O conceito de tratamento de água *in loco* não é recente. Os franceses foram os primeiros a projetar tanques sépticos no final do século XIX. Além dos tanques sépticos, o tratamento pode ser feito de modo natural (com biodigestores) ou mecânico (pela construção de sistemas de tratamento integrados à edificação ou em grande escala para tratar as águas fecais – termo que se refere ao esgoto sanitário doméstico proveniente das bacias sanitárias), o que é determinado pelo fato de o resultado servir como água a ser processada, para fins de irrigação ou a ser devolvida para o sistema de esgoto e, a partir dali, para uma estação municipal de tratamento de água. Campos de despejo ou sistemas de filtragem com pedras também são usados no tratamento da água. Existem dois tipos de tratamento, um para as águas fecais e outro para as águas servidas – o último termo se refere às águas residuais domésticas provenientes da lavagem de roupa, da lavagem de louças e do banho. Até agora, nenhum tipo de tratamento de água *in loco* produz água potável.

Quais são os possíveis impactos do tratamento de água *in loco* sobre a saúde humana? Os tanques de tratamento, os campos de absorção ou despejo, as lagoas de estabilização, as latrinas de fossas e as bacias sanitárias de compostagem não devem ficar perto das fontes de água potável, de forma a impedir a exposição a roedores ou outras pragas que possam transmitir elementos causadores de doenças. As doenças entéricas são transmitidas pela água.

Não há dúvida de que, futuramente, as águas residuais serão fontes de água potável. Em relação ao nível de infraestrutura do tratamento de águas residuais atual, é preciso fazer uma consideração importante: nenhuma técnica de tratamento de águas residuais é capaz de remover algumas dentre as mais de 126 substâncias químicas decorrentes do uso de aproximadamente 10 produtos de higiene pessoal por dia.[41] Uma análise de substâncias químicas realizada em 2007 encontrou bisfenol A, ftalatos, triclosan (encontrado em sabonetes antibactericidas) e três disruptores endócrinos nas águas residuais despejadas na Baía de São Francisco, nos Estados Unidos. Entre elas, destaca-se a galaxolida, uma fragrância mascaradora (ou "almíscar") que se acumula em tecidos e no leite materno e que, em animais submetidos a testes, levou à disrupção endócrina.[42] Ao considerar a presença de substâncias químicas no meio ambiente, o projetista de edificações sustentáveis deve estar ciente dessa preocupação relativa à qualidade e ao tratamento da água.

Filtragem: A purificação da água para o uso humano tem sido um dos focos de nossa civilização. As tecnologias variam da filtragem com areia à desinfecção química com cloro ou ozônio. A floculação é um processo de introdução de substâncias agregadas à água turva para remover os sólidos suspensos. Isso às vezes é feito com produtos químicos sintéticos, como as poliacrilamidas. O carvão ativado é utilizado para remover o sabor de compostos orgânicos e o odor da água.

Em uma moradia, a filtragem pode ser feita em um sistema geral ou nos pontos de consumo. A filtragem feita na torneira utiliza diferentes tecnologias ou qualquer tipo de filtro disponível no mercado, mas esses também geram controvérsias. Seja qual for a fonte, a água fornecida às edificações deve ser transportada de modo responsável e abastecida tendo-se em mente as questões de saúde. As considerações incluem a tubulação, o tratamento (se necessário) e os filtros nas torneiras. Os materiais de tubulação geram muitas controvérsias. Deve-se incentivar o uso de tubos de cobre feitos por meio de um processo que consome muita água e energia? A tubulação que transporta a água potável deve ser feita de PVC?

Nas últimas décadas, o tópico dos sistemas de edificação eficientes em energia vem sendo abordado de maneira mais significativas do que seus impactos à saúde humana. Os sistemas prediais frequentemente são os culpados pela entrada e circulação de poluentes nos prédios, gerando condições nocivas à saúde humana. Da mesma maneira, a entrada de poluentes ou particulados na edificação, independentemente da rota, deve ser controlada ou mesmo barrada.

Você provavelmente já concluiu que os arquitetos da era da sustentabilidade têm em mãos uma tarefa gigantesca. Além de saber lidar com a integridade estrutural das edificações, as instalações, as taxas adequadas de ventilação, os contratos por escrito, os cronogramas de construção e os honorários, é preciso estar ciente da presença de substâncias químicas no meio ambiente e de como especificar materiais de maneira inteligente para que os espaços criados não contribuam significativamente para a carga corporal química.

Na verdade, o termo *substância química* não precisa ter uma conotação necessariamente negativa. É sabido que os avanços tecnológicos resultantes de inovações na indústria química são fundamentais para se manter uma vantagem competitiva em um mercado tão concorrido; além disso, eles são importantes para se aprimorar a segurança, os padrões de vida e a proteção contra doenças, principalmente nos países em desenvolvimento. Todavia, testes químicos mais eficazes, controles mais rigorosos e uma transparência cada vez maior são necessários para se educar uma população em grande parte inocente em relação às substâncias presentes em materiais de construção, produtos e acabamentos – sem falar nos alimentos, na água e no ar. Até lá, e trabalhando em conjunto, os projetistas que estão deixando a faculdade, interessados na sustentabilidade, precisam olhar com atenção para os materiais que usam em suas edificações. Está na hora de alinharmos nossa prática de arquitetura com a ciência – uma nova era na qual trazemos os toxicologistas e especialistas em saúde pública para dentro do ateliê de projeto. Isso é um de nossos deveres, em virtude da obrigação de nos preocuparmos com a saúde das edificações que projetamos.

EXERCÍCIOS

1. Até que ponto os arquitetos e projetistas têm condições de criar um ambiente interno que contribua ativamente para a boa saúde? Quais fatores são fundamentais para isso?
2. Quais eram os benefícios do DDT? Depois da publicação de *A Primavera Silenciosa* (*Silent Spring*) (1962), de Rachel Carson, que deu origem à controvérsia sobre os pesticidas, quais eventos levaram à proibição do uso do DDT?
3. O *princípio da precaução* começa com uma declaração de princípios éticos que inclui: "Acreditamos haver evidências irrefutáveis de que os danos aos seres humanos e ao meio ambiente em geral são de tal magnitude e gravidade que se faz necessário adotar novos princípios para a realização das atividades humanas" (extraído da Wingspread Statement on the Precautionary Principle). É provável que, juntamente com a necessidade de se controlar as emissões de carbono, a presença de substâncias químicas em materiais de construção constitua o futuro da tecnologia da construção sustentável. Analise fabricantes de três produtos de construção distintos (isolantes, tintas e armários de madeira, por exemplo) e determine quais,

---

[41] Naidenko, Olga, "Not a Drop to Drink—Part 1: Down the Drain," *EWG Toxics Newsletter* (February 25, 2008), www.enviroblog.org/2008/02/not-a-drop-to-drink-down-the-drain.html.

[42] "Down the Drain: Sources of Hormone-Disrupting Chemicals in San Francisco Bay," Rebecca Sutton, PhD (EWG), and Jennifer Jackson (EBMUD), Environmental Working Group, July 11, 2007, www.ewg.org.

se houver, integraram o princípio da precaução às suas políticas corporativas.

4. Compare produtos similares cujos conteúdos de elementos químicos tenham sido publicados por esquemas de transparência distintos, como o Declare Label, uma Declaração de Produto Saudável, o SMaRT ou o Cradle to Cradle. O Cradle to Cradle (C2C) pode ser considerado como uma ferramenta de publicação de dados sobre os produtos? Em qual nível de detalhamento cada um desses sistemas revelam os produtos químicos constituintes? É fácil tirar conclusões sobre os impactos à saúde humana usando essas ferramentas?

5. Contate uma empresa de construção de sua área e converse com ela sobre a questão dos elementos químicos nos materiais de construção. Ela tem consciência dos impactos causados nos instaladores e trabalhadores com o uso regular de adesivos e epóxis com bisfenol A (BPA) ou ftalatos e com as substâncias de limpeza, como as metil-etil-cetonas? Que modificações e recursos você recomendaria a essas construtoras?

Recursos

Babrauskas, Vytenis, Donald Lucas, David Eisenberg, Veena Singla, Michel Dedeo, and Arlene Blum. "Flame Retardants in Building Insulation: A Case for Re-evaluating Building Codes." *Building Research & Information*, 40 no. 6 (2012): 738–755.

Baker-Laporte, Paula, and John Banta, "Prescriptions for a Healthy House: A Practical Guide for Architects, Builders and Homeowners," New Catalyst Books, Revised edition, 2014.

"Body Burden—The Pollution in Newborns: A benchmark investigation of industrial chemicals, pollutants and pesticides in umbilical cord blood," July 14, 2005, Report, Environmental Working Group, www.ewg.org/research/body-burden-pollution-newborns.

Callahan, Patricia, and Sam Roe. "Playing with Fire: Chemical Companies, Big Tobacco and the Toxic Products in Your Home." *Chicago Tribune*, May 6, 2012, four-part series, http://media.apps.chicagotribune.com/flames/index.html.

Cartagena Protocol on Biosafety, 2000, www.biodiv.org/.

Centers for Disease Control (CDC) and Prevention. *Third National Report on Human Exposure to Environmental Chemicals*. Atlanta, GA: CDC, 2005.

Chemical Brain Drain List, http://braindrain.dk/known-chemical-brain-drainers/.

Chemical Trespass: A Toxic Legacy. Gwynne Lyons. Surrey, UK: World Wildlife Fund-UK, 1999.

Colborn, Theo, Dianne Dumanoski, and John Peterson Myers. *Our Stolen Future: Are We Threatening Our Fertility, Intelligence, and Survival?—A Scientific Detective Story*. New York: Penguin Group, 1977.

Declare's searchable database: www.declareproducts.com/product-database.

Geiser, Kenneth. *Materials Matter: Toward a Sustainable Materials Policy (Urban and Industrial Environments)*, Cambridge, MA: MIT Press, 2001.

Green Guide for Health Care: www.gghc.org.

GreenScreen for Safer Chemicals, www.greenscreenchemicals.org.

Guenther, Robin, and Gail Vittori. *Sustainable Healthcare Architecture*. Hoboken, NJ: John Wiley & Sons, 2007.

Health Product Declaration (HPD) Collaborative: hpdcollaborative.org.

Healthcare Without Harm, a global coalition of 473 organizations in more than fifty countries working to protect health by reducing pollution in the health-care sector, www.noharm.org.

Healthy Building Network, www.healthybuilding.net.

Helfand, Judith, and Dan Gold. *Blue Vinyl*. Sundance Film Festival Award-winning documentary on the PVC life cycle, produced 2002, www.imdb.com/title/tt0303307.

ILFI Living Building Challenge Red List, http://declareproducts.com/content/declare-and-living-building-challenge.

Kundi, Michael. "Evidence for Childhood Cancers (Leukemia)." Institute of Environmental Health Medical University of Vienna, Prepared for the BioInitiative Working Group, September 2012.

Maastricht Treaty on the European Union, September 21, 1994, 31 ILM 247, 285–286.

Ministerial Declaration Calling for Reduction of Pollution, November 25, 1987, 27 ILM 835.

Montreal Protocol on Substances that Deplete the Ozone Layer, September 16, 1987, 26 ILM 1541.

Moyers, Bill, and Sherry Jones. *Trade Secrets: A Bill Moyers Report*. New York: Public Affairs Television, in association with Washington Media Associates, 2001. www.pbs.org/tradesecrets/.

Perkins + Will Transparency Lists, http://transparency.perkinswill.com/Main.

REACH and ECHA, http://echa.europa.eu/web/guest/information-on-chemicals/registered-substances.

Ritchie, Kirsten. "Sustainable Product Standards: Simplifying the Process of Specifying Green," "Part 1: The Role of Voluntary Consensus Standards," August 2007; "Part 2: The Role of Certification, Labeling, and Branding," Greener Facilities, Stamats Business Media, September 2007.

Sass, Jennifer. "Nanotechnology's Invisible Threat: Small Science, Big Consequences." *NRDC Issue Paper*. New York: Natural Resources Defense Council, 2007. www.nrdc.org/health/science/nano/nano.pdf.

Six Classes: A Webinar Series on Chemicals of Concern, Green Science Policy Institute, www.sixclasses.org.

Stapleton, H. M., S. Klosterhaus, A. Keller, P. L. Ferguson, S. van Bergen, E. Cooper, T. F. Webster, and A. Blum, "Identification of Flame Retardants in Polyurethane Foam Collected from Baby Products." *Environmental Science & Technology*, June 15, 2011; 45 (12): 5323–31. 18.

Stockholm Convention on Persistent Organic Pollutants, 2000, www.pops.int.

Thornton, Joe. "Environmental Impacts of Polyvinyl Chloride (PVC) Building Materials," a briefing paper for the Healthy Building Network, 2002, www.healthybuilding.net.

"Toxic Hot Seat." HBO film, November 25, 2013.

Para mais informações sobre aditivos nocivos que devem ser evitados, consulte, refer to Rossi and Lent, "Creating Safe and Healthy Spaces: Selecting Materials that Support Healing" in *Designing the 21st Century Hospital Environmental Leadership for Healthier Patients and Facilities*. www.healthdesign.org/chd/research/creating-safe-and-healthy-spaces-selecting-materials-support-healing.

Sites de busca sobre elementos químicos

CAS (Chemical Abstracts Services) lists the various names for chemical compounds and assigns them a number, www.cas.org/expertise/cascontent.

Pharos Project Chemical and Product databases can be found at www.pharosproject.net.

Scorecard, www.scorecard.org; The Quartz Common Products Database, http://quartzproject.org.

U.S. Environmental Protection Agency (EPA), Source Ranking Database, www.epa.gov/oppt/exposure/pubs/srd.htm.

U.S. Environmental Protection Agency, Comprehensive Procurement Guidelines (CPG), www.epa.gov/cpg/.

U.S. National Library of Medicine Toxicology Data Network, TOXNET, http://toxnet.nlm.nih.gov.

Fundamentos da Qualidade do Ar do Interior

6

Leon Alevantis, MSc, Engenheiro, Profissional com Certificação LEED

Por que a boa qualidade do ar do interior é importante?

O ar do interior dos prédios é um assunto que sequer costumamos questionar, ainda que seja algo que nós, como projetistas e construtores, podemos controlar – a quantidade de ar do exterior e recirculado, o nível de filtragem e/ou limpeza do ar, seu movimento, taxa de troca e temperatura – assim como os materiais que distribuem o ar dentro das edificações. Isso pode ser classificado como a variável de projeto mais importante para a saúde. No capítulo sobre produtos químicos no meio ambiente, analisamos a forma como esses produtos entram nos corpos dos organismos vivos, por meio da inalação, da ingestão e do contato com a pele. Neste capítulo, olharemos mais de perto a primeira rota de exposição, a inalação, os fatores que afetam o ar do interior, os tipos de contaminantes aerotransportados e as formas de proteger a saúde do usuário dos ambientes internos. Assim como outros fundamentos do projeto sustentável, é importante entender a qualidade do ar do interior dentro do contexto do projeto integrado.

A qualidade do ar do interior afeta a produtividade, a saúde e o conforto dos trabalhadores. No caso de escolas, já se sabe que, além de uma boa iluminação, a boa qualidade do ar do interior melhora o aprendizado.[1] A síndrome da edificação doente inclui uma variedade de sintomas, como irritação nos ouvidos e no nariz, agravamento das alergias e sintomas de asma, além de resfriados e doenças infecciosas mais frequentes (Figura 6-1). No passado, a qualidade do ar do interior não era levada a sério por empregadores e proprietários de edificações, o que se deve, principalmente, ao fato de que seus impactos econômicos ainda não haviam sido definidos com clareza. No entanto, estudos recentes documentaram tais impactos.

Os impactos diretos da qualidade do ar do interior incluem maiores custos com serviços de saúde, diminuição da produtividade, pedidos de indenização por parte do trabalhador, desvalorização dos imóveis e, em casos mais extremos, despesas com acordos judiciais. Nos Estados Unidos, estima-se que as possíveis reduções nos gastos com serviços de saúde e a possível melhoria do desempenho dos trabalhadores devido à oferta de uma melhor qualidade do ar do interior possam chegar a um valor anual que varia entre dezenas de bilhões de dólares a mais de 100 bilhões de dólares.[2]

A análise detalhada da bibliografia existente indica que o aumento das taxas de ventilação e o melhor controle da temperatura podem melhorar o desempenho tanto no trabalho como na escola.[3] As edificações que adotam medidas eficientes para melhorar a qualidade do ar do interior e a sustentabilidade são mais agradáveis de se trabalhar, têm taxas de retenção de funcionários mais altas e, na maioria dos casos, resultam em aluguéis superiores. Algumas companhias de seguros oferecem descontos para quem investe na qualidade do ar do interior e na sustentabilidade.[4] Os arquitetos e os empregadores devem estar cientes de que os funcionários têm o direito a um ar do

FIGURA 6-1 Os alérgenos podem afetar a qualidade do ar. Créditos: "Breeze," © Philip Holker, 2008.

---

[1] M. Mendell and G. Heath, "Do Indoor Pollutants and Thermal Conditions in Schools Infl uence Student Performance? A Critical Review of the Literature." *Indoor Air Journal* 15, 2005, pp. 27–32. Disponível também em http://eetd.lbl.gov/ied/sfrb/pdfs/performance-2.pdf ; *California Energy Commission. 2003*. Windows and Classrooms: A Study of Student Performance and the Indoor Environment. Report P500–03–082-A-7. Disponível em: http://www.h--m-g.com/ .

[2] W. J. Fisk, "Health and Productivity Gains from Better Indoor Environments and Their Relationship with Building Energy Efficiency," *Annual Review of Energy and the Environment* 25, 2000(1): 537–566.

[3] W. J. Fisk and O. Seppanen, "Providing Better Indoor Environmental Quality Brings Economic Benefits," *Proceedings of Clima 2007 Well Being Indoors*, June 10–14, 2007, Helsinki. Paper A01, published by FINVAC, Helsinki, http://eetd.lbl.gov/ied/sfrb/sfrb.html.

[4] Fireman's Fund Insurance Company, www.firemansfund.com/.

interior mais saudável, como defendido pela Organização Mundial da Saúde (OMS).[5]

Os fatores que influenciam a qualidade do ar do interior

Os compostos orgânicos voláteis (COVs). A qualidade do ar do interior depende dos inúmeros contaminantes gerados pelas fontes internas e também dos contaminantes provenientes do exterior, que são transportados pela ventilação e pela infiltração. A maioria dos materiais de construção e dos móveis usados em escritórios emite compostos orgânicos voláteis após a fabricação (produtos secos) ou após a instalação (produtos molhados). Salvo poucas exceções, como os produtos que contêm formaldeídos, as emissões dos materiais de construção caem consideravelmente nos primeiros meses que se seguem à sua manufatura ou instalação. Depois disso, os compostos orgânicos voláteis associados a produtos de limpeza e aos usuários e suas atividades, como produtos de higiene pessoal, copiadoras e impressoras, tipicamente dominam o ambiente do interior.[6]

A ventilação. O objetivo da ventilação nas edificações é diluir e remover os contaminantes. Nos Estados Unidos, a Norma ASHRAE 62.1–2013 "Ventilation for Acceptable Indoor Air Quality" (American Society of Heating Refrigerating and Air-Conditioning Engineers. www.ashrae.org) oferece orientações sobre taxas de ventilação mínimas. Duas técnicas são permitidas para prédios ventilados mecanicamente: a "taxa de ventilação" e os procedimentos de "qualidade do ar do interior". A primeira prescreve taxas de ventilação para diversas categorias de ocupação, com base em um uso previsto (o componente humano) e emissões prediais (o componente da edificação). É importante observar que o componente humano se baseia em usuários "adaptados" (usuários que ocuparam um dado espaço por algum tempo), e não a usuários "inadaptados" (visitantes entrando no mesmo espaço), o que pode exigir uma taxa de ventilação mais alta. O segundo é baseado em poluentes-alvo estabelecidos pelo arquiteto e em níveis calculados para atingir as metas de concentração. Esse procedimento permite que o arquiteto disponibilize taxas de ventilação mais baixas que as prescritas em casos de prédios pouco poluídos ou com limpeza e/ou filtragem do ar melhorada. Em jurisdições onde a estratégia da qualidade do ar do interior é permitida, o arquiteto é responsável por alcançar uma qualidade do ar do interior aceitável. A Norma ASHRAE 62.1–2013 se baseia em atingir uma qualidade do ar do interior aceitável para pelo menos 80% dos usuários. A Norma Europeia de Qualidade do Ambiente do Interior EN 15251–2007, "Parâmetros de entrada para ambientes internos para projeto e certificação de desempenho energético de edificações abordando a qualidade do ar do interior, o ambiente térmico, a iluminação e a acústica" (http://standards.cen.eu/), lista taxas de ventilação prescritas para os componentes humano e predial, mas faz uma abordagem diferente da feita pela ASHRAE 62.1–2013. Para o componente humano, são estabelecidas quatro categorias de "expectativas" baseadas no nível de expectativa dos usuários do prédio (a porcentagem de insatisfação varia entre 15 e 40%) e, para cada categoria, taxas de ventilação são listadas para usuários "adaptados" e "inadaptados". Para o componente predial e para cada categoria de expectativa, taxas de ventilação são listadas para três níveis de poluição predial, que são definidos segundo critérios de poluentes limitados.

Outros fatores que contribuem para a qualidade do ar do interior. Às vezes, o sistema de ventilação em si se torna uma fonte de contaminação – por exemplo, quando há o crescimento de fungos dentro e ao redor das serpentinas de resfriamento porque as bandejas de drenagem não estão funcionando adequadamente, ou seus dutos estão carregados de poeira devido à manutenção do filtro inadequada.

Projetar e manter uma *pele de edificação bem-vedada* contra a água e eliminar os vazamentos nas instalações hidrossanitárias são fatores fundamentais para se evitar a entrada de água e a formação de mofo.

A *localização* e a *implantação* da edificação são variáveis que afetam a qualidade do ar do interior, devendo ser estudadas ainda no início do projeto (Figura 6-2). É possível evitar a liberação de radônio, um gás que ocorre naturalmente no solo, ou de outros gases emitidos por solos contaminados, promovendo-se a despressurização ativa do solo e a vedação das rotas de ingresso de vapor. Para evitar a síndrome da edificação doente, é necessário implantar as edificações longe de campos eletromagnéticos fortes[7] e posicionar as tomadas de ar da edificação longe e a barlavento (ou seja, no lado oposto) das fontes de poluição, como as autoestradas (Figura 6-3).

Os tipos de poluentes internos

Há centenas de produtos químicos sintéticos no ambiente interno. A maioria dos produtos de construção emite com-

FIGURA 6-2 A localização e implantação de um prédio são variáveis que afetam a qualidade do ar do interior. Fonte: "In the Shadow of the Power Plant" © Bill Mattocks.

---

[5] World Health Organization, *The Right to Healthy Indoor Air*, 2000, www.euro.who.int/document/e69828.pdf.

[6] L. Alevantis, *Long-Term Building Air Measurements for Volatile Organic Compounds (VOCs) Including Aldehydes at a California Five-Building Sustainable Office Complex*, California Department of Health Services (renamed California Department of Public Health), 2006, www.cdph.ca.gov/programs/IAQ/Documents/east_end_vocs_206_vol_1.pdf.

[7] California Electric and Magnetic Fields Program, www.ehib.org/emf/.

FIGURA 6-3 Nível emergencial de *smog* em Pequim. Imagem cortesia de Berserkerus.

A qualidade do ar do interior em automóveis

Nos países industrializados, passamos boa parte do nosso tempo dentro de automóveis e edificações. A qualidade do ar do interior em veículos está sendo cada vez mais estudada, já que eles são um bom exemplo dos efeitos extremos devido à qualidade do ar comprometida. O interior de um carro é um espaço reduzido, no qual os motoristas e passageiros são expostos repetitivamente a substâncias químicas cujos efeitos sobre a saúde podem ser conhecidos ou não. Um estudo realizado em 2006 pelo Ecology Center de Ann Arbor, nos Estados Unidos, intitulado "Toxic at Any Speed: Chemicals in Cars and the Need for Safe Alternatives", concluiu que o ar do interior de um veículo possui de cinco a dez vezes mais produtos químicos nocivos como ftalatos e éteres de difenilo polibromado do que uma moradia ou escritório típico.

Fonte: Jeff Gearhart and Hans Posselt, "Toxic at Any Speed: Chemicals in Cars and the Need for Safe Alternatives," Ecology Center, Ann Arbor, January 2006, www.ecocenter.org/healthy-stuff/toxic-any-speed-chemicals-cars-and-need-safe-alternatives.

postos orgânicos voláteis, o que resulta em concentrações internas que podem ser um pouco ou muito mais altas do que as encontradas em ambientes externos. Ainda que os compostos orgânicos voláteis tenham sido bastante enfatizados, à medida que são desenvolvidas novas técnicas de análise e que a nossa compreensão da química do ar do interior aumenta, outros compostos – como os compostos orgânicos semivoláteis, que incluem ftalatos, pesticidas e retardantes de chamas, além de substâncias químicas derivadas de reações com outras substâncias químicas internas – estão se tornando fatores cada vez mais importantes para se avaliar o ambiente interno (Figura 6-4).

A nossa compreensão dos efeitos da maioria desses compostos sobre a saúde e o odor, tanto individual como coletivamente, e nas concentrações geralmente medidas em ambientes internos, é muito limitada. Para analisar o impacto de substâncias químicas internas específicas nos usuários de edificações, é importante considerar que a maioria das diretrizes de saúde preexistentes para substâncias químicas se aplica aos ambientes industriais que são ocupados por trabalhadores adultos saudáveis; logo, não é sensato aplicar as mesmas diretrizes aos ambientes não industriais, que incluem uma ampla variedade de usuários, como crianças e idosos.

Além de controlar a presença de substâncias químicas no ar do interior, também é importante controlar o crescimento de micróbios dentro das edificações. Os sinistros de seguro contra mofo se multiplicaram de maneira incontrolável há alguns anos, o que levou várias companhias de seguro a excluírem explicitamente esse tipo de seguro de suas apólices. Os vazamentos nos sistemas de vedação externa da edificação, a condensação dentro das edificações e os vazamentos nos sistemas hidrossanitários estão entre as causas do mofo. Uma maneira de minimizar riscos consiste em controlar o crescimento da *Legionella pneumophila* nas torres de resfriamento e nos sistemas de abastecimento de água.

Os poluentes internos significativos também incluem matéria particulada, monóxido de carbono e ozônio. Seus efeitos sobre a saúde já nos são familiares, fazendo com que a Agência de Proteção Ambiental dos Estados Unidos estabelecesse concentrações externas máximas permitidas para tais poluentes.[8]

O projeto integrado para a boa qualidade do ar do interior

Como está sendo discutido ao longo deste livro, o projeto de edificação integrado é um processo no qual múltiplas disciplinas são integradas em uma única equipe de projeto com o objetivo de se obter uma edificação de alto desempenho a um custo total competitivo. Em termos de qualidade do ar do interior, o projeto integrado de edificações exige, no mínimo, a participação de arquitetos e também de engenheiros mecânicos, hidrossanitários, civis, de estruturas e elétricos, de arquitetos de interiores e de paisagistas desde as fases iniciais do projeto.

É necessário definir as metas de qualidade do ar do interior já nos estudos preliminares ou no partido geral, além de identificar o membro de cada equipe de projeto que será o responsável por sua implementação. Deve-se selecionar um único coordenador de qualidade do ar do interior e agendar reuniões regulares com as equipes de projeto, visando a garantir que as metas de qualidade do ar do interior sempre sejam buscadas durante a construção. Esse coordenador também será responsável por fazer com que as metas de qualidade do ar do interior sejam perseguidas diariamente ao longo da construção.

Alguns dos objetivos iniciais podem ser:

- A implantação da edificação, sua orientação e a localização das aberturas, como entradas de pessoas e tomadas de ar.

---

[8] United States Environmental Protection Agency. 2011. "National Ambient Air Quality Standards (NAAQS)," www.epa.gov/air/criteria.html.

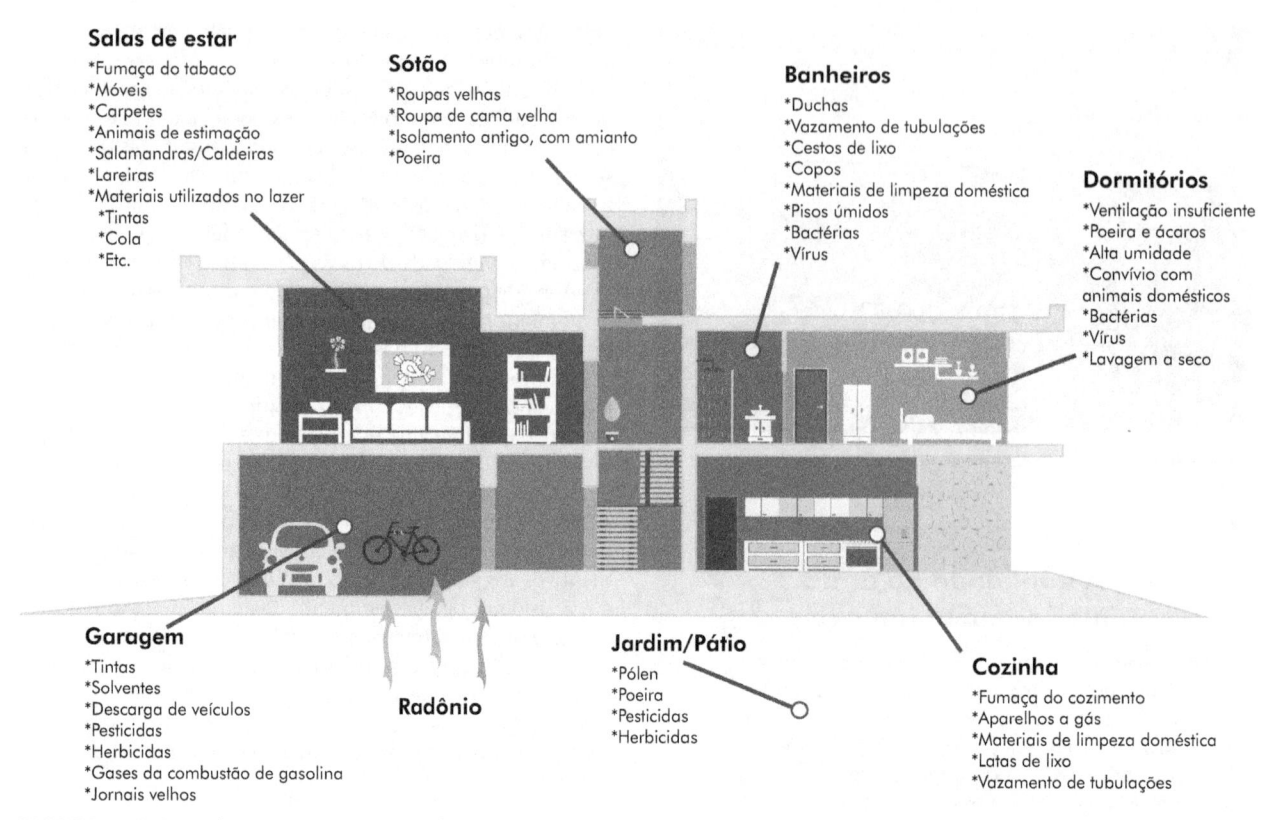

Salas de estar
*Fumaça do tabaco
*Móveis
*Carpetes
*Animais de estimação
*Salamandras/Caldeiras
*Lareiras
*Materiais utilizados no lazer
  *Tintas
  *Cola
  *Etc.

Sótão
*Roupas velhas
*Roupa de cama velha
*Isolamento antigo, com amianto
*Poeira

Banheiros
*Duchas
*Vazamento de tubulações
*Cestos de lixo
*Copos
*Materiais de limpeza doméstica
*Pisos úmidos
*Bactérias
*Vírus

Dormitórios
*Ventilação insuficiente
*Poeira e ácaros
*Alta umidade
*Convívio com animais domésticos
*Bactérias
*Vírus
*Lavagem a seco

Garagem
*Tintas
*Solventes
*Descarga de veículos
*Pesticidas
*Herbicidas
*Gases da combustão de gasolina
*Jornais velhos

Radônio

Jardim/Pátio
*Pólen
*Poeira
*Pesticidas
*Herbicidas

Cozinha
*Fumaça do cozimento
*Aparelhos a gás
*Materiais de limpeza doméstica
*Latas de lixo
*Vazamento de tubulações

FIGURA 6-4 Os poluentes aerotransportados nocivos podem tanto ser emitidos como armazenados nos prédios. As fontes de emissão incluem os retardantes de chamas encontrados nos tecidos de estofamento e o cloreto de polivinil (PVC) presente em cortinas de chuveiro, além do formaldeído dos produtos de madeira autoclavada. Ilustração: Killer Banshee Studios.

- O estabelecimento de critérios de iluminação interna e ruídos. Os desenvolvimentos recentes de lâmpadas de LED e seus controles adaptativos associados (como os controles de nível de iluminação natural ou de taxa de ocupação), conhecidos como "iluminação inteligente", oferecem uma variedade de opções para uma iluminação aprimorada e, ao mesmo tempo, reduzem consideravelmente o consumo de energia.
- A seleção de um sistema de climatização (incluindo filtragem e limpeza do ar) adequado para o clima, a localização e o tipo de uso da edificação.
- A seleção das taxas de ventilação e a escolha de um método capaz de garantir que a ventilação adequada seja oferecida para todos os usuários em todas as condições operacionais. Se as taxas de ventilação selecionadas forem maiores que as exigidas pelo código de energia local, o orçamento energético do prédio como um todo poderá ser reduzido por meio da adoção de medidas de eficiência energética adicionais (como iluminação inteligente), a fim de compensar a energia exigida para a melhoria da ventilação. Na maior parte dos casos, o ideal é reduzir as emissões provenientes de fontes internas, em vez de aumentar as taxas de ventilação, para se obter uma boa qualidade de ar do interior.
- A determinação das exigências térmicas da edificação.
- O projeto de todos os sistemas e componentes de climatização com a finalidade de facilitar o serviço.
- A implementação de um programa de comissionamento que inclua todos os sistemas mecânicos, hidrossanitários, de gestão energética e de proteção à vida. Um programa de comissionamento da qualidade do ar do interior separado também deve ser desenvolvido visando abordar essa questão durante o processo de construção e pré-ocupação. A Norma ASHRAE 189.1–2014, "Norma para o Projeto de Edificações Sustentáveis de Alto Desempenho" (www.ashrae.org/) e o Código da Califórnia para Edificações Sustentáveis (CalGreen) (www.bsc.ca.gov/home/calgreen.aspx) têm exigências específicas para esse tópico.
- A seleção de critérios que favoreçam edificações e materiais de construção com baixos níveis de emissão. A escolha deve levar em conta a durabilidade dos materiais e as exigências de limpeza e manutenção.
- A sequência de instalação dos materiais de acabamento (os materiais porosos, como os carpetes, devem ser instalados por último).
- O projeto da vedação externa da edificação visando a minimizar a entrada, a condensação e a infiltração de água.
- Estabelecimento de um cronograma para a ventilação pré-ocupação (*flush-out*) ou a testagem da qualidade do ar do interior.
- A revisão contínua do cronograma de construção para impedir que as metas de qualidade do ar do interior sejam comprometidas.

> **Mitos populares sobre a qualidade do ar do interior**
>
> *Bud Offermann Pe Cih, Engenharia do Ambiente do Interior*
>
> - Produtos químicos antropogênicos (produzidos pelo homem) são maus, mas os naturais são bons.
>   Falso: Muitos produtos químicos de ocorrência natural são tóxicos, como amianto, chumbo, micotoxinas de cogumelos e saxitoxinas de ostras.
> - A ventilação natural (por exemplo, janelas com caixilhos móveis) é superior à ventilação mecânica.
>   Falso: Nem sempre. Depende do clima local, da umidade, do tipo de prédio e da localização. A ventilação natural não funciona quando há pouco vento ou pouca diferença entre a temperatura do interior e a do exterior.
> - A presença de plantas no interior limpa o ar de contaminantes.
>   Falso: Embora determinadas plantas possam absorver os contaminantes do ar, o impacto é muito pequeno. Pesticidas e fertilizantes também podem gerar impactos negativos na qualidade do ar do interior.
> - Prédios "estanques" causam problemas na qualidade do ar do interior.
>   Falso: Problemas na qualidade do ar do interior ocorrem quando não são oferecidas quantidades adequadas de ventilação mecânica para edificações totalmente estanques.
> - Limpadores de ar eliminam todos os poluentes.
>   Falso: Nenhum limpador de ar remove TODOS os poluentes; isso só pode ser realizado mediante a ventilação. Muitos purificadores de ar geram ozônio, que causa sintoma semelhantes ao da asma e doenças respiratórias graves. Além disso, o ozônio reage com compostos químicos e forma poluentes aerotransportados nocivos.
> - O dióxido de carbono (CO_2) é a maior causa de poluição do ar do interior.
>   Falso: O dióxido de carbono não é, por si só, um contaminante do ar que mereça preocupação, mas em níveis altos, indica concentrações altas de outros contaminantes produzidos pelos seres humanos, como odores corporais, bactérias e vírus. Os principais contribuintes para uma qualidade do ar do interior ruim são fumaça de tabaco no ambiente, que contém monóxido de carbono (CO), formaldeído, radônio e pesticidas.
>
> Fonte: Cortesia de Bud Offermann PE, CIH, Engenharia do Ambiente do Interior, "The IAQ TOP 10 Fixes", Building Operator Certification *webinar*, 19 de março de 2009, www.IEE-SF.com.

- A revisão de todas as alterações com o intuito de garantir as metas de qualidade do ar do interior.

Os testes de emissões dos materiais

O controle das fontes – ou seja, a escolha e a instalação de materiais de construção de baixa emissividade – é o método mais eficaz para reduzir a influência dos materiais de construção na qualidade do ar do interior da edificação, em vez de aumentar a ventilação ou, possivelmente, substituir os materiais após a ocupação devido às altas emissões.

Na década de 1980, pesquisadores investigaram a efetividade do *bake out*, um método alternativo que permitia o controle das fontes de emissões nocivas. Trata-se de um processo no qual a temperatura da edificação é elevada ao máximo por alguns dias antes da ocupação com a finalidade de reduzir as substâncias químicas associadas aos materiais de construção. Os resultados da pesquisa indicaram que a efetividade da prática era muito limitada em termos de redução dos compostos orgânicos voláteis; portanto, os profissionais especializados na qualidade do ar do interior pararam de recomendá-la.

Existem vários protocolos para a testagem de emissões e programas de certificação de produtos. Ainda que todos tenham o objetivo comum de reduzir a variedade e a concentração de substâncias químicas emitidas pelos materiais de construção, os protocolos e programas de certificação têm abordagens consideravelmente diferentes entre si; logo, é preciso tomar cuidado ao interpretar ou comparar seus resultados.

Alguns anos atrás, a Agência de Proteção Ambiental dos Estados Unidos criou um estudo para analisar os programas de testagem de produto disponíveis na época, e o relatório publicado é o melhor recurso disponível para o arquiteto atualmente.[9]

É preciso ressaltar que alguns programas de testagem, como os aplicados aos produtos de limpeza, se baseiam em um percentual por peso dos compostos orgânicos voláteis em comparação ao peso total do produto. Esses programas requerem modelagens com diferentes pressupostos para calcular as concentrações de ar do interior. Outros são baseados na testagem de emissões em câmaras pequenas, enquanto ainda outros, na testagem de emissões em câmaras médias a grandes. No caso dos programas que utilizam câmaras, os "fatores de emissão" – baseados no tamanho da amostra, na taxa de ventilação, na temperatura e na umidade relativa do ar –, a "proporção de carregamento" (área da amostra e volume da câmara de teste) e a duração da amostragem são obtidos para cada substância química específica e, a seguir, convertidos em concentrações internas com base em vários pressupostos.

As condições dos testes realizados em laboratório e a lista de compostos e suas concentrações variam consideravelmente de acordo com o programa. Os critérios para aprovação de

---

[9] B. Tichenor, "Criteria for Evaluating Programs that Assess Materials/Products to Determine Impacts on Indoor Air Quality," Final Report Submitted to the United States Environmental Protection Agency under EPA Order No. EP 05WO00995, 2006, www.epa.gov/iaq/pdfs/tichenor_report.pdf.

alguns programas se baseiam na exposição de trabalhadores saudáveis em ambientes industriais; outros se concentram em ambientes mais específicos ou não industriais, considerando as "populações sensíveis", como asmáticos, crianças e idosos; já outros programas (principalmente os europeus) também levam em consideração o conforto dos usuários (incluindo a irritação).

Em quase todos os programas de certificação, apenas se fornece um relatório de aprovação e não são divulgados os dados e as concentrações calculadas nos testes de emissões. Uma vez que os protocolos experimentais e, consequentemente, as condições de testagem variam de programa para programa, é praticamente impossível comparar os resultados.

Nos Estados Unidos, os esforços para se harmonizar todos os protocolos e programas ainda não tiveram sucesso devido aos fortes interesses comerciais. Além disso, também nos Estados Unidos, não existem organizações de certificação independentes para os laboratórios que avaliam a qualidade do ar do interior de locais de trabalho não industriais, embora haja entidades para outros tipos de laboratório (como aqueles que tratam da exposição em locais de trabalho industriais). É importante que o arquiteto pergunte aos representantes do programa de certificação sobre o protocolo de teste (as condições experimentais, a duração do teste) e a lista de compostos incluídos e suas concentrações, além dos parâmetros usados para converter as taxas de emissão laboratoriais em concentrações internas. Com base nessa informação, o arquiteto pode fazer uma comparação de alto nível entre os vários programas de certificação. O California Section 01350, "Método Padrão para Testagem e Avaliação de Emissões de Compostos Orgânicos Voláteis de Fontes Internas Utilizando Câmaras Ambientais"[10], e o estudo criado pela Agência de Proteção Ambiental dos Estados Unidos mencionado anteriormente, que analisa os programas de testagem de produtos, podem ser utilizados como diretrizes para a interpretação das diferenças dos vários protocolos de testagem. Comparações aprofundadas podem exigir os serviços de especialistas na qualidade do ar do interior, como químicos, higienistas industriais e toxicologistas.

Os produtos devem ser avaliados com base em compostos orgânicos voláteis individuais, e não em compostos orgânicos voláteis totais, pois os últimos são maus indicadores dos possíveis efeitos sobre a saúde e os odores. Além disso, já que os dados sobre os compostos orgânicos semivoláteis são muito limitados, fica mais difícil comparar os produtos com base nesse fator.

É importante observar que alguns produtos têm emissões inicialmente muito altas seguidas por uma rápida redução (as tintas, por exemplo), enquanto outros têm emissões inicialmente moderadas, mas que são reduzidas lentamente (como os produtos de madeira autoclavada que contêm formaldeído). Para selecionar materiais de construção com baixa emissividade, é necessário considerar os seguintes fatores para cada produto:

- Durabilidade
- Necessidade de limpeza
- Emissões dos produtos de limpeza necessários

A Tabela 6-1 mostra alguns materiais de construção que afetam a qualidade do ar do interior, considerações que devem ser feitas antes da seleção e programas de testagem e de certificação relevantes sediados nos Estados Unidos.

Como incentivar o projeto de qualidade do ar do interior

Os profissionais envolvidos com o projeto de edificações devem avaliar as questões de qualidade do ar do interior durante o projeto propriamente dito. Atualmente, existem muitas informações práticas sobre o assunto. Organizações profissionais como o American Institute of Architects – AIA (Instituto de Arquitetos dos Estados Unidos)[11] e a American Society of Heating, Refrigerating and Air-Conditioning Engineers – ASHRAE[12] (Sociedade de Engenheiros de Climatização dos Estados Unidos) publicam materiais sobre esse e outros tópicos para os profissionais da área.

Além disso, órgãos governamentais como a Agência de Proteção Ambiental dos Estados Unidos[13] e o Estado da Califórnia[14] contam com inúmeras publicações sobre a qualidade do ar do interior em seus *websites*. Algumas organizações independentes[15] também oferecem materiais muito úteis. É importante que os arquitetos se mantenham informados sobre os avanços na área da qualidade do ar do interior e que tenham cuidado com as informações dadas pelas indústrias, a menos que as mesmas sejam apoiadas por organizações terceirizadas independentes.

Como o setor de testes de emissões na qualidade do ar do interior está em constante evolução, acreditamos que, à medida que a questão progride, aumentarão as informações disponíveis. É fundamental que o arquiteto compreenda que avaliar os materiais com base em suas emissões requer a consideração cuidadosa das informações disponíveis, e que, ademais, as decisões tomadas se baseiam em inúmeros fatores específicos para cada projeto (como as exigências do cliente, o tipo de usuário, a localização da edificação e a disponibilidade de materiais no mercado local).

Uma das críticas feitas ao programa de construção sustentável é que ele tende a simplificar demasiadamente questões ambientais importantes, como a qualidade do ar do interior. Ainda que o argumento tenha seus méritos, é importante observar que programas de certificação em sustentabilidade ecológica, como o LEED, contribuem para conscientizar os

---

[10]www.scsglobalservices.com/files/standards/CDPH_EHLB_StandardMethod_V1_1_2010.pdf.

[11]American Institute of Architects: Sustainability Resource Center, www.aia.org/susn_rc_default.

[12]American Society of Heating Refrigerating and Air-Conditioning Engineers, *Indoor Air Quality Guide: Best Practices for Design, Construction, and Commissioning*, 2009, www.ashrae.org/resources—publications/bookstore/indoor-air-quality-guide.

[13]United States Environmental Protection Agency: Indoor Air Quality, www.epa.gov/iaq/.

[14]California Indoor Air Quality Program, IAQ Information: Volatile Organic Compounds (VOCs), www.cdph.ca.gov/programs/IAQ/Pages/default.aspx.

[15]Collaborative for High-Performance Schools, Low-Emitting Materials Table, www.chps.net/dev/Drupal/node/445; Scientific Certifications Systems, Indoor Air Quality, www.scscertified.com/ecoproducts/indoorairquality/index.html; Greenguard Environmental Institute Website at: http://www.greenguard.org/.

TABELA 6-1 Exemplos de materiais de construção com implicações no ar do interior e considerações de emissões relacionadas

CATEGORIA DE MATERIAL DE CONSTRUÇÃO	EXEMPLOS DE MATERIAIS DE CONSTRUÇÃO NA CATEGORIA DOS MATERIAIS	CONSIDERAÇÕES RELACIONADAS A EMISSÕES	PROGRAMAS DE TESTAGEM NOS ESTADOS UNIDOS				
			CHPS[1]	GREEN GUARD[2]	GREEN SEAL	SCAQMD	OUTROS
			Com base na testagem de emissões – aborda as emissões no curto prazo – de uma lista limitada de compostos. CHPS inclui critérios de saúde adicionais.	não	Com base no conteúdo de compostos orgânicos voláteis totais e compostos orgânicos "reativos".		
Tintas de arquitetura e materiais de revestimento similares	Selantes, fundos, tintas, esmaltes, lacas, vernizes, stains.	• Uso de produtos à base de água sempre que possível. • Tintas com níveis baixos ou inexistentes de COVs podem conter inúmeros COVs reativos que não se encaixam na definição de COV da USEPA (qualquer composto do carbono que participa de reações fotoquímicas atmosféricas para formar ozônio[3]) de acordo com a Lei do Ar Limpo norte-americana. • As emissões dependem do substrato. • Considere a durabilidade. Uma tinta com emissões moderadas e que exige reaplicação após alguns anos pode ser preferível a uma tinta com baixas emissões que exija reaplicação mais frequente. • Considere a sequência da construção (termine a pintura antes de instalar materiais que soltam partículas com facilidade, como carpetes e painéis de forro).	X	X	GS-11[4]	Regra 113[5]	
Calafetos, vedantes e adesivos		• Utilize produtos à base de água ou com compostos orgânicos voláteis baixos • Grandes variações nas emissões relatadas devido ao tipo de substrato	X	X	Adesivos em aerossol: GS-36[6]	Regra 1168[7]	

(continua)

TABELA 6-1 Exemplos de materiais de construção com implicações no ar do interior e considerações de emissões relacionadas *(continuação)*

CATEGORIA DE MATERIAL DE CONSTRUÇÃO	EXEMPLOS DE MATERIAIS DE CONSTRUÇÃO NA CATEGORIA DOS MATERIAIS	CONSIDERAÇÕES RELACIONADAS A EMISSÕES	PROGRAMAS DE TESTAGEM NOS ESTADOS UNIDOS			
			CHPS[1]	GREEN GUARD[2]	GREEN SEAL	SCAQMD	OUTROS
Painéis de forro		• Emissões de formaldeído e compostos orgânicos semi-voláteis (COS). • Uma grande área de superfície de painéis instalados (com ambos os lados expostos) pode resultar em: (a) concentrações consideráveis no interior de outro produto de baixa emissividade; e (b) efeito de sumidouro de produtos nocivos.	X	X			
Produtos de madeira compostos	Madeira de lei, compensado, aglomerado, MDF, MDF fino (espessura ≤ 8mm) e móveis ou outros produtos acabados de madeira composta	• Especifique produtos sem resinas a base de formaldeído e sem superfícies encapsuladas	X	X			• California Air Resources Board Airborne Toxic Control Measure (ATCM) To Reduce Formaldehyde Emissions from Composite Wood Products[8]
Revestimentos de piso	Placas resilientes, laminados, madeira de lei, linóleo, carpete	• Considere as emissões dos adesivos. Teste-os nos sistemas montados. O substrato também é muito importante – a maioria dos programas de testagem se baseia em substratos padronizados (como o aço inoxidável) • Considere os produtos de limpeza	X	X			• CRI Green Label Plus[9] • Resilient Floor Covering Institute, FloorScore Program[10] • California Management Memo MM 10-01 Carpet Purchases to Meet Environmentally Preferable Criteria (atualmente sendo revisado – nova versão para consulta NSF 140)[11] • Norma NSF 140 (http://www.nsf.org/)

(continua)

TABELA 6-1 Exemplos de materiais de construção com implicações no ar do interior e considerações de emissões relacionadas (continuação)

CATEGORIA DE MATERIAL DE CONSTRUÇÃO	EXEMPLOS DE MATERIAIS DE CONSTRUÇÃO NA CATEGORIA DOS MATERIAIS	CONSIDERAÇÕES RELACIONADAS A EMISSÕES	PROGRAMAS DE TESTAGEM NOS ESTADOS UNIDOS				
			CHPS[1]	GREEN GUARD[2]	GREEN SEAL	SCAQMD	OUTROS
Materiais de isolamento		• Considere o uso de aglomerantes com bases sem formaldeído de ureia na fibra de vidro e na fibra mineral	X	X			
Móveis de escritório modulados	Postos de trabalho	• Especifique produtos com baixa emissividade • Ventilar ou arejar bem em vez de especificar produtos com baixas emissões não é muito prático e tem efeitos mínimos no caso de alguns produtos químicos (como o formaldeído de ureia) • Os últimos passos são a instalação de móveis modulados e, por fim, o arejamento pré-ocupação (flush-out) • Considere o uso de produtos de limpeza de baixa emissividade					• BIFMA[12] • California Technical Environmental Bid Specification 1-09-71-52

[1] http://www.chps.net/dev/Drupal/node/445
[2] http://www.greenguard.org/en/CertificationPrograms/CertificationPrograms_childrenSchools.aspx
[3] http://www.epa.gov/iaq/voc2.html
[4] http://www.greenseal.org/GreenBusiness/Standards.aspx
[5] http://www.aqmd.gov/docs/default-source/rule-book/reg-xi/r1113.pdf
[6] http://www.greenseal.org/Portals/0/Documents/Standards/GS-36/GS-36Ed2-1_Adhesives_for_Commercial_Use.pdf
[7] http://www.aqmd.gov/docs/default-source/rule-book/reg-xi/rule-1168.pdf?sfvrsn=4; http://www.arb.ca.gov/toxics/compwood/compwood.htm
[8] http://www.carpet-rug.org/
[9] http://www.rfci.com/knowledge-center/floorscore/
[10] http://www.documents.dgs.ca.gov/osp/sam/mmemos/MM10_01.pdf#search=Management%20Memo%20Carpet&view=FitH&page mode=none
[11] http://www.bifma.org/?page=standardsoverview
[12] http://www.documents.dgs.ca.gov/pd/epp/buildingandmaintenance/furniture/DGS1-09-71-52.pdf

Normas internacionais de certificação dos materiais de construção

Jan Stensland, LEED® AP BD+C and ID+C, Inside Matters

Devido à globalização do setor da construção, muitos arquitetos, projetistas e proprietários de prédios acabam trabalhando em projetos internacionais. A seguir, uma visão geral das normas e selos internacionais de certificação dos materiais de construção que podem ser levados em consideração.

A prática de testagem de emissões dos materiais de construção teve início na Europa, começando na Escandinávia e, a seguir, na Alemanha. Houve uma série de razões para isto. Primeiro, o governo alemão estabeleceu exigências legais e limites para a quantidade de poluentes aerotransportados perigosos que um material poderia emitir. Uma segunda razão foi o surgimento de selos de sustentabilidade (como AgBB,[1] M1[2] e EMICODE[3]), resultantes de pesquisas sobre qualidade do ar do interior conduzidas na União Europeia. Terceiro, grandes empresas como IKEA, cujos clientes[4] encorajaram o aperfeiçoamento da testagem de emissões por parte do governo, e Google,[5] que apoia a iniciativa em todas as suas instalações ao redor do mundo, começaram a exigir a testagens de emissões.

A pressão legal no setor da construção da União Europeia para se comprometer com os selos de testagem de emissões continuou com as exigências do REACH (Registro, Avaliação, Autorização e Restrição de Produtos Químicos).[6] Ao contrário dos Estados Unidos, que tem apenas uma exigência de emissões de materiais feita pelo governo,[7] o REACH aborda a exposição ao longo de todo o ciclo de vida e todas as aplicações de um produto químico, incluindo aqueles presentes em materiais de construção. Outra legislação europeia que apoia materiais de móveis e de acessórios mais saudáveis inclui o Regulamento Nº 305/2011 (Regulamento de Produtos de Construção)[8] do Parlamento Europeu e do Conselho Europeu. Essas importantes leis são exemplos de ações abrangentes do governo para proteger a "higiene, a saúde e o ambiente"[9] dos cidadãos da União Europeia.

Assim como nos Estados Unidos, a maioria dos *testes de emissões* da União Europeia é de certificações de compostos orgânicos voláteis, embora essas várias certificações, como a GEV/EMICODE, também incluam a medição dos níveis de COVTs[10] para cada produto. Essa diretriz de COVTs para a testagem de emissão dos materiais é uma evolução dos protocolos de testagem iniciais e, como já mencionado nesse capítulo, não é seguida nos Estados Unidos, onde geralmente se acredita que os valores COVTs não são indicadores de saúde concretos.

O que separa algumas das certificações mais robustas da União Europeia daquelas dos Estados Unidos e de outros lugares do mundo é a inclusão de uma testagem sensorial.[11] Os testes sensoriais avaliam emissões e irritações causadas pela emissão de gases, que pode provocar incômodos e prejuízos à saúde. A inclusão da percepção humana nas avaliações de emissões de materiais só acontece na União Europeia. Esses testes usam a norma ISO 16000–28 para emissões de odores limites obrigatórios de COSVs[12] dentro de um nível de retenção superior a C16–C22.[13] Outro exemplo de teste mais robusto é o regulamento CMR da França (toxinas cancerígenas, mutagênicas e disruptoras do sistema reprodutivo), que exige que os produtos tenham emissões de tricloroetileno, benzeno, dietilexil ftalato e dibutilftalato abaixo de $1\mu g/m^3$ após 28 dias de ventilação para eliminar os gases emitidos. Os produtos de construção na França só podem ser certificados se atenderem a esse teste de emissão, efetivo desde janeiro de 2010. Na União Europeia, os compostos orgânicos voláteis não identificados e aqueles sem valores de LCI (Menor Concentração de Interesse) são de uso restrito.[14] O protocolo de testagem de emissão de ISO 16000–9 utilizado na União Europeia exige que testes sejam feitos após três dias e após 28 dias. O Método de Testagem do Departamento de

---

[1] AgBB: Ausschuss zur gesundheitlichen Bewertung von Bauprodukten (Comitê de Avaliação Relacionada à Saúde dos Produtos de Edificação).
[2] M1: A versão reduzida do nome do sistema voluntário da classificação de emissões dos materiais de edificação da Finlândia.
[3] EMICODE: "Gemeinschaft Emissionskontrollierte Verglegewekstoffe, Klebostoffe und Bauprodukte"(A Associação para o Controle de Emissões nos Produtos de Instalação de Piso, Adesivos e Materiais de Construção – GEV – desenvolveu o código de emissões EMICODE para aplicação nos produtos de piso que passam por testes com baixíssimos níveis de emissões).
[4] "IKEA: People and the Environment," IKEA Group, www.ikea.com/ms/en_US/about_ikea/pdf/IKEA_SER_08_GB.pdf
[5] "A Peek Inside Google's Healthy Materials Program," Environmental Building News, www2.buildinggreen.com/article/peek-inside-googleshealthy--materials-program-0.
[6] Regulamento (EC) nº 1907/2006 do Parlamento Europeu e do Conselho de 18 de dezembro de 2006 relacionado ao REACH.
[7] A única exigência relacionada à saúde sobre as emissões dos materiais feita pelo governo dos Estados Unidos é não incluir formaldeído de ureia em produtos de engenheirado de madeira. O primeiro a exigir isso foi o Comitê de Recursos sobre o Ar (CARB) do Estado da Califórnia, mas, depois o Congresso aprovou uma lei a ser implementada pela Agência de Proteção Ambiental dos Estados Unidos (EPA).
[8] Europa: Summaries of EU Legislation, Construction Products.
[9] "Health-related Evaluation Procedure for Volatile Organic Compounds Emissions (VOC and SVOC) from Building Products," AgBB—junho de 2012.
[10] COVTs = compostos orgânicos voláteis totais.
[11] A testagem sensorial inclui as emissões de odores e irritações provocadas por materiais que exalam gases, muitos dos quais podem incomodar as pessoas ou causar problemas de saúde. Essa inclusão da percepção humana nas avaliações das emissões dos materiais é feita apenas na Europa.
[12] COSVs = compostos orgânicos semivoláteis. Um exemplo é o formaldeído.
[13] A designação C é uma redução da classificação de uma substância. C-16 = hexadecano; C22= docosano.
[14] "Health-related Evaluation Procedure for Volatile Organic Compounds Emissions (VOC and SVOC) from Building Products", AgBB—junho de 2012, www.umweltbundesamt.de/sites/default/fi les/medien/355/dokumente/agbb_evaluation_scheme_2012_0.pdf.

Saúde da Califórnia[15], de certa forma, se equipara a esses; de uso predominante no território norte-americano, exige um período de condicionamento de 10 dias e a testagem de emissões ao término do 14º dia.[16]

Como vemos na Tabela 6-2, há diferentes certificações de emissões da União Europeia para uma variedade de aplicações, algumas muito mais antigas do que outras. Ao longo do tempo, reconheceu-se a necessidade de uma harmonização da testagem de emissões entre alguns dos protocolos da União Europeia. Essa harmonização significa fazer um acordo ou tratado. Desde 2014, a harmonização dos valores-limite dentro da Europa vem sendo implementada. O protocolo de harmonização resultante inclui 177 compostos orgânicos que costumam ser detectados em testes de emissões de materiais de construção.[17] Antes disso, havia sido feito um esforço de harmonização para condições-padrão de testagem que se concentrava na temperatura, umidade relativa, troca do ar e recinto de referência para testes.[18] Como mencionado no corpo deste capítulo, não é possível fazer uma comparação direta entre os protocolos de testagem de emissões; no entanto, o entendimento dos protocolos que acabamos de ver pode dar àqueles do setor de construção alguma confiança na avaliação dos materiais de construção.

---

[15]CDPH/EHLB/Standard Method V1.1, fevereiro de 2010.
[16]"Standard Method for the Testing and Evaluation of Volatile Organic Chemical Emissions from Indoor Sources Using Environmental Chambers Version 1, fevereiro de 2010, www.cdph.ca.gov/programs/IAQ/Documents/cdph-iaq_standardmethod_v1_1_2010%20new1110.pdf.
[17]Relatório 29 da ECA sobre Exposição Humana, https://ec.europa.eu/jrc/en/research-topic/human-exposure.
[18]Relatório de pesquisa 29 da ECA, (EUR 26168) "Harmonisation framework for health based evaluation of indoor emissions from construction products in the European Union using the EU-LCI concept," 2013.

TABELA 6-2 Certificações de testagem de emissões na União Europeia
Jan Stensland

NOME	ORIGEM	VALORES-LIMITE	PRODUTOS COBERTOS	NOTAS
AgBB (Comitê para a Avaliação Relacionada à Saúde dos Produtos de Edificação)[1]	Alemanha	COVs dentro da faixa de retenção de C6 a C16, e COSs dentro da faixa de retenção de C16 a C22	Todos os produtos de construção devem atender a essa exigência, além da geral de não emitir qualquer substância carcinogênica, mutagênica ou tóxica aos sistemas reprodutivos.	Revisado, editado e atualizado regularmente. Em colaboração com Blue Angel, eco-INSTITUT-Label, Diretrizes/AFSSET/ANSES e o regulamento francês de compostos orgânicos voláteis, "Émissions dans l'air intérieur"; é exigida a testagem certificada por terceiros.
Diretrizes AFSSET/ANSES	França	Muito semelhante à AgBB	Não aplicável ao mobiliário e a alguns acessórios.	Com base em testes de emissões de compostos orgânicos voláteis. As informações são fornecidas voluntariamente pelo fabricante, que é responsável por elas.
Der Blaue Engel (Anjo Azul)	Alemanha	Varia de acordo com o produto. Fornece vantagens ecológicas	Produtos de madeira (painéis de madeira), móveis e materiais, colchões, revestimentos de piso (EMICODE é preferível para essa categoria), vedantes, estofamentos de couro.	A marca ecológica mais antiga do mundo. Voluntária. Também utilizada para outros itens domésticos, em particular os sem fio, os dispositivos de rádio para crianças e os dispositivos eletrônicos.
Selo CE (Conformité Européeane)	União Europeia	Varia de acordo com o produto	Muitos produtos: revestimentos de piso resilientes, flexíveis, têxteis e laminados; parquês e pisos de madeira.	Exigida para mostrar que o produto foi analisado antes de ser colocado "no mercado e que atende às exigências ambientais e de proteção à saúde da União Europeia".[2]

(continua)

TABELA 6-2 Certificações de testagem de emissões na União Europeia (*continuação*)
Jan Stensland

NOME	ORIGEM	VALORES-LIMITE	PRODUTOS COBERTOS	NOTAS
DIBt (Instituto Alemão de Engenharia de Estruturas)	Alemanha	Pode haver a necessidade de três dias de testagem adicionais, dependendo das circunstâncias	Produtos e sistemas de construção incluindo revestimentos de parede, materiais sintéticos e com cortiça, fibra de vidro e papel de parede com impressão fotográfica.	Exige que testes de emissões para compostos orgânicos voláteis sejam feitos para revestimentos de parede em câmaras, de acordo com a norma ISO 16000. Exigência para todos os pisos com selo da Comunidade Europeia utilizados na Alemanha e que também tenham o selo Ü.
DICL (Selo Dinamarquês do Clima do Interior/ Danish Indeklima Mærke DIM)	Dinamarca, mas também utilizado na Noruega	Avaliação apenas dos COVs no interior		½ do valor-limite para odores, ½ do valor-limite para irritações. Voluntário
Émissions dansl´air intérieur[3] (Emissões no ar do interior)	França	O foco é em 10 valores-limite e VOCT. A cobertura das substâncias CMR é feita pelo regulamento CMR	Materiais de revestimento de piso, parede e teto; divisórias e paredes internas; isolantes; tintas e vernizes; produtos de preparo para a instalação de janelas e portas, como vedantes, adesivos, etc.	Com base na norma ISO 16000 de testagem de emissões de compostos orgânicos voláteis e de acordo com os métodos AgBB. Mais detalhado e descritivo do que as diretrizes AFSSET/ANSES. Testagem realizada por terceiros.
GEV/EMICODE®[4]	Alemanha		Materiais e condutes à base de madeira, materiais de pintura e revestimento, materiais de isolamento, fitas e compostos de isolamento, adesivos, revestimentos de piso, vernizes, revestimentos e papéis de parede e outros materiais de construção.	Avaliação simples.
M1 Emission Class for Building Material	Finlândia	Critérios de testagem de odores e compostos carcinogênicos da categoria 1 da IARC 1987. Inclui os carcinogênicos C1A & C1B	Todos os produtos de construção devem atender aos critérios de testagem.	Desenvolvida em 1995.
Ü mark "Übereinstimmung" (compliance)	Alemanha	Versão brevemente modificada da AgBB	Revestimentos de piso resilientes, têxteis e laminados, parquês e pisos de madeira (e seus adesivos e tintas), contrapisos, revestimentos de parede que não sejam feitos apenas de papel (a menos que sejam impressões fotográficas).	Exigida para revestimentos de piso com selo da Comunidade Europeia que devem atender à norma EN 14041 e que serão instalados na Alemanha.

[1] AgBB Committee for Health-related Evaluation of Building Products http://www.eco-institut.de/en/certifications-services/national-marks-of-conformity/agbb-scheme/
[2] European Commission Enterprises and Industry CE marking, http://ec.europa.eu/enterprise/policies/single-market-goods/cemarking/index_en.htm
[3] AFSSET/ANSES French VOC regulation Émissions dans l'air intérieur http://www.eco-institut.de/en/certifications-services/international-labelling/french-voc-label/
[4] GEV EMICODE®, http://www.eco-institut.de/en/certifications-services/national-marks-of-conformity/gev-emicoder/

profissionais da construção e os usuários de edificações em relação às questões ambientais. É importante que os profissionais da construção percebam que os programas de construção sustentável existentes devem ser considerados apenas como exigências mínimas, assim como os códigos de edificações. Os projetistas devem continuar se empenhando para criar edificações com melhores desempenhos.

Manutenção predial

Tipicamente, os códigos prediais e o projeto de edificação convencional não abordam a manutenção predial. Ela é o conjunto de tarefas associadas à operação e ao desempenho do prédio em eficiência de pico. A diversidade dessas tarefas vai do monitoramento dos equipamentos de climatização do ar via sensores aos *software* especializados para o funcionamento adequado dos sistemas de reparação, regulagem e calibragem, conforme o necessário. A manutenção predial também se refere aos métodos e práticas de sanidade e limpeza da edificação. Como discutido anteriormente, os compostos orgânicos voláteis associados aos produtos de limpeza, aos usuários e às suas atividades dominam, de forma geral, o ambiente do interior em poucos meses após a ocupação. Um prédio bem-projetado, mas com manutenção precária, provavelmente não apenas terá má qualidade do ar do interior, mas também desempenho energético ruim. A excelência permanente do desempenho energético de uma edificação exige o monitoramento contínuo de todos os sistemas de consumo energético, como os de climatização, iluminação e cargas de tomada, e a realização de ajustes necessários quando anormalidades forem detectadas. A qualidade do ar do interior deve ser tratada de forma semelhante.

A Norma ASHRAE 189.1–2014," Normas para o Projeto de Edificações Sustentáveis de Alto Desempenho"[16], é a única que exige que o arquiteto desenvolva um "Plano de Operação Predial de Alto Desempenho. " Esse plano inclui vários itens que abordam a qualidade do ar do interior, como:

a. Medições anuais de taxas de ventilação externas mínimas.
b. Melhoramento da filtragem e/ou da limpeza do ar para partículas ($PM_{2,5}$)[17] e remoção de ozônio do ar, para aquelas áreas identificadas pela Agência de Proteção Ambiental dos Estados Unidos por excederem constantemente as $PM_{2,5}$ e/ou os índices de ozônio. Essas áreas são definidas como "não conformes", o que significa que elas não estão dentro desses padrões.
c. Monitoramento bienal da qualidade do ar do interior, tanto mediante o monitoramento de poluentes específicos como por meio de informações obtidas com os usuários (em questionários, por exemplo).
d. Um plano de limpeza sustentável.

Planos como os listados acima provavelmente evoluirão após a ocupação do prédio, mas servem como um ponto de partida para o pessoal da manutenção tornar a qualidade do ar do interior uma prioridade antes da ocupação. Um plano desse tipo desenvolvido pelo Estado da Califórnia para todos os prédios estatais emprega esses princípios com uma linguagem prática e de fácil entendimento para os administradores prediais. O plano agora está incluído no Manual de Administração Estadual.[18] Ele supera as exigências do Código da Califórnia para Edificações Sustentáveis (CalGreen)[19] e exige o uso de produtos de limpeza e procedimentos de baixa emissividade, como na norma Green Seal Standards.[20] Exige também uma lista detalhada dos componentes dos sistemas de climatização que necessitam de conferência anual, o melhoramento da filtragem, o treinamento dos técnicos e engenheiros prediais, o início de um cronograma de manutenção preventivo computadorizado para os sistemas de climatização e seus componentes e um retorno bienal dos usuários do prédio.

Uma área da manutenção predial que exige mais atenção, tanto no setor privado como no público, é a dos controles de automação do prédio. Esses controles vêm se tornando mais complexos ao longo do tempo, exigindo conhecimentos de computação e sistemas de climatização e resultando em uma nova profissão conhecida como "engenheiro de controle predial". À medida que mais proprietários de prédios contam com funcionários permanentes para fornecer esses serviços, mais programas de ensino superior para formar futuros engenheiros de controle predial precisarão ser oferecidos.

A qualidade do ar do interior é uma consideração de projeto importante para a qual arquitetos, engenheiros, construtores, proprietários e o pessoal da manutenção devem colaborar coletivamente ao projetar e construir um prédio. Como vimos, o projeto para uma boa qualidade do ar do interior é uma abordagem multifacetada; cada membro da equipe deve contribuir, mas, especialmente, o engenheiro de sistemas mecânicos, (projeto e zoneamento dos sistemas de distribuição de ar), o construtor (instalação de sistemas), o comissionante (testagem e garantia de qualidade), o arquiteto (integração espacial de sistemas, coordenação de controles), o arquiteto de interiores (seleção dos materiais de construção e práticas de construção que minimizem os efeitos na saúde dos usuários do prédio), o proprietário e o pessoal da manutenção (que terão o papel mais importante na qualidade do ar do interior de uma edificação no longo prazo). Por conta dessa complexidade, o projeto da qualidade do ar do interior é mais bem-sucedido quando desempenhado no início do processo do projeto (fases conceituais e esquemáticas), utilizando o tipo de modelo integrado que vem sendo discutido ao longo deste livro. No capítulo seguinte, exploraremos facetas adicionais dos espaços do interior – a qualidade do ambiente do interior.

---

[16]ASHRAE, www.ashrae.org/.

[17]As $PM_{2,5}$ são pequenas partículas de 2,5 micrômetros ou menos de diâmetro e têm sérios efeitos na saúde, www.epa.gov/airquality/particlepollution.

[18]Section 1825: "Indoor Environmental Quality: New, Renovated, And Existing Buildings" under Sustainable Practices and Operations, http://sam.dgs.ca.gov/TOC/1800.aspx.

[19]California Green Building Standards Code, California Code of Regulations, Title 24, Part 11 (CALGreen), www.bsc.ca.gov/home/calgreen.aspx.

[20]Green Seal, www.greenseal.org/GreenBusiness/Standards.aspx.

As Questões de Qualidade do Ambiente do Interior 7

O que é qualidade do ambiente do interior?

Dentre todas as inúmeras funções interconectadas que um prédio possui, provavelmente nenhuma delas é percebida e respondida de maneira tão rápida quanto a qualidade do ambiente do interior e as relações humanas estabelecidas com ele. A estética, o conforto e a função são os principais termos usados para se descrever a qualidade de um ambiente do interior. De certa forma, é isto que os estudantes aprendem durante a faculdade de arquitetura: como projetar um ambiente *bonito*, *confortável* e *funcional*. Também conhecida como ecologia da edificação, a qualidade do ambiente do interior se refere ao grau de eficiência e de conforto experimentado pelas pessoas em espaços internos, o qual, por sua vez, é interpretado como a soma das reações psicológicas e fisiológicas frente aos fatores do projeto de arquitetura.

A qualidade do ambiente do interior requer a integração de muitas funções e sistemas dentro de uma única edificação – exatamente aquilo que estamos estudando neste livro. A boa qualidade do ambiente do interior depende do projeto integrado. O projetista pode contribuir, até certo ponto, para o conforto interno por meio do uso de princípios de projeto sustentável, mas o usuário da edificação também precisa de ferramentas flexíveis e eficazes para aprimorar ainda mais seu ambiente – ou seja, calibrá-lo – e controlar, no mínimo, a temperatura, a umidade, a ventilação e a iluminação.

Na verdade, a capacidade de controlar o ambiente (também conhecida como controle pessoal ou individual) é fundamental para o sucesso do projeto de qualidade do ambiente do interior. Cada vez mais o direito do trabalhador a um local de trabalho confortável está recebendo a devida atenção. A solução de projeto sustentável ideal para um ambiente de escritório depende da inserção de controles individuais de iluminação, temperatura e ar, no mínimo, nos postos de trabalho (Figura 7-1). Da mesma forma, o conforto físico, frequentemente descrito como ergonomia, é um elemento-chave da qualidade do ambiente interno.

Os componentes da qualidade do ambiente do interior

O nosso sistema nervoso e os nossos sentidos (o olfativo, o auditivo, o visual e o emocional) definem os componentes do ambiente do interior. São eles: a acústica, a iluminação natural, o conforto visual, a conexão com o exterior e o conforto térmico.

A qualidade do ar do interior e as questões olfativas

Existem muitos ambientes internos: veículos, edificações, submarinos, navios, trens e aviões – cada um com diferentes

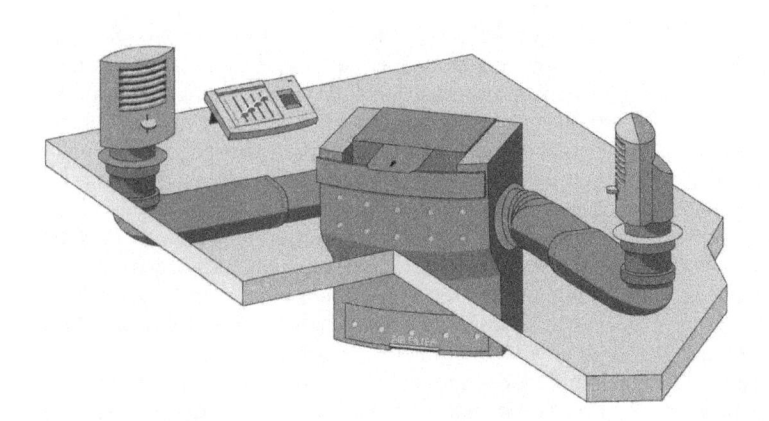

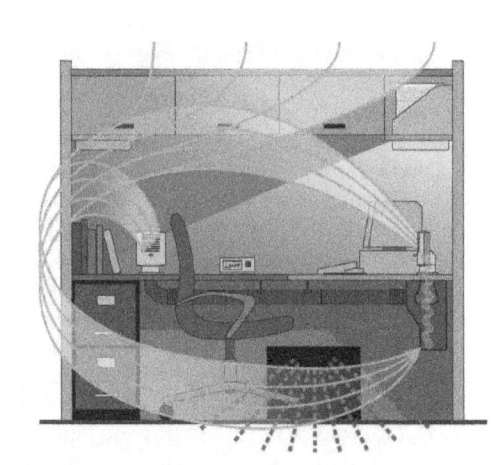

FIGURA 7-1 Unidades de controle individual de um ambiente de escritório. Fonte: Personal Environments®; imagem por cortesia de Johnson Controls, Inc., Milwaukee, WI.

densidades ocupacionais, taxas de ventilação e percepções sensoriais. A qualidade do ar interno, que ganha destaque neste livro, faz parte de um subconjunto essencial e variável da qualidade do ambiente do interior. Quando se trata da qualidade do ar interno, é preciso considerar uma grande variedade de contaminantes, tanto orgânicos como inorgânicos (pesticidas e compostos orgânicos semivoláteis), e produtos derivados da combustão (fumaça de tabaco no ambiente e produtos derivados de velas, incenso, eletrodomésticos de cozinha, sistemas de calefação e lareiras, todos com diferentes fontes de combustível). As doenças humanas, as bactérias, os animais de estimação e os ácaros são apenas alguns entre os muitos fatores que afetam a qualidade do ar interno. Especialmente em situações com alta densidade e superlotação (como em cabines de aeronaves, onde a ventilação está longe do ideal), as substâncias de uso diário, como produtos de higiene pessoal, a limpeza a seco e os computadores são fontes de emissões químicas.

Como vimos nos Capítulos 5 e 6, que tratavam das substâncias químicas e da qualidade do ar do interior, os projetos que visam à qualidade do ar ideal devem considerar quatro fatores principais:

- *O controle na fonte:* As áreas com risco de contaminação – como cozinhas, armários ou depósitos de material de limpeza, laboratórios onde ocorrem processamentos de produtos químicos, salas de cópias (nas quais os equipamentos podem ser uma fonte de geração de ozônio no nível do solo), e fumódromos – devem ser isoladas dos ambientes ocupados regularmente. O ideal é projetá-las com um diferencial de pressão adequado, impedindo que os contaminantes presentes nelas vazem para as zonas ocupadas. Os contaminantes externos, como pesticidas e particulados, devem ser barrados por sistemas de controle nas entradas, capazes de capturar a poeira presente nos solados de sapatos à medida que as pessoas entram nas edificações. Os compostos orgânicos voláteis provenientes de materiais de construção, como tintas e madeiras compósitas, são outras fontes de contaminação, como discutido anteriormente, e são produtos que devem ser considerados cuidadosamente pelo arquiteto da edificação sustentável, porque o controle de fontes é a maneira mais efetiva em custo para se obter uma boa qualidade do ar no interior. As outras fontes de emissões incluem a presença de indústrias ou estradas no entorno, além dos próprios usuários das edificações.
- A *ventilação*: A má ventilação é percebida imediatamente quando o nosso sistema olfativo detecta odores ou quando sentimos que um compartimento está "abafado" (ou seja, dificultando a respiração). Alguns materiais plásticos emitem odores fortes quando expostos ao calor, avisando aos usuários da edificação que algo não vai bem. O projeto de edificações sustentáveis costuma usar sensores de dióxido de carbono (CO_2), uma vez que o acionamento do alarme indica que as taxas de ventilação são insuficientes. A ventilação insuficiente pode causar uma variedade de impactos sensoriais e na saúde, enquanto a boa ventilação, por sua vez, consegue aumentar a produtividade e o sentimento de bem-estar. Para um arquiteto, a maneira mais simples de garantir uma boa ventilação é projetar janelas de abrir. Além de permitirem a ventilação natural, elas podem ser controladas com facilidade pelos usuários da edificação. A ventilação natural tem prós e contras, especialmente em terrenos próximos a vias movimentadas, indústrias pesadas ou fontes de ruído. Com frequência, as diretrizes de sustentabilidade que visam à saúde e ao conforto humano sugerem, para todos os tipos de edificação, taxas de ventilação superiores àquelas requeridas pelos códigos. Novamente, como ocorre na maioria dos projetos integrados de edificações, o projeto de uma boa ventilação depende de um equilíbrio entre as prioridades e as preocupações do terreno. Em edificações com ventilação mecânica, existem inúmeras tecnologias capazes de garantir uma ventilação adequada.
- Entre as soluções mais indicadas, destacam-se a instalação de um sistema de distribuição de ar sob o piso (no caso, um sistema misto de ventilação) ou um sistema de climatização com fluxo de ar por deslocamento; ambos utilizam um princípio físico conhecido como efeito chaminé, no qual as diferenças de temperatura e umidade (densidade) entre o ar interno e o externo fazem o ar quente subir e o ar frio entrar na edificação. No sistema conhecido como sistema de distribuição do ar sob o piso, o ar aquecido é insuflado no nível do piso através de difusores instalados em painéis de piso elevados (Figura 7-2), que podem ser direcionados ou fechados para se controlar o fluxo de ar. À medida que sobe, o ar se aquece devido à presença de pessoas e equipamentos; a seguir, ele é exaurido no nível do teto. Além de permitir que projetemos espaços mais flexíveis, a tecnologia de piso elevado insufla ar de melhor qualidade e oferece um conforto térmico aprimorado em relação ao sistema de ventilação misto com insuflamento pelo forro. Outro benefício está em permitir que o usuário controle o ambiente térmico.
- *O comissionamento predial:* O comissionamento é o processo de garantir que os sistemas prediais operem conforme o desejado no projeto. Um especialista terceirizado revisa as exigências de projeto do proprietário, ao passo que o engenheiro mecânico cria a base de projeto de instalações prediais. Paralelamente, o tal especialista traça um plano de trabalho, verifica as funções dos equipamentos em diferentes etapas do projeto e da instalação, certifica-se do funcionamento adequado de determinados sistemas e fornece um relatório final. São terceirizados, principalmente, os sistemas mecânicos que insuflam, filtram, condicionam e fornecem ar para os espaços ocupados, bem como os sistemas domésticos de aquecimento de água, os controles de iluminação artificial e natural, os sistemas de energia renovável e os equipamentos de refrigeração. Ainda que o processo esteja focado nos sistemas que consomem energia, a contratação de especialistas terceirizados também é um fator-chave para garantir a boa qualidade do ar interno. Alguns componentes, como os ventiladores, são testados ainda na fábrica, embora um processo completo de testagem e regulagem seja feito *in loco* no momento da instalação dos sistemas e, às vezes,

FIGURA 7-2 Sistema de distribuição de ar sob o piso e piso elevado. Fonte: Imagem por cortesia de Tate Access Floors, Inc.

após a ocupação da edificação. Dessa forma, consegue-se minimizar as falhas de equipamentos e também treinar os funcionários do prédio. É possível vincular as rotinas de operação e manutenção das edificações à garantia de qualidade que é entregue ao proprietário após o término da obra.

- *A manutenção e o* flush-out *da edificação*: Anteriormente conhecido como *bake-out* ou *purge*, o processo de *flush-out* ocorre depois da construção e dos últimos detalhes, mas, em geral, antes da entrada dos móveis e dos usuários, quando é insuflado um grande volume de ar na edificação de maneira contínua e por um período determinado. Esse processo ajuda a remover os compostos orgânicos voláteis, os particulados e os demais contaminantes antes da ocupação do prédio.

"Segundo vários estudos (divulgados pelo fabricante de carpetes Milliken & Company), de 70 a 80% da poeira presente em prédios comerciais chega pelos calçados dos usuários das edificações. Em dias secos, as mil pessoas que frequentam um edifício de escritórios grande trazem ¼ de libra (113 g) de poeira por dia; em dias úmidos, essa quantidade sobe para três libras (1,360 kg)."

Fonte: Alex Wilson, "Keeping Pollutants Out: Entryway Design for Green Buildings", Environmental Building News 10, no. 10 (October 2001), www.buildinggreen.com/auth/article.cfm/2001/10/1/Keeping-Pollutants-Out-Entryway-Design-for-Green-Buildings/.

Independentemente da qualidade do sistema e da eficiência do filtro, todos os equipamentos mecânicos ou que consomem energia requerem manutenção, limpeza e troca de filtro regulares. É necessário estudar com cuidado a rotina de limpeza da edificação como um todo. Vários especialistas acreditam que os materiais de limpeza geralmente usados em pisos são responsáveis por um número muito maior de emissões do que os materiais de piso propriamente ditos. Além disso, limpezas repetitivas provocam exposições contínuas a substâncias nocivas. A limpeza sustentável, isto é, a prática de se utilizar produtos ambientalmente benignos, está conquistando cada vez mais adeptos.

Muitos higienistas industriais e outros cientistas da qualidade do ar recomendam a testagem da qualidade do ar dentro de ambientes ocupados. Devido às possíveis ameaças à saúde pública, os testes de qualidade do ar interno devem ser feitos regularmente – assim como o abastecimento de água municipal e a qualidade do ar externo são testados e analisados de maneira periódica. Isso se tornou ainda mais importante quando o Science Advisory Board (Conselho de Ciência), da Agência de Proteção Ambiental dos Estados Unidos, colocou a qualidade do ar interno entre os cinco principais impactos ambientais sobre a saúde humana.[1] Em 1998, a Administração de Segurança Física e Saúde Ocupacional dos Estados Unidos apresentou outra estatística surpreendente, estimando que 30% dos trabalhadores do país que trabalham em edificações não industriais estão expostos à poluição do ar interno.

Para verificar o progresso do projeto de qualidade do ar interno, é útil realizar uma avaliação pós-ocupação (APO). De

---

[1] U.S. Environmental Protection Agency (EPA), "Indoor Air Quality," www.epa.gov/iaq.

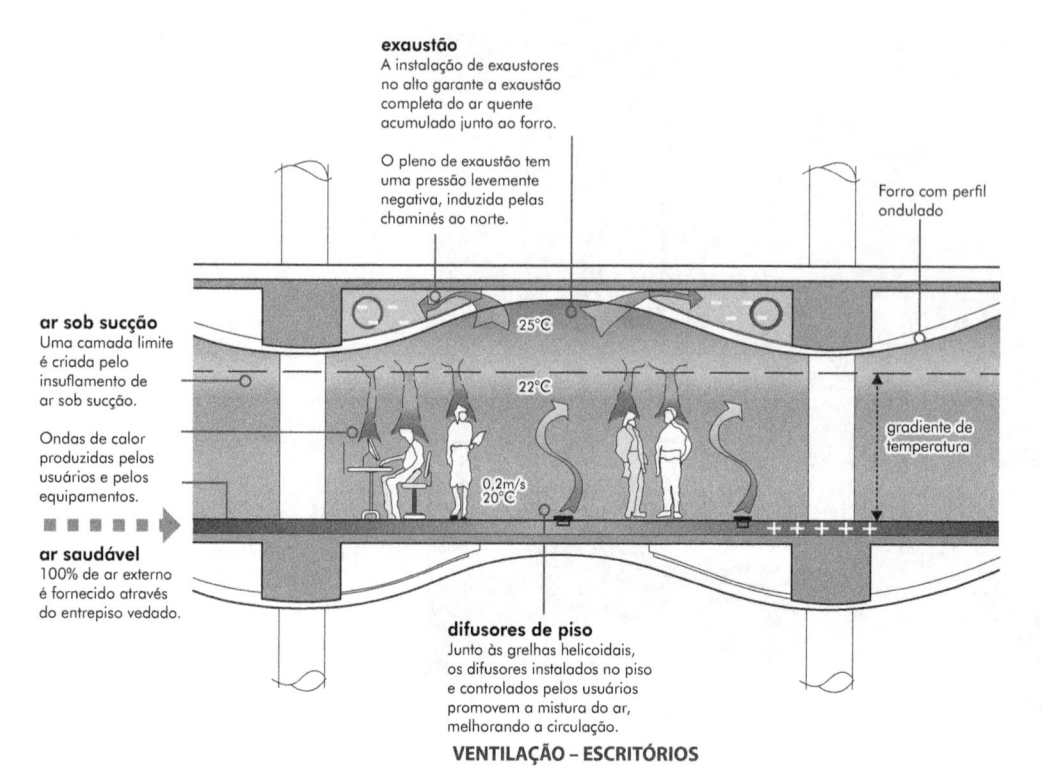

FIGURA 7-3 Edifício Council House 2, em Melbourne, Austrália: controles individuais do fluxo de ar. Fonte: Council House 2; desenho por cortesia da Cidade de Melbourne.

exaustão
A instalação de exaustores no alto garante a exaustão completa do ar quente acumulado junto ao forro.

O pleno de exaustão tem uma pressão levemente negativa, induzida pelas chaminés ao norte.

Forro com perfil ondulado

ar sob sucção
Uma camada limite é criada pelo insuflamento de ar sob sucção.

Ondas de calor produzidas pelos usuários e pelos equipamentos.

ar saudável
100% de ar externo é fornecido através do entrepiso vedado.

gradiente de temperatura

difusores de piso
Junto às grelhas helicoidais, os difusores instalados no piso e controlados pelos usuários promovem a mistura do ar, melhorando a circulação.

VENTILAÇÃO – ESCRITÓRIOS

acordo com os fundadores da Avaliação Pós-Ocupação (http://postoccupancyevaluation.com), uma prática de arquitetura especializada nesse campo: "A Avaliação Pós-Ocupação envolve uma avaliação sistemática da opinião sobre as edificações ocupadas da perspectiva de seus usuários. Ela avalia o quão bem elas atendem às necessidades dos usuários e identifica formas de melhorar seu projeto, desempenho e adequação".[2] Alguns dos fatores abordados nesses levantamentos são a funcionalidade, a produtividade, a sustentabilidade e a segurança.[3] Avaliações Pós-Ocupação que abordam o bem-estar e a saúde de uma maneira mais direta estão sendo implementadas em algumas das edificações sustentáveis mais progressistas cujos proprietários buscam melhorar como um todo a experiência geral do usuário.

No Council House 2 (CH_2), um edifício de escritórios localizado em Melbourne, Austrália, as avaliações pós-ocupação revelaram um aumento de 10,9% na produtividade dos trabalhadores, além de muitas classificações positivas em outros fatores de qualidade do ambiente do interior.[4] As Figuras 7-3 e 7-4 mostram projetos de ventilação e esquemas de refrigeração, ambos usando tecnologias de ponta.

A Avaliação ou Pesquisa de Satisfação do Usuário para o Rivergreen Centre em Durham, na Inglaterra, revelou que, das edificações estudadas, ele está entre as 17% mais bem avaliadas no Reino Unido em termos de satisfação do usuário. Entretanto, os níveis de ruídos levantados colocaram o Rivergreen abaixo dos padrões de referência, entre os 7% mais ruidosos da lista.[5] As descobertas de uma avaliação pós-ocupação semelhante a essa têm como objetivo motivar planos de ação corretiva, que podem melhorar os elementos que os usuários classificam no grau mais baixo da escala. Para conduzir seu estudo, o projeto utilizou a antiga Metodologia de Estudos de Uso de Edificações, considerada a norma de ouro da avaliação pós-ocupação. Essa metodologia estabelece os seguintes objetivos: quantificar a satisfação dos usuários, revelar características de valor ou de preocupação nas edificações, identificar investimentos para melhorar o desempenho, obter retornos valiosos dos usuários e se envolver com eles, compreender as questões de desempenho das edificações relacionadas e usar o retorno obtido para diminuir a diferença entre o projeto e o desempenho durante o uso.[6] Tanto as respostas qualitativas quanto as quantitativas são consideradas.

A acústica

Há décadas, as técnicas de projeto de acústica e privacidade têm sido consideradas importantíssimas na arquitetura. É interessante observar que a palavra inglesa *noise* (ruído) vem da palavra latina *nausea*, que significa enjoo causado pelo mar. Os ruídos estão sempre presentes nas áreas públicas e privadas da sociedade contemporânea e, cada vez mais, são

---

[2]"Defining Post Occupancy Evaluation," http://postoccupancyevaluation.com.

[3]Craig Zimring, Mahbub Rashid, and Kevin Kampschroer, "Facility Performance Evaluation (FPE)," last updated: 05-22-2008, Whole Building Design Guide, www.wbdg.org/resources/fpe.php.

[4]Philip Paevere and Stephen Brown, "Indoor Environment Quality and Occupant Productivity in the CH_2 Building, Post-Occupancy Summary," March 2008.

[5]Benjamin J. Birt and Guy R. Newsham, "Post-Occupancy Evaluation of Energy and Indoor Environment Quality in Green Buildings: A Review," 3rd International Conference on Smart and Sustainable Built Environments, Delft, the Netherlands, June 15–19, 2009, 1–7.

[6]Building Use Studies Methodology, www.busmethodology.org.uk.

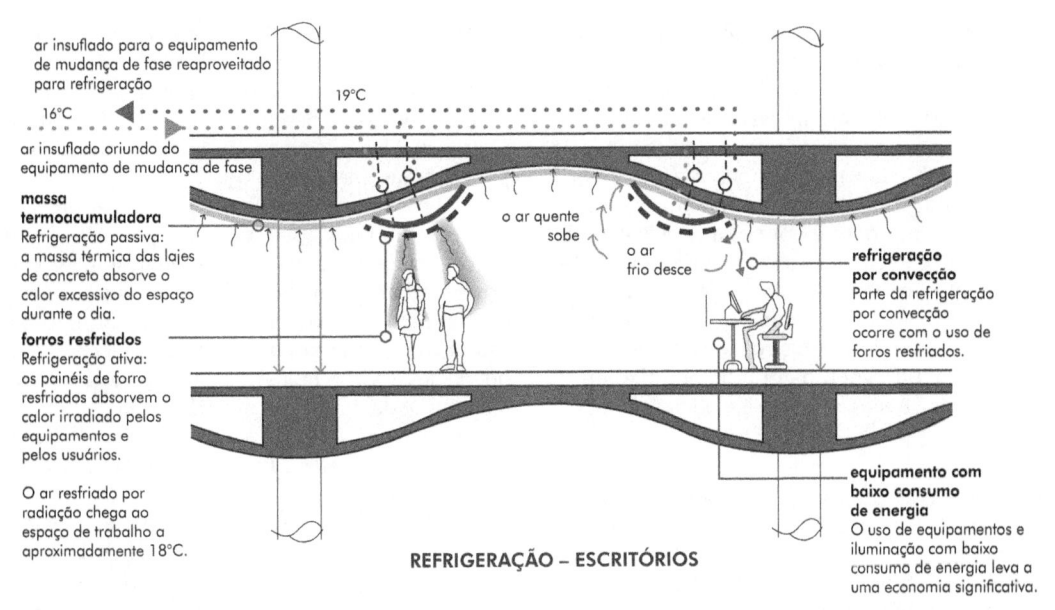

FIGURA 7-4 Edifício Council House 2, em Melbourne, Austrália: controles individuais de refrigeração. Fonte: Council House 2; desenho por cortesia da Cidade de Melbourne.

vistos como uma grande preocupação em termos de saúde pública (para saber mais sobre como os ruídos afetam a saúde, veja o box da pág. 98). Assim como nos preocupamos com o fumo passivo, é preciso ter cuidado com os ruídos passivos, que constituem uma questão de saúde pública e de privacidade. Em dois estudos, um feito no Reino Unido e o outro com moradores das proximidades de seis aeroportos europeus, foi constatado que há um aumento na pressão sanguínea e consequentes AVCs nas pessoas que vivem em áreas sujeitas aos ruídos de aviões.[7]

As fontes de ruído incluem a proximidade com aeroportos e equipamentos externos (desde *jet-skis* até sopradores de folhas), além do barulho proveniente de restaurantes lotados, espetáculos, alarmes de veículos, indústrias e máquinas. Tentando controlar as emissões de ruídos, algumas comunidades localizadas próximas a aeroportos estão exigindo a alteração das rotas aéreas e dos padrões de pouso. Os monitores de ruídos aeroportuários e de aviação são onipresentes hoje em dia, sendo que alguns aeroportos chegam a ter 30 monitores e sistemas de coleta de dados sofisticados para fins de monitoramento e avaliação. Esses esforços de amortecimento do som comprovam que os ruídos são invasivos e não respeitam fronteiras.

Os níveis de ruído podem causar perda de audição, problema que afeta 50 milhões de norte-americanos, de acordo com a Hearing Health Foundation,[8] e há aproximadamente 30 milhões de pessoas expostas diariamente a ruídos nos Estados Unidos.[9] Segundo a Agência de Proteção Ambiental do país, cerca de 15 milhões de trabalhadores estão expostos a níveis de ruído de 75 decibéis ou mais, o que pode ser prejudicial à audição.

Os ruídos aumentam os níveis de estresse e reduzem a produtividade. Estudos feitos com estudantes cujas salas de aula ficavam perto de trilhos de trem revelaram um atraso de um ano na habilidade de leitura em relação a alunos da mesma idade cujas salas de aula eram situadas em outra parte da escola. Depois que estratégias de projeto de isolamento acústico foram incorporadas às salas de aula e aos trilhos do trem, a habilidade de leitura dos mesmos alunos melhorou, colocando-os no nível que se espera de sua faixa etária.[10]

Os ruídos causam poluição quando ocorrem em locais que são definidos como bens e recursos públicos, como os parques nacionais; no entanto, estamos nos referindo ao ar por meio do qual os ruídos se deslocam.[11] Assim como protegemos parques nacionais ou reservas florestais, devemos ser bons guardiões deste bem público.

As técnicas que visam à redução dos ruídos incluem o uso de um sistema de mascaramento ou de um controle ativo de ruídos. O último utiliza sons com a mesma amplitude e a polaridade oposta para neutralizar os ruídos existentes após analisá-los em computador. O mascaramento do som é uma técnica que coloca alto-falantes no pleno de forros, o que exige ajustes cuidadosos. Os sistemas externos de mascaramento de som podem assumir a forma de elementos

---

[7]Hansell, Anna L., Paul Elliott, et al., "Aircraft Noise and Cardiovascular Disease near Heathrow Airport in London: Small Area Study," *BMJ* 2013;347:f5432, August 16, 2013. See also: Lars Jarup, Marie-Louise Dudley, Wolfgang Babisch, Danny Houthuijs, Wim Swart, Göran Pershagen, Gösta Bluhm, Klea Katsouyanni, Manolis Velonakis, Ennio Cadum, and Federica Vigna-Taglianti, HYENA Consortium, "Hypertension and Exposure to Noise near Airports (HYENA): Study Design and Noise Exposure Assessment," *Environmental Health Perspectives*, 113(11): 1473–1478, November 2005.

[8]Hearing Loss Statistics, http://hearinghealthfoundation.org/statistics.

[9]OSHA, Safety and Health Topics, Occupational Noise Exposure, "Noise-related Hearing Loss Has Been Listed as One of the Most Prevalent Occupational Health Concerns in the United States for More than 25 Years," www.osha.gov/SLTC/noisehearingconservation.

[10]Arline L. Bronzaft, "A Quieter School: An Enriched Learning Environment," www.quietclassrooms.org/library/bronzaft2.htm.

[11]Noise Pollution Clearinghouse, www.nonoise.org.

de paisagismo para encobrir os ruídos de autoestradas; é comum, por exemplo, o uso de cachoeiras.

O projetista sustentável que deseja abordar o projeto de uma edificação de maneira integrada deve considerar os efeitos dos ruídos nos ambientes internos. Ao se preparar para o projeto, é possível fazer um levantamento de ruídos do terreno, observando as fontes e propondo possíveis medidas de controle. Como ocorre com outros aspectos do projeto integrado de edificações, deve-se, primeiramente, examinar a implantação, a orientação e o leiaute da edificação. Distribua as aberturas levando em conta as fontes de ruídos e utilize materiais de construção como isolantes de alto desempenho, buscando o controle acústico entre paredes, dutos, plenos e outras fontes de infiltração de ruídos.

A iluminação natural

Muito já se sabe sobre a exposição de seres humanos a áreas verdes e à iluminação natural, assim como sobre seu relacionamento com a saúde. Em 1984, foi realizado um estudo com pacientes submetidos a cirurgias abdominais, descobrindo-se que os indivíduos colocados em quartos com vistas externas se recuperaram com maior rapidez e precisaram de menos medicamentos para a dor em relação aos indivíduos cujas janelas davam para uma parede de tijolo.[12] Além disso, a luz natural também é usada para tratar pessoas que sofrem de desordem afetiva sazonal. A iluminação artificial se aproxima da natural, influenciando o ritmo circadiano (os ciclos de vida diários) que regula a bioquímica, a fisiologia e o comportamento de todos os seres vivos.

Os males que podem ser atribuídos à poluição sonora

- Distúrbios neuropsicológicos
- Dores de cabeça
- Fadiga
- Estresse
- Insônia e distúrbios do sono
- Efeitos no humor: irritabilidade e neuroses
- Doenças cardíacas e distúrbios no sistema cardiovascular
- Hipertensão e hipotensão
- Desordens digestivas, úlceras, colites
- Desordens endócrinas e bioquímicas
- Taxas cardíacas e de respiração mais altas
- Perda da audição
- Alteração da visão
- Problemas cognitivos (incluindo dificuldades de aprendizado nas crianças) e distúrbios de comportamento

Fonte: Green Building Briefing Paper, "Green Buildings: What Is the Impact of Construction with High Environmental Quality?" Leonardo-Energy, janeiro de 2007.

Nos espaços ocupados por seres humanos, nem todas as tarefas se beneficiam com a iluminação natural. As tarefas relativas ao aprendizado ou à orientação visual, como a leitura, o bordado e o desenho, são favorecidas pela luz natural. Outras atividades, como as apresentações teatrais, podem ser prejudicadas por ela.

Um estudo baseado em resultados nas provas e salas de aula com iluminação natural feito pelo Heschong Mahone Group fez algumas descobertas interessantes, embora controversas. Em um ambiente de sala de aula, os pesquisadores descobriram que a presença de claraboias sem controle, que causam ofuscamento e desconforto térmico, resultou em uma queda de 21% nas notas de leitura dos estudantes. O estudo também se deparou com uma melhoria de "7% nas salas de aula com maior iluminação natural, além de uma melhoria de 14 a 18% entre os alunos que ocupavam as salas de aula com janelas maiores".[13]

A iluminação natural, que é um componente específico da qualidade do ambiente do interior, nos dá a oportunidade de vincular e equilibrar benefícios duplos, uma vez que as técnicas empregadas para a sua obtenção também reduzem o consumo de energia. É possível, por exemplo, economizar energia pela redução das cargas de iluminação elétrica artificial usando-se claraboias com sensores de luz, os quais acionam a iluminação artificial quando os níveis de luz natural diminuem até certo ponto. Outra estratégia de projeto consiste em se instalar sensores nas luminárias bem próximos às fontes de iluminação natural, desligando-as quando os níveis de luz alcançam uma intensidade determinada (Figura 7-5). Além de expandir o consumo de energia da edificação, esse equilíbrio maximiza a eficácia dos sistemas terceirizados e bem-projetados. Trata-se de mais um exemplo de projeto integrado.

As técnicas necessárias para um projeto de iluminação natural de qualidade são usadas durante as etapas de definição da implantação, da vedação externa, da vedação interior e dos elementos de materiais. Quando os consultores trabalham em equipe para solucionar essas questões, é evitada, em grande parte, a necessidade de se fazer uma análise pericial pós-construção da iluminação natural – algo que tem ocorrido em muitas edificações sustentáveis. Os ajustes decorrentes são dispendiosos e, com frequência, produzem valores estéticos contraditórios, revelando, em última análise, a falta de integração no projeto.

As boas estratégias de iluminação natural envolvem decisões de projeto tanto na arquitetura propriamente dita como na implantação da edificação. O projetista sustentável deve, no mínimo, projetar uma edificação cujo eixo principal seja Leste-Oeste, com fontes de luz natural em mais de uma lateral e plantas baixas estreitas (em vez de profundas), o que maximiza a iluminação e minimiza os ganhos térmicos. É preciso dimensionar as janelas de acordo com a profundidade do compartimento no qual elas serão inseridas. Compartimentos profundos e estreitos não apenas têm iluminação irregular

---

[12] R. S. Ulrich, "View through a Window May Influence Recovery from Surgery," *Science* 224, no. 4647 (April 27, 1984): 420–421.

[13] Lisa Heschong, Roger L. Wright, and Stacia Okura, "Daylighting Impacts on Human Performance in School," *Journal of the Illuminating Engineering Society* (Summer 2002): 101–114.

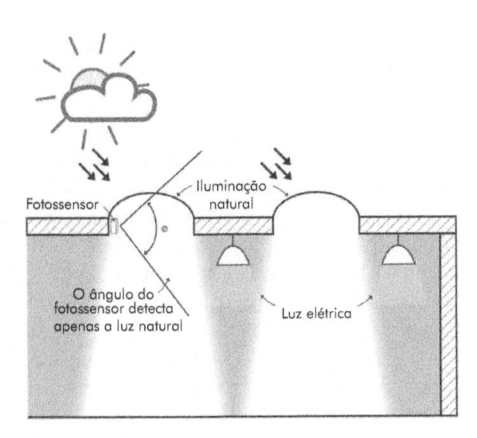

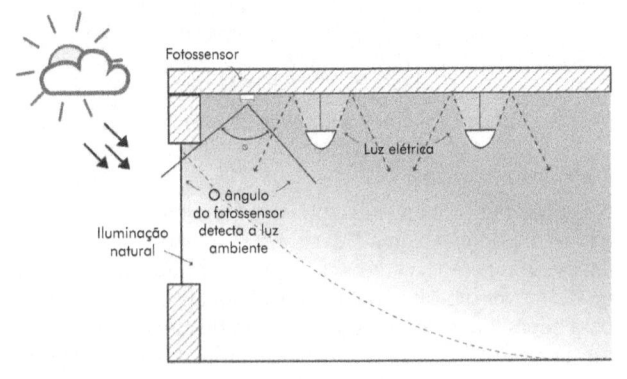

FIGURA 7-5 Os sensores de luz diurna e os controles de iluminação integram e equilibram as fontes de luz, ajudando a diminuir as cargas de energia da iluminação. Fonte: Imagem por cortesia deWatt Stopper/Legrand.

FIGURA 7-6 Projetada por Le Corbusier, a Capela de Notre Dame du Haut, em Ronchamp, França, tira o máximo partido dos efeitos da luz. Fonte: "Ronchamp Interior" © Diego Samper.

como raramente são suficientemente claros com apenas uma janela pequena.

Para que haja um equilíbrio entre as janelas e a implantação da edificação, as primeiras devem ser planejadas com cuidado. A Capela de Notre Dame du Haut, em Ronchamp, na França, projetada por Le Corbusier, nos oferece um estudo completo sobre o projeto de iluminação (Figura 7-6). Várias aberturas podem ser usadas para aprimorar, difundir e controlar os efeitos da luz (Figura 7-7). Entre os métodos de projeto de edificação que permitem a entrada de luz sem os efeitos indesejáveis dos ganhos térmicos solares, destacam-se o uso de *sheds*, que difundem a iluminação zenital e a entrada de luz pelo clerestório. A utilização de estantes de luz internas pode ajudar a interiorizar a luz em um espaço (Figura 7-8). Os ambientes iluminados por um clerestório comum que recebem iluminação diurna são capazes de direcionar a luz para espaços contíguos. Geralmente, em termos tanto de uniformidade como de efetividade, o ideal é deixar que a luz entre em um compartimento a partir de seu ponto mais alto.

Onde quer que as aberturas forem projetadas, é importante considerar como a iluminação natural entrará no cômodo e como a luz solar direta será barrada. É possível projetar sistemas de proteção solar integrados à pele da edificação, tanto no interior como no exterior, ou incorporá-los apenas aos interiores. Já há, no mercado, brises e persianas com controles que permitem a entrada de diferentes níveis de luz. Alguns sistemas de proteção mais sofisticados apresentam controles que reduzem automaticamente os níveis de iluminação elétrica. As estratégias passivas de controle da luz, por sua vez, incluem tirar proveito de características do terreno, como as árvores.

As brises oferecem um controle mais dinâmico, pois conseguem, inclusive, acompanhar o movimento aparente do sol com base no horário e na estação. Um bom projetista

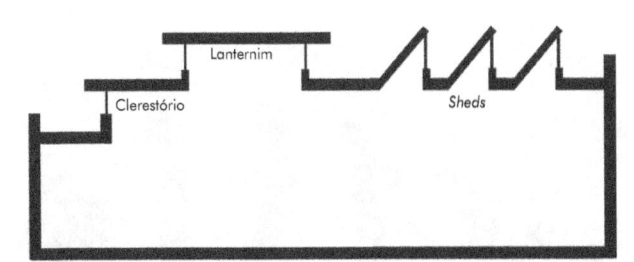

FIGURA 7-7 O corte da edificação mostra as várias aberturas que foram projetadas tendo-se em mente a luz diurna. Fonte: Imagem por cortesia de Austin Energy Green Building.

FIGURA 7-8 As prateleiras de luz internas refletem a luz solar para dentro do interior. Fabricante: Architectural Grilles & Sunshades, Inc., Mokena, IL.

sustentável faz leituras precisas das cartas solares seja durante os meses de inverno, com sol baixo, seja durante os meses de verão, nos quais os ângulos são maiores.

Visando a projetar um sistema eficiente capaz de maximizar o uso da luz diurna, os projetistas também devem considerar a quantidade e as localizações de controles da iluminação natural. Tais decisões se baseiam na densidade da ocupação, no tipo de construção e nas diferentes funções e tarefas visuais que são feitas nos espaços.

Combinar os controles de iluminação natural e artificial também é fundamental. Uma das alternativas é usar sistemas de dimerização (amortecimento de luz), incluindo a regulagem manual simples, *dimmers* progressivos automáticos, que variam de 100 a 50%, ou *dimmers* contínuos que cobrem todo o percentual utilizando sensores ou seguindo horários pré-determinados. As demais técnicas incluem sistemas de desligamento automático e outros mais sofisticados, com sensores óticos.

Mesmo as decisões referentes ao projeto das superfícies internas, como estofados, carpetes e outros acabamentos e acessórios, precisam ser consideradas em termos de sua capacidade de refletir ou absorver a luz e o calor. Em geral, as superfícies claras são mais refletivas do que as escuras. As considerações de planejamento espacial interno – como orientar os monitores de computador perpendicularmente às fontes de luz natural em vez de voltados para elas – também influenciam os resultados. As tarefas visuais são beneficiadas por uma maior proximidade com as janelas.

Para testar suas decisões ainda no ateliê de projeto, basta construir uma maquete, colocá-la ao ar livre e orientá-la de acordo com a geografia do terreno. Observe o ângulo de acesso da luz nos diferentes espaços. Quando buscam avaliações mais precisas, os projetistas costumam contratar consultores em luminotécnica para executar técnicas de modelagem de iluminação natural, o que permite aprimorar o projeto. Os *software* de modelagem de luz natural também ajudam a garantir um bom projeto de iluminação. Além disso, há um dispositivo conhecido como *heliodon*, ou simulador solar, capaz de programar com precisão a declinação do sol (sua altura), a latitude do terreno e a rotação da terra, permitindo o uso de maquetes para determinar a implantação ideal em termos de projeto de sombreamento, energia solar e iluminação natural. Junto às estratégias de projeto passivo, existem vários vidros de alto desempenho que permitem a entrada de luz (por transmitância luminosa visível) e protegem do sol, selecionando ou refletindo a luz e o calor de maneira espectral.

Ergonomia

Nas últimas décadas, o campo da ergonomia se tornou um tópico importante e uma área de estudo científico. A maioria das pessoas pensa na ergonomia como uma maneira genérica de descrever o projeto de um móvel, local ou equipamento para acomodar o corpo humano no ambiente de trabalho de forma a preservar a saúde do trabalhador. Ela também está relacionada à postura saudável e à prevenção de possíveis lesões por estresse repetitivo (Figura 7-9). A palavra *ergonomia*, ou "fatores humanos e ergonômicos", é derivada das palavras gregas para "trabalho" e "leis naturais". A Associação Internacional de Ergonomia a define de maneira mais ampla como "a disciplina científica que trata da compreensão das interações entre os seres humanos e outros elementos de um sistema, e a profissão que aplica teoria, princípios, dados e métodos de projeto a fim de otimizar o bem-estar humano e o desempenho do sistema como um todo".[14] Podemos pensar na ergonomia como um reflexo do conceito de projeto integrado, por interagir holisticamente com o sistema humano e seu ambiente. Dentro da ergonomia, há três áreas de estudo: física, cognitiva (acuidade mental, percepção e memória) e organizacional (organização da equipe, do local de trabalho,

---
[14]IEA (International Ergonomics Association), www.iea.cc/whats.

FIGURA 7-9 A evolução da anatomia humana na ausência de uma boa ergonomia. Fonte: Ilustração de Killer Banshee Studios.

da estrutura e da comunidade). Para os propósitos deste livro, examinaremos a ergonomia física.

A ergonomia física

A ergonomia física trata da anatomia humana e considera a inserção do corpo no espaço e sua relação com uma tarefa. Leva em consideração também a relação reversa, o conceito de tarefa para o trabalhador, por exemplo, a relação entre o computador e o ser humano. A Norma ISO 9241, Ergonomia da Interação do Sistema Humano, foi elaborada com essa relação específica em mente e evoluiu ao longo dos anos do conceito mais geral de ergonomia para o conceito relativamente novo de "usabilidade". O Corpo de Conhecimento da Usabilidade define o processo como "estudar o usuário e o trabalho ou tarefa, e, então, projetar o ambiente de trabalho (ou de processos e produtos) para otimizar a segurança, a saúde, o conforto e o desempenho do ocupante".[15] Vários campos de estudo estão incorporados tanto na usabilidade quanto na ergonomia física, como a biomecânica, a fisiologia e o ambiente na atividade física.

O conforto visual

Um dos componentes da ergonomia física é a ergonomia visual, a qual defende que o projeto do ambiente do interior é capaz de criar a iluminação correta para cada tarefa. Entre os fatores que podem prejudicar o conforto e a eficiência visual, encontram-se o ofuscamento, a iluminação artificial incorreta e a cor, a textura, o contraste e a luminosidade do ambiente.

Ainda que, até o momento, tenhamos nos focado nos benefícios da iluminação natural, também é preciso considerar seus pontos fracos, sendo o ofuscamento um dos principais. A regra prática mais simples para evitar o ofuscamento consiste em difundir a luz em vez de deixá-la entrar diretamente em um espaço. Embora os recursos de sombreamento consigam controlar o problema, é mais fácil avaliar os riscos ainda no início do projeto da edificação, projetando janelas e aberturas de maneira que possam acomodar as diferentes alturas sazonais do sol e considerando os materiais do entorno. É necessário reiterar que, em edificações sustentáveis, a orientação é uma questão importantíssima – principalmente quando os prédios buscam tirar proveito da iluminação diurna passiva e do conforto visual.

Ao fazer o projeto de iluminação e escolher as luminárias, lembre-se de que a oscilação da luz fluorescente (uma das principais culpadas pela má ergonomia visual em locais de trabalho) ocorre apenas em lâmpadas fluorescentes magnéticas. Os ruídos produzidos pelos reatores convencionais também contribuem para o desconforto.[16] Em vez deles, utilize reatores eletrônicos de alta frequência. As lâmpadas fluorescentes com consumo eficiente de energia funcionam em uma frequência mais alta do que as convencionais, o que tem sido associado ao seu melhor desempenho visual.

Por ser uma característica da luz, a cor também é energia. As cores são capazes de afetar o humor e de alterar os níveis de conforto. Há quem afirme que elas têm o poder de curar várias enfermidades, desde enxaquecas e alergias até distúrbios de pele e problemas de memória. A *terapia das cores*, ou *cromoterapia*, tem sido usada na medicina alternativa e já estava presente nas antigas civilizações egípcia e chinesa; nela, cada órgão corresponde a uma cor específica. Já na medicina aiurvédica, cores diferentes correspondem a chacras distintos.

Quando se trata de projetar um ambiente do interior ergonômico em termos visuais, o ideal é criar um espaço visualmente dinâmico em vez de um espaço uniforme e monótono que não seja trabalhado por padrão e textura. O projeto de interiores com cores extremamente luminosas e combinações de cores complementares (como vermelho e verde, laranja e azul ou amarelo e violeta), por outro lado, leva ao desconforto visual. Do ponto de vista do projeto e da ergonomia visual, busca-se certo nível de luminosidade e contraste; projetos assim, na verdade, conseguem aumentar a acuidade visual.

A adaptação é a capacidade dos olhos de passar de um nível de luminosidade para outro, como ocorre quando saímos de um túnel subterrâneo e chegamos a um local extremamente iluminado. Se a transição das sombras para a luz for muito extrema, ou se as sombras se apresentarem de forma brusca, a adaptação fica mais difícil e se torna uma fonte de desconforto visual por obrigar os olhos a passar rapidamente de uma superfície escura para outra, mais clara. É, consequentemente, um grande desafio projetar ambientes visualmente confortáveis com níveis adequados de sombreamento e superfícies contíguas que passem do claro para o escuro sem variações súbitas. Tanto a iluminação natural como a artificial devem ser consideradas em um projeto.

A conexão com o ambiente externo

Ao transitar entre a arquitetura e a biotecnologia, dois campos tão diferentes entre si, costumamos tirar as nossas inspirações de projeto mais inovadoras do mundo natural – um conceito conhecido como *biomimetismo*. Os seres humanos têm necessidade de se conectar com o ambiente externo. Além de agradáveis, a proximidade com o verde, o contato visual com o céu e a sensação do ar externo sobre a pele são naturalmente reconfortantes.

Infelizmente, o fato de vivermos e trabalharmos em ambientes artificiais impede que nos conectemos regularmente com a natureza. Muitos ícones da arquitetura têm resgatado essa relação entre seus principais valores de projeto. Além do poder concedido por tais precedentes, as edificações integradas seguem diretrizes de projeto sustentável significativas para trabalhar a falta de conexão com a natureza. Os efeitos desejáveis e saudáveis do projeto biofílico – como é denominado o conceito – também devem se tornar componentes da boa qualidade do ambiente do interior, ao mesmo tempo em que se constituem em uma espécie de nova postura da arquitetura.

Diversas abordagens de projeto, tanto na arquitetura de interiores como na arquitetura em geral, podem facilitar ou simular essa conexão com os ambientes externos. É possível prever, ainda no lançamento do projeto, a distribuição preli-

---

[15] Usability Body of Knowledge, www.usabilitybok.org/physical-ergonomics.
[16] J. A. Veitch and S. L. McColl, "Modulation of Fluorescent Light: Flicker Rate and Light Source Effects on Visual Performance and Visual Comfort," *Lighting Research and Technology* 27 (1995): 243–256.

minar das janelas e aberturas em relação às funções que serão desempenhadas nos espaços e ao número e tipos de pessoas que os ocuparão. Os usuários serão funcionários de escritório que ficam sentados em seus cubículos o dia inteiro? Em caso afirmativo, ofereça a eles acesso visual aos níveis mais altos, com uma vista do céu e um pouco de área verde, como os topos das árvores, por exemplo.

Outra opção é trazer a vegetação para os interiores, o que acarreta muitos benefícios. Além dos benefícios psicológicos oferecidos pela vegetação, diz-se que as plantas ajudam a purificar o ar dos ambientes internos – ainda que, quando mal cuidado, seu solo possa ser uma fonte de mofo e alérgenos.[17] (A Figura 7-10 mostra a Miniestufa Móvel Bel-Air, um aparelho vivo com projeto inovador que ajuda a purificar o ar absorvendo os compostos orgânicos voláteis, baseado em descobertas da NASA e que foi projetado por Mathieu Lehanneur em parceria com cientistas da Universidade de Harvard.)

Recentemente, foi feito um estudo para avaliar a capacidade das plantas de extrair contaminantes do ar interno. Ao colocar sete espécies vegetais no local do estudo, os pesquisadores concluíram que o benzeno (um composto orgânico volátil poderoso) era removido do ar interno em quantidades variáveis. Eles também descobriram que tanto a terra dos vasos como as plantas e suas interações foram responsáveis por remover entre 12 e 27 ppm d^{-1} de benzeno em 24 horas (a designação "d" se refere ao termo diamagnético, ou seja, a incapacidade de produzir um campo magnético).[18]

Ademais, sabemos que as plantas aumentam o bem-estar psicológico. Estudos feitos com pessoas submetidas a tratamentos de demência concluíram que, além de aumentar a qualidade do ar interno, a presença de plantas diminui o tempo de recuperação dos pacientes e contribui para o bem-estar geral.[19] Outro estudo, por sua vez, concluiu que a presença de plantas em ambientes internos contribui para os níveis de atenção, aumenta a produtividade e baixa a pressão sanguínea.[20]

Há uma estratégia de projeto sustentável muito bonita, que incorpora o conceito de maximização do bem-estar ao projeto de paisagismo interno – trata-se das paredes vivas, isto é, elementos de vegetação em grande escala que podem ser independentes ou fazer parte do plano vertical da edificação (Figura 7-11). Além disso, elas beneficiam a qualidade do ar interno de maneira ativa. Algumas tecnologias de paredes vivas incorporam um sistema de tratamento do ar à parede,

FIGURA 7-10 Mathieu Lehanneur, o projetista da Mini Estufa Móvel Bel-Air afirma: "Com o retorno dos primeiros voos espaciais e das muitas análises subsequentes, a NASA descobriu um elevado nível de COVs nos tecidos corporais dos astronautas. As espaçonaves dos Estados Unidos, feitas principalmente com plástico, fibra de vidro, materiais isolantes e retardantes de chamas, estavam gradualmente envenenando os astronautas. O mesmo ocorre nos espaços que ocupamos. Todos os produtos manufaturados liberam, ou, mais precisamente, emitem gases, mesmo anos depois de sua fabricação". Imagem por cortesia de Mathieu Lehanneur.

transformando-a em um sistema de filtragem integrado. O ar que passa pelas paredes vivas consegue decompor elementos presentes no ambiente do interior, como o formaldeído e o benzeno. Enquanto conferem uma sensação de bem-estar, as paredes vivas também aumentam a qualidade do ar e a eficiência energética.

O conforto térmico

Trataremos o conceito de conforto térmico como um componente da qualidade do ambiente do interior, visto que ele está entre as características internas mais palpáveis e fáceis de identificar – principalmente quando projetado de maneira incorreta. Muitos livros e congressos já foram escritos e realizados sobre o assunto. Os nossos códigos de edificações e projetos de instalações tocam exatamente neste fator variável da qualidade do ambiente do interior. Na verdade, a obra de um dos primeiros cientistas a compreender os conceitos de conforto térmico se tornou a base de um padrão ISO.

---

[17] B. C. Wolverton, *How to Grow Fresh Air: 50 House Plants that Purify Your Home or Office* (New York: Penguin, 1997).
[18] Ralph L. Orwell, Ronald L. Wood, Jane Tarran, Fraser Torpy, and Margaret D. Burchett, "Removal of Benzene by the Indoor Plant/Substrate Microcosm and Implications for Air Quality," *Water, Air, & Soil Pollution* 157, nos. 1–4 (September 2004): 193–207.
[19] E. Rappe and L. Lindén, "Plants in Health Care Environments: Experiences of the Nursing Personnel in Homes for People with Dementia," *ISHS Acta Horticulturae 639: XXVI International Horticultural Congress: Expanding Roles for Horticulture in Improving Human Well-Being and Life Quality*, convened June 2004, Toronto, Canada, proceedings published June 30, 2004, D. Relf, editor, ISHS Acta Horticulturae 639.
[20] Virginia I. Lohr, Caroline H. Pearson-Mims, and Georgia K. Goodwin, "Interior Plants May Improve Worker Productivity and Reduce Stress in a Windowless Environment," *Journal of Environmental Horticulture*, 14, no. 2: 97–100.

FIGURA 7-11 Uma parede viva (ou *mur végétal*, no termo francês) criada pelo artista botânico Patrick Blanc. Fonte: Imagem por cortesia de Patrick Blanc.

O cientista e professor universitário dinamarquês P. Ole Fanger desenvolveu uma equação complexa para chegar a uma definição matemática do conforto térmico.[21] A equação inclui seis variáveis que são essenciais para o conforto térmico humano. As quatro variáveis ambientais do modelo são: a temperatura ambiente, a temperatura radiante, a umidade relativa e a velocidade do ar; o isolamento das roupas e o nível de atividade, por sua vez, são as duas variáveis metabólicas.

Com frequência, discute-se a relevância de outras variáveis menos quantificáveis para o conforto térmico. A percepção do conforto térmico é influenciada por fatores como o humor dos usuários dos espaços, os níveis de motivação dos trabalhadores e os padrões mais simples da vida diária, entre outros comportamentos. É a interação de todos esses parâmetros que diferencia, em termos de consciência humana, um ambiente do interior desagradável e sua antítese – no caso, um ambiente térmico confortável.[22]

Como podemos projetar visando ao conforto térmico? É evidente que, com seus inúmeros valores matemáticos, a equação de Fanger implica uma complexidade correspondente em termos de projeto. Para lidar com isso, recorremos aos engenheiros de ambientes internos, cujas áreas de atuação variam da engenharia mecânica à psicologia organizacional. Como profissionais de projeto sustentável, é importante que compreendamos essas variáveis e que sejamos capazes de colaborar com todas as áreas. No final, tudo se resume à sinergia entre o projeto de arquitetura e o projeto de instalações, cujo trabalho conjunto requer o equilíbrio entre ventilação e temperatura adequado para a densidade de usuários, as atividades realizadas no espaço, os padrões de uso e, por fim, o controle individual (ou, no mínimo, a percepção de tal controle) de tais fatores.

Outras questões de qualidade do ambiente do interior

Grande parte do projeto do ambiente do interior de boa qualidade se baseia no conceito de *biofilia*, uma abordagem de projeto inovadora que "enfatiza a necessidade de manter, melhorar e restaurar a experiência benéfica da natureza no ambiente construído".[23] Os componentes da qualidade do ambiente do interior incluem as relações fundamentais entre os seres humanos e a natureza, e, quando bem-projetados, também resultam em um espaço que trata de tais relações. O projetista de edificações sustentáveis precavido leva em consideração outras questões no projeto de um ambiente do interior de qualidade, as quais incluem os vários fatores descritos abaixo, entre muitos outros.

- As variações climáticas afetam os níveis internos de ruído, a temperatura, a qualidade do ar e o nível de atividade humana. O vento, por exemplo, pode alterar o conforto percebido causando, também, alterações sutis no humor e na interação social.
- Os produtos preexistentes no terreno (como o amianto, o radônio, o chumbo e outros contaminantes inorgânicos) podem causar efeitos nocivos à saúde.
- Entre os produtos preexistentes no terreno que, atualmente, estão chamando a atenção da mídia, destacam-se o mofo e as frequências eletromagnéticas, que têm sido associadas a enfermidades que vão desde a leucemia até problemas de memória.[24]
- O tipo e a função da edificação podem dar origem a preocupações específicas. Os hospitais, por exemplo, podem abrigar bactérias e enfermidades que afetam tanto os pacientes como os funcionários da saúde, o que requer que seu ambiente do interior seja monitorado com cuidado. As áreas de cirurgia costumam ser mantidas a temperaturas extremamente baixas para controlar a proliferação de organismos nocivos. Os equipamentos de produção

---

[21]A obra de P. Ole Fanger mostra que a má qualidade do ar em habitações pode causar asma em crianças, ao passo que, em locais de trabalho, ela diminui a produtividade.
[22]Kenneth C. Parsons, *Human Thermal Environments: The Effects of Hot, Moderate, and Cold* (London: CRC Press, 2003); P. O. Fanger, *Thermal Comfort: Analysis and Applications in Environmental Engineering* (Copenhagen: Danish Technical Press, 1970; New York: McGraw-Hill: 1970).

[23]Stephen R. Kellert, Judith H. Heerwagen, and Martin L. Malor, eds., *Biophilic Design* (Hoboken, NJ: John Wiley & Sons, 2008).
[24]WBDG Sustainable Committee, "Enhance Indoor Environmental Quality (IEQ)," *The Whole Building Design Guide* (Washington, DC: National Institute of Building Sciences, October 14, 2008), www.wbdg.org/design/ieq.php.

industrial, por sua vez, às vezes envolvem a criação ou o uso de substâncias químicas sintéticas ou de materiais nocivos. Nessas situações, a experiência dos usuários de tais espaços internos se reduz aos equipamentos de proteção individual.
- A qualidade da água potável também é considerada um índice de qualidade do ambiente do interior. É preciso testar a água potável regularmente, junto à qualidade do ar.
- Enfim, para ser considerado confortável, o ambiente do interior deve ser submetido à manutenção e à limpeza de modo adequado. Cronogramas regulares de limpeza são essenciais, assim como o uso de produtos de limpeza apropriados, ambientalmente benignos e sustentáveis. Além de enviar os resíduos para locais que não os aterros sanitários, a coleta regular de materiais recicláveis e orgânicos, entre outros, é importante para o conforto olfativo e a qualidade do ar interno.

As vantagens da boa qualidade do ambiente do interior

É provável que você tenha percebido que os fatores de qualidade do ambiente do interior revisados neste capítulo oferecem várias vantagens convergentes, todas intimamente associadas à questão do conforto. Estudos defendem que o bem-estar humano, a produtividade laboral e o resultado de testes de desempenho podem ser atribuídos a um vínculo físico ou percebido com a natureza, sendo essa uma das metas biofílicas da qualidade efetiva do ambiente do interior.

Em 2002, M. J. Mendell fez um resumo de pesquisas focadas na produtividade então atuais e concluiu que muitos fatores podem afetar o desempenho escolar de crianças de maneira negativa; entre eles, encontram-se os controles de ventilação inadequados e a presença de poluentes microbiológicos e químicos internos. Além disso, as edificações mais recentes e a presença de carpetes tiveram efeitos negativos sobre determinadas tarefas e sobre o desempenho mental, enquanto a iluminação natural e os controles individuais, por sua vez, tiveram efeitos positivos em pesquisas feitas nas universidades.[25]

As relações entre as edificações sustentáveis e a produtividade foram estudadas em inúmeras pesquisas feitas pela psicóloga Judith H. Heerwagen, entre outros, concluindo-se que a qualidade do ambiente construído interno pode ajudar na concentração e na efetividade, além de reduzir os índices de absentismo.

Há quem afirme que os resultados são inconclusivos e que os estudos focados tanto na saúde como na produtividade ainda são controversos. Contudo, como mostram as Figuras 7-12 e 7-13, que representam os resultados das pesquisas feitas com a bibliografia disponível realizadas pelo Center for Building Performance and Diagnosis, da Carnegie Mellon University, os benefícios na saúde e na produtividade estão intimamente associados ao acesso ao ambiente natural.

Ao rever os fatores de qualidade do ambiente do interior, vimos que o espaço interno é uma parte que, na verdade, representa o todo. O espaço interno deve ser um organismo integrado e funcional dentro de uma edificação maior, porém igualmente integrada e funcional, tanto incorporando quanto definindo o conceito de projeto holístico de edificações. Embora esta seja, possivelmente, uma presunção bastante correta, observe que, mais uma vez, retornamos ao conceito de projeto integrado – a lição mais importante do projeto de edificações sustentáveis.

---

[25]G. A. Heath and M. J. Mendell, "Do Indoor Environments in Schools Influence Student Performance? A Review of the Literature," IV-20–IV-26.

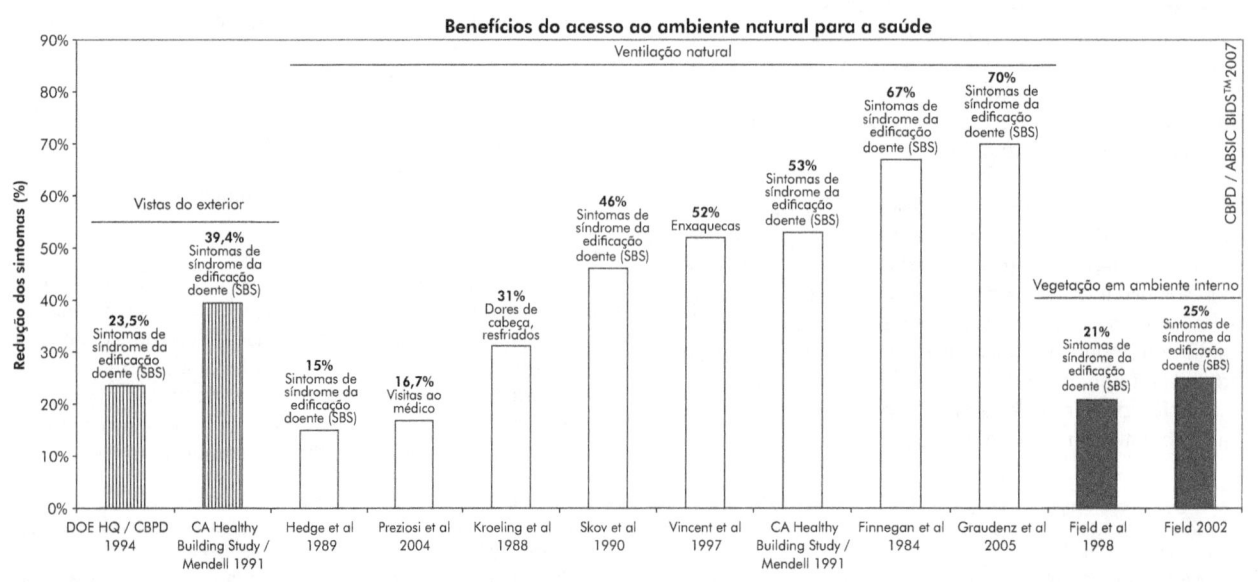

FIGURA 7-12 Os benefícios do acesso ao ambiente natural para a saúde.

Aumento da produtividade graças ao acesso ao ambiente natural
(Conforme a duração da tarefa)

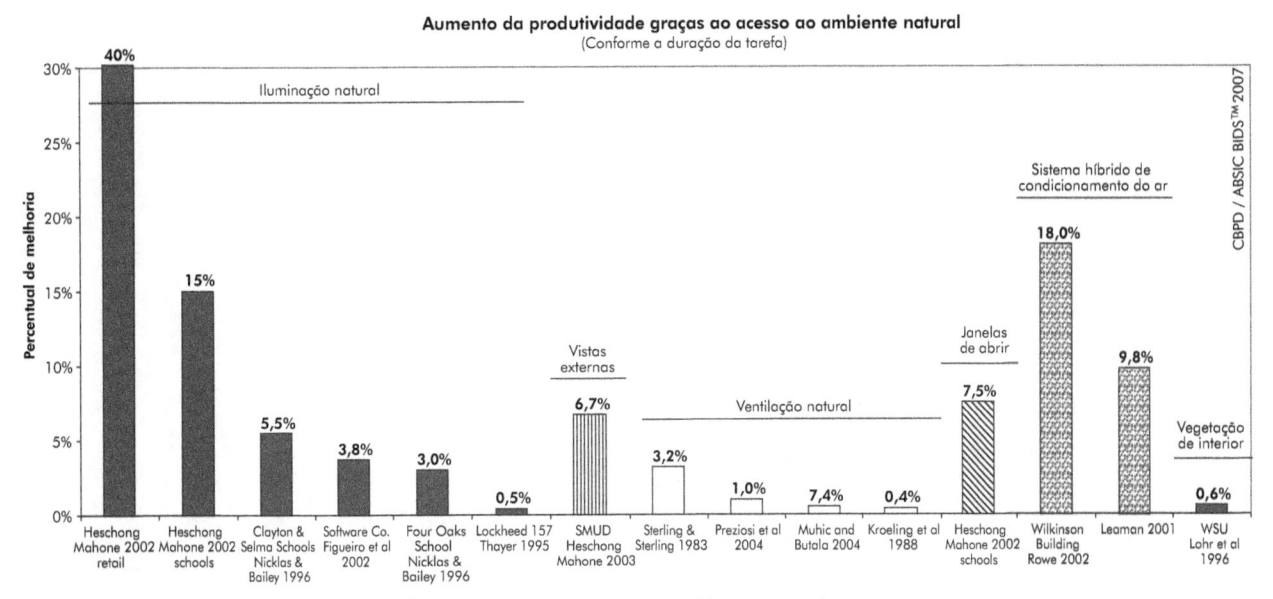

FIGURA 7-13 O aumento da produtividade graças ao acesso ao ambiente natural.

EXERCÍCIOS

1. Faça uma avaliação de ruídos no terreno do projeto de uma de suas disciplinas de ateliê na universidade, registrando pelo menos seis fontes significativas de ruídos, e, então, discuta as possíveis estratégias de controle acústico. Um exemplo seria os efeitos do ruído do sistema de climatização. Além do isolamento acústico do pavimento de cobertura (sótão) e das vidraças de janela, como essa fonte em particular poderia ser atenuada? Para obter mais informações sobre a capacidade de redução sonora desses materiais, por favor, consulte os capítulos sobre energia desses materiais. Use várias soluções de arquitetura, vedações externas e implantação.

2. Quais componentes adicionais de qualidade do ambiente do interior poderiam ser trabalhados por um projetista de edificações sustentáveis integradas? Considere as questões do nível de atividade física e de nutrição, usando a norma WELL Building Standard (*link* para um pdf da norma está disponível em wellbuildinginstitute.com).

3. Utilizando várias soluções de implantação e vedações externas, faça uma pesquisa com a metodologia BUS em três momentos de seu projeto de ateliê: na definição do conceito, no desenvolvimento do projeto e na ocupação. Use as orientações para as ferramentas específicas relacionadas a seu tipo de edificação, que são encontradas no site da fundação Usable Buildings Trust, www.usable-buildings.co.uk/fp/index.html.

4. Os ergonomistas gostam de citar exemplos de mau projeto de ergonomia, que frequentemente se relacionam com as embalagens. As garrafas de água de plástico foram reinterpretadas de várias maneiras, muitas bem-sucedidas. Analise a garrafa Silhouette, do *designer* italiano Martin Broen, para entender seu projeto estrutural.

5. Usando um elemento arquitetônico, como uma marquise, um passeio ou um banco, crie um projeto intencionalmente ergonômico que atenda às várias facetas da ergonomia física.

6. Comente a seguinte afirmativa, que é a tese do filme *Biophilic Design: The Architecture of Life* (Bullfrog Films, 2012): "As últimas tendências da arquitetura sustentável têm sido a redução do impacto ambiental causado pelo ambiente construído, mas isso pouco tem contribuído para nos reconectar com o mundo natural: essa é a peça que ainda falta no quebra-cabeças do desenvolvimento sustentável".

Recursos

"A Review of the Literature." In *A Compilation of Papers for the Indoor Air 2002 Conference, Monterey, California*, IV-20–IV-26. Berkeley, CA: Indoor Environment Department, Lawrence Berkeley National Laboratory, 2002.

Godish, Thad. *Indoor Environmental Quality*. Boca Raton, FL: CRC Press, 2000.

Heath, G. A., and M. J. Mendell. "Do Indoor Environments in Schools Influence Student Performance?"

"Kellert, Stephen R., Judith H. Heerwagen, and Martin L. Malor, eds. *Biophilic Design*. Hoboken, NJ: John Wiley & Sons, 2008.

May, Jeffrey C. *My Office Is Killing Me! The Sick Building Survival Guide*. Baltimore, MD: Johns Hopkins University Press, 2006.

Recursos para a limpeza sustentável

The Ashkin Group, Green Cleaning Experts: www.AshkinGroup.com
Green Clean Certified: www.greencleancertified.com
Green Seal: www.greenseal.org
Healthy House Institute: www.healthyhouseinstitute.com
Healthy Schools Campaign: www.healthyschoolscampaign.org

Como as Edificações Consomem Energia 8

Há mais de 25 anos, as pesquisas e os projetos de última geração vêm demonstrando que é possível projetar edificações que usam 80% a menos de energia do que o convencional. Já temos as tecnologias para isso, mas ainda não conseguimos implementar esse nível de desempenho em larga escala. As melhorias no setor da edificação apresentam uma enorme oportunidade para enfrentar as mudanças climáticas, e uma abordagem de projeto integrada pode fazer isso de modo bastante econômico. Reduzir o consumo energético de uma edificação também diminui os impactos ambientais resultantes da geração de energia em uma usina, bem como da queima *in loco* de combustíveis como o gás natural ou o óleo combustível. Essa oportunidade para a criação de edificações supereficientes ainda é pouco explorada em função da falta de familiaridade com os métodos e as estratégias necessários para chegar lá. Os Capítulos 8, 9, 10, 11 e 12 oferecem um entendimento das questões, tecnologias e sistemas, além de introduzir métodos para criar uma base para o projeto integrado. Estudos de caso dos prédios que têm sido projetados, construídos e operados foram incluídos nesses capítulos.

O Capítulo 8 oferece perspectivas sobre como os prédios usam a energia e os fatores que afetam seu consumo. Ele também apresenta um panorama dos serviços prestados pelos prédios que levam ao consumo de energia, e como alguns desses serviços vêm evoluindo com o passar do tempo.

Os Capítulos 9 e 10 cobrem os sistemas prediais e as tecnologias. Os sistemas apresentados no Capítulo 9 contribuem para a redução das cargas de um prédio, enquanto o Capítulo 10 cobre os sistemas que atenuam as cargas resultantes para fornecer um nível de conforto aceitável e um ambiente produtivo.

Uma característica-chave do projeto sustentável integrado é a obrigatoriedade de prestar contas (*accountability*). O Capítulo 11 introduz a medição de energia com a modelagem durante o projeto e com medidores durante a operação. No processo de projeto integrado, o resultado fornecido pelos modelos e medidores é utilizado para orientar as decisões.

O Capítulo 12 foca os prédios com consumo de energia líquido zero, que são edificações que geram tanta energia renovável quanto consomem. Definições, problemas, considerações de projeto e tecnologias de energia renovável são abordadas nesse capítulo.

A energia no ciclo de vida de uma edificação

A energia é consumida em todas as etapas da vida de uma edificação. A energia incorporada é aquela gasta durante a fabricação e o transporte dos materiais de construção, bem como na execução do prédio. Durante sua operação, um prédio usa energia para alimentar aparelhos e eletrônicos que estão dentro dele, na iluminação do interior e exterior, na calefação, refrigeração e ventilação, no aquecimento e bombeamento da água, e, em certos casos, para cozinhar, fazer funcionar equipamentos médicos, refrigeradores, elevadores e escadas rolantes. Também se consome energia durante a demolição dos prédios. Nos prédios com condicionamento de ar típico, a energia de operação ao longo de 10 anos de uso frequentemente excede a energia incorporada total da edificação inteira (veja a Figura 8-1). A redução da energia necessária para fazer um prédio funcionar pode ter impacto significativo no consumo energético total ao longo da vida útil do prédio.

Evolução das edificações e seu impacto no consumo de energia

Os prédios promovem o conforto das pessoas ao atenuar os impactos negativos do clima. Até pouco tempo atrás, fornecer conforto térmico e visual aos usuários era responsabilidade do arquiteto. O arquiteto servia como mestre de obras, supervisionando e integrando todos os aspectos do projeto e da construção. No século XX, novos materiais estruturais, como o ferro, o aço e o concreto armado possibilitaram erguer prédios altos, com uma estrutura independente de pilares, vigas e lajes com armaduras de aço. As paredes foram liberadas de seu papel estrutural e passaram a ser feitas com materiais finos e leves, como o alumínio, sendo reduzidas a pouco mais do que uma chapa de vidro.

Na segunda metade do século XX, os avanços no condicionamento de ar e na iluminação fluorescente resultaram em mudanças ainda mais radicais no projeto de edificações (Figura 8-2). Por volta da década de 1950, os métodos de projeto mais antigos, que costumavam ser utilizados para proporcionar conforto térmico e boa iluminação, já estavam sendo ignorados e esquecidos. Os arquitetos e engenheiros passaram a usar materiais leves em vez de alvenarias maciças

Energia kBTU/SF

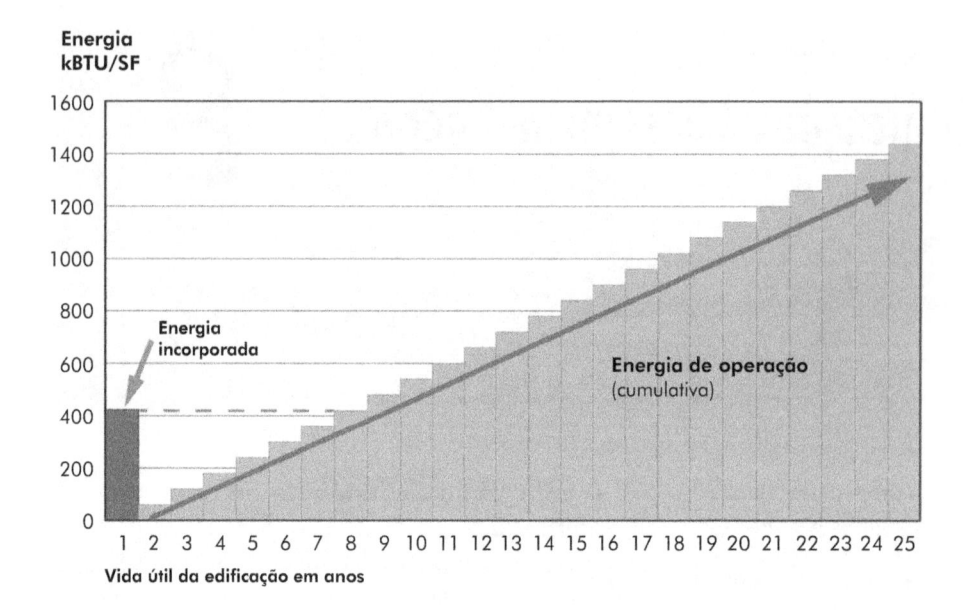

FIGURA 8-1 Energia incorporada e de operação ao longo da vida útil da edificação. Ilustração: Killer Banshee Studios.

(gráfico: Energia incorporada; Energia de operação (cumulativa); Vida útil da edificação em anos)

e com grande inércia térmica; e os sistemas de iluminação elétrica e resfriamento mecânico substituíram a iluminação e a ventilação naturais. Em vez de elementos de sombreamento, eram usados vidros absorventes de luz. Neste período pós-Segunda Guerra Mundial, os arquitetos passaram a responsabilidade do conforto para os engenheiros mecânicos e eletricistas. Considerava-se que era melhor deixar o conforto a cargo dos equipamentos do que obtê-lo por meio do projeto de arquitetura. A fé inquestionável nas soluções tecnológicas e a promessa de energia nuclear ilimitada e barata levou muitas pessoas a acreditarem que um ambiente interno ideal e estático era preferível àquele que variava conforme a estação. A consciência ambiental da época era baixa, e poucos se preocupavam com o consumo energético das edificações. Os usuários começaram a esperar condições estáticas de conforto térmico e lumínico nas edificações. Os arquitetos também passaram, cada vez mais, a ter dificuldade de empregar técnicas de projeto que respondessem às condições climáticas

Iluminação artificial

- **1809** Primeira lâmpada elétrica demonstrada para o público na Royal Society
- **1880** Edison produz uma lâmpada de 16 watts que dura 1.500 horas
- **1926** Edmund Germer patenteia a lâmpada fluorescente
- **1938** Lightolier e outros fabricam lâmpadas fluorescentes
- **1950-70** As lâmpadas fluorescentes se tornam populares

A grande mudança no projeto de edificações e nas práticas imobiliárias

Condicionamento de ar

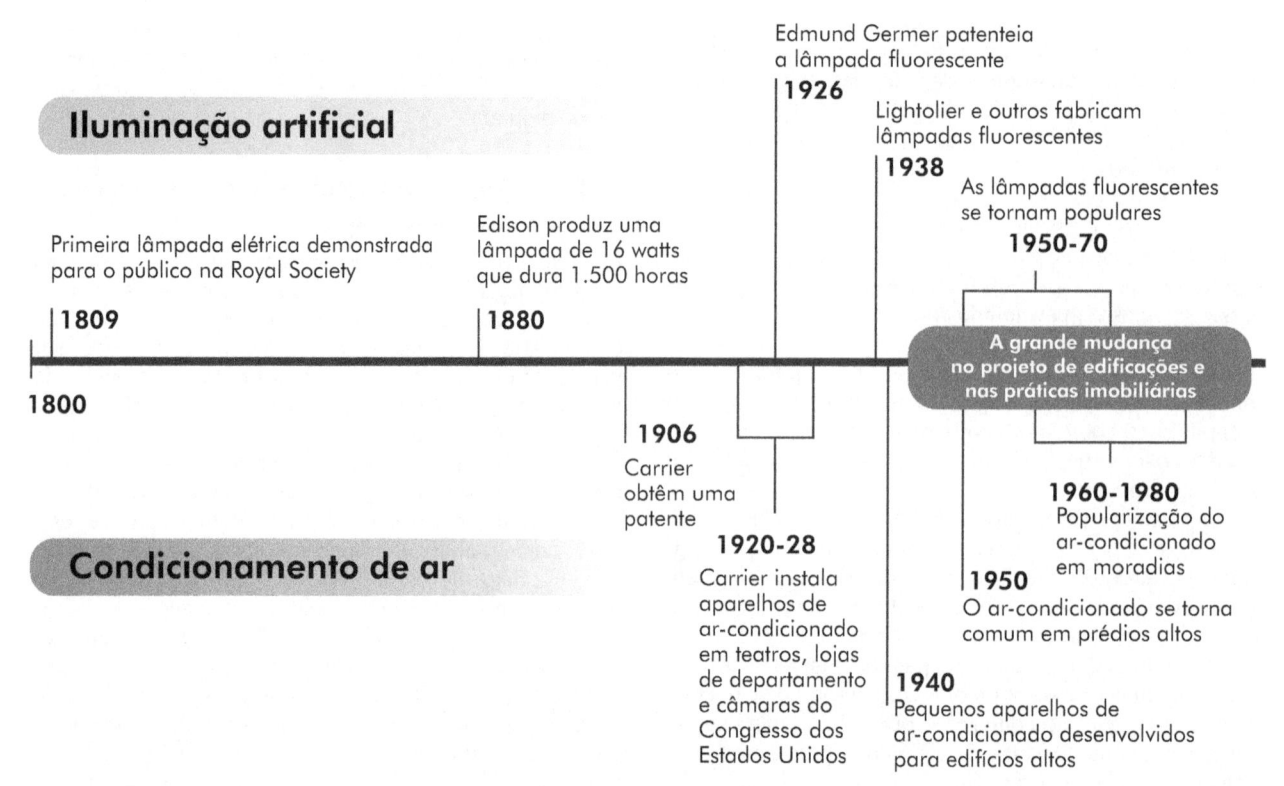

- **1906** Carrier obtêm uma patente
- **1920-28** Carrier instala aparelhos de ar-condicionado em teatros, lojas de departamento e câmaras do Congresso dos Estados Unidos
- **1940** Pequenos aparelhos de ar-condicionado desenvolvidos para edifícios altos
- **1950** O ar-condicionado se torna comum em prédios altos
- **1960-1980** Popularização do ar-condicionado em moradias

FIGURA 8-2 Linha do tempo mostrando as modificações na iluminação elétrica e no condicionamento de ar. Ilustração: Killer Banshee Studios.

para satisfazer aos usuários. Como essas mudanças são tão significativas, é importante lembrar como, na verdade, elas são muito recentes na história do projeto e da construção de edificações.

A invenção do aparelho de ar-condicionado, em 1906, é creditada a Willis Carrier. A Grande Depressão e a Segunda Guerra Mundial atrasaram sua adoção generalizada até as últimas décadas do século XX. Antes do advento do ar-condicionado, o excesso de calor era amenizado com o sombreamento, a ventilação, os materiais de construção e o aumento da umidade do ar. O ambiente interno era temperado, mas não era possível oferecer o conforto esperado pelos usuários dos prédios atuais quando as condições meteorológicas eram extremas. Os usuários de edificações sabiam que as condições térmicas variam conforme as estações e, consequentemente, vestiam-se de acordo. Os arquitetos forneciam sombreamento, espaços com pé-direito mais alto e algumas oportunidades para o movimento do ar. O condicionamento do ar provocou uma revolução nas expectativas de conforto, que mudou grande parte da América do Norte e, em seguida, grande parte do mundo.

Ainda que vários inventores já tivessem conseguido gerar luz a partir da eletricidade desde 1800, foi apenas em 1880, quanto Edison produziu uma lâmpada de 16 watts que durou 1.500 horas, que a iluminação elétrica começou a substituir outras formas de luz artificial nas edificações. No entanto, as lâmpadas incandescentes eram utilizadas principalmente para a iluminação de prédios à noite, e, durante o dia, a luz natural era preferida. Isso mudou quando a iluminação fluorescente, que consome menos energia e emite menos calor, se tornou popular. A iluminação fluorescente se tornou comercialmente disponível em 1938. A Segunda Guerra Mundial antecipou sua difusão. A produção fabril aumentou muito para sustentar a guerra, e a iluminação fluorescente era utilizada principalmente nos imóveis industriais. Na década de 1950, já era comum encontrá-las em edificações comerciais.

Quando o projeto de edificações fornecia luz natural para a iluminação, e o movimento do ar, para a ventilação, os usuários tinham de ser posicionados próximos às janelas ou claraboias. Esses prédios eram projetados com base em uma planta baixa estreita, geralmente com, no máximo, 15 m, janelas altas, pés-direitos altos, e percursos que induzissem o movimento do ar através dos espaços. A combinação de condicionamento do ar e lâmpadas fluorescentes alterou drasticamente o formato das edificações. Como os usuários já não precisavam ter acesso às janelas para iluminação e arejamento, prédios maiores e com plantas maiores se tornaram possíveis. Esses prédios consumiam mais energia na operação e reduziram a interação dos usuários com o exterior. Na silhueta da cidade norte-americana de Minneapolis, a Torre Foshay é um prédio de 1931 com pequenas lajes de piso que hoje se tornou um anão perto dos grandes edifícios modernos, com profundas lajes (Figura 8-3). O padrão de consumo de energia que hoje observamos nos prédios é, em grande parte, resultado da mudança nas práticas imobiliárias e de construção que surgiram há três décadas, logo após a Segunda Guerra Mundial.

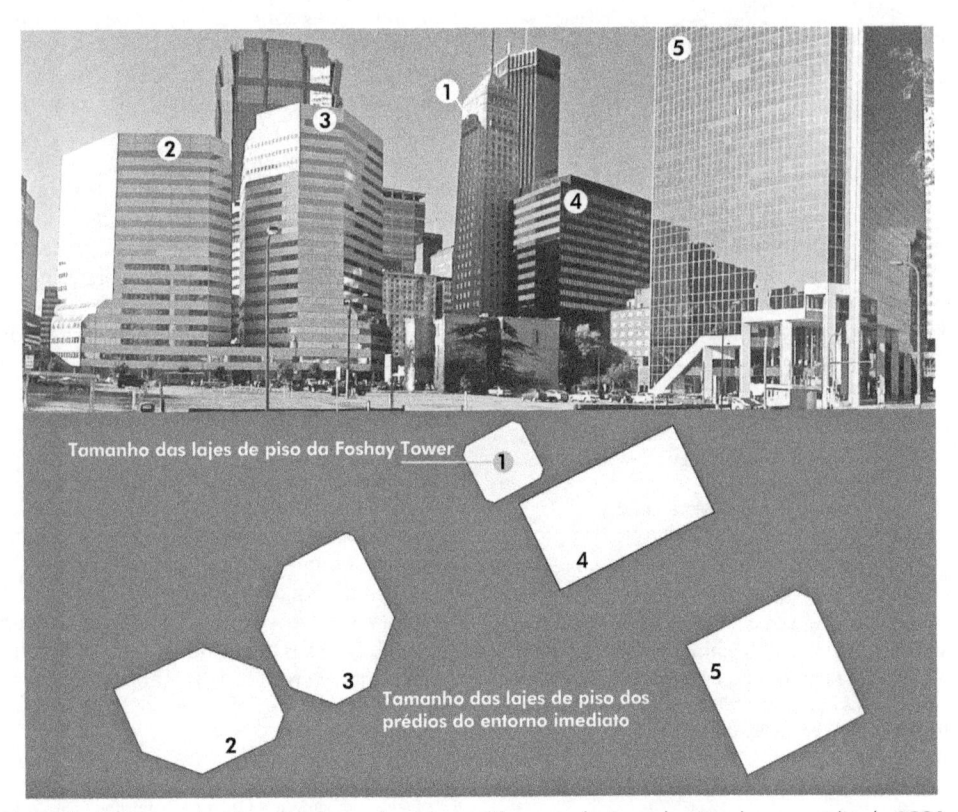

FIGURA 8-3 Linha do horizonte de Minneapolis que mostra a diferença de área de piso de um prédio de 1931, o Foshay, e os prédios mais recentes (construídos após 1970). Fotografia por cortesia de Alan D'souza.

Padrões de consumo da energia para operação predial

A energia é um facilitador crítico. O acesso seguro às fontes de energia moderna embasa o desenvolvimento e o crescimento da prosperidade econômica. Nos países em desenvolvimento, o acesso à energia ajuda a reduzir a pobreza, melhorar a saúde, aumentar a produtividade e promover o crescimento econômico. Os três principais setores que consomem energia em qualquer economia são o transporte, a indústria e as edificações. Nas economias desenvolvidas, o consumo de energia residencial mostra uma porção maior do uso total, resultante do aumento de aparelhos eletrodomésticos utilizados para o conforto e a conveniência. As edificações do mundo inteiro consomem 32% do total de energia produzida.[1] Se for calculada a energia na fonte, ou seja, se forem consideradas as perdas de geração, distribuição e transmissão, as edificações consomem cerca de 40% do total da energia gerada. Nos Estados Unidos, as edificações correspondem a cerca de 48% do consumo anual de energia na fonte, com 22% nas moradias, 19% nos prédios profissionais e cerca de 7% na energia incorporada (Figura 8-4).

Tanto nas edificações residenciais como nas profissionais, cerca da metade do consumo total de energia destina-se ao conforto térmico e à ventilação. Essa é uma tendência também encontrada no resto do mundo, pois o consumo de energia para climatização de edifícios de escritório corresponde a 48% nos Estados Unidos, 55% no Reino Unido e 52% na Espanha.[2]

O consumo de energia varia conforme o tipo de edificação e o clima. O impacto do clima é bastante óbvio, uma vez que a calefação e o resfriamento respondem por uma parte muito significativa do consumo energético de um prédio: a energia para calefação aumenta com o frio, e a energia para resfriamento, com o calor.

Os dados dos Estados Unidos mostram que o tipo de edificação tem um impacto ainda maior na intensidade de uso de energia dos prédios do que o clima. O tipo de edificação determina o uso e a configuração espacial do prédio. Os prédios habitacionais, como hotéis, apartamentos e albergues, têm consumo noturno maior, e os profissionais, como escritórios, escolas e universidades, têm consumo diurno maior. Alguns prédios, como os hospitais, são utilizados 24 horas por dia. É claro que, com o aumento do número de horas de ocupação, o consumo de energia de um prédio também aumenta.

Os prédios residenciais têm todos os seus cômodos de permanência prolongada perto das vedações externas, enquanto auditórios, salas de operação e mesmo escritórios muitas vezes ficam afastados da pele da edificação. Os prédios com esses tipos de uso têm lajes de piso mais profundas, o que resulta em razões entre superfície externa e volume menores. Os tipos de edificação que tendem a ser menores em área – como as moradias unifamiliares, comparadas aos prédios escolares, por exemplo – têm uma razão entre superfície externa e volume maior. Quando essas relações são maiores, o resultado são mais interações com o clima, o que chamamos de cargas do fechamento (ou da pele). Esses prédios podem se beneficiar de um projeto melhor do fechamento (ou seja, das vedações externas), e têm mais potencial para o uso das estratégias de projeto passivo.

Os tipos de edificação que têm grandes cargas de equipamento, como centros de dados, ou aqueles que exigem altas taxas de ventilação, como restaurantes ou laboratórios, geralmente são os que têm mais intensidade de uso de energia. As cargas do fechamento são uma parcela menor do consumo energético total.

As cargas do fechamento resultam da radiação solar, da temperatura externa e da umidade, e são recebidas pelos elementos de vedação externa do prédio, como paredes, coberturas e janelas. As cargas internas advêm das atividades desenvolvidas dentro do prédio e incluem o calor emitido pelas pessoas, lâmpadas e equipamentos. As simulações de energia de um prédio com cenários nos quais as cargas do fechamento são eliminadas oferecem boas informações a um projetista sobre o perfil de carga da edificação e o impacto dessas cargas em determinado clima (Figura 8-5).

Para entender como essas cargas são geradas nos prédios, precisamos entender alguns conceitos básicos de transferência térmica, variação climática e necessidades dos usuários.

Uso de energia primária por setor

- Transportes: 28%
- Edificações residenciais: 22%
- Operação predial: 41%
- Edificações comerciais: 19%
- Materiais de construção: 7%
- Indústria: 31%

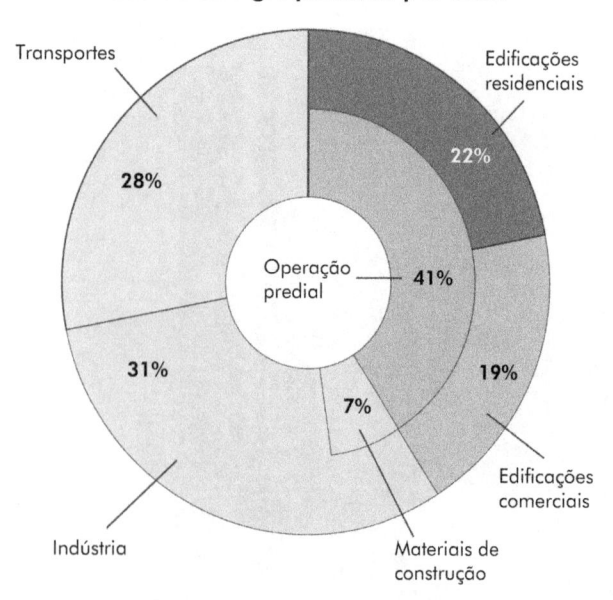

FIGURA 8-4 Consumo energético das edificações dos Estados Unidos conforme o uso final. Fontes: U.S. Energy Information Administration, "Commercial Buildings Energy Consumption Survey (CBECS) Data", www.eia.gov/consumption/commercial/data/2003; Residential Energy Consumption Survey (RECS) Data, www.eia.gov/consumption/residential/data/2005. Ilustração: Killer Banshee Studios.

---

[1] International Energy Organization, "Energy Efficiency," www.iea.org/aboutus/faqs/energyefficiency/.

[2] Luis Perez-Lombard, Jose Ortiz, and Christine Pout. "A Review on Buildings Energy Consumption Information." Energy and Buildings 40(3): 394-398. doi:10.1016/j.enbuild.2007.03.007.

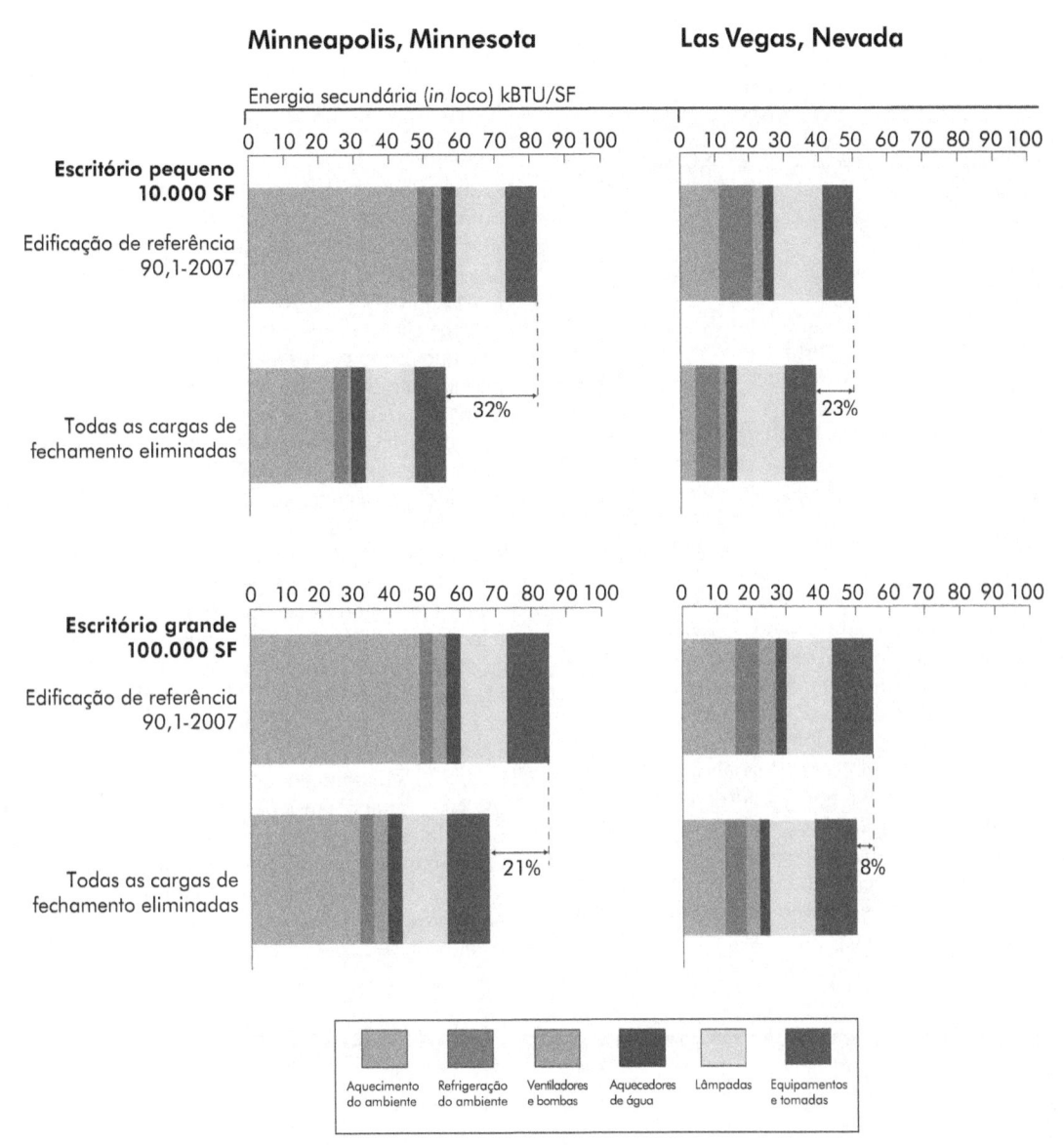

FIGURA 8-5 Impacto da eliminação das cargas internas e de fechamento em edifícios de escritórios pequenos e grandes em Minneapolis, MN, e Las Vegas, NV. Ilustração: Killer Banshee Studios.

O calor e os modos de transferência térmica

O calor é uma forma de energia que é medida, no Sistema Internacional de Unidades, em Joules (J), e, no Sistema Imperial (ou norte-americano), em BTUs (unidades térmicas britânicas). O fluxo de calor sempre se dá dos locais ou massas quentes para os frios. Os objetos quentes que estão em um recinto mais frio esfriarão até a temperatura ambiente. Por outro lado, os objetos frios em um cômodo quente absorverão calor até alcançar a temperatura ambiente. O gelo que for colocado na água derreterá. No inverno, o calor de um prédio quente passará através das vedações externas para o exterior, que está mais frio. O inverso também é verdadeiro no verão, quando o ar do exterior está mais quente. Sem um diferencial de temperatura, não há transferência térmica natural. Podemos classificar o calor em dois tipos: calor sensível e calor latente.

Calor sensível

O *calor sensível* é o calor presente em uma substância como resultado da vibração aleatória de suas moléculas e pode ser medido com um termômetro em graus Fahrenheit (F), Celsius (C) ou Kelvin (K). A quantidade de calor que um objeto contém depende de sua temperatura e massa. Assim, dois blocos de material idêntico e sob a mesma temperatura, mas de diferentes tamanhos, conterão quantidades de calor distintas. O uso de materiais "pesados" (isto é, com muita massa) em um prédio ajuda a absorver ou emitir calor ao longo do tempo. Na arquitetura tradicional, o uso de massa termoacumuladora na forma de grossas paredes de alvenaria, pisos ou coberturas, bem como na forma de reservatórios de água, gera um retardo térmico nas oscilações de temperatura dos espaços internos.

Um BTU (unidade térmica britânica) é a quantidade de calor necessária para elevar a temperatura de uma libra de água em 1°F. Esse calor é um "calor sensível".
Para derreter uma libra de gelo (453 g) são precisos 144 BTUs, e para evaporar uma libra de água, 970 BTUs. Esse calor é um "calor latente".

Calor latente

Acrescentar 1 BTU de calor a uma libra de água aumenta sua temperatura em 1°F. Contudo, são necessários 144 BTUs para converter uma libra de gelo em água, e 970 BTUs para transformar uma libra de água em vapor. Essa grande quantidade da energia térmica é empregada para quebrar as ligações entre as moléculas e não resulta em um aumento de temperatura. Essa energia térmica não tem como ser medida por um termômetro e é chamada de calor latente. O "calor de fusão" latente é necessário para derreter um sólido, e o "calor de vaporização", para transformar um líquido em gás. A mudança de fase dos materiais, como do gelo para a água, ou vice e versa, e da água para o vapor, ou vice e versa, é uma maneira compacta de armazenamento e transferência de calor. Quando o suor evapora em nossa pele, ele retira calor de nosso corpo, resfriando-o. Prédios muito grandes e campi universitários usam resfriadores (*chillers*) para produzir gelo à noite, quando o ar ambiente está mais frio. Durante o dia, o prédio rejeita seu calor, transferindo-o para o gelo, e essa mudança de fase (do gelo para água) armazena grandes quantidades de calor em pequenos volumes. Novos materiais que mudam de fase à temperatura ambiente vêm sendo desenvolvidos para funcionarem como massa térmica dentro de prédios.

Transferência térmica

Existem três formas principais de transferência térmica em um prédio: a condução, a convecção e a radiação (Figura 8-6).

A condução

Quando dois objetos com temperaturas distintas estão em contato físico direto, o calor é transferido por condução. As moléculas do objeto mais quente, que vibram em alta velocidade, colidem com as moléculas do objeto mais frio, que vibram em velocidade mais baixa. As moléculas mais rápidas perdem velocidade em razão da colisão, resfriando o objeto, enquanto as moléculas mais lentas aceleram, provocando o aquecimento do objeto. A condução somente pode ocorrer dentro de um objeto ou material, ou entre dois objetos que estão em contato entre si. A condução ocorre em sólidos, líquidos e gases. As moléculas devem estar próximas para que a condução seja eficaz. Uma vez que as moléculas presentes nos gases raramente são densas, o ar não é um bom condutor de calor. Não existe condução térmica no vácuo.

Percebemos a condução de calor nos prédios quando tocamos os materiais de uma edificação, como uma vidraça de janela fria no inverno. A taxa pela qual o calor é transferido por condução através de um material é chamada de condutividade térmica (k), ou valor U, e é medida em *BTU por hora por pé quadrado por grau Fahrenheit (BTU/h/°F)*, no Sistema Imperial, ou em *Watts por metro quadrado por grau Kelvin ($w/m^2/°K$)*, em unidades do Sistema Internacional de Unidades. Para limitar a transferência térmica através da condução entre o interior e o exterior de um prédio, é melhor um valor U mais baixo, pois ele indica uma taxa de transferência de calor inferior. A condução térmica nos materiais também é caracterizada por suas capacidades de resistir à transferência de calor, ou seja, sua *resistência térmica*, indicada pelo valor

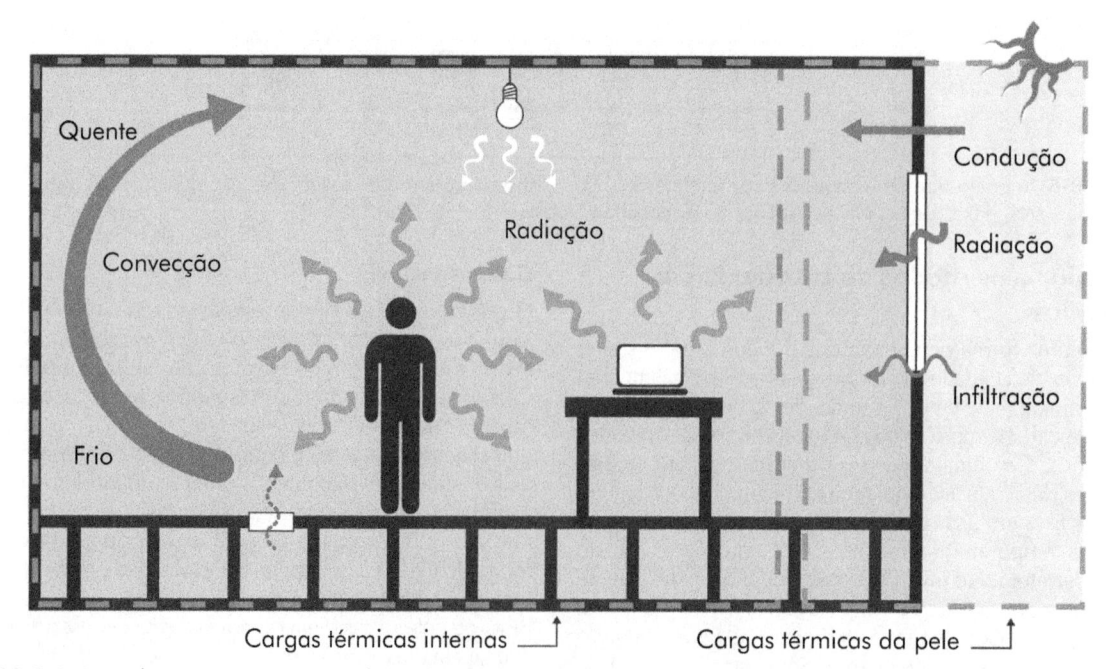

FIGURA 8-6 A condução requer o contato físico direto. A convecção exige o deslocamento de fluidos, como o ar ou a água. A radiação ocorre entre superfícies. Baseada em Thomas Hootman, *Net Zero Energy Design: A Guide for Commercial Architecture*. Hoboken, NJ: John Wiley & Sons, 2014; ilustração: Killer Banshee Studios.

R. O valor R é o inverso do valor U, de modo que um material que tem valor U de 0,1, ou 1/10, tem valor R de 10.

A *capacidade térmica* é a quantidade de calor necessária para aumentar a temperatura de um material em 1°C (ou °F). Os materiais mais pesados costumam ter capacidade térmica mais alta, que também é chamada de *massa termoacumuladora, massa de armazenagem térmica* ou *inércia térmica*. A capacidade térmica ou massa termoacumuladora retarda a transferência de calor até que a capacidade térmica tenha sido atingida. Um material de construção com capacidade térmica baixa é saturado mais rapidamente, e, uma vez que isso ocorre, o fluxo térmico é determinado por seu valor U. Um painel de concreto com 30,0 cm de espessura terá 12 vezes mais massa termoacumuladora do que um painel do mesmo material com 2,5 cm de espessura. Em virtude de sua alta massa termoacumuladora, a água pode armazenar e transferir cerca de 3 mil vezes mais energia do que o mesmo volume de ar.

A convecção

A convecção é a transferência de calor de um lugar a outro em função do movimento dos fluidos. A convecção natural pode ocorrer quando um líquido ou gás aquece, se torna menos denso e sobe, movendo, portanto, o calor para cima. A convecção também se dá quando o ar é deslocado por um ventilador ou pelo vento, ou quando um líquido é deslocado por uma bomba.

O calor transferido por meio da convecção é medido em termos do fluxo e da capacidade do fluido de transportar energia térmica. A convecção indesejada do ar através das vedações externas de um prédio é chamada de infiltração. As barreiras de ar e os detalhes de construção bem desenhados reduzem os ganhos e perdas por convecção.

Percebemos a convecção térmica nos prédios quando o ar que atinge uma vidraça no inverno esfria e desce, gerando uma corrente de ar frio descendente. A convecção é a forma de transferência de calor utilizada para transportar ar frio através dos dutos de um sistema de ar-condicionado.

A radiação

A radiação (ou irradiação) é a transferência de calor na forma de radiação eletromagnética. A quantidade de energia emitida ou absorvida e a frequência da radiação dependem da temperatura do objeto. Um objeto quente rodeado por objetos mais frios emite mais energia do que absorve. Quanto mais quente o objeto, menor o comprimento de onda de sua radiação. O sol, por ser bastante quente, emite radiação com comprimento de onda relativamente curto: ondas ultravioletas (visíveis) e ondas infravermelhas curtas (ou radiação no infravermelho próximo) (Figura 8-7). Os objetos que estão quentes ou à temperatura ambiente emitem ondas infravermelhas longas (ou radiação no infravermelho distante). Um objeto emite radiação em todas as direções e absorve energia radiante dos outros objetos em sua linha de visão direta. Quando a energia radiante incide sobre um objeto, ela é transmitida, absorvida, refletida e, após algum tempo, emitida.

A intensidade de energia radiante em uma superfície é medida em *Watts por metro quadrado (W/m²)*. A radiação é transmitida quando passa através de um material transparente ou translúcido. Parte da energia radiante é absorvida e aquece o material; outra parte é simplesmente refletida de volta. O comprimento de onda transmitido depende das propriedades do vidro. Enquanto a radiação solar nos comprimentos de onda visíveis é transmitida em sua maior parte, a radiação dos objetos terrestres, em ondas longas, não é transmitida através do vidro. Assim, a radiação solar entra em um espaço através de uma janela envidraçada, mas a radiação emitida pelos objetos no interior fica presa no espaço, criando um efeito estufa.

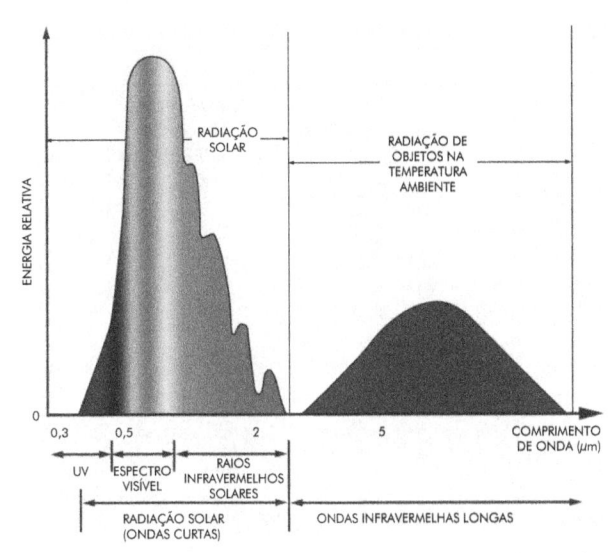

FIGURA 8-7 Energia radiante do sol e energia radiante dos objetos terrestres à temperatura ambiente. Ilustração: Killer Banshee Studios.

A emitância

A emitância de um material é uma propriedade de sua superfície que é inversamente proporcional à sua refletância. Assim, um objeto que reflete 10% da energia radiante incidente absorverá e reemitirá os 90% restantes. Os materiais têm diferentes refletâncias (ou reflexões) e emitâncias para diferentes comprimentos de onda. Quando um material de construção é exposto à radiação solar, ele absorve a radiação do espectro de ondas curtas, visíveis e no infravermelho próximo; quando ele a emite, ela faz parte do infravermelho distante. Portanto, estamos interessados na emitância infravermelha dos materiais de construção. A emitância alta indica que a superfície consegue irradiar energia térmica livremente, enquanto a emitância baixa mostra que sua capacidade de irradiar calor é limitada. Uma vez que é uma propriedade das superfícies, a emitância pode variar quando o mesmo material recebe tratamentos superficiais diferentes. Um painel de metal polido tem emitância infravermelha mais baixa do que um que não é polido. Para que uma vidraça tenha sua emitância reduzida, aplicam-se revestimentos a ele (películas). Um material que é muito reflexivo à radiação solar pode ser um emissor alto ou baixo de radiação de ondas longas, dependendo do tratamento de sua superfície. O *índice de refletância solar* (IRS) é uma medida da capacidade do material de rejeitar calor solar, sendo uma combinação de sua refletância e emitância de raios infravermelhos. Os materiais

TABELA 8-1 Índice de refletância solar (IRS) de materiais comuns

MATERIAL	REFLETÂNCIA SOLAR	EMITÂNCIA DE RAIOS INFRAVERMELHOS	IRS
Asfalto negro	0,05	0,91	0
Asfalto cinza	0,22	0,91	23
Cimento aparente (sem tinta)	0,25	0,90	31
Asfalto ultra-branco	0,36	0,91	41
Aço galvanizado	0,61	0,04	46
Alumínio	0,61	0,25	56
Revestimento com polímero branco	0,85	0,91	107

Ilustração: Killer Banshee Studios.

com os valores de IRS mais altos são escolhas para coberturas mais frias (Tabela 8-1).

A temperatura radiante média

A quantidade de energia radiante recebida por um corpo depende de sua vista angular a partir de um objeto. Ao nos aproximarmos de uma lareira, estamos aumentando nossa exposição angular a ela, e aos nos afastarmos, estamos diminuindo-a. Uma média das temperaturas superficiais dos objetos do entorno, ponderada pelos ângulos de exposição desses objetos, nos dá a temperatura radiante média (TRM). Se a temperatura radiante média de um corpo no espaço estiver superior à de sua temperatura superficial, ela terá ganhos térmicos por radiação; se o contrário for verdadeiro, ela perderá calor por radiação ao espaço.

Clima e tempo

Clima é o padrão geral do tempo para uma localização. Para projetar um prédio que responda ao clima local, precisamos entender o clima no qual ele se localizará e qual é a melhor maneira de atenuar o impacto das condições externas sobre o ambiente interno. O nível de conforto que um prédio pode oferecer a seus usuários sem o uso de sistemas mecânicos e elétricos é chamado de desempenho passivo. Quando as condições externas são tais que o prédio já não consegue proporcionar conforto térmico passivamente, são empregados sistemas que consomem energia. O primeiro objetivo de um projeto de edificação de baixo consumo energético é melhorar seu desempenho passivo para aproveitar as oportunidades das condições climáticas locais.

Variação climática

A variação sazonal no clima ocorre porque o eixo polar da Terra está inclinado 23,5° em relação a uma linha vertical ao plano da órbita terrestre ao redor do Sol. Diferentes partes de nosso planeta recebem quantidades distintas de radiação solar devido ao formato esférico da Terra e sua inclinação axial polar, fazendo com que se aqueçam de modo diferente. As massas terrestres, geleiras continentais e corpos de água absorvem e refletem o calor em proporções diferentes. Correntes são formadas na atmosfera e nos corpos de água quando a convecção redistribui o calor ao redor do planeta. Uma combinação das interações entre radiação solar, radiação, atmosfera, terra e água formam os padrões de tempo e as variações climáticas. O ar é aquecido principalmente na superfície da terra por meio da condução. As massas terrestres se aquecem e resfriam mais rapidamente do que os corpos d'água. A água tem capacidade térmica mais elevada, e grandes corpos d'água têm temperaturas relativamente estáveis. Esse efeito passa às orlas marítimas, conferindo-lhes um clima ameno e mais tranquilo. À medida que nos afastamos do litoral, as variações de temperatura se tornam mais extremas. Essas diferenças de temperatura causam variações de pressão, que, por sua vez, geram correntes de ar e ventos. As regiões litorâneas recebem brisas da terra e do mar à medida que esses ventos mudam de direção. As cadeias de montanhas bloqueiam os ventos e as nuvens, criando variações no clima que são marcadas por diferenças nos níveis de umidade. As encostas de montanhas e colinas também geram correntes que invertem de direção do dia para a noite.

Uma presença ou ausência continuada de umidade no ar tem efeito notável sobre o clima. Em climas quentes, a ausência de umidade permite que mais radiação solar aqueça a terra, além de permitir que o solo irradie calor de novo para o céu noturno. Isso provoca oscilações diurnas de temperatura de mais de 17°C. Em um clima úmido, a umidade bloqueia parte da radiação; ela modera a temperatura diurna e, à noite, bloqueia a radiação de ondas longas que é emitida, não permitindo que a temperatura baixe significativamente. Nesses casos, as oscilações diurnas de temperatura são pequenas, muitas vezes abaixo de 11°C.

O microclima (o clima local dentro de uma região climática maior) pode ser afetado por certas condições locais. O aumento da altitude provoca temperaturas mais baixas; a proximidade aos corpos de água gera um efeito estabilizante e cria correntes de ar que invertem durante o dia; no hemisfério sul, as colinas voltadas para o norte são mais quentes, e as orientadas para o sul, geralmente mais frias; as florestas e a vegetação podem fornecer umidade e sombra; e os prédios e as áreas pavimentadas criam massas térmicas que resultam no efeito da ilha de calor urbano.

Análise climática

Os dados climáticos que ajudam a entender o clima e a analisar o desempenho de um projeto de prédio estão disponíveis em várias fontes (para alguns exemplos, veja a Tabela 8-2). Os dados em tempo real estão se tornando cada vez mais acessíveis, mas raramente são utilizados para cálculos de projeto. Historicamente, os dados climáticos do Ano Meteorológico Típico (AMT) são utilizados para a análise de um projeto. Com o aumento da frequência das condições climáticas extremas, em virtude das mudanças climáticas, talvez seja melhor fazer análises adicionais utilizando os dados do Ano Meteorológico Extremo (AME).

As variáveis de dados climáticos mais comumente analisadas são as temperaturas de bulbo seco e de bulbo úmido, a umidade, a direção e velocidade do vento, a nebulosidade e a radiação solar. A *temperatura de bulbo seco* é a temperatura que seria registrada por um termôme-

TABELA 8-2 Exemplos de fontes para dados climáticos utilizados em análises

FONTE	CARACTERÍSTICAS
ASHRAE	O WDView tem dados de 5.564 localidades ao redor do mundo, com temperaturas mensais para projeto, dados bin, HDD, CDD e valores de radiação calculada para céu limpo.
TMY3	Os dados do Typical Meteorological Year 3 estão disponíveis para 1.020 localidades dos Estados Unidos que foram derivadas de registros de 1991–2005. Esses conjuntos de dados por hora contêm valores de radiação solar, temperatura, umidade e ventos.
Chinese Standard Weather Data	Arquivos de dados climáticos típicos para 270 localidades, incluindo dados para projeto, dados climáticos anuais típicos, entalpia máxima e dados de temperatura e radiação solar mínimas e máximas ao longo dos anos.
ISHRAE	Arquivos de dados para 58 localidades da Índia no formato TMY2.
IWEC	Arquivos de dados de 227 localidades fora dos Estados Unidos e do Canadá derivados de 18 anos de coleta. O IWEC2 terá dados de 3.000 locais fora desses países.

Fonte: Jan Hensen and Roberto Lamberts, Building Performance Simulation for Design and Operation. Oxford, UK: Spon Press, 2011.

tro seco no ar; ela é utilizada para medir o calor sensível no ar. A *temperatura de bulbo úmido* é registrada por um termômetro com uma malha porosa ao redor do bulbo, com o ar soprando sobre ela; essa é a temperatura mais baixa que pode ser alcançada pela água que evapora no ar, convertendo o máximo possível de calor sensível em latente. A *temperatura de ponto de orvalho* é a temperatura no qual o ar deve ser resfriado para que fique saturado logo antes da condensação.

Os dados climáticos variam e flutuam de modo diferente em virtude de algumas variáveis:

Temperatura: Tanto a temperatura de bulbo seco como a de bulbo úmido ou a de ponto de orvalho variam de modo relativamente devagar, e não têm muitas oscilações de curto prazo.

Radiação solar: Grandes oscilações em um curto período de tempo são resultado de o sol ser obstruído por nuvens, árvores, jardins, parques, etc. Pouquíssimos conjuntos de dados contém dados de radiação solar efetivamente medidos; esses dados geralmente se baseiam em valores estimados.

Vento: A velocidade do vento tem grandes oscilações e pode dobrar ou aumentar ainda mais em poucos minutos. Assim, os dados eólicos são muito sensíveis à topografia do entorno imediato e à forma urbana, e é mais seguro avaliar-se a relevância dos dados obtidos em uma estação meteorológica.

Quando os computadores de uso pessoal ainda não eram muito comuns, foram feitas várias tentativas para resumir e representar graficamente os dados climáticos a fim de auxiliar as decisões de projeto.[3] Contudo, programas de computação hoje disponíveis, como o Climate Consultant e os módulos de análise climática em ferramentas de simulação permitem aos usuários analisar e visualizar os dados climáticos com facilidade (Figura 8-8).

O grau-dia é uma unidade comum para descrever as condições climáticas. Ele indica a severidade das cargas de calefação ou resfriamento em uma edificação. Seu cálculo usa uma *temperatura de ponto de equilíbrio* como base. A temperatura de ponto de equilíbrio é aquela temperatura externa na qual as cargas internas do prédio são apenas suficientes para mantê-lo quente (ou resfriado), sem que haja fluxos térmicos através de sua pele (ou vedações externas). O número de graus-dia de aquecimento em um dia é a diferença entre a temperatura de ponto de equilíbrio, digamos 15,7°C, e a temperatura externa média para aquele dia, quando a média está mais baixa do que o ponto de equilíbrio. Se a temperatura média de um dia em determinada localidade fosse 1,7°C, o resultado seria: 15,7-1,7 = 14 graus-dia de aquecimento no dia. A soma dos graus-dia de aquecimento de cada dia do mês ou ano dá o número total de graus-dia de aquecimento para aquele período. Os graus-dia de resfriamento são calculados de modo similar, como a diferença entre a temperatura diária média do ar externo e a temperatura de ponto de equilíbrio quando a temperatura do ar está mais alta do que a temperatura de ponto de equilíbrio. As necessidades de calefação ou resfriamento de um prédio em determinada localidade são consideradas como sendo proporcionais ao número de graus-dia de resfriamento ou graus-dia de aquecimento para a localidade, respectivamente.

Como as cargas internas adicionam calor ao prédio e variam conforme a função deste, um cálculo preciso de graus-dia exigiria o uso de uma temperatura de ponto de equilíbrio específica para cada edificação. As temperaturas de ponto de equilíbrio para pequenos prédios dominados pela carga da pele e aquelas para grandes prédios dominado pela carga interna que costumam ser empregadas são 15,5°C e 10°C, respectivamente. O número de graus-dia de resfriamento e graus-dia de aquecimento nos oferecem uma maneira simples de comparar alguns aspectos do clima em diferentes localidades. A Figura 8-9 mostra a o número mensal e anual de graus-dia de resfriamento e graus-dia de aquecimento para Minneapolis e Las Vegas para os dados climáticos de 2010.

Há três características de um clima local que são importantes para um projeto de baixa energia que não são registradas pelos dados de graus-dia de resfriamento e graus-dia de aquecimento. São elas: as oscilações de temperatura diurnas típicas de climas áridos, a depressão de bulbo úmido e a velocidade do vento. No Capítulo 9 veremos como elas oferecem oportunidades para o projeto passivo.

Usando dados sobre temperatura e umidade, o Departamento de Energia dos Estados Unidos divide a América do Norte em cinco categorias, a fim de oferecer uma classificação climática simples. Para um mapa das zonas climáticas dos

---

[3] Norbert Lechner, Heating, Cooling, Lighting Hoboken, NJ: John Wiley & Sons, 3rd ed., 2015; Victor Olgyay and Aladar Olgyay, Design with Climate Princeton, NJ: Princeton University Press, 1963.

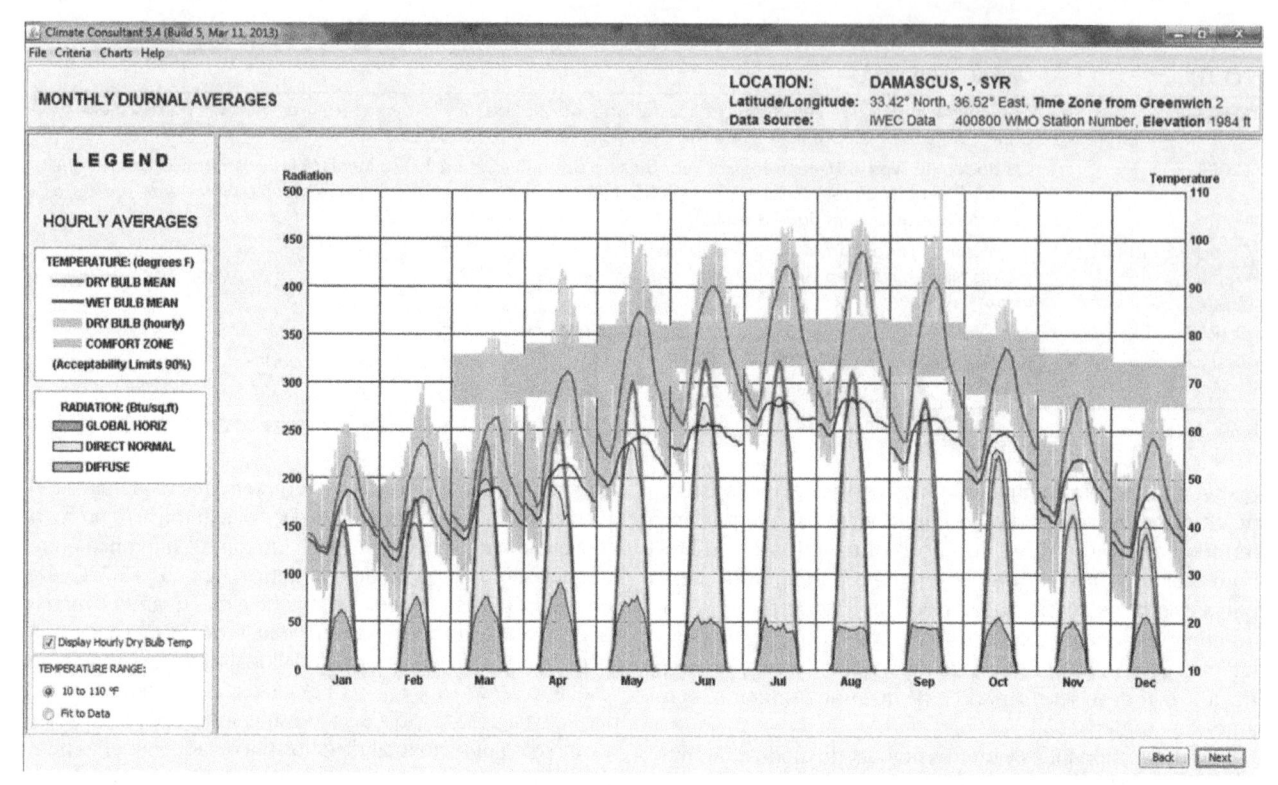

FIGURA 8-8 Exemplo de visualização e análise de dados climáticos usando-se o Climate Consultant 5.4 para Damasco, Síria. As temperaturas de bulbo seco e úmido e a radiação solar registradas em uma zona de conforto definida são indicadas por faixas cinza retangulares. Dados da Climate Consultant de 1976, 1986, 2000, 2006, 2008, 2010, 2011, 2012, 2013 e 2014, dos regentes da Universidade da Califórnia. Todos os direitos reservados. Os usuários não têm o direito de modificar, trocar, alterar, editar ou criar obras derivadas.

Estados Unidos, veja a Figura 8-10. As categorias não são homogêneas, e há variações significativas dentro de cada zona. As cinco categorias são:

1. Zona fria ou muito fria: uma região com, no mínimo, 5.400 graus-dia de aquecimento. Se o número de graus-dia de aquecimento exceder 9 mil, a região será considerada muito fria. Saint Paul, Minnesota, é um exemplo de clima frio. Calgary, Alberta, é um exemplo de clima muito frio.
2. Zona quente e úmida: uma região que recebe mais de 50 cm de precipitações anuais e que, durante os seis meses consecutivos mais quentes, a temperatura de bulbo úmido é superior a 19,4°C por, pelo menos 3 mil horas, ou é superior a 22,8°C por, pelo menos, 1.500 horas. New Orleans, Louisiana, é um exemplo de clima quente e úmido.
3. Zona quente e seca ou seca mista: tanto as regiões quentes e secas como as secas mistas apresentam menos de 50 cm de precipitações anuais. Regiões em que a temperatura média mensal permanece acima de 7,2°C ao longo de todo o ano são consideradas quentes e secas. A cidade de Tucson, no Estado do Arizona, é um exemplo de clima quente e seco. Se houver menos de 5.400 graus-dia de aquecimento e a temperatura média mensal cair abaixo de 7,2°C, o clima será classificado como seco e misto. Albuquerque, no Novo México, é um exemplo de clima seco e misto.
4. Zona úmida mista: uma região que recebe mais de 50 cm de precipitações anuais, tem menos de 5.400 graus-dia de aquecimento e cuja temperatura externa média mensal fica abaixo de 7,2°C. Nashville, em Tennessee, é um exemplo de clima úmido e misto.
5. Zona mediterrânea marítima: região na qual a temperatura média do mês mais frio fica entre -2,8°C e 18,3°C; cujo mês mais quente do ano não passa de 22,2°C; pelo menos quatro de seus meses têm temperaturas acima de 10°C; o verão é seco; e as precipitações dos meses frios são, pelo menos, três vezes superiores àquelas do mês com precipitações mínimas. O clima mediterrâneo marítimo vai da Costa do Pacífico, na cidade de Seattle, no Estado de Washington, ao norte, até a cidade de Santa Bárbara, no Estado da Califórnia, ao sul. Em algumas áreas, ele avança pouco mais que 16 a 25 km em direção ao interior.

A ASHRAE classifica as zonas climáticas ao redor do mundo usando os dados de graus-dia de resfriamento e graus-dia de aquecimento, bem como as condições úmida, seca ou marítima. A maioria dos países classifica, além disso, seus climas em zonas adicionais, a fim de orientar o projeto e a construção de edificações e implementar os códigos de energia. A Tabela 8-3 mostra alguns países com o número de zonas climáticas definidas de acordo com o ASHRAE, e o número classificado por cada país por seus códigos de

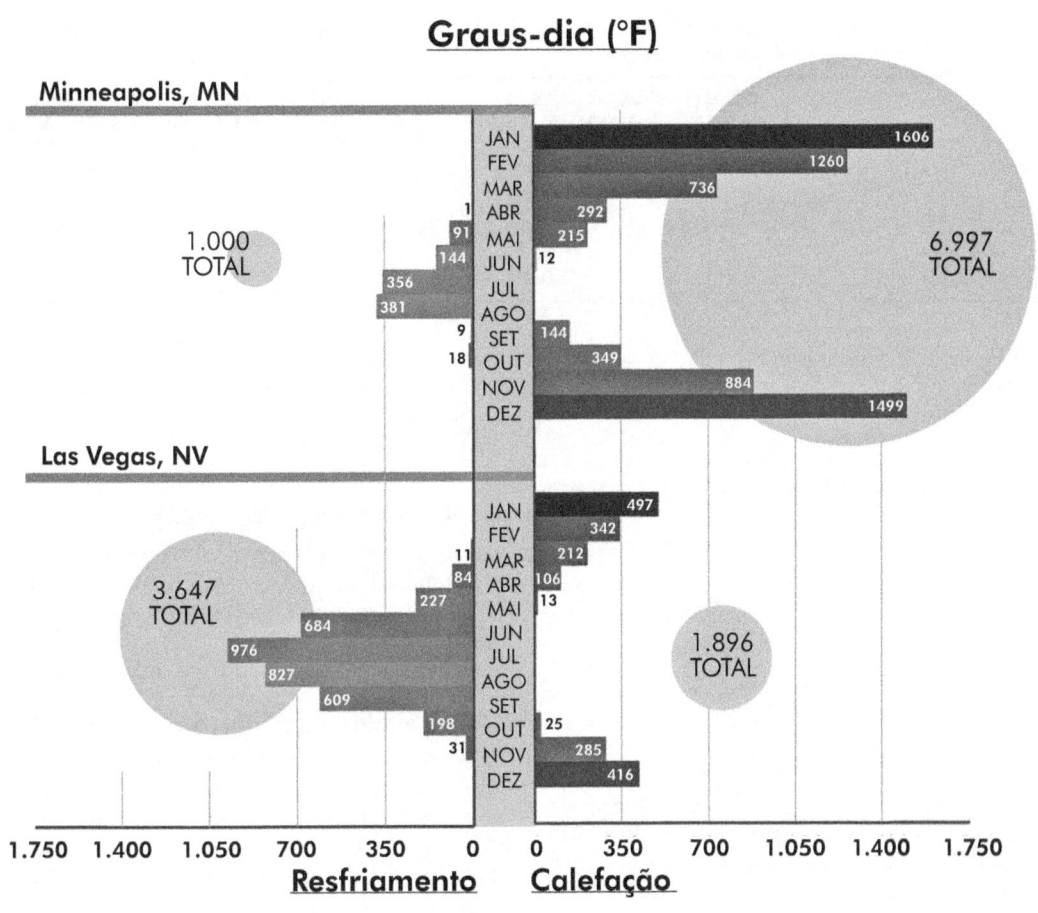

FIGURA 8-9 Graus-dia de aquecimento e resfriamento para os dados climáticos de 2010 de Minneapolis, MN, e Las Vegas, NV. Fonte: WeatherDataDepot; ilustração: Killer Banshee Studios.

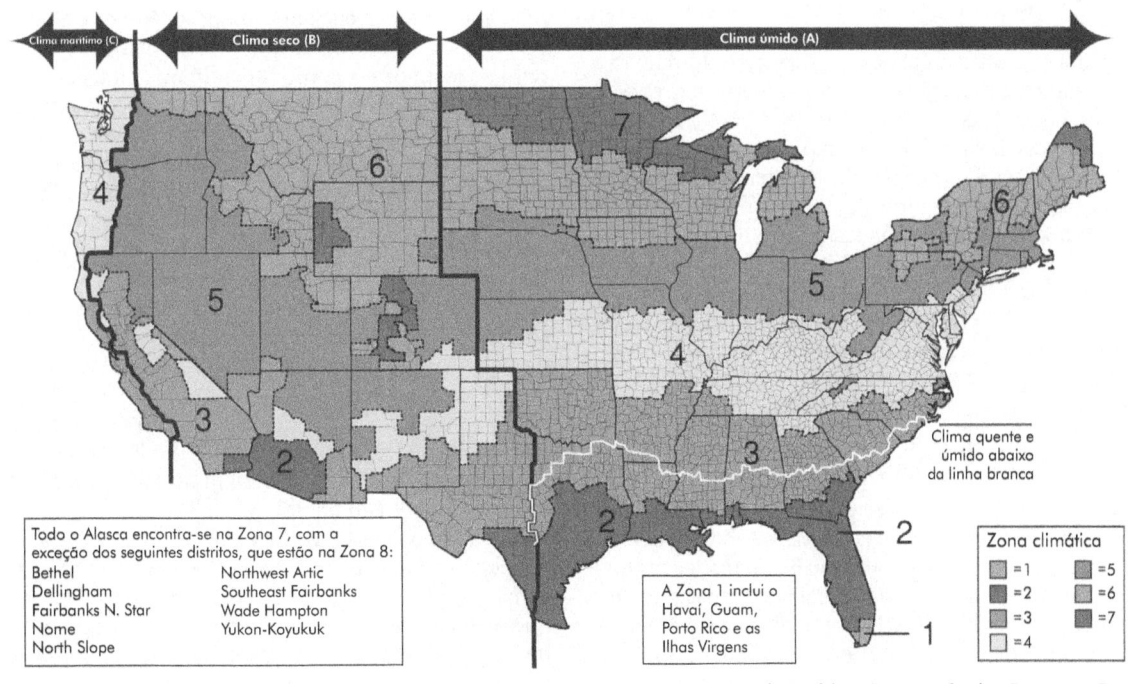

FIGURA 8-10 Zonas climáticas dos Estados Unidos. Crédito: Imagem por cortesia de Building Energy Codes Program Resource Center.

TABELA 8-3 Número de zonas climáticas classificado pela ASHRAE para um país que não seja os Estados Unidos, e a classificação feita pelas administrações locais

PAÍS	QUANTIDADE DE ZONAS CLIMÁTICAS SEGUNDO A ASHRAE	QUANTIDADE DE ZONAS CLIMÁTICAS DE ACORDO COM OS CÓDIGOS DE CONSTRUÇÃO LOCAIS
China	1	5
Índia	1	5
Austrália	4	8
EUA (sem a Califórnia)	7	7
EUA (com a Califórnia)	4	16

edificação. Para facilitar o uso, as zonas climáticas muitas vezes são demarcadas ao longo de fronteiras políticas, como um município ou distrito.

■ As respostas da arquitetura vernacular ao clima

Sem acesso à eletricidade ou ao resfriamento mecânico, os prédios históricos e vernaculares eram configurados principalmente em função de suas respostas ao clima local. Podemos ver semelhanças nessas respostas no mundo inteiro.

- Em climas quentes e secos, as construções espessas e maciças oferecem massa termoacumuladora que retarda o aquecimento de um prédio ao longo de um dia quente e permite que o calor armazenado seja dissipado ao interior e exterior durante as noites mais frias. As aberturas de janela e porta são pequenas. Uma vez que as precipitações são mínimas, lajes de cobertura funcionam, aumentando a radiação para o céu a noite proporcionando áreas externas de convivência e para dormir. Os pátios internos criam áreas sombreadas durante o dia e áreas mais frescas, para se dormir, durante a noite. Os prédios são frequentemente próximos entre si para criar vielas sombreadas. (Veja a Figura 8-11A.)
- Em climas quentes e úmidos, a radiação noturna não é viável para a dissipação do calor. Nesses casos, encontramos materiais de construção leves, como a madeira e as coberturas de sapé. Espaços amplos, pés-direitos altos, janelas grandes e estratégias de sombreamento diversas oferecem ventilação e proteção solar. O uso de coletores de vento giratórios ou tomadas de ar elevadas também ajuda na ventilação natural. (Veja a Figura 8-11B.)
- Em climas mais frios, o foco é a retenção do calor. Prédios compactos, com razões entre superfície e volume baixas e janelas menores reduzem as perdas térmicas. A madeira é utilizada em virtude de sua resistência térmica. As aberturas são mínimas ou eliminadas nas fachadas sul (no hemisfério sul) para proteger os prédios dos ventos de inverno frios. (Veja a Figura 8-11C.)

É possível aprender muito estudando as edificações tradicionais, que são responsivas ao clima. O sombreamento dos espaços de permanência prolongada permanece sendo uma estratégia de projeto fundamental nos climas quentes. No entanto, nem todas as abordagens tradicionais são usadas de maneira idêntica às técnicas de construção modernas. O uso das edificações tem mudado ao longo do tempo junto com as expectativas dos usuários e os padrões de saúde e segurança física. É importante entender essas necessidades e expectativas dos usuários para que as abordagens tradicionais ao projeto passivo possam ser adotadas de modo efetivo em nossos prédios atuais.

■ Necessidades dos usuários

A energia é utilizada nos prédios para oferecer aos usuários um ambiente visual e térmico confortável e para alimentar os aparelhos que são convenientes e aumentam a produtividade. O consumo energético de um prédio é afetado pelo comportamento dos usuários e as escolhas que eles fazem.

Necessidades de conforto térmico

O corpo humano tenta manter uma temperatura interna de cerca de 37°C por meio de mecanismos biológicos, como o aumento da respiração, perspiração e calafrios. O calor gerado no corpo humano com o metabolismo é dissipado através da pele, mediante trocas térmicas com o ar que o envolve. A neutralidade térmica é mantida quando o corpo consegue dissipar com facilidade o calor gerado pelo metabolismo. Sentimos diferentes graus de calor ou frio quando essa neutralidade é perturbada. Os seis fatores principais que influenciam a sensação térmica e a percepção de conforto são aqueles que determinam os ganhos e as perdas de calor do corpo: taxa de metabolismo, nível de isolamento da vestimenta, temperatura do ar, temperatura radiante média (TRM), velocidade do ar e umidade relativa do ar. A taxa de metabolismo é medida em valor Met, e os níveis de vestimenta são medidos em valores Clo (Tabela 8-4). Usando estudos empíricos, P. O. Fanger desenvolveu um modelo que correlacionava o equilíbrio térmico do corpo com o nível percebido de conforto de uma pessoa em uma escala de sete pontos. Esse modelo em particular calcula o voto médio previsto (VMP) de um grande grupo de sujeitos com uma combinação particular dos seis fatores mencionados anteriormente. Um VMP = 0 representa a neutralidade térmica, na qual apenas 5% das pessoas ficará insatisfeita. À medida que o voto médio previsto (VMP) sobe, o percentual de indivíduos insatisfeito com o ambiente térmico também aumenta.

Quando o nível de vestimenta, a atividade metabólica, a temperatura radiante média e a velocidade do ar são tratadas como constantes com base em condições típicas, as condições que permanecem como variáveis são a temperatura do ar e a umidade relativa do ar. As combinações de temperatura do ar e umidade relativa que são percebidas como confortáveis nos dão a zona de conforto. A carta bioclimática (Figura

TABELA 8-4 Valores de isolamento de vestimenta (Clo) para diferentes tipos de roupa

VESTIMENTA	I_{cl} (Clo)
Calções curtos, camisa de mangas curtas	0,35
Calças compridas, camisa de mangas curtas	0,55
Calças compridas, camisa de mangas longas	0,60
Calças compridas, camisa de mangas longas, blazer	1,00
Saia na altura dos joelhos, camisa de mangas curtas	0,55
Saia na altura dos joelhos, camisa de mangas longas	0,65
Saia na altura dos joelhos, camisa de mangas longas, suéter de mangas longas	1,10
Saia na altura do calcanhar, camisa de mangas longas, blazer	1,10

Ilustração: Killer Banshee Studios.

FIGURA 8-11 A. Uma construção pesada do clima quente e seco do Iêmen. B. Construção leve, com pés-direitos altos e varandas sombreadas, no clima quente e úmido da Índia. C. Forma e orientação de uma casa colonial da Nova Inglaterra, favorecendo a conservação de energia. Créditos: A: Bill Burke. B: Prasad Vaidya. C: Imagem por cortesia de Historic American Buildings Survey, Everett H. Keeler.

8-12) mostra a zona de conforto e os métodos para aumentá-la com a manipulação de outras condições ambientais. Por exemplo, o aumento do movimento do ar ou a modificação da temperatura radiante média aumentam a zona de conforto em áreas com temperatura do ar mais elevadas. De modo similar, a mudança do nível de vestimenta também pode alterar a zona de conforto. O governo japonês decidiu não aquecer ou resfriar seus prédios entre 20°C e 28°C, e, em vez disso, os funcionários foram encorajados a ajustar suas roupas. Como resultado, estima-se que, entre junho e agosto de 2005, foram economizados 210 milhões de kWh. Uma combinação de estratégias passivas de condicionamento de ar também pode ser empregada para manter o interior de um prédio dentro da zona de conforto térmico. Quando a arquitetura do prédio maximiza o desempenho passivo, ela efetivamente reduz o número de horas que o equipamento de ar-condicionado precisa estar funcionando.

A temperatura do ar, o movimento do ar, a temperatura radiante média e a umidade relativa são os fatores ambientais que podem variar dentro de uma edificação. Os padrões de conforto térmico se baseiam em uma combinação desses fatores. A *temperatura operativa* é uma medida que combina o efeito da temperatura do ar, velocidade do ar e temperatura radiante média. Se a velocidade do ar for baixa, a temperatura operativa pode ser a média da temperatura do ar e da temperatura radiante média. A *temperatura efetiva* e a *temperatura equivalente* são similares à operativa, exceto pelo fato de que consideram diferentes níveis de umidade relativa do ar. Existem ferramentas de simulação para dar os resultados dessas medidas quando um projeto de edificação é simulado para condições climáticas particulares.

Modelo de conforto térmico padrão

Essa abordagem padrão ao conforto térmico somente considera a variação em seis fatores de conforto térmico: taxa de metabolismo, nível de isolamento das vestimentas, temperatura do ar, temperatura radiante média, velocidade do ar e umidade relativa (do ar). Estima-se que a zona de conforto definida pela norma ASHRAE Standard 55, que usa a temperatura operacional e a temperatura de bulbo úmido, satisfaça a 80% dos usuários. Essa estratégia desconsidera a adaptação dos usuários ao ambiente térmico ou quaisquer escolhas comportamentais que eles fariam. Ela considera que a resposta do usuário e a temperatura interna não mudarão com as estações do ano. O modelo de conforto térmico padrão somente é aplicado a edificações com ar-condicionado.

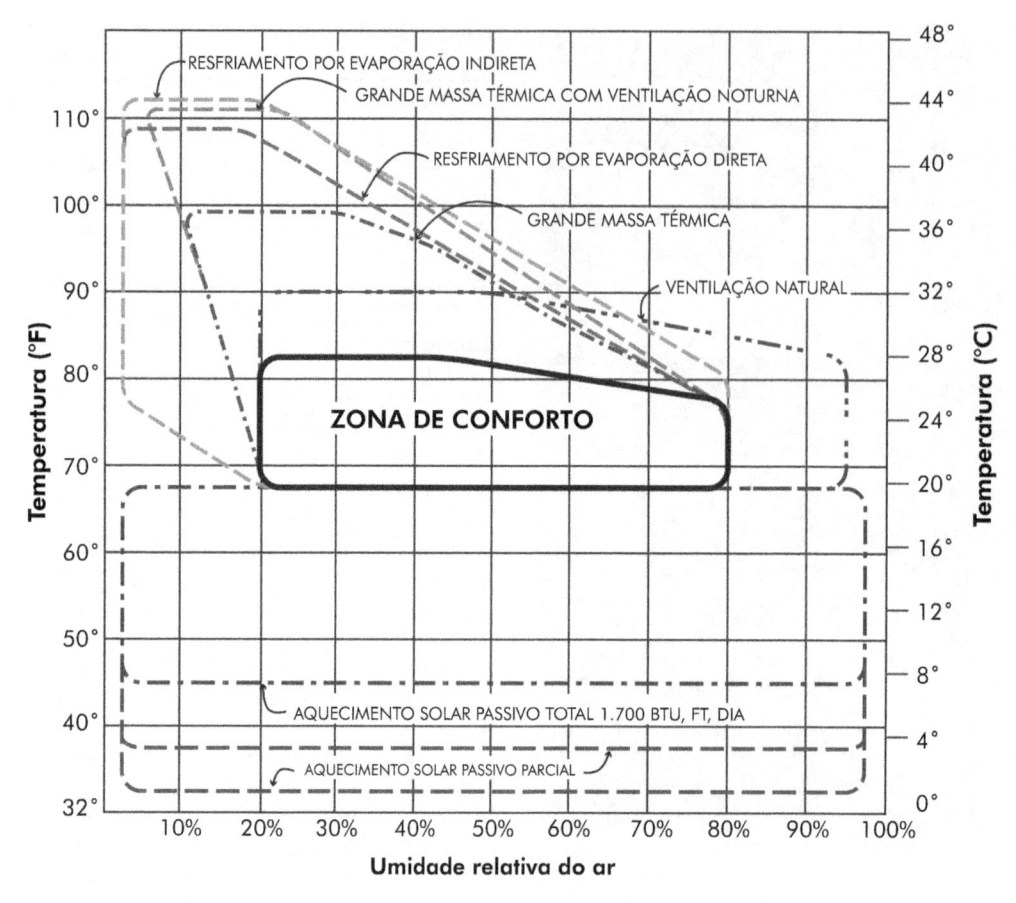

Carta bioclimática da edificação (para edificações dominadas pela carga da pele)

FIGURA 8-12 Carta bioclimática mostrando a zona de conforto quando a temperatura é registrada contra a umidade relativa do ar. As linhas pontilhadas mostram como a zona de conforto pode ser expandida com o uso de estratégias de projeto passivas. Ilustração: Killer Banshee Studios.

Modelo de conforto térmico adaptativo

Na norma ASHRAE Standard 55 há uma diferente abordagem, que também reconhece que o conforto térmico depende de fatores adicionais. Essa estratégia se baseia na noção de que a percepção de conforto também é influenciada por adaptações comportamentais e expectativas das pessoas. Pesquisas feitas em amplos estudos de campo com edificações e pessoas reais descobriram que os indivíduos avaliam seus confortos térmicos de modos diferentes se puderem controlar seus climas internos. Essas ações de controle no nível do usuário incluem o uso de janelas de abrir (com caixilhos móveis), o uso de roupas apropriadas, o ajuste das horas de trabalho ou ocupação do prédio, o fechamento de persianas, o uso de ventiladores locais e o consumo de refrescos e outras bebidas. As pessoas que ocupam edificações com ventilação natural aceitam uma variedade maior de condições ambientais. A tabela de conforto adaptativo relaciona a temperatura de conforto interno à temperatura externa dominante e define zonas de satisfação entre 80% e 90% (Figura 8-13). Essa abordagem resulta em uma faixa maior de temperaturas internas aceitáveis que mudam conforme a estação e localização. Modelos adaptativos do conforto térmico são implementados em outras normas, como a European EN 15251 e a ISO 7730. O modelo de conforto adaptativo da ASHRAE somente pode ser aplicado sem o resfriamento mecânico instalado, enquanto o modelo EN 15251 pode ser utilizado em edificações de modo misto quando o sistema de condicionamento do ar não está em funcionamento.

Necessidades de ventilação

Fornecer um suprimento de ar fresco é uma exigência de saúde básica. Esse ar fresco é utilizado para substituir o CO_2 gerado pelos usuários e expelir outros poluentes produzidos durante o uso do prédio e os gases emitidos por seus materiais. Em prédios tradicionais que foram construídos até meados do século XX, a ventilação era feita por meio da infiltração de janelas, porta e juntas de construção. Esses prédios continham materiais menos absorventes do que os carpetes e as placas de gesso cartonado. Os prédios modernos são construções geralmente mais estanques, com infiltrações reduzidas e mais materiais absorventes, provocando a retenção de mais umidade e poluentes. O ar fresco que entra no prédio à temperatura externa contém os níveis externos de umidade; assim, às vezes, precisa ser aquecido, resfriado ou desumidificado para que se mantenha o conforto térmico.

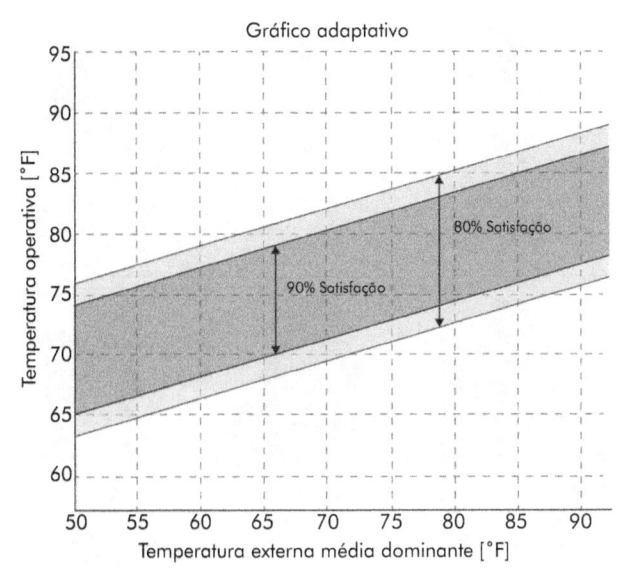

FIGURA 8-13 Conforto térmico adaptativo: em prédios com ventilação natural nos quais os usuários têm controle de seus ambientes internos, a zona de conforto varia conforme a temperatura externa. Fonte: Richard J. De Dear e Gail S. Brager, "Thermal Comfort in Naturally Ventilated Buildings: Revisions to ASHRAE Standard 55". Energy and Buildings 34 (6): 549–561. doi:10.1016/s0378-7788(02)00005-1.

A norma americana ASHRAE Standard 62.1 for Ventilation for Acceptable Indoor Air Quality separa as exigências de ventilação para o conforto humano daquelas para retirar os contaminantes dos espaços internos. Nessa norma, a taxa de ventilação para as pessoas, chamada de *taxa de ar externo para pessoas*, é especificada em termos de pés cúbicos por minuto por pessoa (ft^2/m/pessoa). Já a taxa de ventilação para os recintos, chamada de taxa de ar externo para recintos, é especificada em termos de pés cúbicos por minuto por pé cúbico de área do ambiente (ft^2/m/ft^2). Ambas precisam ser calculadas com base na área de ocupação e área do recinto, e a soma das duas é a taxa de ventilação exigida. O aumento das taxas de ventilação resulta em usuários mais saudáveis, que podem ser mais produtivos. Contudo, isso pode acarretar cargas de calefação e resfriamento maiores.

É importante ser parcimonioso quanto à quantidade de ar que é inserido em um ambiente interno. As estratégias de projeto passivo discutidas no próximo capítulo às vezes conseguem fornecer taxas de ventilação altas sem comprometer o desempenho energético. As taxas de ocupação podem ser controladas com base na ocupação, para reduzir a ventilação nos horários sem usuários e aumentá-la quando mais pessoas estão presentes.

Necessidades de iluminação

As duas necessidades de iluminação comuns para os usuários de um prédio são a iluminação geral e a iluminação sobre o plano de trabalho (ou iluminação de serviço). A iluminação geral é empregada para iluminar o ambiente interno e ver obstáculos no recinto, facilitando o deslocamento pelo seu interior, e para ver outras pessoas e suas expressões faciais. A iluminação sobre o plano de trabalho é utilizada para iluminar áreas de serviço específicas, como o tampo de uma mesa de escritório, uma área de leitura de biblioteca ou uma superfície de preparo de alimentos em uma cozinha. Em geral, precisa-se de mais luz para a realização de tarefas específicas do que para se deslocar em um espaço interno, e a separação das fontes de luz que oferecem iluminação sobre o plano de trabalho daquelas que geram iluminação geral permite o projeto de níveis de iluminação apropriados para cada função. Quando esses dois modos de iluminação não são separados, os projetistas estão sendo conservadores e oferecendo um nível de luz mais elevado no espaço inteiro. A Illumination Engineering Society of North America (IESNA) recomenda que os níveis de iluminação horizontal (a quantidade de luz incidente sobre um plano horizontal) e a iluminância variem conforme a tarefa visual. Os ambientes visuais são complexos, e o conforto visual não pode ser medido apenas como um nível de iluminância horizontal. A iluminância vertical, o brilho das superfícies no campo de visão, a uniformidade e o contraste afetam o conforto visual. Todavia, a iluminância horizontal tem sido a referência mais comum utilizada para definir as necessidades de iluminação. O histórico dos níveis de iluminância para a leitura que foram recomendados pela IESNA ao longo do século XX é mostrado na Figura 8-15. Nem o corpo humano, nem a natureza das tarefas mudou para justificar uma variação tão grande. O aumento dos níveis recomendados até 1970 provavelmente resulta da facilidade com a qual a luz artificial era fornecida, uma vez que surgiram novas tecnologias de iluminação ao longo do século XX, mas a pressão gerada pela eficiência energética após a Crise do Petróleo resultou na redução dos níveis recomendados.

A visão humana é muito adaptativa e dinâmica. Conseguimos caminhar por uma rua iluminada pelo luar, bem como ler um livro sob a forte luz solar, adaptando-nos ao longo de uma faixa de 1:10 mil unidades de níveis de iluminação. O desempenho de uma tarefa visual depende de alguns fatores: o tamanho do objeto que observamos, que se relaciona com sua distância até nossos olhos; o brilho do objeto observado; o tempo de exposição, que permite aos olhos se adaptarem às condições lumínicas; e o contraste do objeto com seu entorno. Com a idade, nossos olhos pioram, e precisamos de níveis de luz mais elevados para executar as mesmas tarefas. Geralmente níveis de iluminância mais altos são utilizados para compensar quaisquer condições comprometedoras, como a idade, uma capacidade de adaptação menor, um tempo de exposição menor ou um contraste inadequado. O uso de espaços de transição, para permitir que os olhos se adaptem gradualmente de condições de brilho intenso para as de penumbra, e o projeto de cores de superfície e fontes de luz que mantenham a uniformidade reduzem a necessidade de iluminação excessiva. Ao longo de milênios, os seres humanos têm evoluído com os padrões de iluminação natural disponível. Como resultado, precisamos de mais luz para desempenhar uma tarefa durante o dia do que à noite. Esse fenômeno é chamado de compensação adaptativa. O projeto de iluminação que inclui a *compensação adaptativa* pode aumentar o conforto visual e, ao mesmo tempo, economizar energia ao fornecer meios de diminuir os níveis de luz em um espaço à noite.

A energia de iluminação é resultado do consumo da potência e do tempo de uso. As estratégias de economia de energia incluem o projeto para os níveis de iluminação adequados a

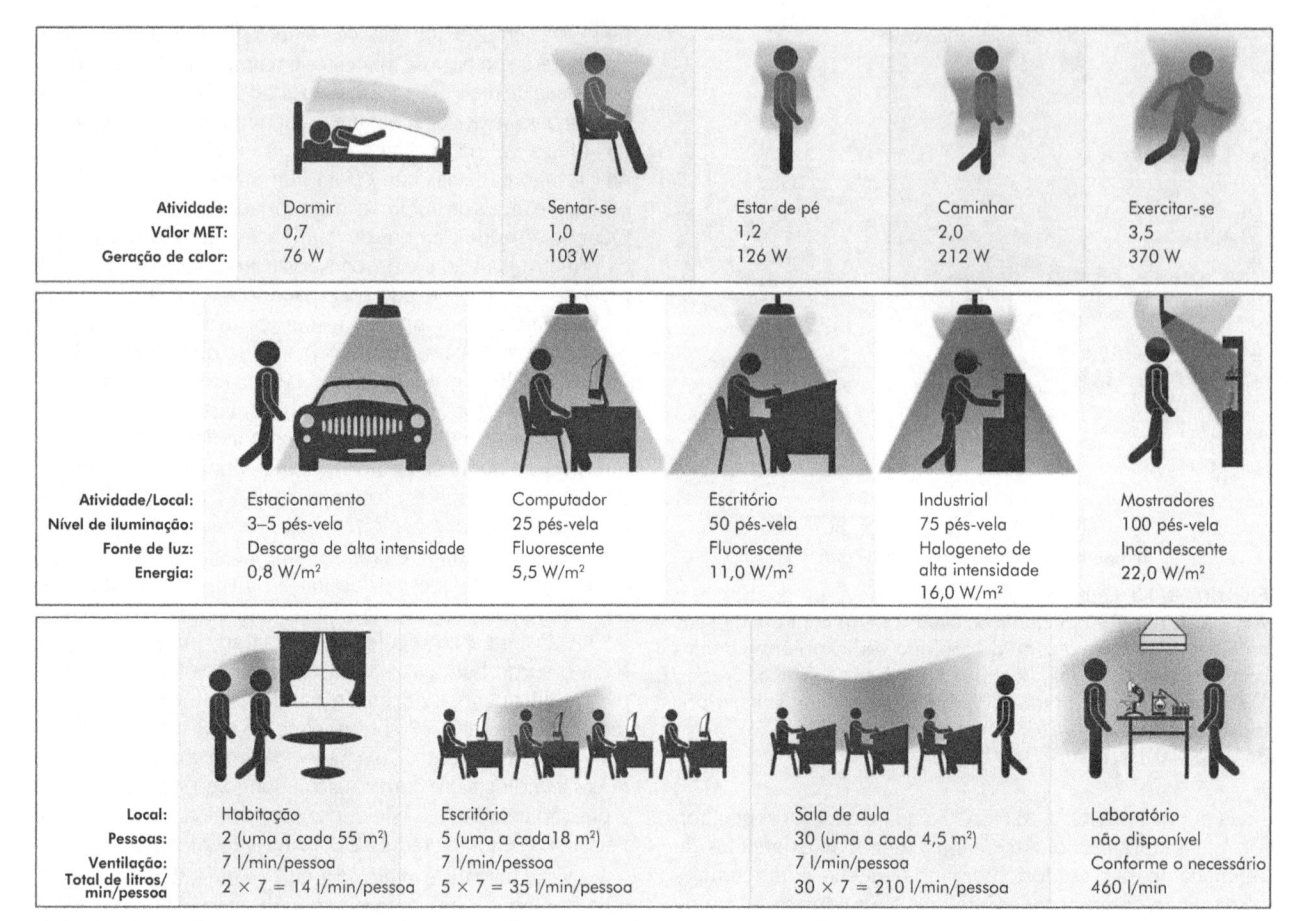

Atividade:	Dormir	Sentar-se	Estar de pé	Caminhar	Exercitar-se
Valor MET:	0,7	1,0	1,2	2,0	3,5
Geração de calor:	76 W	103 W	126 W	212 W	370 W

Atividade/Local:	Estacionamento	Computador	Escritório	Industrial	Mostradores
Nível de iluminação:	3–5 pés-vela	25 pés-vela	50 pés-vela	75 pés-vela	100 pés-vela
Fonte de luz:	Descarga de alta intensidade	Fluorescente	Fluorescente	Halogeneto de alta intensidade	Incandescente
Energia:	0,8 W/m²	5,5 W/m²	11,0 W/m²	16,0 W/m²	22,0 W/m²

Local:	Habitação	Escritório	Sala de aula	Laboratório
Pessoas:	2 (uma a cada 55 m²)	5 (uma a cada 18 m²)	30 (uma a cada 4,5 m²)	não disponível
Ventilação:	7 l/min/pessoa	7 l/min/pessoa	7 l/min/pessoa	Conforme o necessário
Total de litros/min/pessoa	2 × 7 = 14 l/min/pessoa	5 × 7 = 35 l/min/pessoa	30 × 7 = 210 l/min/pessoa	460 l/min

FIGURA 8-14 Cargas internas geradas em prédios que resultam no consumo de energia. Imagem por cortesia de The Weidt Group. Utilizada sob permissão. Todos os direitos reservados.

cada lugar, a seleção de luminárias e lâmpadas eficientes e a regulagem dos controles para permitir a dimerização e o desligamento de lâmpadas que não forem necessárias. A energia consumida pela iluminação de interior é convertida em calor, que se dissipa no espaço (Figura 8-14). Esse calor tanto pode contribuir negativamente para a carga de resfriamento, elevando-a, como ajudar na carga de resfriamento, diminuindo-a. O ingresso da luz diurna é um importante aspecto do projeto passivo, pois diminui o consumo de energia para iluminação.

Necessidades de equipamentos e aparelhos

O uso de aparelhos e equipamentos nos prédios aumenta sua conveniência e contribui para a produtividade, e esse uso vem aumentando com os anos. De modo similar ao das lâmpadas, o consumo de energia dos equipamentos e aparelhos emite calor e contribui para a carga de resfriamento (positivamente) ou de aquecimento (negativamente) (Figura 8-14). Quando projetamos edificações com baixíssimo consumo de energia, todos os outros usos finais da energia são minimizados de tal forma que o consumo energético dos equipamentos e aparelhos pode parecer muito alto. O aumento do escopo do projetista, a fim de selecionar e especificar os equipamentos corretos, ajuda a reduzir o consumo total de energia e a facilitar a previsão do consumo de energia do prédio de modo mais preciso. Nos Estados Unidos, os consumidores podem utilizar o site Product Finder da Agência de Proteção Ambiental (www.energystar.gov/productfinder) para comparar e selecionar aparelhos e equipamentos, bem como entender

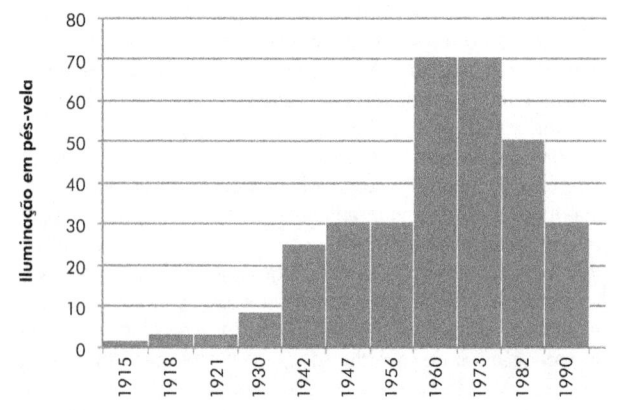

FIGURA 8-15 Histórico dos níveis de iluminação medidos em pés-vela e recomendados para a leitura pela IESNA ao longo do século XX. Fonte: W.K.E. Osterhause, "Office Lighting: A Review of 80 Years of Standards and Recommendations", Conference Record of the 1993 IEEE Industry Applications Conference Twenty-Eighth IAS Annual Meeting. doi:10.1109/ias.1993.299211; 1990 source is "6.15 Lighting," www.gsa.gov/portal/content/101308.

seu consumo de energia previsto. O Collaborative Labeling and Appliance Standards Program (CLASP) é uma organização que oferece suporte técnico no nível internacional a fim de implementar normas de eficiência energética para aparelhos, luminárias, lâmpadas e equipamentos e fornece um resumo dos programas que vêm sendo implantados em diferentes países.

Conclusão

À medida que as economias crescem e os estilos de vida se transformam, temos visto um aumento no consumo de energia geral. Ao mesmo tempo, tem aumentado a contribuição das edificações no consumo energético total dos países. O consumo energético para climatização é o maior responsável pelo gasto de energia nos países desenvolvidos.

A introdução das lâmpadas fluorescentes e do ar-condicionado em meados do século XX, junto com os novos materiais para estruturas, resultou em projetos de arquitetura e práticas imobiliárias que afastaram os usuários das janelas e dos ambientes externos. Essa mudança na prática de edificar aumentou ainda mais a necessidade de iluminação elétrica e condicionamento de ar. Os usuários começaram a esperar condições estáticas de conforto térmico, e os arquitetos perderam a capacidade de oferecer conforto por meio de estratégias de projeto passivas. Os prédios com baixo consumo energético incluem técnicas passivas, para aumentar o número de horas que podem funcionar sem usar sistemas mecânicos ou elétricos.

A localização geográfica de um prédio, o clima de seu local, suas horas de uso e o tipo de ocupação são os principais determinantes de sua intensidade no consumo energético. Além desses fatores, o projeto do prédio, sua configuração, seus sistemas de vedação externa e a eficiência de seus sistemas mecânicos e elétricos também determinam o consumo de energia.

As edificações consomem energia para atender às necessidades de seus usuários, que são conforto térmico, conforto visual, operação e uso de aparelhos ou equipamentos. As estratégias que incluem abordagens alternativas às necessidades dos usuários, como o uso do conforto térmico adaptativo, a compensação adaptativa para a iluminação e a seleção de aparelhos eficientes, resultarão em edificações extremamente integradas que combinam desempenhos flexíveis com o projeto passivo.

EXERCÍCIOS

1. Obtenha os dados de consumo energético nas contas de eletricidade mensais de um ano inteiro de uma edificação. Se combustíveis diferentes, como o gás natural, forem utilizados, mantenha seus dados separados. Colete as temperaturas externas médias para aquele ano, mês a mês. Registre as temperaturas mensais médias no eixo X, e o consumo energético mensal, no Y. Registre suas observações sobre o consumo energético e como cada tipo de uso é afetado pelas temperaturas externas. Converta todos os consumos de energia nas mesmas unidades (kWh ou kBTU), faça a soma do ano total e divida pela área do piso, para calcular a intensidade de uso de energia anual.

2. Use o site Climate Consultant e confira o clima em Damasco (Síria), São Francisco (Estados Unidos), Bangkok (Tailândia) e Minneapolis (Estados Unidos). Colete os seguintes dados de cada cidade:
    a. Registre as temperaturas médias mensais: temperatura de bulbo seco, temperatura de ponto de orvalho e temperatura do solo.
    b. Faça uma tabela que mostre a variação diurna: temperaturas de bulbo seco e úmido médias diárias com a faixa de conforto térmico adaptativo
    c. Faça uma tabela mostrando a depressão de bulbo úmido média mensal
    d. As importantes estratégias de projeto para as condições climáticas em jogo
3. Compare cada um dos itens anteriores para as quatro cidades e anote suas observações sobre quais estratégias de projeto oferecem as melhores oportunidades em cada local.
4. Use a ferramenta de conforto térmico do Center for the Built Environment, da University of California Berkeley. Selecione a Tabela para Comparação. Comece pela criação de dois cenários idênticos. Mude a temperatura do ar em ambos os cenários, para sair da zona de conforto. No segundo cenário, varie o nível de vestimenta, a taxa de metabolismo e a velocidade do ar a fim de atender aos critérios de satisfação. Analise se o movimento do ar desejável pode ser obtido por um ventilador de mesa ou teto. Faça uma descrição das condições – inclusive vestimenta, tipo de atividade e velocidade do ar – necessárias para atingir o conforto.

Recursos

De Dear, R. J., and G. S. Brager, "Developing an Adaptive Model of Thermal Comfort and Preference." *ASHRAE Technical Data Bulletin* 14 (1): 27–49.

Energy.gov. "Appliance and Equipment Standards Program, Department of Energy." Available at http://energy.gov/eere/buildings/appliance-and-equipment-standards-program.

Energystar.gov. "All Certified Products | ENERGY STAR Qualified Products." Available at www.energystar.gov/products/certified-products.

Griffith, B, N. Long, P. Torcellini, R. Judkoff, D. Crawley, and J. Ryan, *Assessment of the Technical Potential for Achieving Net Zero-Energy Buildings in the Commercial Sector.* NREL/TP-550-41957. Golden, CO: National Renewable Energy Laboratory, 2007. Available at /www.nrel.gov/docs/fy08osti/41957.pdf.

Hootman, Thomas. *Net Zero Energy Design: A Guide for Commercial Architecture*. Hoboken, NJ: John Wiley & Sons. 2014.

Itron, *California Commercial End-Use Survey*. CEC-400-2006-005. California Energy Commission, 2006. Available at www.energy.ca.gov/2006publications/cec-400-2006-005/cec-400-2006-005.pdf.

McNeil, A., and V. E. Letschert. "Future Air Conditioning Energy Consumption in Developing Countries and What Can Be Done about It: The Potential of Efficiency in the Residential Sector." In *Proceedings from ECEEE Summer Study 2007*, European Council for an Energy-Efficient Economy (ECEEE).

Szokolay, S. V. *Introduction to Architectural Science*. Amsterdam: Elsevier/Architectural Press, 2008.

U.S. Department of Energy. *Buildings Energy Data Book*. US Department of Energy, 2011.

A Redução das Cargas Energéticas 9

O projeto passivo configura a arquitetura de um prédio e oferece uma oportunidade para que os arquitetos contribuam para o desempenho das edificações com baixo consumo energético. Ele é o primeiro passo significativo para tornar os prédios resilientes às mudanças climáticas. No entanto, muitas vezes o projeto passivo por si só já não basta para oferecer o nível de conforto que se espera dos prédios atuais e precisa ser suplementado por sistemas de iluminação e climatização. O projeto passivo é o primeiro passo em direção às edificações com baixo consumo energético.

O processo típico de projeto integrado de baixo consumo energético mostrado na Figura 9-1 também atende bem ao projeto de edificações para adaptação às mudanças climáticas. O 1º passo do *projeto para reduzir as cargas* é determinado, em grande parte, pelo projeto de arquitetura, mas inclui o projeto de iluminação e a seleção dos equipamentos elétricos, e precisa da colaboração de um engenheiro de climatização. Isso garante uma das características-chave do projeto integrado: *as decisões de projeto tomadas já no início do processo não comprometerão a efetividade daquelas decisões que deverão ser tomadas posteriormente.* Reduzindo-se as cargas já no início, garantimos cargas residuais mínimas, o que resulta em equipamentos de climatização menores. O 1º e o 2º passos garantem um prédio eficiente em energia antes mesmo do projeto dos sistemas de energia renovável, efetuado no 3º passo. As opões de geração de energia são consideradas após a redução do consumo. Os passos 1, 2 e 3 pertencem ao domínio do projeto, e o 4º passo pertence à operação do prédio. A modelagem e a medição, como fundamentos para a prestação de contas de um projeto integrado, devem ser incluídas em todo o processo, durante as etapas de projeto, construção e operação.

O Capítulo 9 lida com o 1º passo; o Capítulo 10, com o 2º passo; o Capítulo 11, com a modelagem e a medição; e o Capítulo 12, com os sistemas de energia renovável dentro do contexto dos prédios com consumo de energia líquido zero.

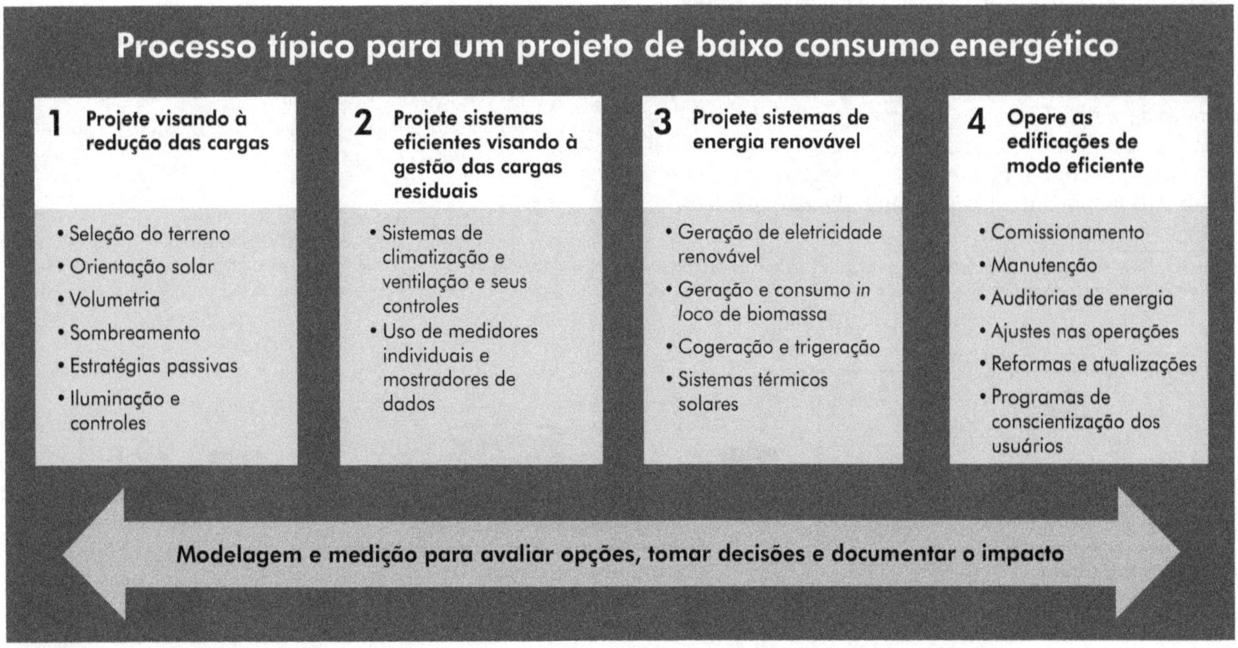

Processo típico para um projeto de baixo consumo energético

1 Projete visando à redução das cargas
- Seleção do terreno
- Orientação solar
- Volumetria
- Sombreamento
- Estratégias passivas
- Iluminação e controles

2 Projete sistemas eficientes visando à gestão das cargas residuais
- Sistemas de climatização e ventilação e seus controles
- Uso de medidores individuais e mostradores de dados

3 Projete sistemas de energia renovável
- Geração de eletricidade renovável
- Geração e consumo *in loco* de biomassa
- Cogeração e trigeração
- Sistemas térmicos solares

4 Opere as edificações de modo eficiente
- Comissionamento
- Manutenção
- Auditorias de energia
- Ajustes nas operações
- Reformas e atualizações
- Programas de conscientização dos usuários

← Modelagem e medição para avaliar opções, tomar decisões e documentar o impacto →

FIGURA 9-1 Processo para o projeto de uma edificação com baixo consumo energético. Fonte: Prasad Vaidya/Killer Banshee Studios.

As tecnologias e abordagens da primeira metade do Capítulo 9 reduzem as cargas. A segunda metade do capítulo introduz conceitos e abordagens para coletar energia gratuita *in loco* e criar armadilhas de calor para a calefação e o resfriamento passivos e a iluminação natural.

As decisões preliminares: seleção do terreno, tamanho do prédio e transporte

As decisões que são tomadas antes que o processo de projeto formal comece – como a seleção do terreno e o tamanho da edificação – podem ser determinantes para o consumo energético e o impacto ambiental das edificações. O Capítulo 17 discute os benefícios do crescimento urbano inteligente e do transporte público para a saúde, a segurança e a qualidade de vida da comunidade. A localização do terreno em relação às opções de transporte público determina o consumo energético e os gastos com transporte. Um passageiro pendular em um veículo Prius que faz 21 km/l e dirige 44 km todos os dias para ir e voltar ao trabalho gasta a energia consumida por 20 m^2 de um prédio de escritórios típico dos Estados Unidos[1] (Figura 9-2). Em geral, a escolha do terreno não fica a cargo do arquiteto. Contudo, o projetista pode informar seus clientes das implicações da energia gasta com o transporte até determinado local e, sempre que possível, influenciar na seleção do terreno.

Aumentar o tamanho de um prédio também aumenta o custo da construção e o consumo de energia. Consequentemente, programar o uso do prédio para minimizar a área climatizada é uma estratégia de pré-projeto para a redução do consumo. Para as necessidades espaciais que surgirem no futuro, talvez seja possível planejar uma ampliação, sem a necessidade de superdimensionar os prédios de modo corriqueiro.

Diferentes terrenos dentro de uma mesma localidade também terão distintos potenciais de projeto para baixo consumo energético. Os prédios altos ou com obstáculos que sombreiam o terreno e restringem o acesso à vista celeste reduzem a possibilidade de uma boa iluminação natural. Contudo, o sombreamento também pode ser utilizado como estratégia para limitar os ganhos solares. A direção e a velocidade do vento são muito influenciadas pelas edificações e obstruções do entorno imediato, bem como a paisagem. O aumento da altitude (altura em relação ao nível do mar) tem o efeito de resfriamento de 1°C para cada 150 m. Os terrenos com orientação norte (no hemisfério sul) podem ter mais acesso à luz solar para os sistemas de calefação passiva, aquecimento solar de água e energia fotovoltaica. Essas condições microclimáticas devem ser consideradas quando o proprietário tem a opção de escolher o terreno apropriado.

Análise do terreno

Há vários programas de computador que auxiliam na análise do terreno em termos de seu potencial para o projeto com baixo consumo energético. O Climate Consultant se especializa nisso, embora existam outros módulos de pacotes de *software*.[2]

A análise do acesso solar pode ser feita sobrepondo-se uma máscara da abóbada celeste sobre o diagrama do percurso aparente do sol (Figura 9-3). Ferramentas especializadas, como SunEye ou Solar Pathfinder, podem ser utilizadas para este fim. A University of Oregon oferece ferramentas *online*[3] que possibilitam aos usuários gerar diferentes diagramas do percurso aparente do sol. Aplicativos de *smartphones*, como o SunSeeker, podem ser empregados para identificar percursos aparentes do sol e avaliar as obstruções de um terreno para sua análise.

As análises de temperatura com graus-dia de resfriamento ou aquecimento oferecem uma compreensão limitada das cargas sensíveis de um prédio.

Para entender o potencial de calefação passiva, analise a radiação solar recebida pelas superfícies do prédio (Figura 9-4), ou use os diagramas solares. O percentual de dias nublados em um ano é utilizado para avaliar o potencial de iluminação natural.

O potencial de resfriamento passivo pode ser analisado para três oportunidades distintas.

1. A depressão de bulbo úmido mostra a oportunidade de resfriamento por evaporação.
2. Os dados de variação diurna mostram a oportunidade de resfriamento noturno por ventilação de massas e resfriamento passivo por radiação.
3. A direção do vento e sua velocidade mostram o potencial da ventilação de conforto.

---

[1] O consumo de energia típico de escritórios é baseado na Zona 3 de CBECS em 100 kBTU/SF e a conversão é baseada na EPA 1995.

[2] Um diretório de ferramentas de *software* relacionados à energia predial está disponível em http://apps1.eere.energy.gov/buildings/tools_directory/. Veja a seção de Análise/Solar/Climática abaixo das ferramentas listadas por assunto.
[3] http://solardat.uoregon.edu/SoftwareTools.html.

Escritório com ar-condicionado
Intensidade de uso de energia anual (típica)
10 kBTU/m^2
Área Construída: 24,5 m^2

Passageiro pendular: 0,05 km/l
automóvel Prius
65 km/dia

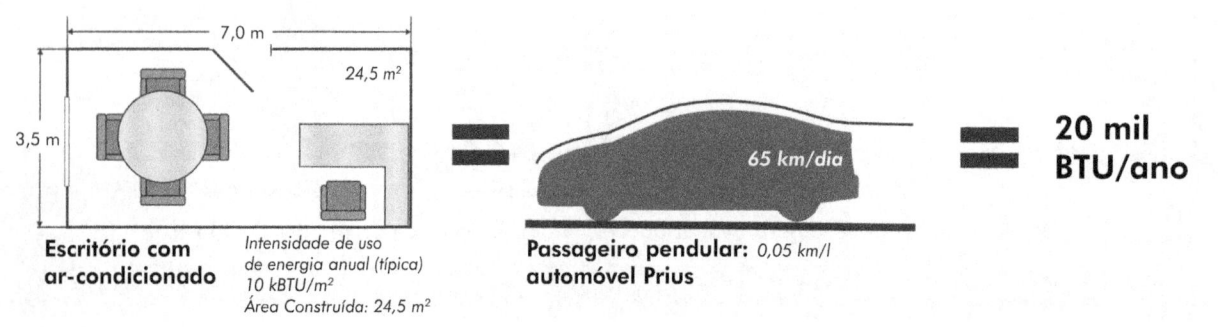

= **20 mil BTU/ano**

FIGURA 9-2 Exemplo de equivalência entre energia gasta com transporte e na edificação que pode ser utilizada no projeto energético holístico. Fonte: Prasad Vaidya/Killer Banshee Studios.

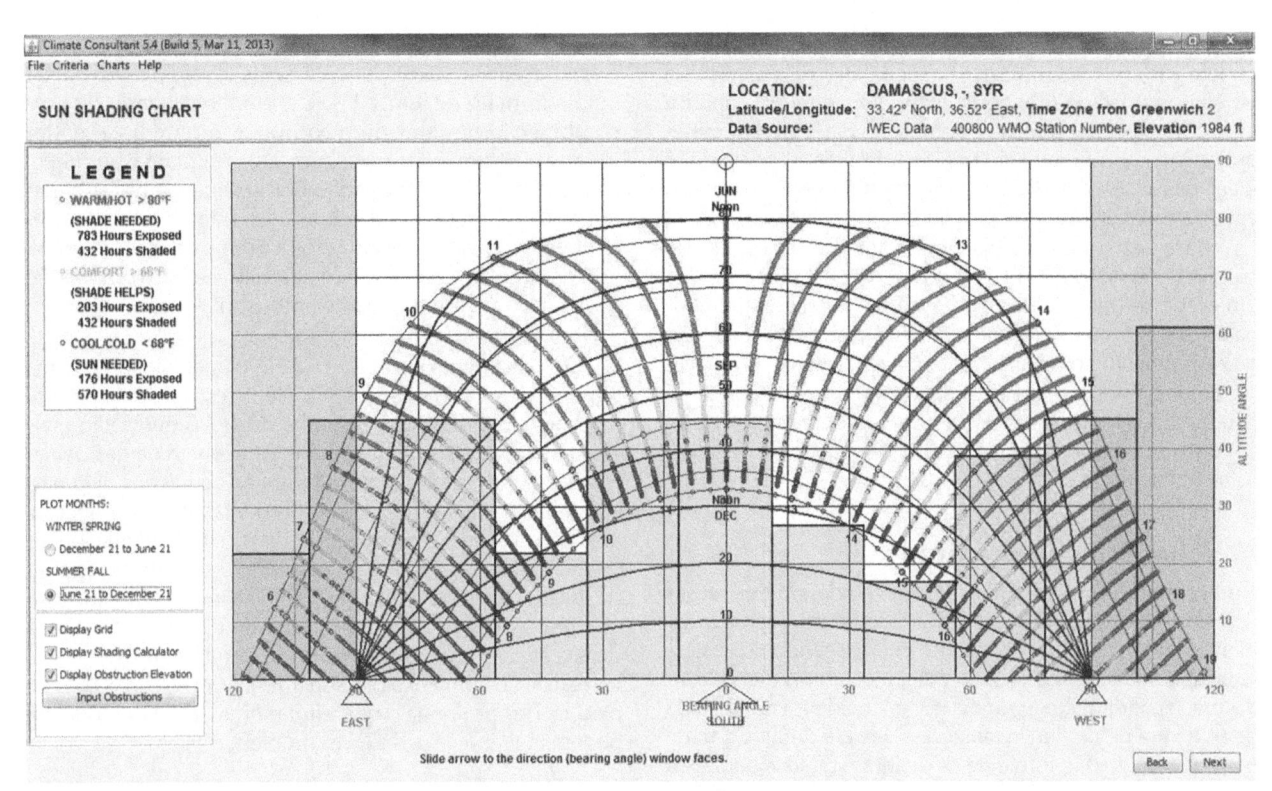

FIGURA 9-3 Resultado de uma carta de proteção solar do Climate Consultant 5.4. Uma máscara do sombreamento gerado pelas edificações e árvores adjacentes (representadas pelos retângulos sombreados) sobreposta à posição solar e às temperaturas de bulbo seco. A análise mostra que, no inverno, quando as temperaturas estão baixas, os prédios e as árvores bloqueiam os ganhos solares úteis. Climate Consultant tem a proteção de direitos autorais de 1976, 1986, 2000, 2006, 2008, 2010, 2011, 2012, 2013 e 2014 conferida aos Regents of the University of California. Todos os direitos reservados. Os usuários não têm o direito de modificar, mudar, alterar, editar ou criar trabalhos derivados.

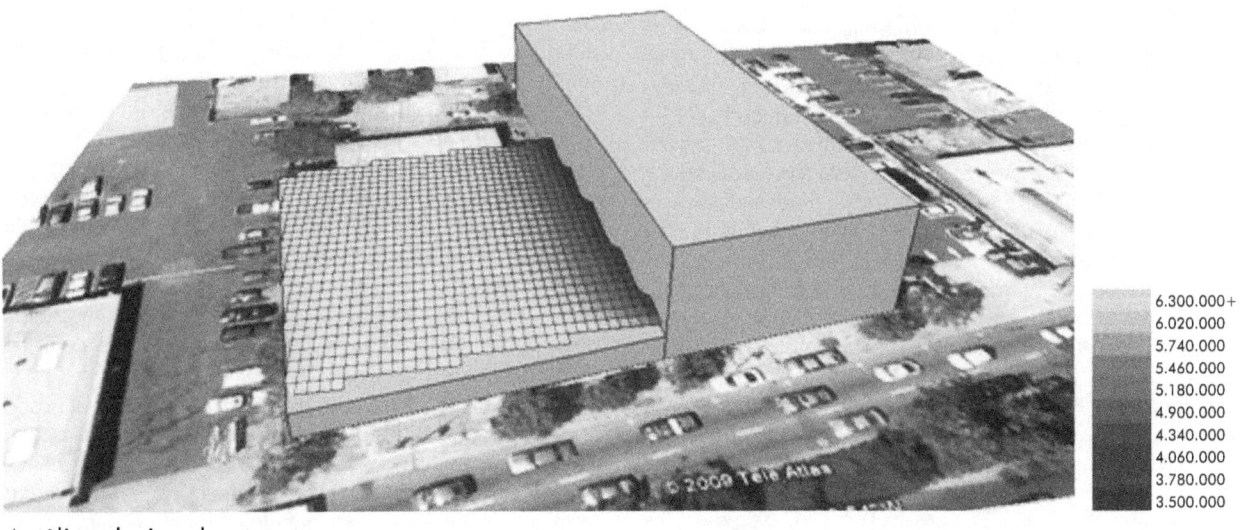

Análise da insolação
Radiação total
Faixa de valores: 3.500.000 – 6.300.000 BTU

FIGURA 9-4 A matriz mostra a insolação solar (radiação recebida) na superfície da cobertura analisada no Ecotect, para a West Berkeley Public Library. Fonte: Harley Ellis Devereauy.

A direção e a velocidade do vento em uma localidade podem variar muito com base na topografia, na vegetação e no efeito do tecido urbano no local. Portanto, uma análise feita com base nos dados de ventilação das estações meteorológicas deve ser utilizada com cautela. Em uma situação ideal, deveriam ser utilizados os dados de ventilação obtidos em uma estação meteorológica que fique próxima ao terreno.

Além disso, a análise da temperatura do subsolo e das condições do solo, bem como dos perfis de temperatura de um corpo de água acessível, mostram o potencial de dissipadores ou emissores de calor para um sistema de calefação ou resfriamento com baixo consumo energético.

Embora essas análises mostrem oportunidades e condicionantes para o lançamento do partido de arquitetura, deverão ser utilizados modelos analíticos adicionais para testar as soluções de projeto.

Volumetria e orientação

No hemisfério sul, o sol fica alto no céu durante os meses de verão, e mais baixo no inverno. O sol se move simetricamente em torno de um eixo Norte-Sul, nascendo no Leste e se pondo no Oeste. Isso resulta em temperaturas mais elevadas na segunda metade do dia. O sol incidente na fachada oeste de um prédio lança radiação sobre ele durante a parte mais quente do dia, tornando os recintos voltados para essa orientação quentes e desconfortáveis. Em prédios com condicionamento de ar, isso faz com que os recintos juntos à fachada oeste tenham cargas de resfriamento de pico, o que resulta em equipamentos de refrigeração maiores. Prédios com ar-condicionado com grandes fachadas leste e oeste recebem cargas desiguais nessas laterais ao longo do dia, o que lhes traz problemas para equilibrar o resfriamento fornecido. Quando o sol incide nessas elevações, ele está mais baixo no céu, perto da nascente ou do poente. Esses ângulos solares baixos são difíceis de controlar com elementos de sombreamento estáticos. Os espaços junto às elevações leste ou oeste exigem que seus usuários manuseiem as persianas diariamente, abaixando-as para excluir o sol quando ele incide nas vidraças e erguendo-as nos outros horários, para internalizar a luz natural. Sem essa operação consistente e diária, as persianas de regulagem manual das fachadas leste e oeste permanece abaixadas durante o dia inteiro, eliminando o aproveitamento da iluminação natural.

Para um projeto com baixo consumo energético, é preferível orientar os prédios de modo que eles tenham sua extensão maior no eixo Leste-Oeste, a fim de aumentar as áreas de fachada para o norte e sul. Beirais, brises, marquises e treliças podem ser projetados de modo que efetivamente protejam a fachada norte (no hemisfério norte), bloqueando a luz solar durante os meses de calor, mas a admitindo através das janelas quando o sol está mais baixo, nos meses de frio. Isso torna a iluminação natural do prédio possível com o uso de soluções de sombreamento baratas e simples.

Lajes de piso muito profundas reduzem o acesso dos usuários à luz natural e às vistas e tornam difícil a ventilação natural. Por outro lado, lajes menos profundas preservam essas oportunidades de projeto com baixo consumo energético. Em tecidos urbanos mais antigos, nos quais as edificações eram projetadas para tirar partido da iluminação e ventilação naturais, frequentemente vemos plantas baixas com o formato de letras (Hs, Us, etc.), resultando de uma combinação de lajes de piso pouco profundas e pátios internos (Figura 9-5). Esses formatos de planta permitem às alas de uma edificação projetar sombras umas sobre as outras. A forma de um prédio e seus beirais ou marquises também podem ser desenhados a fim de criar um diferencial de pressão entre os lados de barlavento (sob pressão positiva do vento) e de sotavento (sob pressão negativa), melhorando a ventilação natural.

O zoneamento dos sistemas de climatização costuma separar as zonas periféricas (que têm cerca de 5 m de profundidade em relação à fachada) daquelas que estão mais internalizadas. As zonas periféricas recebem cargas de calefação ou resfriamento com base nas condições externas, enquanto as zonas internas ou do núcleo não são afetadas pelas condições externas e têm perfis de cargas térmicas mais ou menos constantes. Assim, os prédios que têm tanto zonas de núcleo como periféricas exigem sistemas de climatização que respondam de modo distinto e simultâneo a cada uma dessas áreas (Figura 9-6). Isso pode resultar em sistemas de climatização complexos ou superdimensionados. As lajes de piso menos profundas, que eliminam as zonas de núcleo, podem ajudar a resolver esses problemas.

A pele ou vedação externa da edificação

Isolamento das paredes e coberturas

O isolamento térmico limita a transferência de calor através dos sistemas de parede e forro, sob os pisos elevados, em porões baixos e nas lajes, subsolos e fundações estruturais. Ele pode ser obtido com muitos materiais diferentes e em várias formas – em geral, mantas, enchimentos soltos ou espumas de baixa densidade –, sejam eles injetados no local ou pré-fabricados em placas. O valor do isolamento é criado pela presença de múltiplas cavidades de ar ou espaços de ar confinado, que exigem que o calor flua através do material por uma série de transferências de condução, convecção e radiação.

O desempenho do isolamento é medido por sua capacidade de resistir ao fluxo térmico e é indicado pelo valor R do material (Figura 9-7). Valores R de materiais homogêneos e contínuos podem ser somados para se obter o valor R de um sistema composto. O valor U é o inverso do valor R total de uma parede ou cobertura. Contudo, o valor U de um sistema composto também inclui os valores das películas de ar de ambos os lados do sistema.

O isolante em manta costuma vir em rolos, sendo fabricado com fibras de vidro ou outras fibras minerais. Ele está disponível em larguras que se baseiam nas dimensões de estruturas padronizadas de paredes, pisos e cobertura. O isolante em forma de enchimento solto jateado inclui fibras minerais ou papel reciclado transformado em celulose. Conforme o nome sugere, ele pode ser inserido em cavidades ou sob as coberturas da edificação. O isolante de espuma, por sua vez, é composto de materiais viscosos que também podem ser injetados nas cavidades da edificação. Se ele for bem instalado, também fornecerá estanqueidade ao ar.

FIGURA 9-5 Vista aérea de Berlim, Alemanha, mostrando as formas de letra das antigas edificações. Fonte: Thomas Hootman, *Net Zero Energy Design: A Guide For Commercial Architecture*. Hoboken, NJ: John Wiley & Sons, 2014.

O isolamento rígido é feito com materiais fibrosos ou espumas plásticas, que são prensados ou extrudados em folhas ou placas. Tanto o poliestireno expandido (EPS) como o poliestireno extrudado (XPS) consistem de espumas com células fechadas. O poliestireno extrudado tem valor R superior ao expandido para uma placa de mesma espessura.

Os isolantes refletivos, chamados de barreiras de radiação, funcionam com a redução da transferência de calor radiante. Em geral, eles são feitos com metais brilhantes cujas superfícies têm baixa emissividade. Como a radiação ocorre entre duas superfícies separadas pelo ar, os produtos de isolamento refletivo funcionam de maneira efetiva apenas quando uma de suas laterais está voltada para ele. Ao refletir o calor de volta através da câmara ou película de ar e limitar a perda térmica por radiação na superfície, o isolante refletivo mantém o calor em um dos lados do espaço com ar que já está mais quente. Ele não reduz as perdas térmicas por condução ou convecção e não deve ser considerado como substituto para outras formas de isolamento.

O International Energy Conservation Code (IECC) prescreve níveis de isolamento com melhor relação custo benefício com base em pressupostos sobre os gastos atuais e futuros com a energia. Para os Estados Unidos, a Builder Option Packages (BOPs) nacional recomenda níveis de isolamento distintos para cada condado, o que é necessário para que se consiga a certificação Energy Star para residências.[4] Todas essas prescrições se baseiam em análises regionais genéricas de efetividade em custo. Somente cálculos energéticos feitos para cada edificação individual podem nos ajudar a determinar o isolamento ideal para determinado caso.

---

[4]National Builder Option Packages for Energy Star Qualified Homes, www.energystar.gov.

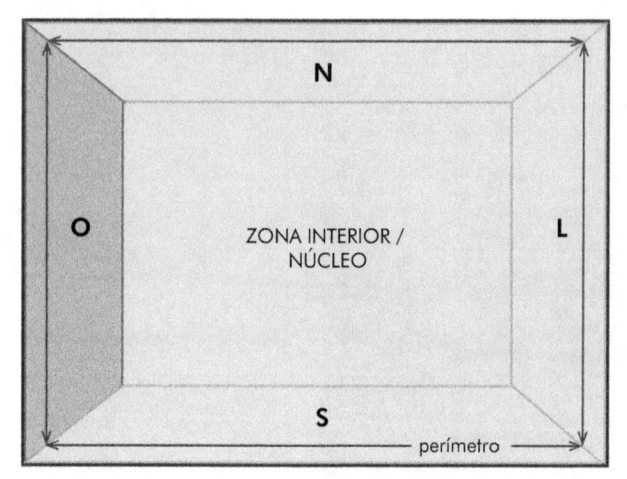

FIGURA 9-6 Planta baixa de um prédio com planta baixa quadrada profunda, com suas zonas térmicas marcadas. Nas tardes de inverno, as zonas perimétricas orientadas para o sul, leste e norte talvez precisem de calefação, e as zonas perimétrica oeste e do núcleo talvez precisem de resfriamento (hemisfério norte). Fonte: Prasad Vaidya/Killer Banshee Studios.

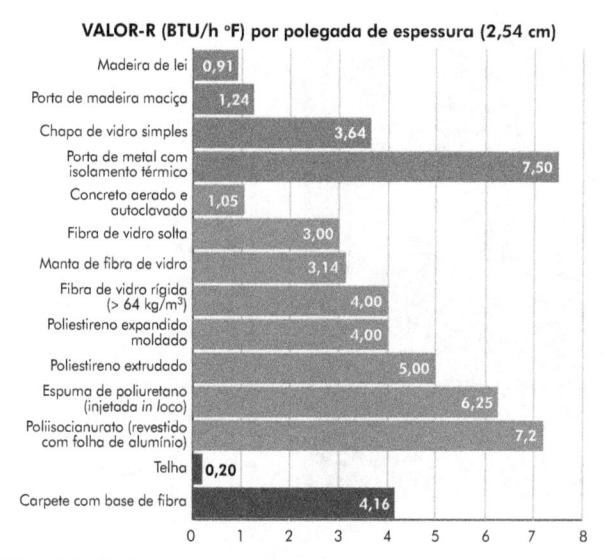

VALOR-R (BTU/h °F) por polegada de espessura (2,54 cm)

Material	Valor
Madeira de lei	0,91
Porta de madeira maciça	1,24
Chapa de vidro simples	3,64
Porta de metal com isolamento térmico	7,50
Concreto aerado e autoclavado	1,05
Fibra de vidro solta	3,00
Manta de fibra de vidro	3,14
Fibra de vidro rígida (> 64 kg/m³)	4,00
Poliestireno expandido moldado	4,00
Poliestireno extrudado	5,00
Espuma de poliuretano (injetada in loco)	6,25
Poliisocianurato (revestido com folha de alumínio)	7,2
Telha	0,20
Carpete com base de fibra	4,16

FIGURA 9-7 Valores de isolamento para os materiais de construção comuns, por polegada (2,54 cm) de espessura. Fonte: Prasad Vaidya/Killer Banshee Studios.

Ao atravessar um sistema de edificação composto, o calor buscará o caminho de menor resistência. Quando há caminhos de condução térmica nos sistemas da edificação, a transferência de calor é rápida. Tais caminhos são chamados de *ponte térmica*. Uma ponte térmica pode ser considerada como um dissipador de calor nas vedações externas de um prédio. Qualquer material – mas especialmente um metal – que estiver em contato com um sistema de edificação e for significativamente mais condutor de calor do que os materiais do entorno, representará uma ponte térmica. Montantes, placas de base, caibros e elementos estruturais de uma parede de montantes leves costumam ser pontes térmicas. Como resultado, uma parede que tem isolamento R-11 dentro de sua estrutura de montantes leves, talvez tenha um valor total e efetivo mais próximo de R-11. Uma janela com esquadria de alumínio, ainda que instalada em uma parede bem isolada, pode funcionar como grande ponte térmica. Em edificações com paredes de montantes leves, as pontes térmicas são comuns em peitoris, quinas e juntas entre telhados e paredes. Com a finalidade de reduzir o fenômeno, os detalhes associados a esses pontos devem receber atenção especial. Um isolante rígido e contínuo é utilizado sobre os montantes de metal para reduzir as pontes térmicas.

As coberturas frias

Comparadas às áreas verdes, as superfícies de cobertura e outros elementos de revestimento, como pisos secos, absorvem mais radiação solar e a irradiam de volta. Em áreas urbanas grandes, com muitos pisos secos e grande densidade urbana, isso eleva a temperatura em relação àquela da área rural circundante. Isso é chamado de *efeito de ilha de calor urbana,* ou *ilha térmica* (Figura 9-8). A temperatura do ar média anual em uma cidade com um milhão de habitantes ou mais pode ser entre 1 e 3°C mais alta do que seu entorno. Essa mudança de microclima provoca cargas de resfriamento adicionais no verão.

Os prédios que têm coberturas escuras absorvem radiação solar e ficam mais quentes do que a temperatura ambiente. O calor absorvido pela cobertura é conduzido por seu sistema, o que esquenta o interior e aumenta a carga de refrigeração da edificação. Os materiais de cobertura que têm alta reflexão e alta emissividade abaixam a temperatura da cobertura e reduzem as transferências térmicas para o interior. Os materiais de cobertura devem ser avaliados em termos de seu *índice de refletância solar*, que indica o desempenho do material com base na combinação de sua refletância e emitância de raios infravermelhos (veja a Tabela 8–2). O termo cobertura fria se refere aos materiais de cobertura que têm índice de refletância solar elevados.

Várias vantagens estão associadas às coberturas frias. Elas reduzem a energia gasta para resfriamento e aumentam a vida útil da cobertura, ao reduzir o estresse térmico dos materiais. Elas também reduzem a carga de resfriamento de pico, tornando possível reduzir o tamanho dos sistemas mecânicos de climatização. O Conforto dos Usuários aumenta. A adoção de coberturas frias na escala da comunidade e da cidade pode reduzir o efeito de ilha de calor urbana e criar espaços externos mais confortáveis. Em reformas, as coberturas frias podem ser uma estratégia efetiva para a redução econômica das cargas de resfriamento. Em construções novas, as coberturas frias podem ser utilizadas em combinação com o isolamento para melhorar o desempenho energético e aumentar a vida da edificação. Uma cobertura fria reduzirá os ganhos térmicos no inverno, mas as economias obtidas com a diminuição do resfriamento (no verão) mais do que compensarão quaisquer gastos adicionais com calefação na maioria dos países. Em edificações sem condicionamento de ar, uma cobertura fria pode ser uma medida econômica de manter o conforto térmico.

Os códigos energéticos incluem exigências de índice de refletância solar prescritivas e distintas para coberturas em vertente com pequena declividade (≤2:12) e coberturas com grandes declividades (>2:12). A classificação dos produtos

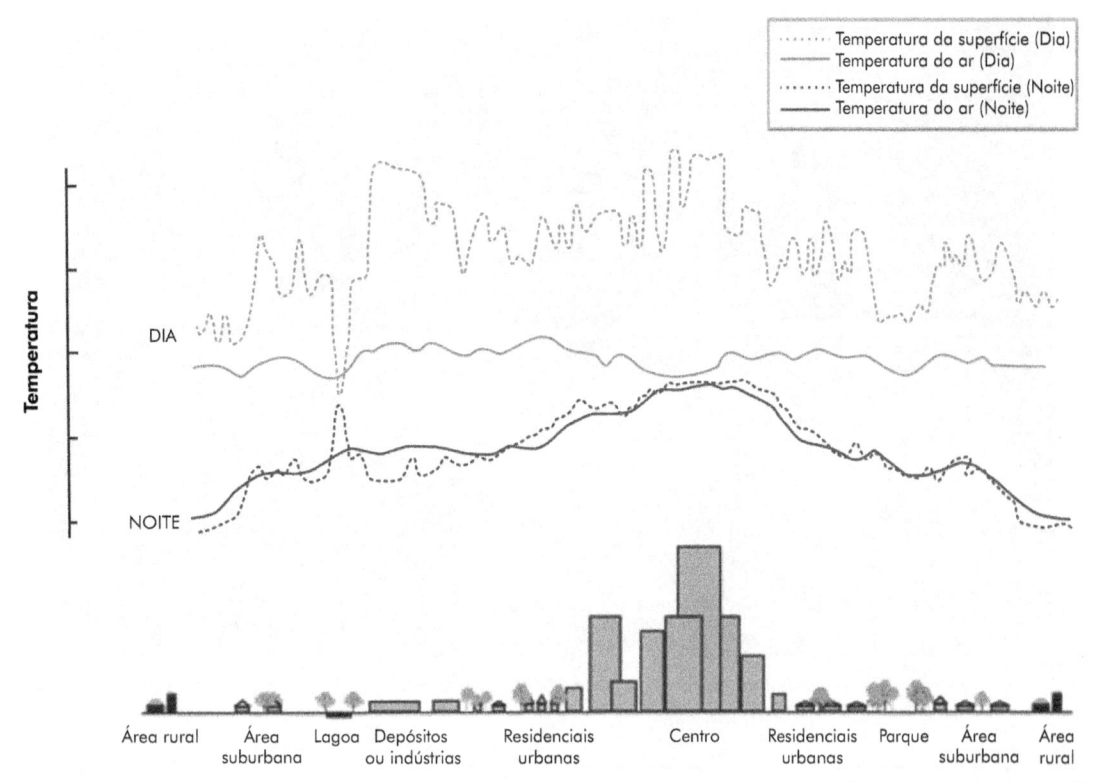

FIGURA 9-8 Perfis do efeito de ilha de calor urbana, superfície e temperatura do ar. Fonte: EPA. Ilustração: Killer Banshee Studios.

de cobertura deve ser baseada em testes aprovados por uma instituição, como o Cool Roof Rating Council (CRRC), e não pelos próprios fabricantes. Há muitos produtos e revestimentos para coberturas com pequena declividade, alta refletividade e alta emitância disponíveis nas cores branca ou quase branca.

Outra forma de cobertura fria são as coberturas verdes (Figura 9-9). Elas oferecem os benefícios adicionais de reter a água da chuva e criar habitats para pássaros e pequenos animais selvagens. Até pouco tempo atrás, as coberturas verdes eram feitas com solo e substrato mais profundo do que um pé (30,48 cm) sobre uma membrana de cobertura e recebiam jardins convencionais. As novas coberturas verdes são mais leves e podem ser incorporadas a praticamente qualquer edificação.

Janelas

As janelas oferecem vistas, iluminação natural e ventilação natural, conectando os usuários com o exterior. Elas são um valioso ativo para as edificações. Contudo, quando as janelas são superdimensionadas, o prédio pode aquecer demais no verão, além de perder calor no inverno. O projeto com baixo consumo energético exige atenção ao dimensionamento, ao desempenho e à localização das janelas. A tecnologia de janelas e vidros tem se desenvolvido radicalmente desde a década de 1970. Em muitos países, hoje o padrão é usar janelas com vidros duplos e isolamento térmico. Também existem janelas com vidros duplos ou triplos que incorporam películas de poliéster. As películas de baixa emissividade aplicadas às vidraças já são bastante comuns.

Medição do desempenho

Os três valores mais importantes para se selecionar os vidros e janelas são: o valor U (ou fator U), o coeficiente de ganhos térmicos solares (SHGC) e a transmitância visível. Esses índices mostram o desempenho de todo o sistema de janelas, o que inclui tanto a esquadria como a vidraça. Nos Estados Unidos, o National Fenestration Rating Council (NFRC) oferece procedimentos de testagem e um sistema de classificação energética para o sistema de janela inteiro. As janelas, portas e claraboias testadas pelo NFRC possuem um rótulo que mostra os parâmetros de desempenho energético do produto (Figura 9-10). Para um projetista ou proprietário de imóvel, o rótulo NFRC é uma maneira confiável de entender o desempenho energético de uma abertura e compará-la com diferentes produtos.

O valor U é uma medida da taxa de perda ou ganho térmico por condução através de um sistema de janela. Um valor U baixo indica baixa condutividade e bom isolamento. Como o diferencial de temperatura entre o interior e o exterior de um prédio provavelmente seja maior em um clima frio do que em um quente, valores U mais baixos são recomendados em climas mais frios. Em climas quentes, geralmente se recomendam valores U abaixo de 0,40. Em climas frios, o recomendável é um valor de 0,30 ou menos. Os materiais da esquadria e os aspectos de sua construção afetam o valor U de modo significativo. Janelas típicas costumam ter per-

FIGURA 9-9 A cobertura verde da prefeitura de Chicago oferece efeito de resfriamento junto com os outros benefícios ambientais. Fotografia por cortesia de Dan Varvais.

FIGURA 9-10 O selo NFRC fornece uma maneira confiável de entender o desempenho energético das janelas e comparar produtos. Ele inclui informações sobre todo o sistema de janela, incluindo a esquadria e as vidraças. Imagem por cortesia de National Fenestration Rating Council.

das térmicas cinco vezes mais elevadas do que as paredes em que se inserem. Assim, as janelas tendem a ser as áreas termicamente mais frágeis das vedações externas.

A radiação solar que incide sobre uma janela é transmitida para o interior, refletida de volta para o exterior ou absorvida pelo sistema de janela. Parte do componente absorvido é emitido para o interior. Isso, junto com o componente transmitido, representa o ganho térmico por radiação através da janela. O coeficiente de ganho térmico solar (CGTS) é a razão entre a radiação solar admitida através de um sistema de janela e a quantidade de radiação incidente no sistema. Um coeficiente equivalente a 0,50 indica que metade da radiação incidente chegou ao interior. Quando as janelas não são sombreadas, um CGTS de 0,30 ou menos costuma ser recomendado. CGTS baixos reduzem a carga de resfriamento em condições de calor e a aumentam em condições de frio. Os cálculos de energia ajudam a determinar o CGTS mais adequado a um prédio. Em climas frios e em prédios nos quais o ganho térmico solar no inverno é desejado, as janelas com CGTS mais alto podem ser utilizadas junto com sistemas de sombreamento que reduzem o ganho térmico no verão, mas permitem o ganho térmico no inverno, quando o sol está mais baixo.

A transmitância de luz visível (TV) indica o percentual de luz visível incidente no sistema de janela que é transmitido ao interior. A TV de uma abertura de parede sem inserção de janela equivaleria a 1,0. Para janelas disponíveis no mercado (para pronta-entrega), a VT pode variar entre 0,15 e 0,8. Quanto maior a transmitância de luz visível (TV), mais luz será transmitida. Ter mais luz visível ajuda na iluminação natural dos espaços internos, desde que se garanta um controle adequado do ofuscamento.

Tipos de envidraçamento

A energia solar na forma de radiação eletromagnética varia em comprimento de onda, de ultravioleta (UV) a infravermelha curta (Figura 8-7). O olho humano é mais sensível à radiação solar no espectro visível, que contém tanto luz como calor. Quarenta e seis por cento da radiação do sol fica nessa faixa, enquanto 51% está no espectro do infravermelho curto. Os 3% restantes são compostos por radiação UV. Os objetos terrestres emitem radiação em ondas longas. A radiação solar incidente em uma vidraça é refletida, absorvida ou transmitida até o outro lado (Figura 9-11). A energia térmica absorvida é irradiada novamente, na forma de radiação de ondas longas.

Os objetos quentes de um interior irradiam energia térmica na forma de radiação de ondas longas, que não pode ser transmitida através do vidro; parte dessa energia é absorvida pelo vidro, conduzida através dele e irradiada pela superfície externa aos objetos mais frios que estiverem no exterior.

Em uma janela com vidros duplos, a câmara de gás entre as vidraças cria uma barreira e reduz as perdas por condução, de modo que o fluxo térmico através da câmara ocorre principalmente por radiação. Isso reduz a transferência térmica, reduzindo o valor U do vidro.

Assim como muitos materiais de construção, o vidro incolor tem alta emissividade. A aplicação de uma película metálica brilhante e microscopicamente fina à superfície de um pano de vidro incolor altera a sua emissividade drasticamente, reduzindo-a de 0,9 para 0,2 ou menos. Ela é chamada de *película com baixo valor-E* ou baixa emissividade (Figura 9-12) e reduz radicalmente o calor que é transmitido através do vidro. A película reduz o valor U, mas tem pouco efeito no coeficiente de ganho térmico solar (CGTS).

Uma segunda geração de películas de baixa emissividade destinadas ao controle solar, chamada de *películas espectro seletivas com baixo valor E* (Figura 9-13), transmite a maior parte dos comprimentos de onda da radiação solar, mas não os comprimentos de onda da radiação infravermelha curta. Essas películas são aplicadas às vidraças externas. Como resultado, a luz visível é transmitida com facilidade através da vidraça externa e, então pela interna. A radiação infravermelha é refletida de volta, e uma pequena parte que é absorvida é irradiada novamente à vidraça interna, e dela para o recinto. As películas espectro seletivas com baixo valor-E reduzem o valor U e o coeficiente de ganho térmico solar (CGTS), mas mantêm uma alta transmitância de luz visível (TV). Elas rejeitam entre 40 e 70% do calor que seria, de outro modo, transmitido através da janela, mas deixam a luz solar entrar, tornando-se ideais para a redução das cargas de resfriamento em aplicações com aproveitamento da luz natural. Os vidros espelhados, por outro lado, não diferenciam entre os comprimentos de onda visíveis e infravermelhos curtos: eles limitam o ganho térmico, mas também bloqueiam a luz.

As películas de baixa emissividade são aplicadas à superfície do vidro voltada para a cavidade (câmara de gás). Quando são aplicadas na vidraça interna, elas impedem que a radiação de ondas longas saia do recinto, reduzindo as cargas térmicas, o que é ideal em climas frios. Por outro lado, quando aplicadas à vidraça externa, elas barram os ganhos térmicos do exterior, reduzindo as cargas de resfriamento, o ideal em climas quentes. Se vidraças com baixa emissividade forem instaladas invertidas (com a superfície de baixo valor E no lado errado), o resultado será ganhos ou perdas térmicas indesejáveis.

O vidro corado é comum em usos não residenciais, mas seus pigmentos escuros não rejeitam necessariamente mais calor solar do que os pigmentos claros. O coeficiente de ganho térmico solar (CGTS) é o parâmetro para avaliar e comparar o ganho térmico através do vidro; a transmitância de luz visível (TV) avalia a quantidade de luz admitida, enquanto o valor U avalia o ganho térmico por condução.

O vidro eletrocrômico (ou inteligente) é um vidro que troca tanto a TV como o CGTS, conforme a quantidade de luz solar disponível. Uma pequena corrente elétrica aplicada ao vidro permite que ele troque de propriedade. Atualmente, o vidro eletrocrômico é caro, mas pode resultar em sofisticadas soluções para edificações inteligentes, quando associado a controles automáticos para persianas e sistemas de iluminação e climatização.

Energia radiante

FIGURA 9-11 A radiação solar que incide em uma janela é transmitida ao interior, refletida ou absorvida pelo vidro. A radiação absorvida aquece o vidro e então é irradiada novamente tanto para o exterior como para os espaços internos. Fonte: Bill Burke/Prasad Vaidya; ilustração: Killer Banshee Studios.

A redução das perdas por radiação

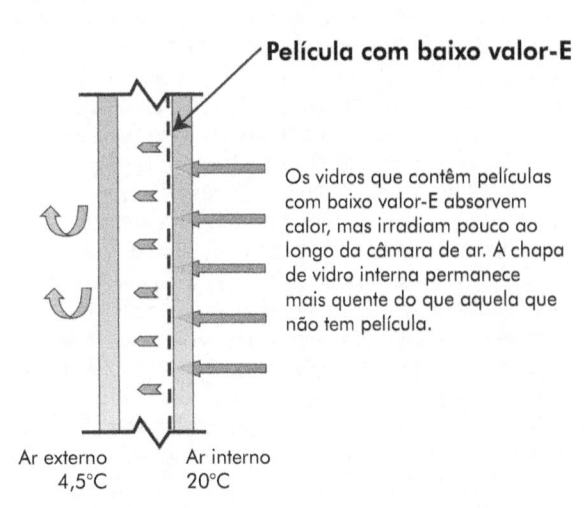

FIGURA 9-12 Redução da perda térmica através de uma vidraça insulada e com baixa emissividade (valor-E). Fonte: Bill Burke/Prasad Vaidya; ilustração: Killer Banshee Studios.

A transmissão solar em vidros seletivos

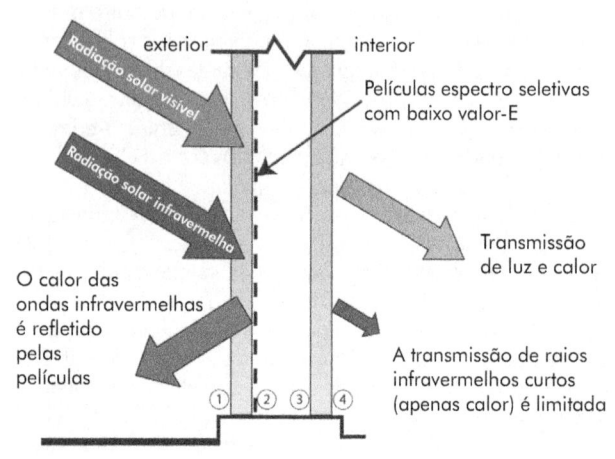

FIGURA 9-13 Transmissão da energia solar através de um vidro espectro-seletivo. Fonte: Bill Burke/Prasad Vaidya; ilustração: Killer Banshee Studios.

Esquadrias

As esquadrias de alumínio são leves, resistentes e duráveis, mas têm um alto potencial de condutividade térmica. Um fabricante de janelas pode introduzir uma barreira térmica, usando um material menos condutor, para dividir a esquadria em componentes internos e externos. Isso reduz a condutância do sistema de janela. As esquadrias de madeira também têm bom desempenho térmico. Elas exigem mais manutenção, mas, se forem bem construídas e mantidas, duram muito tempo. Para reduzir a necessidade de manutenção, a parte externa das esquadrias de madeira costuma ser revestida de superfícies que resistem melhor às intempéries, como o vinil e o alumínio. O desempenho térmico das esquadrias de janela de vinil é comparável ao das janelas de madeira, e as esquadrias de vinil praticamente dispensam manutenção. Todavia, o vinil é menos estável que outros materiais em termos de dimensão, estando sujeito à maior dilatação e retração em razão das variações de temperatura. Quando as esquadrias de vinil são enchidas com isolante, elas têm um desempenho melhor do que as de madeira. Esquadrias de fibra de vidro têm excelente desempenho térmico e baixíssima manutenção. Elas têm estabilidade dimensional, são resistentes e estão disponíveis com câmaras de ar ou preenchidas com isolamento térmico. Uma esquadria com exterior de fibra de vidro pode ter sua parte interna de madeira, criando um elemento híbrido.

As janelas pré-fabricadas chegam ao canteiro de obras já montadas e prontas para serem instaladas na parede. Elas são mais comuns em edificações residenciais. Os sistemas de janela construídos *in loco* são montados no canteiro de obras a partir de componentes separados, que geralmente são peças de metal e vidro ou unidades de isolamento térmico de vidro.

Sombreamento

O projeto com baixo consumo energético pode ser aprimorado com o uso de elementos de proteção solar adequados. Elementos de sombreamento externos, como beirais, marquises, brises verticais, toldos, treliças e venezianas, podem reduzir o ganho térmico solar indesejável em até 80%. Os sistemas de sombreamento fixos precisam ser projetados com cuidado e analisados quanto à sua efetividade. Elementos de proteção solar fixos bem desenhados liberam os usuários da necessidade de regulá-los (Figura 9-14). Por outro lado, os elementos móveis ou reguláveis permitem o controle dos usuários e podem ser muito efetivos na redução dos ganhos solares em diferentes momentos do ano (Figura 9-15). É importante reconhecer que qualquer elemento de sombreamento instalado em uma fachada norte, leste ou oeste (no hemisfério sul) dificilmente protegerá uma janela durante todos os horários do ano sem potencialmente cobrir a vista do céu por parte dos usuários do recinto. Uma combinação entre elementos de sombreamento fixos e móveis pode ser utilizada para oferecer a solução ideal, de modo que os elementos fixos ofereçam proteção durante as horas do pico do verão, e os móveis (ou reguláveis) aumentem o número de horas com proteção solar efetiva. Árvores, plantas e trepadeiras decíduas (caducas) também funcionam como elementos de proteção solar adequados a cada estação do ano.

Os elementos de sombreamento internos, como cortinas e persianas, não são tão efetivos na redução do ganho solar total, mas podem ser muito efetivos para reduzir o desconforto da radiação solar direta e do ofuscamento direto. As persianas e cortinas de enrolar, que podem ser erguidas, conseguem barrar o sol com altura baixa, impedindo o ofuscamento e, ainda assim, oferecendo a luz natural da abóbada celeste. As prateleiras de luz sombreiam a área adjacente à janela do sol direto e equilibram os níveis lumínicos dentro do cômodo, mas precisam ser projetadas com cuidado para que tenham a geometria e os materiais corretos, se a intenção é refletir a luz até o fundo do recinto. Paredes móveis ou divisórias internas com painéis de dobrar ou correr são efetivas para proporcionar o controle do sombreamento por parte dos usuários.

Os sistemas de sombreamento automáticos, na forma de persianas ou cortinas de enrolar, são úteis para garantir o controle ideal da insolação direta. Eles podem ser controlados por fotossensores ou programados com base em um relógio astronômico. O edifício do New York Times e a sede da Packard Foundation são exemplos nos quais sistemas de sombreamento automáticos foram utilizados com sucesso.

Os brises, já discutidos, ajudam o projetista a alcançar a quantidade de proteção solar necessária e são uma ferramenta de projeto efetiva. Os programas de modelagem tridimensional projetam sombras baseadas no local e horário e ajudam os projetistas a avaliar a efetividade das estratégias de proteção solar.

Claraboias

Um grande percentual de construções não residenciais nos Estados Unidos consiste em edificações térreas ou de dois pavimentos. O método mais simples, barato e efetivo para aproveitar a iluminação diurna nos interiores consiste no uso de claraboias. Quando bem dimensionadas, as claraboias difusoras de luz ou facetadas fornecem iluminação uniforme para edificações comerciais ou industriais sem perdas ou ganhos térmicos excessivos. Estão disponíveis inúmeras

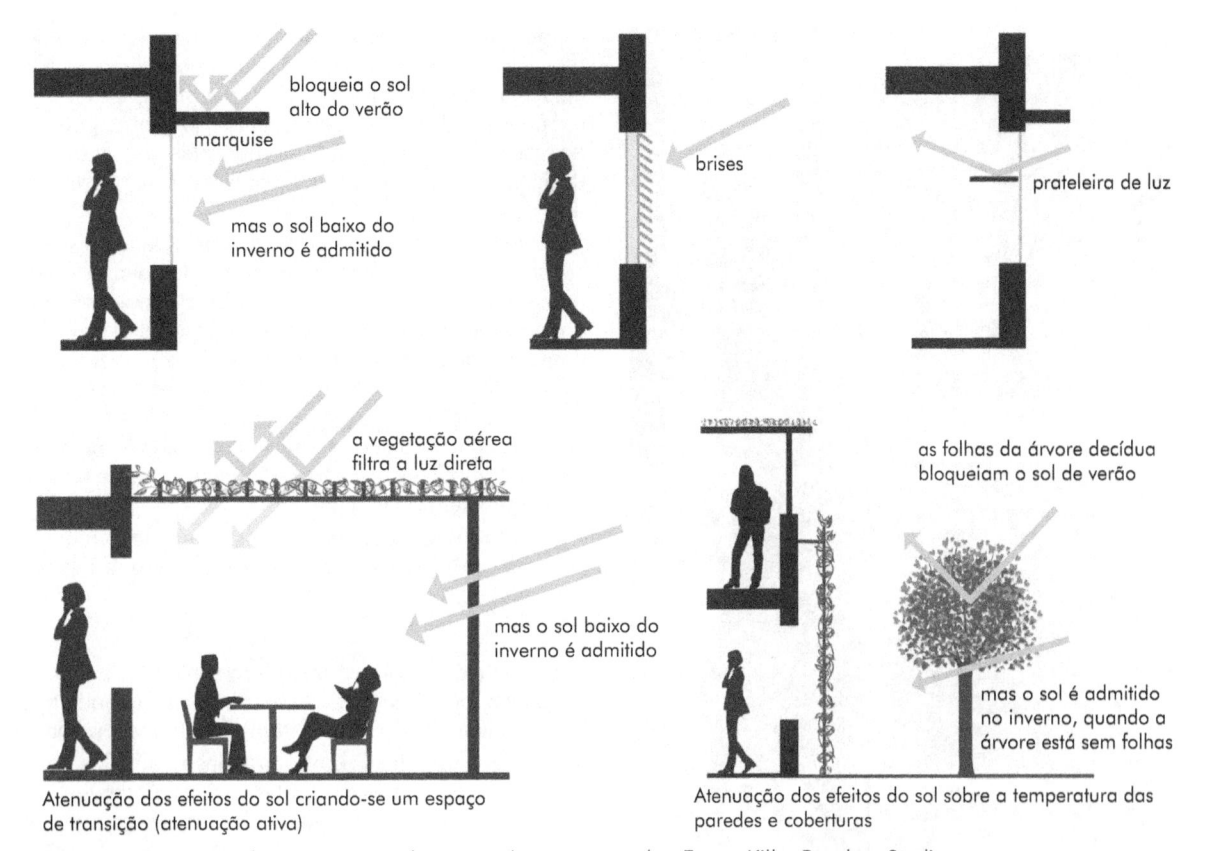

FIGURA 9-14 Diagrama de opções para elementos de proteção solar. Fonte: Killer Banshee Studios.

claraboias em tamanho padrão, também conhecidas como "zenitais". É possível incorporá-las a qualquer edificação de maneira criativa, permitindo a entrada de luz diurna. Também há claraboias construídas sob encomenda. As claraboias geralmente apresentam vidro e plástico, incluindo acrílico, policarbonato e fibra de vidro. As claraboias de abrir auxiliam a ventilação natural.

Assim como no caso das janelas, o valor U, o coeficiente de ganho térmico solar (CGTS) e a transmitância de luz visível (TV) são os parâmetros de desempenho. O propósito de uma claraboia é admitir luz, assim uma TV elevada (de pelo menos 50%) é desejável. Para limitar os ganhos e as perdas térmicas, o valor U e o CGTS devem ser minimizados. O coeficiente de turbidez mede a capacidade de uma claraboia de difundir a luz. Um coeficiente de turbidez alto significa maior difusão da luz. O coeficiente de turbidez não afeta a quantidade total de luz que passa através da claraboia. Com a exceção das aplicações especiais, nas quais o sol direto é desejado, escolha uma claraboia com fator de turbidez de, no mínimo, 90%. É possível, e até desejável, selecionar claraboias com transmitância visível e fator de turbidez igualmente altos. Uma grande quantidade de luz entra quando os dois valores são altos, sendo muito difundida até quando o sol direto incide sobre a vidraça.

Barreiras contra o ar, a água ou a umidade

As vedações externas herméticas, capazes de criar uma barreira térmica contínua desde as fundações até a cumeeira do telhado, passando pelas superfícies cegas de parede e ao redor

FIGURA 9-15 Elementos de proteção solar externos e móveis.

FIGURA 9-15 (Continuação.)

das portas e janelas, conseguem reduzir significativamente a circulação descontrolada do ar entre o interior e o exterior. Isso aumenta a efetividade das estratégias de projeto passivo e reduz a energia necessária para alimentar os sistemas ativos de calefação e resfriamento. Elas podem ser feitas com qualquer material relativamente impermeável à passagem do ar e duradouro. O desafio é projetar um sistema de barreira contra o ar que seja contínuo da fundação à cobertura. Depois do projeto, a instalação adequada é essencial. A redução da filtragem do ar, com o uso de uma barreira contra o ar, ajuda na eficiência energética e a criar interiores duradouros e saudáveis. Ela reduz a possibilidade do retorno indesejável dos gases de combustão gerados por caldeiras e aquecedores de água aos espaços de permanência, ao evitar as diferenças de pressão.

Limitar o movimento do ar por meio de um sistema de construção com barreira contra o ar reduz perdas e ganhos térmicos por convecção. Isso também diminui a entrada de umidade decorrente da infiltração descontrolada através dos conjuntos de componentes prediais. Essa umidade pode se condensar dentro do sistema composto, em suas superfícies frias. A umidade e a água que entram em um prédio ou ficam presas em um sistema composto podem trazer incômodos aos usuários, apodrecer materiais, diminuir níveis de conforto e causar problemas de saúde.

O controle da água deve ser implementado utilizando-se uma camada de controle da água dentro das vedações externas do prédio. A água pode penetrar em uma edificação de várias maneiras:

- Gravidade: Costuma ser um movimento de cima para baixo, mas também pode ser horizontal quando houver superfícies horizontais obstruindo o fluxo descendente.
- Tensão superficial: Causada pelas moléculas de água atraídas por outras moléculas de água. O movimento da tensão superficial da água pode cruzar frestas de apenas 0,3 mm nos materiais de construção.
- Capilaridade: Causada pela água que entra em pequenos espaços (inferiores a 0,3 mm) em materiais porosos ou hidrofílicos. Com a capilaridade, a água consegue se deslocar contra a gravidade.
- Diferenças de pressão do ar: Causam o movimento do ar, e a água é levada junto.
- Momento: O vento pode deslocar gotículas de água através de aberturas, que podem se deslocar horizontalmente e, às vezes, para cima.

Para controlar o movimento da água, é necessário criar camadas de controle da água em todos os lados de um prédio com sobreposições verticais nas juntas e rufos para direcionar a água para fora e longe do sistema, abaixo do nível das fundações. Essas camadas de controle são feitas com materiais resistentes à água e não absorventes (veja a Figura 9-16). A camada de vedação desvia 90% da umidade externa, além de proteger o sistema do sol e da erosão. O vão de drenagem faz a água que entra no sistema descer. Esse vão precisa ter largura suficiente e ser suficientemente ventilado para permitir que qualquer umidade que surja evapore, tendo, em geral, 1 cm nas construções de madeira e 2,5 cm nas de alvenaria. Materiais impermeáveis e com sobreposições são utilizados para criar uma câmara de drenagem. Os materiais impermeáveis são utilizados para criar rufos que retiram a água e a afastam na base da câmara de drenagem. São necessários rufos e proteções na cobertura, nas juntas de materiais e ao redor das aberturas. Orifícios de drenagem permitem à água sair da câmara de drenagem. Esses drenos são introduzidos em intervalos, de modo que a água consiga sair sem ter de se deslocar por toda a extensão da câmara de drenagem.

O vapor de água é absorvido pelos materiais de construção e se desloca com o ar. Em geral, ele se move do lado quente para o frio do sistema, ou das zonas de alta pressão às de baixa pressão. O controle do vapor é feito com o uso de materiais que são semipermeáveis e permitem ao prédio respirar. Os materiais que barram a água, mas permitem o movimento do vapor, são utilizados no exterior de um prédio. As barreiras de ar diferem das barreiras de vapor pelo fato de que as primeiras permitem a passagem da umidade, enquanto as últimas, por definição, não o fazem. Veja a Tabela 9-1 para conferir a capacidade de controle do vapor de vários materiais. Quando há uma diferença de temperatura entre o exterior e o interior, cria-se um gradiente de temperatura no sistema de parede, e o ponto de orvalho pode surgir dentro da parede e provocar a condensação. Essa condensação não deve ficar retida pelos materiais porosos. Os materiais rígidos são relativamente impermeáveis, assim a condensação ocorre na superfície, sendo depois evaporada ou drenada.

Fachadas duplas ou inteligentes

As fachadas com duas camadas se tornaram mais populares na Europa do que nas outras partes do mundo. Em sua forma mais simples, uma fachada dupla é um fechamento transparente dotado de câmara de ar ventilada. Um sistema típico seria uma vidraça interna dupla, um pano de vidro temperado simples no exterior e uma câmara de ar entre os dois, que tem entre 15 cm e 75,0 cm de espessura (Figura 9-17). Divisores verticais e horizontais criam barreira contra fogo e evitam a formação de um efeito chaminé muito forte em prédios altos. Outras características incluem brises móveis dentro da cavidade, janelas de abrir e aberturas tanto em cima como embaixo da cavidade, para controlar a ventilação natural, e a calefação ou o resfriamento passivo. Na maioria dos casos, a câmara de ar usa alguma forma de ventilação para remover os ganhos térmicos solares, evitando que sejam absorvidos pelos brises ou venezianas.

As fachadas duplas têm várias outras funções, como um melhor controle do ofuscamento, oportunidades de calefação e ventilação natural e proteção acústica. Ao contrário das paredes-cortina normais, elas são dinâmicas, e, se forem bem projetadas, incluirão a coleta passiva do sol, o sombreamento, a resistência térmica e a ventilação natural com o auxílio

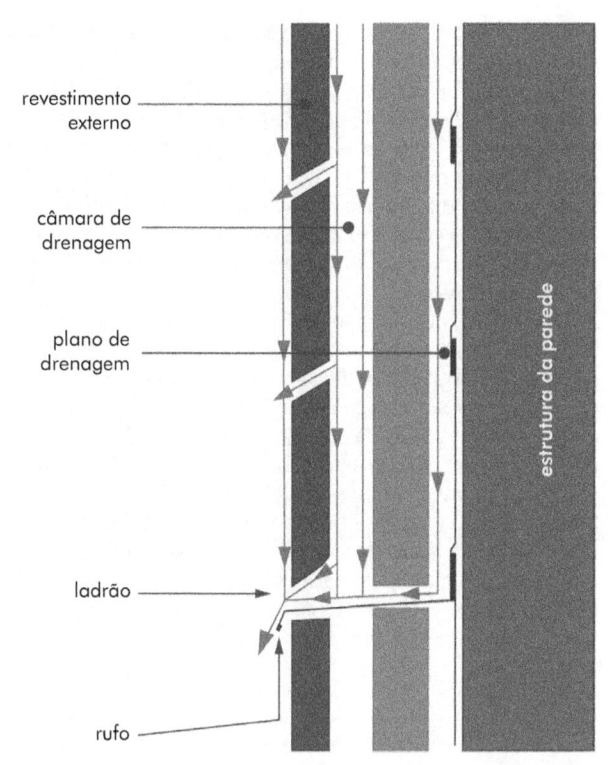

FIGURA 9-16 Um sistema de parede mostrando diferentes componentes para o controle da umidade usando vãos de drenagem, planos de drenagem, drenos e rufos. Fonte: Baseada em William Maclay, *The New Net Zero*. White River Junction, VT: Chelsea Green Publishing, 2014; ilustração: Killer Banshee Studios.

de sistemas mecânicos. Os ruídos e a chuva são mantidos afastados das aberturas internas, permitindo um melhor aproveitamento das estratégias de ventilação natural.

Iluminação

O projeto de iluminação consiste na manipulação da luz a partir de uma fonte, com o uso de *modificadores* (Figura 9-18), para que se torne disponível para uma *tarefa* específica. Para a iluminação natural, a fonte primária costuma ser a luz difusa da abóbada celeste, não o sol direto. Os modificadores são o projeto de arquitetura, incluindo a forma do prédio,

TABELA 9-1 A capacidade de controlar o vapor dos materiais de construção comuns

CLASSE DE RETARDANTE DE VAPOR	PERMEABILIDADE AO VAPOR	MATERIAL
I	Impermeável ≤ 0,1 perm	Vidro, chapa de metal, membrana de borracha, chapa de polietileno
II	Semi-impermeável entre 0,1 e 1,0 perm	Papel kraft revestido de betume, EPS ou XPS sem revestimento
III	Semipermeável entre 1 e 10,0 perm	Revestimento de OSB, compensado, bloco de concreto, reboco, tintas a óleo ou látex
Sem classificação	Permeável > 10 perm	Tijolo, gesso cartonado, revestimento residencial perfurado, isolante de celulose, isolante de fibra de vidro sem revestimento

Fonte: William Maclay, *The New Net Zero*, p. 179. White River Junction, VT: Chelsea Green Publishing, 2014; ilustração: Killer Banshee Studios.

os componentes das vedações externas e os interiores. Esses elementos internalizam, redirecionam e refletem a luz natural até os planos de trabalho. A circulação dentro do prédio, e o desempenho de algumas atividades específicas, como a leitura, são as chamadas tarefas visuais. As tarefas visuais para o projeto da iluminação elétrica são similares; a lâmpada é a fonte, e os modificadores são a luminária, as superfícies do cômodo e suas cores. É por esse motivo que a arquitetura de interiores é um importante elemento do projeto de iluminação com baixo consumo energético.

A taxa pela qual uma fonte de luz emite a energia, similar ao fluxo de água que passa por uma mangueira, é chamada de *fluxo luminoso* e é medida em lúmens. O valor de lúmens emitidos por uma lâmpada é a luz total que ela emite em todas as direções. A eficácia de uma lâmpada é a quantidade de luz que ela gera em relação à energia que consome. Ela é medida em lúmens por watt, sempre que a energia elétrica consumida for medida em watts. A eficácia luminosa varia muito, conforme o tipo de lâmpada (Figura 9-19). A iluminância é a luz incidente em uma superfície, medida em lúmens por unidade de área. Um pé-vela é um lúmen por pé quadrado (l/ft^2), e um lux é um lúmen por metro quadrado (l/m^2). A iluminância é medida por fotômetros.

Vela é a intensidade do raio luminoso em uma direção qualquer; sua unidade é a candela. Um gráfico de distribuição de velas mostra essa intensidade para uma luminária ou lâmpada. Os fabricantes indicam as curvas de distribuição de velas para suas luminárias. A Figura 9-20 é um exemplo no qual o diagrama representa um corte através da luminária. A porção do gráfico acima da linha horizontal entre 90° e 270° representa a intensidade direcional acima da luminária (luz indireta), enquanto a porção do gráfico abaixo dela representa a intensidade da luz direta (descendente). As linhas retas que irradiam do ponto central identificam o ângulo pelo qual a luz é emitida, enquanto os círculos marcam a intensidade.

Iluminância é a medida de quanta luz é recebida por uma superfície, e a luminância é a medida de o quão brilhante a superfície se mostra. Uma fonte de informações aceita pelo setor da iluminação para o nível recomendado de iluminação em um espaço é o livro *Illuminating Engineering Society of North America* (IESNA) *Lighting Handbook*. O Guia de Projeto de Luminotécnica dessa obra oferece iluminâncias recomen-

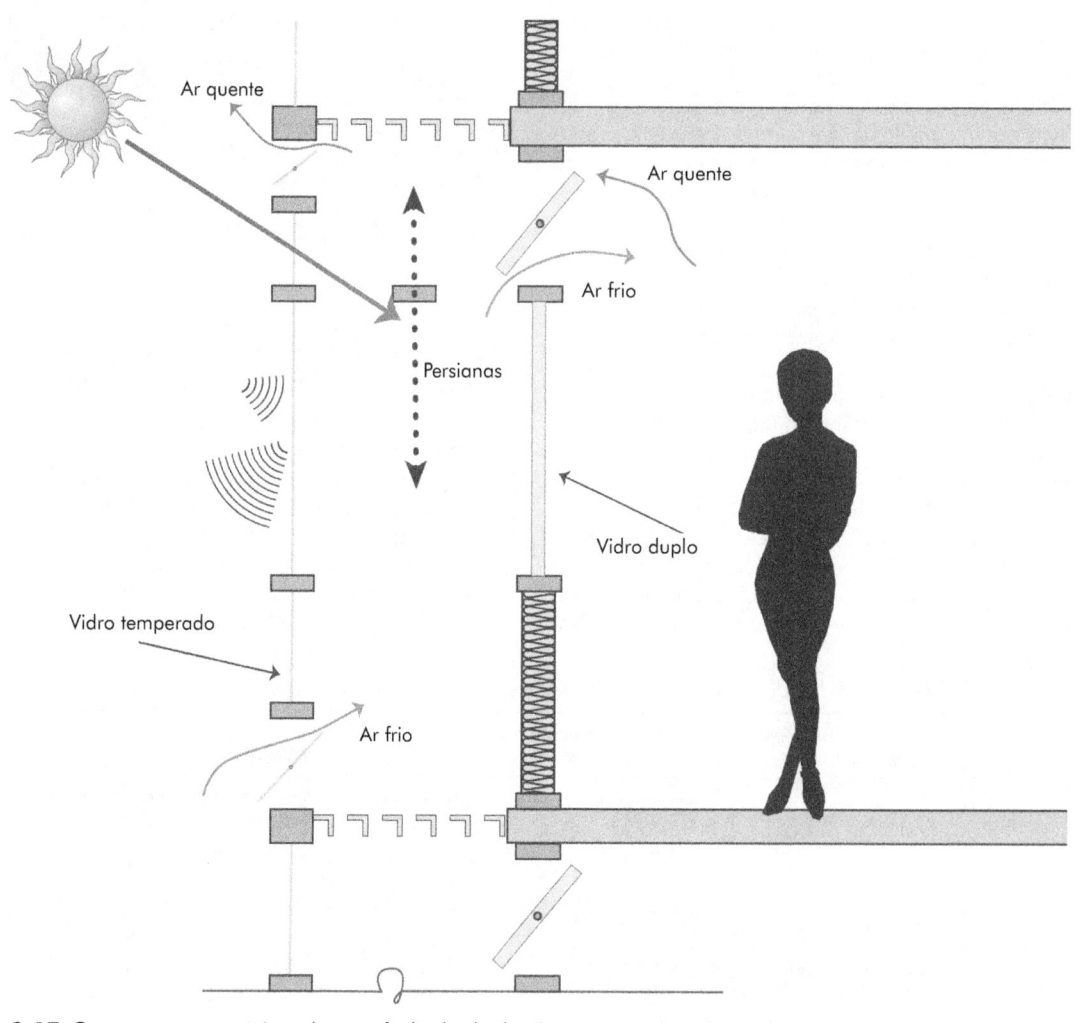

FIGURA 9-17 Os componentes típicos de uma fachada dupla. Fonte: Prasad Vaidya/Killer Banshee Studios.

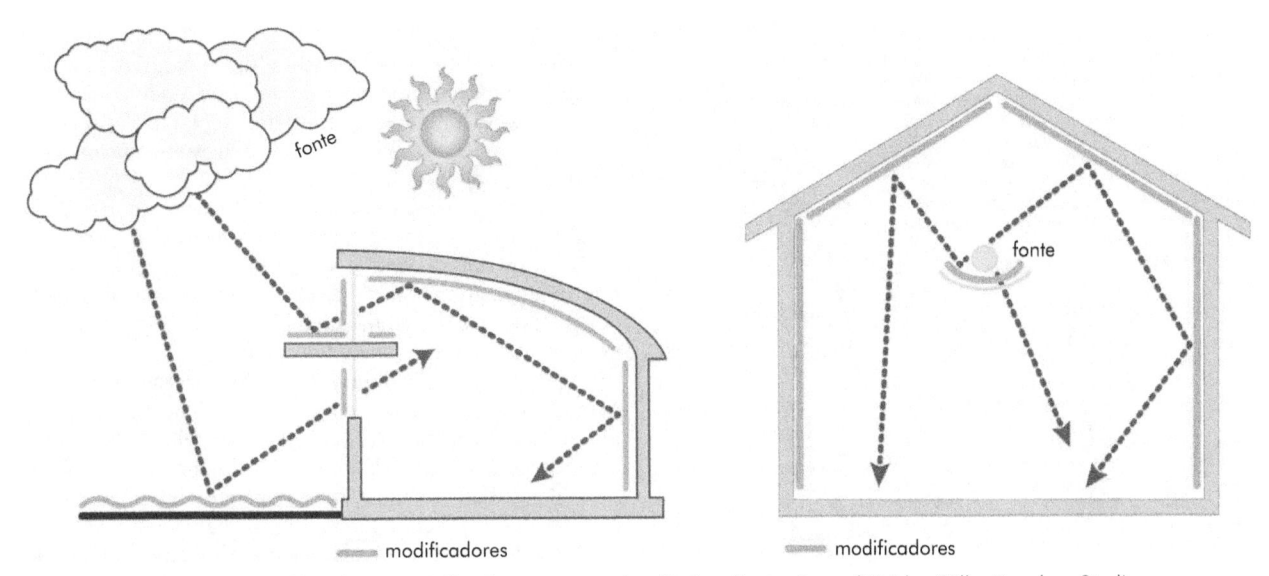

FIGURA 9-18 Fonte e modificadores para iluminação natural e elétrica. Fonte: Prasad Vaidya/Killer Banshee Studios.

dadas para sete categorias de aplicação geral, e a *leitura* é uma delas. A iluminância por si só não indica a qualidade da iluminação. Veja a seção "Necessidades de Iluminação" no Capítulo 8.

O brilho ou a luminosidade de um objeto ou fonte luminosa é a intensidade vista pelo olho ou um instrumento de medição. Esse brilho é chamado de *luminância* e é medido em candelas por unidade de área (cd/ft^2 ou cd/m^2). A luminância depende do campo de visão e da posição do observador. A luminância média registrada para o campo de visão de um observador pode mudar radicalmente, se ele simplesmente girar sua cabeça em 90°. A razão de luminância é uma medida da luminosidade relativa de diferentes superfícies no campo de visão. As superfícies com razão de 3:1 ou menos costumam ser percebidas com uma luminosidade equivalente. Razões de luminância superiores a 10:1 criam contrastes poderosos. Em ambientes ocupacionais ou salas de aula, dá-se preferência às razões de luminância baixas, que resultam na percepção de níveis de luz homogêneos e permitem que os olhos relaxem. As razões de luminância mais altas criam espaços muito dinâmicos. Por essa razão, é comum encontrar razões de luminância altas em lojas varejistas, teatros e restaurantes. O uso de razões de luminância superiores a 40:1 em um compartimento pode resultar em ofuscamento. Um método de reduzir as razões de luminância e melhorar a qualidade da iluminação é iluminar as superfícies verticais e o teto de um cômodo e, ao mesmo tempo, manter a fonte de luz oculta. Os exemplos incluem sancas de iluminação e lustres de iluminação direta e/ou indireta. O uso de acabamentos foscos ou com cores claras ajuda a evitar reflexões e a se obter razões de luminância menores.

Essas abordagens devem ser utilizadas no projeto de luminotécnica de baixo consumo energético. A iluminação geral e a iluminação sobre o plano de trabalho podem ser fornecidas por fontes de luz que possam ser desligadas quando não forem necessárias. Valores de luminância mais altos podem ser obtidos em um cômodo usando-se cores claras e tratando-se todo o ambiente como um *modificador* da fonte luminosa. Espaços com superfícies de cores claras parecem ser mais brilhantes e mais bem iluminados do que aqueles com cores escuras, apesar de poderem ter níveis de iluminância idênticos sobre um plano horizontal. Um projeto de

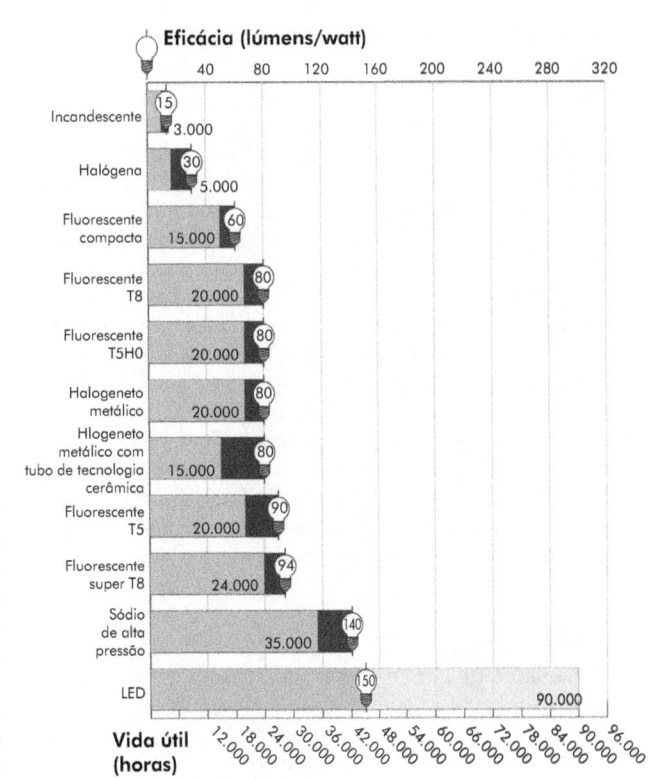

FIGURA 9-19 Eficácia em lúmens/watt e vida útil em horas de vários tipos de lâmpada. Fonte: Prasad Vaidya/Killer Banshee Studios.

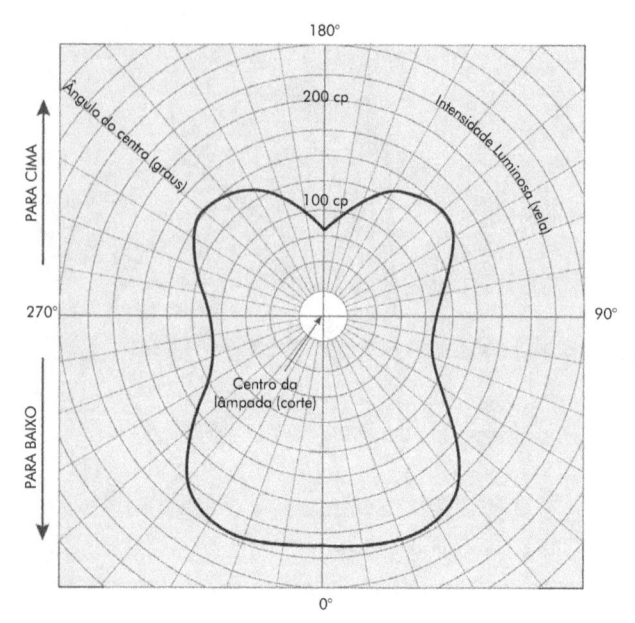

FIGURA 9-20 Curva de distribuição de intensidade luminosa para uma luminária fluorescente direta-indireta. O diagrama representa um corte através da luminária e mostra a intensidade da luz emitida em cada direção. Ilustração: Killer Banshee Studios.

luminotécnica eficiente também inclui a seleção da luminária e lâmpada corretas, o controle dos níveis de iluminação e a possibilidade do desligamento das lâmpadas quando não forem necessárias.

O projeto de iluminação do exterior é utilizado para iluminar os elementos arquitetônicos de um prédio e as áreas paisagisticamente tratadas. Uma boa prática é usar luminárias que evitem totalmente o ofuscamento direto, dirigir todas as luzes para baixo a fim de preservar a escuridão do céu à noite e reduzir o ofuscamento direto dos vizinhos. O Model Lighting Ordinance (MLO) recomenda padrões de iluminação externa que reduzem o ofuscamento, a invasão luminosa e a iluminação do céu à noite. Ele também inclui o uso de cinco zonas de iluminação para classificar o uso do solo, com níveis lumínicos apropriados a cada uma delas. As zonas variam entre LZ0, projetadas para ambientes naturais praticamente intocados e iluminação externa limitada, e LZ4, para aplicações limitadas em áreas de urbanização extensiva, nas cidades maiores. O MLO limita a quantidade de luz utilizada para cada imóvel e a classificação das luminárias externas, para garantir que apenas luminárias com bons quebra-luzes sejam utilizadas.

Lâmpadas

A temperatura de cor correlata (CCT) indica se a lâmpada será percebida como quente ou fria. Lâmpadas que geram luz quente e rica em vermelhos e amarelos têm CCT baixo; as que produzem luz branca ou azulada têm CCT alto e são consideradas frias. Na maioria das aplicações residenciais, são preferíveis lâmpadas com CCT entre 2.700 e 3 mil K. Em espaços de trabalho não residenciais, lâmpadas com CCTs mais altos são utilizadas. Lâmpadas com CCTs mais elevados também são empregadas quando a luz elétrica é usada para complementar a iluminação natural, que tende a ter CCTs muito altos. As lâmpadas fluorescentes têm uma variação de CCT muito maior, assim é importante que esses equipamentos sejam selecionados com atenção.

O índice de reprodução de cor (CRI) mede a capacidade da lâmpada de reproduzir cores diferentes com precisão. O CRI e o CCT são independentes entre si. As lâmpadas fluorescentes frias podem ter um índice de reprodução de cores elevado, assim como uma boa reprodução de cores é possível com a luz natural difusa ou fria.

A possibilidade de dimerizar as lâmpadas também é uma maneira interessante de melhorar a experiência do usuário, reduzir o ofuscamento e economizar energia. As lâmpadas incandescentes e de LED são fáceis de dimerizar; as fluorescentes podem ser dimerizadas quando combinadas com reatores dimerizáveis. As lâmpadas de halogeneto metálico e as de vapor de sódio de alta pressão têm tempo de partida (arranque) com retardo, o que as torna inadequadas para controles com base na ocupação.

Usa-se iluminação de emergência para ajudar as pessoas a encontrarem a saída de um prédio em um caso de emergência no qual o sistema de iluminação geral não está disponível, em virtude de um blecaute. Embora sinais luminosos de saída com LEDs sejam comuns, eles podem ser combinados com o uso de materiais fotoluminescentes, que brilham no escuro, orientando a evacuação de pessoas dos prédios durante emergências mesmo com falta de energia.

As fontes de luz incandescentes, halógenas, fluorescentes e de LED oferecem bons índices de reprodução de cores e são fáceis de controlar, sendo, portanto, utilizadas em aplicações internas. Contudo, nos projetos de baixo consumo energético, as lâmpadas fluorescentes Super T8 e os LEDS são as ideais, em função de suas altas eficácias luminosas e longas vidas. As lâmpadas de halogeneto metálico são utilizadas em ginásios e outras aplicações nas quais o tempo de acionamento com retardo entre 5 e 10 minutos não causa inconvenientes. Para o uso em áreas nas quais o índice de reprodução de cores não é crítico, outras fontes podem ser consideradas.

Luminárias

As luminárias suportam as lâmpadas e agem como os primeiros *modificadores* de uma fonte de luz artificial. Elas refletem e redirecionam a luz, ou modificam sua cor e padrão. As luminárias diretas usam refletores e enviam a maior parte da luz em direção ao plano de trabalho. Elas são utilizadas em áreas que exigem altos níveis de iluminação sobre o plano de trabalho, ou quando a luminária é instalada em uma altura suficiente, em espaços com pé-direito elevado. As luminárias indiretas usam refletores para direcionar a luz a um teto ou parede. Elas são utilizadas para a criação de um bom ambiente, ao iluminar as superfícies dos cômodos. Luminárias diretas e indiretas são utilizadas para combinar ambas as abordagens, de modo que parte da luz seja direcionada, gerando uma luminância maior sobre as superfícies do cômodo, e o resto seja direcionada para um plano de trabalho. Luminárias que usam lentes ou materiais translúcidos precisam de um projeto cuidadoso, pois podem se tornar uma fonte de ofuscamento quando suas luzes incidem no campo de visão.

Controles de iluminação

Os controles de iluminação manuais e automáticos são empregados para melhorar o projeto de iluminação, dar liberdade aos usuários e oferecer flexibilidade, economizando energia elétrica. Controles manuais, como interruptores manuais e *dimmers*, conferem aos usuários controle sobre seus ambientes, aumentando a satisfação ao mesmo tempo que reduzem o consumo energético. As lâmpadas controladas apenas pelos usuários podem ficar apagadas quando os recintos estiverem desocupados. Os controles automáticos são um método seguro de conservar energia. Pode-se combinar controles automáticos com os manuais, de modo que os primeiros regulem automaticamente a iluminação geral, e os segundos regulem as lâmpadas de iluminação sobre o plano de trabalho. Além disso, sensores de ausência e *timers* podem desligar as lâmpadas quando os usuários estiverem ausentes.

O controle individual das luminárias em um espaço de uso múltiplo pode ser obtido com a abordagem digital de luminárias e reatores, de modo que os usuários possam controlar seus ambientes com uma interface em seus computadores ou *smartphones*.

Os sensores de ausência podem ser regulados para que os usuários acendam as lâmpadas quando entram no cômodo, mas as luzes são desligadas automaticamente quando o ambiente ficar vazio por algum tempo. Os sensores devem ser posicionados com cuidado a fim de evitar desligamentos equivocados quando os usuários ainda estão no cômodo ou quando há pessoas se deslocando em espaços contíguos. Os cômodos grandes precisam ser subdivididos em zonas com sensores independentes.

Os temporizadores permitem aos usuários ligar a quantidade de luz que eles desejam no ambiente, e desligam as lâmpadas quando o tempo termina. Pode-se também programar o controle, com o uso de um sistema de gestão de energia que possa ligar e desligar as lâmpadas em horários específicos do dia e do ano. Interruptores de contato localizados permitem aos usuários ampliar o tempo de funcionamento das luzes de uma zona, caso ainda estejam usando o espaço.

O aproveitamento da luz natural pode ser feito com o controle de um fotossensor ou um relógio astronômico. Os fotossensores detectam a quantidade de luz em um espaço e ligam as luzes para aumentar a quantidade de luz natural disponível. Quando os níveis de luz natural aumentam, as luzes são apagadas ou dimerizadas. O posicionamento dos sensores, o tempo até o desligamento das luzes e a escolha do algoritmo de controle são fundamentais para o bom funcionamento de um sistema de controle da iluminação natural. Em espaços nos quais os níveis de iluminação podem ser previstos com confiança, ou quando certa variação no nível de iluminação não causa problemas, os relógios astronômicos podem ser utilizados para desligar e ligar as lâmpadas na zona de iluminação natural. Esse sistema é menos sensível aos níveis de iluminação local, mas é mais fácil de instalar e executar.

O controle do aproveitamento da luz natural exige que o especialista em luminotécnica entenda o padrão de iluminação natural em um espaço e consiga identificar a zona de iluminação natural. As luminárias nessa zona têm fiação que permite o controle separadamente. Os *dimmers* e controles de acionamento são selecionados com base no nível de iluminação natural esperado, a frequência e a duração de uso do espaço e o tipo de luminária que será instalado.

Todos os controles exigem comissionamento. O comissionamento é um processo contínuo de revisão durante o projeto e a construção. Durante o projeto, a revisão visa a garantir a especificação dos controles adequados e a coordenação entre as áreas. Durante a instalação, é essencial que os controles sejam distribuídos e instalados de modo apropriado e que se solucione os conflitos entre as diferentes áreas. Posicionar um sensor de ocupação ou iluminação atrás de um duto de climatização certamente fará com que ele não funcione da maneira prevista. Quando instalados, os controles devem ter fiação apropriada. Por fim, os controles devem ser regulados a fim de gerarem os efeitos desejados sob diferentes condições.

■ Cargas de equipamentos elétricos

Em prédios residenciais, as cargas de equipamentos elétricos são, acima de tudo, resultado dos eletrodomésticos, como máquinas de lavar pratos, geladeiras, televisões e aparelhos similares; em edifícios profissionais, elas compreendem computadores, equipamentos de escritório, carregadores, CPUs, vendedoras automáticas, etc. O consumo de eletricidade associado às cargas de equipamentos domésticos está aumentando, e, em locais de trabalho, essas cargas já são um dos consumos de energia que mais crescem. Essas cargas vêm crescendo como resultado do aumento do número e do tipo de aparelhos disponíveis. Muitos dos equipamentos atuais não são apenas ligados ou desligados, mas funcionam em vários modos e níveis de consumo de energia. As cargas de equipamentos elétricos consomem eletricidade e emitem calor nos espaços internos.

Vários esquemas e iniciativas de transformação do mercado têm contribuído para tornar os aparelhos elétricos mais eficientes. De acordo com o Departamento de Energia dos Estados Unidos, os padrões de eficiência energética para aparelhos e equipamentos têm servido como uma das mais efetivas políticas desse país para a melhoria do desempenho energético. O programa Appliance and Equipment Standards já se expandiu bastante, cobrindo produtos que representam 90% do consumo energético local, 60% do consumo energético das edificações comerciais e aproximadamente 29% do consumo de energia industrial. Em 2014, mais de 50 produtos diferentes já haviam sido cobertos. Um refrigerador novo hoje consome um terço da energia que um equivalente de 1973, mas oferece 20% a mais de capacidade de armazenamento e custa metade do preço. As novas máquinas de lavar roupas consomem 70% menos energia.

Contudo, enquanto o consumo de energia para iluminação, calefação, resfriamento e ventilação vem sendo reduzido em edificações de baixo consumo energético, o consumo de energia dos aparelhos domésticos permanece o mesmo nos principais usos finais. Para projetar edificações de baixo consumo energético de modo eficiente, as cargas de equipamentos elétricos também devem ser reduzidas. Existem diversas melhores práticas a serem consideradas:

- Avalie se um eletrodoméstico ou equipamento elétrico é realmente necessário; identifique os redundantes e elimine-os.
- Revise os padrões de uso e escolha um modo de operação que seja adequado, reduzindo o consumo de energia. Por exemplo, um *notebook* consome menos de um terço da energia de um computador de mesa. Considere o compartilhamento de impressoras, pois esses equipamentos consomem energia o dia inteiro, mesmo quando estão em modo de espera.
- Escolha modelos de equipamento disponíveis com eficiências mais elevadas. Use o site Product Finder, da Agência de Proteção Ambiental dos Estados Unidos para comparar e selecionar equipamentos e eletrodomésticos eficientes e entender seu consumo de energia estimado.
- Inclua tomadas de equipamentos elétricos que possam ser desligadas com um controle ou interruptor central.
- Use réguas de tomadas para economizar energia. As réguas com sensor de carga usam uma abordagem do tipo mestre/servo. Elas podem ser reguladas de tal maneira que, quando você desliga seu computador, tudo mais na régua também é desligado. Existem réguas com sensores de ocupação que detectam a presença de um usuário e automaticamente desligam os equipamentos como resposta.
- Faça regulagens radicais para a economia de energia. Os pacotes de *software* que ativam regulagens no modo de hibernação em toda a rede podem ajudar a reduzir a energia da carga de equipamentos eletrodomésticos.

Recentemente, o número de aparelhos cotidianos que estão conectados à Internet tem aumentado cada vez mais. Quando conectados, esses aparelhos podem tomar decisões com base em regras internas administradas no local ou à distância. Isso gera oportunidades para a coleta de dados, a análise de dados descentralizada e a ativação. Essa abordagem vem sendo chamada de Internet das coisas e é criada por uma combinação de sensores de baixo custo, tecnologia da computação e formação de redes, permitindo que objetos, edificações e infraestruturas se comuniquem entre si e sejam acessadas à distância via Internet.

O projeto passivo

A redução das cargas das edificações se une ao projeto integrado na forma de uma resposta de projeto passivo. O projeto passivo configura a arquitetura de um prédio, tornando-o pronto para receber sistemas que atuem sobre as cargas residuais. A melhoria do desempenho passivo de um prédio é a principal contribuição dos arquitetos para o processo de projeto de baixo consumo energético. Isso estabelece a base do projeto resiliente para os momentos em que o fornecimento de energia é interrompido. Ao contrário dos sistemas de climatização ou iluminação, o desempenho passivo é um valioso ativo que pode durar toda a vida útil de uma edificação. A orientação solar, a compacidade da forma e os materiais de construção impactam na calefação, no resfriamento e na iluminação natural. A seleção do tipo de sistema mecânico determina o tamanho dos equipamentos que ficarão no pavimento de cobertura, o dimensionamento e a localização dos dutos, afetando a estética do prédio.

Esta sessão cobre o projeto passivo em três partes: a calefação passiva, o resfriamento passivo e a iluminação natural. Enquanto as tecnologias e abordagens de projeto cobertas nas partes anteriores deste capítulo reduzam as cargas, aqui discutiremos como aproveitar as energias gratuitas disponíveis no terreno para termos ganhos térmicos, rejeitar calor indesejável e aproveitar a iluminação natural.

O desempenho passivo de uma edificação pode ser avaliado usando-se dois tipos de medição:

1. A capacidade instalada do sistema de iluminação ou climatização por área unitária do prédio. Em um sistema de iluminação, isso é a potência total instalada (vantagem). Nos sistemas de calefação, a capacidade instalada é medida por BTUs por hora, e nos sistemas de resfriamento, em toneladas de refrigeração instalada. Quanto maior for a capacidade instalada por unidade de área, menor é o desempenho passivo. Esses parâmetros medem o desempenho passivo do prédio sob cargas de pico.
2. O número de horas por ano que um prédio pode funcionar sem seus sistemas de iluminação elétrica ou climatização mecânica. Nos sistemas de iluminação, isso pode ser medido em termos de autonomia da iluminação natural,[5] ou seja, pela medição do número de horas de ocupação em um prédio, ao longo do ano, nas quais a iluminação natural fornece os níveis de iluminância exigidos. Nos sistemas de climatização, isso pode ser medido em termos de autonomia térmica.[6] Esse parâmetro mede a capacidade do prédio de se adaptar a diferentes condições climáticas e de uso.

Os prédios passivos bem projetados incluem uma composição de estratégias que mantêm o conforto térmico, aproveitam a luz natural e controlam o ofuscamento. Diferentes estratégias passivas empregam distintas técnicas para ampliar a zona de conforto sob uma ampla variedade de condições climáticas (Figura 9-21). Algumas estratégias exigem controles automáticos ou a intervenção do usuário para serem acionadas. Assim como ocorre com automóveis e aviões, nos quais as partes móveis enfrentam vento, pó, chuva e neve, os sistemas de edificação dinâmicos com partes móveis também exigem consertos e manutenção regulares para que se garanta um desempenho duradouro.

A calefação passiva

A calefação passiva, ou a calefação solar passiva, é alcançada por meio de uma combinação de orientação solar, volumetria, localização e dimensionamento de janelas, uso de massa termoacumuladora e isolamento em paredes, pisos e

---

[5] Advanced Buildings. Energy Performance Solutions from NBI, "Analysis Methods: Daylighting Pattern Guide," http://patternguide.advancedbuildings.net/using-this-guide/analysis-methods

[6] Brendon Levitt, M. Susan Ubbelohde, George Loisos, and Nathan Brown, 2013. "Thermal Autonomy as Metric and Design Process." In *SB13 Vancouver Pushing the Boundary—Net Positive Buildings* Available at www.coolshadow.com/research/Levitt_Thermal%20Autonomy%20as%20Metric%20and%20Design%20Process.pdf.

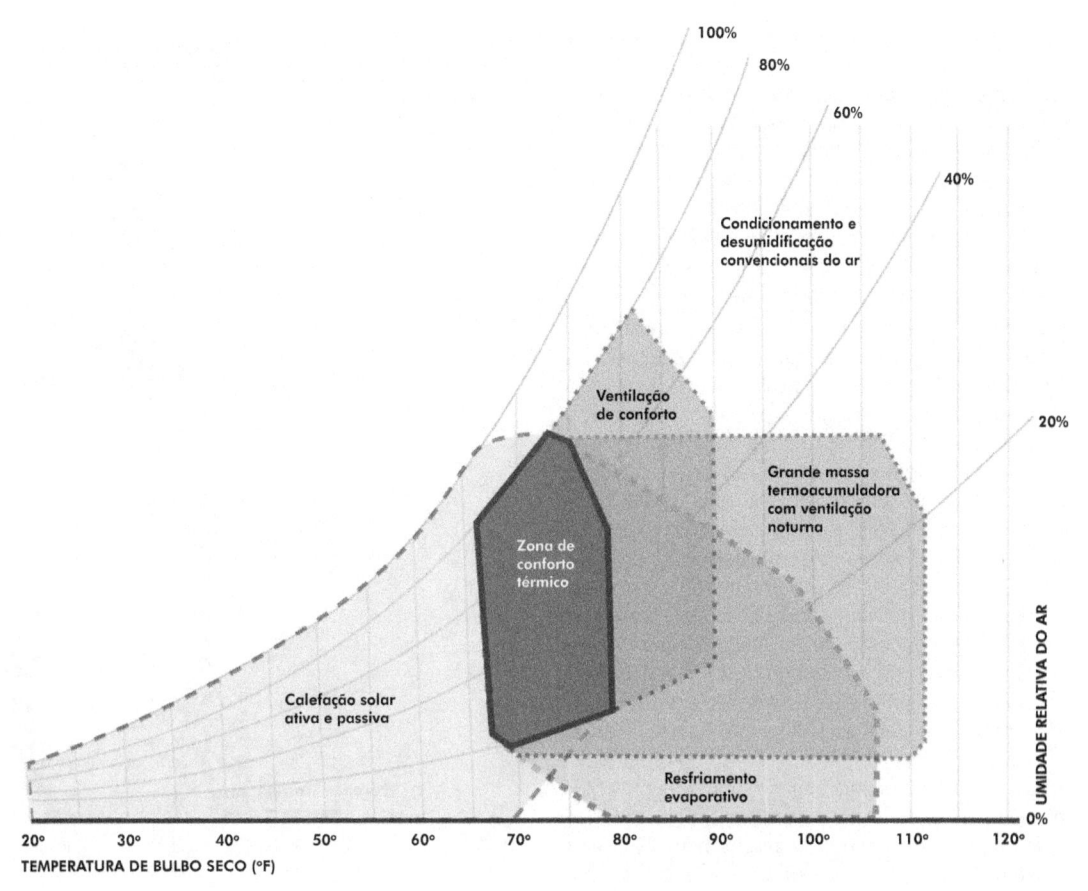

FIGURA 9-21 Ampliação da zona de conforto por meio de abordagens de projeto passivo. O uso de uma combinação de estratégias pode aumentar o desempenho passivo de um prédio em uma grande variedade de condições externas. Fonte: Baseada em Norbert Lechner, *Heating, Cooling, Lighting*, 4th ed. Hoboken, NJ: John Wiley & Sons, 2015; ilustração: Killer Banshee Studios.

coberturas, e elementos de isolamento térmico móveis. Há três conceitos principais que são utilizados para a calefação passiva (Figura 9-22):

1. Ganho solar direto: Obtido principalmente com o uso de janelas orientadas para o norte (no hemisfério sul). As janelas para leste, oeste e sul tendem a perder mais calor em condições de clima frio do que conseguem ganhar com a radiação solar. A radiação solar entra no espaço através das janelas e é absorvida pelas superfícies internas, que aquecem e reemitem o calor. A radiação com ondas longas é retida pelas vidraças de janelas, mantendo os cômodos aquecidos. Essa abordagem exige que cada espaço tenha vedações externas e área de vidraças adequadas. Os materiais com grande massa térmica evitam o superaquecimento durante o dia e dissipam calor à noite. Os elementos de proteção solar e as prateleiras de luz ajudam no controle do ofuscamento. As superfícies termoacumuladoras, como pisos e paredes, devem receber o sol direto. Na maior parte dos casos, os pisos de concreto são adequados ao armazenamento térmico, pois é fácil deixá-los diretamente expostos ao sol. Móveis, revestimentos e acessórios, como tapetes e revestimentos de parede, não devem bloquear a absorção e a emitância de radiação. Quando comparada às outras duas abordagens de calefação passiva, essa é barata e exige menos área de envidraçamento. Uma área de vidraças correspondente a entre 10 e 20% da área de piso do recinto costuma ser adequada, mas, em climas frios, essa proporção pode chegar a 40%. A massa termoacumuladora precisa ser, no mínimo, três vezes a das vidraças. Vedações externas estanques e janelas bem isoladas exigem a quantidade de área de envidraçamento que é necessária, e os materiais de mudança de fase podem reduzir a área de massa termoacumuladora.

2. Paredes Trombe: Uma parede Trombe consiste em uma vidraça instalada em frente a uma parede negra, criando uma câmara de ar. A parede é escurecida com uma película espectro-seletiva a fim de absorver calor, e se torna muito quente sob o sol, como se fosse um coletor solar. A superfície interna da parede emite calor ao espaço habitável por trás dela. Uma parede Trombe geralmente tem janela, para algum ganho térmico direto e iluminação natural. Nessa abordagem, a área total de vidraça é similar à da estratégia do ganho térmico direto. Paredes mais finas, com massa térmica menor podem ser utilizadas em espaços que são ocupados apenas durante o dia. As paredes grossas, com grande massa termoacumuladora, armazenam calor e o emitem mais lentamente aos espaços internos durante a noite. As paredes Trombe fornecem bom conforto térmico e são apropriadas a climas quentes, com grandes massas

termoacumuladoras. Essa abordagem, contudo, pode ser mais cara do que a do ganho direto, que se consegue com o uso de janelas apenas. Em climas quentes, a parede Trombe às vezes precisa ser maior. No LEDeG Hostel, em Ladakh, projetado por Sanjay Prakash, uma parede Trombe de 45 cm de espessura, construída com alvenaria de pedra e tijolo e argamassa de barro e janelas com vidros duplos e esquadria de madeira limita a oscilação da temperatura interna a apenas 1,8°C, enquanto na rua essa variação chega a 15°C, e a temperatura pode chegar a −12°C.

3. Estufas: Esses são espaços de termoacumulação contíguos, geralmente usados como jardins de inverno. Eles aumentam a área de construção e, portanto, podem ser uma solução cara. Contudo, são populares, pois oferecem um espaço de estar adicional e podem ser muito agradáveis. Seu uso é limitado, pois podem se tornar frios à noite. Elas são projetadas como zonas térmicas separadas que podem ser isoladas do resto do prédio, e funcionam como zona de amortecimento térmico durante as noites frias. O calor da estufa pode ser transferido aos espaços internos por meio da conexão forçada por ventiladores, ou pela radiação de uma parede termoacumuladora, similar à uma parede Trombe. Com a exceção da superfície orientada para o norte (no hemisfério sul), todas as demais superfícies da estufa devem ser sem vidraças e altamente isoladas. Para o verão, é necessária uma combinação entre sombreamento e aberturas para o exterior para evitar o superaquecimento. As aberturas para ventilação devem ser dimensionadas adequadamente, correspondendo a pelo menos 15% da superfície envidraçada. A massa termoacumuladora de uma estufa é fornecida por suas superfícies de piso e paredes. Um fechamento bem isolado e estanque pode ajudar a reduzir a quantidade de massa termoacumuladora necessária.

A orientação solar é um dos aspectos-chave do projeto de calefação passiva. Quando as perdas térmicas ao exterior são minimizadas por meio de uma vedação bem isolada e o uso de câmaras de ar, a calefação passiva pode ser feita de modo mais efetivo. O aumento da massa térmica reduz as oscilações de temperatura e aumenta o conforto térmico. O isolamento noturno ajuda a reduzir as oscilações de temperatura. As proteções solares ajudam a prevenir ganhos térmicos indesejados durante o verão. Outras abordagens de calefação passiva menos comuns incluem sistemas de ciclos de convecção, *roof ponds* (coberturas de água), retentores de radiação na cobertura e paredes de coleta térmica leves, que não serão tratadas aqui.

O resfriamento passivo

A calefação passiva é mais fácil do que o resfriamento passivo, pois ela se obtém com uma fonte previsível de energia gratuita, o sol. O resfriamento passivo, por outro lado, é feito com os difusores de calor disponíveis na natureza: o ar, a água, a terra e o céu. As abordagens básicas são o ar em movimento, o resfriamento por evaporação, as trocas de calor com os corpos de água e a terra e o uso da radiação noturna para o céu. Como a disponibilidade dos trocadores de calor não é totalmente previsível e talvez não se alinhe com a severidade das condições climáticas, o resfriamento passivo frequentemente é assistido com pequenos ventiladores ou bombas.

Há quatro abordagens para se obter o resfriamento passivo. A Tabela 9-2 resume essas estratégias e lista as características climáticas e térmicas necessárias para que funcionem bem.

Ventilação natural

Há duas abordagens ao uso da ventilação natural no resfriamento. A *ventilação de conforto* usa o movimento do ar para aumentar a evaporação da pele, e o *resfriamento*

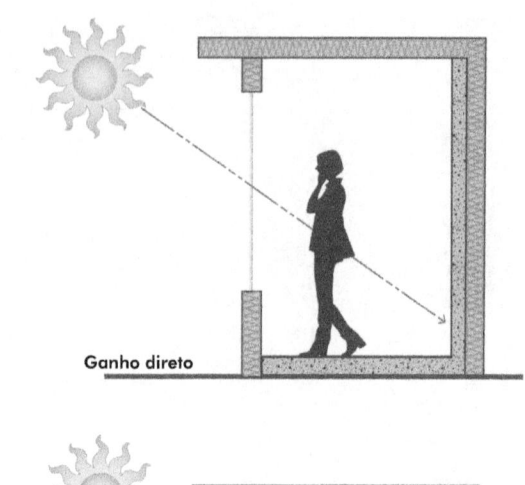

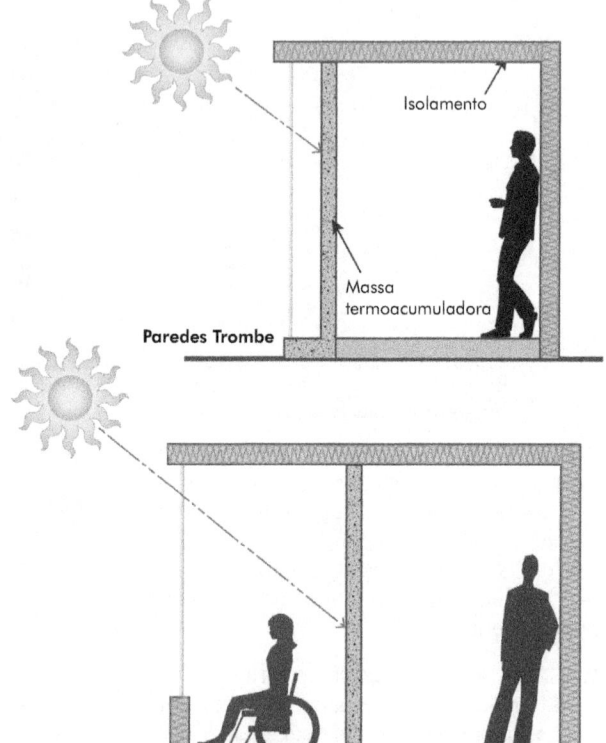

FIGURA 9-22 Abordagens de calefação passivas. Fonte: Baseada em Norbert Lechner, *Heating, Cooling, Lighting*, 4th ed. Hoboken, NJ: John Wiley & Sons, 2015. Ilustração: Killer Banshee Studios.

noturno por ventilação usa o vento para pré-resfriar a massa termoacumuladora do prédio para o dia seguinte. Ao contrário da ventilação de conforto, o efeito de resfriamento da ventilação noturna é um efeito de MRT reduzido no espaço. Assim, é improvável que ambas as estratégias sejam utilizadas ao mesmo tempo. Contudo, elas podem ser utilizadas no mesmo espaço em diferentes épocas do ano, à medida que as condições sazonais mudam.

A ventilação de conforto é obtida com a ventilação cruzada. A forma da edificação, as paredes de direcionamento do vento (*fin walls*) e as marquises podem ser utilizadas para criar zonas de pressão positivas e negativas em diferentes lados do prédio, promovendo o movimento do ar. A disposição das janelas dentro de um recinto e seu dimensionamento também são importantes para que as áreas corretas do espaço sejam ventiladas. As janelas de batente oferecem aberturas maiores do que as de correr ou as guilhotinas e, portanto, funcionam melhor para a ventilação natural. A maioria dos locais têm velocidades e direções do vento variáveis; assim, entradas e saídas de ar de mesmo tamanho geralmente funcionam melhor. A profundidade geral dos cômodos e lajes de piso não pode ser superior a cinco vezes a altura do recinto. As aberturas efetivas devem corresponder a, pelo menos, 20% da área de piso. Muitos dos elementos de uma janela podem reduzir a área de abertura efetiva, e as telas mosqueteiras podem diminuir a ventilação pela metade.

O *efeito chaminé* é criado quando a entrada e a saída de ar são separadas por uma distância vertical adequada, e a estratificação do ar no cômodo cria uma corrente de ar ascendente. Contudo, embora o efeito chaminé de fato crie uma ventilação mesmo na ausência do vento, ele é um efeito fraco, e o movimento do ar é lento. As chaminés solares e os ventiladores de exaustão podem ser utilizados para reforçar o efeito chaminé. É necessária uma velocidade do ar superior a 0,8 km/h para que o usuário note qualquer mudança na temperatura equivalente. Se o ar estiver quente, mas não úmido, poderá ser necessária uma velocidade de ar superior a 3,7 km/h, mas em climas quentes e úmidos, serão precisos mais de 7,2 km/h. Velocidades do vento elevadas podem irritar os usuários, pois folhas de papel e outros materiais podem sair voando ou ser afetados pela brisa. Os ventiladores de teto, de mesa ou de parede também podem ser utilizados para ajudar na estratégia de ventilação natural. Grandes ventiladores para toda a casa, com baixa velocidade e baixo volume, podem ser empregados para complementar a ventilação natural, ventilando uma moradia à noite, quando a velocidade do vento é mais baixa. Os ventiladores localizados em um cômodo, como os de teto, podem promover o resfriamento de vários ambientes, ao deslocar o ar que está em um espaço e aumentar a evaporação do suor sobre a pele. Isso pode contribuir para reduzir as horas de funcionamento dos sistemas mecânicos. O movimento natural do ar, ou assistido por um ventilador, que chegue a 0,76 m/s pode gerar uma sensação de resfriamento de até 3°C.

Na sede do DNR, em Howard, Winsconsin, a Berners Schobers Architects usou ventiladores de teto em um prédio com ar-condicionado para suplementar o sistema de climatização a ar. Dessa maneira, reduziu-se o consumo com o aumento da temperatura de fornecimento do ar e a redução da quantidade de ar insuflado que é fornecida. Quando a ventilação natural com janelas de abrir (com caixilhos móveis) é suplementada por um sistema de ar-condicionado, controles ou sistemas precisam ser incorporados para prevenir que os usuários deixem as janelas abertas quando o tempo está ruim e para que possam tirar partido das condições climáticas sempre que for adequado. A Sede da Fundação Packard, em Los Altos, Califórnia, tem notificações nos computadores de mesa para que os usuários saibam das condições do clima e das janelas. A Fundação Bullit, em Seattle, inclui acionadores nas janelas de abrir, que são controlados pelo sistema de gestão de energia do prédio.

TABELA 9-2 Abordagens passivas de resfriamento

ABORDAGENS DE RESFRIAMENTO PASSIVAS		CONDIÇÕES CLIMÁTICAS ADEQUADAS	MASSA TERMOACUMULADORA NO INTERIOR
Ventilação natural	Ventilação de conforto	Clima úmido com ventos constantes	
	Resfriamento noturno de massas	Clima seco com oscilações de temperatura ao longo de 24 h	Sim
Resfriamento evaporativo	Direto	Clima seco	
	Indireto	Clima seco a levemente úmido	
	Indireto	Clima seco a bastante úmido	
Resfriamento subterrâneo	Acoplamento direto	Qualquer, desde que a temperatura do solo seja baixa o suficiente	
	Acoplamento indireto	Seco, desde que a temperatura do solo seja baixa o suficiente	
Resfriamento radiante	Direto	Clima seco com oscilações de temperatura ao longo de 24 h	Sim
	Indireto	Clima seco com oscilações de temperatura ao longo de 24 h	Sim

Fonte: Prasad Vaidya/Killer Banshee Studios.

A ventilação noturna de massas precisa de uma variação de temperaturas diária de, pelo menos, 6,7°C, mas acima de 1,1°C já é ideal. Isso costuma ocorrer em climas secos e quentes. O ar de resfriamento noturno resfria as massas térmicas internas, que agem como armadilhas de calor durante o dia. Como o ar do exterior está quente durante o dia, as janelas ficam fechadas e os ventiladores podem ser utilizados para a circulação do ar. O resfriamento noturno das massas termoacumuladoras exige uma área de janelas de 10 ou 15% da área de piso e, às vezes, precisa do apoio de exaustores. Se os recintos ficarem ocupados à noite, as janelas poderão ser altas, de modo que os usuários não recebam o ar frio diretamente. A área da massa térmica deve ser, no mínimo, o dobro da área de piso. Um fechamento bem isolado fora da massa térmica ajuda a reduzir o ganho térmico durante o dia. Para mais detalhes sobre a ventilação noturna de massas termoacumuladoras, o potencial por mês e as diretrizes sobre a capacidade de remoção de calor, veja *Sol, Vento e Luz*.[7]

As estratégias de ventilação podem ser analisadas por modelos da dinâmica de fluidos computacional, ou, até certo ponto, com base no lençol freático.[8] As paredes internas e divisórias, bem como o planejamento dos interiores, precisam ser feitos com cuidado, para dar suporte à abordagem de ventilação e não comprometê-la. Otimize o fluxo da ventilação de conforto sobre os usuários e use o sombreamento e outras estratégias para reduzir as cargas do fechamento e as internas.

Resfriamento por evaporação

Quando a água é adicionada ao ar quente, o calor sensível é convertido em calor latente e forma-se vapor d'água. Isso reduz o calor sensível no ar, e a temperatura do ar cai. O resfriamento evaporativo geralmente se obtém com a instalação de equipamentos para o resfriamento direto ou indireto.

O resfriamento por evaporação direta agrega água ao interior do prédio, resultando em um ar mais úmido e mais frio. Ele gasta pouquíssima energia quando comparado aos sistemas de condicionamento de ar convencionais, e não é necessário o uso de um refrigerante. Uma casa típica pode ser resfriada com uma quantidade de 38 a 190 l de água por dia. Resfriadores evaporativos ou *desert coolers* são equipamentos de resfriamento populares em climas secos. Eles se parecem com aparelhos de ar condicionado de parede e são instalados de modo similar. Se forem utilizadas telas de alta saturação eficientes, a temperatura de bulbo seco pode cair para bem próximo à temperatura de bulbo úmido (ou seja, alcançar uma depressão de 95% da temperatura de bulbo úmido), mas se as telas forem pouco eficientes, alcançarão uma depressão de apenas 50%. Esses sistemas não recirculam o ar do recinto, pois ele já está saturado com umidade. O resfriamento dos espaços externos é feito com o umedecimento do ar com evaporador (isto é, lançando gotículas de água no ar). Para que seja eficiente, o umedecimento do ar com evaporador deve ser feito em áreas protegidas do sol e do vento.

O resfriamento evaporativo indireto usa o efeito de resfriamento gerado pela evaporação, sem agregar umidade diretamente aos espaços internos do prédio. Os resfriadores evaporativos indiretos têm dois fluxos de ar conectados por um trocador de calor. O ar do interior é recirculado através de um fluxo. A umidade é agregada ao outro fluxo, no qual o ar externo é resfriado e relançado no ambiente. Um trocador de calor desloca o calor de um fluxo ao outro. Os trocadores de calor são na forma de elementos plissados, bobinas ou rodas giratórias. Comparado ao resfriamento evaporativo direto, o sistema indireto pode ser utilizado em climas mais úmidos e pode ser arranjado em séries para reduzir a temperatura do ar de modo gradual.

Os sistemas diretos-indiretos combinam ambas as abordagens descritas, trabalhando com dois estágios de resfriamento. No primeiro estágio, o efeito indireto reduz tanto a temperatura de bulbo seco do ar como a de bulbo úmido, pois não se acrescenta qualquer umidade. Na segunda etapa, o efeito direto reduz a temperatura de bulbo seco em direção à de bulbo úmido. Juntas, as duas etapas podem reduzir a temperatura em 5,5°C quando comparada à temperatura inicial do ar externo. Um aparelho de condicionamento de ar eficiente consome cerca de 1kW de eletricidade para fornecer uma tonelada de resfriamento, enquanto um sistema direto-indireto pode proporcionar o mesmo resfriamento com cerca de 0,22 kW de eletricidade em um clima frio, e cerca de 0,8 kW em climas mais úmidos, sendo significativamente mais eficiente.

As torres de arrefecimento, incluídas como elementos de arquitetura, são resfriadores passivos que agem como uma chaminé invertida (Figura 9-23). Elas têm telas umedecidas no topo da torre, que umidificam e resfriam o ar que entra. O ar frio desce para a base da torre e entra no espaço que será condicionado.

Essa abordagem de resfriamento por evaporação exige alguma energia elétrica para que as bombas desloquem a água. No entanto, essa energia é pequena quando comparada àquela utilizada por aparelhos de condicionamento de ar convencionais. O resfriamento por evaporação pode ser combinado com as estratégias de ventilação natural de modo efetivo, assim como com ventiladores de baixa velocidade.

Resfriamento geotérmico

A temperatura superficial da terra varia, em virtude das mudanças nos ganhos solares sazonais, na temperatura do ar, nas perdas térmicas por radiação para o céu e na condução térmica provocada pelas precipitações atmosféricas. No verão, as temperaturas do solo estão mais elevadas; no inverno, mais baixas. Contudo, a terra tem uma massa térmica tremenda, e, nos níveis mais profundos, as flutuações térmicas sazonais ou climáticas diminuem. A uma profundidade de cerca de 6,0 m, a temperatura do solo é relativamente estável, e, na maior parte dos lugares, essa temperatura é a temperatura de bulbo seco anual média. Quando a temperatura do solo é suficientemente baixa, ela pode ser utilizada como uma armadilha de calor (uma fonte fria) para dissipar o calor de uma edificação.

O resfriamento geotérmico direto é obtido envolvendo-se parcialmente um prédio ou construindo-se contra taludes.

---

[7] Mark DeKay and G. Z Brown, *Sun, Wind, and Light* (Hoboken, NJ: John Wiley & Sons, 2014), pp. 200–201 and 212-213.

[8] See Appendix G, Water Table Ventilation Studies, in Norbert Lechner, *Heating, Cooling, Lighting* (Hoboken, NJ John Wiley & Sons, 4th ed., 2015), which also describes the construction of a water table.

FIGURA 9-23 Torres de arrefecimento ou torres de resfriamento por evaporação no DPR Construction Office, em Phoenix, Arizona, Estados Unidos. Fonte: DPR Construction; Photgrapher Gregg Mastorakos.

Os pavimentos de subsolo e porões geralmente são espaços mais frios que aproveitam a massa térmica estável do solo que os circundam. As perdas térmicas de inverno também podem ser reduzidas com um isolamento que se estenda horizontalmente em relação ao prédio. Isso isola o solo adjacente das camadas de terra acima, nas quais as oscilações de temperatura são maiores.

O resfriamento geotérmico indireto é obtido com a circulação do ar através de tubos ou túneis enterrados. Eles funcionam bem em climas secos, mas, em climas úmidos, exigem um projeto cuidadoso para drenar a condensação e evitar o surgimento de mofo e outros perigos à saúde dos usuários. Esses tubos ou túneis às vezes chegam a ter 27,0 m de comprimento. O estudo de caso no fim deste capítulo mostra como um resfriamento com o uso do solo foi bem-sucedido, apesar de os tubos terem apenas 10 m.

Resfriamento por radiação

O resfriamento passivo por radiação é obtido irradiando-se calor para o céu noturno. A radiação para o céu noturno funciona melhor em climas secos em que o conteúdo de umidade do ar não obstrui a radiação, permitindo uma queda de temperatura de 7°C. Em climas úmidos, pode-se conseguir uma redução de temperatura de cerca de 4°C. Os céus nublados bloqueiam a radiação, tornando a queda de temperatura insignificante. Nos prédios tradicionais de climas quentes e secos, ruas estreitas e pátios internos eram utilizados para proteger as paredes do sol direto na maior parte do dia. À noite, essas paredes irradiavam calor para a porção do céu visível e se resfriavam, criando uma capacidade termoacumuladora para o dia seguinte. As coberturas são as superfícies mais expostas ao céu e, portanto, são as principais irradiadoras de calor de um prédio. Elas devem ser cobertas por materiais que sejam bons emissores de radiação com ondas longas (i.e., que têm uma emitância de infravermelhos elevada; veja a Tabela 8-3).

O resfriamento direto por radiação é obtido expondo-se uma cobertura ao céu noturno. Uma laje de cobertura de concreto pode ser muito efetiva, e sua elevada massa termoacumuladora agirá como armadilha de calor (fonte fria) durante o dia. No entanto, a cobertura deve ser protegida dos ganhos térmicos diurnos por meio de elementos de sombreamento ou isolantes, o que significa que esse sistema de proteção será movimentado duas vezes por dia. O resfriamento direto por radiação é mais fácil de se obter com o uso de um isolamento interno móvel sob um deque de metal pintado. Durante o dia, o isolamento protege o espaço interno do deque de metal aquecido. À noite, o isolamento é movido, o metal irradia calor para o céu e, portanto, resfria a massa térmica das paredes ou pisos internos.

O resfriamento indireto por radiação é obtido por um radiador voltado para o céu noturno, que resfria um fluido que circula através do prédio, resfriando sua massa térmica (Figura 9-24). O radiador pode ser pintado de branco para reduzir a absorção de calor durante o dia.

A iluminação natural

A iluminação natural é uma estratégia de projeto passiva utilizada principalmente em prédios não residenciais. É o uso da luz natural (ou diurna) para a iluminação geral e sobre o plano de trabalho durante o dia. As principais fontes de luz natural são o sol direto, a luz difusa das nuvens, a luz difusa da abóbada celeste de um céu limpo e a luz diurna refletida pelo ambiente externo. Cada fonte se diferencia em termos de intensidade ou brilho, por ser de luz direta ou difusa e por sua cor. Dessas fontes, a luz difusa do céu limpo e das nuvens é a preferível. A luz do sol direto e a refletida pelas superfícies externas são difíceis de controlar e podem causar grandes problemas de ofuscamento.

A iluminação natural de um prédio possibilita dimerizar ou apagar as luzes elétricas. Uma vez que a luz diurna contenha um componente térmico, para determinado nível de iluminação, ela quase sempre agregará mais calor a um recinto do que a luz elétrica. A eficácia luminosa da luz natural é superior a 100 lúmens/watt. Um dos segredos do projeto passivo é conseguir proporcionar iluminação natural a um prédio sem agregar uma área excessiva de janelas ou claraboias. A área de janela, a área de claraboia, a distribuição das janelas para otimizar a iluminação natural e o resfriamento passivo devem ser considerados juntos para sua otimização em um projeto.

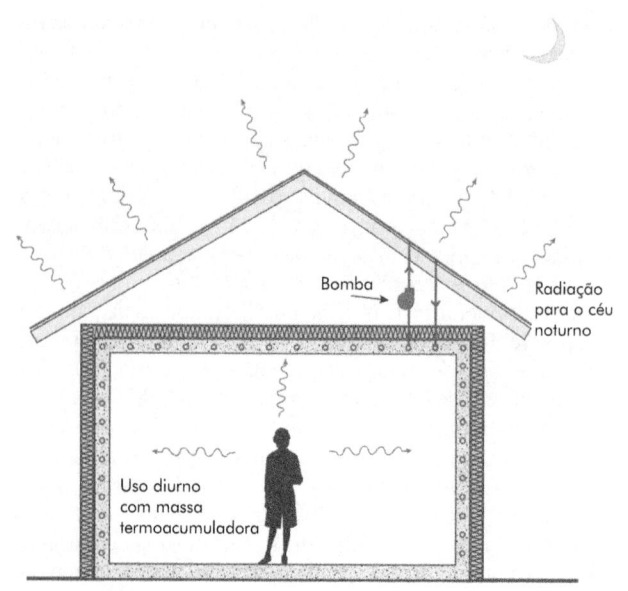

FIGURA 9-24 Resfriamento por radiação indireta com o uso de um radiador instalado na cobertura. A água fria é bombeada na massa termoacumuladora, para o uso como armadilha de calor (fonte fria) durante o dia. Conceito: Prasad Vaidya; ilustração: Killer Banshee Studios.

Em edificações residenciais, a iluminação natural não é uma das mais importantes preocupações de projeto, pois os recintos são pequenos e as exigências das saídas de emergência que são impostas pelos códigos resultam em níveis de iluminação natural suficientes.

Grande parte das novas edificações não habitacionais tem um ou dois pavimentos. Um método efetivo de facilitar a iluminação natural desses prédios é usar claraboias. Quando bem dimensionadas, as claraboias difusoras de luz ou facetadas fornecem iluminação uniforme para edificações comerciais ou industriais sem perdas ou ganhos térmicos excessivos. Estão disponíveis inúmeras claraboias em tamanho padrão, também conhecidas como "zenitais". As claraboias fabricadas sob encomenda, os átrios e muitas outras abordagens complexas à iluminação zenital também são capazes de reduzir a necessidade de iluminação elétrica. Para que se obtenha uma distribuição uniforme da luz, a regra prática é espaçar as claraboias com uma distância equivalente a 1,0 a 1,5 vezes o pé-direito, medindo-se de eixo a eixo de claraboia em ambas as direções. A área total de claraboias de um cômodo deve equivaler a entre 3 e 6% da área total do espaço, embora uma proporção menor seja mais adequada a climas frios. Esses valores são apenas para pré-dimensionamento nas etapas iniciais de um projeto. Devem ser utilizadas ferramentas de análise da iluminação natural para avaliar e refinar a solução de projeto. As claraboias difusoras de luz podem se tornar muito luminosas quando a luz do Sol incide sobre elas. Isso resulta em desconforto visual sempre que a claraboia está no campo de visão de um dos usuários. As proporções do cômodo, a distribuição das claraboias e as cores empregadas no interior podem ser manipuladas para que se projete um ambiente sem ofuscamento. Espaços com pés-direitos altos, como ginásios, têm menos problemas de ofuscamento, pois as claraboias ficam fora do campo de visão. É mais provável que a claraboia fique dentro do campo de visão de algum usuário quando o compartimento tem um pé-direito mais baixo. Se houver um forro, pode-se usar um poço de luz sob a claraboia para controlar o ofuscamento. Contudo, um poço de luz profundo e com ângulo de corte estreito, além de eliminar o ofuscamento, reduz a distribuição da luz, concentrando-a em uma área limitada.

A iluminação lateral obtida com o uso de janelas pode ser combinada com a iluminação zenital em prédios térreos, ou servir como o principal método de iluminação diurna em edifício de pavimentos múltiplos. A iluminação lateral usa janelas, que já são um elemento de qualquer projeto de edificação. No entanto, a iluminação lateral requer atenção a várias considerações:

- A orientação: No Hemisfério Sul, uma luz sul é a maneira mais fácil de controlar a iluminação natural difusa e, consequentemente, o Sul é a orientação solar preferível. As fachadas norte podem ser sombreadas de modo efetivo. As fachadas leste e oeste são difíceis de controlar e, portanto, são as piores opções para a admissão de luz natural.
- Profundidade dos recintos e das lajes de piso: A luz natural que entra pela janela é aproveitável em uma zona correspondente a duas vezes a altura da verga da janela. As lajes de piso das edificações iluminadas pelas janelas podem ser totalmente iluminadas pela luz solar se não forem profundas demais.
- Programação do uso: Os níveis de luz diurna podem diminuir radicalmente à medida que nos afastamos das janelas. As tarefas visuais que requerem melhor iluminação devem ser planejadas para estarem perto da janela. As áreas de leitura e os postos de estudo das bibliotecas podem ser posicionados perto das janelas, e as estantes com livros, mais afastadas. Os corredores dos escritórios com planta livre podem ficar perto das janelas, usando-se a área mais suscetível ao ofuscamento para tarefas menos críticas.
- Área e posicionamento das janelas: A área de janelas deve equivaler a entre 10 e 25% da área de piso. Janelas com vergas mais altas permitem à luz do sol incidir mais profundamente em um cômodo. Separe as janelas em janelas para observação (vista externa), com persianas controladas pelos usuários, e janelas para iluminação natural (com vergas altas) ou clerestórios, que são dotados de elementos de proteção solar fixos. Uma distribuição homogênea das janelas criará um ambiente visual uniforme e reduzirá o ofuscamento. As janelas perto do teto banharão todo o recinto com luz. Por outro lado, as janelas posicionadas abaixo da superfície de trabalho praticamente não contribuirão com luz natural útil.
- Sombreamento e redução da luz: O projeto de proteção contra o excesso de luz natural deve manter a luz diurna afastada das áreas de trabalho, e não apenas proteger as janelas. É difícil se conseguir um sombreamento adequado com elementos fixos, assim o ideal é o uso de elementos fixos e móveis. As prateleiras de luz funcionam como superfície de redirecionamento da luz somente quando o

ângulo solar (a altura do sol) for adequado para refletir a luz profundamente no recinto. Contudo, esses elementos são efetivos no resto do ano para a redução da quantidade de luz que incide sobre a área adjacente à janela, criando uma iluminância uniforme no ambiente. Outros recursos de redirecionamento da luz, como painéis cortados a laser, microbrises e filmes prismáticos, podem ser utilizados em clerestórios para direcionar a luz para o teto e o fundo do espaço.

- O tipo e as características dos vidros: Use vidraças com alta transmitância de luz visível (TV) para admitir o máximo de luz natural que for possível. Os materiais de envidraçamento translúcidos podem causar problemas de ofuscamento quando localizados no campo de visão – a redução de sua transmitância de luz visível pode ser necessária para evitar esse problema.
- Projeto de interiores: As paredes internas paralelas à parede externa (com as janelas) precisam ter altura limitada. As paredes internas perpendiculares à parede da janela podem ser mais altas, para dar privacidade visual e auditiva. Também se podem usar forros inclinados para aumentar a iluminação e redirecionar a luz. As superfícies internas, especialmente o teto, devem ter cor clara, com alta refletância.

Como a luz natural nem sempre está disponível, um sistema de iluminação elétrica terá de ser providenciado em todos os prédios com iluminação natural. Se todas as áreas tiverem luz natural insuficiente, os sistemas de iluminação elétrica deverão ser projetados a fim de suplementar a luz das janelas ou claraboias até mesmo durante o dia. Luminárias elétricas podem proporcionar luz adicional sobre o plano de trabalho (quando necessário), enquanto a luz diurna atenderá à iluminação geral. Também é possível usar a luz elétrica para iluminar superfícies verticais específicas. Isso pode aumentar muito o brilho percebido de um espaço, mesmo consumindo-se pouquíssima energia elétrica. As lâmpadas devem ser adequadas para iluminar o espaço à noite ou quando a luz diurna for insuficiente. Use controles de iluminação natural para dimerizar ou apagar as lâmpadas elétricas. Quando não há redução no uso das lâmpadas elétricas, não há economia de energia.

Uma importante consideração de projeto é se o sistema terá interruptores ou *dimmers*. Os sistemas com *dimmers* são mais caros porque exigem reatores dimerizáveis para as lâmpadas fluorescentes e de descarga. No entanto, a dimerização é mais agradável aos usuários do que o apagar de lâmpadas. Em geral, use *dimmers* em espaços que são ocupados ao longo de muitas horas, como escritórios. O apagamento das lâmpadas, por sua vez, resulta em mudanças mais abruptas e perceptíveis nos níveis de iluminação. Ele funciona bem em espaços de transição, como corredores, salões e saguões de aeroportos. Os resultados de simulações de iluminação natural mostram que a distribuição da iluminância ajuda a demarcar a zona de controle. Uma descrição bem clara do sistema de iluminação natural, que explique o desempenho esperado e sua variação ao longo de diferentes condições celestes ajuda os fornecedores de controles, instaladores, comissionadores e usuários do prédio a entender a intenção do projeto e o desempenho almejado.

Estudo de caso: escola em Damasco, Síria

Cliente: Ministére des affaires éstrangeres et europeénnes (Ministério das Relações Exteriores, França, Associação de Pais da Escola de Francês)

Arquitetura: Atelier Lion Associés, Paris, França

Sistema de Climatização: Barbanel Liban

Engenharia Climática: Transsolar, Stuttgart, Alemanha

Esta escola se localiza em Damasco, Síria, que tem um clima desértico quente e seco, com oscilações de temperatura significativas ao longo de um dia. A temperatura noturna máxima observada é 20°C, o que indica um bom potencial para o resfriamento noturno das massas termoacumuladoras. A densidade de ocupação exige uma taxa de ventilação de três trocas de ar por hora.

A escola é definida como um complexo de pequenos prédios, cada um com duas salas de aula sobrepostas, conectados por pátios internos sombreados (Figuras 9-25 e 9-26). O projeto passivo usa materiais locais em uma interpretação contemporânea da arquitetura vernácula. A massa térmica está na laje de cobertura de concreto, que tem uma área igual à do piso. Cada prédio tem uma chaminé solar assistida pelo vento que usa uma chapa de policarbonato para reter a radiação e promover a ventilação natural nos cômodos (Figura 9-27). As janelas abrem para os pátios internos sombreados. Cada bloco tem dutos subterrâneos com 10 cm de diâmetro e extensão de 10 m distribuídos sob o prédio. Os tubos terminam em um conduto de distribuição, que os dividem nos dois pavimentos, dos quais eles correm para cima, através da chaminé. A rega das plantas do pátio interno cria o resfriamento evaporativo do solo ao redor das entradas de ar dos tubos. A cobertura é uma laje de concreto coberta com isolamento térmico e, sobre esse, há uma câmara de ar e uma chapa de aço. A chapa de metal é inclinada, para promover o movimento do ar retido por ela. As paredes são de concreto, duplas e com câmara de ar, mas sem qualquer outro isolamento.

O resfriamento noturno das massas termoacumuladoras é obtido com a ventilação das janelas abertas e dos dutos subterrâneos. Uma chaminé cria uma pressão negativa, sugando o ar dos dutos subterrâneos e das janelas. Isso resfria a laje de cobertura e reativa o solo ao redor dos dutos, que, no dia seguinte, poderão funcionar novamente como armadilhas de calor (fontes frias). Durante o dia, as janelas ficam fechadas, e os dutos subterrâneos, abertos. A chaminé solar cria o movimento adequado do ar durante o dia. Os usuários podem regular as persianas móveis nas entradas e saídas de ar, controlando a ventilação. Veja as Figuras 9-28, 9-29 e 9-30 para entender os diferentes modos de ventilação natural no verão e no inverno. As salas de aula são iluminadas naturalmente, principalmente por meio dos pátios internos sombreados, e equilibradas com pequenas janelas do outro lado, fornecendo uma média de 200 lux no ambiente interno.

FIGURA 9-25 Perspectiva a voo de pássaro de uma maquete. Fonte: Atelier Lion Associés.

FIGURA 9-26 Fotografias dos pátios internos e das chaminés solares. Fonte: Ateliers Lion Associés.

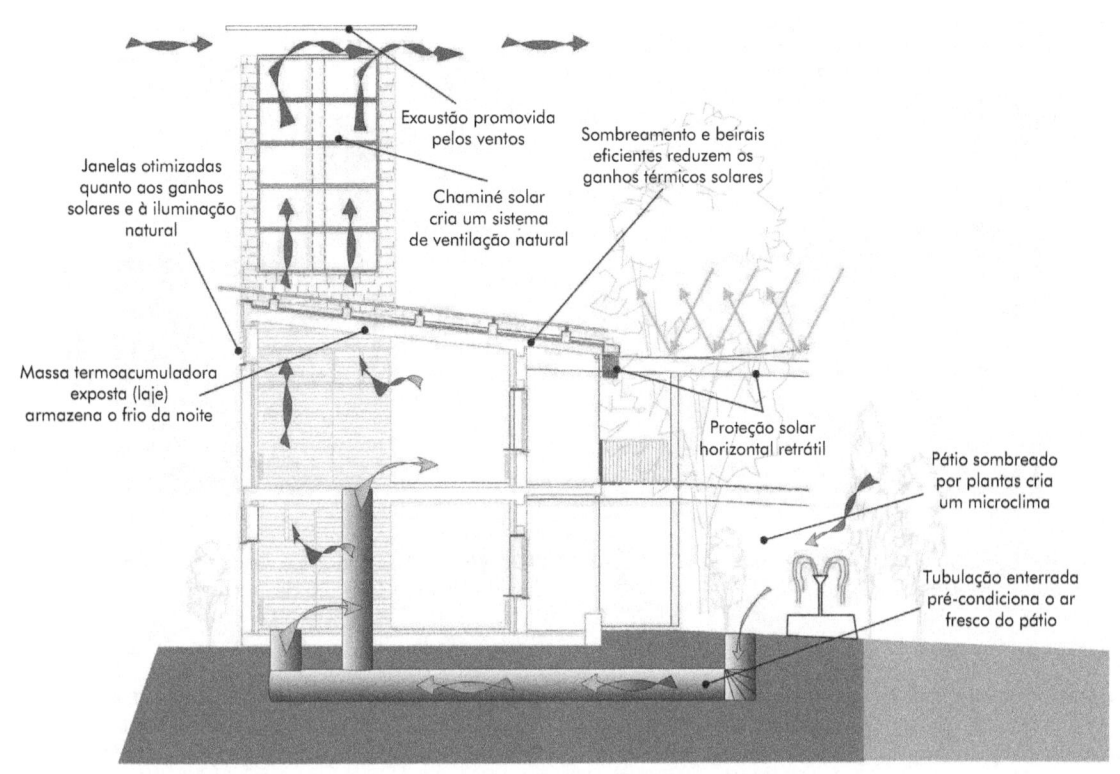

FIGURA 9-27 Corte mostrando uma abordagem responsiva ao clima para uma escola em Damasco, Síria. Cortesia de Transsolar.

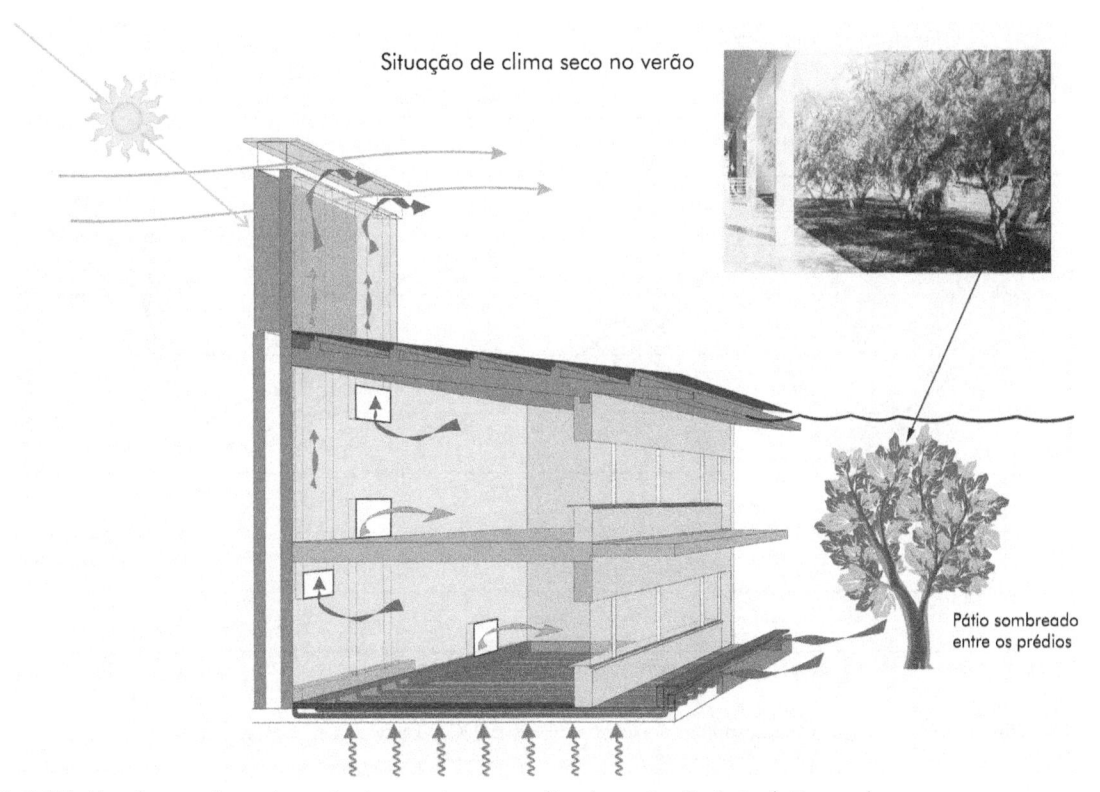

FIGURA 9-28 Abordagens de conforto térmico passivas para dias de verão. Cortesia de Transsolar.

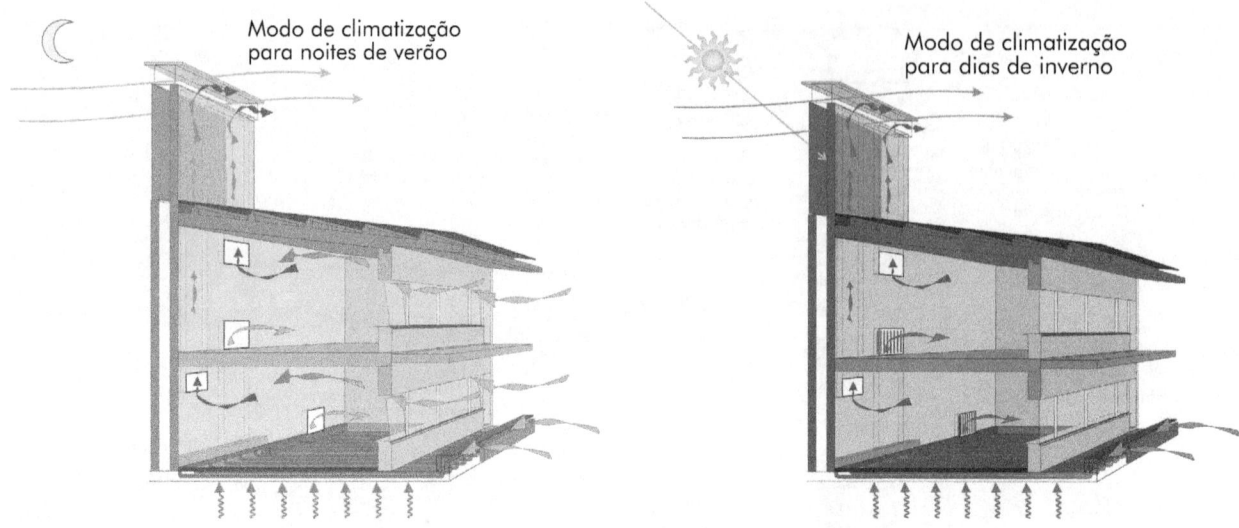

FIGURA 9-29 Abordagens de conforto térmico passivas para noites de verão. Cortesia de Transsolar.

FIGURA 9-30 Abordagens de conforto térmico passivas para dias de inverno. Cortesia de Transsolar.

Os resultados monitorados mostram uma queda de temperatura de 3°C na entrada dos dutos subterrâneos como resultado do sombreamento e da evaporação no pátio interno (Figura 9-31). Os espaços internos sentem uma queda de temperatura superior a 6°C na temperatura operativa durante o dia. A Figura 9-32 mostra que, enquanto as temperaturas ambientes durante as horas de ocupação sobem até 35°C, nos interiores as temperaturas de operação raramente passam de 31°C.

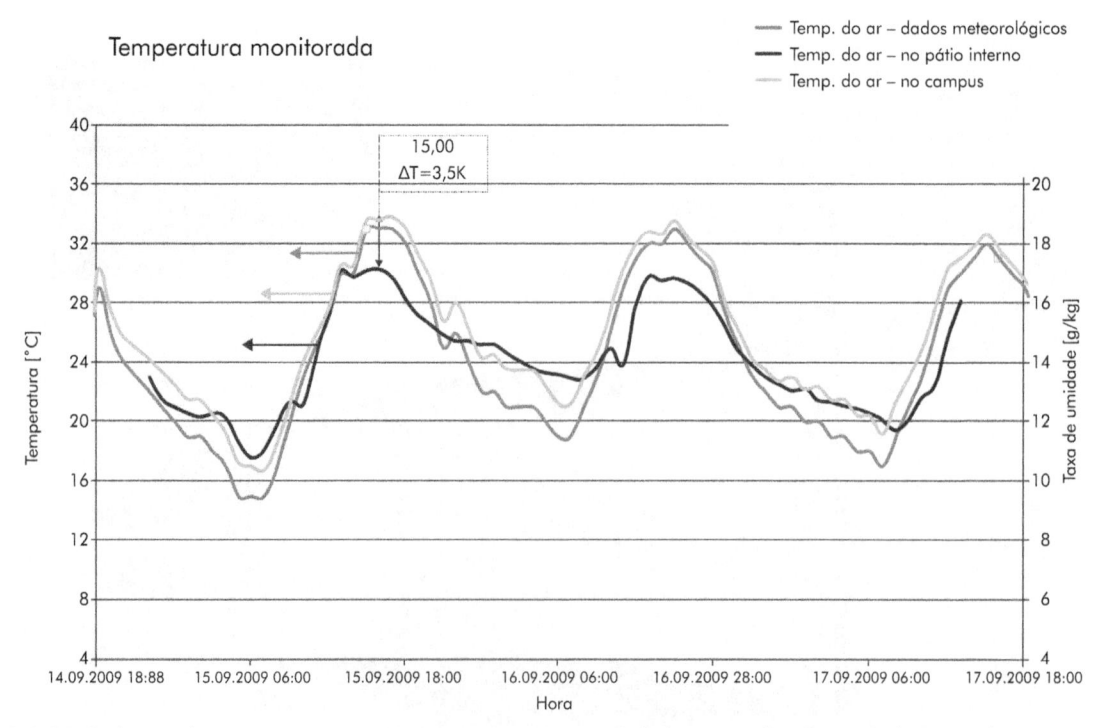

FIGURA 9-31 Reduções de temperatura no pátio interno superiores a 3°C durante o dia. Cortesia de Transsolar.

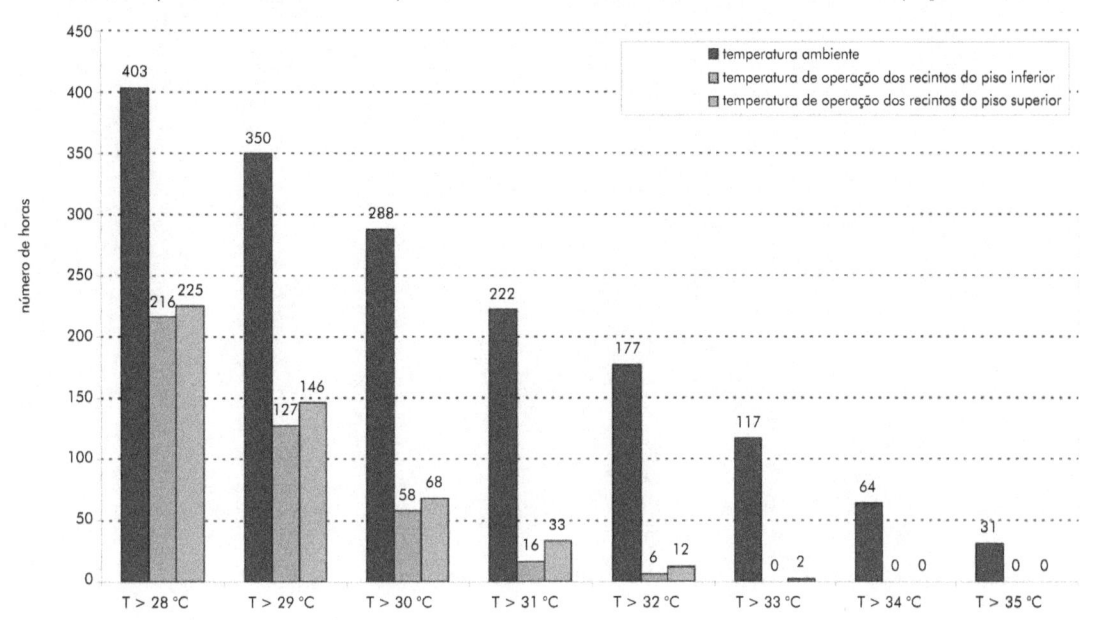

Sala de aula típica – estatísticas de temperatura da sala de aula durante os horários de ocupação

- temperatura ambiente
- temperatura de operação dos recintos do piso inferior
- temperatura de operação dos recintos do piso superior

	T > 28 °C	T > 29 °C	T > 30 °C	T > 31 °C	T > 32 °C	T > 33 °C	T > 34 °C	T > 35 °C
temperatura ambiente	403	350	288	222	177	117	64	31
piso inferior	216	127	58	16	6	0	0	0
piso superior	225	146	68	33	12	2	0	0

(número de horas)

FIGURA 9-32 Temperaturas na sala de aula mantidas durante os horários de ocupação ao longo de todo o ano. Cortesia de Transsolar.

EXERCÍCIOS

1. Identifique, para um estudo de caso, um prédio que inclua o projeto passivo. Analise o clima do local em que o prédio se localiza. Liste e descreva as estratégias passivas utilizadas. Investigue as modificações pelas quais a edificação passará para ampliar seu desempenho passivo. Investigue os desafios ou oportunidades desse prédio relacionados à manutenção, em comparação com um prédio convencional de mesma área.
2. Selecione um terreno em sua cidade, com base em disponibilidade de transporte público e acesso à luz natural, para implantar uma escola de ensino médio com 6 mil m². Dê justificativas para sua seleção fazendo uma análise apropriada.
3. Para o prédio no exercício 2, proponha uma combinação de estratégias de aquecimento e calefação passivas que são apropriadas ao clima e o uso do prédio.

Recursos

Alliance for Water Efficiency. "Evaporative Cooling Introduction," 2015, www.allianceforwaterefficiency.org/evap_cooling_intro.aspx.

ASHRAE. *ASHRAE Handbook 2012 HVAC Systems and Equipment*. Atlanta, GA: American Society of Heating, Refrigerating, and Air-Conditioning Engineers, 2012.

Brown, G. Z, and Mark DeKay. *Sun, Wind & Light*. New York: John Wiley & Sons, 2001.

CIBSE. *CIBSE Application Manual AM10, Natural Ventilation in Non-Domestic Buildings*. London: Chartered Institute of Building Service Engineers, 2005.

DeKay, Mark, and G. Z Brown. *Sun, Wind & Light*. Hoboken, NJ: John Wiley & Sons, 2014.

EPA. "Fuel Economy Impact of RFG. EPA420-F-95–003." *Nepis.Epa.Gov.*, 1995. http://nepis.epa.gov/Exe/ZyPURL.cgi?Dockey=P100B3FL.txt.

Levitt, Brendon, M. Susan Ubbelohde, George Loisos, and Nathan Brown. "Thermal Autonomy as Metric and Design Process." In *SB13 Vancouver Pushing the Boundary: Net Positive Buildings*, 2013. http://www.coolshadow.com/research/Levitt_Thermal%20Autonomy%20as%20Metric%20and%20Design%20Process.pdf.

NBI. "Analysis Methods | Daylighting Pattern Guide," 2015, http://patternguide.advancedbuildings.net/using-this-guide/analysis-methods

Oesterle, Eberhard. *Double-Skin Facades*. Munich: Prestel, 2001.

Rose, Alan, Subramanian Vadari, and Lorie Wigle. "How the Internet of Things Will Enable Vast New Levels of Efficiency." In *ACEEE Summer Study on Energy Efficiency in Buildings*. ACEEE, 2014, aceee.org/files/proceedings/2014/data/papers/9-832.pdf.

Sistemas de Climatização Eficientes em Energia 10

O Capítulo 9 lidou com questões relacionadas à redução das cargas e as abordagens de projeto passivo para o desempenho com baixo consumo energético. Os sistemas de calefação e resfriamento cobertos neste capítulo atenuam as cargas residuais de um prédio e fornecem o conforto térmico e o ar fresco aos usuários quando isso não se consegue apenas com o projeto passivo. Esses sistemas são alimentados com fontes energéticas na forma de eletricidade, gás natural, óleo combustível ou calor solar. A energia utilizada para calefação, resfriamento e ventilação é maior do que a necessária para os equipamentos de iluminação ou elétricos (da "carga de tomadas") na maioria dos prédios e na maioria dos climas. A seleção e o projeto dos sistemas de climatização afetam significativamente o consumo de energia de um prédio. Este capítulo fornece um panorama dos tipos de sistemas de climatização com algumas questões a serem consideradas no projeto. Ele não é um guia para a seleção de equipamentos.

Como o fluxo térmico ocorre naturalmente dos objetos com temperaturas elevadas aos frios, fornecer calor a um prédio é uma abordagem direta para se agregar calor ao prédio com a queima de combustível e transferir o calor a um espaço que se quer climatizar. Nem todo o calor gerado pela queima de combustíveis chega a um espaço; e a eficiência de um sistema de calefação típico é inferior a um. Durante o modo de resfriamento, a temperatura externa está mais alta do que a temperatura que se deseja para o espaço. De modo similar a um submarino submerso, um prédio que precisa ser resfriado tem perdas térmicas através de seu fechamento. Assim, transferir o calor de um espaço ao exterior é como bombear água para fora do veículo submerso,[1] e usamos um ciclo de refrigeração para bombear a água para fora (Figura 10-1). Até o final do século XIX, a única maneira para atingir o conforto no verão era usar as técnicas de evitar o calor e gerar resfriamento de modo passivo, como o sombreamento, o isolamento térmico, as massas termoacumuladoras, a ventilação e o resfriamento evaporativo. Desde então, os ciclos de refrigeração foram inventados e utilizados para remover o calor dos prédios e mantê-los às temperaturas desejadas. Como o processo de resfriamento remove energia térmica, mais unidades de energia podem ser deslocadas por unidade de energia dispendida, e a eficiência de um ciclo de refrigeração típico é superior a um. Isso é mais fácil de entender intuitivamente, fazendo-se a analogia de pagar alguém para deslocar pilhas de dinheiro em espécie de um recinto a outro. Nesse caso, o gasto é a quantidade paga pelo trabalho, enquanto o resultado é o movimento das pilhas de dinheiro. É fácil perceber que, por uma pequena quantidade de dinheiro, grandes quantidades de dinheiro poderiam ser deslocadas entre os recintos.

Os três tipos de refrigeração são a por compressão do vapor, a por absorção e a termoelétrica. A compressão do vapor é a mais comum, a termoelétrica, a mais rara. No ciclo de compressão do vapor (Figura 10-2), uma bomba aumenta a pressão no tubo, e o gás dentro dele se torna líquido sob a pressão, liberando calor latente para o exterior durante esse processo. O líquido refrigerado passa por uma válvula de expansão e evapora, absorvendo calor do espaço interno e retornando à bomba de compressão para continuar o ciclo dessas mudanças de fase, que leva à absorção e à rejeição

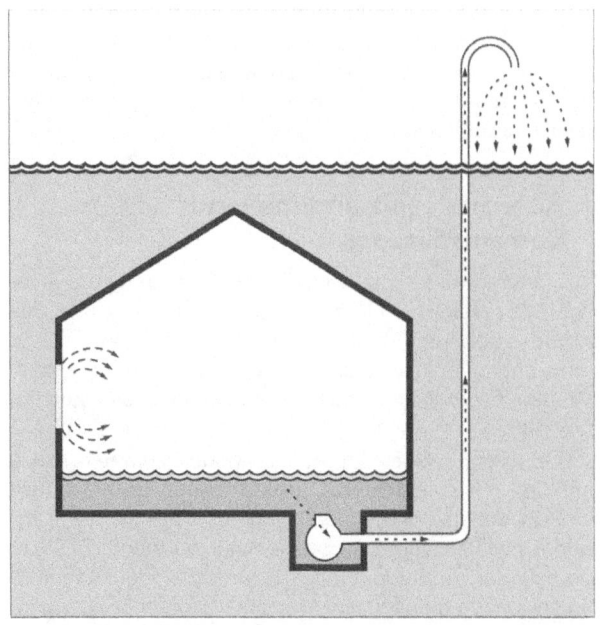

FIGURA 10-1 Resfriar um prédio é como bombear água para fora de um veículo submerso. Norbert Lechner, *Heating, Cooling, Lighting*. Hoboken, NJ: John Wiley & Sons, 2015). Ilustração: Killer Banshee Studios.

---
[1] Norbert Lechner, *Heating, Cooling, Lighting*. Hoboken, NJ: John Wiley & Sons, 2015.

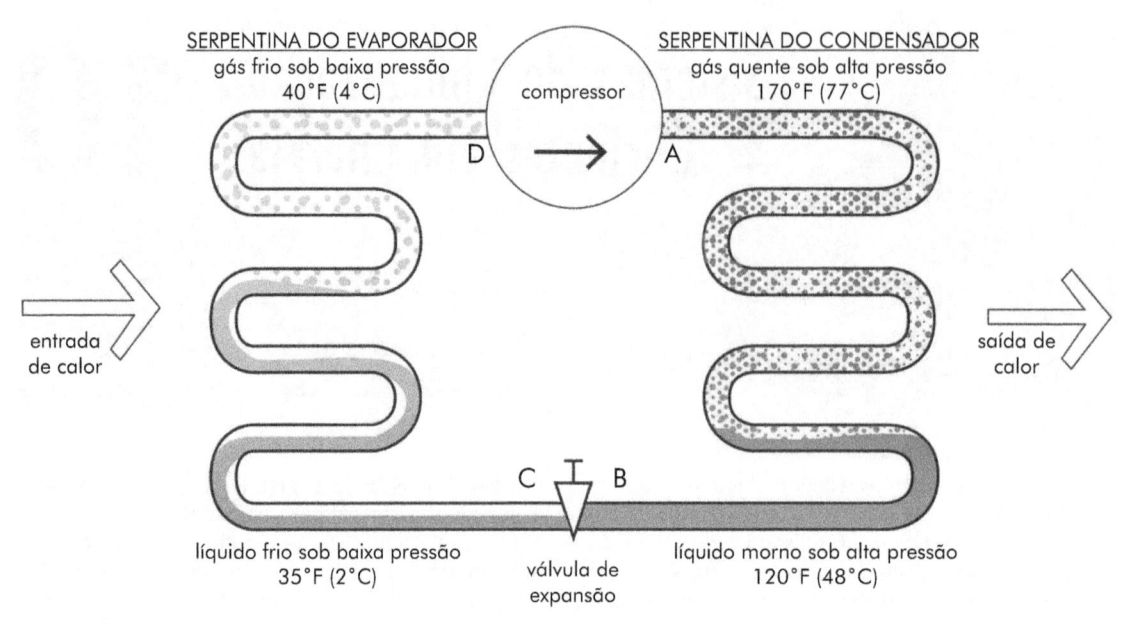

FIGURA 10-2 Ciclo de refrigeração por compressão de vapor. Quando o refrigerante evapora, ele absorve calor e resfria o entorno; quando ele condensa, libera calor. Fonte: Killer Banshee Studios.

do calor. Se o fluxo do gás for revertido, ele retirará calor do exterior e o trará para dentro do prédio; isso é utilizado em bombas de calor que têm fluxo reversível e podem funcionar tanto como equipamentos de resfriamento como de calefação. No ciclo de absorção, menos comum (Figura 10-3), o calor residual de um processo ou o calor solar é utilizado para ferver água de um dessecante na câmara do gerador; o vapor d'água passa para a câmara de condensação, é condensado e emite o calor latente para o exterior; na câmara de evaporação, ele evapora, absorvendo o calor do prédio; o vapor d'água então se mistura com o dessecante na câmara de absorção e é bombeado para a câmara do gerador, para ser fervido e continuar o ciclo. A maioria dos sistemas de condicionamento de ar se baseiam em um desses dois processos.

Sistemas centralizados *versus* descentralizados

Nos sistemas descentralizados, o equipamento para a geração de calor e o ciclo de refrigeração se localizam distribuídos pelo prédio. Nos sistemas centralizados, eles se concentram em locais específicos, e o calor ou frio gerado é, então, enviado aos espaços por meio de ar ou água em movimento.

Os sistemas descentralizados são ideais em reformas e ampliações de prédios, mas, às vezes, também são válidos para novas construções, pois, como os sistemas são distribuídos por todo o prédio, novos dutos ou tubulações não são exigidos. Contudo, uma vez que cada equipamento é dimensionado individualmente para as condições de pico, o tamanho total do sistema não se beneficia da diversidade de usos pela edificação, e a capacidade total dos sistemas distribuídos tende a ser maior do que em um sistema centralizado. Também é difícil prever a redundância nos sistemas distribuídos, pois isso exige a duplicação de cada um dos equipamentos. Com sistemas descentralizados, a calefação e o resfriamento podem ser fornecidos a espaços selecionados, sem afetar o resto do prédio e, se uma unidade tiver algum problema de funcionamento, o resto do prédio não é afetado. Os sistemas centralizados geralmente exigem salas de equipamentos separadas. A manutenção dos sistemas centralizados também é mais fácil, pois o equipamento fica concentrado em uns poucos lugares, tornando o trabalho mais fácil e simplificando o monitoramento e a inspeção dos equipamentos. Os sistemas descentralizados são menores e mais simples, geralmente ligando e desligando automaticamente a fim de manter as temperaturas. Isso resulta em oscilações de temperatura maiores do que nos sistemas centralizados, que podem ser mais bem modulados com controles sofisticados. Os condicionadores de ar compactos ou instalados em parede mostrados na Figura 10-4, são sistemas descentralizados comuns, e os resfriadores (*chillers*) a ar frio com unidade de manejo de ar são um sistema centralizado comum.

Sistemas descentralizados

Os sistemas descentralizados são encontrados em todos os tipos de edificação e são especialmente adequados quando o custo inicial baixo e a facilidade de instalação são importantes. Eles são adequados para se proporcionar o condicionamento de ar em prédios existentes e para atender a zonas com cargas ou padrões de uso especiais, como salas de computação e ginásios de escolas. Os tipos comuns são os aparelhos de parede instalados em janelas ou através das paredes, os *splits*, os aparelhos independentes para cada pavimento e as unidades independentes para instalação externa ou casos especiais. As bombas de calor também podem ser consideradas como sistemas descentralizados, dependendo do modo como forem instaladas – neste capítulo serão tratadas na seção sobre sistemas centralizados. A razão de

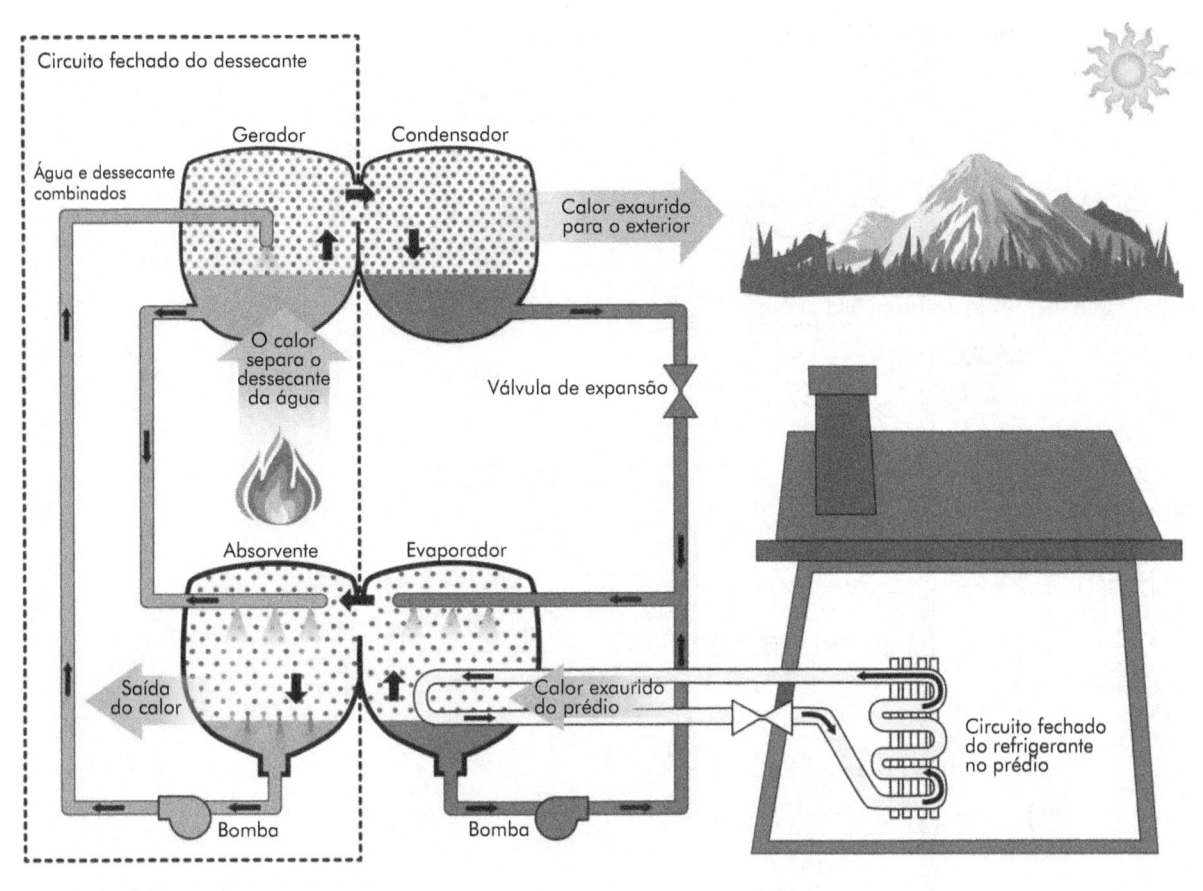

- vapor de água
- vapor do dessecante
- água (líquida)
- dessecante (líquido)
- água e dessecante combinados (líquidos)

FIGURA 10-3 Ciclo de refrigeração por absorção. Fonte: Killer Banshee Studios.

eficiência energética (REE) da maioria dos sistemas descentralizados é expressa em (capacidade em BTU/h)/(insumo de energia em Watts) ou como coeficiente de desempenho (CD), expresso em (capacidade em BTU/h)/(insumo de energia em Watts × 3,412). A razão de calor sensível é a relação entre remoção de calor sensível e a capacidade de remoção de calor total e indica a capacidade do equipamento de climatização de remover a umidade do ar. Uma razão menor indica mais capacidade de desumidificação e é ideal para climas quentes e úmidos.

Os aparelhos de condicionamento de ar de parede ou janela são equipamentos simples com um ventilador para insuflar ar através da bobina do evaporador e outro ventilador afastado para mover o ar do exterior através da bobina do condensador (Figura 10-5A). Quando a temperatura do ar fica abaixo do ponto de orvalho, ocorre a condensação, que é recolhida e levada para o exterior. Essa condensação às vezes é empregada para resfriar a bobina do condensador. Uma abertura regulável controla a quantidade de ar fresco que entra no ambiente. As palhetas do lado do recinto controlam a direção do ar insuflado e a quantidade do ar do retorno que volta ao aparelho. Termostatos embutidos e reguláveis controlam a temperatura.

Os condicionadores de ar para um cômodo resfriam, desumidificam e recirculam o ar no cômodo. Eles também oferecem um pouco de ar do exterior, para a ventilação. Esses aparelhos estão disponíveis em capacidades de menos de 6 mil BTU/h (0,5 ton) a mais de 20 mil BTU/h. Eles têm coeficientes de desempenho de 2,34 ou mais, porém os aparelhos maiores geralmente são mais eficientes. Às vezes é incluído um componente de aquecimento, como uma fornalha a gás ou bobina de resistência elétrica, especialmente em equipamentos maiores. Quando a unidade funciona como uma bomba de calor, o fluxo reverso do ciclo de refrigeração desloca calor externo para dentro do prédio (Figura 10-5B).

Os condicionadores de ar compactos são instalados em paredes ou janelas, circundados por uma vedação e são capazes de fornecer calor ou frio (Figura 10-4). Se o aquecimento ou resfriamento for feito por uma bomba de calor, o aparelho será chamado de bomba de calor independente. Os condicionadores de ar compacto geralmente são utilizados em recintos pequenos de instalações comerciais, como hotéis,

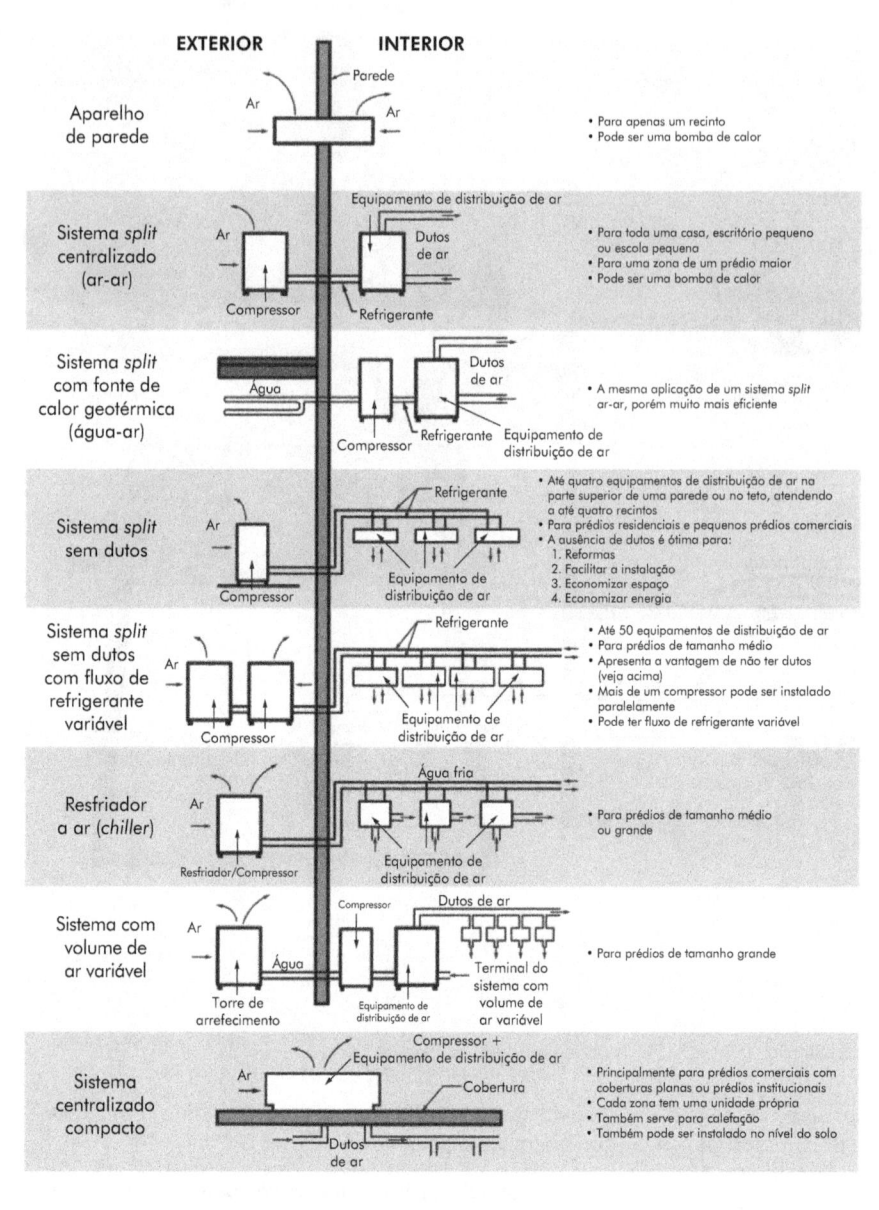

FIGURA 10-4 Resumo dos sistemas de climatização, mostrando os componentes internos e externos. Fonte: Norbert Lechner, *Heating, Cooling, Lighting*. Hoboken, NJ: John Wiley & Sons, 2015). Ilustração: Killer Banshee Studios.

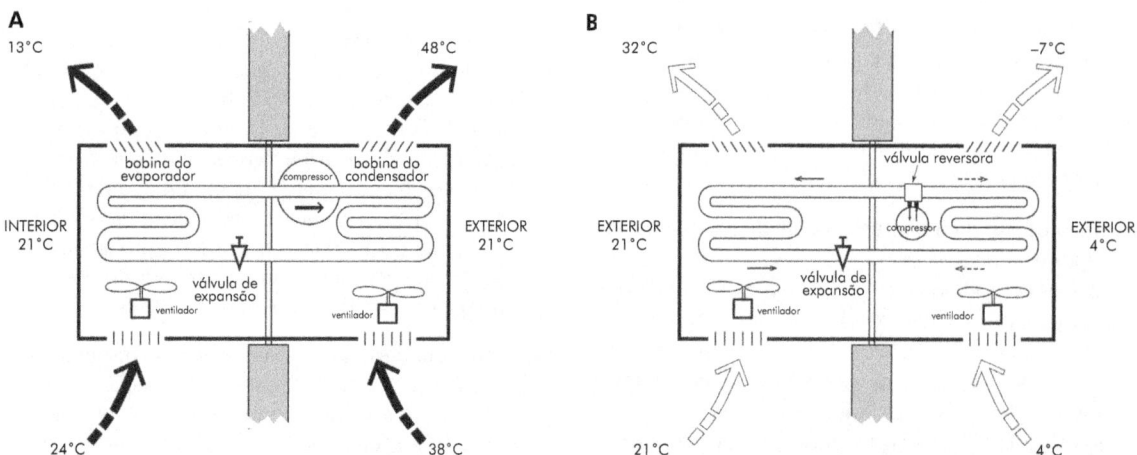

FIGURA 10-5 De cima para baixo. A. Aparelho de ar-condicionado de parede que usa um ciclo de compressão do vapor e ventiladores. B. Aparelho de ar-condicionado de parede que pode aquecer ou resfriar com a mudança da direção do ciclo de refrigerante. Fonte: Norbert Lechner, *Heating, Cooling, Lighting*. Hoboken, NJ: John Wiley & Sons, 2015). Ilustração: Killer Banshee Studios.

motéis, apartamentos e hospitais, e no perímetro de pequenos edifícios de escritório. A calefação é feita com uma resistência elétrica, ou com uma fornalha a gás dentro do aparelho.

Os aparelhos do tipo *split* são comuns em muitas casas e prédios pequenos. Eles são compostos de duas unidades: na parte externa estão o condensador, o compressor e um ventilador; na interna, há a bobina do evaporador e um ventilador na chamada unidade de manejo de ar. As duas unidades são conectadas por um circuito com refrigerante (Figura 10-4). A condensação formada no equipamento de distribuição de ar é drenada para o exterior. O equipamento de distribuição de ar pode ser instalado em uma parede, mas há unidades em formato retangular que podem ser colocadas em um teto falso (forro). O equipamento de distribuição de ar também pode ser localizado em um armário contíguo ao espaço climatizado. Os *splits* são muito mais silenciosos do que os aparelhos compactos porque a parte barulhenta do equipamento é instalada afastada dos usuários do prédio. Em geral, eles não fornecem qualquer ar fresco do exterior.

Os aquecedores dentro de um espaço usam o calor gerado por uma resistência elétrica e um ventilador para deslocar o calor por convecção. Os aquecedores que queimam gás natural ou óleo combustível exigem tubos de fumaça (chaminés). Os aquecedores com ondas infravermelhas não são feitos para aquecer o ar, e sim para aquecer objetos, superfícies e usuários. Eles são frequentemente utilizados nas áreas externas de restaurantes ou em paradas de transporte público para manter as pessoas aquecidas, mas também são adequados a espaços grandes e com pés-direitos elevados, como hangares e depósitos, onde aquecer o ar não é prático. O calor de uma resistência elétrica é 100% eficiente na conversão de eletricidade, e esses aquecedores também são baratos. No entanto, a eletricidade é uma energia cara, e os próprios aparelhos podem se tornar caros ao longo de seus ciclos de vida.

Os equipamentos independentes são produzidos em uma fábrica e fornecem resfriamento e aquecimento. Os equipamentos residenciais têm capacidade de resfriamento de até 65 mil BTU/h, enquanto os equipamentos leves de uso comercial, de até 135 mil BTU/h. Também há equipamentos com capacidade superior a 135 mil BTU/h, mas apenas para uso comercial. A serpentina de condensação, que rejeita o calor da atmosfera do recinto, pode ser resfriada com um ventilador, com a evaporação de água durante o sopramento de ar na serpentina ou com a imersão da serpentina em água. Esses sistemas estão disponíveis para uma zona única, nos quais uma área é atendida por um termostato e temperatura programada, ou para várias zonas, quando muitos termostatos e temperaturas programadas servem várias zonas. O insuflamento de ar pode ser com um volume constante, ou com um volume variável, mas uma temperatura de ar insuflado constante. As unidades multizona têm dutos individuais para conduzir o ar condicionado para cada espaço. O calor pode ser fornecido por uma resistência elétrica, fornalha a gás ou bomba de calor. Prédios pequenos podem ser atendidos por uma unidade independente, e prédios grandes podem ter várias unidades. As unidades geralmente são instaladas na cobertura, ou no solo, junto ao prédio.

Sistemas centralizados de calefação e resfriamento

As centrais de calefação ou resfriamento produzem calor ou frio em uma local centralizado e o distribuem em múltiplos pontos. Esses locais podem ser zonas múltiplas em um prédio, ou podem ser vários prédios. Os sistemas centrais são encontrados em grandes prédios, arranha-céus e campi universitários. Os equipamentos centralizados são volumosos e frequentemente exigem uma casa de máquinas ou pé-direito maior. O tamanho total dos equipamentos pode ser reduzido considerando-se de modo apropriado a diversidade das cargas de pico. A instalação de várias caldeiras ou resfriadores sucessivos, de maneira que unidades adicionais sejam ligadas para atender a cargas maiores, pode melhorar o desempenho quando não se estiver trabalhando com uma carga de pico. Os equipamentos múltiplos também oferecem certo grau de redundância.

Equipamentos de calefação

As caldeiras produzem água quente ou vapor com a queima de madeira, óleo ou gás natural, ou com eletricidade. Elas estão disponíveis em tamanhos que chegam a 100 milhões de BTU/h. A eficiência de uma caldeira pode ser expressa como a eficiência térmica total, que é a energia bruta produzida dividida pela entrada de energia no sistema. Isso não é o mesmo do que a eficiência da combustão ou sazonal. As caldeiras de condensação são mais eficientes do que as normais, e, quando projetadas para trabalhar com temperaturas de água de retorno mais baixas, alcançam eficiências superiores a 95%. O calor pode se deslocar ao longo de distâncias maiores, sem a necessidade de bombeamento, assim as caldeiras que produzem vapor são frequentemente instaladas em campi universitários. O vapor também é preferível à água quente em edifícios altos, pois uma coluna de água muito elevada cria uma enorme pressão nos tubos.

As fornalhas geram ar quente com a queima de gás natural ou óleo, ou com o uso de eletricidade. Esse ar quente é distribuído aos espaços por meio de dutos. As fornalhas estão disponíveis em tamanhos menores do que as caldeiras, sendo que há equipamentos residenciais com capacidades inferiores a 150 mil BTU/h, e grandes equipamentos comerciais que geram mais de 320 mil BTU/h. A *eficiência de uso de combustível anual* é o padrão de medida da eficiência de uma fornalha, e geralmente varia entre 78 e 80%, enquanto nas fornalhas de condensação ela alcança 98%. As fornalhas precisam de dutos de ar para distribuição de calor a espaços múltiplos e de ventiladores para ajudar no movimento do ar.

Equipamentos de resfriamento

As plantas de resfriamento centralizadas consistem principalmente de resfriadores e equipamentos de eliminação de calor. Os resfriadores geram água fria circulada em um tubo, que é utilizado para tirar calor dos espaços do prédio. O calor é deslocado dos tubos de água fria pelo resfriador e enviado ao equipamento de rejeição de calor, que o dissipa ao ar ambiente externo. Em certos casos, a planta inclui o armazenamento térmico necessário para que os resfriadores operem durante horários fora da demanda de pico e armazenem frio em um meio como o gelo.

Os resfriadores se baseiam em um de dois ciclos de refrigeração: a compressão do vapor ou a absorção. Os compressores são de diferentes tipos, com base em seus projetos, incluindo os centrífugos, os com pistão helicoidal e os do tipo *screw*, e podem ser elétricos, a gás natural, diesel ou com outros tipos de turbina de combustão ou vapor. A eficiência dos resfriadores se baseia em sua carga total, mas também nas cargas parciais, e é expressa por um coeficiente de desempenho ou como uma razão da entrada de energia em watts para o resfriamento fornecido em toneladas (kW/ton). Os resfriadores com rolamentos magnéticos, chamados de resfriadores sem fricção, são os mais eficientes. Os coeficientes de desempenho dos resfriadores variam entre 3,5 e 6,0, enquanto os dos resfriadores sem fricção podem ser superiores a 8,0. Há resfriadores a ar disponíveis para pronta entrega que têm capacidades de resfriamento menores, mas são os menos eficientes de todos. A vantagem é que exigem menos espaço, pois não precisam de torre de arrefecimento. Os acionadores de frequência variável do compressor melhoram as eficiências do resfriador sob cargas parciais. Os resfriadores de absorção exigem uma fonte de calor para regenerar o dessecante líquido no ciclo de absorção. Quando o calor residual de outro processo ou o calor do sol está disponível, ele pode ser utilizado para acionar o ciclo de refrigeração de absorção do condicionamento de ar. Nessas situações, a menor eficiência dos resfriadores de absorção, que geralmente é de aproximadamente 1,0, é mais do que compensada pela disponibilidade de energia livre ou residual. Essa abordagem gera resfriamento de baixo custo e pouco impacto ambiental extra.

Os equipamentos de liberação de calor incluem condensadores, torres de resfriamento, bombas, ventiladores e trocadores de calor. Os condensadores a ar frio deslocam o ar externo sobre a bobina do condensador para rejeitar o calor para o exterior. Elas são adequadas a pequenas capacidades de resfriamento. Quando o clima é úmido e com pouquíssima depressão de bulbo úmido, um equipamento de resfriamento a água não oferece um benefício adicional significativo, e um equipamento resfriado a ar pode ser a solução apropriada. Os condensadores de evaporação lançam jatos de água para rejeitar calor de modo mais eficiente ao exterior. A água precisa ser tratada para manter a vida útil da bobina do condensador. As torres de arrefecimento incluem *sprays* de água e movimento do ar através desses para a rejeição de calor. Ventiladores mecânicos são utilizados nas torres de arrefecimento para garantir a rejeição de calor em períodos de pico de demanda. Quando a depressão de bulbo úmido é grande, as torres de arrefecimento podem gerar resfriamento adequado sem o uso de um resfriador. Na Sede da Fundação Packard, em Palo Alto, Califórnia, a carga de resfriamento é atendida por um tanque de armazenamento térmico alimentado por torres de arrefecimento que funcionam sem um resfriador à noite, para aproveitar a variação diurna e a grande depressão de bulbo seco; e o tanque de armazenagem térmica carregado à noite é utilizado como dissipador de calor para o prédio durante o dia. A localização dos condensadores e das torres de arrefecimento precisa ser considerada, por questões estéticas, para a localização das tomadas de ar fresco do prédio e quanto ao efeito do *spray* gerado sobre o entorno.

Os circuitos de água conectam os equipamentos à central. Os circuitos de água do condensador conectam o resfriador ao equipamento de rejeição de calor, e os circuitos de água fria e os de água quente conectam o resfriador e a caldeira, respectivamente, aos equipamentos de distribuição nos ambientes.

Distribuição e emissão de calor e frio

A distribuição e a emissão do calor e do frio gerados por uma central ou unidade independente até as zonas térmicas no prédio podem ser feitas com sistemas de resfriamento a água, ar ou híbridos (água e ar).

Os sistemas a ar podem oferecer calefação e resfriamento completos para as cargas sensíveis e latentes, junto com o ar condicionado de ventilação. Não é necessário qualquer resfriamento ou desumidificação na zona. Os sistemas a ar podem incluir controles economizadores, que trazem ar externo extra sem resfriá-lo, quando as condições de temperatura ambiente estão corretas, e reduzir o consumo energético. Os sistemas a ar respondem rapidamente à mudança de condições locais, e podem manter a temperatura desejada por meio da variação do volume de ar fornecido ou de sua temperatura. Grandes volumes de ar entregues nas zonas exigem dutos que ocupam espaço no forro e área de piso para a instalação de dutos verticais e equipamentos de distribuição de ar. Os dutos verticais ou horizontais podem ser caros e exigem perfurações em tetos e paredes, o que torna a instalação de sistemas centrais a ar inviável em reformas.

Os sistemas de distribuição de ar pelo piso e os sistemas com fluxo de ar por deslocamento oferecem muitas vantagens em relação aos sistemas convencionais de resfriamento a ar. Os sistemas tradicionais híbridos fornecem ar no teto. Para resfriar os usuários, o ar é entregue sob uma temperatura baixa, mas em grande volume, para se misturar com o ar aquecido do recinto. Os sistemas de distribuição de ar sob o piso insuflam o ar na parte baixa do espaço, dentro da zona de ocupação. Como o ar não se mistura com o ar mais quente do espaço, ele pode ser fornecido a uma temperatura levemente mais alta e com uma vazão mais baixa. Isso permite que o ar se acumule na parte mais baixa do recinto. À medida que o ar entra em contato com cargas como as pessoas e os equipamentos, ele se aquece e sobe para o teto. O ar do cômodo se estratifica, com o ar fresco na zona ocupada e o ar mais quente na parte alta do recinto no qual ele entra no sistema de ar de recirculação. A velocidade menor e a temperatura mais alta do ar insuflado resultam em um consumo de energia menor para o resfriamento. Sistemas de distribuição de ar sob o piso bem projetados também fornecem uma remoção mais eficiente dos poluentes da zona ocupada.

Uma unidade de manejo de ar contém bobinas de calefação ou resfriamento e um ventilador que sopra ar sobre ela, condicionando o ar. Em um sistema com 100% de ar externo, o ar fresco da rua é trazido para a unidade de manejo de ar condicionado e distribuído em uma ou mais zonas térmicas. O ar da zona condicionada é, então, exaurido para o exterior. Em um sistema de ar misto, parte do ar condicionado é exaurido, enquanto o resto retorna à unidade de manejo, onde se mistura com o ar externo que substitui a quantidade de ar da exaustão. O ar misturado é condicionado e insuflado na zona. A energia gasta na calefação ou no resfriamento pode ser recuperada do fluxo de ar condicionado da exaustão e transferida para o fluxo de ar misto usando-se rodas de calor ou outros tipos de trocador de calor. Em um sistema de volume de ar constante, a quantidade de ar descarregado nas zonas não varia, assim é difícil de se conseguir um bom controle da temperatura. Nos sistemas com volume de ar variável (VAV), o volume de ar é ajustado para que possa controlar a temperatura do espaço. Quando os equipamentos de distribuição de ar servem a zonas múltiplas, eles costumam resfriar o ar insuflado até atender à carga na zona mais quente; se isso tornar algumas zonas mais frias do que aquela pré-estabelecida, a caixa do volume de ar variável da zona fecha um registro, reduzindo a quantidade do ar, e, se isso não for suficiente, uma bobina de calefação ou resistência elétrica aquece a caixa de volume de ar variável à temperatura desejada. O excesso de aquecimento ou resfriamento do ar é um desperdício de energia que pode ser evitado com o projeto de arquitetura do prédio e o zoneamento, de modo que as diferenças de carga térmica extremas não ocorram dentro de um conjunto de zonas que são atendidas pelo mesmo equipamento de distribuição de ar. Múltiplos equipamentos de distribuição de ar em um prédio podem aumentar o custo inicial, mas eles melhoram o controle. Nos prédios altos, nos quais grandes dutos verticais podem tomar espaço do piso, e quando diferentes pavimentos são ocupados por distintos inquilinos com diferentes perfis de carga e exigências, podem ser necessárias unidades de distribuição de ar em cada pavimento.

As unidades independentes combinam o equipamento de distribuição de ar com o ciclo de refrigeração que resulta em uma caixa compacta, chamada de unidade de expansão direta, na qual a bobina de resfriamento é a parte do evaporador do ciclo de refrigeração. As unidades de expansão direta podem ter condensadores que são esfriados com ar ou água.

Um equipamento de distribuição de ar que se destina ao condicionamento do ar e apenas fornece ar de ventilação é chamado de sistema de ar externo dedicado. Um sistema de ar externo dedicado fornece 100% do ar externo que é condicionado e enviado, por meio de dutos, a cada espaço. Em um sistema de resfriamento a ar, isso resulta em dois conjuntos de dutos: um leva o ar de recirculação, o outro leva o ar externo. Esses sistemas são utilizados juntos com sistemas de resfriamento por radiação para fornecer ventilação e lidar com a carga latente. Os sistemas de ar externo dedicados podem fornecer a ventilação necessária a espaços múltiplos de modo mais previsível, reduzem o reaquecimento nos sistemas com volume de ar variável e exigem menos energia para lidar com a carga latente.

Os sistemas de resfriamento a ar e água fornecem água fria ou quente às zonas para atender às cargas sensíveis. A ventilação e as cargas latentes são trabalhadas por fluxos de ar separados. A água é 3 mil vezes mais eficiente do que o ar no transporte de calor por unidade de volume. Ao usar água em vez de calor para a remoção da carga sensível, essa abordagem reduz significativamente a quantidade de ar a ser distribuído pelas tubulações através da edificação, o que economiza espaço no prédio e reduz o consumo energético. Unidades de radiação (*fan coils*), sistemas radiantes e vigas refrigeradas a água (ou arrefecidas) são exemplos dos sistemas de climatização a ar e água descritos aqui.

As unidades de radiação (*fan coils*) têm bobinas para água quente ou fria e um ventilador que sopra o ar através da bobina, diretamente no espaço a ser refrigerado. Um sistema com quatro tubulações inclui dois circuitos separados, um para água fria e outro para água quente, permitindo que qualquer zona esteja no modo de calefação ou resfriamento em determinado momento. Em um sistema com duas tubulações, há apenas um circuito que contém água fria, no verão, e água quente, no inverno. As unidades de radiação são instaladas em forros de corredores entre os quartos de um hotel, por exemplo, ou sob janelas, em armários. Quando instalada em uma parede externa, a unidade de radiação (*fan coil*) pode sugar o ar da ventilação diretamente do exterior. Contudo, se o *fan coil* estiver no interior do prédio, o ar da ventilação será conduzido, por meio de dutos, separadamente a ele. Os usuários controlam a temperatura no ambiente ao variar a velocidade do ventilador na unidade de radiação (*fan coil*). As unidades de radiação são utilizadas em prédios com pequenos espaços na área periférica, como hotéis, hospitais, blocos de apartamentos e pequenos edifícios de escritórios.

Os painéis de radiação utilizados para calefação ou resfriamento trabalham na carga sensível. As cargas de ventilação e latente são trabalhadas por um sistema a ar suplementar ou um sistema de ar externo dedicado com ar enviado às zonas de climatização por meio de dutos. Os painéis radiantes mudam a temperatura radiante média (TRM) do espaço, e o ideal é instalá-los no teto, em um local onde os usuários possam vê-los sem a obstrução de móveis. Quando a área de superfície radiante for grande, a temperatura da superfície poderá ser mantida em níveis moderados, como 18°C para resfriamento, ou 20°C para calefação. Os sistemas de ar externo dedicados são empregados para controlar a umidade e prevenir a condensação na superfície de resfriamento por radiação. O resfriamento por radiação pode ser um desafio nos climas úmidos. As vedações externas estanques de uma edificação previnem a infiltração da umidade externa e reduzem a carga latente, bem como a possibilidade de condensação.

As vigas refrigeradas a água contêm circuitos com água e ficam suspensas nos recintos. Elas resfriam por meio da convecção, não da radiação. As vigas contêm aletas que resfriam o ar quente perto do teto, fazendo com que ele desça mais frio. Isso gera correntes de convecção nos recintos. As vigas refrigeradas ativas têm ar em dutos passando pelas aletas para criar uma corrente de convecção no cômodo mais forte do que seria possível com as vigas refrigeradas passivas. As vigas refrigeradas ativas podem ser empregadas para a calefação, devido ao efeito da convecção forçada, enquanto as vigas passivas não conseguem gerar as correntes de convecção para o aquecimento, pois são instaladas elevadas em relação ao piso. Assim como os painéis de resfriamento por radiação, as vigas refrigeradas precisam ser projetadas considerando-se o controle da umidade e da condensação. As vigas refrigeradas podem ser projetadas para atender à estética interna, e podem incluir luminárias, controles de iluminação, sensores e *sprinklers*. Para informações adicionais, veja e-News #69: Chilled Beams.[2]

Os sistemas de resfriamento a água usam unidades de radiação (*fan coils*), painéis radiantes ou vigas refrigeradas, mas não há sistemas suplementares a ar ou sistemas de ar externo dedicados que possam fornecer ar do exterior. A ventilação é feita por meio de janelas de abrir (com caixilhos móveis) ou com a infiltração, nos prédios mais antigos. Os prédios de baixo consumo energético mais modernos têm vedações externas estanques, e os sistemas de resfriamento a água hoje são menos comuns. Os painéis radiantes ou as vigas refrigeradas com janelas de abrir e sem um sistema a ar suplementar podem ser empregados em climas secos mais amenos, mas não em climas úmidos.

Bombas de calor

As bombas de calor usam o ciclo de refrigeração de um compressor para transportar calor. Elas têm fluxos de refrigerante reversíveis e, portanto, podem retirar calor de um espaço ou trazer calor a ele. As bombas de calor são sistemas totalmente elétricos, a menos que o calor suplementar seja obtido com a queima de gás natural ou outro combustível.

As bombas de calor ar-ar ou de fonte aérea costumam ser máquinas independentes e têm capacidade entre 1,5 e 30 ton. A bobina externa rejeita calor para o exterior, no modo de resfriamento, e retira calor do exterior, no modo de calefação. Como elas funcionam tanto como máquinas de calefação como de resfriamento, são mais econômicas em climas que exigem ambas as funções. Elas são fáceis de instalar, requerem dutos mínimos (ou os dispensam) e somente precisam de uma fonte energética, a eletricidade. A calefação com bombas de calor pode ser até três vezes mais eficiente do que com fornalhas ou caldeiras. Quando a temperatura externa está baixa, a capacidade da bomba de calor de retirar calor do ar ambiente diminui, reduzindo sua eficiência. Contudo, também existem bombas de calor que funcionam com temperaturas externas de até –26°C. O superdimensionamento de uma bomba de calor para a calefação pode ajudar em seu funcionamento sob temperaturas muito baixas. Com um bom projeto passivo que inclua um fechamento estanque e bem isolado, as bombas de calor podem funcionar com eficiência e fornecer a calefação e o resfriamento necessários.

As bombas de calor água-ar ou com fonte hídrica são instaladas dentro de um prédio. Elas transferem o calor entre o interior de um recinto e um circuito com água dentro da edificação. Se o circuito com água for fechado dentro do prédio, o calor poderá ser agregado a ele durante a estação de calefação com o uso de uma caldeira ou painéis térmicos solares. O calor excessivo da estação de resfriamento pode ser retirado do circuito com o uso de uma torre de arrefecimento. Como a temperatura desse circuito de água pode ser mantida de modo que não fique tão extrema quanto o ar ambiente, essas bombas de calor são mais eficientes do que as bombas de calor com fonte aérea. Esses sistemas geralmente consistem de várias bombas de calor atendendo a zonas individuais, que rejeitam ou retiram calor do circuito. Assim, na primavera ou no verão, ou quando algumas zonas estão no modo de calefação e outras no de resfriamento, esse sistema pode distribuir o calor pelo prédio sem a necessidade de mais calor ser adicionado ou retirado do circuito com água.

As bombas de calor geotérmico (com fonte subterrânea ou submersa) (Figura 10-6) levam o circuito de água do prédio até o solo ou um corpo de água para usá-lo como uma fonte de obtenção ou difusão de calor (fonte quente ou fria). Em geral, usa-se um trocador de calor para transferir energia térmica desse circuito ao circuito do prédio que está conectado às bombas de calor. Os sistemas abertos são projetados de modo que a água do lençol freático de um poço próximo ao prédio passe através do circuito do prédio (ou trocador de calor) e seja descarregada em um dreno, córrego, lago ou no próprio solo. Da mesma maneira, a água pode ser obtida de um açude ou lago e retornar a ele, ou ser descarregada em outro local. Esse arranjo pode ser um desafio em função de normas legais da região sobre o uso e a descarga de água no solo ou em um corpo de água. Os equipamentos das bombas de calor de um sistema com fonte subterrânea ou submersa são mantidos no interior dos prédios – eles não ficam expostos ao ar do exterior. Portanto, exigem menos manutenção do que as bombas de calor com fonte aérea. Como a temperatura do solo é estável, as bombas de calor geotérmico podem consumir cerca de 40% menos energia do que as bombas de calor ar-ar e menos de 70% de energia do que os sistemas de condicionamento de ar elétricos padronizados.

Sistemas com fluxo de refrigerante variável

Os sistemas com fluxo de refrigerante variável (Figura 10-7) podem ser considerados como uma versão de um sistema de bomba de calor no qual o aquecimento ou refrigeração necessário às zonas em que diferentes modos de calefação ou resfriamento são fornecidos é obtido com a variação da quantidade de refrigerante entregue a um circuito central.

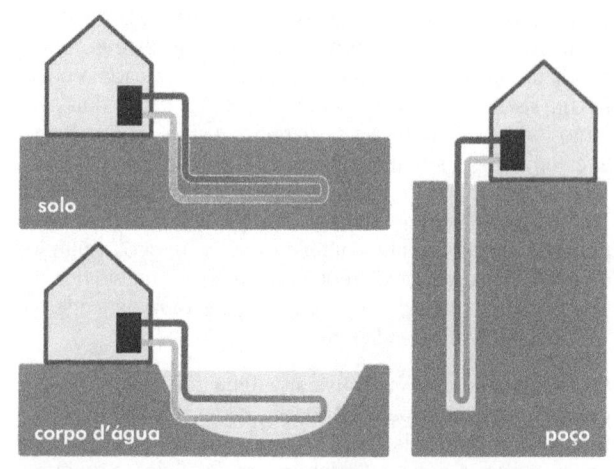

FIGURA 10-6 Diferentes configurações de bombas de calor de fonte geotérmica. Fonte: After William Maclay, *The New Net Zero*. Chelsea Green Publishing Co., 2014. Ilustração: Killer Banshee Studios.

---

[2]Energy Design Resources. "Energy Design Resources: E-News #69," 2010, e-news-69-chilled-beams.aspx.

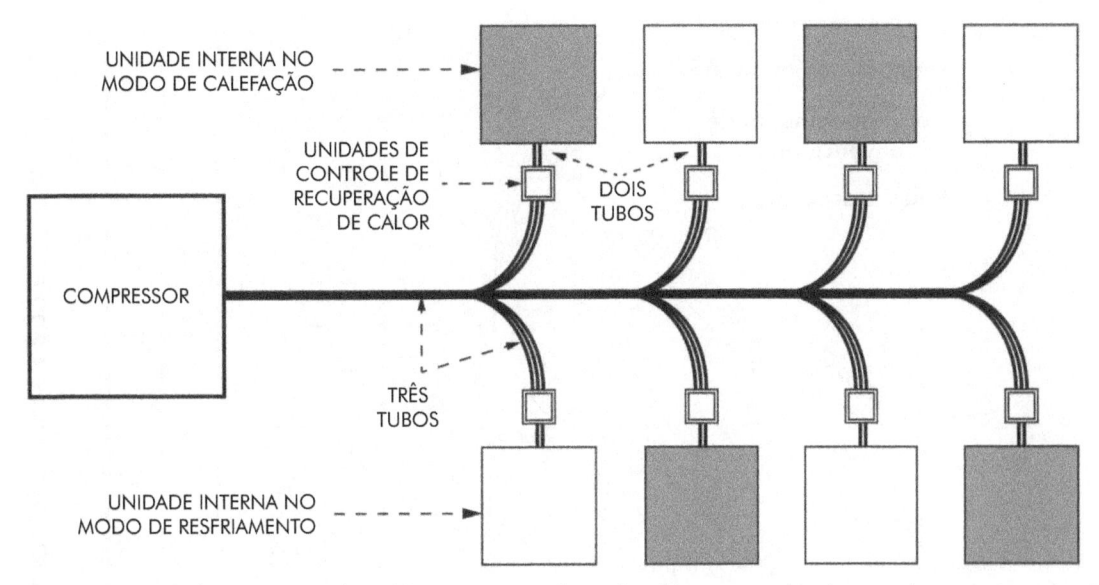

FIGURA 10-7 Diagrama de um sistema de resfriamento com volume de refrigerante variável que pode recuperar calor de zonas quentes (zonas no modo de resfriamento) e circulá-lo naquelas zonas que precisam ser aquecidas (zonas no modo de calefação). Fonte: *ASHRAE Handbook 2012 HVAC Systems and Equipment*. Atlanta, GA: American Society of Heating, Refrigerating, and Air-Conditioning Engineers, 2012. Ilustração: Killer Banshee Studios.

Uma unidade central externa contém a parte do condensador com um acionador de frequência variável no compressor, para modificar o fluxo refrigerante. Os equipamentos internos contêm o evaporador do ciclo de refrigeração e ficam localizados nas zonas de climatização. Quando se espera que as zonas fiquem simultaneamente nos modos de calefação e resfriamento, o sistema pode ser regulado com unidades de controle de recuperação de calor, de modo que o calor residual das zonas de climatização seja utilizado nas zonas que estão no modo de calefação. Esses sistemas são muito tecnológicos, produzidos em fábricas, e oferecem flexibilidade com controle por zonas individuais e calefação e resfriamento simultâneos no mesmo circuito de refrigeração. Os equipamentos que ficam no exterior costumam ter de 1,5 a 65 ton; os internos, entre 0,5 e 10 ton.

Resfriamento com dessecante

Resfriar o ar é uma estratégia relativamente direta, mas remover sua umidade tende a ser bastante caro em termos de consumo de energia, em virtude da grande quantidade de calor latente presente na água. Os sistemas de resfriamento convencionais resfriam excessivamente o ar, até ele chegar ao ponto de orvalho, para que a umidade possa ser condensada, e, então, o reaquecem a uma temperatura confortável. As rodas com dessecante sólido primeiramente aquecem o ar, e, depois, o resfriam para obter a desumidificação. Como tanto o resfriamento como a calefação estão envolvidos, esse processo desperdiça energia. Os sistemas de resfriamento com dessecante líquido, como aqueles desenvolvidos pela Advantix Systems, usam uma solução de salmoura não tóxica com grande afinidade pela água para remover a umidade e resfriar o ar em um único passo. Esse atalho termodinâmico leva o ar diretamente à zona de conforto, eliminando a necessidade de usar uma combinação de calefação e resfriamento para o ar (Figura 10-8).

Sistemas de armazenamento térmico (termoacumulação)

Os sistemas de termoacumulação removem calor de um meio de armazenagem ou levam calor a ele para que essa fonte fria ou quente seja utilizada posteriormente. A maior parte da termoacumulação é feita para propósitos de resfriamento. Um resfriador (*chiller*) funciona à noite, para refrigerar um reservatório ou, às vezes, a massa de acumulação térmica do próprio prédio. Uma estratégia de termoacumulação tem várias vantagens. O equipamento de resfriamento pode ser ligado à noite, para consumir energia em um horário em que as temperaturas ambientes estão menores. Com uma oscilação diurna de temperatura e depressão de bulbo úmido suficientes, um sistema termoacumulador pode economizar energia. A Sede da Fundação Packard, em Los Altos, Califórnia, tira partido da oscilação diurna da temperatura e da depressão de bulbo úmido usando uma torre de arrefecimento para carregar um sistema termoacumulador, sem a necessidade de um resfriador na maior parte do ano. Esse prédio contém um pequeno resfriador, que é utilizado apenas para apoio, sob condições climáticas extremas.

Se a oscilação diurna e a depressão de bulbo úmido não são úteis para o resfriamento noturno com baixo consumo energético, ainda assim um sistema de termoacumulação desloca a demanda de energia de resfriamento para as horas fora do pico de consumo, quando as taxas de eletricidade são baixas, resultando em economias com energia elétrica. À medida que a demanda por eletricidade aumenta ao longo do dia, recursos de geração elétrica menos eficientes e mais poluentes são usados pelas concessionárias de energia. Ao usar mais carga elétrica de base, um sistema de termoacumulação consegue reduzir os impactos ambientais da geração de energia para resfriamento.

Um sistema de armazenamento térmico pode ser dimensionado para atender à carga de resfriamento no pico, en-

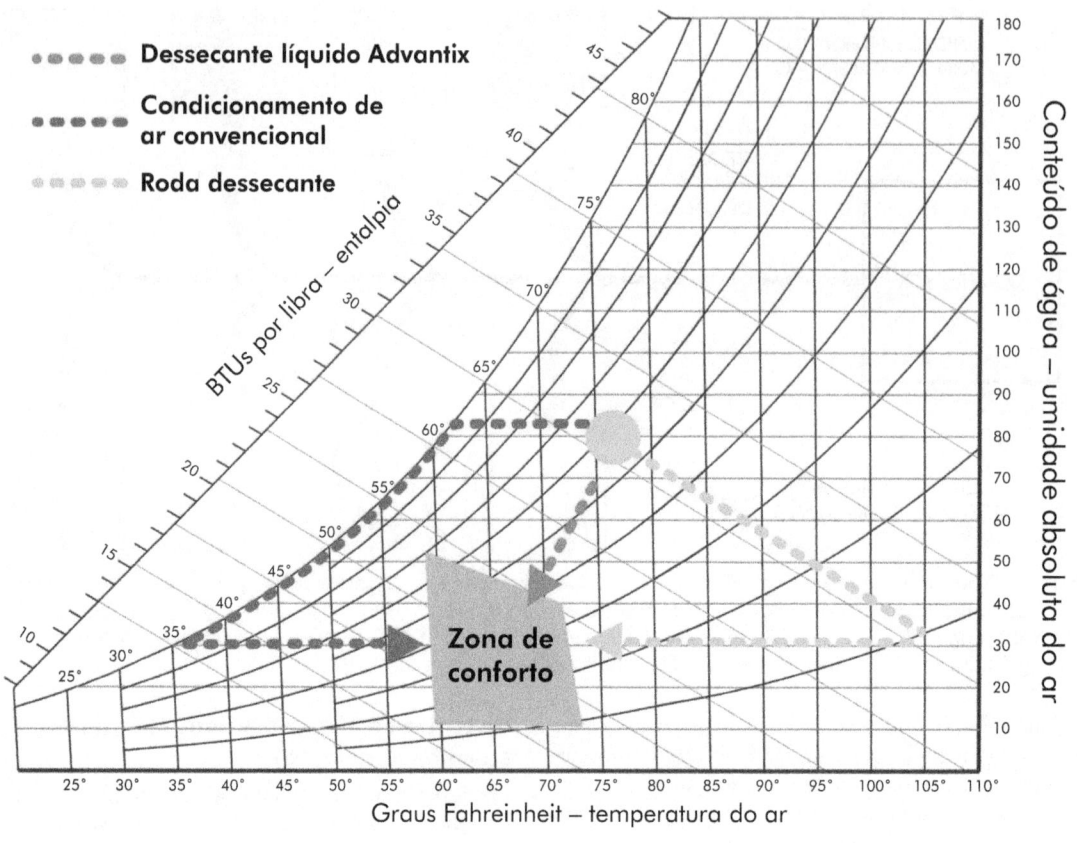

FIGURA 10-8 Resfriamento com dessecante líquido. Cortesia de Advantix Systems.

quanto o equipamento de refrigeração que o alimenta pode ser menor; resfriadores menores podem resultar em economia de espaço dentro de um prédio, além da redução nos gastos com transformadores e sistemas de distribuição elétrica. Essa abordagem pode economizar custos de capital total. A água é o material mais comum em um tanque de armazenamento. O armazenamento do calor sensível, que é menos comum, usa a capacidade térmica para mudar a temperatura do meio calefator. A água ou outro meio é resfriado a uma temperatura mais baixa, para que funcione como armadilha (ou dissipador) de calor. A armazenagem térmica latente cria capacidade térmica por meio da mudança de fase do meio de armazenamento térmico; um exemplo seria converter água em gelo. Como a capacidade térmica da mudança de fase é muito maior, essa estratégia resulta em um equipamento de armazenamento térmico mais compacto. As economias obtidas com a armazenagem térmica, seja com o uso de um reservatório ou da estrutura do prédio como dissipador de calor, dependem muito das tarifas de energia, do tipo de edificação, dos horários de funcionamento e das condições climáticas.

Cogeração de energia elétrica e térmica

Os sistemas de cogeração de energia elétrica e térmica instalados em subestações de campi universitários ou usinas na escala de um bairro geram eletricidade, água quente e água fria. A eletricidade é produzida *in loco* com o uso de um combustível convencional, como o carvão mineral, o gás natural ou o óleo, e o calor residual é empregado para a calefação ambiente e a geração de água quente para consumo doméstico. Se houver calor residual adicional, ele poderá ser utilizado para alimentar um resfriador de absorção, para a refrigeração ambiente. Enquanto uma usina de conversão de energia elétrica típica tem eficiência inferior a 35%, uma usina de cogeração de energia térmica e elétrica tem eficiência de até 70% como resultado do aproveitamento do calor residual. Há usinas de cogeração de energia térmica e elétrica com potências que variam entre 5 kW e mais de 5 mil kW. Essas usinas podem ser utilizadas para gerar a carga elétrica de base e às vezes são empregadas para gerar eletricidade somente nos horários de pico na demanda da rede pública, a fim de reduzir os gastos com tarifas mais elevadas. Para mais informações, veja e-News #74: Combined Heat and Power.[3]

■ Controles de climatização

Os *termostatos* são utilizados em sistemas de climatização para ligar e desligar os equipamentos de calefação e resfriamento ou regular o fluxo de água fria ou quente destinado a manter a temperatura desejada. Os usuários têm contato com termostatos nas zonas condicionadas, mas eles também são empregados dentro dos equipamentos e em

---

[3] Energy Design Resources. "Energy Design Resources: E-News #74," 2010, http://energydesignresources.com/resources/e-news/e-news-74-combined-heat-and-power.aspx.

certos pontos do sistema de distribuição. Os termostatos são controladores de acionamento que ligam e desligam um sistema imediatamente; assim os sistemas de calefação ou resfriamento funcionam sob capacidade máxima até que a temperatura seja alcançada. Por esse motivo, regular o termostato além do ponto desejado não reduz o tempo necessário para que se atinja a temperatura desejada. Os termostatos programáveis permitem ao usuário estabelecer um horário de funcionamento semanal ou diário, com diferentes temperaturas programadas para cada momento do dia. Eles permitem ao sistema manter um conforto mínimo ou desligar os equipamentos durante os horários em que os espaços não estão ocupados. Os termostatos inteligentes conseguem aprender, ao longo do tempo, quais horários que uma casa provavelmente estará ocupada e quando tenderá a estar vazia. Eles podem automaticamente pré-aquecer ou pré-resfriar a casa, de modo que esteja em uma temperatura confortável quando o morador chegar e economize energia passando ao modo desocupado quando o morador provavelmente estiver fora. Se o estilo de vida mudar, os termostatos inteligentes conseguem aprender e se adaptar, mantendo o conforto e a economia de energia. O termostato Nest é um exemplo bem conhecido desses equipamentos. Termostatos instalados em rede podem se comunicar com outros equipamentos e aparelhos para aprender os padrões de uso, reduzir ao máximo as contas de energia e oferecer mais conforto.

> Os termostatos são controladores para ligar e desligar, e o sistema de calefação ou resfriamento funciona sob capacidade máxima até que a temperatura desejada seja alcançada. Regular o termostato para uma temperatura além da desejada não reduz o tempo necessário para que se alcance essa temperatura.

Os *economizadores* de energia do tipo *air side* fazem com que quantidades maiores de ar do exterior entrem nos recintos, proporcionando resfriamento gratuito quando as condições de temperatura e umidade são adequadas, de modo que se atendam às cargas sensível ou latente. O controle do economizador abre mais as grades de ar do exterior do equipamento de distribuição de ar. Isso, por sua vez, reduz a quantidade de ar que retorna ao equipamento de distribuição e aumenta a quantidade de ar de exaustão. O ar mais frio que vem do exterior se mistura com o ar de recirculação, e a serpentina de resfriamento pode ser desligada, ou o resfriamento pode ser diminuído para economizar energia. Quando um equipamento de distribuição de ar está no modo de economia máxima, ele apenas usa a energia do ventilador para deslocar o ar. Para mais informações, veja "Technology Overview: Economizers".[4]

Os *economizadores* de energia do tipo *water side* usam o efeito evaporativo do resfriamento gratuito das torres de arrefecimento e reduzem a energia consumida pelos resfriadores. Quando a carga da edificação é pequena, ou quando as condições ambientais estão perfeitas, a torre de arrefecimento pode atingir temperaturas da água baixas o suficiente para servir à carga de resfriamento do prédio sem usar o resfriamento do ciclo do refrigerante. Em um sistema direto, o ciclo de água fria é conectado diretamente à torre de arrefecimento, enquanto em um sistema indireto, o ciclo de água fria e o ciclo do condensador são separados e o calor é transferido por um trocador de calor. Tanto as abordagens de refrigeração gratuita direta e indireta deixam de usar o resfriador e a água do condensador. Os economizadores de energia do tipo *water side* não exigem os grandes dutos que os economizadores de energia do tipo *air side* demandam.

A *recuperação de calor* é feita entre dois fluxos de ar ou entre dois fluidos a diferentes temperaturas ou umidades. O ar é exaurido dos prédios, e o ar fresco é agregado para manter os níveis de qualidade do ar. No inverno, o fluxo da exaustão contém calor e umidade, e o ar externo está frio e seco; trocar calor sensível e latente entre os dois fluxos reduz a quantidade de energia necessária para condicionar o ar fresco. No verão, as condições são inversas, e o fluxo de ar fresco ou seco de exaustão pode funcionar como uma bomba de calor, parcialmente condicionando o ar externo quente ou úmido. Os ventiladores com recuperação de calor recuperam o calor sensível, e os ventiladores com recuperação de energia recuperam tanto calor sensível quanto latente (Figura 10-9). Os equipamentos de recuperação de calor podem ser com placas fixas, rotatórios ou do tipo serpentina. A razão da quantidade de energia que, na verdade, é recuperada ao máximo possível é chamada de efetividade. Os canais do meio e do fluxo que são utilizados para criar a troca de calor criam uma resistência ao fluxo de ar que precisa ser superada pelos ventiladores, resultando em algum aumento no consumo de energia elétrica. Portanto, a recuperação de calor deve ser avaliada usando-se as taxas cobradas pela concessionária para a energia recuperada *versus* a energia esperada, junto com o possível aumento nos gastos com manutenção. A recuperação de calor é mais econômica em prédios com taxas de ventilação mais elevadas, como laboratórios e auditórios.

O condensador do ciclo de refrigeração rejeita calor para o exterior; esse calor pode ser utilizado para pré-aquecer a água antes de enviá-la a um aquecedor de água. Os *desuperheaters*, aplicados aos aparelhos de ar condicionado independentes e às bombas de calor, conseguem isso. Eles consistem de uma bomba, um trocador de calor e controles, e podem agregar cerca de 3 mil BTUs à água por tonelada de ar condicionado. Ao retirar calor do condensador, um *desuperheater* também melhora a eficiência do resfriamento.

A água quente que desce pelo esgoto também leva energia térmica consigo. E isso pode corresponder a 80% da energia consumida para o aquecimento de água de uma residência. Os *sistemas de recuperação de calor das águas servidas* capturam energia da água que foi utilizada em duchas e lavagens de pratos ou roupas para pré-aquecer a água fria que entra no aquecedor de água (Figura 10-10). Isso reduz a quantidade de energia necessária para o consumo de água. Um trocador de calor de cobre costuma substituir a sessão vertical da tubulação de esgoto. A água fria limpa é aquecida à medida que passa através do trocador de calor e absorve o

---

[4] Energy Design Resources. "Technology Overview: Economizers," 2007, http://energydesignresources.com/resources/publications/technology-overviews/technology-overview-economizers.aspx.

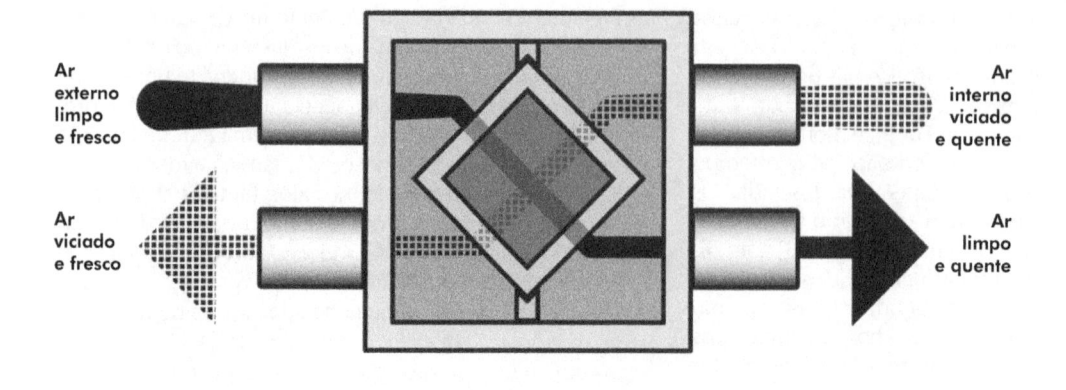

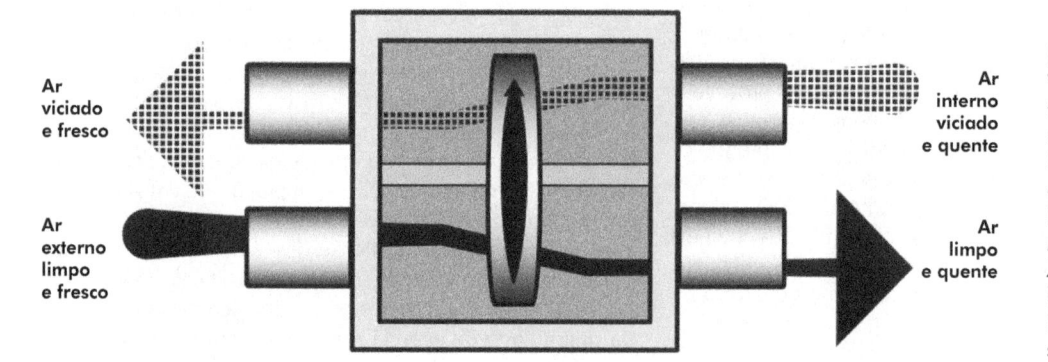

FIGURA 10-9 Alto: Ventilador de placas fixas com recuperação de calor (HRV). Abaixo: Uma roda de recuperação de energia. Fonte: Baseado em William Maclay, *The New Net Zero*. Chelsea Green Publishing Co., 2014. Ilustração: Killer Banshee Studios.

calor residual da tubulação de esgoto. Para mais informações, veja "Drain-Water Heat Recovery."[5]

A *ventilação com controle da demanda* ajusta o ar de ventilação com base no nível de ocupação, de modo que, quando os níveis de ocupação estão baixos, o ar da ventilação pode ser reduzido para economizar energia, e, quando a ocupação está elevada, a ventilação é aumentada para manter uma boa qualidade do ar do interior. A programação de horários, os sensores de movimento e os sensores de CO_2 são os três métodos empregados para a ventilação com controle da demanda. Quando as taxas de ocupação de um prédio são previsíveis, pode-se usar a programação de horários. Durante noites, fins de semana e feriados, reduzir a ventilação ao mínimo necessário economiza bastante energia. Contudo, essas programações de horários se baseiam em previsões, e não na ocupação real, tendendo a erros ou exigindo grandes fatores de segurança. Os sensores de movimento podem ser utilizados para detectar a ocupação, mas eles apenas conseguem identificar se um espaço está vazio ou ocupado, e não o nível de ocupação. Por questões de segurança, alguns prédios têm sistemas de chaves eletrônicas. Esses sistemas também podem ser empregados para medir o nível de ocupação do prédio e de suas zonas de uso. Os sensores de CO_2 podem medir os níveis desse gás, uma vez que eles estão diretamente relacionados com a densidade de ocupação, e o CO_2 costuma ser usado como um indicador para as necessidades de ventilação internas. No entanto, os sensores de CO_2 devem

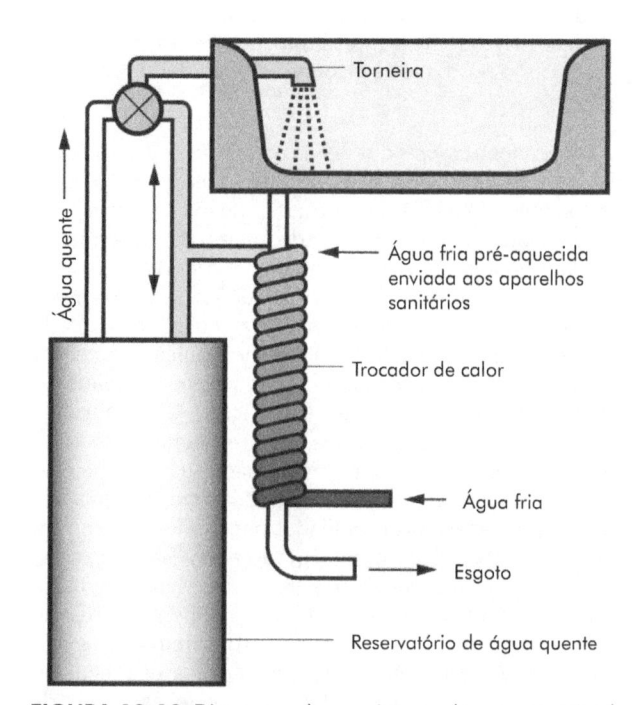

FIGURA 10-10 Diagrama de um sistema de recuperação de calor das tubulações de água servida. Fonte: Departamento de Energia dos Estados Unidos. "Drain-Water Heat Recovery", 2016, http://energy.gov/energysaver/drain-water-heat-recovery.

---

[5]U.S. Department of Energy. "Drain-Water Heat Recovery," 2016, http://energy.gov/energysaver/drain-water-heat-recovery.

ser calibrados periodicamente. Eles devem ser instalados a uma altura que fique dentro da zona ocupada.

Um *sistema de automação predial*, também chamado de sistema de gestão predial, é um sistema de controle por computador que monitora e controla os equipamentos mecânicos e elétricos de um prédio, como os de iluminação, climatização, eletricidade, prevenção e combate a incêndio e segurança patrimonial. Eles costumam ser sistemas patenteados que consistem de um *sofware* e um *hardware* fornecido por uma empresa. Edifícios grandes exigem sistemas sofisticados. Contudo, um sistema de automação predial também é necessário quando os sistemas de uma edificação têm componentes múltiplos que interagem entre si. Os prédios modernos de baixíssimo consumo energético costumam ter uma abordagem integrada nos sistemas de climatização, iluminação, prevenção e combate a incêndio e segurança patrimonial, usando as informações de sensores múltiplos e estados dos sistemas em determinados momentos. Essas edificações se beneficiam dos algoritmos de controle e módulos fornecidos pelos sistemas de automação predial. Como cada prédio é único em seu conjunto de componentes e uso, o sistema de automação predial exige programação, comissionamento e treinamento dos operadores antes da ocupação.

Os sistemas de climatização usam *motores em seus ventiladores e bombas* para deslocar ar e água. Existem motores com eficiências altas ou mesmo altíssimas. Eles não custam muito mais caro do que os convencionais, assim o período de retorno do investimento é baixo. Os acionadores de velocidade variável usam uma comutação de alta frequência para criar uma voltagem variável que reduz a velocidade do motor. A redução na velocidade acompanha as cargas parciais que ocorrem naqueles momentos. A velocidade reduzida do motor também diminui consideravelmente o consumo de energia. Os acionadores de velocidade variável podem ser instalados em bombas para sistemas de água fria, água quente, circuitos de condensação e circuitos de bombas de calor geotérmico; e em ventiladores para o ar de insuflamento, de recirculação e em torres de arrefecimento.

Água quente para consumo doméstico

O primeiro passo para a redução do consumo de energia em um sistema de água quente é minimizar o consumo da água mediante o uso de aparelhos eficientes, como máquinas de lavar pratos ou roupas, e com a instalação de torneiras e duchas com baixa vazão. Sempre que possível, instale aquecedores de água perto dos próprios pontos de uso, para reduzir a energia desperdiçada por longos dutos quando os usuários abrem uma torneira ou ducha e esperam para que a água aqueça. Reduzir a demanda de água quente também significa que o sistema de água quente pode ser diminuído, baixando o custo de instalação. Programe a temperatura da água. Muitos aquecedores de água são pré-regulados para uma temperatura de 60°C ou mais. Às vezes é possível (e inclusive preferível) reduzir a temperatura programada para 49°C ou menos.

O aquecimento da água pelo Sol – também conhecido como sistema solar de aquecimento de água – é muito efetivo em termos de custo e reduz significativamente o consumo de combustível. O aquecimento solar da água pode gerar água quente adequada em climas quentes ou muito quentes em que os usuários não desejem água a uma temperatura muito elevada. Em outros climas, ele pode produzir uma grande parte da água quente necessária, mas o restante precisará ser fornecido por um aquecedor a gás ou óleo, ou por um aquecedor elétrico. Para mais informações sobre os sistemas solares de aquecimento de água, veja o Capítulo 12.

Os *desuperheaters* podem pré-aquecer a água fornecida junto com os sistemas de recuperação de calor da água servida. A água quente também pode ser gerada usando-se uma bomba de água em vez de um aquecedor com resistência elétrica. Os aquecedores de água por passagem reduzem a energia que se dissipa nos aquecedores de água por acumulação. Existem aquecedores de água a gás com eficiências superiores a 90%.

O zoneamento térmico e seu impacto no projeto arquitetônico

O projeto de arquitetura pode distribuir de modo estratégico os espaços que compartilham cargas térmicas internas e externas similares, de modo que fiquem agrupados para efeitos de calefação e resfriamento. As cargas externas variam com a orientação. Os espaços com orientação leste e oeste receberão cargas solares variáveis ao longo do dia. Por outro lado, os de orientação norte e sul têm cargas térmicas consistentes ao longo do dia, que variam gradualmente durante o ano.

O ideal é que espaços com horários de funcionamento e cargas internas atípicos sejam agrupados com áreas similares ou isolados dos demais. Por exemplo, as grandes salas de reunião ou auditórios que tiverem ocupação intermitente deveriam ser agrupadas juntas e atendidas por um equipamento de distribuição de ar específico, em vez de serem distribuídas por um edifício de escritórios. De modo similar, ginásios e cafeterias de escolas deveriam ficar separadas das alas com salas de aula. As salas dos servidores (computadores) têm grandes cargas internas e devem ser projetadas de modo que não recebam cargas das vedações externas adicionais.

Os espaços com diferentes exigências para o condicionamento térmico podem ser divididos em zonas para que a entrega de calor ou frio seja distinta. Veja a Figura 10-11, na qual o espaço para exibição é localizado em uma área externa sombreada que não terá ar-condicionado, os escritórios estão em um espaço de modo híbrido, a área com muitos equipamentos está separada em uma zona climatizada, e as salas de treinamento do nível do subsolo estão separadas por seu cronograma de ocupação.

Em edifícios não residenciais, o zoneamento térmico pode ser um exercício complexo, e é melhor incluir um projetista de sistemas de climatização já no início do processo projetual para que se possa entender as questões de zoneamento e otimizar o projeto de arquitetura para um zoneamento térmico com baixo consumo de energia. Com isso é possível reduzir-se a capacidade de resfriamento e calefação e consequentemente diminuir os custos de construção.

Até mesmo em moradias, os sistemas zoneados podem controlar a temperatura dos cômodos individuais, em lugar de considerar toda a casa como uma única zona. Por exemplo, a zona íntima pode ser zoneada à parte, para manter o conforto à noite, deixando o resto da casa em um modo desocupado. Ou então os recintos com orientação norte (no hemisfério

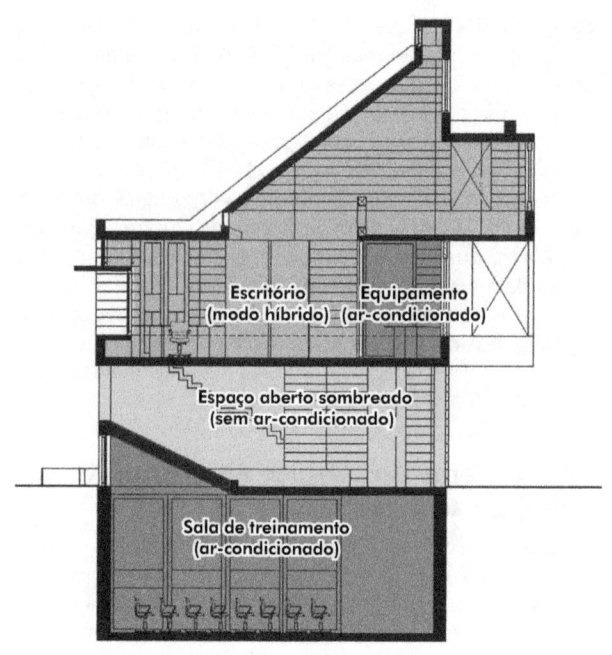

FIGURA 10-11 Corte mostrando a separação das zonas térmicas de um prédio com consumo zero de energia na CEPT University.

sul), que recebem bastante radiação solar no inverno, podem compor uma zona à parte, de modo que o resto da casa possa ser aquecido adequadamente sem o superaquecimento dos cômodos com orientação sul. Isso pode aumentar a economia de energia, bem como o conforto.

Diretrizes preliminares de projeto

Determine se a configuração do prédio e as circunstâncias do projeto são adequadas para sistemas centralizados ou descentralizados. Determine se é necessário usar um sistema de resfriamento a ar. Caso contrário, use um sistema a ar e água, para melhorar o consumo energético e a qualidade do ar do interior. Revise o projeto de arquitetura e climatização, avaliando o desempenho passivo do prédio. Identifique estratégias para a redução das cargas de calefação e resfriamento.

Otimize o zoneamento térmico para aumentar o conforto térmico e reduzir a capacidade e o consumo de energia dos equipamentos. Aloque um espaço adequado para os sistemas mecânicos já no partido geral. As diretrizes das necessidades espaciais estão anotadas na Tabela 10-1. Para sistemas de resfriamento a ar (climatização), pode-se considerar, para pré-dimensionamento, que a seção dos dutos de insuflamento e retorno seja de 0,1–0,2 m^2 para cada 100 m^2 de espaço condicionado. Para sistemas de resfriamento a ar e água, considere que os dutos tenham 0,03–0,08 m^2 para cada 100 m^2. As torres de arrefecimento podem ser instaladas na cobertura ou em uma área de piso afastada dos prédios. Minimize o tamanho dos dutos localizando as casas de máquinas no núcleo dos pavimentos e, no caso de prédios altos, posicionando as casas de máquinas maiores em pisos intermediários. (Veja Lechner, 2015, pp. 562–563, para diretrizes de projeto adicionais.)

Exercícios

1. Analise os desenhos de arquitetura e instalações de um prédio com ar-condicionado central. Em uma planta esquemática, marque as zonas térmicas existentes no prédio. Estude os padrões de ocupação do prédio e a orientação solar, e faça alguns comentários sobre a estratégia de zoneamento utilizada. Comente como o zoneamento poderia ser modificado para reduzir o consumo de energia ou aumentar a satisfação térmica.

2. Faça uma visita em um prédio e analise o sistema de climatização e ventilação em termos de geração de calor ou frio e distribuição. Analise o projeto de instalações, se o proprietário ou síndico os tiver. Descreva o sistema de climatização e seu método de operação previsto. Faça diagramas esquemáticos que descrevam onde o calor e o frio são gerados e como eles são distribuídos. Identifique e descreva os controles empregados pelo sistema de climatização para reduzir o consumo de energia. Identifique o método e o equipamento empregados para a rejeição de calor. Use os rótulos dos equipamentos e as informações do fabricante para listar a capacidade e o coeficiente de desempenho dos equipamentos de calefação e resfriamento.

3. Discuta as vantagens e desvantagens dos sistemas de climatização centralizados e dos distribuídos.

4. Analise um estudo de caso de um prédio com baixíssimo consumo energético ou que tenha consumo de energia líquido zero. Identifique as estratégias do prédio que contribuem para seu desempenho passivo. Determine se os sistemas de calefação e resfriamento são centralizados ou distribuídos.

TABELA 10-1 Área necessária para a instalação de equipamentos mecânicos

TIPO DE EQUIPAMENTO	PERCENTUAL DA ÁREA DE PISO OCUPADA PELOS EQUIPAMENTOS DE CONDICIONAMENTO DE AR	PÉ-DIREITO NECESSÁRIO (METROS)
Resfriadores, unidade de calefação e bombas	1,5–4	2,7–6,0
Sistemas de climatização a ar	2–4	2,7–6,0
Sistemas de climatização a ar e água	0,5–1,5	2,7–6,0
Torres de arrefecimento	0,25	2,0–5,0*
Unidades compactas instaladas nas coberturas	0–1	1,5–3,0*
Splits	1–3	2,4–2,7

*Para torres de arrefecimento e unidades compactas instaladas nas coberturas, o valor apresentado é a altura real dos equipamentos
Fonte: Norbert Lechner, *Heating, Cooling, Lighting*. Hoboken, NJ: John Wiley & Sons, 2015; ilustração: Killer Banshee Studios.

Analise se o sistema de climatização foi projetado ou não para complementar o projeto passivo do prédio. Determine o percentual de área de piso destinado às casas de máquinas.

Recursos

ASHRAE. *ASHRAE Handbook 2011 HVAC Applications*. Atlanta, GA: American Society of Heating, Refrigerating, and Air-Conditioning Engineers, 2011.

Energy Design Resources. "E-News #69," 2010, http://energydesignresources.com/resources/e-news/e-news-69-chilled-beams.aspx.

Energy Design Resources. "Technology Overview: Economizers," 2007, http://energydesignresources.com/resources/publications/technology-overviews/technology-overview-economizers.aspx.

Energy Design Resources. "E-News #74," 2010, http://energydesignresources.com/resources/e-news/e-news-74-combined-heat-and-power.aspx.

Energy Design Resources. "Trigger Sheet: Nonresidential HVAC Controls," 2014. http://energydesignresources.com/resources/publications/code-related/nonres-hvac-ctrls-triggers.aspx.

Energy.gov. "Drain Water Heat Recovery," 2014. http://energy.gov/energysaver/articles/drain-water-heat-recovery.

Modelagem e Medição de Energia

A modelagem e a medição são cruciais para o projeto de baixo consumo de energia e formam a estrutura básica para a prestação de contas em um projeto integrado. A medição dos dados dos prédios existentes na forma de padrões de ocupação, capacidades instaladas, perfis de carga, variáveis ambientais e consumo de energia nos ajudam a entender os fatos sobre os prédios. A modelagem usa dados de prédios existentes e cria cenários possíveis que orientam a tomada de decisões durante o projeto e a operação. Antigamente, os arquitetos e engenheiros usavam a modelagem de energia para demonstrar a obediência às normas,[1] seja na forma de atendimento aos códigos de energia ou às exigências de um sistema de certificação de sustentabilidade, seja na demonstração da eficiência para se candidatar a incentivos fiscais ou das concessionárias de energia. Embora seja comum na prática atual modelar e analisar o desempenho de apenas uma solução de projeto, o poder da modelagem está justamente na avaliação de várias alternativas e sua comparação. Isso nos oferece uma abordagem baseada no desempenho para a comparação de alternativas por meio de respostas à pergunta "O quanto melhor?".

Em um nível abstrato, um modelo é uma representação da realidade, e o programa de simulação ou modelagem é uma caixa de experimentação. Quando fazemos uma simulação, geramos estados observáveis que nos revelam algo sobre o comportamento do modelo. Comparando cenários múltiplos com entradas variáveis, observamos as tendências e a magnitude dos efeitos à medida que os resultados mudam. Dentro desse contexto, a modelagem ou simulação (termos que serão utilizados como sinônimos ao longo deste capítulo) não busca fornecer resultados de alta fidelidade nos quais o desempenho detalhado do modelo corresponda ao do prédio. Na verdade, a simulação busca oferecer respostas sobre o comportamento da edificação modelada a fim de ajudar na tomada de decisões bem embasadas.

A abordagem ao projeto de baixo consumo energético mostrada na Figura 9-1 inclui as etapas do projeto dos sistemas passivos e ativos do prédio. A modelagem deve ser empregada em cada um dos estágios do projeto para que se possa entender os impactos das decisões, tomá-las ou não, e não comprometer a efetividade das escolhas que poderiam ser feitas em etapas posteriores. Por exemplo, as opções quanto à volumetria da edificação e ao projeto da planta podem ser avaliadas junto com os sistemas de climatização centralizada ou descentralizada, a fim de entender se um volume em particular é vantajoso para o sistema de climatização que será escolhido na próxima etapa de projeto.

Este capítulo começa com um resumo de alguns dos parâmetros comuns na avaliação da eficiência de um prédio e seus equipamentos. A medição total e parcial será coberta a seguir, junto com uma discussão sobre o uso de *benchmarks* para o desempenho das edificações. O capítulo também cobre abordagens à modelagem de energia no projeto, alguns problemas comuns na modelagem e um resumo das ferramentas de simulação energética mais usuais. Por fim, o capítulo trata do uso da modelagem de energia para orientar a orçamentação integrada de um projeto.

Parâmetros de energia

O consumo de energia nos prédios é medido em termos dos vários combustíveis que são consumidos. A energia elétrica é medida em watts, e seu consumo ao longo do tempo é medido em quilowatt-hora (kWh). As contas de eletricidade indicam os dados de consumo mensal para a maioria dos prédios, e medidores inteligentes também podem oferecer dados para intervalos de 15 minutos. As concessionárias também medem o consumo de pico ao longo de um mês, ano ou estação. Esse pico é medido em quilowatts (kW).

O gás natural e o vapor de água entregues a um prédio para calefação são medidos em termias ou BTUs (unidades térmicas britânicas, utilizadas nos Estados Unidos e alguns países) ou em joules (J) ou kWh (nas outras partes do mundo). Uma termia equivale a 100 mil BTUs.

O consumo total de um prédio é expresso como a soma de todos os fluxos de combustível consumidos e convertidos em uma unidade comum, como mil BTUs (kBTUs) nos Estados Unidos e alguns países, e kWh nos demais. O consumo anual normalizado para a área de piso do prédio, em kBTU por pé quadrado nos Estados Unidos (ou kWh/m^2 no Sistema Internacional de Unidades) é chamado de Intensidade de Consumo de Energia do prédio. Alguns proprietários de edificações ou campi universitários normalizam o consumo total para a soma dos usuários ou trabalhadores equivalentes ao tempo integral, expresso em kBTU/pessoa ou kBTU/FTE.

---

[1] American Institute of Architects, *An Architect's Guide to Integrating Energy Modeling in the Design Process*, 2012, www.aia.org/practicing/AIAB097932.

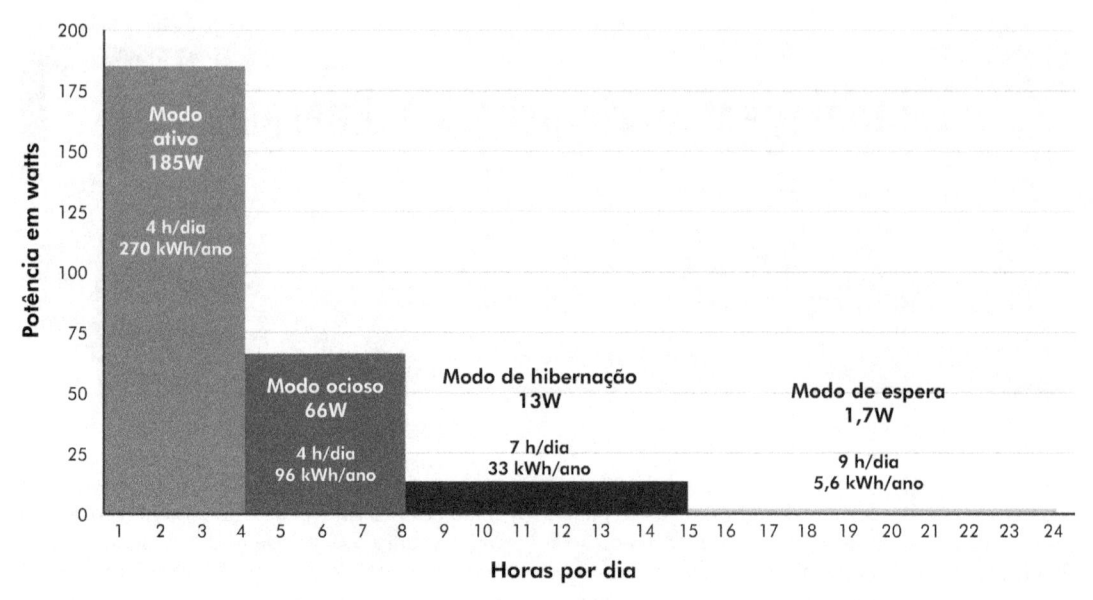

FIGURA 11-1 Consumo de energia elétrica em quatro modos distintos para uma impressora multifuncional típica. New Buildings Institute, www.newbuildings.org; ilustração técnica: Killer Banshee Studios.

Equipamentos elétricos como torradeiras e computadores têm sua potência em watts indicada no selo. Essa potência registrada é a quantidade de energia que pode fluir através dos circuitos do aparelho, e não seu consumo típico. Muitos aparelhos funcionam com diferentes modos de operação (Figura 11-1). Para entender o consumo de energia real de um equipamento, é necessário medir seu dispêndio energético ao longo de um período de tempo. Um aparelho simples, como o medidor *Kill-A-Watt*, pode ser conectado a uma tomada e a um equipamento elétrico, para medir o padrão de consumo deste. Para observar as tendências de consumo, use aparelhos que registrem os dados em intervalos de tempo específicos.

As usinas de conversão de energia e os painéis fotovoltaicos são classificados por sua capacidade máxima, que é expressa em megawatts (MW) e gigawatts (GW) – no caso das usinas – ou watts (W) ou quilowatts (kW) – no caso dos painéis.

A capacidade de resfriamento instalada em um prédio é medida em toneladas de refrigeração (Tr). A área do prédio dividida pela capacidade de resfriamento instalada (m²/tonelada) muitas vezes é utilizada como parâmetro para comparar a efetividade do projeto de redução de cargas.

Energia *in loco* (secundária) e energia na origem (primária)

O consumo de eletricidade medido no medidor do prédio é chamado de energia *in loco* ou secundária. Uma parte da energia se perde na transmissão da eletricidade, na rede pública. Durante o processo de geração, na usina, e distribuição, há perdas. Se levarmos em consideração as perdas de transmissão e geração através dos Estados Unidos, em média, apenas um terço da energia que entra no sistema de energia (a *energia primária* ou *na origem*) é entregue no medidor, como *energia secundária*. A razão de energia entre o imóvel e a fonte varia conforme a região e o horário do dia, dependendo das usinas que são empregadas para sua geração. A energia na fonte nos ajuda a entender o conteúdo de carbono da energia consumida *in loco*.[2] Por exemplo, a Tabela 11-1 mostra a diferença na energia na fonte utilizada por três sistemas de calefação diferentes que entregam a mesma quantidade de energia no prédio, mas têm consumos energéticos na fonte totalmente distintos.

A Tabela 11-2 mostra os multiplicadores médios nacionais entre energia *in loco* e energia na fonte publicados pela Agência de Proteção Ambiental dos Estados Unidos (EPA). Para cada combustível primário, o multiplicador leva em conta a energia que está incorporada no combustível, incluindo as perdas por conversão, transmissão e distribuição.

Medidores gerais, medidores individuais e *benchmarking*

Os prédios nem sempre contam com medidores separados para cada inquilino. Contudo, os prédios ocupados por inquilinos diferentes costumam ter medidores distintos, cuja soma do consumo indica o dispêndio energético total da edificação. Os prédios de campi universitários e alguns edifícios públicos vizinhos, mas localizados em um mesmo terreno, têm um único medidor que atende a vários blocos. É claro que acompanhar o consumo de energia individual, nesses casos, não é muito simples. A Figura 11-2 mostra as opções de medição mais comuns.

As medidas de conservação de energia, como os controles de iluminação natural, o sombreamento das janelas ou o uso

---

[2] O consumo de água é outro impacto da produção de energia que é bastante estudado. Nos Estados Unidos, as usinas termelétricas usam em média 0,5 galão de água por KWh gerado, enquanto a geração de energia hidroelétrica usa cerca de 18 galões por KWh. Para mais detalhes e dados de consumo de cada estado, veja P. Torcellini, N. Long, and R. Judkoff, *Consumptive Water Use for U.S. Power Production*, NREL/TP-550–33905 (Golden, CO: National Renewable Energy Laboratory, 2003, p. 5), www.nrel.gov/docs/fy04osti/33905.pdf. É importante considerar não apenas a economia de água no terreno, mas também a da produção energética, quando se está comparando os sistemas de climatização a água e a ar.

TABELA 11-1 Diferentes sistemas de calefação usando combustíveis distintos resultam em diferentes consumos energéticos na origem (primário)

SISTEMA DE CALEFAÇÃO	ENTREGA DE ENERGIA PARA CALEFAÇÃO (KBTU)	EFICIÊNCIA (COEFICIENTE DE DESEMPENHO)	ENERGIA *IN LOCO* OU SECUNDÁRIA (COEFICIENTE DE DESEMPENHO)	FONTE ENERGÉTICA PRIMÁRIA	MULTIPLICADOR DO SÍTIO À FONTE	ENERGIA NA ORIGEM OU PRIMÁRIA (KBTU)
Aquecedor com condensador	1.000	95%	1.053	Gás natural	1,047	1.102
Resistência elétrica	1.000	100%	1.000	Eletricidade da rede pública	3,34	3.340
Bomba de calor com fonte geotérmica	1.000	4,0	250	Eletricidade da rede pública	3,34	835

Baseada em Thomas Hootman, *Net Zero Energy Design: A Guide for Commercial Architecture*. Hoboken, N.J.: John Wiley & Sons, 2014). Ilustração de Killer Banshee Studios.

de resfriadores eficientes afetam profundamente um uso final específico. A medição individual do consumo de energia no ponto de uso final pode nos ajudar a entender a efetividade de tais medidas. Quando o agrupamento de quadros de força para usos finais, como iluminação, equipamentos elétricos ou climatização, é incluído já nas etapas preliminares de projeto, o custo adicional é mínimo. Contudo, esse nível de medição individual pode se tornar difícil e caro em projetos de reforma. Para um esquema de medidores individuais de energia nos consumidores finais, veja a Figura 11-3. O sinal dos medidores é coletado por *dataloggers* e armazenado em um banco de dados, e o consumo de energia medido pode ser visto em interfaces gráficas ou painéis. Vários produtos integram soluções para os medidores, *dataloggers*, outros *hardware* e *software* de acompanhamento. Essas informações podem ser acessadas pela Internet e fornecidas aos usuários do prédio e ao público em geral. Várias universidades norte-americanas medem o consumo de energia em suas casas de estudantes e disponibilizam as informações no campus. Elas também fazem competições de conservação de energia e encorajam os usuários a economizar energia.

O Protocolo Internacional de Medição e Verificação de Desempenho (MVP) apresenta quatro opções principais para

TABELA 11-2 Multiplicadores do terreno para a fonte

TIPO DE FONTE ENERGÉTICA NA ORIGEM (PRIMÁRIA)	MULTIPLICADOR DO SÍTIO À FONTE
Eletricidade da rede pública	3,340
Energia elétrica solar ou eólica gerada *in loco*	1,000
Água resfriada na escala do bairro ou distrito	1,050
Água aquecida na escala do bairro ou distrito	1,280
Vapor de água gerado na escala do bairro ou distrito	1,350
Vapor de água obtido com a cogeração de energia elétrica e térmica na escala do bairro ou distrito	1,010
Carvão mineral entregue *in loco*	1,000
Lenha entregue *in loco*	1,000
Propano entregue *in loco*	1,010
Óleo combustível entregue *in loco*	1,010
Gás natural entregue *in loco*	1,047

Fonte: Environmental Protection Agency. "ENERGY STAR Performance Ratings Methodology for Incorporating Source Energy Use", 2011. Ilustração técnica: Killer Banshee Studios.

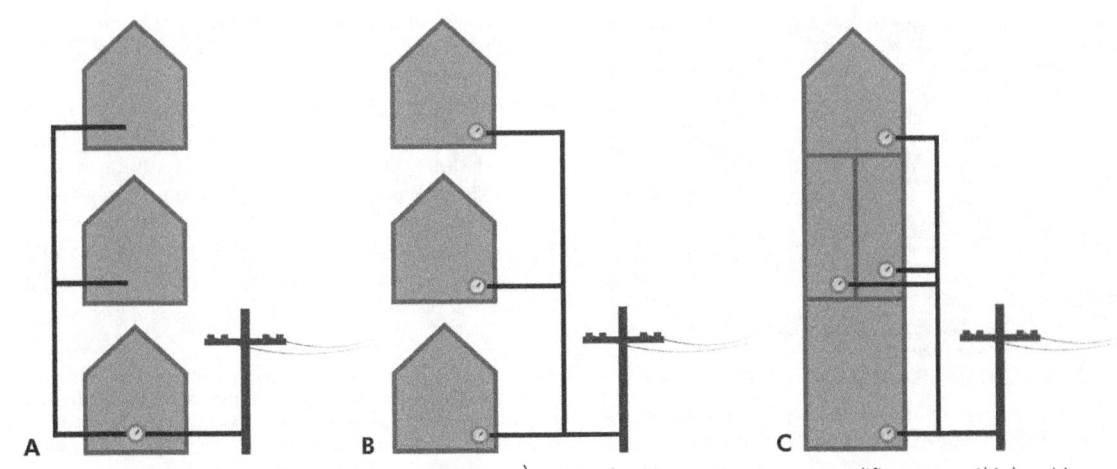

FIGURA 11-2 Cenários de medição típicos em prédios. À esquerda: Um parâmetro para edificações múltiplas. No centro: Um parâmetro por edificação. À direita: Parâmetros múltiplos para uma edificação. Fonte: Prasad Vaidya/Killer Banshee Studios.

a avaliação do desempenho com base no tipo de projeto e no nível de rigor exigido. A medição pode ser feita simplesmente acompanhando-se as contas de energia elétrica mensais, ou lendo-se os medidores individuais. A abordagem de medição é determinada por questões relativas ao desempenho do prédio que precisam ser respondidas. Por exemplo, se o propósito é comparar o consumo total de energia com aquele de prédios similares, as contas de energia podem ser suficientes. Os medidores individuais, por outro lado, são necessários para que entendamos por que um prédio está funcionando de determinada maneira. No caso dos prédios com baixo consumo energético, em que características inovadoras são projetadas junto com a arquitetura da edificação, muitas vezes é necessário um extremo rigor para avaliar os sistemas e determinar se eles estão funcionando efetivamente. A Biblioteca Pública de West Berkeley, coberta no Capítulo 12, tem medidores individuais nos pontos de consumo final que ajudaram os projetistas e operadores do prédio a calibrar o sistema de controle da iluminação natural e a verificar seu desempenho.

Benchmarking

É impossível administrar aquilo que você não mede. Para uma gestão de energia efetiva, começamos por medir o consumo energético e entender como o prédio se comporta quando comparado com seus equivalentes ou com exemplos das melhores práticas. Isso é chamado de *benchmarking* de consumo de energia. O *benchmarking* de consumo de energia é cada vez mais promovido por iniciativas públicas no nível federal, estadual e municipal. Nos Estados Unidos, decretos-lei estabelecem reduções percentuais específicas no consumo energético total de prédios federais. O ENERGY STAR é um programa de adoção voluntária com ferramentas como o Portfolio Manager and Target Finder, que ajudam aos participantes a relatar seu consumo energético. Algumas iniciativas estaduais, como o programa B3 de Minnesota, exigem relatórios e *benchmarks* do consumo energético para todos os prédios que pertencem ao Estado. Em 2009, a cidade de Nova York determinou a obrigatoriedade de se relatar o consumo energético de todos os prédios grandes. Várias outras cidades norte-americanas têm exigências similares.[3]

O *benchmarking* da intensidade de uso de energia total de um prédio (Figura 11-4) pode inspirar ações positivas ao mostrar que o prédio em questão consome mais energia do que uma referência estabelecida, mas essas informações também oferecem orientações práticas para a melhoria desse consumo. Ferramentas norte-americanas de *benchmarking*, como o EnergyIQ desenvolvido pelo Lawrence Berkeley National Laboratory, permitem ao usuário identificar as opções de consumo energético e priorizar as áreas que merecem uma análise mais detalhada e auditorias completas. As ferramentas de *benchmarking* orientadas para a ação incluem recursos como a definição de metas, o uso de filtros por área definidos pelo usuário, a consideração da idade e localização do prédio; a flexibilidade de normalização de fatores como a contagem de empregados ou o número de equipamentos e acessórios (Figura 11-5), o nível de eficiência dos sistemas, os componentes e as condições de operação, e a correlação entre essas características e a intensidade de uso de energia.

O *benchmarking* do consumo energético costuma ser feito para prédios existentes, mas ele também pode ser empregado na modelagem do consumo energético, primeiro para se fazer uma análise da qualidade do desempenho do modelo e, depois, para avaliar a efetividade das medidas a serem implementadas. Entre os exemplos de cenários para o uso de *benchmarks*, podemos citar:

- A comparação da intensidade de uso de energia de um edifício de escritórios localizado em um clima quente e seco e outros prédios de mesma função em um clima similar. O entendimento do nível de desempenho dos edifícios de escritórios naquele clima, registrando-se os melhores desempenhos alcançados e estabelecendo-se metas realistas para a melhoria do desempenho.
- A compreensão do nível de desempenho dos edifícios de escritórios em um clima específico e a avaliação de seu valor imobiliário.
- A validação dos resultados de um exemplo de referência que atenda ao código de energia, usando-se um conjunto de dados de prédios de um clima similar e que foram construídos no período em que aquele código de energia estava em vigência.
- A revisão de um conjunto de dados para o desempenho energético ideal de escolas em determinado clima e o

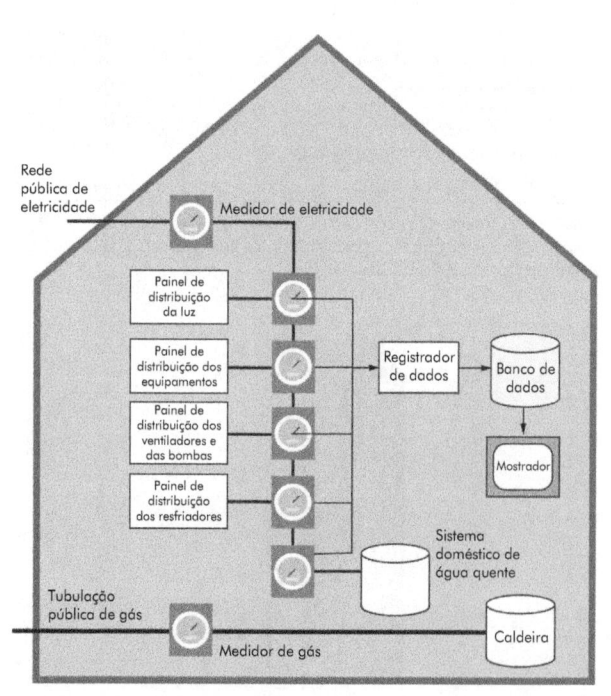

FIGURA 11-3 Esquema do uso de medidores individuais por uso-fim. Fonte: Prasad Vaidya/Killer Banshee Studios.

[3]Diversos governos nacionais, estaduais e municipais exigem relatórios de dados energéticos e *benchmarking*. O Institute for Market Transformation acompanha e compara essas iniciativas políticas e regulamentações. Veja a ferramenta de comparação de políticas em www.buildingrating.org.

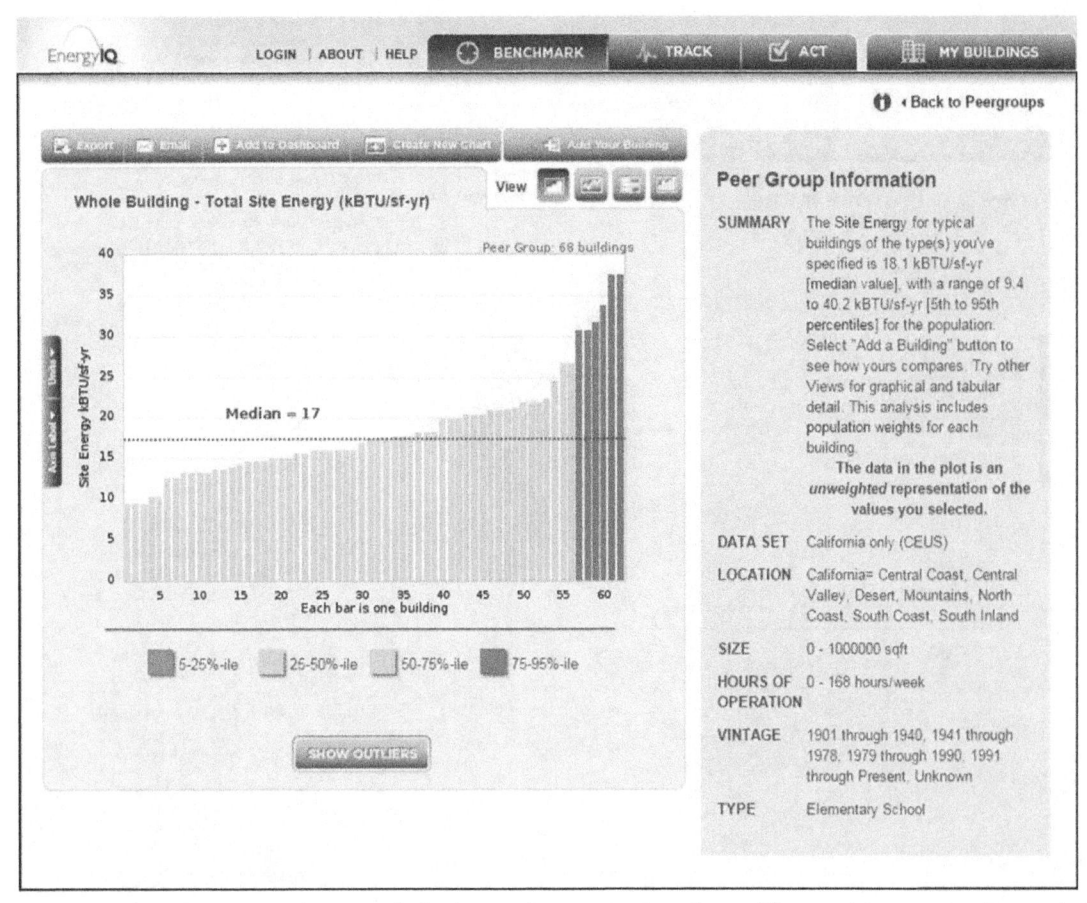

FIGURA 11-4 *Benchmarking* típico da intensidade de uso de energia de toda a edificação feito com prédios equivalentes e usando-se o EneryIQ. Fonte: EnergyIQ.lbl.gov.

estabelecimento de um nível de intensidade de consumo de energia para o projeto de escolas no futuro.

Existem algumas ferramentas de *benchmarking* disponibilizadas para o público que podem ser utilizadas para modelar os resultados.

- Portfolio Manager: A Agência de Proteção Ambiental dos Estados Unidos (EPA) criou o ENERGY STAR Portfolio Manager®, uma ferramenta online que pode ser empregada para medir e acompanhar o consumo de energia e de água, bem como as emissões de gases causadores do efeito estufa. Ela pode ser utilizada para fazer o *benchmark* do desempenho de um prédio ou mesmo de todo um grupo de edificações. O Portfolio Manager também pode ser utilizado para estabelecer metas de consumo de energia e fazer comparações com prédios similares de todas as partes dos Estados Unidos. Muitas cidades daquele país têm adotado o Portfolio Manager como parte da metodologia de registro, para implementar suas normas de fornecimento de informações sobre energia.
- EnergyIQ: Patrocinado pela California Energy Commission, o Lawrence Berkeley National Laboratory desenvolveu essa nova geração de ferramentas de *benchmarking* de desempenho energético. O EnergyIQ é especializado em *benchmarking* orientado para a ação, ao oferecer filtros especificados pelo usuário, normalização, *benchmarking* para o usuário final e informações no nível do sistema. Com base nas entradas do usuário, a ferramenta gera uma lista de oportunidades e ações recomendadas. Os usuários podem, então, explorar o módulo "Decision Support" e analisar as informações sobre como refinar os planos de ação, criar documentos orientados para o projeto e implementar melhorias. Isso inclui informações sobre as melhores práticas e links para outras ferramentas de análise de energia.
- BPD: O Building Performance Database oferece o maior banco de informações disponível ao público sobre as características físicas e operacionais dos prédios reais. O BPD permite aos usuários fazer análises estatísticas sobre um conjunto de dados anônimo com centenas de milhares de prédios comerciais e residenciais de todas as partes dos Estados Unidos.

Modelagem de energia

No modo convencional de entrega de projetos e construções, cada prédio é único, em virtude de sua localização, programa de necessidades ou padrão de uso previsto. Ao contrário de equipamentos elétricos ou automóveis produzidos em

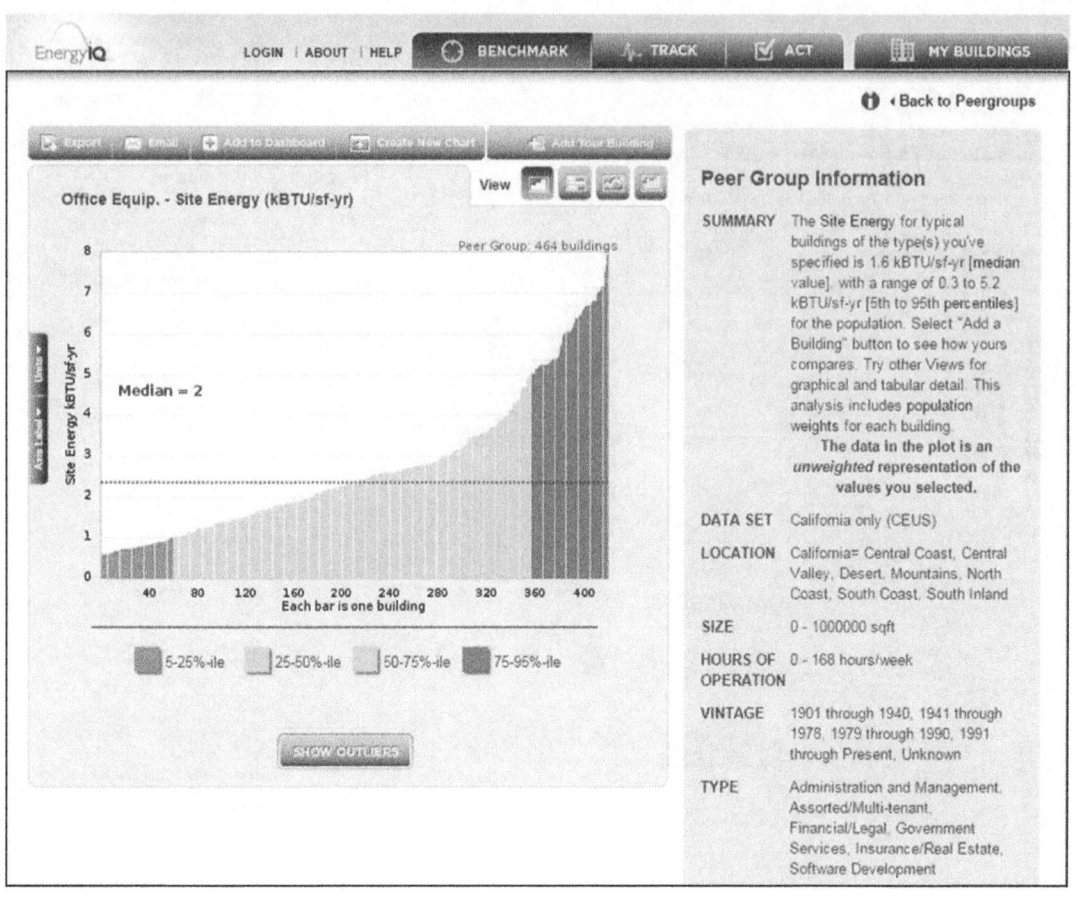

FIGURA 11-5 Comparação da energia por uso-fim dos equipamentos com *benchmarking* orientado para a ação, feito com prédios equivalentes e usando-se o EneryIQ. Fonte: EnergyIQ.lbl.gov.

fábricas, as edificações e seu desempenho não podem ser replicados. Assim, quando se termina de construir um prédio, é tarde demais para testar seu desempenho e fazer qualquer mudança significativa. Os modelos de energia nos oferecem uma maneira de testar o desempenho previsto de um prédio e fazer alterações tempestivas no projeto e suas especificações. Para se chegar a um prédio com baixo consumo energético, é fundamental incluir a modelagem de energia em todas as etapas de projeto. Alguns proprietários de edificações estabelecem um orçamento fixo para a energia. Por exemplo, em 2008 o Distrito Escolar do Condado de Clark, no sul de Nevada, definiu como sendo 300 kBTU/m^2 o limite máximo para o consumo de energia em seu novo protótipo para escolas de ensino fundamental. Quando esses limites de consumo são alcançados, os modelos de simulação de consumo energético nos oferecem a única maneira de testar um projeto antes que ele seja terminado e demonstrar ao proprietário que a meta de desempenho pode ser alcançada. Os modelos de energia, quando usados apropriadamente, podem reduzir os riscos enfrentados por uma equipe de projetistas e pelo proprietário. Sempre que um objetivo específico para a energia é quantificável, ou seja, é uma meta, os modelos energéticos são indispensáveis.

O desempenho energético é o resultado da interação de um sistema de engenharia com o comportamento das pessoas que o operam dentro do contexto de um cenário climático específico. Os usuários e síndicos ou administradores prediais podem melhorar ou piorar o desempenho energético, dependendo de suas práticas de operação e manutenção. Para avaliar a eficiência de um prédio como *ativo* (*avaliação de ativos*), é necessário modelar o consumo de energia com base na medição física de características relevantes do prédio com *condições uniformes de clima, horários de uso, cargas de equipamentos elétricos, níveis de ocupação e práticas de gestão de energia*. A avaliação de ativos é análoga à classificação de coeficiente de desempenho ou de taxa de eficiência em energia de aparelhos de ar-condicionado, ou à classificação de economia de combustível feita para automóveis. Uma pontuação do Energy Star para um prédio não é sua avaliação de ativo no sentido estrito, uma vez que essa nota inclui os efeitos da operação do imóvel e do clima. Um modelo de energia com horários de funcionamento, cargas de eletrodomésticos, regulagens de temperatura e outras características operacionais típicas pode ser utilizado para calcular sua classificação como ativo. Esse método é empregado na verificação do atendimento ao código de energia, na obtenção de uma certificação LEED para construções novas, no programa Energy Star (casas novas) e nos programas de incentivos fiscais.

A modelagem de energia no processo de projeto

Para edificações em que são empregados modelos de energia para demonstrar o atendimento aos códigos de energia ou para se candidatar a uma certificação de edificação sustentável, desenvolver e utilizar a modelagem de energia para guiar as decisões de projeto constitui um pequeno esforço adicional. Em uma situação ideal, as ferramentas de simulação energética deveriam estar tão bem integradas às ferramentas de projeto que, quando uma janela fosse deslocada ou uma especificação do sistema de iluminação modificada, o consumo de energia previsto seria automaticamente atualizado e apresentado. Embora algumas ferramentas consigam mostrar um pouco disso no início do processo de modelagem, um modelo de edificação completo que realmente simule os resultados de qualquer mudança em um prédio ainda é uma realidade distante. Como resultado, a prática atual depende muito de um fluxo paralelo para desenvolver e atualizar modelos de energia ao longo do processo de projeto.

Vejamos algumas maneiras de se usar modelos energéticos ao longo das etapas de projeto. Embora o nível de precisão dos modelos energéticos aumente à medida que cresce o número de informações disponibilizadas pelo projeto, a oportunidade de aumentar economias com mudanças no projeto diminui à medida que o projeto avança (veja a Figura 11-6). O uso de modelos de energia já no lançamento do partido de arquitetura oferece a melhor oportunidade de economia, e esses modelos de projeto preliminar têm um nível de precisão razoável para que se possam tomar decisões.

As decisões preliminares: É possível construir um modelo útil de um prédio simplesmente conhecendo sua localização, tamanho aproximado e uso previsto. Esse modelo pode ser desenvolvido com uma simples geometria da edificação e o mínimo de especificações do código de energia, ou com especificações convencionais. Uma lista de medidas de conservação de energia baseadas nas melhores práticas ou nas

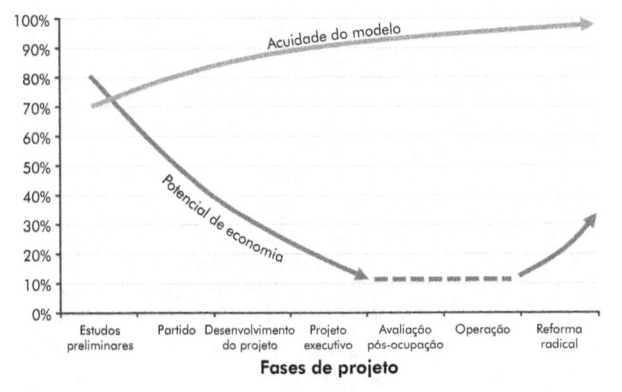

FIGURA 11-6 Acuidade da modelagem energética e do potencial de economia de energia para as fases de projeto da operação. Fonte: Prasad Vaidya/Killer Banshee Studios.

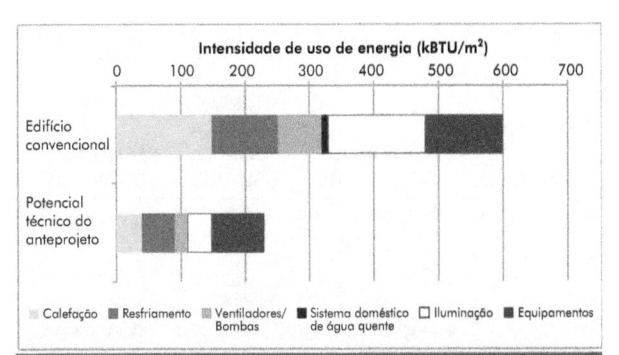

Opções de projeto e uso da tecnologia	Opção 1	Opção 2	Opção 3
	Coeficiente de redução kBTU/m²		
Razão entre profundidade e largura do prédio	10,0	15,0	20,0
Razão entre área de janela e de parede	5,0	10,0	–15,0
Área com iluminação natural controlada	20,0	60,0	80,0
Isolamento térmico das paredes externas	5,0	10,0	15,0
Isolamento térmico das coberturas	0,0	0,0	5,0
Esquadrias e vidraças de janelas	20,0	30,0	40,0
Ventilação de conforto	10,0	10,0	10,0
Ventilação noturna de massas termoacumuladoras	15,0	15,0	15,0
Controles de iluminação	20,0	30,0	40,0
Redução da eletricidade consumida com a iluminação	20,0	40,0	80,0
Resfriamento evaporativo	20,0	30,0	50,0
Sistemas de climatização a ar	20,0	40,0	50,0
Sistemas de climatização a ar e água	30,0	60,0	90,0
Controles de climatização	20,0	40,0	60,0
Sistema doméstico de água quente	0,0	0,0	5,0
Redução da carga dos equipamentos	10,0	20,0	30,0

FIGURA 11-7 Análise pré-projeto: No alto: Análise paramétrica, com as opções dos melhores casos destacadas. Em baixo: Potencial técnico das opções com os melhores casos agrupados. Fonte: Prasad Vaidya; ilustração técnica: Killer Banshee Studios.

ideias da equipe de projeto pode ser preparada e analisada usando-se esse modelo antes do início do projeto. Essa análise é empregada para estabelecer o melhor caso de potencial técnico para conservação de energia (Figura 11-7). Isso ajuda a equipe a decidir a direção do projeto e a identificar as armadilhas que devem ser evitadas. Os programas de modelagem de energia que são elaborados para fornecer informações úteis para o início do projeto oferecem uma análise do potencial técnico e identificam oportunidades para toda a equipe de projetistas. Assim, a análise de um projeto preliminar é mais bem conduzida em um *software* de modelagem completo, como Tas ou eQUEST, no qual se podem avaliar as opções para todos os sistemas. Modificar os modelos de referência de projetos anteriores de um tipo de edificação similar a fim de fazer uma análise paramétrica antes do início do projeto pode economizar muito trabalho e gerar resultados bastante bons.

Partido de arquitetura: Há ferramentas de *software* para a realização de análises preliminares na tomada de decisões do partido de arquitetura (Tabela 11-3). Antes da análise, vários esquemas devem ser desenvolvidos, cada um com uma solução conceitual para o tamanho da planta, o número de pavimentos, a orientação solar, a área total com iluminação natural, as abordagens passivas de calefação

TABELA 11-3 Comparação entre ferramentas de modelagem energética

FERRAMENTA DE MODELAGEM	MÁQUINA DE CÁLCULO	INTERFACE GRÁFICA COM O USUÁRIO	RESULTADOS GRÁFICOS	ÚTIL PARA O PROJETO PRELIMINAR	CUMPRIMENTO DAS PRESCRIÇÕES DO CÓDIGO DE EDIFICAÇÕES DOS ESTADOS UNIDOS	GRATUITA	PÚBLICO-ALVO
DesignBuilder	EnergyPlus	Sim	Sim	Sim	Sim	Não	Arquitetos Engenheiros
OpenStudio	EnergyPlus	Sim	Sim	Exige climatização	Sim	Sim	Arquitetos Engenheiros
Simergy	EnergyPlus	Sim	Limitados	Exige climatização	Sim	Sim	Engenheiros
COMFEN RESFEN	EnergyPlus	Sim	Sim	Sim	Não	Sim	Arquitetos
EnergyPro	DOE-2.1E	Não	Não	Não	Sim	Não	Engenheiros
eQUEST	DOE-2.2	Sim	Não	Exige climatização	Sim	Sim	Engenheiros
Green Building Studio/Vasari	DOE-2.2	Sim	Sim	Sim	Não	Não	Arquitetos
Sefeira Concept	Fulcrum & EnergyPlus	Sim	Sim	Sim	Não	Não	Arquitetos
Ecotect	CIBSE Admittance Method	Sim	Sim	Sim	Não	Não	Arquitetos
IES-VE	Apache	Sim	Sim	Sim	Sim	Não	Engenheiros
TAS	TAS	Sim	Sim	Sim	Sim	Não	Arquitetos Engenheiros
TRNSYS	TRNSYS	Sim	Não	Não	Não	Não	Engenheiros Pesquisadores

Fonte: American Institute of Architects. *An Architect's Guide to Integrating Energy Modeling in the Design Process*, 2012. www.aia.org/practicing/AIAB097932; ilustração técnica: Killer Banshee Studios.

e resfriamento e o conceito do planejamento de espaços. Cada esquema pode ser simulado para que se obtenha seu desempenho passivo e combinado com sistemas de climatização conceitual adequados à abordagem de projeto proposta. A fenestração, o sombreamento e o projeto das vedações externas poderão, então, ser refinados com uma modelagem e análise adicional do desempenho energético, e o projeto será aprimorado.

Desenvolvimento do projeto: Nessa etapa projetual, os detalhes relacionados com as vedações externas, a iluminação e os sistemas de climatização podem ser estabelecidos como parâmetros para a modelagem. As vidraças das janelas, o nível de isolamento, os aprimoramentos adicionais dos sistemas de proteção solar, os sistemas e controles de iluminação, as reduções das cargas de eletrodomésticos e a eficiência e os controles do sistema de climatização podem ser modelados como elementos isolados, para comparação com um modelo de referência. A maioria das medidas de conservação de energia interage entre si. A redução da densidade de potência para iluminação como uma medida isolada reduz a carga de resfriamento, o que pode diminuir o ar insuflado. Ao reduzir a carga de resfriamento e a necessidade de ar insuflado, essa medida também pode reduzir as economias que seriam obtidas com uma maior eficiência nos resfriadores, mas pode aumentar as economias possíveis com um acionador de frequência variável. Devido a essa interação, as economias desses três parâmetros isolados, não podem ser somadas entre si para se calcular as economias de implementá-las juntas. Enquanto medidas isoladas podem demonstrar claramente o valor de cada decisão, também há duas técnicas de modelagem que são utilizadas para avaliar o impacto integrado dessas medidas. Uma técnica, que está inserida no eQUEST é a de execuções sequenciais, como as medidas sucessivas que são adicionadas à execução prévia. Isso permite calcular as economias integradas, uma vez que cada medida é agregada à anterior. Dentro dessa técnica, o valor de uma medida pode ser percebido de modo diferente, com base na ordem em que se insere. A segunda técnica é o agrupamento de medidas isoladas. Nesse caso, cada medida é primeiramente adicionada isoladamente ao modelo de referência, para que se entenda seus impactos separados. O efeito integrado da combinação de um conjunto de medidas qualquer é analisado como uma execução integrada. Este método oferece o máximo de flexibilidade para observar o impacto das economias em uma ordem e combinação qualquer, mas exige uma tremenda potência de cálculo e uma configuração sofisticada da interface de modelagem.

Modelos para conferir se as normas foram atendidas: Atualmente, a modelagem energética para averiguar se foram atendidas as determinações de um código ou sistema de certificação é o uso mais frequente da modelagem de energia. Para que se demonstre essa conformidade, um modelo completo do projeto proposto é desenvolvido com base no projeto e nas especificações. Um protocolo estabelecido, como o Energy Cost Budget Method ou o Apêndice G do ASHRAE 90.1, é empregado para desenvolver um modelo de referência. A conformidade é comprovada demonstrando-se que o modelo de projeto proposto usa menos energia do que o modelo de referência. Os modelos de conformidade frequentemente usam protocolos com padrões de ocupação ou métodos de modelagem padronizados, o que garante que os resultados da manipulação das normas sejam evitados. Como consequência, o consumo de energia previsto pelos modelos de conformidade possivelmente será bastante diferente daqueles da edificação real.

Projeto executivo: Durante a fase de elaboração dos desenhos de construção, a modelagem de energia é utilizada para avaliar qualquer mudança feita no projeto em função da falta de disponibilidade de materiais ou equipamentos especificados, ou em resposta a uma estimativa de custo ou orçamento do construtor. Os projetos de edificação também têm agregado elementos aos prédios durante essa etapa quando as oscilações no mercado resultam em orçamentos inferiores à estimativa de custo. A atualização do modelo de projeto proposto durante esta fase é feita para avaliar o impacto de mudanças feitas ao projeto.

Consultorias: Quando uma simulação do prédio inteiro foi feita como parte do processo projetual, os valores de entrada para a simulação existente podem ser utilizados para prever o desempenho do prédio e explorar as oportunidades para otimização durante o comissionamento dos sistemas. Quando a operação é otimizada, qualquer desvio dos resultados esperados indica a necessidade de mais investigações para que a edificação volte à operação ideal.[4]

Pós-construção: Após a construção, o modelo de energia feito durante a etapa de desenvolvimento de projeto pode ser atualizado a fim de refletir a operação do prédio. Os modelos da etapa de projeto são atualizados a fim de refletir os componentes instalados no prédio e as reais operações prediais. Eles são simulados com os dados climáticos reais. Quando um ano de dados energéticos estiver disponível, representando todas as variações sazonais, é feita uma regulagem dos modelos. Essa regulagem inclui vincular o consumo energético modulado ao consumo real dentro das tolerâncias de erro recomendadas por uma diretriz, como a ASHRAE Guideline 14.[5]

Além dos dados climáticos, as entradas de modelo que são mais comumente ajustadas para regulagem incluem:

- Os horários de uso do prédio em termos de ocupação, iluminação e equipamentos
- As sombras projetadas pelos prédios adjacentes
- A iluminação sobre o plano de trabalho, a densidade de potência dos equipamentos e qualquer carga de processo
- As entradas de climatização, para taxas de ventilação, eficiência de equipamentos e regulagens de termostatos

Após a regulagem, esses modelos são utilizados para recalcular as reais economias que o prédio obteve em comparação com o edifício de referência e para a testagem das estratégias de operação e a retroalimentação de cenários futuros. Os modelos regulados também podem ser utilizados para novos comissionamentos no prédio.

---

[4]David Claridge, "Building Simulation for Practical Operational Optimization," in *Building Performance Simulation for Design and Operation*, 1st ed. (Oxford, UK: Spon Press, 2011), pp. 365–399.
[5]ASHRAE, Measurement of Energy, Demand and Water Savings. Guideline 14 (Atlanta: American Society of Heating, Refrigerating, and Air-Conditioning Engineers, 2002).

Combinando ferramentas de modelagem

Diferentes sistemas de edificação são dimensionados, analisados, projetados e especificados usando-se ferramentas específicas para cada sistema. Os sistemas de iluminação são avaliados quanto aos níveis de iluminação desejados, e os resfriadores são dimensionados para determinada carga de resfriamento. Em um projeto integrado de baixo consumo energético, ambos precisam ser otimizados para trabalharem bem juntos, por exemplo, quando os controles de iluminação natural reduzem a iluminação e as cargas de resfriamento. De modo similar, o projeto de janelas e das cores das superfícies internas pode afetar a iluminação natural, que, por sua vez, impacta o consumo de energia para iluminação elétrica e, consequentemente, a carga de resfriamento do resfriador. Pouquíssimas ferramentas de simulação atualmente disponíveis podem usar o mesmo modelo de edificação e conectar essas diferentes peças do quebra-cabeças. Em geral, a iluminação natural e a artificial são modeladas por ferramentas separadas, e a ventilação natural também é modelada à parte com um *software* de dinâmica de fluidos computacional. Os sutis resultados dessas ferramentas de otimização de projeto não costumam ser diretamente compartilhados com ferramentas de análise energética da edificação como um todo, as quais, por sua vez, são incapazes de modelar essas nuances. Na verdade, até mesmo um simples teto côncavo que for projetado para aproveitar melhor a luz natural não tem como ser modelado na maioria das ferramentas de simulação integrada de um prédio. O resultado dessa falta de integração das ferramentas é que os modeladores precisam fazer simulações de projetos de sistema sofisticados em ferramentas díspares. Os especialistas em modelagem então transferem esses resultados das ferramentas separadas para abordagens amplas, a fim de modelá-las com as entradas de informações limitadas que estão disponíveis nas ferramentas de análise de energia de um prédio como um todo.

Acuidade *versus* precisão na modelagem de energia para projeto

A modelagem de energia durante as etapas de projeto envolve fazer suposições sobre várias entradas do modelo. Os prédios, por exemplo, usam horários de funcionamento baseados em estimativas antes de sua ocupação real. A modelagem de projeto nas etapas iniciais de um projeto implica o uso de pressupostos sobre os sistemas e detalhes que serão desenvolvidos em fases de projeto posteriores. Os estudos têm mostrado diferenças, às vezes significativas, entre os resultados dos modelos feitos nas etapas de projeto e o consumo energético real de um prédio. Os modelos energéticos conduzidos durante o projeto são feitos para análises comparativas e devem ser tratados como ferramentas para a tomada de decisões. Esses modelos podem ser atualizados posteriormente e regulados para propósitos posteriores ao projeto.

Os modelos de energia feitos durante o projeto devem servir de parâmetro para comparar o consumo energético de um prédio típico e aumentar a confiança nos modelos. É importante que se faça uma regulagem do modelo de referência para esses *benchmarks*, de modo que os resultados da análise sejam apenas preliminares e úteis para a tomada de decisões.

As práticas de modelagem dos modeladores de energia e as abordagens dos desenvolvedores de *software* devem buscar modelos válidos em termos de acuidade e precisão:

- Acuidade é a diferença entre os resultados do modelo e o prédio real. A acuidade melhora à medida que mais informações sobre o prédio estão disponíveis para melhores entradas no modelo. As melhores informações podem resultar em um erro inferior a 5% em um modelo calibrado para uma operação de edificação. Contudo, os modelos para uso antes da elaboração do projeto somente conseguem fazer uma representação aproximada do consumo energético típico de um prédio.
- A precisão é a repetitividade dos resultados de um modelo. No caso dos modeladores de energia, os métodos para desenvolver e documentar as entradas nos modelos devem ser robustos de modo que resultados reproduzíveis possam ser alcançados pela mesma pessoa que está repetindo a simulação. Para os desenvolvedores de *software*, a interface do usuário e os valores dinâmicos pré-definidos devem ser robustos para que resultados razoavelmente reproduzíveis sejam gerados por usuários múltiplos.

Uma análise de sensibilidade que mostre o efeito das entradas de modelagem foi publicada pelo New Buildings Institute.[6] Essa análise de sensibilidade foi conduzida em 6 zonas climáticas dos Estados Unidos. A Figura 11-8 resume a análise de sensibilidade para Seattle. Prestar mais atenção às entradas de modelagem que têm grande impacto sobre os resultados energéticos pode orientar os esforços dos modeladores para obter modelos válidos mais rapidamente.

Ao modelar um prédio existente, ou quando o desempenho energético de prédios similares estiver disponível em um campus universitário, por exemplo, é melhor comparar os resultados do modelo e harmonizar as diferenças com os dados disponíveis. Um nível adequado de acuidade deve ser utilizado com base na etapa de projeto e na disponibilização de informações disponíveis. No caso de uma nova construção para a qual não há um prédio comparável diretamente disponível, use ferramentas de *benchmarking*, como as discutidas na seção anterior.

O Commercial Buildings Energy Modeling Guidelines and Procedures (COMNET MGP) descreve os procedimentos de modelagem e oferece entradas padronizadas que podem ser úteis na modelagem durante a etapa de projeto. Os valores de entrada típicos para a densidade de potência de equipamentos, horários de operação e taxas de ventilação em diferentes usos espaciais são particularmente úteis.

O blog da American Time Use Survey NPR, do Escritório de Estatísticas Trabalhistas dos Estados Unidos, oferece dados sobre os padrões de trabalho de diferentes ocupações.[7] O blog também tem uma ferramenta que mostra graficamente esses dados para 20 tipos de ocupação (veja a Figura 11-9). Esses dados podem ser utilizados para a elaboração de ho-

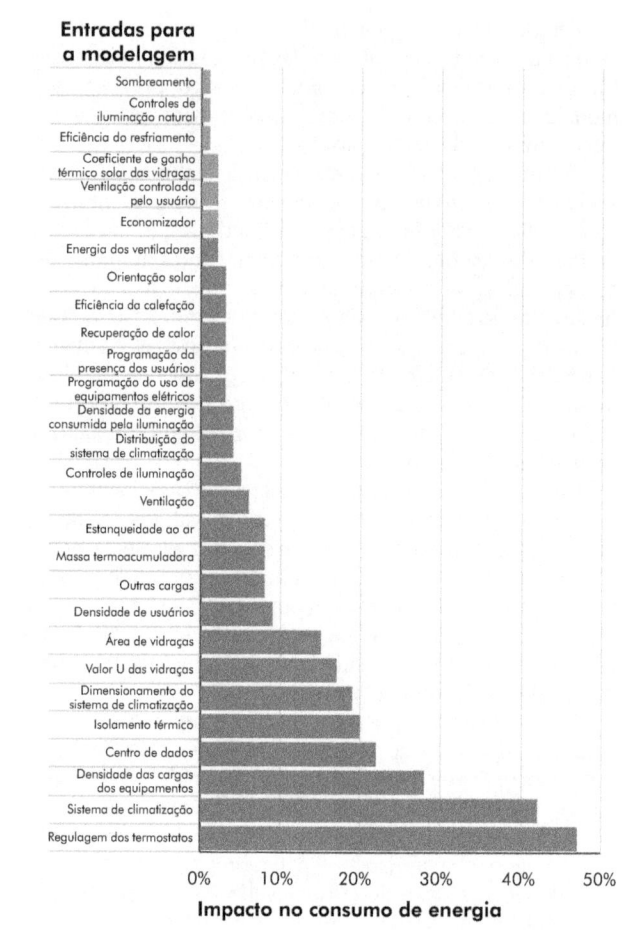

FIGURA 11-8 Análise de sensibilidade de entradas de modelo para Seattle. Fonte: New Buildings Institute, www.newbuildings.org. Ilustração técnica: Killer Banshee Studios.

rários de ocupação dos prédios, que serão empregados nos modelos energéticos.

Ferramentas de modelagem energética

DOE-2

DOE-2 é uma ferramenta de simulação energética que foi desenvolvida pelo Lawrence Berkeley National Laboratory e custeada pelo US-DOE. As duas versões mais utilizadas são a DOE-2.1 e a DOE-2.2. A DOE-2 é robusta o suficiente para modelar detalhes, tecnologias padronizadas e projetos para sistemas de vedações externas, iluminação e climatização. Ela faz simulações rápidas – a simulação de um prédio típico feita com um computador moderno é completada em poucos segundos. Seus algoritmos têm sido validados para prédios com climatização a ar que usam a mistura completa do ar. Muitos sistemas mecânicos mais novos e abordagens ao projeto com baixo consumo energético não conseguem ser modelados diretamente no DOE-2, assim os modeladores experientes usam métodos de aproximação para simulá-los. Eles incluem o resfriamento por radiação, a ventilação cruzada ou por efeito chaminé, a ventilação natural e a ventilação híbrida. O único

---

[6]New Buildings Institute, www.newbuildings.org.
[7]NPR.org, "Who's in the Office? The American Workday in One Graph," 2014. www.npr.org/blogs/money/2014/08/27/343415569/whos-in-the-office-the-american-workday-in-one-graph.

Quando as pessoas estão trabalhando?
Percentual de pessoas trabalhando em determinado horário, por ocupação
Compare os diferentes dias de trabalho usando os menus de rolamento abaixo ou clicando em uma das linhas.

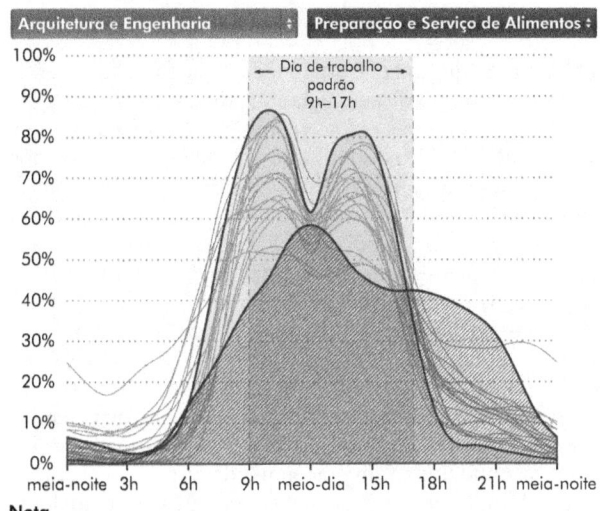

Nota
Médias anuais para 2011–2012

FIGURA 11-9 Uma ferramenta interativa para a visualização de um conjunto de dados para 20 ocupações típicas dos Estados Unidos. Uma comparação do perfil de trabalho diário das áreas de Arquitetura e Engenharia e de atendimento e preparo de refeições é mostrada no gráfico. Fonte: BLS, American Time Use Survey. Crédito: Quoctrung Bui/NPR.

parâmetro de conforto térmico disponível no DOE-2 é o ponto de regulagem do termostato; a temperatura radiante média (TRM) ou temperatura de operação não pode ser regulada no modelo. Os algoritmos no DOE são adequados para simular o desempenho energético de espaços convencionais iluminados por janelas e claraboias, com interruptores de parede dimerizáveis ou não. Contudo, as abordagens de iluminação natural mais avançadas, como prateleiras de luz, tubos de luz e outros sistemas de redirecionamento da luz não podem ser modelados diretamente no DOE-2. As tarifas cobradas pelas concessionárias de eletricidade e outras fontes de energia e os cálculos econômicos de operação predial podem ser modelados em detalhes na análise do ciclo de vida. O DOE-2, com suas entradas detalhadas, tem uma longa curva de aprendizado.

Nos Estados Unidos, o DOE-2 permanece sendo uma ferramenta de simulação popular, e EnergyPro, VisualDOE e eQuest são as interfaces do usuário mais populares. Essas três interfaces do utilizador sustentam apenas uma quantidade limitada de modelos tridimensionais das edificações, e a interoperabilidade entre o programa de modelagem de energia e os programas padronizados de modelagem tridimensional da arquitetura praticamente não existe. O desenvolvimento e o suporte oferecido ao DOE-2 ainda são muito limitados. O DOE é adequado à modelagem detalhada dos prédios que não usam o projeto de energia passivo ou híbrido, e geralmente é empregado por engenheiros e modeladores de energia bastante experientes. Os programas usados para a interface do usuário do DOE-2 são:

- EnergyPro (DOE-2.1E): Amplamente utilizado na Califórnia para conferir se os códigos foram respeitados. Ele não oferece uma interface de modelagem tridimensional. Todavia, a interface orienta o usuário para fornecer as entradas do modelo e gera relatórios sobre o cumprimento do código.
- Visual DOE (DOE-2.1E): Permite aos usuários entrar com informações sobre a geometria do prédio por meio do uso de formatos em blocos padronizados, uma ferramenta de desenho embutida no programa ou importando-se arquivos no formato DXF. Os usuários podem escolher sistemas construtivos, sistemas de climatização e horários de operação em uma biblioteca e modificá-los conforme o necessário.
- eQUEST (DOE-2.2): Inclui assistentes de inicialização da modelagem e padrões dinâmicos, além de desenhos interativos. Ele também inclui um método fácil para fazer análises paramétricas e pode ser empregado das etapas preliminares de projeto até as finais, mais detalhadas. Sua capacidade de modelagem tridimensional é limitada, e as informações importadas do Building Information Models (BIM) precisam ser filtradas antes que se faça uma simulação. O eQUEST tem um grupo de usuários e um fórum público muito ativos que oferece uma plataforma para a resolução de problemas técnicos.
- Green Building Studio (DOE-2.2): Relaciona sistemas de CAD tridimensionais a análises de energia, água e carbono. Ele pode ser utilizado nas etapas preliminares de projeto para se fazer simulações e se obter um retorno sobre o desempenho de um projeto. Ele gera arquivos de entrada detalhados e com precisão geométrica para o DOE-2.2, assim como para o EnergyPlus, e usa um serviço baseado na nuvem para gerar modelos automaticamente e realizar simulações.
- Project Vasari (DOE-2.2): Focado no desenvolvimento rápido da etapa preliminar de projeto por usuários menos experientes; consegue modelar e analisar várias formas de edificação diretamente em um ambiente BIM. Vários modelos DOE-2.2 ficam ocultos para o usuário no Vasari, tornando um desafio acompanhar de onde as economias de energia estão vindo e quais componentes do prédio ou de um de seus sistemas estão influenciando essas economias.

EnergyPlus

O Departamento de Energia dos Estados Unidos pagou pelo desenvolvimento do EnergyPlus para ser a próxima geração de ferramenta de simulação após o DOE-2. Ele oferece mais acuidade e suporta a modelagem direta dos sistemas de edificação e climatização mais inovadores e mais complexos. Por enquanto, o EnergyPlus é popular apenas entre os pesquisadores, sem ter conquistado uma audiência mais ampla entre os outros profissionais da arquitetura. Ele tem sido empregado em projetos de edificações, para modelar a ventilação natural e híbrida e os sistemas radiantes. As operações do EnergyPlus são significativamente mais lentas do que as das outras ferramentas de simulação, o que tem sido um grande obstáculo à sua difusão como método para grandes análises paramétricas, iterativas e interativas nas etapas de projeto. Os programas de interface do usuário do EnergyPlus são:

- OpenStudio: Desenvolvido pelo National Renewable Energy Laboratory como uma interface para a modelagem de energia do EnergyPlus, interface para a modelagem de iluminação natural do Radiance e interface para simulações de fluxo de ar e qualidade do ar do CONTAM. Uma interface de modelagem com o SketchUp pode ser utilizada para definir a geometria tridimensional e térmica ou as zonas de iluminação. O Open Studio inclui uma interface intuitiva do tipo arraste e solte para a seleção e modificação de horários de funcionamento, sistemas construtivos, cargas térmicas internas e sistemas mecânicos de edificações. Os resultados do modelo também podem ser vistos em um formato gráfico intuitivo.

- DesignBuilder: Uma interface intuitiva e simples para o EnergyPlus. Não existe uma função "importar" dos programas de modelagem tridimensional; dessa forma, modelos precisam ser construídos dentro da interface DesignBuilder na forma de plantas extrudadas. Ele oferece uma biblioteca de sistemas de climatização comuns, mas não tem uma ampla capacidade de modelar sistemas de climatização complexos. A versão arquitetônica inclui módulos para modelagem tridimensionais, análises de terreno, análises energética e de conforto térmico, e análises de custos, iluminação natural e otimização. Análises dos sistemas de climatização, cálculos para o LEED ou ASHRAE 90.1 e modelos de dinâmica de fluidos computacional estão disponíveis na versão para engenheiros.

- Simergy: Fornece um conjunto de modelos abrangentes de bibliotecas para ASHRAE 90.1, LEED e California Title 24. Ele também fornece módulos para sistemas de climatização de baixo consumo energético, como vigas refrigeradas a água com ventilação cruzada, de modo que possam ser facilmente incluídas no modelo energético do prédio sem o uso das estimativas. A ferramenta Simergy foi feita para ser utilizada em qualquer etapa de projeto, e as decisões de projeto relacionadas com a forma da edificação, a área de vidraças, a proteção solar e a iluminação natural podem ser testadas já no início do projeto, enquanto os sistemas de climatização de alto desempenho podem ser testados nas etapas de projeto finais. Ela contém ferramentas geométricas que permitem ao usuário criar modelos desde o início, mas também permite a importação de modelos tridimensionais usando gbXML ou Industry Foundation Classes. As entradas são detalhadas e exigem um modelador de energia com experiência para que se consiga fazer mesmo as análises das etapas de projeto mais iniciais.

TRNSYS

O TRaNsient SYstem Simulation Program (TRNSYS) é um sistema modular que consiste em uma ferramenta de modelagem muito flexível. O TRNSYS tem uma interface gráfica e uma biblioteca de componentes que incluem aproximadamente 150 modelos, que vão desde bombas a prédios multizona, turbinas eólicas a eletrolisadores, processadores de dados climáticos e equipamentos de climatização bastante básicos a tecnologias emergentes, de última geração. Ele também oferece um método para que o usuário crie novos componentes. Ele se destina à análise e dimensionamento de sistemas de climatização, à análise de fluxo de ar, ao projeto solar, à análise do desempenho térmico do prédio e à análise dos sistemas de controle. Seu uso é mais difundido na Europa, com uma grande base de pesquisa para os usuários e uma pequena firma de engenharia oferecendo suporte.

IES-VE

IES Virtual Environment é uma suíte integrada de ferramentas de modelagem do desempenho da edificação que pode ser utilizada em todas as etapas de projeto. Ela tem uma ferramenta APACHE para a simulação energética, que se combina com outras ferramentas de análise relacionadas, como a Radiance, de iluminação natural. No modo de projeto, ela calcula cargas, faz cálculos de dimensionamento, analisa o conforto térmico e controla o cumprimento das disposições dos códigos. Em um módulo de simulação, ela pode fazer operações de simulação térmica dinâmica que, às vezes, levam apenas um minuto. Os componentes são integrados para simular simultaneamente as cargas das vedações externas de um prédio, os sistemas de climatização, a ventilação natural e as estratégias de iluminação natural. Os usuários podem importar modelos tridimensionais, determinar as características térmicas e fazer as análises energéticas; e qualquer modificação feita no modelo de energia também se refletirá no modelo tridimensional. Assistentes e navegadores ajudam o usuário a estabelecer o modelo. Contudo, a modelagem no início do projeto pode ser difícil, e a ferramenta exige experiência do usuário.

Energy-10

A Energy-10 foi feita para edificações pequenas (com menos de 1 mil m^2) e cria modelos simples, com uma ou duas zonas. Essa ferramenta consegue realizar simulações para cada hora de todo um ano e pode ser utilizada nas etapas preliminares de projeto para avaliar o desempenho energético das características de projeto de uma edificação. Embora edifícios maiores possam ser modelados com a Energy-10, as opções de sistema de climatização disponíveis são típicas de prédios menores.

Ecotect

O Ecotect foi vendido para o Autodesk como uma ferramenta de análise para a tomada de decisões de arquitetura. Ele tinha sua própria ferramenta de análise e aceitava entradas do REVIT ou Autocad. Especializava-se na apresentação gráfica intuitiva dos resultados e vinha com uma ferramenta de análise do clima completa. Era popular entre os estudantes de arquitetura, mas não era amplamente difundida entre os modeladores de energia no setor da construção civil. O Autodesk abandonou o Ecotect em 2015, e sua funcionalidade deverá ser integrada à família de produtos Revit.

Sefaira Concept

Sefaira Concept integra dados de uma edificação existente à modelagem baseada na física para uma análise de sustentabilidade. Ele ajuda os projetistas e planejadores nas etapas preliminares de projeto, fazendo a análise térmica dos prédios e a modelagem integrada de energia, água, carbono e energia renovável. Ele faz uma análise em tempo real dentro do SketchUp e consegue trabalhar com massas múltiplas e opções de projeto preliminares. Ele usa uma ferramenta patenteada

(Fulcrum) junto com o EnergyPlus. As entradas podem ser mais detalhadas, à medida que se têm mais informações sobre o projeto da edificação. Trata-se de uma ferramenta online que usa a computação baseada na nuvem para entregar resultados de análise em curtos períodos de tempo. Sefaira foi elaborado para fazer comparações e análises paramétricas. A computação na nuvem permite que várias operações paralelas sejam feitas, sem perda de velocidade.

COMFEN e RESFEN

COMFEN e RESFEN são ferramentas de modelagem desenvolvidas pelo Lawrence Berkeley National Laboratory para prédios comerciais e residenciais, respectivamente. A ferramenta de simulação é o EnergyPlus. O foco é na análise comparativa das ideias preliminares de projeto para o desenho de fachadas e da fenestração. Isso inclui mudanças na orientação solar das fachadas. Essas ferramentas modelam uma única zona, fazendo a análise do consumo energético, da iluminação natural e do conforto térmico; a zona é a área perimétrica por trás da fachada que será avaliada. Testando-se essas ideias em um nível modular e ainda no início do projeto, elas podem ser incluídas nas decisões de projeto, no nível da edificação como um todo. O COMFEN fornece saídas gráficas amigáveis para a comparação do desempenho das alternativas de projeto.

Tas

Tas é a suíte de ferramentas que foi desenvolvida pela Environmental Design Solutions, do Reino Unido. Ela consegue modelar o conforto térmico e o desempenho energético. Tas usa o CIBSE Admittance Method como sua ferramenta de cálculo. Ela oferece ao usuário uma automação completa por meio do Visual Basic para a modelagem paramétrica e a customização da produção de resultados. Os usuários podem inserir modelos tridimensionais de outros programas de CAD. Ela tem uma interface gráfica para as entradas do modelo, que inclui um modelador tridimensional e um sistema de climatização a água e ar, com uma lógica avançada de controle customizável. Tas também pode ser utilizada para a análise da ventilação, da dinâmica de fluidos computacional, dos materiais de mudança de fase, das chaminés de vento e dos tubos de sol. A suíte Tas vem com bancos de dados completos para análise de construção, programação de temperatura, infiltração e ventilação, ocupação, iluminação e detalhes de equipamentos para diferentes tipos de espaço, estações do ano e clima. O Tas Building Simulator pode analisar prédios grandes e complexos.

Uso da modelagem para fazer orçamentações integradas

A estimativa dos custos para prédios de alto desempenho geralmente é percebida pelos orçamentistas como uma série de itens de custo somados. Como resultado, as equipes de projeto que avaliam a conservação de energia veem o aumento dos custos de capital da construção quando são implementadas estratégias de baixo consumo energético. O processo típico de um projeto sequencial e uma orçamentação dificulta que se siga uma abordagem integrada que modifique a percepção desses custos de capital. Contudo, exemplos do projeto integrado da comunidade de projeto sustentável têm demonstrado que, com esforços adequados de projeto, análise e estimativa de custos, é possível se atingir um alto desempenho sem um aumento significativo dos gastos em relação ao projeto com desempenho padrão. A modelagem da energia pode ser empregada como o núcleo de uma estimativa de custos que dá suporte ao processo de projeto integrado. A estimativa de custos integrada pode ser vista como um espectro de abordagens que vão muito além do método típico que trata cada item da linha como independente, podendo ser agregado ou removido à vontade do projeto como um todo.[8] Desse espectro mais amplo, resumiremos quatro abordagens para a estimativa de custos integrada.

- Equipamentos Compartilhados: Essa abordagem é responsável pelos componentes comuns entre diferentes medidas, de modo que não sejam contados duplamente na orçamentação. Os exemplos incluem os controles de ocupação e iluminação natural, que compartilham os gastos com fiações e relés de baixa voltagem, e os sensores de presença que são empregados tanto para os controles de iluminação como para controlar alterações de temperatura e de ventilação higiênica.
- Agrupamento Simples de Interações (*Single Interaction Bundling*): Nesse nível de integração, é levado em conta o impacto de uma medida de conservação de energia no projeto de outros sistemas da edificação nas estimativas de custo. Os exemplos incluem o impacto da iluminação de mais alta eficiência para reduzir as cargas de resfriamento e a capacidade do sistema de resfriamento no aumento das refletâncias superficiais que aumentam a eficácia do sistema de iluminação, permitindo uma redução do número total de luminárias, e as rodas de recuperação de energia, que reduzem a potência necessária aos sistemas de resfriamento e calefação. O nível de integração dos custos é tal que um sistema afeta apenas outro sistema. Em outras palavras, o efeito dominó não é considerado nessa abordagem.
- Agrupamento Múltiplo de Interações (*Multiple Interaction Bundling*): Esse nível de integração leva em consideração o efeito dominó de uma medida de conservação de energia em sistemas múltiplos. Por exemplo, a seleção de tintas para aumentar a refletância da superfície interna pode reduzir o número de luminárias, o que, por sua vez, reduz o número de reatores dimerizáveis para o controle da iluminação diurna e reduz a capacidade necessária para o equipamento de resfriamento. Os efeitos dominó dos sistemas também podem exigir a análise iterativa dos custos dos sistemas. Outro exemplo: o aumento da transmitância de luz visível de uma vidraça pode reduzir a área de janelas, que reduz as cargas do sistema de resfriamento, resultando em dutos de climatização menores, e, consequentemente, em pés-direitos maiores, aumentando a altura das jane-

---

[8] Prasad Vaidya, Lara Greden, David Eijadi, Tom McDougall, and Ray Cole, "Integrated Cost-Estimation Methodology to Support High-Performance Building Design," Energy Efficiency 2 (1): 69–85. doi:10.1007/s12053–008–9028–4.

TABELA 11-4 Interações de desempenho e dimensionamento entre sistemas de edificações e seus componentes

[Tabela matriz de interações entre sistemas, com categorias: Capacidade de Monitoramento e Avaliação, Vedações externas, Volumetria/Orientação Solar, Controles]

Fonte: Prasad Vaidya; ilustração técnica: Killer Banshee Studios.

las, que melhora o desempenho da iluminação natural, reduzindo ainda mais a potência necessária do sistema de resfriamento e o tamanho dos dutos.

- Eliminação de Sistemas: Essa abordagem explora o aumento da eficiência de um sistema de forma a permitir a completa eliminação de outro sistema. Por exemplo, em certos climas, a instalação de vidraças superisoladas permite a eliminação de radiadores de palheta no perímetro das edificações. Essa foi a abordagem adotada pelo Rocky Mountain Institute, no Colorado, onde um projeto solar passivo combinado com vedações superisoladas permitiu aos projetistas reduzir de tal forma o sistema de calefação do prédio que apenas dois aquecedores a lenha são utilizados nos dias mais frios do inverno, e a calefação convencional com caldeiras e tubulações pôde ser eliminada do projeto.

Diferentes níveis de integração são aplicáveis a cada situação de projeto com base nas oportunidades disponíveis, no comprometimento do proprietário, na experiência e na confiança múltipla dos membros da equipe de projeto, no cronograma de projeto, nos honorários e nas expectativas de desempenho do proprietário. Um exemplo de uma matriz que mostra a interação entre os sistemas prediais e os componentes é mostrado na Tabela 11-4. Uma matriz desse tipo pode ser preparada para um projeto que busca usar a estimativa de custos integrada. A equipe de projeto, então, seleciona uma das abordagens de integração mencionadas anteriormente. As interações dos sistemas e seus impactos são quantificados usando-se modelos de energia e, subsequentemente, em um exercício de dimensionamento das instalações prediais e, por fim, na orçamentação dos sistemas de engenharia. Os modelos de energia também são utilizados para simular as interações entre as medidas de projeto a fim de entender o impacto sobre o dimensionamento de vários sistemas.

A matriz de interações pode ser utilizada para identificar as áreas prioritárias da estimativa de custos integrada. Os modelos de energia ajudam a quantificar e priorizar essas interações, e o exercício de modelagem se torna uma peça-chave da orçamentação integrada.

EXERCÍCIOS

1. Baixe, instale e explore a ferramenta de simulações COMFEN usando os tutoriais disponíveis. Veja https://windows.lbl.gov/software/comfen/comfen.html
2. Comece com um projeto de edificação que você esteja desenvolvendo. Identifique três opções concorrentes para projeto de fachada que podem ser modeladas no COMFEN. Liste e descreva os parâmetros de desempenho, como a área de janelas, que diferenciam as opções umas das outras. Esses parâmetros de desempenho formarão a base da análise comparativa. Liste os indicadores de desempenho, como cargas de resfriamento de pico, que você usará para avaliar as opções.

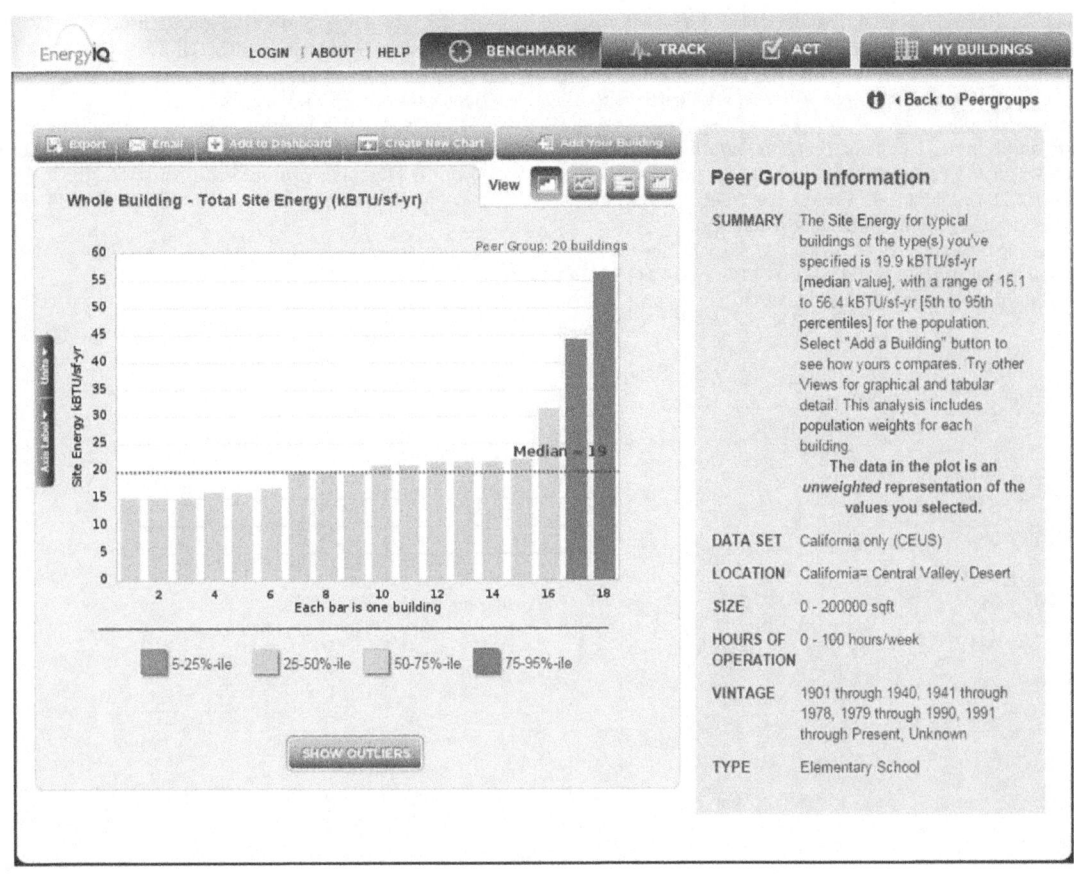

FIGURA 11-10 Comparação entre grupos assemelhados feita com escolas de ensino fundamental na Ferramenta EnergyIQ Benchmarking. Fonte: EnergyIQ.lbl.gov.

3. Use o COMFEN para simular as opções desenvolvidas no exercício 2. Identifique a opção que tem a mais baixa intensidade de uso de energia.
4. Este é um exercício de *benchmarking*. Acesse a página energyiq.lbl.gov. Encontre o banco de dados da edificação comparável a um prédio de escola de ensino fundamental do Vale Central ou da região do deserto da Califórnia. Filtre o banco de dados, selecionado os prédios com área de até 20 mil m^2 e até 100 horas de uso por semana.
   a. Elabore o histograma (Figura 11-10) e registre a intensidade de uso de energia mediana (20).
   b. Analise os dados e proponha uma meta energética agressiva, mas viável para a nova escola.
   c. Repita o exercício para cada localização disponível na ferramenta e compare suas descobertas para a intensidade de uso de energia mediana com o objetivo que você propôs para cada caso.
5. Use um aparelho de medição de energia, como o Kill A Watt ou um similar. Meça os diferentes aparelhos sob distintos modos de operação. Registre o consumo de energia elétrica e registre um gráfico para visualizar os dados.
6. Use *Sensitivity Analysis: Comparing the Impact of Design, Operation, and Tenant Behavior on Building Energy Performance*, um informe oficial da Grã-Bretanha publicado pelo New Buildings Institute em julho de 2011. Selecione quatro locais com climas diferentes e compare suas análises de sensibilidade. Identifique pelo menos quatro entradas que têm grande impacto na maioria dos locais e identifique pelo menos seis entradas que têm um impacto mínimo em todas elas. Caso necessário, pesquise o relatório e as fontes adicionais para descrever essas 10 entradas em termos do que elas representam em um prédio.
7. Crie uma matriz de interação de custos para um projeto com o qual você esteja familiarizado, usando a Tabela 11-4 como guia. Identifique as interações que provavelmente terão o maior impacto nos custos.

Recursos

American Institute of Architects. *2030 Commitment: Measuring Industry Progress toward 2030*. Washington, DC: American Institute of Architects, 2013. www.aia.org/aiaucmp/groups/aia/documents/pdf/aiab100374.pdf.

ASHRAE. *Measurement of Energy, Demand and Water Savings*. Guideline 14. Atlanta: American Society of Heating, Refrigerating, and Air-Conditioning Engineers, 2002.

Claridge, David. "Building Simulation for Practical Operational Optimization." In *Building Performance Simulation for Design and Operation*, 1st ed. Oxford, UK: Spon Press, 2011, pp. 365–399.

Guglielmetti, Rob, Shanti Pless, and Paul Torcellini. "On the Use of Integrated Daylighting and Energy Simulations to Drive the Design of a Large Net-Zero Energy Office Building." In *Simbuild 2010*, 2010. www.ibpsa.us/pub/simbuild2010/papers/SB10-DOC-TS06A-01-Guglielmetti.pdf.

Heller, Jonathan, Moran Heater, and Mark Frankel. *Sensitivity Analysis: Comparing the Impact of Design, Operation, and Tenant Behavior on Building Energy Performance*. New Buildings Institute, 2011. http://newbuildings.org/sites/default/files/SensitivityAnalysisReport.pdf.

Hensen, Jan, and Roberto Lamberts. *Building Performance Simulation for Design and Operation*. Oxford, UK: Spon Press, 2011.

Net Zero Court. 2015. "Net Zero Court." http://netzerocourt.files.wordpress.com/2010/10/pathtonetzerocourt2.pdf.

NPR.org. "Who's in the Office? The American Workday in One Graph," 2014. www.npr.org/blogs/money/2014/08/27/343415569/whos-in-the-office-the-american-workday-in-one-graph.

Torcellini, P., N. Long, and R. Judkoff. *Consumptive Water Use for U.S. Power Production*. NREL/TP-550-33905. Golden, CO: National Renewable Energy Laboratory, 2003. www.nrel.gov/docs/fy04osti/33905.pdf.

Vaidya, Prasad, Lara Greden, David Eijadi, Tom McDougall, and Ray Cole. "Integrated Cost-Estimation Methodology to Support High-Performance Building Design." *Energy Efficiency* 2 (1): 69–85. doi:10.1007/s12053-008-9028-4.

Sistemas de Consumo de Energia Líquido Zero e de Energia Renovável — 12

Um prédio com consumo de energia líquido zero produz toda a energia que consome ao longo de um ano. Por trás desse conceito está a ideia de que os prédios podem atender a todas as suas exigências energéticas com base em fontes energéticas de baixo custo e disponíveis no local. Embora existam outras definições mais precisas de um prédio com consumo de energia líquido zero que serão abordadas neste capítulo, essa noção básica e simples já nos dá uma ideia de que uma edificação desse tipo envolve dois lados de uma equação: um lado trata da gestão e limitação do consumo de energia; o outro, da geração de uma quantidade adequada de energia renovável. Um prédio com *consumo líquido positivo* gera mais energia renovável do que consome. Outros termos intimamente relacionados com o consumo de energia líquido zero são as emissões líquidas zero, o equilíbrio de carbono e o consumo líquido quase zero.

Este capítulo começa com algumas definições de consumo de energia líquido zero que nos ajudam a entender e comunicar o escopo do equilíbrio de energia quase zero. A seguir, o capítulo explora a implicação do consumo de energia líquido zero no processo de projeto, e resume alguns estudos técnicos que talvez ajudem no esforço em busca da geração de prédios com essa característica. As tecnologias de energias renováveis também serão apresentadas neste capítulo. Também são discutidos a evolução e o estado atual da política energética relacionada aos prédios com consumo de energia zero. O capítulo conclui com dois estudos de caso e uma lista de prédios com consumo de energia líquido zero que podem ser utilizados pelo leitor para estudos independentes mais aprofundados.

Praticamente no mundo inteiro os prédios com consumo de energia líquido zero gastam pouca energia e têm intensidade de uso de energia significativamente menor do que seus equivalentes. Alcançar esse padrão exige coordenação e comunicação entre o arquiteto, o engenheiro, o proprietário, o administrador do prédio ou síndico e o usuário, tanto durante o processo de projeto como posteriormente a ele. A meta do consumo zero parece ter uma influência aspiracional que almeja além das metas de "percentuais acima das exigências dos códigos de edificação" ou daquelas baseadas em pontos.[1] O projeto de prédios com consumo de energia líquido zero inclui as melhores práticas do processo de edificações de baixa energia mostradas na Figura 9-1, com o arquiteto desempenhando um papel significativo na redução de cargas, na adoção de abordagens de projeto passivo e na coordenação com os engenheiros de instalações (como os de climatização) e especialistas em iluminação a fim de criar sistemas supereficientes. O projeto de prédios com consumo de energia líquido zero é necessariamente orientado por dados e para o bom desempenho, o que envolve o uso de tecnologias de última geração e a adoção de estratégias contemporâneas de projeto passivo. A modelagem energética desempenha um papel crucial no estabelecimento de metas, na definição de orçamentos de energia, na testagem de alternativas de projeto e na garantia de que a equipe de projetistas se mantenha focada rumo ao objetivo de conseguir uma edificação com consumo de energia líquido zero. Ainda durante a fase de projeto, pode-se prever que um prédio terá consumo zero por meio do uso de simulações, mas também é necessária a verificação durante a operação, ano após ano. Os sistemas de monitoramento de energia são empregados para ajudar na tomada de decisões quanto à operação do prédio.

■ Definições de prédios com consumo de energia líquido zero

O desempenho de uma edificação com consumo de energia líquido zero é medido ao longo de todo um ano a fim de considerar sua operação em todas as estações. O uso de diferentes parâmetros de desempenho nos leva a distintas definições do que seriam esses prédios.

Quando a energia *in loco* (secundária) obtida na rede pública (que inclui a entrada de qualquer combustível) é comparada à contribuição de energia renovável, o desempenho resultante é chamado de *consumo de energia in loco (ou secundário) líquido zero*. Esse consumo de energia elétrica pode ser medido no contador; os combustíveis trazidos ao terreno também devem ser considerados, para que se obtenha o consumo total de energia *in loco*. Isso é fácil de calcular, entender e transmitir.

Quando a energia *in loco* é convertida em energia na origem (ou primária) (veja o Capítulo 11) e comparada à contribuição de energia renovável (também convertida em energia na origem), o desempenho resultante é chamado de *consumo de energia na origem (ou primário) líquido zero*. Esse

---
[1] New Buildings Institute, 2014, www.newbuildings.org.

parâmetro exige a conversão da energia *in loco* em energia na origem usando-se multiplicadores para diferentes combustíveis, o que mostra os pesos dos combustíveis com base nas perdas decorrentes da geração, transmissão e distribuição.

Quando o custo da energia comprada da rede pública e consumida *in loco* é comparado com o preço da energia renovável vendida pela edificação (enviada à rede pública), o desempenho é chamado de *consumo de energia comprada líquido zero*. Como as tarifas das concessionárias se baseiam em faixas de preço que incluem o consumo energético, as tarifas da demanda de pico, os preços conforme o tempo de uso e os impostos, e todas essas variáveis determinam o consumo de energia comprada líquido zero. Algumas variáveis, como as tarifas conforme a demanda ou o tempo de consumo, estão relacionadas ao impacto ambiental da geração; contudo, elas podem variar com base em outras condições do mercado que têm pouco a ver com o desempenho ambiental. O cálculo do consumo de energia comprada líquido zero pode ser bastante simples, usando-se o consumo registrado nas contas e os créditos de energia renovável estimados pela concessionária ou o cliente. No entanto, a volatilidade das tarifas de energia e dos fatores que afetam os preços gerais cobrados geram alguma incerteza, o que torna a previsão e a comparação do consumo de energia comprada líquido zero bastante desafiadoras.[2]

Quando as emissões do consumo de energia por parte de um prédio são compensadas pela geração de energia renovável, o desempenho é chamado de *consumo líquido zero de energia com emissões*. Uma vez que essas emissões dependem da fonte geradora da eletricidade que foi utilizada, um prédio alimentado com energia hidráulica precisaria de um sistema de energia renovável menor para compensar suas emissões quando comparado a um prédio idêntico sustentado por energia de uma usina a carvão mineral.

Na Califórnia, usa-se um método de avaliação conforme o horário para o cálculo da energia na fonte, a redução da demanda e as emissões, junto com outras variáveis. Esse método atribui um preço distinto para a energia consumida em cada hora do dia e do ano, convertendo tanto o consumo como a energia renovável em um *parâmetro de cálculo do consumo de energia líquido zero que depende do tempo*.

Os edifícios com consumo de energia líquido zero (NZEBs) também são classificados com base na *localização* e na longevidade do sistema de conversão de energia renovável instalado. Um sistema de energia renovável que esteja instalado dentro do próprio prédio (NZEB A) provavelmente irá durar tanto quanto a edificação. Os sistemas de energia renovável localizados fora do prédio, mas dentro do terreno, e que consomem combustíveis e recursos obtidos dentro dessa área (NZEB B) podem ter vida útil inferior à da edificação. A disponibilidade de recursos renováveis produzidos fora do terreno, como a biomassa trazida até o local para a conversão de energia, gera uma incerteza ainda maior (NZEB C). Os prédios que compram certificados de energia renovável (REC) para obterem o status NZE são classificados como NZEB D. A Tabela 12-1 destaca algumas das vantagens e desvantagens relacionadas com as definições dadas anteriormente e a viabilidade de se conseguir o desempenho de edificação com consumo de energia líquido zero com base em diferentes opções de *localização* da fonte de energia renovável.

Os prédios com *consumo de energia líquido quase zero* são aqueles que chegam perto dessa meta, mas não conseguem atingir um desempenho de consumo líquido zero. O rótulo de *prédio com consumo de energia líquido quase zero* dá reconhecimento para esse desempenho notável. Os prédios prontos para o consumo de energia líquido zero são aqueles que alcançam um consumo reduzido que pode ser compensado pela geração de energia renovável, mas nos quais a escolha por essa geração foi deixada para o futuro. Um *prédio com emissão de carbono líquido zero* é similar a um prédio com consumo líquido zero de energia com emissões.

Os prédios com emissão de carbono líquido zero geram energia renovável no local e usam a eletricidade da rede pública. Sempre que a geração de energia *in loco* é superior à demanda de energia do prédio, a eletricidade excessiva é enviada à rede pública. Por outro lado, quando a demanda é maior do que a geração *in loco*, retira-se energia da rede. Esse sistema permite aos prédios com consumo líquido zero de energia com emissões usar a rede como uma fonte de reserva virtual, e alcançar o equilíbrio energético ao longo do ano. Quando o prédio não está conectado a uma rede pública, são necessárias baterias de armazenamento que possam absorver a geração extra de energia e fornecê-la quando a demanda é grande. Quando não conectados à rede pública, esses prédios precisam de um sistema de armazenamento para os combustíveis não renováveis que são consumidos no local, como o propano, o óleo combustível e o gás natural. Consequentemente, os prédios com consumo de energia líquido zero não conectados à rede pública são mais caros.

Geração *in loco* de energia renovável

As fontes energéticas que não se reabastecem no curto prazo, como o óleo à base de petróleo, o gás natural, o carvão mineral, a energia nuclear e as hidrelétricas de larga escala, são consideradas não renováveis. As fontes de energia renovável mais comuns são a solar, a eólica, a biomassa e a geotérmica. A energia tem de ser gerada (isto é, convertida) para que seja considerada como renovável. Portanto, a luz natural aproveitada para a iluminação, o vento utilizado na ventilação natural e as trocas térmicas com o subsolo não são chamadas de energias renováveis. O calor residual da cogeração de energia elétrica e térmica e a energia das células de combustível e das microturbinas, que convertem os combustíveis fósseis comprados em calor e eletricidade, também não são considerados como fontes de energia renovável. Esta seção introduz as opções de tecnologias de energia renovável que são comuns em edificações e comunidades com consumo de energia líquido zero.

Energia fotovoltaica (solar)

As células fotovoltaicas que geram energia de uma fonte solar usam materiais semicondutores, que convertem a luz solar incidente diretamente em eletricidade em corrente contínua. Usa-se, então, um inversor para converter a corrente contínua em alternada antes que possa ser conectada a uma rede. Um

---

[2] As concessionárias de energia têm diferentes políticas de medição que determinam como a geração de energia é creditada. Enquanto a medição líquida poderia permitir uma troca um-por-um de eletricidade enviada à e retirada da rede pública, algumas concessionárias de energia alteram mensalmente as taxas de energia enviadas do varejo para o atacado.

TABELA 12-1 Definições de consumo de energia líquido zero (NZE); suas vantagens e desvantagens e sua viabilidade com base na localização da fonte de energia renovável

NZE	VANTAGENS	DESVANTAGENS	OPÇÃO DE LOCALIZAÇÃO DO SISTEMA DE ENERGIA RENOVÁVEL			
			NZEB A ÁREA OCUPADA NO TERRENO	**NZEB B** INSERÇÃO NO TERRENO	**NZEB C** GERAÇÃO EM OUTRO LOCAL	**NZEB D** CERTIFICADOS DE ENERGIA RENOVÁVEL (RECS)
Energia *in loco* (secundária)	• Energia medida no local com medidores e contas de eletricidade • Fácil de entender e comunicar • Encoraja o projeto da edificação eficiente em energia	• Exige mais eletricidade *in loco* para compensar o uso de gás natural • Não diferencia entre os tipos de combustível em termos de suas emissões ou outros impactos ambientais • Atribui o mesmo valor à compra ou venda de energia, sem considerar os custos adicionais de vendê-la à rede pública	**Difícil** A área para geração ou captação da biomassa é improvável	**Possível** Mais área para geração ou biomassa	**Fácil** Mais área para geração e biomassa	**Fácil** Não há restrições geográficas para se adquirir RECs
Energia na origem (primária)	• A meta de NZE é mais fácil de se atingir, pois a geração *in loco* é mais valorizada • Inclui a distribuição do combustível ou fonte energética e os impactos da geração • Valoriza de modo diferente cada fonte energética utilizada no local	• Fácil de implementar • Não diferencia entre os tipos de fonte energética em termos de suas emissões ou outros impactos ambientais • É necessária a conversão do local para a fonte • Não é fácil de comunicar nem de entender	**Possível** Quando a geração *in loco* de energia renovável é muito valorizada	**Possível** Quando a geração *in loco* de energia renovável é muito valorizada	**Difícil** Quando a biomassa é utilizada em grande quantidade	**Fácil** Não há restrições geográficas para se adquirir RECs
Custo energético	• Fácil de implementar e medir • Valoriza e permite o controle da resposta da demanda • Verificável com as contas de energia	• Os preços voláteis da energia dificultam a previsão do desempenho e a comparação entre anos	**Difícil** Depende das tarifas de compra da energia da rede pública	**Difícil** Quando a biomassa é utilizada em grande quantidade	**Difícil** Quando a biomassa é utilizada em grande quantidade	**Possível** Quando os RECs são baratos ou comprados em grande quantidade
Emissões	• É a meta de NZE mais fácil de alcançar • Considera as diferenças não energéticas entre os tipos de energia, como a poluição e os gases causadores do efeito estufa • Permite a inclusão dos impactos da energia incorporada e a ampliação a outros escopos, como as emissões veiculares	• A responsabilização depende das informações sobre emissões obtidas nas concessionárias, que provavelmente são dados históricos	**Possível** Quando a geração *in loco* tem fatores de emissão favoráveis	**Difícil** Quando a biomassa é utilizada em grande quantidade	**Difícil** Quando a biomassa é utilizada em grande quantidade	**Possível** Quando os RECs têm fatores de emissão favoráveis

Ilustração: Killer Banshee Studios.

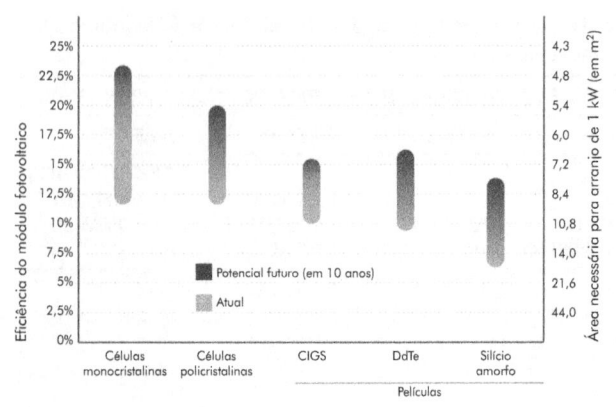

FIGURA 12-1 Eficiências típicas dos módulos fotovoltaicos. Fonte: Hootman, Thomas. *Net Zero Energy Design: A Guide for Commercial Architecture*. Hoboken, N.J. John Wiley & Sons, 2014. Ilustração: Prasad Vaidya.

painel ou módulo fotovoltaico é composto de várias células solares, e vários painéis formam o que chamamos de arranjo fotovoltaico. Além do arranjo, o *sistema* inclui as peças de instalação e suporte, fios, conduítes, um desconector, um inversor (que então é conectado ao painel de distribuição do prédio) e um contador de medição líquida, que conecta o sistema à rede. Se a intenção é armazenar a eletricidade, o sistema incluirá baterias de armazenamento, controlador de carga e desconector de baterias.

A eficiência de um sistema fotovoltaico de converter radiação solar em eletricidade depende do material e da composição do semicondutor. As células monocristalinas são as mais eficientes, sendo seguidas pelas células policristalinas e as tecnologia com película (Figura 12-1). Os painéis fotovoltaicos formados por películas são flexíveis e podem ser aplicados diretamente a elementos de vidro, plástico ou metal, permitindo que sejam incorporados diretamente a componentes construtivos de um prédio, como sistemas de cobertura, envidraçamento ou paredes (painéis de vedação externa). Os painéis mais eficientes também são os mais caros. Todavia, painéis de baixa eficiência exigem áreas maiores, elevando os custos de montagem e instalação e resultando em perda de área útil nas coberturas. A escolha da tecnologia de célula solar é uma importante consideração nos prédios com consumo de energia líquido zero quando o espaço é limitado. A pesquisa e o desenvolvimento de novas tecnologias fotovoltaicas são bastante intensos, e, hoje, o foco é a nanotecnologia e os polímeros orgânicos. O aumento das vendas e instalações também tem resultado em uma queda significativa dos preços. Nos Estados Unidos, o custo caiu de 70 dólares por watt gerado na década de 1970 para menos de 0,40 dólar por watt em 2014. Ainda assim, espera-se que o custo desses sistemas caia ainda mais no futuro próximo.

A tecnologia fotovoltaica se baseia em módulos e tem diversas escalas. Desde que haja espaço disponível, podem-se unir painéis com facilidade. Eles funcionam em qualquer tipo de clima, inclusive nas regiões com alta nebulosidade. É relativamente fácil prever os níveis de radiação solar ao longo do ano, o que permite estimar de modo seguro a geração de energia de um sistema fotovoltaico para cada mês ou ano. Eles desfrutam de uma longa vida útil, exigem pouca manutenção e não têm partes móveis. Veja a Figura 12-2.

A localização, o sombreamento, a orientação solar e a inclinação dos painéis são fatores que determinam a geração efetiva de energia. *Grosso modo*, um arranjo orientado para o norte (no Hemisfério Sul), sem receber qualquer sombra projetada e com inclinação equivalente à latitude do local maximizará a geração energética. Para que o arranjo fotovoltaico tenha inclinação diferente da superfície em que está instalado

FIGURA 12-2 A. Arranjo fotovoltaico instalado com inclinação sobre uma laje de cobertura plana da Biblioteca Pública de Berkeley. B. O detalhe do pontalete projetado por Harley Ellis Deveraux para a instalação do arranjo fotovoltaico permite a substituição futura dos painéis e a facilidade de manutenção da cobertura e do arranjo. Cortesia de Harley Ellis Devereaux.

(geralmente uma cobertura), pode-se usar um suporte. Se o arranjo inclinado tiver a forma de um *shed* (formando dentes em vista lateral), as sombras projetadas pelos painéis contíguos deverão ser minimizadas com o espaçamento adequado dos painéis. Marquises e coberturas de vagas de estacionamento podem ser aproveitadas para a geração de energia elétrica se incluírem painéis fotovoltaicos.

A PV Watts Calculator é uma ferramenta online gratuita que calcula a geração fotovoltaica, usando os dados sobre a radiação solar do local e outras informações do sistema. Ela pode ser utilizada para estimativas preliminares de um projeto a fim de comparar tipos de sistemas, orientações solares e impactos da geração de energia.

Energia térmica solar

Os coletores térmicos solares captam radiação solar e a convertem no calor aproveitado para calefação de ambientes, água quente para uso doméstico, acionamento de resfriadores de absorção ou geração de vapor de água. A geração de eletricidade, o acionamento de resfriadores de absorção e a produção de vapor de água exigem temperaturas elevadas; enquanto a água quente para consumo doméstico, uso em piscina, calefação de ambientes e uso em outros processos industriais pode ser obtida com temperaturas inferiores. A eficiência dos coletores térmicos solares é de cerca de 50%; a das usinas térmicas solares, de 30%.

Coletores que concentram raios solares (Figura 12-3A) são utilizados para gerar calor de cozimento em usos de larga escala. Também há concentradores similares que geram

---

A razão de eletricidade total gerada (kWh) para determinada capacidade de painel fotovoltaico (kW) é chamada de coeficiente de desempenho (kWh/kW) e pode ser calculada usando-se watts fotovoltaicos. Divida o consumo energético almejado para o prédio (kWh) pelo coeficiente de desempenho a fim de estimar a capacidade necessária para o sistema. A área do arranjo fotovoltaico pode ser calculada com a seguinte fórmula:

área do arranjo (m^2) = tamanho (kW) ÷ (1kW/m^2 × eficiência do módulo (%))

Essa área do arranjo é a área total dos módulos. A área total exigida pelo sistema pode incluir espaços entre os módulos e espaços entre os inversores e outras partes do sistema.

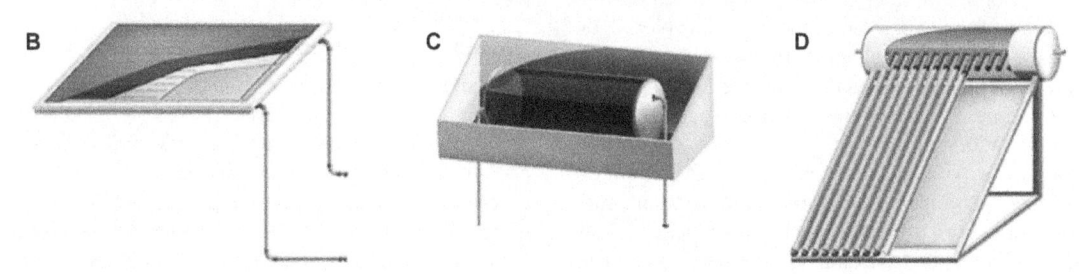

FIGURA 12-3 A. Coletor solar concêntrico de uma horta comunitária de Auroville. B. Coletor solar plano. C. Coletor solar por lote. D. Coletor solar com tubos a vácuo. Fonte: A. Fotografia de John Harper. B, C, D. Fonte: Energystar.gov.

calor para acionar turbinas que, por sua vez, geram energia elétrica termossolar.

Os coletores planos são caixas escuras isoladas, com uma face envidraçada e uma rede de tubos que absorve calor, aquecendo a água (Figura 12-3B). Eles produzem calor sob baixas temperaturas. São bons absorventes e funcionam com eficiência em climas quentes nos quais a diferença de temperatura entre a água quente e o ar externo não é grande demais. Coletores por lote (Figura 12-3C), nos quais o reservatório encontra-se dentro do próprio coletor, são baratos, mas como o tanque não pode ser isolado, incorrem em perdas térmicas significativas à noite.

Os coletores com tubos a vácuo (Figura 12-3D) são feitos com tubos de vidro com duas camadas, entre as quais há vácuo. O tubo interno absorve o calor, e o vácuo serve de isolante térmico. Os tubos contêm um líquido que aquece ou é vaporizado, transferindo o calor. Eles são empregados em usos em que a temperatura da água deve ser muito alta. Os refletores parabólicos por trás dos tubos aumentam sua capacidade de coletar calor.

Os sistemas ativos usam bombas para circular água, enquanto os passivos se baseiam na termodinâmica para o deslocamento da água. Em um sistema direto, a água utilizada no prédio corre através do coletor solar que a aquece. Os sistemas indiretos separam o circuito dos painéis solares do circuito do prédio, utilizando um trocador de calor entre eles. Em climas frios, usa-se uma mistura anticongelante no circuito dos painéis.

Os coletores de energia térmica solar devem ser localizados de modo que previna seu sombreamento. Os painéis devem ser orientados para o norte (no Hemisfério Sul), e ter inclinação equivalente ao ângulo da latitude. Essa orientação solar e inclinação devem ser analisadas a fim de se determinar a perda de potencial de coleta de calor. Se o consumo de água quente mudar muito conforme a estação, pode ser interessante variar a inclinação; e, se o consumo depender do horário do dia, também é possível alterar a orientação solar. O RETScreen é um *software* baseado no Excel que pode ser utilizado para avaliar os sistemas térmicos solares.

Energia eólica

As turbinas eólicas (ou aerogeradores) convertem energia cinética em eletricidade. A energia gerada é uma função do quadrado do diâmetro do rotor (área varrida) e do cubo da velocidade do vento. Assim, velocidades de vento mais elevadas e pás maiores resultam em mais energia convertida; e pás menores ou velocidades inferiores geram quantidades de energia desproporcionalmente inferiores. Quanto mais alta estiver a turbina em relação ao solo, maior será a velocidade do vento, e, portanto, mais elevada a geração de energia. Aerogeradores altos e grandes são muito mais eficientes e, consequentemente, mais comuns do que os pequenos, na escala das edificações.

Os rotores de eixo horizontal também são mais comuns do que os de eixo vertical (Figura 12-4). Um rotor horizontal e suas pás ficam voltados para a direção do vento e acompanham suas mudanças de orientação. As turbinas eólicas de eixo vertical, por sua vez, têm um rotor vertical e pás helicoidais retorcidas que lhes conferem um aspecto de uma estrutura espiral, especialmente quando estão se movimentando. Elas costumam ser menores, mas coletam ventos oriundos de qualquer direção.

FIGURA 12-4 A. Turbina eólica de eixo vertical. B. Turbina eólica (aerogerador) de eixo horizontal. Fotógrafo: Thung Sarn.

O projeto de cada turbina eólica (aerogerador) depende das velocidades do vento no local. A velocidade do vento mínima que faz a turbina se mover é chamada de velocidade média mínima e, na maioria das turbinas eólicas, é 11 km/h, embora alguns aerogeradores de eixo vertical funcionem com apenas 8 km/h.

A energia eólica pode ser mais adequada para um campus universitário ou uma pequena comunidade, em virtude do estado atual da tecnologia. Esses equipamentos têm partes móveis que exigem manutenção regular. A instalação de uma turbina eólica em um prédio pode resultar em cargas estruturais elevadas e complexas, que precisarão ser resolvidas pelo projeto. A direção e a velocidade do vento são muito influenciadas pela topografia, pela vegetação, pelos corpos de água e pelos prédios do entorno imediato. O ideal é que a medição do vento seja feita no próprio terreno, para que se possa averiguar o potencial preciso de geração de energia eólica.

Biomassa e energia elétrica biológica

A biomassa é a matéria orgânica (ou seja, de organismos vivos) que pode ser cultivada ou reabastecida dentro de um período relativamente curto. Ela pode ser usada como fonte energética direta para combustão, ou, após a conversão, como biocombustível, usando-se um processo químico ou bioquímico. Os resíduos florestais que são fontes de biomassa são serragem, cavaco de madeira e outros dejetos de árvores e plantas. A biomassa industrial é cultivada para esse propósito específico, ou pode ser um subproduto ou material descartado de outros processos industriais. Ela pode ser obtida de árvores derrubadas, gramíneas (como *Panicum virgatum*), cânhamo, cana de açúcar, bambu, palmeiras, eucaliptos, etc. O lixo gerado por seres humanos e animais produz biogás, que é utilizado em comunidades rurais para cozimento, calefação e geração de eletricidade. A biomassa derivada de algas pode ser produzida em taxas de 5 a 10 vezes mais rápidas do que outros tipos de biomassa agrícola, como milho e soja.

À medida que cresce, a biomassa sequestra o CO_2 da atmosfera. A queima de biomassa ou biocombustível libera a mesma quantidade de CO_2 que seria liberada na atmosfera de outra maneira, como a decomposição. No entanto, o processo de cultivar, adubar, colher, processar e transportar a biomassa pode resultar em emissões de carbono adicionais. O desmatamento para o cultivo de plantas que produzirão biomassa também resulta em emissões de gases causadores do efeito estufa. Quando essas emissões do ciclo de vida são consideradas, é difícil dizer que a biomassa é neutra em termos de emissões de carbono. Apesar de tudo, ela representa uma redução significativa de emissões de carbono quando comparada ao uso de combustíveis fósseis para a geração de energia. Outros impactos da biomassa incluem questões socioeconômicas resultantes de alterações no uso fundiário e na produção agrícola, bem como os impactos gerados na poluição do ar e da água. As melhores aplicações da biomassa não exigem mudanças no uso do solo e implicam alterações mínimas na agricultura e pouquíssimo transporte. Outra boa aplicação da biomassa é para o aproveitamento de lixo ou resíduos industriais disponíveis na região.

A energia elétrica biológica é gerada com a queima de biomassa ou biocombustível em usinas de concessionárias (a partir de 20 MW) ou, na escala de um prédio ou comunidade, em sistemas modulares. A biomassa ou o biocombustível é queimado a fim de gerar vapor de água, que aciona uma turbina e gera eletricidade a uma eficiência entre 20% e 40% e produz calor residual. Quando esse calor residual é capturado e utilizado para calefação e para acionar resfriadores de absorção (para o resfriamento), pode resultar em eficiências de conversão entre 70% e 90%, ou seja, similares às de sistemas de cogeração de energia elétrica e térmica. A gaseificação integrada da biomassa converte-a em uma mistura de hidrogênio e CO_2 que queima de modo mais eficiente e tem menos emissões particuladas do que a combustão direta. A biomassa pode abastecer caldeiras que fornecem calor para calefação de ambientes e água quente para consumo doméstico.

Os projetos que se baseiam na biomassa como energia renovável precisam de uma fonte consistente e segura de biomassa. Uma das vantagens da energia da biomassa em relação à solar ou eólica é seu potencial de disponibilidade ao longo do dia e do ano. Ela pode ser combinada de modo efetivo com a energia solar, de modo que a biomassa forneça a energia de base, e o sol forneça a energia de pico, durante o dia.

O potencial técnico das edificações com consumo de energia líquido zero

O projeto de um prédio com consumo de energia líquido zero é único e tem exigências distintas daquelas de um prédio com baixo consumo de energia. A quantidade de energia renovável que pode ser gerada determina o orçamento do consumo energético do prédio. A quantidade de energia renovável depende das fontes disponíveis no local, como a radiação solar, os ventos ou a biomassa; dos custos de instalação e manutenção; e do interesse do proprietário em adquirir energia renovável fora do terreno. A redução do consumo de energia, por outro lado, é limitada pelas tecnologias eficientes em energia e pela viabilidade das abordagens passivas de projeto, que dependem das condições do terreno e dos padrões de uso do prédio.

Os projetos com consumo de energia líquido zero usam mais estratégias passivas do que os projetos de edificações convencionais. Entre elas, estão vedações externas eficientes (com maior isolamento), ventilação de conforto e ventilação noturna de massas termoacumuladoras, iluminação natural com controle da luz artificial, elementos de sombreamento externo das janelas e aberturas com caixilhos móveis (janelas de abrir) e alto desempenho. As abordagens ao sistema de climatização se afastam daquelas dos sistemas típicos com unidades compactas de climatização instaladas na cobertura. Elas empregam calefação e resfriamento por radiação e sistemas com refrigerantes em volumes variáveis; bombas de calor geotérmicas e trocadores da calor ar-ar também são mais comuns.[3] Com as tecnologias e questões econômicas atuais, é mais interessante, em termos de custo, investir pesado na eficiência energética para se atingir esse potencial completo e reduzir o consumo, do que investir na geração de uma energia mais renovável.

A forma e o tamanho de uma edificação afetam não somente seu potencial de eficiência energética como também a área de vedações externas que pode ser utilizada pelos painéis fotovoltaicos. A cobertura oferece acesso desobstruído à radiação solar. Para determinado programa de necessidades de um prédio, a área de cobertura reduz à medida que o número de pavimentos aumenta, diminuindo o potencial de geração de energia fotovoltaica. Isso reduz o orçamento de consumo de energia de uma edificação. A Figura 12-5 mostra o impacto do aumento do número de pavimentos em prédios com consumo de energia líquido zero em diferentes locais. Prédios de múltiplos pavimentos em todos os locais têm limites de intensidade de uso de energia muito baixos para atingirem um consumo de energia líquido zero, pois as tecnologias de geração de energia atualmente disponíveis não são viáveis para eles. Essas edificações precisam considerar outras alternativas de energia renovável.

Um estudo do potencial técnico das tipologias de edificação dos Estados Unidos concluiu que, em virtude de sua localização, tipologia e forma típica, somente 62% dos novos prédios comerciais teria como atingir o objetivo do consumo de energia líquido zero. Este estudo avaliou as tecnologias conhecidas e coberturas com até 50% da área ocupada por módulos fotovoltaicos.[4] As soluções de projeto passivo utilizadas no estudo se limitaram à iluminação natural, ao sombreamento, ao alongamento do formato do prédio e às

---
[3] New Buildings Institute, 2014, www.newbuildings.org.
[4] B. Griffith, N. Long, P. Torcellini, R. Judkoff, D. Crawley, and J. Ryan. *Assessment of the Technical Potential for Achieving Net Zero-Energy Buildings in the Commercial Sector*, NREL/TP-550–41957 (Golden, CO: National Renewable Energy Laboratory, 2007), www.nrel.gov/docs/fy08osti/41957.pdf.

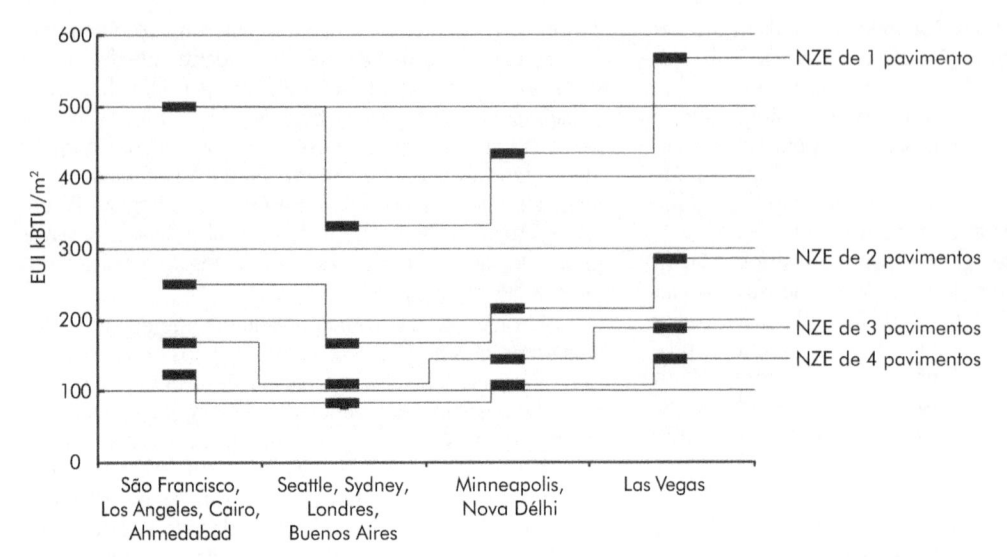

FIGURA 12-5 Os limites de intensidade de uso de energia mudam conforme o número de pavimentos. Diferentes localidades do mundo inteiro são mostradas com 70% da cobertura ocupada por um arranjo fotovoltaico e eficiência de módulo padrão (15%). Ilustração: Prasad Vaidya.

mudanças de orientação solar. As estratégias passivas de projeto de calefação e resfriamento específicas para cada clima, discutidas no Capítulo 9, não foram consideradas. Outro estudo do potencial técnico feito na Califórnia concluiu que edifícios multifamiliares altos, grandes prédios de escritórios e restaurantes convencionais (com mesas e cadeiras) não têm como alcançar o consumo de energia líquido zero.[5] Esses prédios precisariam ter sistemas fotovoltaicos adicionais no terreno ou outras formas de geração de energia renovável.

As áreas urbanas compactas favorecem o uso do transporte público e reduzem o consumo de energia dos veículos. Mas elas também reduzem as áreas de cobertura e aumentam o risco de sombreamento nas coberturas, efetivamente diminuindo a capacidade de geração energética dos sistemas fotovoltaicos. Seguindo o mesmo raciocínio, pode-se dizer que as áreas suburbanas de baixa densidade e onde o consumo de energia dos veículos é mais alto têm maior potencial de aproveitamento da energia fotovoltaica. Na escala das comunidades, deve-se avaliar a eficiência da densidade da infraestrutura, o acesso de veículos e o nível de insolação, que variam bastante.

Questões de projeto de edificações com consumo de energia líquido zero

Quando o proprietário da edificação e a equipe de projeto se comprometem com a meta de atingir o consumo de energia líquido zero, muitos outros aspectos dos esforços feitos para esse objetivo devem ser negociados. Essas questões não costumam ser discutidas durante a elaboração de um projeto convencional. Na Science House, em Minnesota, as discussões travadas já no lançamento do projeto para otimizar a geração de energia renovável, as opções eficientes, os custos e o orçamento total levaram à redução da área construída, de modo que uma solução de prédio com consumo de energia líquido zero se adequasse ao orçamento de projeto. Quando a eficiência da calefação, do resfriamento, da iluminação e da ventilação é aprimorada de modo radical, as cargas das tomadas (isto é, dos equipamentos elétricos) podem responder por até 50% do consumo total de energia do prédio.[6] Embora a seleção desses equipamentos fique fora do escopo de um projeto típico, as equipes de projeto das edificações com consumo de energia líquido zero precisam ter discussões com o proprietário e os usuários sobre os aparelhos e equipamentos elétricos para reduzir o consumo de energia final. No edifício-sede da Fundação Packard, isso implicou a mudança dos equipamentos de computação, e o setor de tecnologia do proprietário também criou um aplicativo para informar os usuários sobre as condições climáticas apropriadas à ventilação natural. Garantir o desempenho de um prédio com consumo de energia líquido zero vai além da instalação dos sistemas e tecnologias prediais. Essas edificações precisam de sistemas de monitoramento que forneçam informações úteis, bem como uma equipe operacional que atente ao desempenho do prédio. As equipes que projetam prédios com consumo de energia líquido zero devem se preparar para abordar um conjunto de questões muito mais amplo do que aquele de um prédio típico.

No caso das edificações com consumo de energia líquido zero que são locados, os diferentes sistemas de aluguel precisam ser discutidos junto com a abordagem de projeto. Às vezes é necessário um contrato de aluguel especial, similar a um contrato de aluguel ecologicamente sustentável, para garantir que os inquilinos assumam a responsabilidade pelo desempenho do prédio e desfrutem dos benefícios decorrentes. Esse tipo de contrato define as responsabilidades que o inquilino e o administrador ou proprietário do prédio têm em termos de gestão da energia.[7] O contrato pode ser estruturado de modo que as economias de energia de operação do prédio sejam transferidas para o inquilino. O administrador ou proprietário mantém e monitora certos sistemas do prédio, como o sistema de climatização central, os elevadores, os equipamentos de uso comum e a iluminação das áreas comuns. O inquilino

---

[5] Arup. "The Technical Feasibility of Zero Net Energy Buildings in California," 2012. CALMAC Study ID—PGE0326.01.

[6] New Buildings Institute, 2014, www.newbuildings.org.
[7] IMT. "What Is Green Leasing? Institute for Market Transformation," 2015, www.imt.org/finance-and-real-estate/green-leasing/infographic.

pode ser responsável pela eficiência energética de aparelhos, sistemas de iluminação, redes elétricas e equipamentos em seus espaços. Podem ser estimados consumos de energia para os inquilinos e instalados medidores individuais, com mostradores que indiquem o consumo em tempo real. Seja com a medição geral, seja com a individual do consumo de energia, podem ser estabelecidos incentivos e penalidades para um usuário que ficar abaixo ou acima do consumo energético previsto. Caso os inquilinos extrapolem o consumo de energia estipulado, eles poderiam ser obrigados a adquirir Certificados de Energia Renovável.

A eletricidade é uma forma refinada de energia e pode ser utilizada para praticamente qualquer tipo de uso final. No entanto, a conversão de outras formas de energia em eletricidade resulta em perdas significativas. Projetar pressupondo-se que a eletricidade é a única forma de energia renovável para um prédio pode acarretar o uso ineficiente de energia. A primeira prioridade deve ser o uso de energia gratuita produzida *in loco* e na forma que estiver disponível. Por exemplo, o uso de luz visível para a iluminação natural de um espaço é um uso direto que resulta em praticamente nenhuma perda; por outro lado, a conversão da luz solar em eletricidade e, depois, seu uso em luminárias elétricas pode resultar em perdas superiores a 80% em relação à fonte. De modo similar, quando a energia térmica está disponível no terreno, ela deve ser explorada para o uso também como energia térmica, antes que seja convertida em eletricidade.

Em prédios comerciais, forneça iluminação natural em 100% da área de piso. Ao mesmo tempo, evite iluminação natural, ofuscamento e penetração do solo excessivos. Os sistemas para medir iluminação natural, como Daylight Autonomy, Useful Daylight Index e Spatial Daylight Autonomy, podem ser utilizados para avaliar as opções de projeto.

Otimize o desempenho passivo e reduza as cargas de calefação e resfriamento no pico de consumo. Aproveite o potencial do projeto passivo que o clima tem para calefação e resfriamento. A ventilação natural e a híbrida com conforto térmico passivo reduzem o número de horas que o sistema de climatização é utilizado. Reduza as cargas internas e crie um sistema de vedação estanque e eficiente, com proteção solar adequada. A sede regional da DPR Construction Phoenix, no Arizona, usa sistemas de ventilação natural, resfriamento por evaporação, ventiladores de teto e ventilação noturna de massas termoacumuladoras junto com a iluminação natural, o sombreamento e as vedações externas com bom desempenho térmico para reduzir o uso do condicionamento de ar. Essas estratégias reduzem a carga de resfriamento estimada de 54 ton para 25 ton.[8]

Aproveite o uso de sistemas de climatização como o resfriamento e a calefação por radiação, que combinam bem com a ventilação natural. Nos prédios com consumo de energia líquido zero, parece haver uma preferência pela abordagem totalmente elétrica, com bombas de calor como o equipamento de climatização preferido tanto para a calefação como para o resfriamento. O argumento pela abordagem das bombas de calor totalmente a energia elétrica se baseia nas seguintes premissas: as bombas de calor são muito eficientes; o custo dos sistemas fotovoltaicos já é baixo o suficiente para que esses possam abastecer as bombas de calor; e a alternativa (os sistemas térmicos solares) são complexos, exigem baterias para armazenar energia e têm custos de manutenção mais altos.[9] Contudo, em áreas urbanas densas, as usinas de cogeração de energia elétrica e térmica ou outros sistemas de calefação e resfriamento podem ser mais apropriados.

É necessário usar-se uma abordagem integrada à estimativa de custo para que as tecnologias eficientes em energia e os sistemas de energia renováveis não resultem em custos iniciais elevados. Os prédios com consumo de energia líquido zero reduzem significativamente as cargas energéticas, assim deve ser levada em conta a redução do tamanho dos sistemas de climatização e resfriamento. O edifício-sede da Fundação Packard usa uma torre de arrefecimento sem resfriador para recarregar o reservatório térmico à noite, e suas vedações externas de alto desempenho praticamente eliminam a necessidade de um sistema de calefação. As cargas térmicas internas do prédio são suficientes para aquecer o prédio durante o dia. Um pequeno aquecedor e um sistema de calefação elétrico de baixo custo foram previstos como equipamentos de emergência a serem usados em eventos climáticos extremos. A redução da capacidade de um sistema e a eliminação de sistemas ajudam a compensar o custo de outras tecnologias empregadas. Os arranjos fotovoltaicos são modulares, e cada estratégia que reduza o consumo de energia também diminuirá o tamanho e o custo do sistema fotovoltaico.

A Tabela 12-2 contém alguns dos parâmetros de desempenho dos componentes prediais que podem ser utilizados para que se alcance a meta de se tornar um prédio com consumo de energia líquido zero. Isso nos ajuda a entender até que ponto o desempenho precisa ser aprimorado em relação àquele de um prédio convencional. Existem várias estratégias de ponta que podem ser exploradas para que se alcancem esses níveis. Contudo, cada equipe de projeto precisa investir em uma análise detalhada do sistema energético para desenvolver a solução ideal e com parâmetros de desempenho customizados com base no uso e na localização do prédio.

O consumo de energia líquido zero na escala comunitária

Uma comunidade usa energia em suas edificações, atividades industriais, veículos e infraestrutura (como de iluminação pública, tratamento de esgoto, abastecimento de água, gestão de lixo sólido, etc. O escopo de uma comunidade com consumo de energia líquido zero pode ir além da energia gasta pelos prédios, buscando um estilo de vida mais completo em termos energéticos ou emissões líquidas zero.

Quando uma comunidade é tratada como um sistema integrado, que inclui tanto os prédios como o transporte, a indústria e outros serviços, as relações entre esses sistemas podem oferecer oportunidades únicas. As edificações com baixa intensidade no consumo de energia podem ter resultado energético positivo, ou seja, gerar mais energia do que consomem, ajudando a compensar o desequilíbrio energético das tipologias de edificação menos eficientes e com capacidade

---

[8] Correspondência pessoal entre Jay Robins e Prasad Vaidya, January 5, 2015.

[9] William Maclay, *The New Net Zero*. White River Junction, VT: Chelsea Green Publishing, 2014.

TABELA 12-2 Parâmetros de projeto para que se alcance o objetivo do consumo de energia líquido zero

META DE PROJETO	UNIDADE	PADRÃO EXISTENTE (ESTADOS UNIDOS)	PADRÃO APRIMORADO	MELHOR PRÁTICA
Intensidade de uso de energia entregue	kBTU/ft^2-ano	90	40-60	< 30
Densidade da potência da iluminação: carga conectada	W/ft^2	1,5	0,8	0,4-0,6
Densidade da potência da iluminação: rede de controles do modo utilizado	W/ft^2	1,5	0,6	0,1-0,3
Computadores/aparelhos/iluminação sobre o plano de trabalho instalados	W/ft^2	4-6	1-2	< 0,5
Valor-R das vidraças (no centro do sistema)	ft^2-F°-h/BTU	1-2	6-10	≥ 20
Valor-R das janelas (incluindo a esquadria)	ft^2-F°-h/BTU	1	3	7-8
Seletividade espectral da vidraça*	k_e = Tvis/SC	1	1,2	> 2,0
Absortância solar e emitância de infravermelhos da cobertura	α, ε	0,8-0,2	0,4, 0,4	0,08, 0,97
Estanqueidade ao ar do prédio inteiro	ft^{3}m/ft^2 @ 0,3" w.g.	1	0	< 0,25
Resfriamento mecânico instalado	ft^2/ton	250-350	500-600	1.200-1.400 +
Eficiência por hora do projeto de resfriamento**	kW/ton	1,9	1,2-1,5	< 0,6
Nível de calefação periférica instalada	–	extensivo	mínimo	zero

*Uma medida de internalização da luz, sem permitir a entrada do calor.
**Para o sistema completo, incluindo o resfriamento, a rejeição de calor, os ventiladores e as bombas.
Fonte: Amory B. Lovins, *Reinventing Fire*. White River Junction, VT: Chelsea Green Publishing, 2011.

fotovoltaica reduzida. Juntos, esses prédios podem criar uma comunidade com consumo de energia líquido zero. Os sistemas de cogeração de energia elétrica e térmica e de conversão energética da biomassa são mais econômicos na escala de uma comunidade. O biogás emitido pelo tratamento de esgoto e lixo sólido pode ser mais facilmente aproveitado nessa escala e utilizado em uma usina a biocombustível. Os veículos elétricos carregados em tomadas podem servir de sistema de armazenamento quando a energia renovável é gerada em excesso por um sistema eólico ou solar. O *smart-grid*[10] pode manejar as cargas de energia, seu armazenamento e a geração elétrica à medida que o ecossistema da comunidade se torna mais diverso.

Em Fort Carson, uma base militar dos Estados Unidos que acomoda 69 mil pessoas em 55.440 ha, uma microrrede comunitária administra a sinergia entre prédios, veículos e renováveis controlando o carregamento dos veículos elétricos para regular as cargas e incluir a geração variável de energia renovável.[11]

Talvez uma das comunidades com o circuito fechado eficiente mais completo do mundo seja Hammarby Sjöstad, em Estocolmo, Suécia. Ela foi projetada para aproveitar os dejetos urbanos, como lixo sólido, esgoto e calor residual, como fonte de funcionamento da comunidade. Em Hammarby Sjöstad, a densidade urbana melhora a efetividade da comunidade. O lixo e o esgoto domésticos geram biogás, sólidos combustíveis e fertilizantes. O biogás retorna às habitações para cocção e transporte, e os fertilizantes são utilizados para cultivar biomassa, que será usada para gerar eletricidade e calor. A comunidade também converte energia solar, eólica e hidrelétrica. O lixo é gerido com triagem, reciclagem e reúso; e a água drenada é reciclada para reúso. O uso do solo e o planejamento do transporte também fazem parte da solução ambiental completa. Esse ciclo ecológico é chamado de Modelo de Hammarby. Há outros exemplos de comunidades emergentes que têm baixas emissões de carbono ou consumo de energia líquido zero. Elas incluem B001 Western Harbor, na Suécia; Vauban, na Alemanha; GEOS, nos Estados Unidos (Colorado); BedZED, no Reino Unido; e a Universidade Nalanda, que está construindo um campus com geração de lixo e consumo de energia e água líquidos zero em uma área com 182 ha perto de Rajgir, em Bihar, Índia.

As redes de utilidades públicas e a geração distribuída

Existem três tipos principais de redes de distribuição pública. As utilidades públicas têm *redes pontuais* nos locais onde há grandes concentrações de cargas, como hospitais, aeroportos ou centros de dados, enquanto as *redes de área* são encontradas nos centros das cidades. Tanto as redes locais como as específicas incluem proteções que não permitem aos prédios enviarem energia a elas. Esse sistema foi criado como um mecanismo de segurança a fim de evitar que grandes prédios e instalações, com geradores de emergência, acidentalmente enviassem eletricidade à rede pública. Como resultado, pode ser um desafio conseguir que os imóveis com consumo de energia líquido zero que estão nos núcleos urbanos enviem eletricidade à rede pública. As *redes radiais* têm o leiaute de uma árvore e são encontradas em áreas suburbanas ou rurais e, geralmente, não possuem protetores de rede, o que facilita o envio de eletricidade à rede pública (Figura 12-6).

Os prédios com consumo de energia líquido zero, por definição, incluem alguma forma de geração distribuída.

---

[10]Na sua essência, um *smart-grid* é uma rede elétrica moderna que utiliza tecnologia de informação e comunicação para coletar e reagir à informação, como comportamento do consumidor, da edificação, das cargas e das instalações, com o objetivo de automatizar e melhorar a eficiência, confiabilidade e economia da produção e distribuição de energia elétrica.

[11]Mike Simpson, Tony Markel, and Michael O'Keefe, "Vehicle to Micro-Grid: Leveraging Existing Assets for Reliable Energy Management," December 6-10, 2010. http://www.nrel.gov/docs/fy11osti/49870.pdf.

A **Rede** de uma Área

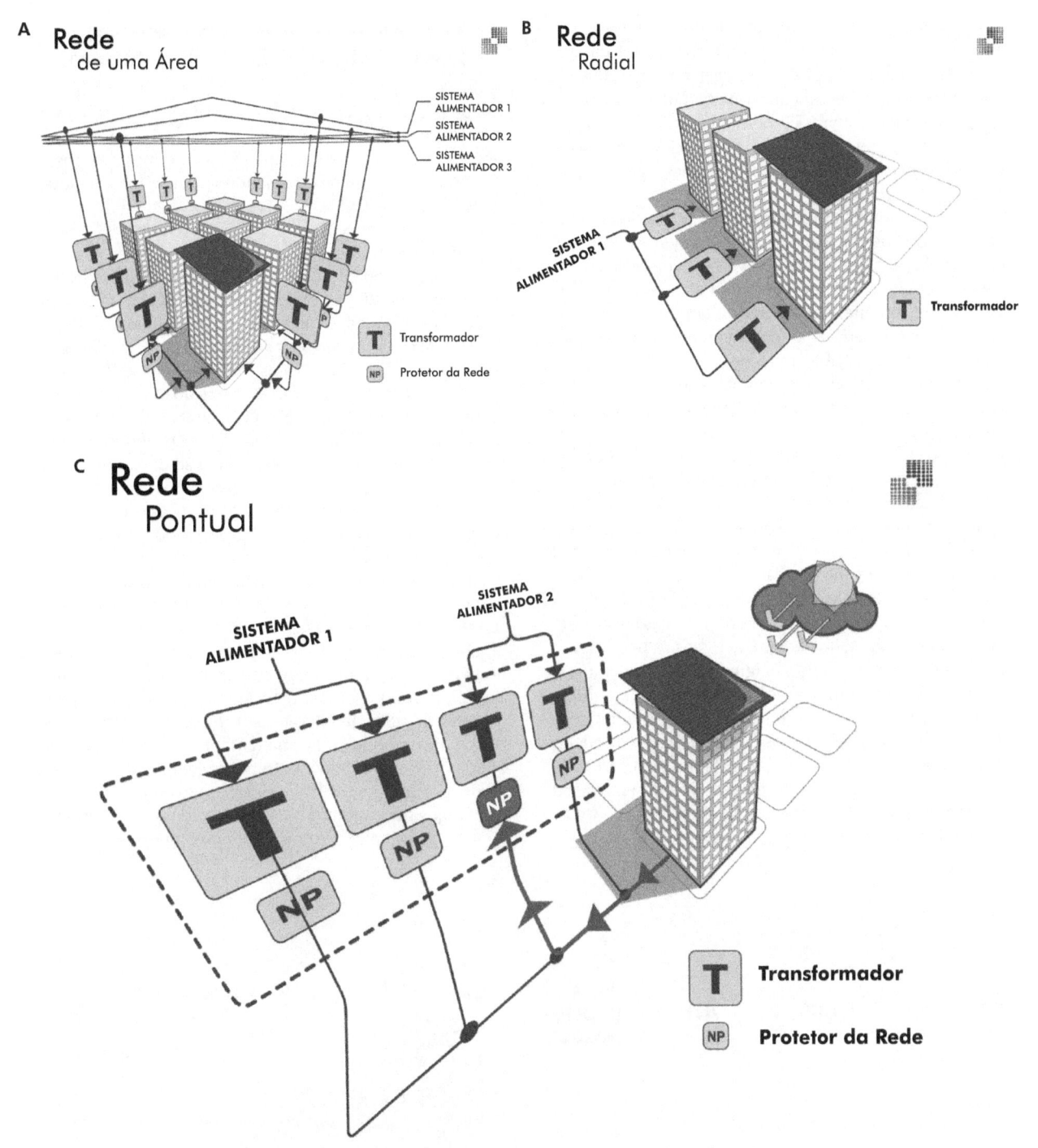

B **Rede** Radial

C **Rede** Pontual

FIGURA 12-6 A. Redes de área. B. Redes radiais. C. Redes pontuais. Fonte: PAE Consulting Engineers.

A maneira pela qual uma concessionária mede a energia enviada à rede pelos prédios pode impactar a viabilidade econômica dos sistemas de energia renovável. Em geral, há três tipos de compensação para a geração de energia distribuída.

A *medição líquida* é um serviço fornecido a um consumidor no qual a eletricidade gerada no local pode ser aproveitada para compensar aquela fornecida pela rede pública. Nos Estados Unidos, como parte da Lei de Política Energética (Energy Policy Act) de 2005, todas as concessionárias de eletricidade pública são obrigadas a informar o consumo líquido a seus clientes. O consumo líquido é cobrado com uma taxa de varejo; e a geração em excesso pode resultar em uma compensação ao consumidor se tais pagamentos não forem feitos pela concessionária. Em 2014, a Califórnia passou a exigir que a eletricidade enviada à rede pelos consumidores fosse remunerada com o mesmo valor cobrado pela concessionária naquele momento.

Ao contrário do sistema de medição do consumo de energia líquido zero, o sistema *feed-in tariff* (FIT) utiliza um valor especial para o fornecimento de energia renovável, que costuma ser mais elevado. À medida que o número de usuários que optarem pelo sistema FIT aumentar, o preço tenderá a diminuir as tarifas de varejo. O sistema FIT exige um medidor adicional a fim de medir separadamente a energia enviada à rede pelo consumidor.

A terceira forma de compensação é o uso de *contratos de compra de energia elétrica*, que geralmente remuneram o consumidor abaixo da tarifa de varejo. Contudo, no caso da energia solar, os contratos de compra de energia elétrica poderiam ser remunerados acima da tarifa pública, pois a geração de eletricidade solar tende a coincidir com os picos de consumo na rede pública.

O modelo tradicional das empresas concessionárias de geração e distribuição de energia dependia da obtenção de lucro com o atendimento das cargas crescentes e os retornos sobre os investimentos de capital feitos para atender a essas cargas. Em economias desenvolvidas, estima-se que a venda de energia por parte das concessionárias estagne devido ao menor crescimento do estoque de edificações, à difusão de medidas para a eficiência energética no mercado e ao lento crescimento da geração de energia distribuída. O aumento das vendas de veículos elétricos não deverá compensar esses fatores. Além disso, a geração distribuída está crescendo. Ao mesmo tempo, a infraestrutura das redes públicas está envelhecendo e exigindo reinvestimentos. Essas tendências impõem desafios aos modelos de utilidade pública tradicionais que se baseiam no crescimento das redes. Nas próximas décadas, as concessionárias de energia e as agências reguladoras precisarão tentar novos modelos de negócios para que possam lidar com a estagnação da demanda, o aumento da geração distribuída e as redes públicas mais complexas.

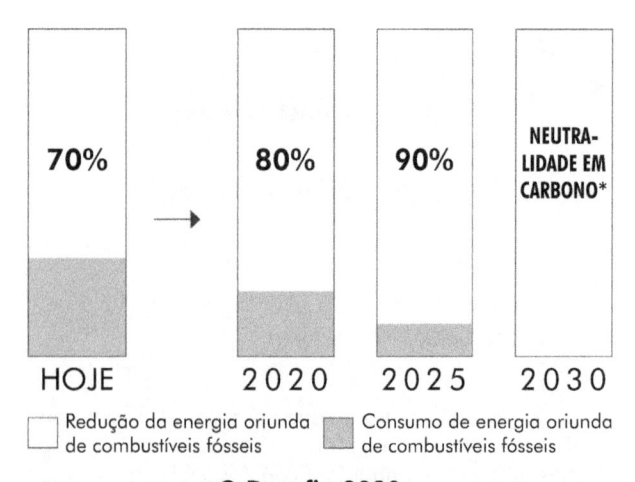

As políticas públicas para as edificações com consumo de energia líquido zero

A abordagem da política pública para os prédios com consumo de energia líquido zero varia conforme o país, o estado e a cidade. Todas essas políticas, contudo, buscam alcançar objetivos mais ou menos parecidos em termos de consumo de energia, geração de energia renovável no local e redução das emissões de CO_2.

A Architecture 2030, uma organização sem fins lucrativos, foi fundada em 2002 para responder à crise das mudanças climáticas por meio de transformações no ambiente construído. A Architecture 2030 publicou o Desafio Comunitário para 2030 (2030 Challenge – Figura 12-7) à comunidade global da arquitetura e construção para que essa adote metas de redução de consumo de energia. Essas metas podem ser alcançadas com a redução do consumo e a geração *in loco* de energia renovável, ou a compra de energia renovável que corresponda a, no máximo, 20% de sua demanda. O Desafio Comunitário para 2030 tem sido efetivo na promoção de políticas e vem sendo adotado por muitas organizações, inclusive o USGBC, a ASHRAE e a AIA; governos de todos os níveis vêm sendo incentivados a estabelecer suas próprias políticas de sustentabilidade energética.

A Visão de 2020 da ASHRAE modificou o desenvolvimento futuro da norma ASHRAE Standard 90.1 a fim de que suas versões futuras estejam constantemente voltadas para o objetivo da obtenção de prédios com consumo de energia líquido zero (Figura 12-8). As cargas não reguladas, até então deixadas fora da norma 90.1, serão acrescentadas para que o consumo total de energia de um prédio possa ser regulado e aprimorado. A norma também incluirá as metas de energia por zona climática e tipo de edificação. A norma ASHRAE Standard 90.1 tem sido a fonte de inspiração para os códigos de energia dos Estados Unidos, e sua influência também se estende a outras partes do mundo. A orientação

FIGURA 12-7 A meta do Architecture 2030 Challenge. Hoje se refere ao ano de 2015. Copyright © 2030, Inc./Architecture 2030. Utilizado sob permissão. Todos os direitos reservados.

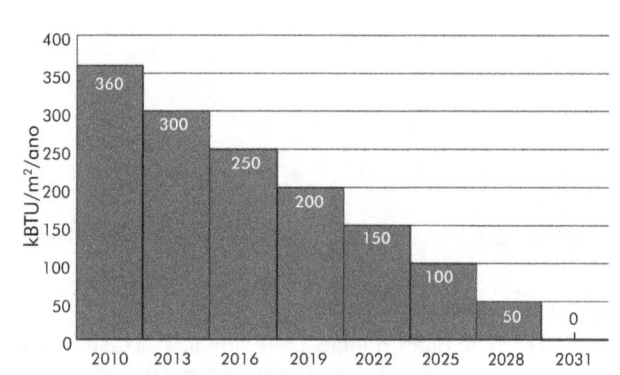

FIGURA 12-8 Metas de intensidade de uso de energia aprovadas pelo comitê diretor da ASHRAE para as normas que farão parte de seu código (como o Standard 90.1 e o 189P). Fonte: *ASHRAE Vision 2020: Producing Net Zero Energy Buildings*. American Society of Heating, Refrigerating and Air-Conditioning Engineers (ASHRAE), 2008.

dessa norma para as edificações com consumo de energia líquido zero provavelmente afetará as novas construções e os grandes projetos de reforma de todos os Estados Unidos, bem como de outros países.

Nos Estados Unidos, a Lei 32 da Assembleia Legislativa da Califórnia e o Plano Estratégico do Comitê de Utilidades Públicas da Califórnia exigem que todas as novas construções residenciais tenham consumo de energia líquido zero a partir de 2020, e as novas construções comerciais alcancem essa meta em 2030. Massachusetts exige o mesmo de todos os prédios até 2030. Os códigos de edificações desses estados já estão considerando algumas mudanças a fim de, no futuro, apoiar os prédios com consumo de energia líquido zero.

Na União Europeia, todas as novas construções deverão ter consumo de energia líquido praticamente zero até 2021. Metas de energia para o consumo medido de energia também estão sendo estabelecidas para que os prédios tenham um consumo líquido quase zero. No Reino Unido, a Política do Carbono Zero exige que todas as novas habitações atenuem as emissões de carbono produzidas com o consumo de energia regulado desde 2016. Isso inclui a calefação e o resfriamento de ambientes, o aquecimento de água e os pontos fixos de iluminação. O código de energia alemão EnEV, que entrou em vigor em 2016, colocou as novas construções alinhadas com a meta da Comunidade Europeia para 2021. Na França, a lei nacional Grenelle (2009) exige que os prédios, até 2020, gerem mais energia do que consomem. A Noruega exigiu a norma da Casa Passiva para as novas construções a partir de 2015, e que, até 2020, elas tivessem consumo de energia líquido quase zero. Na Suíça, em 2018, o consumo de energia líquido quase zero será obrigatório em todos os códigos de obras para as novas edificações.[12]

Estudos de caso

Na última década, o número de prédios com consumo de energia líquido zero vem aumentando constantemente. Em 2014, o New Buildings Institute (NBI) havia registrado 38 prédios que haviam atingido o consumo de energia líquido zero verificado por meio das contas de utilidades públicas (veja a Tabela 12-3). Aparentemente, o objetivo das edificações com consumo de energia líquido zero está fazendo os arquitetos e engenheiros repensarem as abordagens de projeto e abandonarem as práticas profissionais da construção e do mercado imobiliário que foram desenvolvidas entre as décadas de 1950 e 1990 e comentadas no Capítulo 8, Figura 8-2. A maioria dos prédios verificados pelo NBI inclui alguma forma de projeto passivo (veja a Tabela 12-4). A ventilação noturna de massas termoacumuladoras foi incluída em 24 desses prédios, inclusive nos estados da Pensilvânia, Illinois e Tennessee, regiões que não são ideais para essa estratégia.[13] A Tabela 12-5 mostra exemplos de projetos com consumo de energia líquido zero que têm características de projeto passivo integrado com sistemas inovadores, a ponto de ser difícil distinguir o projeto de arquitetura, o de climatização

e o de iluminação. De fato, elementos arquitetônicos como brises e vidraças de janelas são considerados como parte do projeto de climatização.[14] De fato, os estudos de caso da Biblioteca Pública de Berkeley e do edifício-sede regional da DPR Construction Phoenix apresentados a seguir demonstram essa abordagem de projeto integrado.

Estudo de caso 1: Biblioteca Pública de West Berkeley

Proprietário: Cidade de Berkeley
　Arquitetura: Harley Ellis Devereaux
　Climatização e Sistemas Elétricos e Hidrossanitários: Timmons Design Engineers
　Consultoria em Sustentabilidade: Greenworks Studio

A Cidade de Berkeley, Califórnia, tem um plano de ação climática para reduzir, até 2020, as emissões dos gases causadores do efeito estufa em 33% abaixo do nível de 2000, o que exigirá que todos os prédios novos da cidade tenham consumo de energia líquido zero. A Biblioteca Pública de West Berkeley (Figura 12-9) é um prédio de cerca de 930 m² que alcançou esse objetivo e substituiu a antiga biblioteca existente no local. Berkeley tem clima marítimo e é refrescada pela brisa e a neblina oriundas do Oceano Pacífico. A equipe de projeto estimou, já no início dos trabalhos, que as cargas predominantes seriam as de ventilação e de iluminação, sendo seguidas pela de calefação de espaços durante o inverno. A análise preliminar das oportunidades de geração de energia *in loco*, acesso à energia solar, disponibilidade de luz natural, e cargas de calefação, resfriamento e equipamentos elétricos ajudou a estabelecer 18 kBTU/ft² (57 kWh/m²) como uma meta viável para o consumo de energia anual. Essa análise concluiu que uma edificação alta e com apenas um pavimento possibilitaria o aproveitamento da iluminação diurna, da ventilação natural e da energia solar na cobertura.

Assim, o prédio resultante é uma construção térrea iluminada principalmente por claraboias. Foi feita uma análise da iluminação natural do espaço a fim de otimizar o formato das aberturas de claraboia e distribuir melhor a luz, obtendo-se 100% de autonomia da luz diurna em praticamente todas as áreas de leitura e manutenção do acervo da biblioteca. O sistema de iluminação com LEDs, junto às claraboias, e a iluminação geral com LEDs suplementam o projeto lumínico e são controlados por fotossensores e sensores de presença. A fachada da rua foi projetada como uma barreira acústica para o ruído do trânsito de veículos. A ventilação natural foi obtida com grandes janelas para a tomada de ar, nos fundos do prédio, e o ar da exaustão sobe pela chaminé de vento em direção à rua e por claraboias de abrir (Figura 12-10). As janelas de tomada de ar, a chaminé de vento e as claraboias foram configuradas para criar um diferencial de pressão. A ventilação é assistida por exaustores na área principal de leitura e acervo, e grandes ventiladores de teto de baixa velocidade foram instalados nos recintos menores da biblioteca. O sistema de automação predial controla as janelas com caixilhos móveis com o auxílio de interruptores. Grelhas radiantes instaladas nas janelas pré-aquecem o ar

---

[12] Ecofys, Towards Nearly Zero-Energy Buildings. Definition of Common Principles under the EPBD, Final Report for Project Number: BESDE10788, 2013.
[13] Mark De Kay, and G. Z. Brown, *Sun, Wind, and Light* (Hoboken, NJ: John Wiley & Sons, 2014), pp. 200–201.

[14] Correspondência pessoal entre o autor Prasad Vaidya e Eric Soladay, 3 de outubro de 2014.

TABELA 12-3 Lista de projetos com consumo de energia líquido zero verificado

NOME DO PROJETO	CIDADE	ESTADO	ÁREA (M²)	INTENSIDADE DE USO LÍQUIDO DE ENERGIA (KBTU/FT²/ANO)
Adam Joseph Lewis Center for Environmental Studies	Oberlin	OH	1.359,5	−11,29,00
Aldo Leopold Legacy Center	Baraboo	WI	1.188,3	−2,00
Anna Maria Historic Green Village (diversas edificações = Distrito)	Anna Maria	FL	979,5	−6,62
Audubon Center at Debs Park	Los Angeles	CA	502,7	0,00
Bacon St. Offices	San Diego	CA	449,9	−9,53
Bertschi School Science Wing	Seattle	WA	142,1	−0,24
Bullitt Foundation Cascadia Center	Seattle	WA	5.200,0	−6,91
Camden Meeting House and Zero Energy Social Hall	Camden	DE	496,2	−1,04
Challengers Tennis Club for Boys and Girls	Los Angeles	CA	349,8	−0,10
City of Watsonville Water Resources Center	Watsonville	CA	1.979,5	−54,01
David and Lucile Packard Foundation	Los Altos	CA	4.899,7	−4,65
Diamond X Ranch Student Intern Center	Malibu	CA	349,8	−3,56
Dovetail Construction HQ Barn	Richmond	VA	680,3	0,00
DPR Boutique (Phoenix Office)	Phoenix	AZ	1.650,1	−2,74
DPR Construction San Diego Net Zero Office	San Diego	CA	3.339,0	−1,19
Environmental Technology Center	Rohnert Park	CA	219,6	−1,47
Hawaii Gateway Energy Center	Kailua-Kona	HI	359,5	−3,46
Hawaii Preparatory Academy Energy Lab	Waimea	HI	589,9	−11,51
Hood River Middle School Music and Science Building	Hood River	OR	688,9	−0,28
Hudson Valley Clean Energy Office and Warehouse	Rhinebeck	NY	572,6	−0,58
IDeAs Z Squared Design Facility	San Jose	CA	655,5	−0,62
Leon County Cooperative Extension	Tallahassee	FL	1.300,3	−0,17
Leslie Shao-ming Sun Field Station	Woodside	CA	1.319,7	3,75
Lincoln Heritage Public Library-Chrisney Branch	Chrisney	IN	240,0	−2,60
Living Learning Center at Tyson Research Center	Eureka	MO	297,1	26,65
Locust Trace AgriScience Campus (High School)	Lexington	KY	6.999,8	−0,68
Newport Beach Environmental Nature Center	Newport Beach	CA	853,6	−10,14
NREL Research Support Facilities (RSF)	Golden	CO	21.800,1	−1,69
Omega Center for Sustainable Living	Rhinebeck	NY	620,0	−8,26
Pringle Creek Painter's Hall	Salem	OR	359,5	−2,18
Richardsville Elementary School	Bowling Green	KY	7.228,0	−0,42
Science House at the Science Museum of Minnesota	St. Paul	MN	152,8	0,00
Stevens Library at Sacred Heart Schools	Atherton	CA	629,7	−12,2
TD Bank-Cypress Creek Store	Ft Lauderdale	FL	397,2	−3,76
The Putney School Net Zero Energy Field House	Putney	VT	1.680,2	−0,78
Vacaville Transit Center	Vacaville	CA	26.135,8	−0,08
West Berkeley Public Library	Berkeley	CA	939,7	−1,72
ZHome-Issaquah	Issaquah	WA	581,3	−1,00

Fonte: New Buildings Institute, 2014, www.newbuildings.org

TABELA 12-4 Características passivas de projetos com consumo de energia líquido zero verificados e emergentes

NOME	ESTADO (ESTADOS UNIDOS) OU PAÍS	CIDADE	TIPO DE EDIFICAÇÃO	JANELAS DE ABRIR	VENTILAÇÃO NOTURNA DE MASSAS	SOMBREAMENTO EXTERNO
DPR Boutique	AZ	Phoenix	Escritório	•	•	•
Aquarium of the Pacific Watershed Addition	CA	Long Beach	Instituição de ensino		•	
Bacon St. Offices	CA	San Diego	Escritório	•	•	
West Berkeley Public Library	CA	Berkeley	Biblioteca	•	•	•
David and Lucile Packard Foundation	CA	Los Altos	Escritório	•	•	•
Diamond X Ranch Student Intern Center	CA	Malibu	Dormitório/Alojamento	•	•	
DPR Construction San Diego	CA	San Diego	Escritório	•	•	
Environmental Technology Center	CA	Rohnert Park	Instituição de ensino			•
IDeAs Z2 Design Facility	CA	San Jose	Escritório			
La Valentina North	CA	Sacramento	Moradia	•	•	
Redding School for the Arts	CA	Redding	Pré-escola e escola de ensino fundamental		•	
San Leandro IBEW Local 595	CA	San Leandro	Instituição de ensino	•	•	
Center for Excellence at Okanagan College	Canadá	Kelowna	Instituição de ensino		•	
Center for Interactive Research on Sustainability	Canadá	Vancouver	Instituição de ensino			
University Childcare Center	Canadá	Burnaby	Pré-escola e escola de ensino fundamental		•	•
VanDusen Botanical Garden Visitor Center	Canadá	Vancouver	Visitação pública			•
TD Bank Branch	FL	Fort Lauderdale	Comercial			•
Walgreens Evanston Store	IL	Evanston	Loja		•	
CARBSE Lab at CEPT University	Índia	Ahmedabad	Laboratório	•		
Locust Trace AgriScience Campus	KY	Lexington	Pré-escola e escola de ensino fundamental		•	
Bosarge Family Education Center	ME	Boothbay	Instituição de ensino	•		
Hillandale Elementary School	NC	East Flat Rock	Pré-escola e escola de ensino fundamental			•
Mills River Elementary School	NC	Mills River	Pré-escola e escola de ensino fundamental			•
Prairie Hill Learning Center	NE	Roca	Instituição de ensino			•
Hood River Middle School Music and Science Building	OR	Hood River	Pré-escola e escola de ensino fundamental	•	•	•
Phipps Center for Sustainable Landscapes	PA	Pittsburgh	Visitação pública		•	•
Oak Ridge National Lab Office Building	TN	Oak Ridge	Escritório		•	
Salt Lake City Public Building	UT	Salt Lake City	Serviços de construção e execução civil			•
Center for Energy Efficient Design	VA	Rock Mont	Pré-escola e escola de ensino fundamental	•	•	
Bertschi School Science Wing	WA	Seattle	Pré-escola e escola de ensino fundamental		•	
Bullitt Foundation Cascadia Center	WA	Seattle	Escritório		•	•
Rice Fergus Miller Office and Studio	WA	Bremerton	Escritório		•	
Zhome-Issaquah	WA	Issaquah	Moradia	•	•	•

Ilustração: Killer Banshee Studios. Dados por cortesia de Cathy Higgins (correspondência pessoal com o autor Prasad Vaidya, 8 de setembro de 2014).

TABELA 12-5 Exemplos de projetos passivos e sistemas inovadores em prédios com consumo de energia líquido zero

NOME	ESTADO (ESTADOS UNIDOS) OU PAÍS	CIDADE	TIPO DE EDIFICAÇÃO	ABORDAGENS DE PROJETO PASSIVO	SISTEMAS INOVADORES
DPR Boutique	AZ	Phoenix	Escritório	Janelas de abrir controladas pelo clima; iluminação natural pelas janelas e claraboias; conforto térmico adaptativo até 28,9°C com grandes ventiladores de teto de baixa velocidade; ventilação noturna de massas; chaminé solar; torres de arrefecimento evaporativo controladas pelo clima	Chave mestra para cargas vampiras
West Berkeley Public Library	CA	Berkeley	Biblioteca	Iluminação natural com aproveitamento da orientação solar; janelas de abrir automáticas; ventilação noturna de massas; chaminé solar	Calefação e resfriamento radiantes com bombas de calor
David and Lucile Packard Foundation	CA	Los Altos	Escritório	Iluminação natural com aproveitamento da orientação solar e prateleiras de luz; múltiplas camadas de proteção solar; resfriamento noturno passivo com tanque de reserva térmico; redução das pontes térmicas nas vedações externas; janelas superisoladas	Vigas refrigeradas, sistema específico para o ar do exterior, janelas de abrir com alerta para o usuário
IDeAs Z2 Design Facility	CA	San Jose	Escritório	Iluminação natural; janelas de abrir	Vidro eletrocrômico, faixas de energia controladas pela ocupação, calefação e resfriamento radiantes com bombas de calor geotérmico
CARBSE Lab at CEPT University	Índia	Ahmedabad	Laboratório	Iluminação natural com aproveitamento da orientação solar; chaminé solar; ventilação natural; resfriamento direto da terra; zonas térmicas agrupadas conforme o programa de necessidades	Resfriamento radiante, sistema específico para o ar do exterior, unidades com fluxo de resfriamento variável
Bullitt Foundation Cascadia Center	WA	Seattle	Escritório	Iluminação natural; janelas de abrir	Calefação e resfriamento radiantes, bombas de calor geotérmico

Fonte: Prasad Vaidya; ilustração: Killer Banshee Studios.

frio que entra. As vedações externas do prédio foram isoladas com paredes que têm R-21, coberturas com R-49 e lajes de piso com R-10.

O conforto térmico suplementar foi obtido com o uso de um sistema de piso radiante que fornece tanto calefação quanto resfriamento. Bombas de calor ar-ar trabalham junto com o sistema solar, oferecendo a calefação e o resfriamento dos circuitos de radiação e das grelhas de pré-aquecimento das janelas. Radiadores elétricos por passagem fornecem água quente para uso doméstico conforme o necessário.

Para um resumo das características da biblioteca que fazem dela um prédio com consumo de energia líquido zero, veja a Figura 12-11.

O uso de medidores de energia distintos, conforme o uso final, separa o consumo dos sistemas de climatização, iluminação e tomadas. Várias ferramentas de modelagem foram utilizadas durante o processo de projeto. A Radiance e a DaySim foram empregadas para a análise da iluminação natural; a DesignBuilder, para a análise energética do prédio como um todo; e a Fluent foi a ferramenta de modelagem da

Capítulo 12   Sistemas de Consumo de Energia Líquido Zero e de Energia Renovável

FIGURA 12-9 A, B, C Biblioteca Pública de West Berkeley: imagens dos exteriores e interiores.

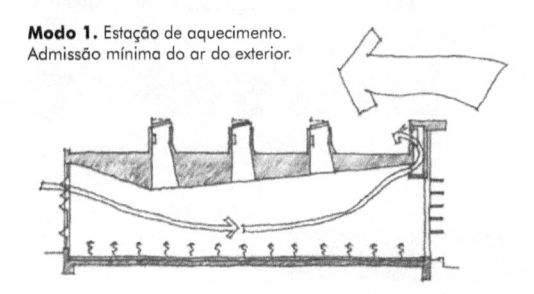

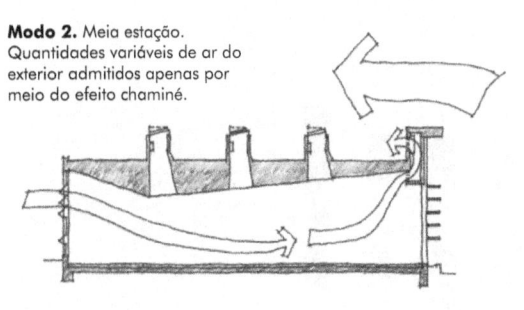

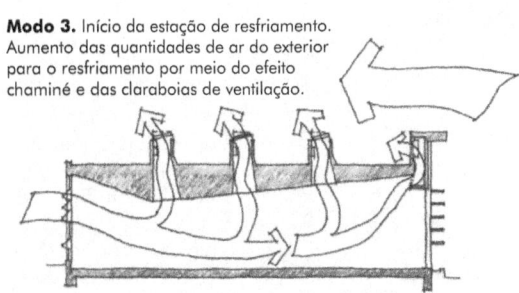

Modo 1. Estação de aquecimento. Admissão mínima do ar do exterior.

Modo 2. Meia estação. Quantidades variáveis de ar do exterior admitidos apenas por meio do efeito chaminé.

Modo 3. Início da estação de resfriamento. Aumento das quantidades de ar do exterior para o resfriamento por meio do efeito chaminé e das claraboias de ventilação.

Modo 4. Estação de resfriamento. Circulação máxima do ar por meio dos ventiladores na cobertura. (As claraboias estão fechadas.) Uso de exaustão noturna com ventilação natural e entrada do ar fresco da noite.

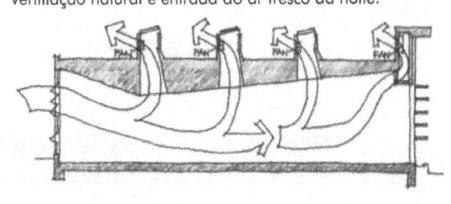

Modo 5. Eventos de resfriamento de pico. Mínimo de ar do exterior. O espaço é resfriado usando-se água fria em uma laje radiante com bomba de calor em modo reverso.

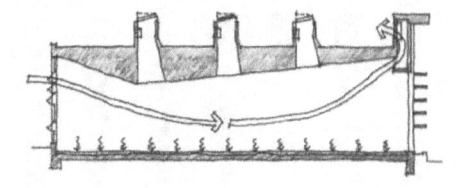

GREENWORKS STUDIO HARLEY ELLIS DEVEREAUX

FIGURA 12-10 Modos de ventilação híbrida por estação da Biblioteca Pública de West Berkeley. Fonte: Harley Ellis Devereaux.

204 Fundamentos de Projeto de Edificações Sustentáveis

1 Ventilação natural/Modo híbrido
2 Geração de energia *in loco*
3 Iluminação natural atingindo 90% dos espaços
4 Tecnologia de reciclagem da água da chuva *in loco*
5 Madeira certificada pelo FSC
6 Terreno urbano em área densa/Seleção do terreno
7 Radiadores Runtal

❶ Chaminé térmica (efeito chaminé)
— Vento dominante
— Abertura para ventilação regulável
— Ventilador de apoio
— Ruído do trânsito
— Grelha
— Fachada de chuva de alto desempenho (R30)
— Treliça de madeira certificada pelo FSC

Painéis fotovoltaicos e calefação solar
Cobertura fria (R40)

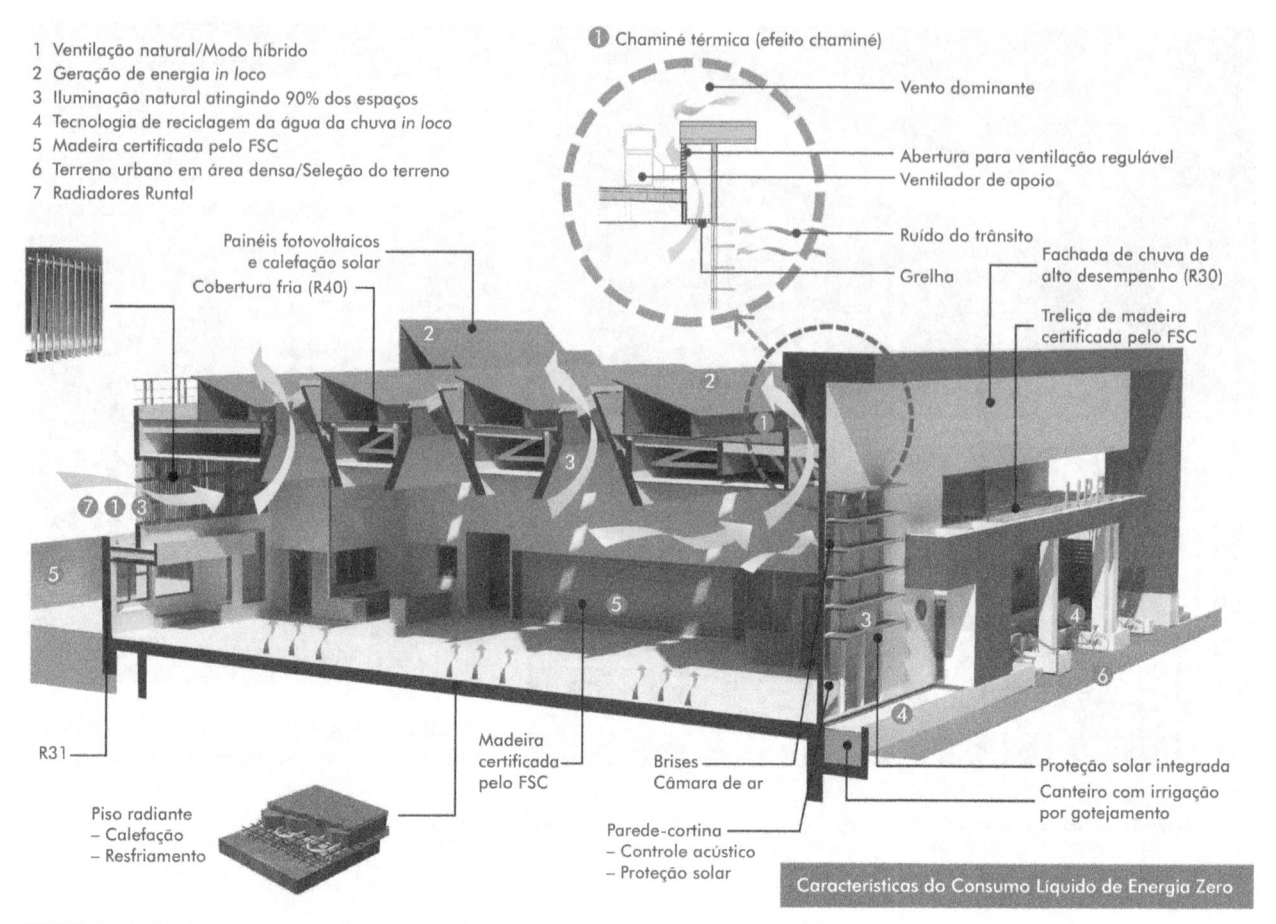

R31
Piso radiante
– Calefação
– Resfriamento

Madeira certificada pelo FSC
Brises
Câmara de ar
Parede-cortina
– Controle acústico
– Proteção solar

Proteção solar integrada
Canteiro com irrigação por gotejamento

Características do Consumo Líquido de Energia Zero

FIGURA 12-11 Características de consumo de energia líquido zero da Biblioteca Pública de West Berkeley. Cortesia de Harley Ellis Devereaux.

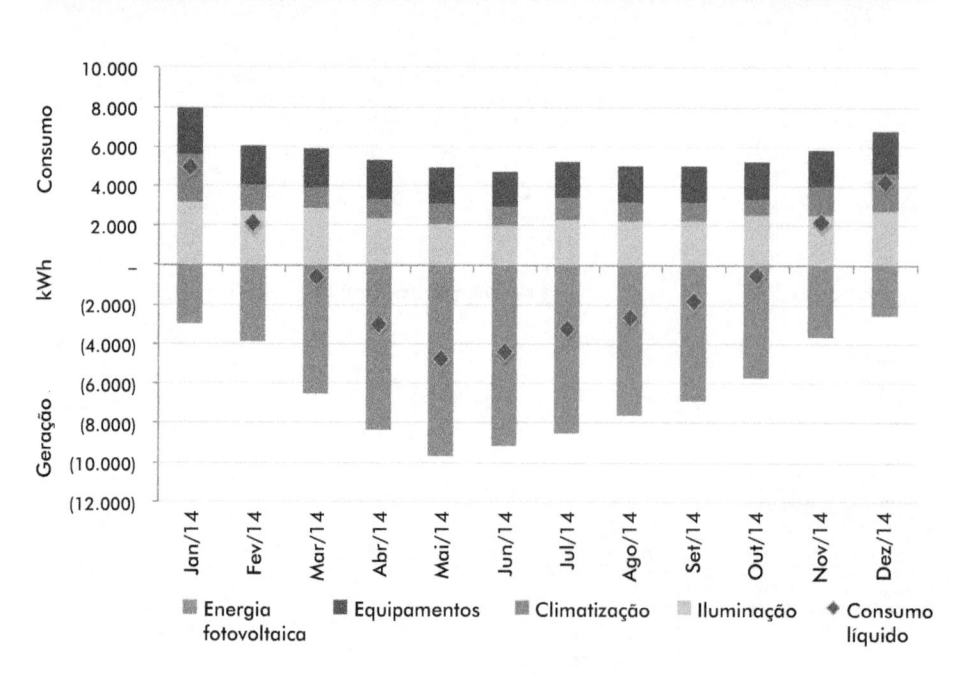

Consumo Final de Energia por Mês: 2014

■ Energia fotovoltaica ■ Equipamentos ■ Climatização ■ Iluminação ♦ Consumo líquido

FIGURA 12-12 Desempenho energético mês a mês da Biblioteca Pública de West Berkeley. Ilustração: Killer Banshee Studios. Dados por cortesia de Neal De Snoo (correspondência pessoal com o autor, 2 de fevereiro de 2015).

FIGURA 12-13 Torres de resfriamento por evaporação com fluxo descendente, elementos de proteção solar e painéis fotovoltaicos utilizados na Sede Regional da DPR em Phoenix, Arizona. Cortesia de DPR Construction e SmithGroupJJR.

dinâmica de fluidos computacional empregada para analisar o efeito da ventilação natural.

Um arranjo fotovoltaico de 52 kW instalado na cobertura gera 28 kBTU/ft^2-ano (88 kWh/m^2-ano) de energia renovável. O prédio consome 25 kBTU/ft^2-ano (79 kWh/m^2-ano) e, portanto, tem consumo de energia líquido zero (Figura 12-12).

Estudo de caso 2: Sede Regional da DPR Construction Phoenix

Proprietário: DPR Construction

Arquitetura, Climatização e Instalações Elétricas: SmithGroupJJR

Consultoria em Energia e Sustentabilidade: DNV KEMA Energy Sustainability

A Sede Regional da DPR Construction Phoenix localiza-se em Phoenix, Arizona, e é um prédio reformado que outrora acomodava uma loja de tintas e uma butique para adultos (Figura 12-13). Phoenix tem clima desértico quente e seco. Durante o dia e a noite, tem depressão de bulbo úmido entre –6,7 e 4,4°C, o que possibilita o uso do resfriamento por evaporação (adiabático). A oscilação diurna da temperatura pode ser superior a 5,5°C, mas a temperatura raramente passa de 16,7°C.

A DPR Construction tinha como objetivo fazer com que seu prédio de 1.650 m^2 tivesse consumo de energia líquido zero e quis usá-lo como um prédio experimental para seu clima. As estratégias e tecnologias do projeto foram testadas para que tivessem um período de retorno de investimento de oito anos. Estratégias passivas de resfriamento, como o resfriamento por evaporação com torres de fluxo descendente e a ventilação natural assistida por uma chaminé solar foram incluídas de modo que as mudanças no prédio fossem mínimas. As aberturas nas fachadas leste e norte (Hemisfério Norte) foram modificadas a fim de admitir a iluminação natural e a ventilação, e elementos de sombreamento horizontais foram instalados. Claraboias tubulares instaladas na cobertura também ajudam na iluminação natural. As fachadas sul e oeste apresentam aberturas mínimas. Os pátios externos são sombreados por anteparos verticais e trepadeiras (Figura 12-14). As paredes e a cobertura pré-existentes receberam isolamento térmico, e a cobertura também ganhou uma nova camada reflexiva.

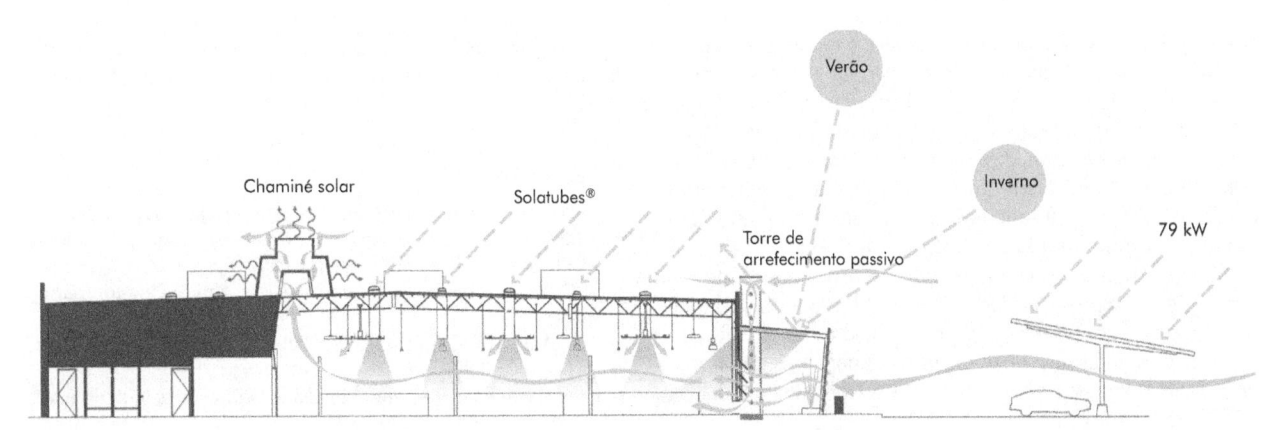

FIGURA 12-14 Estratégias passivas e sistemas fotovoltaicos. Fonte: Gregg Mastorakos, por cortesia de DPR Construction e SmithGroupJJR.

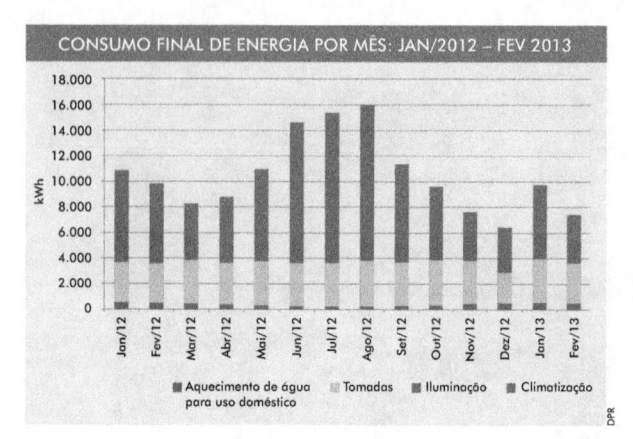

FIGURA 12-15 Desempenho energético mês a mês da Sede Regional da DPR Construction. Cortesia de DPR Construction e SmithGroupJJR.

A iluminação natural é apoiada por um sistema de iluminação elétrica de 9,6 W/m², que é controlado por fotossensores e sensores de presença. As cargas de tomada são divididas em circuitos essenciais e não essenciais. O último funcionário que deixa o prédio aciona o "interruptor vampiro" que desliga as cargas não essenciais ("vampiras") do prédio.

O sistema de automação predial inclui uma estação meteorológica na cobertura e controla as janelas de abrir, a chaminé solar e as torres de resfriamento por evaporação. Os usuários optaram pela adoção de uma faixa de conforto ampliada (entre 20°C e 28°C) e controlam os grandes ventiladores de teto conforme o necessário. Esses ventiladores também circulam o ar quente que, durante a estação de aquecimento, tende a se estratificar. Quando as condições ambientais são favoráveis, as janelas se abrem automaticamente e o ar-condicionado desliga. Sempre que a ventilação e o resfriamento por evaporação têm capacidade de proporcionar o conforto adequado, são utilizadas as unidades de resfriamento do ar de alta eficiência instaladas na cobertura. A necessidade mínima de aquecimento é fornecida por resistências elétricas. As unidades de climatização são desligadas à noite, permitindo que a temperatura oscile durante esse período.

A energia renovável é gerada por um arranjo fotovoltaico de 79 kW PV instalado de modo a sombrear o estacionamento. A abordagem agressiva de projeto passivo e redução de cargas ajudou a equipe de projeto a dimensionar corretamente o sistema mecânico de climatização, de uma estimativa original de 32 m²/ton a uma estimativa final de 66 m²/ton; sendo que a capacidade real instalada é de 48,5 m²/ton. A geração fotovoltaica é de 295 kBTU/ft²-ano (93 kWh/m²-ano), e o prédio consome 270 kBTU/ft²-ano (85 kWh/m²-ano), resultando em um desempenho líquido positivo (Figura 12-15).

O proprietário usa um sistema de monitoramento de energia em tempo real criado pela Lucid, que coleta dados do sistema de controle e monitora o consumo energético no uso-fim das cargas de climatização, iluminação, água quente de consumo doméstico e tomadas. A DPR Construction analisa esses dados quinzenalmente.

EXERCÍCIOS

1. Use a ferramenta PV Watts. Escolha seis diferentes localidades com latitudes e zonas climáticas distintas. Para cada localidade, use o PV Watts para simular um módulo fotovoltaico com eficiência padrão de 1 kW e as seguintes condições: (1) instalado na horizontal, (2) orientado para o norte (no Hemisfério Sul) e com a inclinação equivalente à da latitude, (3) instalado na vertical e orientado para o norte (no Hemisfério Sul), (4) instalado na vertical e orientado para o oeste, (5) instalado na vertical e orientado para o sul (no Hemisfério Sul) e (6) instalado na vertical e orientado para o leste. Para cada localidade e condição de instalação, calcule o Coeficiente de Desempenho. Tabule esses dados e determine a variável que tem o maior impacto no Coeficiente de Desempenho.

2. Escolha uma localização urbana e crie um volume simples para um prédio com dois pavimentos, 18 m × 36 m e altura entre pisos de 3,6 m, e 30% de WWR nas fachadas norte e sul, com 36 m de extensão. Usando a área disponível na cobertura e nas paredes, estime o potencial de geração de energia fotoelétrica. Estabeleça o limite de intensidade de uso de energia em kBTU/ft² (ou kWh/m²).

3. Usando os conhecimentos obtidos nos Capítulos 9 e 10, proponha abordagens de projeto passivo e sistemas que possam reduzir os níveis de consumo de energia do prédio do Exercício 2.

4. Utilizando um prédio de sua instituição de ensino, descubra qual é o consumo de energia, fazendo um levantamento de todas as fontes energéticas empregadas. Calcule a quantidade de energia fotovoltaica que seria necessária para que o prédio tenha consumo de energia líquido zero. Encontre oportunidades para instalar painéis fotovoltaicos e estime a geração de energia solar. Pesquise sobre os Certificados de Energia Renovável (RECs) e o custo de usá-los para compensar qualquer consumo remanescente. Classifique sua solução proposta de acordo com as definições A, B, C e D de uma edificação com consumo de energia líquido zero.

5. Identifique um prédio com consumo de energia líquido zero para visitar. Encontre informações publicadas sobre o prédio. Identifique todas as estratégias de projeto passivo e inovações nos sistemas. Visite o prédio, analise como essas estratégias e inovações foram implementadas e averigue seu desempenho. Se houver dados disponíveis, determine a definição de edificação com consumo de energia líquido zero.

Recursos

Carlisle, Nancy, Otto Van Geet, and Shanti Pless. *Definition of a "Zero Net Energy" Community*. NREL/TP-7A2–46065. Golden, CO: National Renewable Energy Laboratory, 2009.

ILFI. *Certified Project Case Studies*, 2015, http://living-future.org/casestudies.

Lovins, Amory B. *Reinventing Fire*. White River Junction, VT: Chelsea Green Publishing, 2011.

Maclay, William. *The New Net Zero*. White River Junction, VT: Chelsea Green Publishing, 2014.

Malmö stad. *Sustainable City Development*, 2015, http://malmo.se/English/Sustainable-City-Development.html.

NBI. *Getting to Zero Buildings Database: Path to Zero Energy Buildings*, 2015, http://newbuildings.org/getting-to-zero-buildings-database.

Pless, Shanti, and Paul Torcellini. *Net-Zero Energy Buildings: A Classification System Based on Renewable Energy Supply Options*. NREL/TP-550–44586. Golden, CO: National Renewable Energy Laboratory, 2010.

Robins, Jay. "Phoenix Rising." *High-Performance Buildings*, 2014. http://www.hpbmagazine.org/attachments/article/11816/14Sp--DPR-Construction-Phoenix-Regional-Office-Phoenix-AZ.pdf

Williams, Jo. *Zero-Carbon Homes*. Oxford, UK: EarthScan, 2012.

As Mudanças Climáticas e a Resiliência 13

Os assuntos que serão apresentados neste capítulo são multifacetados e complexos, mas, ao mesmo tempo, todos nós já os definimos e sentimos de alguma maneira. São questões pessoais para todos nós.

E por que são pessoais? Por que há inúmeras maneiras pelas quais as mudanças climáticas estão nos afetando em tempo real, e também há incontáveis maneiras pelas quais elas continuarão evoluindo e nos transformando de modos imprevisíveis. Não importa quantas evidências científicas existam para demonstrar os fatos de que a atmosfera está mudando, nem que existam informações que talvez possam contradizê-las: as transformações ainda assim continuarão. Precisamos ter em mente que prever as mudanças climáticas futuras é mais fácil do que prever o tempo do próximo mês. As previsões das mudanças climáticas futuras se baseiam em análises estatísticas de longo prazo feitas por cientistas e pesquisadores da meteorologia e saúde todos os anos e no mundo inteiro. Essas pesquisas e suas conclusões têm sido resumidas nos cinco Relatórios de Avaliação do Painel Intergovernamental sobre Mudança Climática da Organização das Nações Unidas. Nos últimos dois, em especial, vemos que atacar as mudanças climáticas não é uma questão de "pegar o touro pelos chifres", pois seus impactos são muito amplos e ocorrem em inúmeros cenários. Nos anos de 2010 e 2011, vimos o aumento da frequência e intensidade das chuvas, que acarretou enchentes no Rio de Janeiro, no Sri Lanka, em Brisbane e no Paquistão. As mudanças climáticas também podem ter consequências sutis, alcançando aspectos pouco evidentes de nossas vidas, como a oferta relativamente recente de seguros contra mudanças climáticas. Em suma, seus efeitos são intensos, cumulativos e aumentam rapidamente.

Neste capítulo, esperamos apresentar informações que aumentem sua curiosidade e seus conhecimentos, e que sirvam de subsídio para as escolhas que você fará como projetista ou construtor. O objetivo deste capítulo não é oferecer provas científicas profundas àqueles que negam a realidade das mudanças climáticas. Este capítulo não busca provocar discussões, embora aqueles que o lerem devam estar preparados para responder àqueles que, de fato, os

> **Pontos de virada**
>
> "Os mais ameaçados são o gelo do mar Ártico e a geleira continental da Groenlândia, mas há outros seis elementos em risco: a geleira continental da Antártica, a circulação termoalina do Atlântico, a oscilação do El Niño (no Hemisfério Sul), as monções de verão da Índia, a floresta amazônica e a floresta boreal. Os pontos de virada podem acelerar o aquecimento global ou ter um efeito desproporcional sobre a humanidade."
>
> Fonte: Anthony Costello, et al., "Managing the Health Effects of Climate Change," Lancet and University College London Institute for Global Health Commission, Lancet 373 (2009) 1693–1733, www.ucl.ac.uk/global-health/project-pages/lancet1/ucl-lancet-climate-change.pdf.

questionarão.[1] Apresentaremos a situação atual: o modo como todas as espécies são afetadas, o que o futuro reserva para os projetistas de edificações e como devemos, hoje, aproveitar a oportunidade de projetar e construir edificações e redes de infraestrutura que sejam resilientes e adaptáveis às mudanças das condições climáticas. Vamos começar com algumas questões científicas básicas.

> Dez dos anos mais quentes já registrados (desde 1880) ocorreram nos últimos 12 anos (NOAA).

■ A ciência

A ciência não precisa ser intimidante ou difícil de assimilar. Clima e tempo estão relacionados entre si, embora sejam coisas distintas. O tempo é o estado atmosférico de curto

---
[1] "The top ten global warming 'skeptic' arguments answered," *Guardian*, May 2014, www.theguardian.com/environment/climate-consensus-97-percent/2014/may/06/top-ten-global-warming-skeptic-arguments-debunked.

prazo de uma região; o clima é a condição média do tempo em uma região no longo prazo. Os estudos climáticos mostram que a temperatura da terra (sobre o solo, nos oceanos e no ar) está aumentando. Estão ocorrendo extremos de calor e frio, mas o resultado geral é o aquecimento. Entender como e por que isso está acontecendo exige o conhecimento de alguns conceitos físicos básicos. O professor Michael Andrew Ranney, da Universidade da Califórnia, Berkeley, que produziu uma série de vídeos educativos explicando a física e a química que estão por trás do aquecimento global, resume o processo em poucas palavras: *"A Terra transforma a energia visível da luz solar em luz infravermelha, e essa energia deixa a Terra lentamente por ser absorvida pelos gases causadores do efeito estufa. À medida que as pessoas produzem mais desses gases, a energia deixa a Terra cada vez mais devagar, elevando a temperatura do planeta ainda mais"*.[2] (Figura 13-1). Isso é conhecido como "efeito estufa". Sem ele, as condições climáticas da terra não permitiriam a vida. No entanto, a superabundância de gases do efeito estufa particularmente persistentes é uma coisa negativa.

Existem três potentes gases causadores do efeito estufa que particularmente preocupam os cientistas: o dióxido de carbono (CO_2), o metano (CH_4) e o óxido nitroso (N_2O). O metano está associado à indústria, à gestão do lixo, à criação e ao processamento de gado; e o óxido nitroso está relacionado à produção de fertilizantes, à agricultura e à geração de energia.[3] O vapor de água é outro dos gases com efeito estufa. No entanto, o vapor de água que evapora do solo e do mar para a atmosfera retorna à terra na forma de chuva ou neve após um breve período. Assim, a quantidade de vapor de água na atmosfera varia muito ao longo dos dias, como resultado das mudanças do tempo. Por outro lado, o CO_2, o CH_4 e o N_2O permanecem na atmosfera por muito tempo. A Figura 13-2 mostra quais atividades humanas são responsáveis pelas emissões desses três principais gases causadores do efeito estufa. As principais causas são o desmatamento e

---

[2] Professor Michael Ranney, Dr. Daniel Reinholz, Dr. Lloyd Goldwasser, and Professor Ronald Cohen, "How Global Warming Works: Climate Change's Mechanism Explained," www.howglobalwarmingworks.org.

[3] Mikael Höök, "Fuelling Future Emissions: Examining Fossil Fuel Production Outlooks Used in Climate Models," in *Climate Change: Research and Technology for Adaptation and Mitigation,* Juan Blanco and Houshang Kheradmand, eds. (Sweden: Uppsala University, 2011).

FIGURA 13-1 Dez indicadores de um mundo que está aquecendo. Fotografia: National Oceanic and Atmospheric Administration/Department of Commerce; reilustração: Killer Banshee Studios.

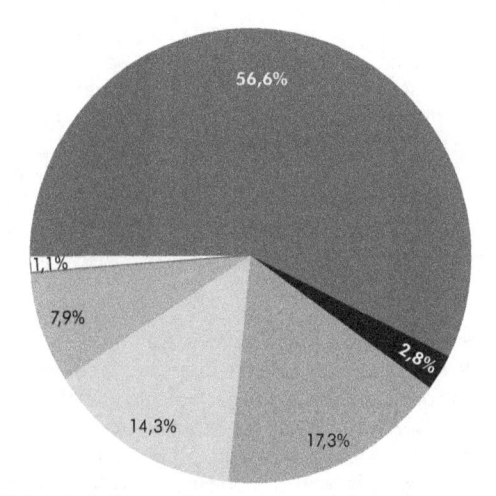

FIGURA 13-2 Fontes das emissões globais dos gases causadores de efeito estufa de origem humana. Fonte: Climate Change 2007: Mitigation of Climate Change. Contribuição do Grupo de Trabalho III para o Quarto Relatório do Painel Intergovernamental sobre Mudanças Climáticas (Cambridge, Reino Unido: Cambridge University Press, 2007, Figura TS.1b).

o uso de combustíveis fósseis. No contexto das edificações sustentáveis, o que mais nos interessa no gráfico de pizza é a fatia maior, do dióxido de carbono, que é o principal contribuinte para o efeito estufa (56%). As emissões de CO_2 não estão distribuídas homogeneamente pelo globo. A Figura 13-3 ilustra as emissões globais de CO_2 apresentadas no Global Carbon Atlas. Conforme dados de 2013, as emissões globais de CO_2 totalizaram 36.131 milhões de toneladas.

Por que as emissões de dióxido de carbono são particularmente relevantes para as edificações? Um dos motivos é que o CO_2 é produzido em praticamente todas as fases do ciclo de vida de um prédio. Em 2010, as edificações respondiam por 44,6% das emissões de CO_2 nos Estados Unidos, uma proporção que não era superada em qualquer outro país, exceto a China.[4] Os prédios consomem mais energia do que qualquer outro setor da economia. Espera-se que, até 2030, as emissões de CO_2 geradas pelos edifícios comerciais aumente 1,8% por ano. O CO_2 também é lançado na atmosfera durante as demais

[4]Architecture 2030, "Architecture 2030 Will Change the Way You Look at Buildings," http://architecture2030.org/the_problem/buildings_problem_why.

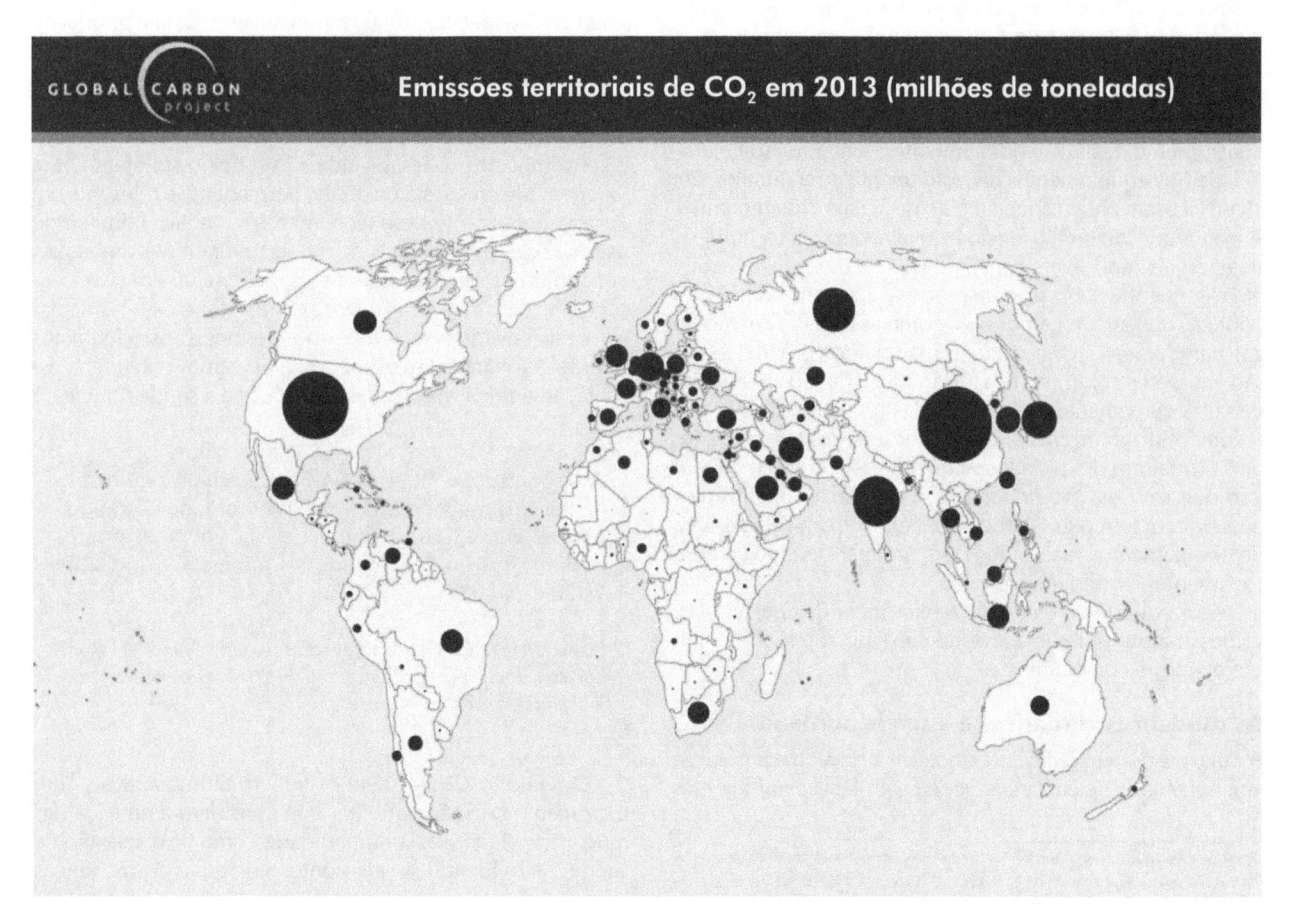

FIGURA 13-3 Emissões globais de carbono em 2013. Fonte: T. A. Boden, G. Marland, e R. J. Andres, *Global Carbon Atlas*, com dados desenvolvidos por CDIAC, 2013; Global, Regional, and National Fossil-Fuel CO_2 Emissions, Carbon Dioxide Information Analysis Center (CDIAC), Oak Ridge National Laboratory, U.S. Department of Energy, Oak Ridge, TN. doi:10.3334/CDIAC/00001_V2013, http://cdiac.ornl.gov/trends/emis/meth_reg.html.

fases do ciclo de vida de uma edificação. Os materiais de construção variam em termos de sua energia incorporada, ou seja, do nível de energia neles embutido. A energia incorporada é uma medida da quantidade de CO_2 produzida durante a mineração, o extrativismo, a manufatura, o transporte e a instalação. A intensidade da energia ao longo do ciclo de vida "berço ao túmulo" agrega a energia da demolição ou desconstrução e do descarte ou reúso eventual. Por exemplo, o cimento agregado à mistura do concreto moderno foi obtido com uma quantidade de energia enorme, emitindo uma tonelada de CO_2 para cada tonelada de cimento fabricado.[5] O aço estrutural também consome muita energia e libera muito carbono – 1,8 ton de CO_2 é emitida para cada tonelada de aço produzida.[6] Os materiais de construção de madeira são neutros em termos de emissão de carbono: as árvores, quando vivas, sequestram o carbono, mas, quando se decompõem ou são utilizadas como biomassa, o liberam. O transporte de materiais, o uso dos equipamentos de construção e o descarte de entulho envolvem a queima de combustíveis fósseis. Descartar o entulho da construção, assim como descartar o lixo gerado com a operação dos prédios, consome energia e pode gerar emissões da combustão direta quando se usa a incineração. Por essas razões, devemos escolher com cuidado os materiais e pensar bem em todos os processos usados durante o funcionamento e a manutenção das edificações.

O segundo motivo pelo qual o CO_2 é um tópico importante é que a maioria dos prédios usa combustíveis fósseis em sua operação. Muitos prédios têm fontes de combustão para o aquecimento de água e dos ambientes. A maioria usa eletricidade nos equipamentos de resfriamento e na iluminação; alguns a usam para o aquecimento de água e dos ambientes. A menos que um prédio funcione totalmente com tecnologias de energias renováveis convertidas in loco, é provável que ele esteja conectado por uma rede às fontes de utilidades públicas que geram combustão, como as usinas a carvão ou gás natural. Isso significa que a maioria dos prédios atuais são emissores contínuos de CO_2 ao longo de toda a vida útil de seus equipamentos, bem como da própria construção. Os prédios mal administrados ou mal conservados têm emissões de CO_2 maiores do que aqueles que são bem operados. É por isso que se torna tão importante a renovação dos prédios que emitem muito gás carbônico, bem como a substituição de equipamentos mais velhos, superdimensionados e com vazamentos de refrigerantes.

Agora que já entendemos a relevância dos problemas, vamos analisar por que é urgente reexaminar o modo como projetamos e construímos.

As mudanças climáticas e a saúde humana

Por que precisamos reduzir o carbono incorporado dos prédios, aumentar sua eficiência energética e projetar para que eles

> "Os ricos acharão que o mundo deles se tornou mais caro, inconveniente, desconfortável, agressivo e sem cor; e, em geral, mais (ou muito mais) desagradável e imprevisível. Os pobres morrerão."
>
> Fonte: K. Smith, Symposium introduction. "Mitigating, Adapting, and Suffering: How Much of Each?" Annu Rev Public Health 29 (2008): 11-25.

sejam resilientes? Uma única palavra: é a *saúde* – a saúde e a vitalidade dos seres vivos que, em diferentes graus, está sendo ameaçada com a tendência de aquecimento global e as subsequentes mudanças climáticas que estamos provocando (Figura 13-4). O Comitê UCL-Lancet para a Gestão dos Efeitos das Mudanças Climáticas sobre a Saúde fez, em 2009, um relatório revolucionário que afirmou, sem meias-palavras: "As mudanças climáticas são a maior ameaça à saúde global do século XXI".[7] Essa é uma declaração surpreendente, considerando-se que, historicamente, os maiores riscos à saúde sempre foram as doenças infecciosas. No entanto, as mudanças climáticas e o controle de doenças estão interligados. O Comitê lançou um segundo relatório em 2015 que agravou ainda mais o tom de suas conclusões e fez várias recomendações de alta prioridade às políticas públicas internacionais: "As emissões dos gases causadores do efeito estufa têm superado as projeções mais pessimistas... As incertezas quanto aos limites admissíveis, as interações e os pontos de virada nas mudanças climáticas e seus impactos sobre a saúde são sérios o suficiente para exigirem uma resposta imediata, permanente e relevante em termos globais".[8] O desenvolvimento sustentável, incluindo as melhorias nos sistemas de infraestrutura e nos ambientes construídos, desempenham um papel crucial em nossa capacidade de controlar as doenças infecciosas, de nos adaptar às condições instáveis e de respondermos a esses impactos inter-relacionados. Em primeiro lugar, vamos entender a associação entre as mudanças climáticas e a saúde humana.

> A Organização Mundial da Saúde estima que os impactos das mudanças climáticas no ar limpo, na água potável, na segurança alimentar e nos abrigos seguros poderão causar 250 mil mortes a mais por ano entre 2030 e 2050."
>
> Fonte: WHO, "Climate Change and Health." Fact sheet Number 266. Atualizado em setembro de 2015. www.who.int/mediacentre/factsheets/fs266/en/.

O relatório UCL–Lancet exige, em última análise, "um movimento de saúde pública que considere a ameaça das mudanças climáticas à humanidade como uma questão de saúde".[9] Ele identifica seis pontos nos quais as mudanças

---

[5] Rubenstein, Madeleine, "Emissions from the Cement Industry," *State of the Planet, Climate Matters*, May 9, 2012. "A produção de uma tonelada de cimento exige 4,7 milhões de BTUs de energia, o equivalente a cerca de 180 kg de carvão, e gera cerca de uma tonelada de CO_2. Devido a suas altas emissões e importância crítica à sociedade, o cimento é um elemento bastante óbvio para a redução das emissões dos gases do efeito estufa."

[6] World Steel Association, "Steel's contribution to a low carbon future," www.worldsteel.org/publications/position-papers/Steel-s-contribution-to-a-low-carbon-future.html.

[7] Costello, op. cit.

[8] Nick Watts, et al. "Health and Climate Change: Policy Responses to Protect Public Health." *Lancet* 2015; 386: 1861–1914 (2015). http://www.thelancet.com/pdfs/journals/lancet/PIIS0140-6736(15)60854-6.pdf.

[9] Costello, Ibid.

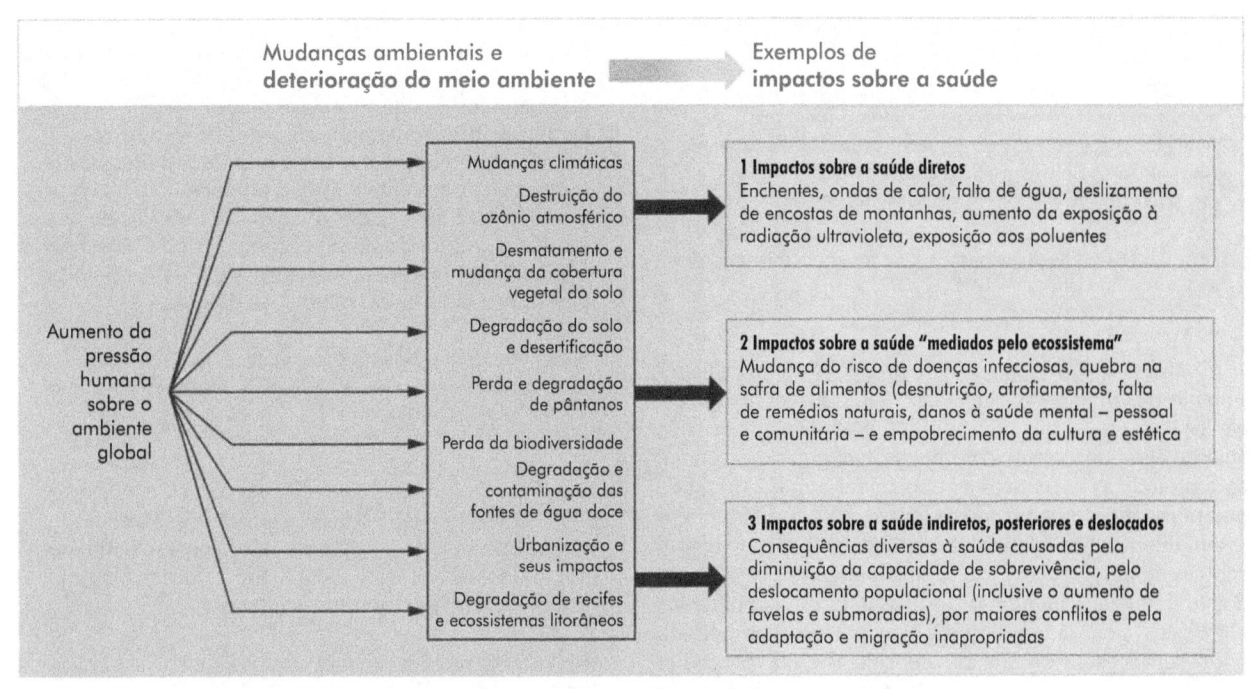

Mudanças ambientais e deterioração do meio ambiente → Exemplos de impactos sobre a saúde

Aumento da pressão humana sobre o ambiente global →
- Mudanças climáticas
- Destruição do ozônio atmosférico
- Desmatamento e mudança da cobertura vegetal do solo
- Degradação do solo e desertificação
- Perda e degradação de pântanos
- Perda da biodiversidade
- Degradação e contaminação das fontes de água doce
- Urbanização e seus impactos
- Degradação de recifes e ecossistemas litorâneos

1 Impactos sobre a saúde diretos
Enchentes, ondas de calor, falta de água, deslizamento de encostas de montanhas, aumento da exposição à radiação ultravioleta, exposição aos poluentes

2 Impactos sobre a saúde "mediados pelo ecossistema"
Mudança do risco de doenças infecciosas, quebra na safra de alimentos (desnutrição, atrofiamentos, falta de remédios naturais, danos à saúde mental – pessoal e comunitária – e empobrecimento da cultura e estética

3 Impactos sobre a saúde indiretos, posteriores e deslocados
Consequências diversas à saúde causadas pela diminuição da capacidade de sobrevivência, pelo deslocamento populacional (inclusive o aumento de favelas e submoradias), por maiores conflitos e pela adaptação e migração inapropriadas

FIGURA 13-4 Como a degradação ambiental antropogênica contribui para os impactos à saúde humana. Fonte: © WHO, Millennium Ecosystem Assessment (2005); ilustração: Killer Banshee Studios.

climáticas e os efeitos na saúde humana se interceptam: mudanças nos padrões de doenças e mortalidade; alimentos; água e saneamento; população e migração; abrigo e assentamento humano; eventos climáticos extremos. Para nossos propósitos, focaremos as questões do abrigo e assentamento humano, mas é importante falar brevemente sobre as demais áreas de impacto cobertas pelo Comitê UCL–Lancet.

A mudança nos padrões das doenças: As mudanças climáticas desruptivas, ou seja, a alteração dos padrões de calor em todas as latitudes, aumenta os habitats geográficos que promovem as doenças ou, em outras palavras, perturbam os ecossistemas. Vetores são organismos vivos que podem transmitir doenças infecciosas entre seres humanos ou de animais para seres humanos. Doenças transmitidas por vetores, como a malária, a dengue e o hantavírus (uma doença transmitida por roedores), são disseminadas por insetos hospedeiros que costumam viver dentro de áreas geograficamente limitadas e caracterizadas por certas faixas de temperatura. Com o aumento das temperaturas, imagina-se que os habitats dos vetores se expandirão, o que resultará em uma maior prevalência dessas doenças. Por exemplo, com temperaturas mais elevadas, a área de ocorrência geográfica do mosquito *Anopheles* poderia ir muito além dos limites nos quais a malária atualmente é endêmica. A Organização Mundial da Saúde (OMS) afirma: "Na escala global, com aumentos de temperatura entre 2 e 3°C, o número de pessoas que, em termos climáticos, correm o risco de contrair malária poderia subir de 3 a 5%, isto é, centenas de milhões. Além disso, a duração sazonal da malária aumentaria em muitas áreas que atualmente são consideradas endêmicas."[10]

O calor extremo é marcado por uma maior prevalência de problemas de saúde como o estresse térmico e as doenças respiratórias causadas pela baixa qualidade do ar. Na verdade, condições do tempo extremas aumentam a exposição a patógenos, particulados, emissões químicas e emissões de elementos tóxicos. Mas não é somente o calor que afeta o risco de doenças e a mortalidade. Os efeitos do aumento do nível do mar, chuvas e enchentes, e os eventos meteorológicos extremos provocados pelas mudanças climáticas também representam riscos.

Alimentos: As mudanças climáticas e o aumento das temperaturas ameaçam a capacidade que temos de cultivar os mais importantes alimentos. Com as novas temperaturas, espera-se que as colheitas de grãos cultivados sejam prejudicadas, e a falta de alimentos no mundo se agravará. Acredita-se que os efeitos sobre os países em desenvolvimento serão significativos. De acordo com um dos estudos, "estima-se que a desnutrição infantil crônica e aguda, os recém-nascidos abaixo do peso e o aleitamento materno insuficiente causarão a morte de 3,5 milhões de mães e crianças pequenas a cada ano".[11]

Água e saneamento: Uma boa saúde depende do acesso à água limpa, de uma infraestrutura de saneamento que funcione bem e do tratamento de esgoto adequado. Em nações em desenvolvimento sujeitas à variabilidade dos padrões de chuva onde a água já está comprometida, as epidemias de doenças transmitidas pela água provavelmente se tornarão mais frequentes com as enchentes e o colapso da infraestrutura. Por outro lado, o acesso à água em regiões áridas será

---
[10] World Health Organization, Climate Change and Infectious Diseases, www.who.int/globalchange/climate/summary/en/index5.html.

[11] R. E. Black, L. H. Allen, Z. A. Bhutta, et al., "Maternal and Child Undernutrition: Global and Regional Exposures and Health Consequences," *Lancet* 371 (2008): 243–60.

afetado por secas opressivas e escassez de água. Cada cenário tem potencial para resultados devastadores.

> "Mais de um sexto da população mundial atualmente vive em bacias hidrográficas alimentadas por geleiras, que são vulneráveis às mudanças climáticas."
>
> Fonte: N. Stern, *The Economics of Climate Change* (Cambridge: Cambridge University Press, 2007).

População e migração: A degradação ambiental resultante das mudanças climáticas, como as enchentes e a elevação do nível dos mares, o aumento das chuvas ou a falta de água decorrente das chuvas, tem grande potencial para prejudicar as práticas agropecuárias atuais. À medida que populações inteiras forem forçadas a abandonar seus assentamentos tradicionais, o resultado será o movimento caótico de pessoas. Acredita-se que a migração de refugiados ambientais – incluindo o subconjunto dos refugiados climáticos – criará conflitos, com as pessoas competindo por recursos escassos. De fato, considera-se que o conflito no sul do Sudão está relacionado com o aquecimento do Oceano Índico e a subsequente desertificação de regiões de cultivo de alimentos. Nessa região têm havido conflitos entre comunidades de pastores e fazendeiros, agravando os problemas de uma área já tumultuada. A crise piorou ainda mais com a interferência do governo, que ignorou as tradições tribais de negociações pela paz. Essas tensões ambientais exacerbaram diferenças religiosas e políticas pré-existentes e são vistas como a causa da violência e da limpeza étnica do início da década de 2000. Vale a pena observar que o aumento do nível de violência contra as mulheres e meninas também está presente nos conflitos induzidos pelas mudanças climáticas. "A desigualdade de gênero é outro fator importante. Nos países em desenvolvimento, as mulheres estão entre os mais vulneráveis às mudanças climáticas: elas não apenas representam uma grande parte da mão de obra agrícola como também têm menos oportunidades de trabalho. Nesses países, as mulheres chefiam os lares e cuidam dos membros da família, o que limita sua mobilidade e as torna mais vulneráveis a desastres naturais e a outras mudanças climáticas locais repentinas." Muitos planos de ação climática nas nações em desenvolvimento envolvem esforços para garantir que as políticas de mudanças climáticas "abordem as questões do empoderamento das mulheres".[12]

Eventos meteorológicos extremos: Entre os impactos relacionados às mudanças climáticas e à saúde, o clima extremo talvez seja o mais visível e conhecido. As mortes ocorrem tanto durante os desastres climáticos como após eles, durante a recuperação, pois as comunidades sofrem com a falta de água, alimentos e energia e não têm abrigos adequados. Os eventos climáticos extremos estão entre os fenômenos mais

---

[12]Women's Environment and Development Organisation (WEDO), *Gender, Climate Change and Human Security: Lessons from Bangladesh, Ghana and Senegal* (New York: WEDO, 2008).

> "Das 238 grandes catástrofes naturais que ocorreram entre 1950 e 2007, dois terços resultaram de eventos relacionados ao clima ou condições meteorológicas extremas, principalmente enchentes e vendavais. De acordo com Munich Re, o número de grandes desastres relacionados com o tempo aumentou de uma média inferior a dois por ano, em 1950, a mais de seis, em 2007. Ao longo desse período, as perdas econômicas anuais médias aumentaram de menos de 5 bilhões para mais de 60 bilhões de dólares."
>
> Fonte: Munich Re, Natural Catastrophes 2007: Analyses, Assessments, Positions. Munique, 2008, conforme citação de Costello, op cit., 1993.

> "Em 2009, houve 351 desastres natural, 325 relacionados ao clima. Dos 142 milhões de pessoas afetadas por desastres naturais, 139 milhões foram atingidos por desastres relacionados ao clima."
>
> Fonte: "Facts and Figures from Cancun Climate Change Conference", IFRC, 2010.

observados e estudados. Embora não se possa atribuir às mudanças climáticas qualquer evento meteorológico específico, o que está evidente é o aumento da frequência (e do custo) desses eventos (Figura 13-5).

Acredita-se que as mudanças climáticas aumentam a frequência e a intensidade de "eventos" relacionados com o clima, como as precipitações extremas, as inundações, as tempestades e os vendavais, além das temperaturas extremamente altas ou baixas. Esses eventos climáticos têm efeitos compostos e únicos. Os eventos litorâneos intensos, como as "supertempestades", afetam a infraestrutura de uma comunidade: as águas inundam ruas, linhas de metrô, redes de esgoto, utilidades públicas, estações de tratamento de água e casas de máquinas dos edifícios, que muitas vezes são localizadas abaixo do nível do solo. As violentas ondas repentinas e o aumento do nível do mar causados pelos ventos das tempestades podem provocar a erosão costeira, prejudicar a qualidade da água e, em circunstâncias extremas, ter efeitos similares aos dos maremotos.

Abrigo e assentamento humano: Uma consequência direta dos eventos climáticos extremos é o desafio de se providenciar abrigo emergencial e edificações que possam responder ao clima instável e suas condições atmosféricas extremas e se adaptar a esses. No topo das prioridades para permitir essas adaptações está a necessidade de se reduzir a pobreza no mundo em desenvolvimento.

É necessário que se preveja abrigos emergenciais para atender aos desastres naturais e eventos climáticos extremos. A Architecture for Humanity, a Make It Right Foundation e a Shigeru Ban Architects (uma firma japonesa) têm atendido a essa necessidade. O arquiteto Shigeru Ban é reconhecido por suas contribuições ao alojamento das vítimas de catástrofes

NatCatSERVICE
Munich RE

Eventos com perdas de vida humana no mundo inteiro: 1980–2014
Número de eventos

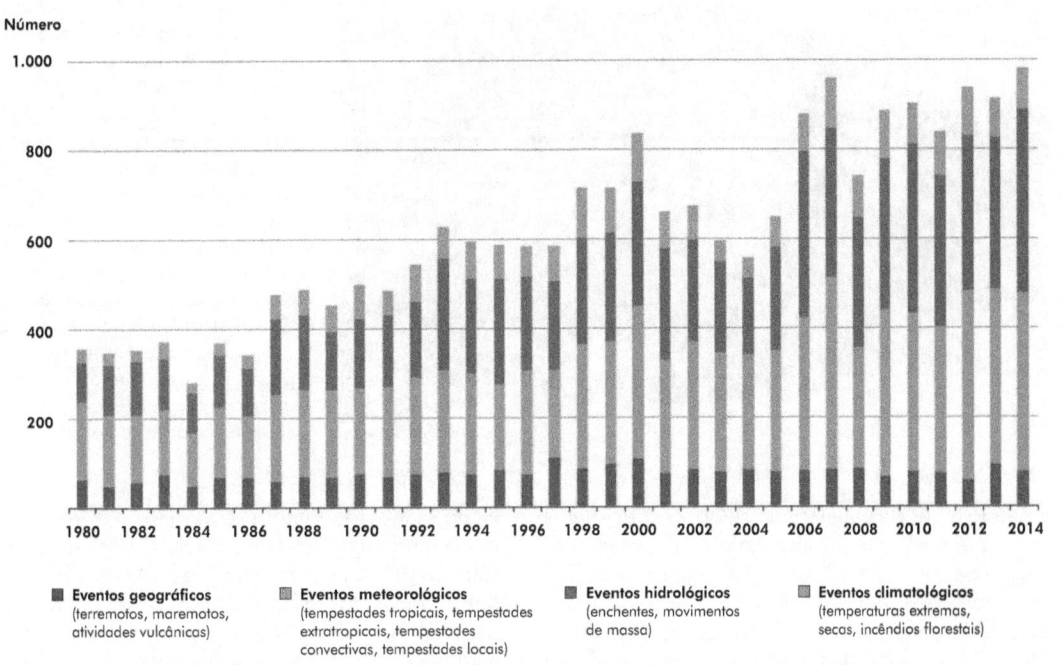

- ■ **Eventos geográficos** (terremotos, maremotos, atividades vulcânicas)
- ■ **Eventos meteorológicos** (tempestades tropicais, tempestades extratropicais, tempestades convectivas, tempestades locais)
- ■ **Eventos hidrológicos** (enchentes, movimentos de massa)
- ■ **Eventos climatológicos** (temperaturas extremas, secas, incêndios florestais)

©2015 Münchener Rückversicherungs-Gesellschaft, Geo Risks Research, NatCatSERVICE – Dados de janeiro de 2015.

FIGURA 13-5 Os eventos extremos, categorizados por perdas meteorológicas (o estudo de eventos do tempo no curto prazo), climatológicas (o estudo da frequência e das tendências do tempo) e hidrológicas, são particularmente interessantes nessa tabela para os riscos associados e as companhias de resseguro de perdas, Munich Re. Fonte: © 2015 Münchener Rückversicherungs--Gesellschaft, Geo Risks Research, NatCatSERVICE.

TABELA 13-1 Clima extremo (ou evento climático)

A ocorrência de um evento climático acima ou abaixo do valor limite e em direção à extremidade da faixa de valores observados. Os impactos dependem dos extremos climáticos, da variabilidade climática natural e da vulnerabilidade e exposição da população. Ainda assim, nem todos os cientistas concordam que todos os eventos climáticos extremos (como os listados a seguir) sejam provocados pelas mudanças climáticas.

1988 Onda de calor, centro e leste dos Estados Unidos
1992 Furacão Andrew, sudeste dos Estados Unidos
2003 Onda de calor, Europa (71.310 mortes)
2004 Furacão Jeanne e enchente associada, Haiti
2005 Furacão Katrina, sul dos Estados Unidos (1.833 mortes)
2007 Ciclone Sidr, Blangadesh (3.447 mortes)
2008 Ciclone Nargis, Mianmar (138.366 mortes)
2010 Onda de calor, Rússia (55.736 mortes)
2011 Seca, Leste da África (mais de 50 mil mortes)
2012 Furacão Sandy, nordeste dos Estados Unidos (117 mortes)
2013 Índia, enchentes provocadas pelas monções (5.748 mortes)
2013 Tufão Haiyan (Yolanda), Filipinas (6.300 mortes)

Fonte: C. B. Field, V. Barros, T. F. Stocler, D. Qin, D. J. Dokken, K. L. Ebi, M. D. Mastrandrea, K. J. Mach, G. K. Plattner, S. K. Allen, M. Tignor, P. M. Midgley, eds., Summary for Policymakers, in "Managing the Risks of Extreme Events and Disasters to Advance Climate Change Adaptation," A Special Report of Working Groups I and II of the Intergovernmental Panel on Climate Change (IPCC) (Cambridge, Reino Unido, e Nova York: Cambridge University Press, 2012), p. 7, pp. 1–19. http://ipcc-wg2.gov/SREX/images/uploads/SREX-SPMbrochure_FINAL.pdf.

FIGURA 13-6 A obra de Shigeru Ban. O anúncio do prêmio de Arquitetura Pritzker conferido a Ban homenageou seu trabalho humanitário: "O trabalho humanitário de Ban começou em resposta ao conflito de 1994 em Ruanda, que impôs condições de vida trágicas a milhões de pessoas. Ban propôs abrigos feitos de tubos de papel ao Alto Comissariado das Nações Unidas para Refugiados... Após o terremoto de 1995 em Kobe, Japão, Ban desenvolveu a Casa de Toras de Papel para os refugiados vietnamitas da área: usando caixas de cerveja doadas cheias de areia nas fundações, ele alinhou os tubos de papelão verticalmente, criando as paredes das casas. Ban também projetou a "Igreja de Papel", um centro comunitário feito de tubos de papel para as vítimas de Kobe." Fonte: imagem por cortesia de Shigeru Ban Architects; fotografia de Takanobu Sakuma.

naturais. Usando tubos de papelão reciclado ou contêineres de carga, suas obras são, ao mesmo tempo, elegantes, funcionais e de rápida construção (Figura 13-6). No longo prazo, contudo, os projetistas têm o desafio de criar edificações que respondam às condições atuais, possam se adaptar às mudanças climáticas e sejam resilientes para servir de abrigo emergencial até mesmo durante as condições meteorológicas mais severas.

O projeto resiliente

Estes exemplos mostram o que é necessário para criar novos prédios ou adaptar os existentes a fim de responder às mudanças climáticas. Eles devem suportar eventos extremos (calor, chuvas, enchentes, vendavais), abrigar populações de migrantes e fornecer acesso a alimentos, água e saneamento na escala comunitária. Os prédios da era das mudanças climáticas devem proteger uma população ameaçada pelas doenças associadas a elas, e espera-se que eles também possam reduzir os conflitos armados e a violência decorrentes. Além disso, eles devem ser projetados e construídos a fim de reduzir as emissões globais dos gases causadores do efeito estufa. A solução é projetar sistemas de conversão de energia com alto desempenho, tanto na escala macro como na das edificações individuais. Uma maneira ainda mais radical e efetiva de resolver o problema dessas emissões é eliminar as fontes de combustão dos prédios, substituindo-as por fontes de energia limpa. Ao mesmo tempo, podemos atenuar os efeitos das mudanças climáticas e adaptar os prédios tanto de modo passivo como ativo. Como você já deve ter deduzido com base na maneira como os capítulos desse livro-texto se inter-relacionam, um prédio resiliente é ecológico (ou sustentável) e integrado.

Em meados da primeira década desse milênio, o setor da edificação sustentável começou a usar palavras como "sobrevivência passiva" e "resiliência" como uma maneira de caracterizar a necessidade urgente de se lidar com a inevitabilidade dos efeitos das mudanças climáticas. O início dessa mudança pode ser associado aos enormes impactos sofridos pelos seres humanos e o meio ambiente causados pelo furacão Katrina e por outras aberrações climáticas, como grandes tempestades com granizo e ondas de calor naquela época e nos anos seguintes. Alex Wilson cunhou o termo "sobrevivência passiva" em 2005. Ele propôs que devemos transformar a maneira como concebemos nossos abrigos, passando a criar estruturas que nos sustentem de modo passivo em momentos de crises ecológicas significativas, conflitos hostis e grave escassez de combustíveis fósseis: "Tudo isso aponta para a necessidade de projetar prédios a fim de proteger seus usuários de modo passivo".[13] Muitos dos conceitos que propôs relacionados a esse termo abrangente, Wilson reconhece, são muito similares às estratégias atuais do projeto de edificações sustentáveis: o uso de energias renováveis e equipamentos de calefação e resfriamento compatíveis com a eletricidade em corrente contínua; o aproveitamento da iluminação natural; o projeto passivo para a habitabilidade no longo prazo; a resiliência às tempestades; e a construção de prédios baixos".[14]

Posteriormente, Wilson criou o Resilient Design Institute, que elaborou uma definição formal de resiliência: "a capacidade de se adaptar às mudanças instáveis e de manter ou recuperar a funcionalidade e vitalidade frente ao estresse ou aos distúrbios". Como os eventos climáticos extremos têm consequências terríveis sobre as edificações e pessoas no mundo inteiro, temos visto a proliferação de conferências sobre projeto resiliente, periódicos profissionais, iniciativas e

---

[13] "Environmental Building News Calls for 'Passive Survivability,'" December 21, 2005, Environmental Building News (EBN), BuildingGreen.com, www2.buildinggreen.com/press/environmentalbuildingnewscallspassivesurvivability#sthash.JJf0FZsS.dpuf.

[14] Alex Wilson, "Passive Survivability: A New Design Priority for the 21st Century," *GreenSource* June 2006, http://greensource.construction.com/people/0606magopinions.asp.

planos inovadores que vêm se tornando parte da consciência coletiva.

Quais são algumas das estratégias de arquitetura e sistemas prediais que podem ser adotadas no projeto de edificações resilientes? Que tecnologias específicas tornam um prédio resiliente?

Uma série de propostas feitas logo após a supertempestade Sandy incluía estratégias específicas de resiliência. A cidade de Nova York respondeu formando a Força-Tarefa da Resiliência das Edificações da Cidade de Nova York em 2012. Essa força-tarefa era composta de 200 voluntários de diversos setores da economia. O Comitê Urbano Sustentável de Nova York, que já havia trabalhado no desenvolvimento dos Códigos Sustentáveis da cidade, liderou o relatório que foi proposto ao prefeito Bloomberg. Um conjunto de grupos de trabalho colaborou propondo maneiras pelas quais a resiliência poderia ser incluída nos prédios, enquanto comitês separados examinaram como as práticas de construção e os códigos então correntes deveriam ser ajustados a fim de possibilitar essa resiliência. Três grupos de trabalho foram formados para abordar:

1. Estruturas, fachadas e interiores
2. Calefação, resfriamento, ventilação, condicionamento de ar, instalações hidrossanitárias e prevenção e combate a incêndio
3. Instalações elétricas e de tecnologia da informação

Foram então apresentadas 33 propostas.[15] As Figuras 13-7 e 13-8 ilustram exemplos de algumas dessas medidas de projeto resiliente.

As propostas são viáveis e foram elaboradas para serem implementadas em vários níveis. As estratégias que deveriam ser adotadas simultaneamente foram chamadas de "melhorias

---
[15]Urban Green, Report to Mayor Michael R. Bloomberg and Speaker Christine C. Quinn, Building Resiliency Task Force, 33 Proposals for Resilience, www.urbangreencouncil.org/BuildingResiliency and http://urbangreencouncil.org/sites/default/files/2013_brtf_summaryreport_0.pdf.

Os Princípios de Projeto Resiliente do Resilient Design Institute

1. **A resiliência transcende as escalas.** As estratégias para abordar a resiliência se aplicam a escalas de prédios individuais, comunidades e escalas maiores, como a regional e a do ecossistema, além de se aplicarem a diferentes escalas temporais – do imediato ao longo prazo.
2. **Os sistemas resilientes atendem às necessidades humanas básicas.** Essas incluem água potável, saneamento, energia, condições de habitabilidade (temperatura e umidade), iluminação, ar seguro, saúde dos usuários e alimentação – tudo isso deve ser distribuído equitativamente.
3. **Os sistemas diversos e redundantes são intrinsecamente mais resilientes.** Comunidades, ecossistemas, economias e sistemas sociais mais diversos têm mais capacidade de responder a interrupções ou mudanças, o que os torna mais resilientes por sua própria natureza. Embora às vezes entrem em conflito com a eficiência e as prioridades da edificação sustentável, os sistemas redundantes para necessidades como eletricidade, água e transporte melhoram a resiliência.
4. **Os sistemas simples, passivos e flexíveis são mais resilientes.** Os sistemas passivos ou de ativação manual são mais resilientes do que soluções complexas que podem entrar em pane ou exigir manutenção permanente. As soluções flexíveis são capazes de se adaptarem a condições mutáveis tanto no curto como no longo prazo.
5. **A durabilidade reforça a resiliência.** As estratégias que melhoram a durabilidade aumentam a resiliência. A durabilidade envolve não somente as práticas de construção, mas também o projeto de edificações (prédios belos serão mantidos e durarão mais tempo), a infraestrutura e os ecossistemas.
6. **Recursos disponíveis no local, renováveis ou reaproveitados são mais resilientes.** Contar com recursos abundantes no local, como a energia solar, a água dos lençóis freáticos que são reabastecidos anualmente e as fontes locais de alimentos oferece maior resiliência do que a dependência de recursos não renováveis ou de fontes distantes.
7. **A resiliência prevê interrupções e a dinâmica do futuro.** A adaptação a um clima instável, com temperaturas mais elevadas, tempestades mais intensas, elevação do nível dos mares, enchentes, secas e incêndios florestais, é uma necessidade crescente, enquanto desastres naturais não relacionados com o clima, como terremotos e erupções solares, e ações antropogênicas, como o terrorismo e o ciberterrorismo, também pedem pelo projeto resiliente. Responder a mudanças é uma oportunidade para se ter uma maior variedade de melhorias nos sistemas.
8. **Descubra a resiliência na natureza e a promova.** Os sistemas naturais vêm evoluindo para alcançar a resiliência; podemos melhorá-la se nos basearmos nas lições da natureza e nos apoiarmos nelas. As estratégias de proteção do ambiente natural aumentam a resiliência de todos os sistemas vivos.
9. **A equidade social e a comunidade contribuem para a resiliência.** Comunidades fortes e culturalmente diversas, nas quais as pessoas se conhecem, se respeitam e se preocupam umas com as outras terão mais sucesso durante momentos de estresse ou distúrbio. Os aspectos sociais da resiliência podem ser tão importantes quanto as respostas físicas.
10. **A resiliência não é absoluta.** Reconheça que passos podem ser dados e que a resiliência total frente a qualquer situação é impossível. Implemente o que é viável no curto prazo e trabalhe para alcançar maior resiliência em etapas.

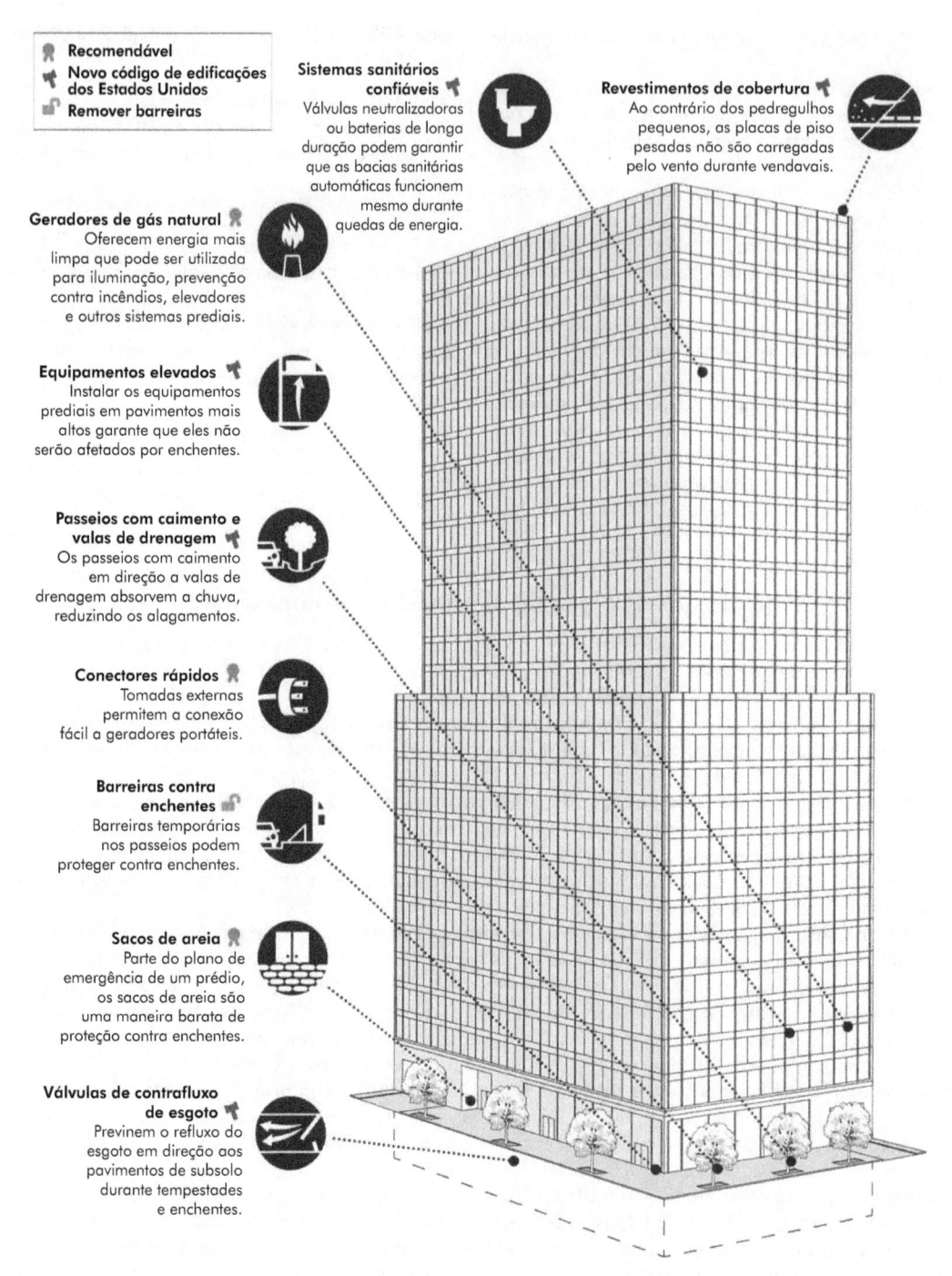

Recomendável
Novo código de edificações dos Estados Unidos
Remover barreiras

Sistemas sanitários confiáveis
Válvulas neutralizadoras ou baterias de longa duração podem garantir que as bacias sanitárias automáticas funcionem mesmo durante quedas de energia.

Revestimentos de cobertura
Ao contrário dos pedregulhos pequenos, as placas de piso pesadas não são carregadas pelo vento durante vendavais.

Geradores de gás natural
Oferecem energia mais limpa que pode ser utilizada para iluminação, prevenção contra incêndios, elevadores e outros sistemas prediais.

Equipamentos elevados
Instalar os equipamentos prediais em pavimentos mais altos garante que eles não serão afetados por enchentes.

Passeios com caimento e valas de drenagem
Os passeios com caimento em direção a valas de drenagem absorvem a chuva, reduzindo os alagamentos.

Conectores rápidos
Tomadas externas permitem a conexão fácil a geradores portáteis.

Barreiras contra enchentes
Barreiras temporárias nos passeios podem proteger contra enchentes.

Sacos de areia
Parte do plano de emergência de um prédio, os sacos de areia são uma maneira barata de proteção contra enchentes.

Válvulas de contrafluxo de esgoto
Previnem o refluxo do esgoto em direção aos pavimentos de subsolo durante tempestades e enchentes.

FIGURA 13-7 Os elementos de um projeto resiliente para prédios comerciais incluem a gestão das inundações no nível da rua e o contrafluxo dos esgotos no nível dos pavimentos de subsolo, transferindo as instalações prediais para os níveis superiores e criando zonas de saneamento confiável também nesses pavimentos mais altos. Fonte: Urban Green Council.

obrigatórias". Um exemplo é a proposta que exigia que os produtos químicos tóxicos armazenados em zonas sujeitas a enchentes fossem mantidos em pavimentos de subsolo à prova de inundação a fim de reduzir o risco de contaminação do meio ambiente. Essa estratégia foi motivada não somente pelos efeitos da supertempestade Sandy, mas também pelas lições aprendidas com o furacão Katrina em New Orleans, onde a contaminação da água da enchente com chumbo e bactérias trouxe sérios riscos à saúde.[16] Outro exemplo é a proposta de modificação do Código de Instalações Hidrossanitárias da Cidade de Nova York. Essa modificação

---

[16] Urban Green, ibid, proposal 7, Safeguard Toxic Materials Stored in Flood Zones.

URBAN GREEN COUNCIL | Novo código de edificações dos EUA | Recomendável | Exige outras ações

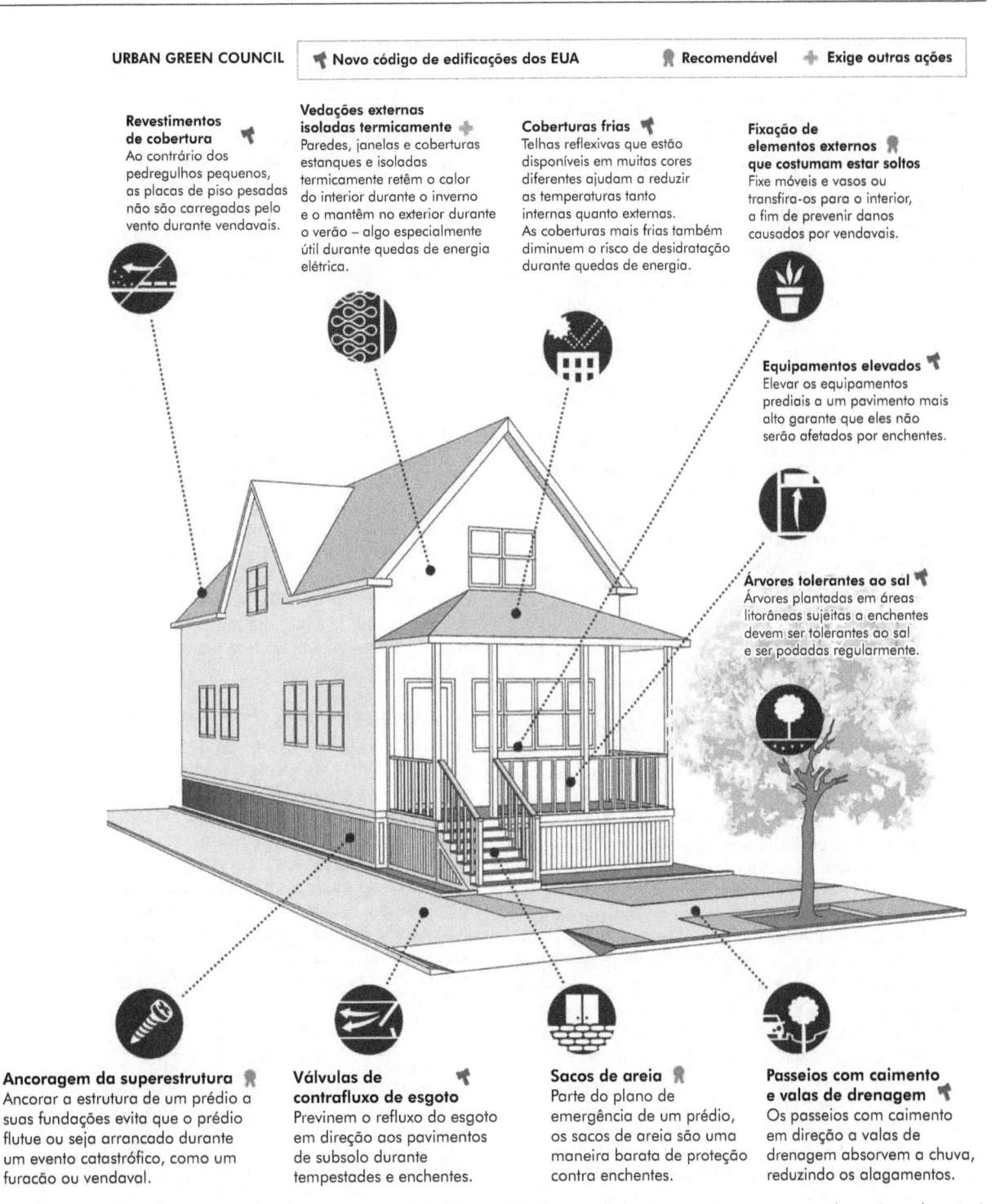

Revestimentos de cobertura
Ao contrário dos pedregulhos pequenos, as placas de piso pesadas não são carregadas pelo vento durante vendavais.

Vedações externas isoladas termicamente
Paredes, janelas e coberturas estanques e isoladas termicamente retêm o calor do interior durante o inverno e o mantêm no exterior durante o verão – algo especialmente útil durante quedas de energia elétrica.

Coberturas frias
Telhas reflexivas que estão disponíveis em muitas cores diferentes ajudam a reduzir as temperaturas tanto internas quanto externas. As coberturas mais frias também diminuem o risco de desidratação durante quedas de energia.

Fixação de elementos externos que costumam estar soltos
Fixe móveis e vasos ou transfira-os para o interior, a fim de prevenir danos causados por vendavais.

Equipamentos elevados
Elevar os equipamentos prediais a um pavimento mais alto garante que eles não serão afetados por enchentes.

Árvores tolerantes ao sal
Árvores plantadas em áreas litorâneas sujeitas a enchentes devem ser tolerantes ao sal e ser podadas regularmente.

Ancoragem da superestrutura
Ancorar a estrutura de um prédio a suas fundações evita que o prédio flutue ou seja arrancado durante um evento catastrófico, como um furacão ou vendaval.

Válvulas de contrafluxo de esgoto
Previnem o refluxo do esgoto em direção aos pavimentos de subsolo durante tempestades e enchentes.

Sacos de areia
Parte do plano de emergência de um prédio, os sacos de areia são uma maneira barata de proteção contra enchentes.

Passeios com caimento e valas de drenagem
Os passeios com caimento em direção a valas de drenagem absorvem a chuva, reduzindo os alagamentos.

FIGURA 13-8 Em habitações unifamiliares, as estratégias de resiliência focam elevar os pavimentos ocupados acima dos níveis históricos das enchentes. Assim como ocorre com os prédios comerciais, é importante elevar as instalações prediais e fazer a prevenção do contrafluxo do esgoto. Fonte: Urban Green Council.

exigiria que os condomínios habitacionais altos tivessem a capacidade de fornecer água potável mesmo com as limitações impostas pela capacidade de bombeamento elétrico e pela pressão de água fornecida pela rede municipal. Uma fonte comum de água limpa para emergências deveria estar disponível no sexto pavimento (ou em um nível logo abaixo), para que pudesse ser usada pelos moradores acima do quinto pavimento.[17]

---
[17] Urban Green, ibid, proposal 23, Supply Drinking Water without Power.

O próximo nível de implementação seria exigir que os novos códigos de edificações (ou as alterações nos códigos existentes) promovessem estratégias resilientes em todas as novas construções ou reformas. Os exemplos dessa abordagem são inúmeros, como o uso de calafetos com uretano resistente aos raios ultravioletas, o projeto de janelas resistentes a cargas eólicas mais altas – o que reduziria o risco de as coberturas serem arrancadas por vendavais – e a elevação das edificações acima do Nível de Elevação contra Enchentes. Outras propostas abordam a proteção dos sistemas de água e esgoto acima do nível de enchente e a instalação de válvulas que previnam o contrafluxo do esgoto, evitando que ele invada as edificações. As modificações nos códigos de obras relacionadas ao terreno e ao paisagismo exigiriam a plantação de árvores tolerantes ao sal, ao vento e às enchentes. As vidraças resistentes a impactos e o uso de coberturas sem agregados reduziriam o risco de detritos causados pelos vendavais.

Uma série de ações "recomendadas" foi incluída nas Propostas para Resiliência resultantes da supertempestade Sandy. Essas ações recomendadas vão além das exigências mínimas dos códigos e constituem algumas das melhores práticas voluntárias. Entre elas há recomendações para a criação de sistemas de coleta da água pluvial nos passeios, usando faixas de vegetação permeáveis e solo estrutural. Quando não houvesse plantas, o objetivo deveria ser substituir as superfícies impermeáveis por permeáveis.[18]

Entre as propostas e estratégias ambiciosas, há aquelas que exigem a remoção de barreiras atuais à resiliência. Um exemplo seria exigir a implantação de sistemas de cogeração de energia térmica e elétrica e de conversão de energia solar na escala das edificações. Como essas práticas atualmente são prejudicadas pelas normas dos serviços de utilidades públicas, a proposta exigiria que as concessionárias estabelecessem diretrizes para o projeto de sistemas de cogeração in loco na escala apropriada e encorajassem sua implantação.[19]

As propostas marcadas como aquelas que "exigem outras ações" foram desenvolvidas para encorajar o início de um processo para que fossem implementadas em certa escala no futuro. Algumas dessas propostas abordam as interações sociais, como a Proposta 31, intitulada "Legislação de Apoio ao Bom Samaritano", que pede a proteção de "engenheiros, arquitetos, paisagistas e topógrafos contra qualquer pedido de compensação financeira por prejuízos pessoais, morte culposa, danos a uma propriedade ou outras perdas decorrentes da prestação de seus serviços profissionais".[20] Outro exemplo é a proposta de obrigar a elevação do nível de isolamento de paredes e coberturas para que tenham valores-R mais altos e a vedação dos pontos de infiltração de ar (caixas de elevador, aberturas para ventilação, janelas, portas, caixas de escada e docas de carga e descarga).[21] Essas estratégias, entre outras, talvez possam garantir que as temperaturas durante os eventos climáticos tanto de inverno como de verão não flutuem além das recomendadas para a saúde e segurança das pessoas.

> "Atualmente, um terço da população do mundo vive em uma faixa litorânea de 100 km, e 13 das 20 maiores cidades do mundo estão junto ao mar."
>
> Fonte: Anthony Costello, et al., "Managing the Health Effects of Climate Change", www.ucl.ac.uk/global-health/project-pages/lancet1/ucl-lancet-climate-change.pdf.

Como você provavelmente já concluiu com essa visão geral, as estratégias de arquitetura e equipamentos inteligentes variam conforme a região geográfica, os tamanhos e a composição da comunidade, entre muitos outros fatores. É claro que as soluções do projeto resiliente não se aplicam a qualquer caso. Em nenhum lugar isso fica mais evidente do que nos países em desenvolvimento. Inúmeros esforços vêm sendo feitos para proteger essas populações vulneráveis dos futuros impactos das mudanças climáticas à sua saúde, variando dos esforços globais da Conferência das Partes (das Nações Unidas), que trabalha para um tratado sobre as mudanças climáticas, a ONGs de sustentabilidade e organizações de resgate. Ainda assim, há muito o que ser feito em muitas áreas, principalmente no que diz respeito à arquitetura, ao projeto e à engenharia.

As populações vulneráveis são as mais afetadas

Uma das principais mensagens que surgiu do estudo das mudanças climáticas e seus efeitos sobre a saúde global é que as populações fragilizadas do mundo são as que sofreram maiores impactos. A ameaça das mudanças climáticas é heterogênea, variando muito em gravidade conforme as características geográficas, o acesso aos recursos, a adequação dos abrigos e os serviços de saúde disponíveis. As populações que outrora raramente eram vulneráveis aos eventos meteorológicos extremos têm se tornado mais expostas, e isso cada vez mais se tornará realidade. As Nações Unidas e a Organização Mundial da Saúde (OMS) reconhecem que as populações vulneráveis são aquelas

> "As pessoas mais vulneráveis vivem em assentamentos urbanos de países em desenvolvimento que têm recursos limitados para se adaptarem às mudanças climáticas e já são afetadas por diversos riscos relacionados à natureza, como as enchentes e os deslizamentos de terra."
>
> M. Pelling, *The Vulnerability of Cities: Natural Disasters and Social Resilience* (Londres: Earthscan, 2003) e G. McGranahan, D. Balk, B., Anderson, "The Rising Tide: Assessing the Risks of Climate Change and Human Settlements in Low Elevation Coastal Zones," Environment Urbanization 19 (2007): 17–37, http://eau.sagepub.com/content/19/1/17.short?rss=1&ssource=mfc.

---

[18] Urban Green, ibid, proposal 13, Capture Stormwater to Prevent Flooding.
[19] Urban Green, Ibid, proposals 18 and 19, Remove Barriers to Cogeneration and Solar Energy.
[20] Urban Green, ibid, proposal 31, Support Good Samaritan Legislation.
[21] Urban Green, ibid, proposal 27, Maintain Habitable Temperatures without Power.

afetadas pela desigualdade social e a desvantagem econômica, as crianças e os bebês, os idosos e aqueles que sofrem de doenças crônicas. E, além dessas, várias subpopulações adicionais dentro e fora dos países em desenvolvimento têm sido apontadas em estudos e recebido apoio. Além daqueles que vivem em áreas com uma infraestrutura velha e inadequada, que sofrem com o racismo e com os baixos níveis de escolaridade, também se identificam os grupos que listaremos a seguir.

> "As pessoas de países com baixa renda têm quatro vezes mais chance de morrerem em eventos naturais extremos do que aquelas em países com alta renda."
>
> Fonte: WHO, Department of Gender and Women's Health, "Gender and Health in Disasters", julho de 2002, www.who.int/gender/other_health/en/genderdisasters.pdf.

Refugiados climáticos: Algumas comunidades correm o risco de se tornarem refugiados climáticos em virtude da elevação do nível do mar, e essa condição as torna mais suscetíveis às instabilidades econômicas. Por exemplo, as Ilhas Maldivas, uma nação formada por um arquipélago cujas elevações não passam de 2,4 m em relação ao nível dos mares, já estão planejando suas estratégias de evacuação para seu vizinho, a Austrália. Catorze de suas ilhas já tiveram de ser abandonadas.

Mulheres e meninas: Já discutimos como as situações de falta de recursos, pobreza e forte concorrência acarretam litígios, que podem ser tanto conflitos armados como violentas brigas entre as pessoas. Os episódios de violência contra as mulheres e meninas aumentam durante os desastres ambientais, ilustrando mais um efeito indireto das mudanças climáticas. A Organização para o Ambiente e Desenvolvimento das Mulheres (WEDO) já apontou como a desigualdade entre os gêneros decorrente de normas sociais e papéis tradicionais cria essa vulnerabilidade nos países em desenvolvimento. A WEDO afirma que as mulheres devem ser empoderadas para responderem aos impactos das mudanças climáticas e planejarem a resiliência de suas comunidades, pois elas desempenham papéis cruciais na "proteção, administração e recuperação de recursos domésticos perdidos, e frequentemente desenvolvem estratégias inovadoras para abordar as mudanças climáticas."[22]

> "A relação entre gênero e vulnerabilidade é complexa. No mundo inteiro, a mortalidade devido a desastres naturais, incluindo secas, enchentes e tempestades, é mais elevada entre mulheres do que entre homens."
>
> Fonte: Departamento do Gênero, da Mulher e da Saúde (GWH) e Departamento da Saúde Pública e do Meio Ambiente (PHE) da Organização Mundial da Saúde (OMS), artigo para discussão, "Gender, Climate Change and Health".

Doenças mentais: Os estudos mostram a emergência de impactos mentais e emocionais gerados pelo estresse relacionado com as mudanças climáticas e os desastres ambientais. O estresse pós-traumático e a depressão são apenas dois dos vários exemplos. Ser testemunha de um evento meteorológico extremo pode causar problemas mentais intensos, considerados por alguns como mais severos do que os sintomas físicos. Isso sugere que a preparação prévia de planos de emergência e estratégias de evacuação poderia ter efeito positivo. Os vínculos comunitários e familiares fornecem uma proteção adicional contra a ansiedade emocional acarretada pelos desastres relacionados com o clima.[23]

Conclusão

Os ambientalistas criaram um novo termo para nossa era, o Antropoceno, que seria um período geológico marcado pelo impacto irreversível que os seres humanos causaram em nossos ecossistemas. Podemos analisar muitas áreas de impacto, mas, como são muitas, neste capítulo focamos no modo como nós temos modificado o clima. Durante nossa breve análise das condições de efeito estufa da atmosfera terrestre, aprendemos que o volume de CO_2 na atmosfera o torna o principal gás causador do efeito estufa. Isso nos diz que, como profissionais das edificações sustentáveis, podemos abordar essas crescentes emissões de carbono por meio do projeto criterioso e da especificação cuidadosa de equipamentos de climatização e materiais de construção de alto desempenho. Em outras palavras, podemos fazer alguma coisa. Entendemos o papel-chave que o ambiente construído desempenha na nossa capacidade de responder aos impactos das mudanças climáticas, de atenuar esse problema e de nos adaptarmos a ele.

Respostas colaborativas são necessárias: O monitoramento e o controle dos efeitos na saúde pública são maneiras de aumentar nossa capacidade e desenvolver estratégias de resiliência. Também é necessária uma nova estrutura profissional de projeto e construção, na qual os arquitetos projetem tendo em vista a saúde humana e os profissionais de saúde pública integrem os conhecimentos especializados dos arquitetos, alavancando-os para que sejam feitas intervenções saudáveis na comunidade. Dessa maneira, podemos aumentar o nível exigido de desempenho dos projetos para além da edificação física em si, estendendo-o para termos melhores resultados sociais, econômicos, ecológicos e de saúde nas comunidades.

O clima é nosso apoio à vida – seus elegantes ciclos de retroalimentação nos sustentam. Precisamos aprender a nos adaptar agora, antes que a possibilidade de o fazer seja limitada pelos impactos climáticos. Prontidão e prevenção (ações de saúde pública) devem ocorrer, mas, para os estudantes de edificações ecológicas, sustentáveis e resilientes, o projeto é a ferramenta crucial para o desenvolvimento dessas capacidades.

---

[22]Women's Environment and Development Organisation (WEDO), *Gender, Climate Change and Human Security: Lessons from Bangladesh, Ghana and Senegal* (New York: WEDO, 2008).

[23]Susan Clayton, Christine Manning, and Caroline Hodge, "Beyond Storms and Droughts: The Psychological Impacts of Climate Change," (Washington, DC: American Psychological Association and ecoAmerica, 2014).

EXERCÍCIOS

1. Desenvolva uma competição de arquitetura para moradias elevadas. Esse exercício se relaciona com uma das propostas da Força-Tarefa para a Resiliência das Edificações da Cidade de Nova York, que é criar um concurso de arquitetura para moradias elevadas na área de Nova York. Texto motivador: "A cidade de Nova York tem 71 mil prédios localizados na área sujeita a uma enchente a cada 100 anos (isto é, que tem 1% de risco de inundação por ano). Os prédios novos para essas áreas terão de ser construídos acima da linha de inundação, e os demais moradores talvez queiram erguer suas habitações de modo voluntário. Isso afetará a arquitetura, a paisagem da rua e a acessibilidade da cidade."

   Considere esta proposta: "projetar uma rua de atraentes casas elevadas que se adequam ao caráter e à estética das moradias existentes, tornando-as acessíveis para as pessoas com deficiências físicas. Esse concurso deve incluir tanto casas com recuos laterais como aquelas construídas nas divisas". Para ler o texto completo, consulte Urban Green, Report to Mayor Michael R. Bloomberg and Speaker Christine C. Quinn, Building Resiliency Task Force, 33 Proposals for Resilience, www.urbangreencouncil.org/BuildingResiliency.

2. Exercício para o longo prazo: a saúde pública e a resiliência das edificações. As técnicas para projetar para a sobrevivência passiva e a resiliência em face às mudanças climáticas estão sendo profundamente analisadas pelos profissionais da construção e da saúde pública. As novas análises mostram que as mudanças climáticas contribuem para a incidência global de doenças e a morbidade prematura nos dias de hoje. Os eventos meteorológicos e climáticos relacionados às mudanças climáticas e suas implicações são reais. Tempestades violentas, ondas de calor recordes, maremotos, secas persistentes e poluição aérea são consequências trágicas e que trazem consigo consequências seríssimas para a economia, a ecologia, a saúde e a sociedade.

   Com os impactos sobre as pessoas se tornando cada vez mais constantes e claros, os instrumentos necessários para contê-los e para transformar os prédios e a infraestrutura em comunidades resilientes ainda não foram desenvolvidos. Um grande obstáculo que existe para atender a essa necessidade de resposta efetiva é o distanciamento entre o mundo dos projetistas e a realidade dos planejadores da saúde pública e de assistência a desastres naturais. Ainda se observa uma falta de ferramentas e mecanismos explícitos para aproximar essas áreas. Outro desafio é que a capacidade de adaptação precisa ser construída conjuntamente, envolvendo muitas regiões do mundo e diferentes escalas comunitárias. Cultura, técnicas de construção, clima, topografia, renda e proporção de populações vulneráveis especificamente afetadas pelos riscos das mudanças climáticas são alguns dos fatores que impactam as comunidades de modos distintos e que, portanto, exigem planos específicos.

   Estude por que existe essa carência, e proponha estratégias efetivas baseadas na prática para supri-la, analisando especialmente como a interdisciplinaridade pode ir além das discussões conceituais e teóricas e passar para a ação focada nos resultados. Lembre-se que são necessárias estratégias adaptáveis a diferentes escalas e regiões. Considere as seguintes questões em sua apresentação:

   - Como os arquitetos, funcionários das secretarias de construção e empreiteiros deveriam ajustar seus processos para apoiar os esforços de saúde pública e de resposta a desastres climáticos?
   - Como as organizações de saúde pública têm respondido aos impactos das mudanças climáticas, e quais etapas são previstas para que elas atualizem seus planos?
   - Como os profissionais de saúde pública de vários níveis (legisladores, funcionários públicos, pesquisadores, implementadores de programas) deveriam contribuir para a tomada de decisões que ajudem a configurar o ambiente construído de uma maneira que otimizasse a resiliência? Quais planos operacionais ou modificações nas normas de edificações poderiam proteger a vida, reduzir danos nas edificações e facilitar sua recuperação? Existem outras oportunidades para a promoção da saúde e do bem-estar comunitário que podem contribuir para desenvolver a capacidade de adaptação futura?
   - Como as equipes de socorristas de desastres podem aproveitar esse novo tipo de resposta colaborativa para o planejamento emergencial, ampliando-o para fases de recuperação de médio ou longo prazo e para eventuais esforços de reconstrução?
   - Que tipos de mecanismos, ferramentas e políticas podem promover essa resposta interdisciplinar, multisetorial e técnica para a otimização da resiliência das comunidades?

Recursos

Chan, Dr. Margaret. "Climate Change and Health: Preparing for Unprecedented Challenges." David E. Barmes Global Health Lecture, December 10, 2007.

"Climate Change: Research and Technology for Adaptation and Mitigation," an open source book, Juan Blanco and Houshang Kheradmand, eds., *InTech*, September 6, 2011, www.intechopen.com/books/climate-change-research-and-technology-for-adaptation-and-mitigation.

Costello, Anthony, et al. "Managing the Health Effects of Climate Change," Lancet and University College London Institute for Global Health Commission, *Lancet* 373 (2009) 1693–1733, www.ucl.ac.uk/global-health/project-pages/lancet1/ucl-lancet-climate-change.pdf.

Dazé, Angie. "Understanding Vulnerability to Climate Change: Insights from Application of CARE's Climate Vulnerability and Capacity Analysis (CVCA) Methodology," CARE Poverty, Environment and Climate Change Network (PECCN), November 2011.

"Global Climate Change, Vital Signs of the Planet: A Look at the Science of Climate Change: Evidence, Causes, Effects, Changes, Vital Signs," http://climate.nasa.gov/evidence/.

100 Resilient Cities, www.100resilientcities.org.

Intergovernmental Panel on Climate Change, Fifth Assessment Report (downloads at www.ipcc.ch), comprising:
Synthesis Report
Climate Change 2013 : The Physical Science Basis IPCC Working Group I Contribution to AR5
Climate Change 2014 : Impacts, Adaptation, and Vulnerability IPCC Working Group II Contribution to AR5
Climate Change 2014 : Mitigation of Climate Change IPCC Working Group III Contribution to AR5

International Council for Local Environmental Initiatives (ICLEI), www.iclei.org.

Shigeru Ban, TEDxTokyo, "Emergency Shelters Made from Paper," May 2013, www.ted.com/talks/shigeru_ban_emergency_shelters_made_from_paper?language=en.

Urban Green, Report to Mayor Michael R. Bloomberg and Speaker Christine C. Quinn, Building Resiliency Task Force, 33 Proposals for Resilience. The proposals address resiliency in commercial buildings, multifamily residences, hospitals, and 1–3-family homes. There are five ways a proposal may be implemented: required upgrades, new codes, removal of barriers, recommended best practices and efforts toward further action, www.urbangreencouncil.org/BuildingResiliency.

Watts, Nick,s et al. "Health and Climate Change: Policy Responses to Protect Public Health." Lancet 2015; 386: 1861–914. (2015). http://www.thelancet.com/pdfs/journals/lancet/PIIS0140-6736(15)60854-6.pdf.

Filmes

The Age of Stupid. Franny Armstrong, director, Spanner Films, 2009.

Chasing Ice. James Balog, Lead, Director of EIS, Jeff Orlowski, director and producer, Submarine Deluxe, 2012.

Disruption. Kelly Nyks and Jared P. Scott, producers and directors, September 7, 2014, viewable online at http://watchdisruption.com.

The Island President. Jon Schenk, director and cinematographer, 2011.

Six Degrees Could Change the World. National Geographic Channel, 2009.

Tópicos para discussão

"The Top Ten Global Warming 'Skeptic' Arguments Answered." *The Guardian* (May 2014); www.theguardian.com/environment/climate-consensus-97-per-cent/2014/may/06/top-ten-global--warming-skeptic-arguments-debunked.

Coby Beck. "How to Talk to a Climate Skeptic: Responses to the Most Common Skeptical Arguments on Global Warming." 259 science-based responses, four taxonomies are presented: Stages of Denial, Scientific Topics, Types of Arguments and Levels of Sophistication, Grist, http://grist.org/series/skeptics.

Como os Prédios Utilizam os Recursos 14

Eis nossa situação mundial atual: desde a década de 1970, a humanidade vem praticando um uso abusivo da natureza, com a demanda anual de recursos excedendo o que a Terra pode regenerar a cada ano. Leva um ano e meio para que a Terra regenere o que usamos em um ano.

"Ecological Footprint Overview",
Global Footprint Network.[1]

O que são os recursos naturais?

Os recursos naturais são riquezas extraídas da natureza, como recursos hídricos (oceanos, corpos de água doce, precipitações), solos, minerais, biomas, terras agrícolas, florestas, a biodiversidade das espécies e, indo um pouco mais longe, até a área de terrenos ocupados por depósitos de lixo.

Nos instigantes livros da série *Small Is Beautiful* (*O Pequeno é Belo*), E. F. Schumaker afirmou que os recursos naturais constituem uma fonte de capital, não devendo ser vistos como fontes de renda a serem gastas.[2] Devemos administrar os recursos naturais assim como administraríamos ativos financeiros – em vez de liquidá-los, usar apenas o necessário para que possamos nos manter e viver bem.

O processo envolve a listagem dos recursos existentes (ou seja, a mensuração), a avaliação de sua importância para os ambientes humano e natural e o desenvolvimento de um plano para maximizar os ganhos. Em suma, devemos tirar o máximo de proveito dos recursos naturais que estão à nossa disposição e maximizar seus benefícios, o que deu origem aos termos *efetividade* ou *eficiência de recursos*.

O capitalismo natural

A teoria que incorpora esses conceitos é explicitada em *Capitalismo Natural: Criando a Próxima Revolução Industrial*,[3] um manifesto publicado em 1994 por Paul Hawken (Figura 14-1), escritor e ambientalista; Amory Lovins, cientista e ambientalista; e L. Hunter Lovins, escritora, educadora e advogada.

FIGURA 14-1 O ambientalista e escritor Paul Hawken.
Fonte: Fotografia por cortesia de Paul Hawken.

Os três escritores usaram a linguagem da contabilidade, da geração de capital e de renda para apresentar a ideia de que os recursos naturais devem ser recuperados ao mesmo tempo em que é promovida uma transição da produtividade humana para a produtividade de recursos.

É necessário atribuir valores aos capitais tanto humanos como naturais, gerindo-os conforme práticas comerciais geralmente aceitas.[4] Além disso, a incorporação de técnicas

---

[1] www.footprintnetwork.org/en/index.php/GFN/page/footprint_basics_overview.

[2] E. F. Schumacher, *Small Is Beautiful: A Study of Economics as if People Mattered* (London: Blond and Briggs, 1973). O escritor produziu uma série de livros sob o título *Small Is Beautiful*.

[3] Paul Hawken, Amory Lovins, and L. Hunter Lovins, *Natural Capitalism: Creating the Next Industrial Revolution.* Snowmass, CO: Rocky Mountain Institute, 1970.

[4] O Fórum para o Futuro realizado no Reino Unido desenvolveu o modelo de "cinco capitais" para o desenvolvimento sustentável: o capital natural, o capital social, o capital humano, o capital manufaturado e o capital financeiro. O *capital natural* é definido como "qualquer estoque ou fluxo de energia e material que produza bens e serviços", incluindo sumidouros que absorvem, reciclam ou neutralizam resíduos, bem como processos que regulam ou equilibram, como é o caso das metas de redução das emissões de dióxido de carbono (CO_2). "The Five Capitals Model," http://www.forumforthefuture.org.uk/our-approach/tools-andmethodologies/ 5capitals (site acessado em 28 de fevereiro de 2008).

de gestão ajuda o capitalismo a florescer e alavanca o crescimento econômico.

A pegada ecológica e a contabilidade ecológica

Onde podemos levar os princípios da contabilidade e da produtividade de recursos naturais para encontrar maneiras que nos ajudem a compreender a edificação sustentável? Assim como a gestão de ativos financeiros exige análises, o mesmo se pode dizer da gestão dos recursos físicos.

A contabilidade ecológica é um campo em desenvolvimento que usa dados ambientais e econômicos para avaliar a utilização de recursos naturais e o impacto ambiental. Em vez de unidades financeiras, porém, são usadas unidades físicas, como toneladas de resíduos geradas em um canteiro de obras ou hectares de floresta consumidos pelos materiais de construção.

Uma das ferramentas de dados usadas para se chegar a estratégias de gestão de recursos foi desenvolvida pela Global Footprint Network (Rede Global da Pegada Ecológica) a partir de uma pesquisa original de William Rees, aprimorada por Mathis Wackernagel, um defensor da sustentabilidade (Figura 14-2). A *pegada ecológica* se refere à quantidade de terras biologicamente produtivas e áreas de corpos d'água necessária para se produzir os recursos consumidos pelos seres humanos e também para absorver os resíduos gerados por tal consumo. Além de um indicador histórico do uso de recursos, ela é uma ferramenta de mensuração que podemos utilizar para gerir com sabedoria os ativos biológicos no futuro. Estilos de vida consumistas, conflitos militares, degradação ambiental – tudo isso ameaça a *biocapacidade*, ou a capacidade de carregamento, de inúmeros países. As "Pegadas Nacionais" compiladas pela Global Footprint Network mostra que a da Índia, em comparação com a do Reino Unido, é radicalmente diferente (Figura 14-3).[5]

As tendências e avaliações são conduzidas por uma metodologia de contabilidade da pegada ecológica, no caso, uma técnica adaptada dos princípios convencionais de contabilidade.[6] A Global Footprint Network compila os dados mais atuais relativos à quantidade consumida por país de terras agrícolas, terras para pastagem, terras florestais para a produção de madeira, celulose, papel e combustíveis, áreas

FIGURA 14-2 A missão da Global Footprint Network é "promover uma economia sustentável pelo uso disseminado da Pegada Ecológica, uma ferramenta de mensuração e gestão que torna os limites reais do planeta relevantes para os tomadores de decisão de todo o mundo". Fonte: Cortesia de Global Footprint Network.

[5] De acordo com *Ecological Footprint and Biocapacity*, baseada em dados obtidos pela The Global Footprint em 2010, o Gabão tem uma reserva ecológica de 27,9 hectares globais por pessoa, enquanto o Reino Unido tem um déficit ecológico de 3,6 hectares globais por pessoa. A pegada ecológica da Índia é de 0,9 hectare global por pessoa, ao passo que a dos Estados Unidos é de 8 hectares globais por pessoa. A reserva e o déficit ecológicos são calculados subtraindo-se os dados de pegada ecológica da biocapacidade da região.

[6] A Global Footprint Network explica sua metodologia em "Methodology and Sources," www.footprintnetwork.org/en/index.php/GFN/page/methodology.

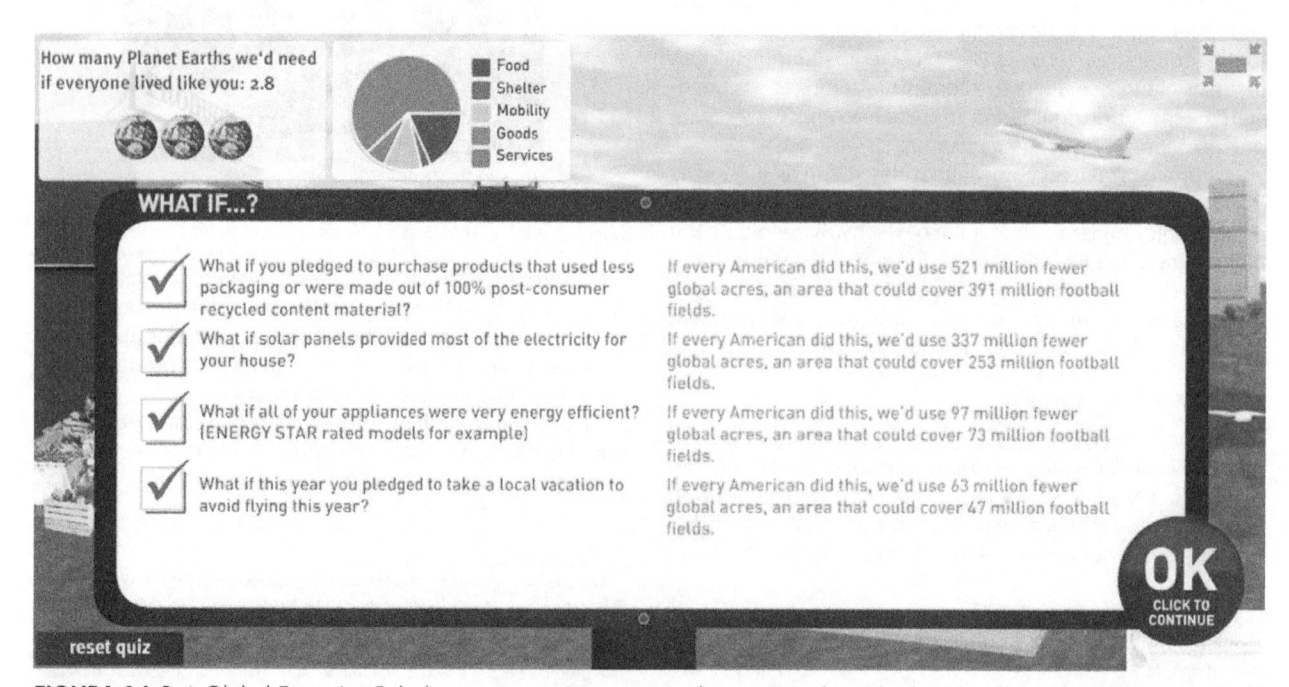

FIGURA 14-3 A Global Footprint Calculator nos permite compreender como cada estilo de vida afeta os recursos naturais do planeta. Fonte: Cortesia de Global Footprint Network.

A

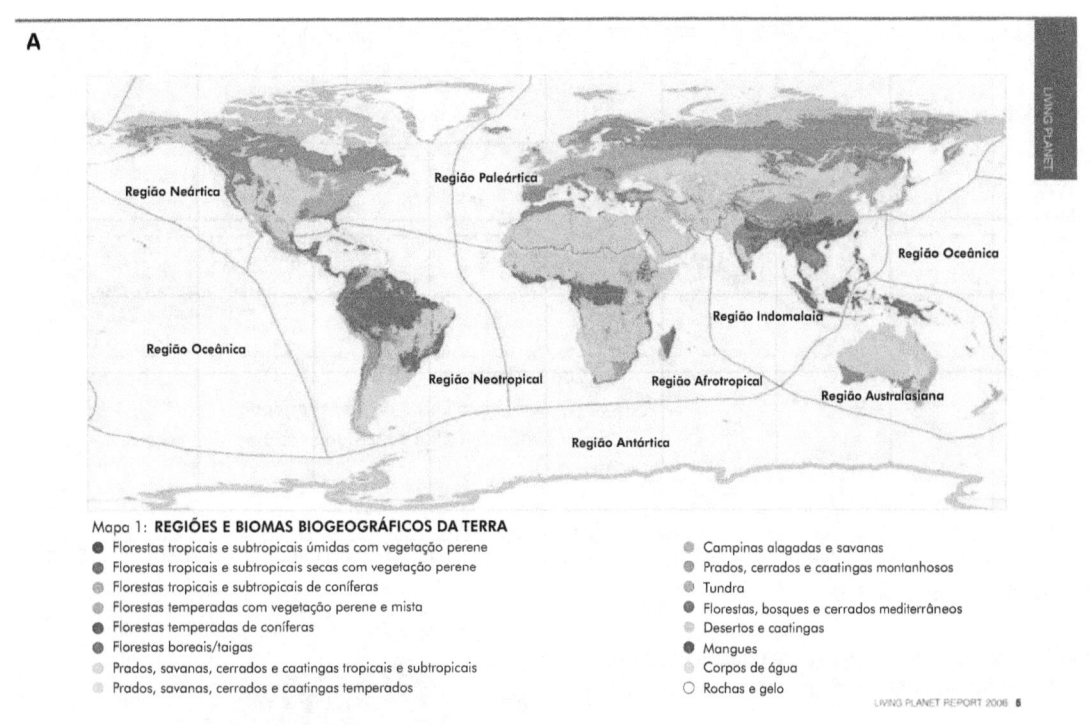

Mapa 1: REGIÕES E BIOMAS BIOGEOGRÁFICOS DA TERRA
- Florestas tropicais e subtropicais úmidas com vegetação perene
- Florestas tropicais e subtropicais secas com vegetação perene
- Florestas tropicais e subtropicais de coníferas
- Florestas temperadas com vegetação perene e mista
- Florestas temperadas de coníferas
- Florestas boreais/taigas
- Prados, savanas, cerrados e caatingas tropicais e subtropicais
- Prados, savanas, cerrados e caatingas temperados
- Campinas alagadas e savanas
- Prados, cerrados e caatingas montanhosos
- Tundra
- Florestas, bosques e cerrados mediterrâneos
- Desertos e caatingas
- Mangues
- Corpos de água
- Rochas e gelo

FIGURA 14-4 A, B As áreas biologicamente produtivas do mundo. Fonte: Global Footprint Network. (*Continua*)

de pesca, pegadas de carbono e nucleares, e área de solo construída.

A reserva ou déficit ecológico resulta da diferença entre os recursos de cada região em termos de biocapacidade, ou capacidade de carregamento, o que inclui suas reservas ecológicas de água, solos, biodiversidade (diversidade tanto de espécies como de ecossistemas) e matérias-primas (minerais, combustíveis fósseis, metais, água). Outro fator dessa análise é a questão da pegada de carbono. Uma pegada de carbono geralmente se refere à quantidade das emissões de carbono gerada por uma indústria ou região. O cálculo de carbono é um componente-chave da responsabilidade ambiental, mas quando vistos no mesmo contexto, e usando o mesmo método de cálculo da pegada ecológica, uma "pegada de carbono" significa a área de terra exigida para sequestrar ou equilibrar as emissões de carbono da região. De acordo com a Global Footprint Network, a pegada de carbono produz mais de 50% da pegada ecológica total do planeta.[7] Juntando os dados de emissões de carbono a outros déficits ambientais, fica fácil de entender esses fatores como uma ameaça paralela à capacidade de carregamento do planeta.

É possível utilizar esses dados para criar uma "área biológica" mapeada, isto é, a área de território disponível para sustentar uma população em relação à área consumida pelas atividades humanas – ou seja, sua pegada (Figura 14-4). As estatísticas resultantes revelam a magnitude do desafio de gestão dos recursos naturais globais.[8]

Tanto Mathis Wackernagel como Jared Diamond, em seu livro *Collapse*[9], acreditam que os desafios da exaustão de recursos são capazes de provocar conflitos sociais regionais e internacionais envolvendo nações em desenvolvimento, pequenas nações industrializadas e nações mais industrializadas sem grandes recursos renováveis. Na verdade, Diamond crê que as fronteiras geográficas do futuro serão desenhadas de acordo com uma base ecopolítica, ou seja, os proprietários de recursos naturais se tornarão nações poderosas, enquanto os países com déficit ecológico terão de lutar para sobreviver. A previsão de Diamond se torna assustadoramente real quando entendemos como as emissões de carbono (e a capacidade de sequestrá-las) e as mudanças climáticas contribuem para o desequilíbrio de recursos. Como vimos no capítulo sobre resiliência, as mudanças climáticas nos levarão à perda de área habitável e ao aumento das populações refugiadas por motivos climáticos e contribuirão para um conflito violento como resultado desse desequilíbrio de recursos.

Os dados sobre biocapacidade e pegada ecológica podem contribuir para o trabalho ambiental de vários atores: elaboradores de políticas governamentais, programas de sustentabilidade empresarial, organizações não governamentais (ONGs), indústrias e construtores de infraestruturas municipais, incluindo aqueles envolvidos no projeto e na construção de prédios sustentáveis. Na verdade, planejadores e construtores com pensamento de longo alcance agora deveriam considerar a inclusão de disciplinas que tradicionalmente foram excluídas das decisões da construção: profissionais da saúde pública e de serviços de emergência ou resgate devem sentar-se à mesa

---

[7]The Global Footprint Network, Carbon Footprint, www.footprintnetwork.org/en/index.php/GFN/page/carbon_footprint.
[8]The Global Footprint Network, Carbon Footprint, www.footprintnetwork.org.

[9]Jared M. Diamond, *Collapse: How Societies Choose to Fail or Succeed* (New York: Viking Penguin, 2005).

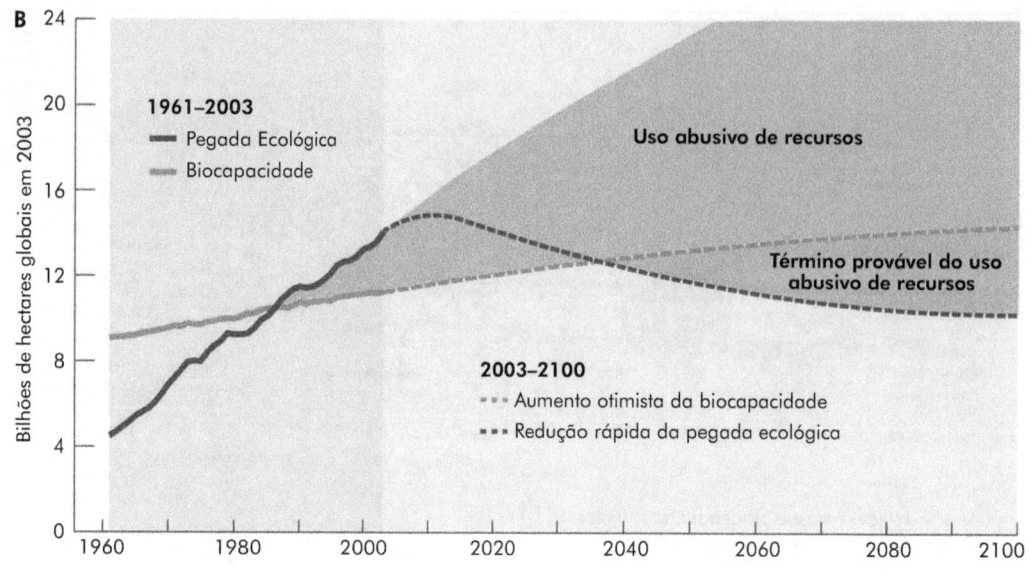

FIGURA 14-4 A, B *(Continuação).*

com os profissionais de projeto para criar edificações e comunidades verdadeiramente resilientes e efetivas em recursos.

A efetividade dos recursos naturais e a indústria da construção civil

A *efetividade dos recursos naturais* pode se referir a diferentes conceitos, como o consumo, o deslocamento de espécies e seres humanos e a degradação ambiental, bem como as estratégias usadas para enfrentá-los. No caso de uma única edificação, há muitas técnicas de projeto capazes de amenizar o sobrecarregamento dos recursos naturais, seja por meio de elementos construídos, como as coberturas verdes, seja por meio da seleção de materiais. As coberturas vivas ou verdes ajudam muito a preservar os recursos (Figura 14-5). O solo colocado sobre a cobertura pode ter uma profundidade de 5 a 10 cm, nas chamadas coberturas extensivas, ou de 20 a 60 cm, nas coberturas intensivas, fazendo o todo funcionar de maneira muito similar a um jardim natural, tirando a água da chuva do sistema de drenagem pluvial e devolvendo-a para o ciclo natural por meio da evaporação. Em termos de flora e fauna locais, as coberturas verdes oferecem uma área de habitat para a vida selvagem, o que compensa, de certa forma, o impacto causado pela pegada ecológica.

Outro exemplo de eficiência de recursos em prédios é o uso de fontes de água que não vêm sendo aproveitadas na gestão tradicional da água. O reúso de esgoto ("mineração de esgoto") considera um ciclo de água em particular: a água que tipicamente termina nas redes de esgoto. Essa estratégia de abordar o consumo de água excessivo e o tratamento e a redistribuição do esgoto auxilia nossos cada vez mais preciosos recursos de água a se tornarem mais "efetivos".

Na escala municipal, os princípios da *ecologia industrial* – o agrupamento de pequenas indústrias para que compartilhem calefação e resfriamento com o aproveitamento dos fluxos de resíduos e das perdas de calor umas das outras – fornecem múltiplos benefícios com uma única estratégia de recurso efetiva (leia o box "Ecologia industrial: Kalundborg e além").

FIGURA 14-5 As coberturas verdes criam um habitat e absorvem certas quantidades de água. Fonte: California Academy of Sciences.

Em uma escala menor, temos a *substituição de serviços*, um método que envolve a mudança da propriedade pessoal de produtos para um modelo baseado no compartilhamento de recursos que tenham um fim semelhante. Um bom exemplo de substituição de serviço é a estratégia de utilizar um carro e um programa de compartilhamento de veículo (ou aplicativo de transporte público) em vez de um veículo de propriedade privada, ou seja, usar um único recurso para atender a necessidades múltiplas.[10]

Outro conceito de eficiência de recursos é a *tecnologia apropriada*, basicamente o oposto da alta tecnologia. Ela é relevante para as edificações sustentáveis e para o meio ambiente, visto que as comunidades rurais e os países em desenvolvi-

---
[10]Chris Ryan, "Dematerializing Consumption through Service Substitution is a Design Challenge," *Journal of Industrial Ecology* 4, no. 1 (2006).

ECOLOGIA INDUSTRIAL: Kalundborg e além

A eficiência de recursos é uma prática que pode ser implementada em uma escala comunitária, na qual o lixo e os recursos são compartilhados e reusados. Um termo empregado para descrever essa prática é "ecologia industrial", uma rede de trocas de materiais, lixo e fluxos de energia. Em sua forma não intencional e não planejada, tais esforços de eficiência de recursos resultam em uma simbiose industrial, um processo no qual "o lodo de uma empresa é o maná de outra".[1] Empresas como fábricas funcionam quase como organismos vivos cuja saúde se apoia na força mútua do outro. O melhor exemplo de simbiose industrial está na comunidade dinamarquesa de Kalundborg, onde uma rede de processos compartilhados de lixo, materiais e energia, assim como de compartilhamento de informações, tem gerado uma produção enxuta e eficiente em custos e empregos para a população local há muitas décadas.

No centro da comunidade está localizada a usina termoelétrica a carvão Asnæs, cujo calor residual é enviado às moradias locais e a uma fazenda de peixes. O vapor é vendido para a Novo Nordisk, uma indústria de fármacos e enzimas, e para uma segunda usina, a Dong Energy. Gyproc, um fabricante de gesso cartonado nas imediações, usa resíduos das chaminés da usina termoelétrica a carvão para substituir o conteúdo de gesso. Essas eficiências e economias de energia em cascata[2] reduzem a poluição térmica no nível da biosfera regional e a demanda de combustível, que, por sua vez, diminui o extrativismo e o uso de matérias-primas. Em seu pico, o Parque Ecoindustrial de Kalundborg incluía nove empresas públicas e privadas e 30 trocas de materiais separadas.

Uma das lições mais intrigantes dadas por Kalundborg é que sua estrutura prova que o capitalismo e o ambientalismo podem coexistir. Surgindo de uma necessidade de aproveitar os agrupamentos de trocas mais economicamente benéficos, as empresas de Kalundborg buscavam uma vantagem competitiva. No processo de tomar decisões de negócio racionais, os líderes das empresas fizeram a coisa certa para o meio ambiente,[3] administrando os fluxos de ciclo de vida e criando um metabolismo industrial saudável.

Kalundborg vem sendo estudada como um modelo para parques industriais, mas suas características únicas provaram ser desafiadoras de imitar. O presidente do Conselho Norte-Americano de Desenvolvimento Sustentável, em 1996, propôs o desenvolvimento de 15 parques ecoindustriais, usando cinco características-chave como guia:

1. Trocas de materiais entre múltiplas entidades
2. Indústrias com proximidade física entre si
3. Cooperação entre os grupos
4. Uso de uma infraestrutura existente, exigindo pouca modificação
5. Uma grande corporação como "âncora" e com recursos suficientes para iniciar as trocas[4]

Exemplos de parques eco-industriais na América do Norte incluem:

- Parque Ecoindustrial de Brownsville, Brownsville, TX
- Parque Ecoindustrial de Burnside, Nova Scotia
- Parque de Recuperação de Recursos de Cabazon, Indio, CA
- The Green Institute, Minneapolis, MN
- Parque Ecoindustrial de Raymond Green, Raymond, WA

Esses e outros projetos têm tido sucesso ao longo dos últimos 20 anos. Recentemente, temos vistos a evolução do conceito de ecodistrito. Agora presentes em muitas cidades ao redor do mundo, essas comunidades são a nova tendência em sustentabilidade, e sua estrutura envolve menos ênfase em fluxos e trocas e mais nas conexões comunitárias.

Os elementos-chave de um ecodistrito bem-sucedido envolvem engajar interessados e inspirar comunidades para conservar energia e recursos e proteger habitats. Em alguns desses ecodistritos, são incluídos processos de recursos compartilhados e reusados, uma vez que já estão no parque ecoindustrial; no entanto, suas características proeminentes envolvem elementos sociais como o planejamento de medidas de sustentabilidade em uma escala de bairro e a inclusão de prédios sustentáveis.

---

[1] Jocelyn Kaiser, "In this Danish Industrial Park, Nothing Goes to Waste," *Science* 285, no. 5428 (July 30, 1999): 686.
[2] John Ehrenfeld, and Nicholas Gertler, "Industrial Ecology in Practice: The Evolution of Interdependence at Kalundborg," *Journal of Industrial Ecology* 1.1 (1997): 67–79.
[3] Ehrenfeld, ibid, p. 73.
[4] Peter Lowitt, "Devens Redevelopment: Emergence of a Successful Eco-Industrial Park in the US," *Journal of Industrial Ecology* 12.4 (2008): 497–500.

mento que utilizam essa tecnologia se baseiam mais na mão de obra do que nos recursos materiais na hora de construir infraestruturas e edificações. Os resultados são construções duráveis e com pouca necessidade de manutenção, que utilizam materiais e tecnologias apropriados para a região, como adobe ou taipa. A ONG Architecture for Humanity emprega os princípios da tecnologia apropriada em sua missão, que é atender às populações mais pobres e vítimas de desastres.

Em função do alto impacto que os edifícios provocam no meio ambiente, se, no mundo inteiro, projetarmos com a *eficiência de recursos* em mente, utilizando apenas entre 30 e 40% de matérias-primas (dependendo de qual fonte você consulta), e reciclarmos os demais insumos, teremos benefícios significativos.[11] Os objetivos de eficiência de recursos para prédios integrados se referem a diversas técnicas que envolvem tanto métodos de materiais como de construção. Tais objetivos incluem:

- Reduzir a quantidade de matéria-prima usada em materiais, produtos e sistemas de produção. Um exemplo é projetar uma parede ou laje de piso de concreto, cuja superfície interna é praticamente deixada aparente, como um piso de concreto aparente tratado com *stain*, por exemplo, o que conserva recursos.
- Usar produtos que minimizem os impactos da nova construção ou reforma.
- Projetar utilizando componentes reutilizáveis buscando a flexibilidade ou a adaptabilidade.
- Projetar pensando na desconstrução, o que reduz o impacto na hora da demolição (Figura 14-6).
- Projetar usando componentes pré-fabricados, como painéis de concreto pré-fabricados do sistema *tilt-up*. Esse tipo de construção reduz o impacto da construção no sítio e diminui as perdas da obra como um todo.
- Selecionar produtos, materiais e sistemas com base nos seguintes atributos (um método às vezes chamado de "pré-ciclagem"): o produto é reusável, durável e reparável; ele é feito de recursos renováveis ou não renováveis; sua embalagem não é exagerada ou é reusável/reciclável.

Além disso, a efetividade dos recursos também requer a consideração dos seguintes fatores:

- *Durabilidade*. A compreensão da durabilidade de um produto ou material envolve examinar sua vida útil prevista e compará-la com o prazo de garantia, tomando decisões específicas com base nessa pesquisa. Para promover a durabilidade do projeto, é possível proteger ao máximo os grandes elementos de madeira de uma estrutura contra a exposição direta ao clima, incorporando beirais e rufos.[12]
- *Embalagem*. Os fabricantes devem reduzir a quantidade de embalagem para transportar materiais para o canteiro de obras. Paletes de madeira reusáveis com filme plástico compostável e com base biológica são preferíveis a contêineres não recicláveis.
- *Resíduos*. Avalie a quantidade de resíduos produzida durante o processo de manufatura de um material. Trata-se de um processo de ciclo fechado (veja a Figura 14-7)?
- *Conteúdo reciclável*. Pesquisando-se a quantidade de produto reciclado de um material ou produto, é possível identificar as práticas de gestão de resíduos e o nível de comprometimento do fabricante. O ideal é que haja altas porcentagens de componentes com conteúdo reciclado, especialmente conteúdo reciclado pós-consumidor – o que significa que ele foi submetido a um ciclo de produção e uso. O conteúdo reciclado pós-consumidor é preferível ao pré-consumidor (anteriormente chamado de pós-industrial), mas, mesmo assim, não é benéfico, porque o componente se torna parte do fluxo de fabricação novamente, em vez de resíduo. (Figura 14-8).
- *Localização*. Determine a localização da fábrica que produz o material em relação ao canteiro de obras. A obtenção de materiais locais nem sempre é viável em muitas partes do mundo, devido à falta de indústrias, mas, em geral, é possível selecionar o material com o menor impacto de distância.
- *Água*. Os produtos ou materiais têm energia incorporada (a quantidade de energia usada nos processos de extração, colheita, manufatura, transporte, instalação, uso e descarte), a qual está associada à quantidade de água usada durante as etapas da vida de um material específico. Os períodos em que o consumo de água é intenso podem ocorrer durante a extração, a manufatura ou o uso (Figura 14-9). A mineração, por exemplo, consome muita água. Tanto a energia incorporada como a água incorporada são maneiras de se encarar a eficiência e os atributos sustentáveis de um material. Essencialmente, as perguntas que são feitas durante o projeto integrado de edificações expressam informações sobre os impactos do uso de água e energia; assim, esse tipo de pensamento deve estar incorporado. A Agência de Proteção Ambiental dos Estados

FIGURA 14-6 O processo de remoção ou "desconstrução" de um telhado. Cortesia de EHDD Architecture.

---

[11] David M. Roodman and Nicholas Lenssen, *Worldwatch Paper 124: A Building Revolution: How Ecology and Health Concerns Are Transforming Construction* (Washington, DC: Worldwatch Institute, 1995).

[12] Ann Edminster and Sami Yass, *Efficient Wood Use in Residential Construction: A Practical Guide to Saving Wood, Money, and Forests*, NRDC Handbook (New York: Natural Resources Defense Council, 1998).

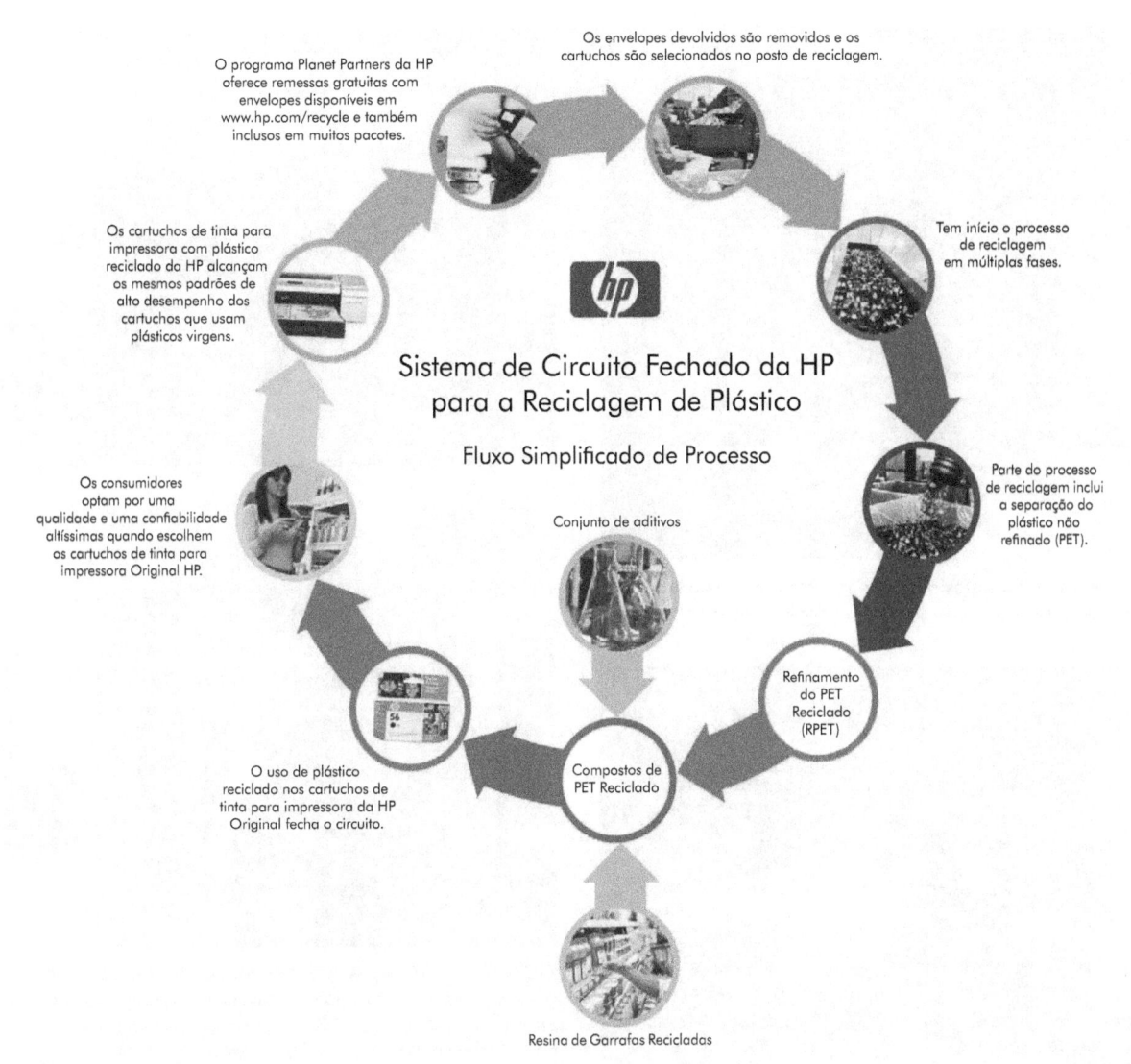

FIGURA 14-7 O circuito fechado de um processo de manufatura de plástico. A técnica de projetar visando à desconstrução está se tornando convencional em algumas firmas de arquitetura, como é o caso da EHDD, a empresa que deu origem ao processo. Fonte: HP/hp.com.

Unidos classifica os aparelhos e metais sanitários com seu selo Water Sense a fim de fornecer o mesmo nível de consciência para o consumo de água que o selo Energy Star fornece para o consumo energético.

- *Recursos naturais*. O ideal é evitar materiais virgens e não renováveis. Use pedra artificial (também chamada de pedra composta ou industrializada) em vez de mármore ou granito (no estado bruto ou polido). Além disso, lembre-se de que os impactos da mineração e de alguns tipos de extrativismo prejudicam o meio ambiente. Os materiais recuperados ou de demolição incluem materiais recuperados e usados para outros fins; com frequência, eles são chamados de *downcycled* ("deciclados"). Os pneus de borracha podem ser transformados em outros produtos, e não necessariamente em outra geração de pneus. Os materiais recuperados podem ser incorporados no mesmo uso ou trabalhados para aplicações diferentes. É possível demolir celeiros antigos, por exemplo, e usar suas peças de madeira para fins semelhantes; por outro lado, tais peças podem ser serradas novamente para se fazer tabuões de piso.
- *Reúso*. Às vezes, os materiais recuperados ou de demolição incluem componentes inteiros de edificações que podem ser reutilizados. O piso de mármore de uma biblioteca pública pode virar o saguão formal de um novo edifício de escritórios. É possível empregar móveis modulados no processo de reúso (Figura 14-10).
- *Florestas sustentáveis*. Use a madeira proveniente de florestas geridas e exploradas de maneira sustentável, que incorporam planos para o desenvolvimento continuado e a saúde tanto das próprias florestas como das comunidades do entorno. Dê preferência aos produtos de madeira com

FIGURA 14-8 Produtos de uso diário com conteúdo reciclado deixarão de ser novidade em breve. Fonte: Remarkable Ltd.

FIGURA 14-9 Está na hora de considerar o conceito de água incorporada. Fonte: fotografia de Killer Banshee Studios/killerbanshee.com, 2008.

FIGURA 14-10 A, B A madeira de demolição de celeiros pode servir a um novo uso na arquitetura, sendo transformada em pisos. Fontes: A. © Killer Banshee Studios/killerbanshee.com, 2008. B. Citilog, Stubby e Maria Warmbold.

certificação em detrimento aos que vêm de práticas de desmatamento que ignoram esses métodos. Vale a pena investigar e comparar os tipos de certificação de floresta e madeira para identificar as certificações que, apesar de suas declarações, exigem a plantação das árvores consumidas e aquelas que permitem certo grau de desmatamento.
- *Capacidade de renovação*. Os recursos naturais seriam usados de maneira criteriosa se fizéssemos esforços conscientes para recuperar aquilo que colhemos. Isso faz com que os recursos que se renovam ou se regeneram rapidamente sejam mais eficientes e indicados, visto que preservam um equilíbrio na pegada ecológica. O bambu e a cortiça usados em pisos e painéis de parede são dois bons exemplos de materiais que se renovam com rapidez.
- *Materiais de base biológica*. Os produtos com fibras agrícolas, especialmente aqueles feitos a partir de resíduos agrícolas em vez de alimentos, são usados em materiais de construção com base biológica, incluindo as placas de trigo e as argamassas e os produtos isolantes a base de soja (Figura 14-11).
- *Materiais de baixa manutenção e produtos de limpeza*. Os materiais ou produtos de limpeza com pouca necessidade de manutenção são aqueles que podem ser limpos mediante o uso de produtos de limpeza com emissões baixas ou nulas, o que inclui produtos considerados ambientalmente benignos.
- *Manutenção*. A manutenção reduzida ou infrequente está associada à durabilidade de um produto e a custos mais baixos ao longo de sua vida útil. Os pisos de linóleo não requerem o mesmo tipo e frequência de manutenção que os pisos de borracha.
- *Eficiência dos materiais*. A eficiência do material consiste no uso de uma quantidade menor de determinado material para se atingir uma mesma meta; o exemplo mais frequente disso é o conceito de estruturas de madeira eficientes, afastando os montantes um pouco mais, ou seja, 40 cm entre eixos em vez de 35 cm. Também são

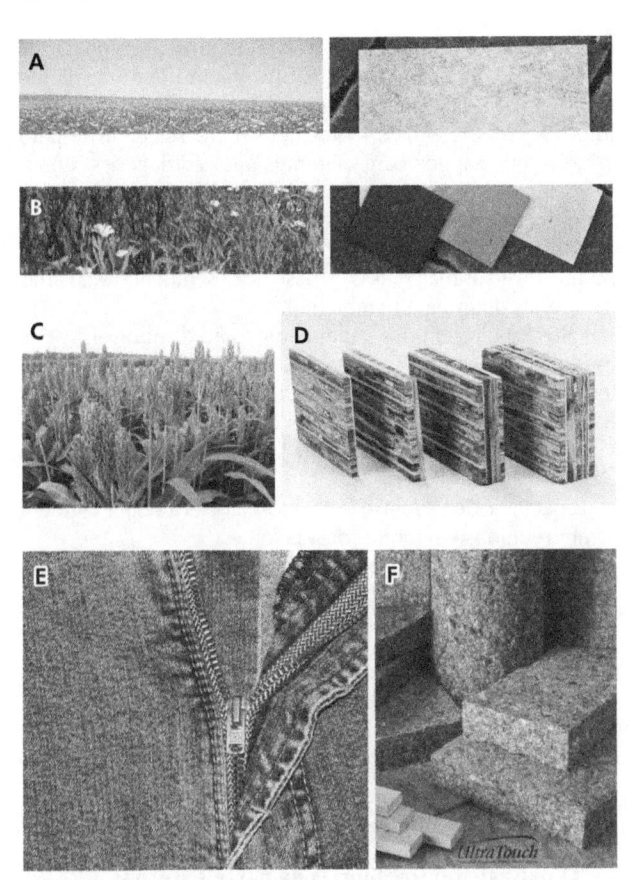

FIGURA 14-11 Resíduos agrícolas transformados em materiais de construção. A e B. Fibra de linho transformada em linóleo. C e D. Sorgo utilizado em painéis de fibra agrícola, Kirei. E e F. Jeans transformado em isolamento. Fontes: A. Practical Farmers of Iowa. B. Fotografia de Jennifer Nicholson. C. Mississippi Genome Exploration Laboratory. D. C Kirei USA. E. CChris73 under Creative Commons 2.5 License. F. Bonded Logic, Inc.

recomendados os sistemas que podem ser montados com uma quantidade menor de materiais.
- *Desmontagem*. Relacionado à desconstrução, esse conceito se refere a peças menores que podem ser desmontadas; também é conhecido como DFD (*design for disassembly* – projeto para desmontagem).

O projeto de edificações e a seleção de produtos bem-embasados devem considerar as características de eficiência em recursos junto com outros aspectos do projeto sustentável, incluindo o consumo de energia e os efeitos dos materiais no ar de interiores.

A teoria preponderante de edificações sustentáveis integradas não se resume à compra de materiais reciclados; pelo contrário, devemos incorporar conceitos que promovam uma pegada ecológica pequena da edificação, projetar pensando na durabilidade de longo prazo, usar materiais produzidos na região e garantir a eficiência de custos durante a vida útil do prédio. A seleção de produtos deve ser feita de maneira holística, considerando o ciclo de vida tanto dos materiais como da edificação como um todo.

A consideração do ciclo de vida engloba muitos fatores, como a energia consumida durante o transporte, os custos e a distância do transporte e o impacto na qualidade do ar de interiores. Essa abordagem abrangente, um dos muitos componentes do pensamento sobre o ciclo de vida, será apresentada em um capítulo posterior. Por ora, priorizaremos a eficiência dos recursos durante os processos de projeto e construção.

O uso de recursos em edificações

Uma das maneiras mais lógicas de se apresentar o uso de recursos consiste em prever os estágios dos processos de demolição, construção e seleção de materiais. As práticas de demolição conseguem economizar recursos naturais, embora os materiais recuperados costumem conter itens que não serão reaproveitados, como tintas com chumbo, e outros materiais, impregnados com biocidas, halogênios, compostos clorados, compostos halogenados, arsênio de cobre cromado ou arsênio. Ainda assim, há mercados que aproveitam os materiais de demolição em bom estado. Existem depósitos de demolição e sistemas de trocas de materiais que permitem a troca e a aquisição de elementos de construção reutilizáveis – de maneira semelhante ao que ocorre no mercado financeiro. Muitas empresas de gestão de resíduos se especializam na coleta e no processamento de resíduos de demolição e construção, um assunto que será discutido em outro capítulo.

Exemplos de materiais de demolição reusáveis

- Concreto e blocos de concreto ou tijolos
- Janelas, aparelhos sanitários, portas e ferragens
- Vidro
- Fios de cobre e outros metais
- Materiais de origem vegetal provenientes da limpeza do terreno ou do corte de árvores
- Peças de madeira limpa
- Materiais de pavimentação de asfalto
- Placas de gesso
- Carpete
- Pedra

Exemplos de materiais reusáveis resultantes de atividades de escavação

- Solo
- Materiais de origem vegetal
- Água

Como conservar recursos naturais controlando a pegada ecológica da edificação

Limite o tamanho e a pegada ecológica do canteiro de obras onde o construtor deposita os materiais e equipamentos. Vias de acesso e espaços de trabalho temporários são capazes de reduzir significativamente o impacto nas áreas verdes do entorno, bem como na vegetação, em habitats para a vida selvagem, pântanos, rios tributários e outros locais sensíveis preexistentes.

A maquinaria pesada utilizada na construção pode compactar o solo, afetando especialmente sua camada superior e prejudicando sua capacidade de absorver a água da chuva.

Os construtores têm condições de controlar os limites do terreno e o número de pessoas com acesso a ele. Além de definir os limites da área de trabalho, as cercas controlam o acesso e a danificação adicional do terreno.

O controle da erosão é um conceito sustentável importante relacionado à conservação dos solos e à manutenção de sua integridade. O controle do escoamento de água ajuda a mitigar a erosão e a reter água no sítio.

A erosão e o escoamento são questões com as quais devemos nos preocupar durante todas as fases do processo de construção, ainda que permaneçam sendo significativas após o término da edificação. Além de encontrar maneiras para reduzir os efeitos das águas pluviais, os construtores devem cuidar do impacto da água usada durante a construção, seja na mistura de materiais, na limpeza do terreno e dos equipamentos ou no controle da poeira.

Com frequência, pisos porosos são instalados como uma medida de infiltração temporária que permite a passagem da água em vez de seu escoamento. Outro método para se controlar a erosão consiste em plantar, visto que árvores, raízes e gramíneas estabilizam o solo. Componentes de plástico são utilizados no controle da água da chuva e na retenção do solo – revestimentos de condutos, drenos, tubulações e gaxetas, pisos permeáveis e filtros.

É possível manipular a pegada da edificação planejando-se o espaço de maneira eficiente durante o projeto. Ao sobrepor funções e núcleos de serviço, compartilhar paredes e criar espaços mais flexíveis, o arquiteto consegue maximizar a eficiência e os benefícios. As estruturas com níveis múltiplos, consequentemente, são mais eficientes e têm menos impacto. É evidente que esse aspecto se torna desejável em áreas urbanas de alta densidade e à luz da tendência em direção ao desenvolvimento inteligente (*smart growth*).

Também é importante planejar de modo a facilitar construções posteriores e o projeto de futuras comunidades, considerando os tipos, a qualidade e os leiautes das infraestruturas e serviços públicos que serão necessários. A infraestrutura requer um planejamento cuidadoso, devendo ser flexível o bastante para aceitar planos diretores de grande escala.

Os materiais e métodos eficientes em recursos durante a construção

O Construction Specifications Institute – CSI (Instituto de Especificações de Construção) desenvolveu uma sequência com 50 itens que descreve os materiais e métodos incorporados pelas equipes de projeto nos contratos de determinados projetos de construção. As especificações visam a orientar o processo de construção utilizando uma linguagem comum ao construtor e às demais equipes de projeto e obra. Nos Estados Unidos, em geral, as *especificações* são chamadas de *manual de projeto* e seguem um formato consistente, conhecido como CSI Master Format.

As especificações se encaixam em categorias que vão desde a escala macro (parte externa da edificação) à micro (parte interna). Assim que as edificações sustentáveis se tornarem convencionais, as especificações do padrão passarão a incorporar as exigências do projeto integrado de edificações. O CSI está desenvolvendo um banco de dados de ciclo de vida chamado "GreenFormat: A Reporting Guide for Sustainable Criteria of Products", que objetiva fornecer informações sobre materiais de construção sustentáveis para aqueles que especificam materiais para edificações. Outra ferramenta de especificação excelente é o Green Guide to Specification desenvolvido pelo BREEAM (Building Research Establishment Environmental Assessment Methodology), que pontua diversos materiais com base no desempenho em várias categorias de impacto ambiental.

Nos Estados Unidos, atualmente estão disponíveis várias especificações para modelos sustentáveis, incluindo a Masterpec, da ARCOM; a Green Spec e a Especificação do Estado da Califórnia 1350 – Exigências Ambientais Específicas; o Whole Building Design Guide (Manual de Projeto para toda a Edificação) e as Federal Specifications Guidelines (Diretrizes de Especificação Federais).[13] As informações a seguir também foram reunidas em muitas dessas fontes.

A classificação de materiais e métodos feita pelo CSI, apresentada a seguir, nos ajuda a entender como projetar edificações sustentáveis com consumo eficiente de recursos naturais.

Na Tabela 14-1, na ordem do CSI, estão características a serem avaliadas na análise dos materiais, tanto no que diz respeito aos atributos de eficiência de recursos como a seus impactos negativos. Sugestões para reciclagem, deciclagem (*down-cycling*), recuperação de materiais de demolição e reúso acompanham essa seção.

O paisagismo (melhorias na parte externa)

- As plantas fornecem sombra, provocam a transpiração (a absorção de água por plantas, evitando o desperdício de água e ajudando a tratar as águas freáticas contaminadas[14]), reduzem o calor, impedem a erosão da camada superficial do solo, reduzem a perda de água devido à evaporação e servem como habitat para a vida selvagem.
- Use plantas nativas tolerantes a secas ao projetar uma vegetação adequada ao estado do solo.
- Crie jardins que exijam pouca água ou use a *xerojardinagem*.
- Evite monoculturas, isto é, o cultivo de apenas um tipo de planta. As coberturas verdes e paredes vivas servem como habitats naturais e absorvem o escoamento pluvial.
- A conservação de água é muito importante para os jardins. Conserve observando a quantidade de água que é usada e a quantidade desperdiçada no escoamento até o sistema pluvial ou cloacal. Os sistemas de irrigação climáticos, que recebem dados climatológicos e possuem sensores integrados, são mais sofisticados que

---

O material desta seção foi elaborado a partir de diferentes fontes: Greenspec Directory; Specifying LEED Requirements, 2nd edition, Christopher Bushnell, ed.; MasterSpec® and SpecWare® by ARCOM, www.arcomnet.com and the Collaborative for High Performance Schools (CHPS) Special Environmental Specifications Section 1350, www.calrecycle.ca.gov/greenbuilding/specs/section01350.

[13] Whole Building Design Guide, www.wbdg.org/design/greenspec.php.

[14] Fonte: U.S. Geological Survey, Toxic Substances Hydrology Program, http://toxics.usgs.gov/definitions/transpiration.html.

TABELA 14-1 Índice do CSI

00 00 00	Exigências de Compras e Contratação
01 00 00	Exigências Gerais
02 00 00	Condições Preexistentes
03 00 00	Concreto
04 00 00	Alvenaria
05 00 00	Metais
06 00 00	Madeira, Plástico e Materiais Compostos
07 00 00	Isolamento Térmico e Contra a Umidade
08 00 00	Aberturas
09 00 00	Acabamentos
10 00 00	Especificidades
11 00 00	Equipamentos
12 00 00	Acessórios
13 00 00	Construções Específicas
14 00 00	Equipamentos para Esgoto
21 00 00	Prevenção e Combate a Incêndio
22 00 00	Instalações Hidrossanitárias
23 00 00	Climatização
25 00 00	Automação Integrada
26 00 00	Eletricidade
27 00 00	Comunicação
28 00 00	Sistemas Eletrônicos e Segurança Pessoal e Patrimonial
31 00 00	Trabalhos em Terra
32 00 00	Melhorias na Parte Externa
33 00 00	Serviços Públicos
34 00 00	Transporte
35 00 00	Construções no Mar e em Cursos d'Água
40 00 00	Processos Integrados
41 00 00	Equipamentos de Processamento e Manuseio de Materiais
42 00 00	Equipamentos de Calefação, Refrigeração e Secagem
43 00 00	Equipamentos de Manuseio, Purificação e Armazenagem de Gases e Líquidos
44 00 00	Equipamentos para o Controle da Poluição
45 00 00	Equipamentos de Manufatura Específicos por Indústria
48 00 00	Geração de Energia Elétrica

os sistemas com *timers*. Dê preferência à irrigação por gotejamento em vez de utilizar mangueiras ou borrifadores. A irrigação na camada secundária da superfície também é indicada.
- Utilize protetores de raízes com materiais reciclados ou madeira proveniente do Forest Stewardship Council FSC (Conselho de Proteção de Florestas).
- Use plástico reciclado ou materiais leves nas floreiras.
- Cobrir as raízes das plantas com palha também retém umidade no solo, o que resulta em uma irrigação menos frequente. Os aditivos usados no paisagismo incluem matéria vegetal picada ou celulose na forma de jornal reciclado.

Os pavimentos porosos (melhorias na parte externa)

- Os materiais usados em pavimentos porosos ajudam a recarregar o lençol freático por meio da filtragem da água escoada.
- Os exemplos de materiais permeáveis incluem concreto (podendo incorporar cinzas de carvão mineral ou agregados reciclados), pedras de calçamento, pedra britada, pedra portuguesa, borracha reciclada e plásticos com conteúdo reciclado.
- Instale sistemas pluviais com pavimentos permeáveis e camadas de agregados – que podem ser feitos com materiais britados reciclados e servem para reter água (como em bacias de retenção). Alguns sistemas utilizam bacias de retenção capazes de gerar pegadas maiores que as dos sistemas de abastecimento mecânico.
- Alguns pavimentos porosos são construídos de modo a suportar a passagem de veículos, o que reduz a compactação do solo e preserva a sua capacidade de controlar o escoamento pluvial de maneira efetiva.
- O uso de pavimentos porosos que incorporam grama é outra maneira de se controlar e conservar a água, fornecer sombra e reduzir a temperatura do ambiente.

O mobiliário urbano e os acessórios (melhorias na parte externa)

- Além de pavimentação, passeios e pisos para estacionamentos, é preciso determinar onde as pessoas sentarão e onde os carros serão deixados no terreno. Os exemplos incluem amortecedores de estacionamento, frades e quebra-molas.
- Deques; assentos e mesas de uso externo; contêineres de produtos recicláveis, de compostagem e lixo; bicicletários; e equipamentos para parquinhos infantis podem ser feitos de plástico com conteúdo reciclado, também conhecido como "madeira artificial", ou com "madeira artificial" composta, que mistura fibras de madeira e plástico reciclado. Procure acessórios de madeira com certificação do FSC e evite espécies de madeira tropical ameaçadas.
- Alguns equipamentos de madeira artificial têm armaduras de aço, aproveitando outro material com alto conteúdo reciclado e potencial de reciclagem.
- A utilização de acessórios de metal com conteúdo reciclado ajuda a reduzir o consumo de recursos naturais.

As fundações (elementos estruturais)

- Evite usar formas de madeira, que acabam indo parar em aterros sanitários, e dê preferência às formas plásticas incorporadas e com isolamento térmico, feitas de poliestireno.
- No caso da madeira compensada, procure produtos com a certificação do FSC e reutilize-os posteriormente.
- Existem painéis de forma feitos com fibras de madeira misturadas com concreto.
- Em determinados tipos de edificação, como prédios pequenos e habitações, talvez seja possível usar formas de argila, dispensando por completo o uso de formas de madeira.

- O uso de menos concreto nas formas as deixa mais leves, conserva recursos naturais e ameniza as emissões de dióxido de carbono do processo de produção.

O concreto e os blocos de concreto

Observação: Muitas formas volantes ou fixas para a cura do concreto hoje já são fabricadas com ingredientes de base biológica, como a soja.
- Use agregados reciclados e cinzas no concreto, visto que a mineração de agregados e a fabricação de cimento Portland consomem muita energia e contribuem para a produção de dióxido de carbono. Outros aditivos e agregados de concreto incluem casca de arroz e cinzas de produtos agrícolas, agregados de plástico e metal, e vidro reciclado substituindo a areia. Nota: Os agregados reciclados não são adequados a aplicações de concreto de alto desempenho. Aditivos com fibras de plástico podem aumentar a resistência do concreto.
- É possível reaproveitar o concreto na base de estradas e em materiais de paisagismo. Blocos de concreto ou tijolos podem ser usados ou esmagados de modo a servir como concreto.
- Deixe o concreto mais leve: com agregados e aditivos mais leves, o concreto pode ter um peso significativamente menor e consumir menos material. Para isso, use métodos que incluam agregados com base plástica ou a aeração do concreto.
- As cinzas de carvão mineral são produtos derivados da combustão proveniente do interior das chaminés de usinas termoelétricas. Há quem afirme que a demanda de cinzas de carvão mineral não deveria crescer, visto que se trata de um material residual e forneceria incentivos financeiros para as usinas termoelétricas, aumentando a produção de dióxido de carbono. Recentemente, começou-se a discutir a natureza tóxica desse material.

Os elementos, os deques e as coberturas com estrutura de metal

- A alta porcentagem de conteúdo reciclado é uma importante característica do aço. Embora possa ser reciclado ou reutilizado no final de sua vida útil, ele continua sendo um material durável. A mineração de metais afeta o habitat natural e contamina a água e o ar. Se possível, utilize elementos de aço de demolição vindos de outros canteiros de obras. As estruturas devem ser as mais leves possíveis, considerando o desempenho e a segurança das pessoas.

Os materiais à base de madeira

A categoria de materiais à base de madeira inclui esquadrias de madeira estrutural, móveis, acessórios e balcões, madeira compensada, peças de carpintaria e marcenaria, painéis de madeira, tabecas e telhas chatas, madeira laminada, substratos, portas, madeira aglomerada, janelas, pisos e blocos de madeira.
- Embora seja um recurso renovável, a madeira não se renova com a rapidez necessária. Especifique o uso de madeira sustentável com a certificação do FSC. Em geral, madeiras tropicais menos conhecidas ou espécies não-ameaçadas estão disponíveis. Evite espécies de madeira que afetem as florestas mais antigas.
- No caso de construções com acabamentos de madeira, não busque produtos sem defeitos ou de primeira qualidade. A produção de graus "perfeitos" requer árvores maduras e acarreta um desperdício considerável.
- Use peças de madeira pré-fabricadas capazes de reduzir os resíduos provenientes da marcenaria; utilize madeiras compostas e diferentes classes de madeira compensada.
- Engenharia de valor: Use o menor elemento estrutural possível para determinado desempenho e segurança.
- O uso de espaçamentos maiores em estruturas leves de madeira (*baloon framing*) é uma possibilidade; deixe de usar 40 cm e passe a usar 60 cm entre eixos de montantes.
- Reduza o uso de madeira maciça em estruturas sempre que for possível utilizar elementos compostos.
- Escolha janelas e portas pré-fabricadas, o que aumenta a eficiência da construção e diminui a produção de resíduos.
- Projete os vãos com treliças em vez de elementos estruturais de madeira maciça.
- Especifique peças de madeira pré-fabricadas e pré-cortadas, reduzindo a produção de resíduos *in loco*.
- Use as sobras de madeira na própria obra, sempre que possível.
- Aproveite a madeira proveniente de outros canteiros de obras ou promova a troca de materiais sobressalentes. Adapte esses elementos de modo a criar pisos ou unidades menores.
- Determinadas madeiras são naturalmente resistentes a pragas e roedores, com destaque para as madeiras de classe marítima, a sequoia e o pau ferro.
- Enfim, pensando em reduzir as emissões de poluentes para o ar, o solo e a água, utilize métodos menos tóxicos nos tratamentos contra pragas e retardantes de fogo. Além disso, use conectores mecânicos sempre que possível. Os adesivos, os aglomerantes e os vedantes contribuem para a poluição interna, bem como para a poluição durante o processo de manufatura.

As alternativas ao uso de materiais à base de madeira

- Paredes pré-fabricadas: são eficientes e conseguem vencer vãos maiores, resultando no consumo de uma quantidade menor de materiais. Os exemplos incluem painéis estruturais com isolamento térmico (SIP, na sigla em inglês), que são particularmente fáceis de montar, e técnicas de construção modular.
- Madeira compósita e placas de revestimento, substratos e painéis com fibras agrícolas: por exemplo, madeira aglomerada sem formaldeído, MDF e OSB.
- Pisos e contrapisos de bambu ou cortiça.
- Tampos de balcão e materiais de superfície maciços alternativos feitos com papel, concreto com vidro reciclado e rocha de lava, entre outras opções.
- Madeira artificial (com plástico) para bancos externos, deques, cercas e coberturas. Esse material resiste ao apodrecimento e a pichações, é muito durável e costuma ter um alto conteúdo reciclado.

- Use balcões de pedra de demolição de pedreiras locais ou pré-fabricados, bem como balcões feitos de vidro ou outros agregados reciclados com tampos com revestimentos compostos de papel. Outra alternativa ao uso da madeira em balcões é usar plástico reciclado feito com produtos pós-consumidor, como garrafas de leite e potes de iogurte.

O isolamento

- As preocupações referentes ao isolamento giram em torno do uso de espumas, fibras de vidro e seus aglomerantes. As questões energéticas também são significativas, exigindo tipos de isolamento eficientes e de alto desempenho. Da perspectiva da eficiência de recursos, é bom focar em materiais que façam uso de conteúdo pré ou pós-consumidor como, por exemplo, celulose (feita a partir de papel pós-consumidor) e algodão (brim reciclado). Muita atenção aos tratamentos de proteção contra pragas ou mofo e aos retardantes de fogo. Assim como nos demais materiais de construção, minimize a produção de refuto *in loco*.
- Entre os usos mais inovadores do conteúdo de base biológica nos isolamentos, estão aqueles que incluem plásticos de milho, soja ou cogumelo, rapidamente renováveis. Assim como fazemos com os alimentos, vale a pena determinar se essas fontes são geneticamente modificadas. Embora esses materiais estejam ganhando muita visibilidade, muitos deles possuem uma proporção relativamente pequena de conteúdo de base biológica.

Coberturas

- Coberturas verdes e paredes vivas minimizam os reflexos e o efeito da ilha de calor urbano, além de reduzir o escoamento superficial da água da chuva. As plantas se renovam e protegem o interior.
- Coberturas frias e reflexivas, com emissividade inferior a 0,9, ou materiais de cobertura com essa característica: Energy Star/Cool Roofs.
- Evite o uso de impermeabilizantes de cobertura convencionais líquidos, asfálticos ou em membrana. Eles contêm asfalto, plásticos e outros derivados de petróleo e também requerem manutenção e reparos constantes.
- Além de serem duráveis, as telhas chatas de plástico e metal resistem a pragas e ao apodrecimento. As telhas asfálticas costumam parar no lixo.
- Coberturas alternativas: telhas onduladas ou chatas de fibrocimento, telhas de barro ou adobe e materiais de pedra recuperados de demolições.

O revestimento de paredes externas

- Os painéis de fibrocimento são duráveis e resistem tanto ao fogo como às pragas. Também possuem fibras de madeira com origem em processos de fabricação pré-consumidor (pós-industriais).
- As "fachadas de chuva" são sistemas de paredes externas duplas que permite que a água trazida pelo vento drene através de uma cavidade de ventilação, o que estende a vida útil dos materiais de revestimento, além de proteger a saúde dos usuários e limitar o surgimento de mofo.
- Os sistemas compostos de paredes externas têm núcleo, revestimento e superfícies adequados para o acabamento *in loco*. Os materiais pré-fabricados têm o benefício adicional de limitar o lixo que geralmente é gerado no canteiro de obras.

Os acabamentos internos

- *Provavelmente o acabamento interno mais "ecológico" é não usar qualquer acabamento: superfícies de concreto polido, painéis de madeira lixados e impermeabilizados, tetos que deixam os elementos estruturais e as instalações aparentes.*
- *Gesso, argamassa e estuque:* É preferível usar produtos a base de cal ou soja. Reduza o uso de cimento Portland em determinadas argamassas, substituindo-o por cinzas. As argamassas acrílicas utilizam derivados do petróleo em razão da elasticidade.
- *Placas de gesso*: O valor ecológico dos painéis de gesso já esteve associado ao conteúdo reciclado de papéis, que corresponde a aproximadamente 6% do peso de uma chapa. Hoje em dia, o gesso reciclado e o gesso sintético são usados como materiais de base. O gesso reciclado é proveniente de resíduos de construção limpos e restos de fabricação industrial. O gesso sintético é um resíduo das usinas a carvão ou da combustão das aciarias. Mais uma vez, a principal questão se refere à criação de mercado para um produto oriundo de um processo poluente. Tudo isso se resume à busca de equilíbrio entre diferentes atributos ambientais.
- *Pisos cerâmicos e azulejos*: As opções de pisos cerâmicos e de azulejos são praticamente infinitas e, em grande parte, estão relacionadas a materiais de mineração, compostos e alternativos. O vidro é um dos materiais reciclados mais comuns, tendo se estabelecido no mercado há décadas. O vidro reciclado triturado, o quartzo de demolição moído, o mármore e outras pedras podem ser usados na criação de pisos cerâmicos e azulejos para inúmeras aplicações. As peças cerâmicas usadas em pisos leves e os revestimentos de parede decorativos podem ser feitos totalmente com vidro reciclado. Também é possível integrar muitos produtos derivados da manufatura ao produto final, sendo o pó e a areia dois exemplos disso. As lajotas de granitina com aglomerante de cimento em vez de epóxi são outras que aproveitam vidros, provenientes tanto de janelas como de garrafas.
- *Placas de forro:* Há uma ampla variedade de misturas para serem utilizadas em placas de forro de escritórios, incluindo celulose, fibra mineral, metal, fibra de vidro e até mesmo polpa de madeira. Os metais, os papéis residuais oriundos de processos industriais e as fibras de madeira também são fontes de conteúdo reciclado, ainda que em diferentes proporções. Fatores de desempenho como a refletância da luz e o isolamento acústico são variáveis que devem ser consideradas durante a escolha de telhas com conteúdo reciclado.
- *Pisos resilientes:* Muitos materiais para pisos resilientes – borracha, vários plásticos, linóleo natural e cortiça – são

excelentes alternativas aos materiais comuns que contêm cloreto de polivinil (PVC), que tem impactos enormes na saúde do meio ambiente e das pessoas.[15] A cortiça é um recurso renovável (embora esteja sendo extraído em quantidades grandes demais) que exige várias camadas de tinta para que seja impermeabilizado. O linóleo é feito de ingredientes renováveis e de base biológica, como óleo de linhaça, linho e juta, embora tais componentes "renováveis" não confiram automaticamente aos materiais um status ambientalmente benigno ou "saudável". A borracha e os plásticos podem conter uma grande quantidade de itens de consumo reciclados, como pneus e contêineres plásticos, ainda que o odor associado à borracha também tenha seu impacto.[16]

- *Carpete:* Os carpetes em rolo ou em placas e seus suportes oferecem oportunidades para materiais e alternativas com conteúdo reciclado. Tanto a fibra como a base das forrações pode conter uma variedade de náilon e plásticos reciclados. Novamente, o PVC e o látex costumam ser empregados como materiais de base, mas ambos têm impactos específicos na qualidade do ar. As fibras capazes de substituir os fios convencionais têm base plástica e incluem lãs que não são submetidas a tratamentos contra micróbios e pragas. Vários fabricantes estão experimentando as fibras agrícolas de base biológica como alternativa às sintéticas. As bases e as telas de suporte dos carpetes também podem ser feitas com esses materiais alternativos, assim como com itens pós-consumidor como para-brisas de aeronaves.
- *Pisos de pedra:* A pedra é um recurso natural finito e certamente não renovável em nenhum contexto dentro do período de vida dos seres humanos. O principal problema associado às pedras é a energia incorporada consumida pelos processos de mineração, fabricação e transporte do produto acabado até o canteiro de obras. Muitos pisos e painéis de pedra de luxo são oriundos de pedreiras localizadas em países como China e Itália. É possível que a fabricação ocorra em outro país mesmo quando a pedra é extraída na região ou no país consumidor. A mineração é uma atividade extremamente agressiva em termos de habitat natural e poluição do ar. Considerando-se a eficiência dos recursos naturais, esse material requer que o arquiteto busque alternativas, como pedras fundidas, compostas e sintéticas.
- *Tintas e materiais similares associados:* Assim como muitos produtos com conteúdo reciclado, a tinta representa mais riscos à saúde do que benefícios em termos de eficiência de recursos, como discutimos em capítulos anteriores. Existem tintas à base de leite e recicladas, mas todos esses produtos devem ser aplicados no estado líquido, exigindo uma avaliação principalmente de seus impactos na qualidade do ar. É possível reutilizar a tinta não usada acrescentando novos pigmentos e misturando-a com tintas "novas" padronizadas. Assim, não serão necessários métodos de descarte específicos.
- *Papel de parede e revestimentos de parede alternativos:* Os revestimentos de parede proporcionam oportunidades de projeto mediante o uso de materiais de origem vegetal, papel pós-consumidor e plásticos mais benignos ambientalmente, como polietileno, tanto para materiais de projeto como para alternativas ao uso do PVC.

Em outros capítulos, trataremos de questões energéticas e da qualidade do ar de interiores com as propriedades de eficiência em recursos e os diferentes impactos de todos os produtos citados acima. Como você pode observar, não existem materiais de construção sustentáveis perfeitos. No entanto, compreender as características dos materiais de construção em termos de eficiência em recursos naturais, bem como pensar no ciclo de vida, contribui para se encontrar as soluções de projeto ideais.

EXERCÍCIOS

1. Faça um mapa de recursos naturais para seu projeto de arquitetura da faculdade, mostrando as áreas alagadas, a localização das árvores e outros aspectos naturais e construídos, como edificações históricas. Aborde as questões do terreno, mas não deixe de considerar o acesso solar e os padrões eólicos. Como um exercício de projeto integrado, inclua as fontes de ruído da área, como descrito no capítulo anterior sobre Questões da Qualidade Ambiental do Interior.
2. Faça uma avaliação de recursos, seja em gráficos ou em formato narrativo, de dois materiais de construção semelhantes, com a finalidade de comparar a efetividade em termos de recursos naturais e definir quão adequado é o uso das matérias-primas envolvidas em sua manufatura. Considere os impactos de energia incorporada e os inerentes a atividades como a mineração e o extrativismo.
3. Consumo e carbono: Outra maneira de olhar para os recursos é vê-los como aquilo que as pessoas usam para viver um estilo de vida urbano, como eletricidade, gasolina, água e a aquisição de bens e serviços. Usando a Cool California Calculator, avalie seu consumo de água e carne. Clique na aba "shopping" e utilize as configurações avançadas para entender mais como suas compras afetam sua pegada de carbono pessoal [www.coolcalifornia.org/calculator].
4. No Capítulo 20, revisamos os métodos de redução de lixo sendo gerado por todos os setores da indústria. Em um exemplo de recursos compartilhados, discutimos a troca de resíduos entre a Noruega e a Suécia. Sob esse esquema, a Suécia obtém lixos combustíveis da Noruega para alimentar suas usinas que os convertem em combustível, e, em retorno, a Noruega recebe o lixo residual resultante. Imagine como esse compartilhamento de recursos ocorreria entre dois projetos de edificação. Tenha em mente a necessidade de proximidade, a disponibilidade regional de matérias-primas e os componentes prediais.

---

[15]Joe Thornton, *Environmental Impacts of Polyvinyl Chloride Building Materials: A Healthy Building Report*, Healthy Building Network, 2002, www.healthybuilding.net/uploads/files/environmental-impacts-of-polyvinyl-chloride-building-materials.pdf, and Brent Ehrlich, *The PVC Debate: A Fresh Look*, Environmental Building News, February 3, 2014, www2.buildinggreen.com/article/pvc-debate-fresh-look.

[16]*Building Emissions Study* (Sacramento: State of California, California Integrated Waste Management Board, 2003).

Recursos

CALRecycle, formerly the California Integrated Waste Management Board, www.calrecycle.ca.gov/RCPM.
Global Footprint Network, www.footprintnetwork.org.
Green Building Materials Retail Sources, www.greenbuildingsupply.com/ or www.eco-buildingproducts.com/ or www.greendepot.com/greendepot/.
Green Building Pages, www.greenbuildingpages.com.
Green Home Guide, www.greenhomeguide.com.
Healthy Building Network, www.healthybuilding.net.
Lester Brown. *World on the Edge: How to Prevent Environmental and Economic Collapse*. New York: W. W. Norton & Company, 2011.
Minnesota Building Materials Database, www.buildingmaterials.umn.edu.
Pharos, www.pharosproject.net.
State of California's Environmentally Preferable Products Database and the U.S. General Services Administration's database, www.calrecycle.ca.gov/epp/Resources.
Sustainable Sources, http://sustainablesources.com/resources/green-building-databases-design-resources.
Worldwatch Institute, www.worldwatch.org.

A Especificação de Materiais e a Certificação de Produtos 15

Os benefícios do ceticismo saudável

No projeto de edificações, a especificação de materiais está entre as tarefas mais frequentes dos estudantes que estão se tornando profissionais. Ela também é uma das bases de conhecimento e treinamento dos arquitetos de edificações sustentáveis. Isso acontece porque a especificação de materiais representa a espinha dorsal da edificação sustentável, ou seja, trata-se de uma metáfora para a área como um todo e, portanto, contém uma ideia básica – o pensamento no ciclo de vida. Como vimos anteriormente, o pensamento no ciclo de vida inclui tanto os impactos como os atributos ambientais. Até pouco tempo, os impactos sobre a saúde humana não eram diretamente abordados juntos com os impactos ambientais. Em virtude da crescente disponibilidade das declarações de produtos benignos para a saúde e o meio ambiente, já podemos reunir informações e ponderar nossas escolhas de materiais. O objetivo é testar as declarações de marketing daqueles que estão tentando nos vender seus produtos.

É importante se acostumar a fazer as perguntas que levarão às informações básicas: determinada placa de forro contém formaldeído ou está livre dessa substância? Qual é a composição do conteúdo de vidro reciclado dos azulejos do banheiro? O fabricante afirma que o conteúdo é 100% reciclado, mas não menciona que os componentes foram recuperados do próprio processo de produção. Um fabricante de pisos flexíveis afirma que ele é "não tóxico" e é feito de ingredientes "naturais", sugerindo que seu produto é benigno ou até mesmo faz bem para você. Outra indústria de revestimento de resina brilhante, por sua vez, afirma que seus produtos são reciclados por meio de um "programa de devolução", quando, na verdade, ela nem tem a infraestrutura necessária para tanto: não há cobertura de custos de transporte, não há qualquer indústria de reciclagem equipada para "remover" a película do plástico e ninguém tem os conhecimentos técnicos necessários para explicar os empecilhos que impedem a sustentabilidade do produto.

Chamamos isso de *greenwashing* (Figura 15-1). Esse termo se refere aos esforços de marketing que buscam ocultar as implicações ambientais negativas de um material por meio da supervalorização de atributos ambientais irrisórios. No caso do meio ambiente, o *greenwash* equivale ao *whitewash* (o encobrimento de defeitos ou disfarce) das esferas política e histórica, sendo revisionista, enganador e, às vezes, descaradamente desonesto. Para defender-se dele, é preciso apelar para a pesquisa, os conhecimentos e a experiência. Os fabricantes estão respondendo às armadilhas potenciais do *greenwash* com o desenvolvimento de declarações de produto ambiental (EPDs). Antes de analisar as características das EPDs, vejamos os atributos, sejam positivos, sejam negativos, dos materiais de construção.

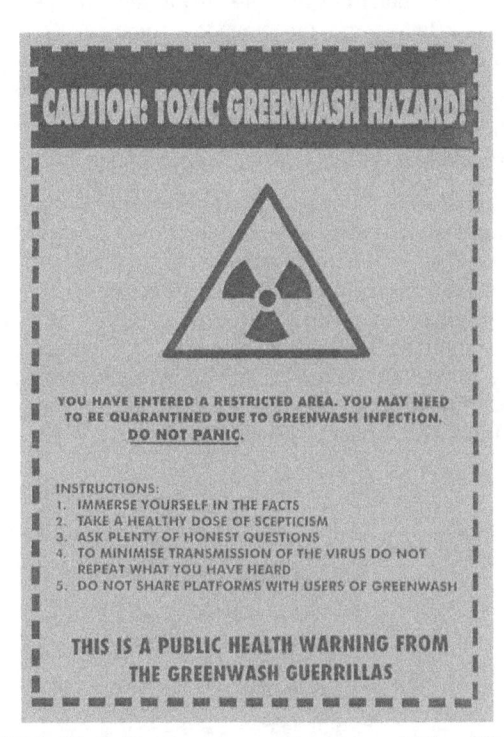

FIGURA 15-1 *Greenwash*, ou disfarce ecológico: "Parece sustentável". Fonte: Network for Climate Action, creator, Greenwash Guerrillas.

Os materiais têm impactos múltiplos

Há tempos sabemos que as edificações possuem determinado impacto – seja ele vantajoso, benigno ou prejudicial – sobre as nossas vidas e o meio ambiente. As correntes que defendem o pensamento sustentável são as mesmas que pregam a necessidade de se preocupar com os impactos das edificações. É fundamental que a seleção dos materiais de construção civil (literalmente, os blocos de construção) seja considerada a primeira etapa da abordagem da edificação sustentável como um todo.

Saber que os materiais de construção têm impactos múltiplos é o que leva os arquitetos de edificações sustentáveis a entender as implicações mais amplas de um produto específico. Isso ajuda a buscar informações sobre os impactos em cascata de determinado material, produto ou sistema. Ao longo deste livro, temos mencionado a compreensão tríplice dos impactos e atributos sustentáveis:

- efetividade e conservação de recursos
- eficiência e conservação de energia
- qualidade do ar e do ambiente do interior

Praticamente todos os aspectos ambientais e de saúde de cada matéria-prima – desde o processo de manufatura até o produto acabado, da micro à macro escala – podem ser entendidos mediante esses três aspectos. Este capítulo inclui muitos temas introduzidos em capítulos anteriores, que trataram dos atributos de materiais mais indicados em termos ambientais. Ao revisitar tais atributos pela perspectiva dessas três categorias principais, estaremos ressaltando sua relevância e importância (Figura 15-2).

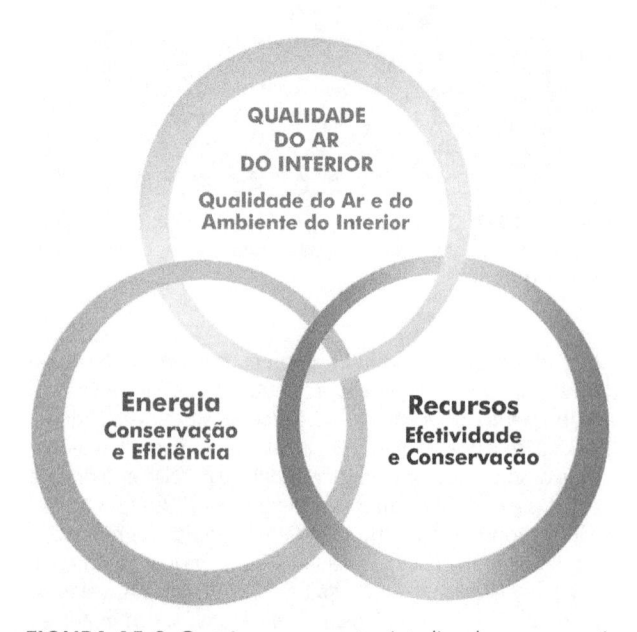

FIGURA 15-2 Os três componentes interligados que constituem as bases do projeto de edificações sustentáveis: energia, recursos e qualidade do ar do interior (IAQ). Fonte: © Killer Banshee Studios/killerbanshee.com, 2008.

As bases para a seleção de materiais

Todos os materiais e produtos apresentam o potencial de afetar recursos naturais (como o ar e a água), consumir determinados níveis de energia ao longo de seus ciclos de vida e afetar a qualidade do ar de interiores durante as diferentes etapas de fabricação, instalação, manutenção, uso e descarte. A avaliação da pegada ecológica total deixada pela indústria representa um desafio na hora de decidir qual material, produto ou sistema utilizar em um projeto específico – e também de determinar a melhor maneira de ponderar os benefícios e malefícios do material, produto ou sistema em questão. Essa é a essência da seleção de materiais, o exame do ciclo de vida. Para conseguir isso de modo rápido, podemos usar o que geralmente é chamado de pensamento no ciclo de vida. Isso significa pesquisar os produtos usando três categorias muito amplas: recursos, energia e ar.

O uso eficiente dos recursos naturais

Ao tratar do "uso eficiente dos recursos naturais" anteriormente, descrevemos os atributos sustentáveis da seleção de materiais feita pelos adeptos do consumo eficiente de recursos naturais. Os recursos, essencialmente, são as matérias-primas de tudo aquilo que consumimos, tornando os impactos amplos, multifacetados e inter-relacionados. As características a seguir são benéficas porque têm "valor positivo", ao passo que muitos outros atributos são benéficos devido à ausência de "componentes negativos", como é o caso dos pisos flexíveis que não contêm cloreto de polivinil (PVC). O material ou produto e seus componentes devem apresentar as seguintes qualidades:

- Durabilidade
- Embalagem mínima (Figura 15-3)
- Processamento mínimo sem produtos derivados nocivos
- Produção mínima de resíduos ao longo do ciclo de vida
- Alto percentual de conteúdo reciclado, seja pré-consumidor (antigamente chamado de pós-industrial), seja pós--consumidor (a modalidade preferível)
- Uso mínimo de recursos naturais, mas, se utilizados, que seja ao máximo
- Altos níveis de conteúdo de demolição, reutilização ou recuperação
- Ser feito de materiais renováveis
- Ser feito de materiais com base biológica
- Necessidade de limpeza e manutenção baixa ou mínima
- Possibilidade de desmontagem em elementos separados
- Ter componentes que possam ser reutilizados junto a produtos finais preexistentes ou planejados
- Ter componentes que possam ser reciclados ou deciclados (*downcycled*)
- Causar impactos reduzidos ou nulos na atmosfera, água, solo e ar durante todas as fases do ciclo de vida

Como mencionamos anteriormente, o projeto integrado e o ciclo de vida das edificações e de seus componentes estão intimamente relacionados. Também destacamos a complexidade de se criar e compreender um cenário ambiental completo para determinado produto, material ou sistema. Os impactos energéticos são características particularmente complexas dos

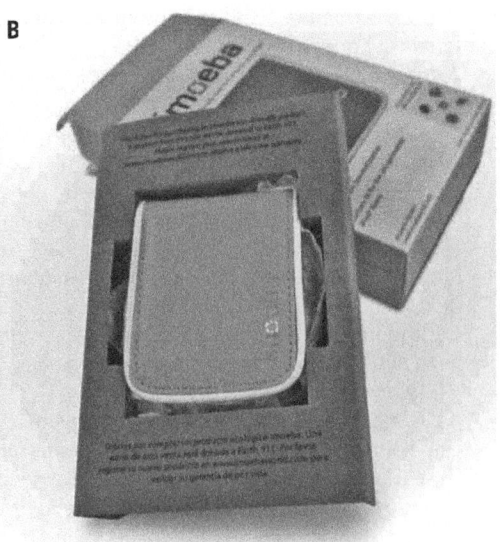

FIGURA 15-3 A, B As embalagens podem ter atributos positivos ou negativos em termos de consumo eficiente de recursos. Fonte: A. Fotografia de John Swanlund; B. Imagem por Cortesia de Imoeba/Lawrence Leung.Embodied Energy.

materiais, visto que não respeitam fronteiras. Sabemos que os estudos de energia incorporada envolvem inúmeros fatores, o que fica ainda mais complicado considerando que as cargas de energia incorporada costumam incluir aspectos que também afetam os recursos naturais.

Todos os materiais, produtos e sistemas elaborados pelos seres humanos "carregam" energia incorporada (Figura 15-4). Todos os produtos manufaturados ou usam, ou produzem energia. Se nos preocupássemos apenas com a energia consumida por determinado produto (uma máquina lava-louças, por exemplo), estudaríamos os dados relativos ao consumo de energia do eletrodoméstico durante um ciclo de lavagem e secagem regular – isso se os mesmos estivessem disponíveis. No entanto, em vez de fazer pesquisas próprias, poderíamos buscar a certificação do produto, como a oferecida pelo Programa Energy Star da Agência de Proteção Ambiental dos Estados Unidos (EPA), que quantifica e classifica o consumo de energia do aparelho oferecendo um selo ecológico.

Para saber quanta energia a máquina lava-louças consome em sua fabricação (ciclo de vida), precisamos examinar a produção de todos os seus componentes – como as peças de alumínio, por exemplo. O processamento de alumínio consome muita energia; consequentemente, a energia incorporada provável não favorece os produtos que utilizam esse elemento.

Com o objetivo de simplificar o processo, é possível dividir a análise dos materiais em duas partes:

1. a energia produzida durante o uso na edificação, conforme descrevemos no exemplo da lava-louças acima; ou
2. a energia gasta durante a fabricação, o transporte e a montagem ou instalação *in loco*.

No caso dos materiais usados na criação de componentes, sistemas ou eletrodomésticos para edificações, como a lava-louças, é necessário saber um pouco sobre a energia incorporada, mesmo que de maneira simplificada. A seguir, apresentamos algumas questões que devem ser investigadas:

- A localização dos centros de origem, fabricação e distribuição dos materiais. Nos Estados Unidos, as pedras costumam ser extraídas de pedreiras que ficam na América do Norte e são fabricadas em outros países. Hoje em dia, porém, é comum ver pedras extraídas e fabricadas no exterior. Qual situação parece mais favorável de um ponto de vista ambiental?
- O transporte dos materiais e produtos para o canteiro de obras. Ainda que pareça estranho, o transporte marítimo, que sugere o vencimento de longas distâncias, afeta menos o meio ambiente que o uso de caminhões ou ferrovias – mas nem por isso se transforma na característica sustentável ideal.

FIGURA 15-4 A fabricação de automóveis agrega energia incorporada desde a linha de montagem até o uso pelo consumidor. Fotografia: Taneli Rajala sob CC2.5.

- O tipo de combustível usado no processamento do material (se houver).
- A energia necessária para instalar o produto ou material. A execução de uma estrutura de madeira, por exemplo, demanda energia para os equipamentos elétricos, enquanto o lançamento de concreto requer um caminhão-betoneira para misturar o produto, uma bomba de concreto com lança e, às vezes, colheres mecânicas. Em alguns casos, a energia é importante para criar ambientes com temperatura e umidade controladas, de modo a permitir a cura do concreto.
- Certifique-se se uma máquina movida a eletricidade é necessária para a limpeza; em caso afirmativo, determine a frequência de uso.
- As técnicas de demolição ou desmontagem. O material exige o uso de britadeiras ou parafusadeiras hidráulicas?
- Descarte ou reciclagem? Gastamos muito menos energia levando o material para um depósito de lixo próximo que para uma indústria de reciclagem, onde ele é transformado em material reciclado para a manufatura da mesma linha de produtos ou outro produto "deciclado" (*downcycled*).

A qualidade do ar de interiores

Ao contrário das outras duas categorias estudadas, a qualidade do ar e dos interiores está relacionada exclusivamente à saúde. Os impactos sobre a saúde podem ocorrer em qualquer momento do ciclo de vida da manufatura de um produto, afetando os trabalhadores e as comunidades próximas. Por exemplo, em uma fábrica de adesivos, um empregado pode aplicar adesivos a um substrato de material de superfície, ou os instaladores de carpete podem colá-lo em uma obra. Aqueles que trabalham, moram e estudam nos espaços onde esses materiais são instalados podem ter sua saúde diretamente afetada.

No que se refere à qualidade do ar de interiores, é importante entender alguns fatores. O primeiro é que a exposição repetitiva em longo prazo a determinados produtos que emitem substâncias químicas costuma ser mais nociva que a exposição aguda repentina. As crianças são mais vulneráveis às exposições de longo prazo e agudas, uma vez que seus sistemas corporais ainda estão em desenvolvimento. Como os adultos, elas podem acumular substâncias químicas no corpo, sendo que seus sistemas têm menos condições de decompor as toxinas e de processar tudo o que ingerem ou a que são expostas. Elas também são mais suscetíveis aos mais altos limites de exposição química estabelecidos para os adultos. Várias agências, incluindo o próprio Estado da Califórnia, responderam a isso criando níveis de exposição de referência para substâncias químicas e seus efeitos sobre as crianças (Figura 15-5).

Conforme vimos nos capítulos que discutiram a qualidade do ar de interiores e a presença de substâncias químicas no meio ambiente, o papel desempenhado pelos produtos sintéticos processados no interior das edificações é extremamente significativo. Nesse caso, o arquiteto de edificações sustentáveis precisa agir quase como um porteiro ou guardião, selecionando materiais que afetem minimamente o ambiente interno dos prédios sustentáveis projetados por ele.

O que o porteiro ou guardião deve fazer para que a seleção tenha sucesso? Esse assunto é complexo, e as pesquisas geralmente produzem dados técnicos que, para serem interpretados, exigem que se tenha experiência com química. Enquanto construtores sustentáveis, nós precisamos estar familiarizados com alguns temas e terminologias mais genéricos. A tarefa consiste, então, em encontrar, entender e transmitir as informações que a pesquisa provavelmente produzirá.

Para o arquiteto de edificações sustentáveis, o estudo de determinado material em relação à qualidade do ar de interiores ocorre na seguinte sequência:

1. Entrar em contato com o departamento técnico do fabricante e solicitar todas as fichas de dados técnicos e as fichas de segurança de material que tratam dos impactos do produto na qualidade do ar de interiores.
2. Perguntar se o produto foi submetido a testes de emissão feitos por consultorias independentes e solicitar o relatório.
3. Verificar se o relatório revela a presença de substâncias químicas como toxinas bioacumulativas persistentes (PBT), carcinogênicos ou disruptores endócrinos.[1]
4. Ler análises de materiais de construção sustentáveis para obter a avaliação e a interpretação de especialistas no que diz respeito à qualidade do ar de interiores e aos seus impactos na saúde.

■ Entrando em contato com a assistência técnica

Com frequência, os profissionais dão início às pesquisas de projeto obtendo amostras e referências bibliográficas com representantes do produto na região. É importante observar que esses exercícios não passam de ferramentas de marketing e recursos de apoio à venda: talvez o representante convide você para almoçar ou lhe ofereça uma série de informações. Lembre-se de que esses cenários proporcionam oportunidades perfeitas para o *greenwashing*. Os representantes comerciais sensatos se mostram dispostos a encontrar respostas para as perguntas que não têm condições de responder, indicando as fontes de informações técnicas e outros recursos adequados.

Com uma frequência ainda maior, o departamento técnico do fabricante é a primeira e principal fonte de informações de base científica sobre o produto. As MSDSs, hoje chamados de Fichas de Segurança de Material (SDS), e as fichas sobre dados técnicos costumam estar disponíveis no *site* do produto, e ambas as fontes terão as informações de contato do departamento técnico do fabricante. Com isso em mãos, sua tarefa de pesquisa já tem uma boa base. Embora sejam perfeitamente aceitáveis para fins de documentação de pontos de créditos dos sistemas de certificação de edifi-

---

[1] Consulte as seguintes listas completas com compostos químicos preocupantes: State of California's Office of Environmental Health Hazard Assessment's (OEHHA) Chronic Reference Exposure Limits (CREL) Database, www.oehha.ca.gov/air/chronic_rels/index.html. O mesmo departamento oferece a lista com a proposta 65 em www.oehha.ca.gov/prop65/prop65_list/Newlist.html. A lista do State of California Environmental Protection Agency's Air Resources Board (ARB), Toxic Air Contaminants, também está disponível online em www.arb.ca.gov/toxics/id/taclist.htm.

Capítulo 15 A Especificação de Materiais e a Certificação de Produtos **245**

Dados de fevereiro de 2005

	Substância (CAS #)	Listado na CAPCOA (1993)	REL de Inalação Crônica ($\mu g/m^3$)	Meta(s) do Índice de Riscos	Dados Humanos
1	Acetaldeído* (75-07-0)	✓	9	Sistema respiratório	
2	Acroleína (107-02-8)	✓	0,06	Sistema respiratório; olhos	
3	Acrilonitrila (107-13-1)	✓	5	Sistema respiratório	
4	Amoníaco (7664-41-7)	✓	200	Sistema respiratório	✓
5	Arsênico (7440-38-2) e compostos de arsênico	✓	0,03	Desenvolvimento; sistema cardiovascular; sistema nervoso	
6	Benzeno (71-43-2)	✓	60	Sistema hematopoiético; desenvolvimento; sistema nervoso	✓
7	Berílio (7440-41-7) e compostos de berílio	✓	0,007	Sistema respiratório; sistema imunológico	✓
8	Butadieno (106-99-0)		20	Sistema reprodutor	
9	Cádmio (7440-43-9) e compostos de cádmio	✓	0,02	Rins; sistema respiratório	✓
10	Tetracloreto de carbono (56-23-5)	✓	40	Sistema alimentar; desenvolvimento; sistema nervoso	
11	Bissulfureto de carbono (75-15-0)	✓	800	Sistema nervoso; sistema reprodutor	✓
12	Dioxinas cloradas (1746-01-6) e dibenzofuranos (5120-73-19)	✓	0,00004	Sistema alimentar (fígado); sistema reprodutor; desenvolvimento; sistema endócrino; sistema respiratório; sistema hematopoiético	
13	Cloro (7782-50-5)	✓	0,2	Sistema respiratório	
14	Dióxido de cloro (10049-04-4)	✓	0,6	Sistema respiratório	
15	Clorobenzeno (108-90-7)	✓	1000	Sistema alimentar; rins; desenvolvimento	
16	Clorofórmio (67-66-3)	✓	300	Sistema alimentar; rins; desenvolvimento	
17	Cloropicrina (76-06-2)	✓	0,4	Sistema respiratório	
18	Cromo hexavalente: solúvel; com exceção do trióxido de cromo	✓	0,2	Sistema respiratório	
19	Trióxido de cromo (névoa de ácido de cromo)	✓	0,002	Sistema respiratório	✓
20	Cresóis (1319-77-3)	✓	600	Sistema nervoso	
21	Diclorobenzeno (1,4-) (106-46-7)	✓	800	Sistema nervoso; sistema respiratório; sistema alimentar; rins	
22	Dicloroetileno (1,1) (75-35-4)	✓	70	Sistema alimentar	

FIGURA 15-5 Lista parcial com os níveis de exposição de referências crônicas (REL) para toxicantes aéreos. Cortesia do Escritório de Avaliação dos Riscos à Saúde Ambiental (OEHHA), com o apoio da Agência de Proteção Ambiental da Califórnia.

cação sustentável – como o Liderança em Projeto de Energia e Ambiental (LEED) – as MSDSs e outras fichas de dados não contam toda a história. Primeiramente, elas calculam os compostos orgânicos voláteis (COVs, também conhecidos como "poluentes orgânicos voláteis") em termos totais, e não individuais. Em segundo lugar, tais fichas quase sempre caracterizam os níveis de COV de cada produto na forma de conteúdo (gramas por litro) em vez de emissões aéreas (microgramas por metro cúbico).

■ Declarações de produto ambiental

As pesquisas baseadas no pensamento sobre o ciclo de vida, como o processo descrito anteriormente, sempre são importantes. Elas jamais devem ser substituídas pela confiança às cegas nos selos dos produtos. Neste capítulo, estudaremos vários selos de certificação de produtos (*ecolabels*). Alguns deles têm, por trás, normas robustas, como veremos. Há uma importante distinção entre um rótulo de certificação de produto e o que é chamado de "Declaração de Produto Ambiental" (EPD). Uma EPD é uma série de atributos ambientais objetivos, pesquisados e verificados para um produto específico ou uma família de produtos. As EPDs são neutras e confiáveis, pois são essencialmente testadas e verificadas por um terceiro que não tem interesse em se beneficiar dos resultados do estudo. As EPDs são úteis de várias maneiras, mas, acima de tudo, como seus métodos são padronizados, elas tornam a comparação de produtos mais objetiva.

A definição formal de EPD é: "uma declaração do impacto ambiental de um produto ao longo de todo seu ciclo de vida verificada por um terceiro e reconhecida internacionalmente".[2] O processo de compilar, pesquisar, medir e quantificar dados, resumindo esses elementos e gerando uma EPD completa, envolve várias disciplinas. O processo também envolve uma estrutura especificamente formatada.

O primeiro passo é encontrar ou gerar uma Regra de Categoria de Produto (PCR). Uma PCR desenvolve as regras que "estabelecem como as assertivas sobre o produto ambiental são feitas", de acordo com a Product Category Rule Guidance Development Initiative. As PCRs existem em vários setores econômicos e devem ser empregadas para o prepare de EPDs específicas para aquele setor ou produto. Contudo, nem todas as PCRs são comparáveis entre si, e estão sendo feitos esforços para se criar uma harmonização entre elas por meio de um Consórcio Internacional de Declarações de Produto Ambiental (EPDs). Há Categorias de Produto (PCRs) para ovos, detergentes, madeira aglomerada e concreto, entre muitos outros produtos. Sem uma regra definida, uma EPD não pode ser feita, pois, em geral, essas declarações são o resultado de um longo processo, que exige informações de muitos envolvidos. A seguir, uma avaliação do ciclo de vida (LCA) é conduzida usando-se a PCR específica e os dados fornecidos pelo fabricante. A LCA completa é verificada por um terceiro independente. Após a verificação, uma Declaração de Produto Ambiental (EPD) completa é preparada de acordo com as metodologias estipuladas no PCR. Outro processo de verificação independente é, então, conduzido. Quando o processo está terminado, a EPD é registrada por um Operador do Programa (a entidade que administra o programa de Declaração de Produto Ambiental) e publicada.

Em suma, o processo é o seguinte:

Desenvolver a PCR → Conduzir a LCA usando-se as PCRs → A LCA é verificada por um revisor → A EPD é preparada de acordo com as PCRs → A EPD é verificada por um analista independente → A EPD é registrada pelo Operador de Programa → A EPD é publicada.

Evidentemente, o número de entidades envolvidas na criação de uma EPD é bastante elevado. Pesquisar e finalizar a PCR em si pode levar vários meses e envolve a participação de especialistas do setor, pesquisadores em LCA, agências governamentais, representantes da ISO 14000 e desenvolvedores de normas. Um Operador de Programa se envolve para orientar o fabricante e os desenvolvedores da EPD ao longo do processo. O papel do Operador de Programa também é garantir que os requisitos da norma ISO 14025 Tipo III (para desempenho ambiental) estejam sendo observados de modo apropriado. Os Operadores de Programa existem no mundo inteiro; entre os exemplos podemos citar ASTM International, BRE Global, o Carbon Leadership Forum, UL Environment, o British Standards Institute, a French Standardization Organization, a Japan Environmental Management Association for Industry, entre outros. A LCA inicial é feita por profissionais especializados, e a revisão de seu trabalho é conduzida por uma entidade completamente autônoma, que verifica tanto o processo como a validade dos resultados. O trabalho de preparar a EPD, na verdade, começa com um grande envolvimento do fabricante, mas apoiado pela experiência de profissionais de um setor econômico ou indústria similar. Após esse ponto, outro verificador independente realiza um novo exercício de validação. Ao término dessas atividades, a EPD é registrada pelo Operador de Programa e é publicada.

Os componentes de uma EPD para um produto de construção tipicamente incluirão:

- Descrição do produto: função, usos a que se destina, desempenho
- Matérias primas ou materiais: pedra, madeira, produtos agrícolas, etc.
- Como o produto é feito e processado
- Como o produto é utilizado
- Os resultados da LCA: energia incorporada, potencial de aquecimento global, etc.
- Testagem e verificação

Você pode notar que as EPDs, que se baseiam na ciência clássica da LCA, não abordam diretamente os riscos à saúde. Como vimos no Capítulo 5, as Declarações de Produto à Saúde representam pesquisas realizadas por terceiros sobre o conteúdo de um produto em termos de seu potencial de risco à saúde.

---
[2] U.S. EPA, EPD Fact Sheet.

Os testes de emissões

As EPDs costumam capturar dados sobre os recursos e o ciclo de vida. Contudo, em geral, elas não tratam dos efeitos de um material sobre o ambiente interno. Testar as emissões de materiais em câmaras pequenas é a única maneira de saber quais substâncias químicas são emitidas por determinado produto ou móvel. As informações exibidas na lateral de uma lata de tinta nos dizem o que há no produto e em que quantidade, mas não indicam quais substâncias químicas serão emitidas para o espaço interno (e com que intensidade) antes, durante e depois de sua aplicação. Da mesma forma, o conteúdo não descreve a taxa e a duração das emissões nem esclarece as sinergias desconhecidas das substâncias com outros produtos químicos. Os profissionais costumam dizer que "o conteúdo não equivale às emissões". Este capítulo pretende ensinar que os selos – como muitas outras coisas na vida – não contam toda a verdade.

Felizmente, muitos fabricantes estão divulgando os resultados de seus testes de emissões; logo, vale a pena solicitar ao departamento técnico de uma indústria de tintas, por exemplo, a disponibilização do relatório de testagem de emissões do produto. Os fabricantes começaram a fazer os seus próprios testes de emissões devido às normas. Como um número cada vez maior de projetistas, de arquitetos de edificações sustentáveis e de consumidores passou a solicitar esse tipo de informações, os fabricantes ficaram cientes de que a demanda de seus produtos no mercado aos poucos passará a depender da transparência e do compartilhamento de informações.

O que são testes em câmaras de emissões?

Usando uma definição extremamente simplificada, os *testes em câmaras de emissões* consistem na colocação de um material em um equipamento do tamanho de um forno de micro-ondas, de modo que o ar passe por ali e seja coletado do outro lado. Os materiais podem ser testados individualmente ou em compostos, como é o caso de carpetes fixados em substratos. O ar resultante é analisado por um cromatógrafo a gás e/ou por meio do uso de um software de espectrometria de massa. O relatório emitido pelo laboratório (de preferência, um laboratório independente) descreve o protocolo utilizado e faz uma lista com os 10 compostos mais encontrados no produto, indicando, também, todos os compostos químicos destacados por inúmeras listas, como a lista da Proposta 65, a Lista de Exposição de Referência Crônica (CREL) e a lista de Contaminantes Aéreos Tóxicos do Conselho de Recursos Aéreos (ARB).[3] Os dados resultantes são convertidos em taxas de emissão e, em seguida, modelados conforme o volume específico ou padrão do espaço onde o material será instalado.

Atualmente, pelo menos dois protocolos ou procedimentos de testagem em laboratório são usados com bastante frequência; um se baseia na especificação de emissões de qualidade do ar de interiores conhecida como Califórnia 01350,[4] e o outro, em um conjunto de diretrizes de prática laboratorial desenvolvidas pelo Instituto Ambiental GreenGuard[5] (Figura 15-6). (Consulte o Capítulo 6, para entender com mais profundidade os impactos dos materiais na qualidade do ar do interior e os protocolos de laboratório para os testes de emissões.)

> ### O Human Toxome Project (HTP)
>
> "O que é o HTP? No Human Toxome Project do Environmental Working Group, cientistas, engenheiros e médicos usam técnicas de biomonitoramento de última geração para testar sangue, urina, leite materno e outros tecidos humanos em busca das substâncias químicas industriais que entram no corpo humano como poluição por meio de alimentos, ar e água ou pela exposição a ingredientes em produtos de consumo diário."
>
> Fonte: Human Toxome Project (HTP), www.bodyburden.org; os dados no *site* do HTP podem ser buscados por estado ou país e risco à saúde.

O ideal é que o arquiteto de edificações sustentáveis esteja a par dos processos de testagem de materiais e saiba como interpretar os resultados em nível geral, visto que isso gera credibilidade e eleva o padrão que será usado para avaliar os fabricantes de produtos e materiais. Na ausência dessas informações, existem outras maneiras de se informar sobre os impactos na qualidade do ar de interiores e na edificação como um todo. A primeira delas é utilizar certificações, classificações e selos de produtos.

Certificações, classificações e selos de produtos

Somos criaturas da taxonomia – adoramos selecionar e catalogar, reunir coisas de um mesmo tipo. Tendemos a colecionar coisas similares, como revistas em quadrinhos ou chaveiros. É tentador encarar os selos ecológicos dessa maneira. Hoje existe uma profusão de selos ecológicos – 458 em 197 países e 25 setores industriais – de acordo com o índice Ecolabel.[6] Há muitas formas de classificar os selos, mas, talvez, a melhor maneira de entendê-los é pensar nos comentários que fizemos antes, neste capítulo, sobre o entendimento de quais *impactos* os materiais podem ter. Se abordarmos por outra direção, analisando primeiramente as características do produto, teremos então condições de entender as suas *virtudes* por meio do conhecimento das classificações. A sustentabi-

---

[3] A lista de Contaminantes Aéreos Tóxicos do Conselho de Recursos Aéreos (ARB) da Agência de Proteção Ambiental do Estado da Califórnia está disponível em: http://www.arb.ca.gov/toxics/id/taclist.htm.

[4] Section 01350, Special Environmental Requirements, www.ciwmb.ca.gov/greenbuilding/Specs/Section01350/.
[5] GreenGuard Environmental Institute, www.greenguard.org.
[6] The Ecolabel Index, www.ecolabelindex.com/ecolabels.

SEÇÃO 01350 – EXIGÊNCIAS AMBIENTAIS ESPECÍFICAS

PARTE 1 – GERAL

1.1 RESUMO

A. A seção inclui Exigências Ambientais Específicas: o trabalho engloba práticas ambientais específicas para edificações "sustentáveis" que estão relacionadas à eficiência em energia, à qualidade do ar de interiores e ao consumo eficiente de recursos naturais, incluindo os seguintes itens:
   1. Exigências Específicas:
      a. Exigir práticas que garantam a qualidade do ar de interiores no Projeto final.
      b. Maximizar o uso de produtos de longa duração.
      c. Maximizar o uso de produtos de fácil manutenção e conserto, que possam ser limpos mediante o uso de substâncias não tóxicas.
      d. Maximizar o conteúdo reciclado presente em materiais, produtos e sistemas.
      e. Exigir o uso de madeira proveniente de plantações de reflorestamento com certificação de sustentabilidade.
      f. Maximizar o uso de embalagens reutilizáveis e recicláveis.
      g. Maximizar o uso de produtos com baixa energia incorporada (produção, manufatura e transporte).
   2. A equipe de construção deve respeitar as práticas de edificações "sustentáveis" durante a construção e ao considerar os materiais que serão utilizados em substituições. Consulte o Artigo 1.2 – Exigências de Projeto.

B. Exigências Relacionadas:
   Consulte as seções de Especificação para saber mais sobre as exigências ambientais específicas de determinados produtos.
   1. Seção 01565: Programa de Gestão de Resíduos *in loco*.
   2. Seção 01600: Exigências de Produtos.
   3. Seção 01810: Contratação de Especialistas Terceirizados em Edificações.
   4. Seção 01820: Demonstração de Instalações.

FIGURA 15-6 A Seção 01350 do Estado da Califórnia, Exigências Ambientais Específicas, foi a primeira a apresentar especificações ambientais com base na saúde. Fonte: CalRecycle.

Os selos ecológicos e seus atributos relacionados

Qualidade do Ar do Interior/Saúde → Indoor Advantage/Indoor Advantage Gold, GreenGuard, CRI Green Label Plus, Floorscore, Danish Indoor Climate Label, GEV-EMICODE

Recursos/Resíduos → FSC, SCS Recycled Content, SCS Biodegradable, WaterSense (EPA), USDA Organic, EcoStandard South Africa

Vinho → Certificação SIP

Energia/Clima → Energy Star (EPA), Cool Roof Rating Council, Green-e (voltado para energia renovável e produtos que atenuam a emissão de gases causadores do efeito estufa), Climate Neutral, CarbonFree

Atributos Múltiplos → Green Seal, Eco Logo, SCS Sustainable Choice, SCS Environmentally Preferable Products, Cradle to Cradle (C2C), SMaRT (MTS), EPEAT, Green Circle, Green Flag Program, VIBE

---

lidade de uma edificação sustentável é avaliada pelo sistema de classificação usado para analisá-la – e o mesmo pode ser feito com os materiais. Com esse tipo de questionamento, é possível determinar a adequação da classificação de um produto e até que ponto ele é verdadeiramente sustentável. A união das duas abordagens torna o nosso entendimento mais consistente, nos deixando mais flexíveis e confiantes em nossas decisões.

Pense nos impactos já estudados, como os que afetam a qualidade do ar de interiores, por exemplo. Pense em quais tipos de produtos de construção podem ter um impacto na qualidade do ar do interior: materiais sólidos, como pisos resilientes, placas de forro, carpetes, tecidos de estofamento, móveis, revestimentos de parede, madeira compósita e produtos líquidos como tintas, *stains*, vernizes e adesivos. A análise de impactos, como já fizemos periodicamente ao longo do livro, permite a gestão de riscos. Uma maneira de fazer isso é por meio da certificação dos produtos.

Quando entendemos e avaliamos os impactos dos materiais, conseguimos entender qual tipo de certificação será significativo (veja o box da página anterior "Os selos ecológicos e seus atributos relacionados"). Os produtos que não oferecem qualquer certificação devem ser eliminados, o que, por si só, já é uma forma de gestão de riscos. É necessário conhecer os padrões e critérios que embasam as certificações, saber quem controla e orienta a missão (transparência) das agências de certificação, avaliar a amplitude do padrão e da certificação resultante (se ela é consistente ou não) e ponderar a confiabilidade e a integridade (ou credibilidade) da classificação e daquilo que ela representa.

Quem certifica?

Certificações, classificações e *selos* são, literalmente, selos de aprovação. Muitos usam esses termos como sinônimos, mas o ideal é estabelecer distinções. As *certificações* diferem dos *selos* por serem conferidas por consultorias independentes, ao passo que os selos não costumam ter o respaldo de órgãos confiáveis. Algumas *certificações* derivam de sistemas de classificação de edificações sustentáveis, como o Building Research Establishment (BRE, que oferece o BRE Environmental Profile),[7] ainda que a maioria seja produzida por entidades separadas. Tais entidades devem ter o respaldo (ou, então, a aprovação) de organizações externas que garantam a manutenção das diretrizes e dos critérios estipulados pelo sistema de certificação. Um dos melhores exemplos é o Forest Stewardship Council (FSC), que endossa o Scientific Certification System (SCS) e a Rainforest Alliance's SmartWood, duas dentre as inúmeras organizações internacionais que verificam quais florestas e produtos de madeira estão de acordo com os padrões e critérios do FSC – e que não estão associadas a interesses específicos de indústrias de florestamento ou manufatura.

Os órgãos certificadores incluem agências governamentais como a EPA, nos Estados Unidos, responsáveis por emitir orientações que, por sua vez, se tornam selos muito conhecidos. O Programa Energy Star é um exemplo disso. Ainda que a aprovação de produtos por agências ou laboratórios governamentais tenha seu valor, tanto nos Estados Unidos como na economia global em geral dá-se preferência a mecanismos de aprovação de materiais baseados em padrões voluntários e resultantes de um consenso.

As organizações líderes de cunho mais técnico incluem a American Society for Testing Materials (ASTM), a NSF International e a International Organization for Standardization (ISO). Nos Estados Unidos, o American National Standards Institute (ANSI) é o órgão oficial responsável por certificar possíveis criadores de padrões, bem como os próprios órgãos de certificação. Recentemente, o ANSI certificou tanto a Green Building Initiative (GBI) como o Institute for Market Transformation to Sustainability (MTS) como criadores de padrões. A GBI tem o objetivo de transformar o sistema de classificação de edificações sustentáveis Green Globes, e a MTS, ou Sustainable Materials Rating Technology (SMaRT), respectivamente, em American National Standards (ANS) reconhecidos internacionalmente. A Sustainable Materials Rating Technology (SMaRT) já produziu vários padrões relacionados a pisos, têxteis e materiais de construção em geral.[8] Ainda assim, existem outras organizações de certificação independentes, como o Scientific Certification System (SCS).

O que é certificado e por quê?

Uma variedade de produtos e processos é certificada de acordo com o nível de cumprimento dos padrões. Materiais, edificações inteiras, eletrodomésticos e sistemas de edificação, como coberturas e controles de irrigação, podem receber certificações ou selos ecológicos.

Os materiais e produtos têm características ou atributos que são classificados e julgados de acordo com um conjunto de critérios, padrões ou protocolos. Há certificações que avaliam atributos tanto múltiplos como individuais, sendo que os exemplos incluem consumo de energia, processo de manufatura (poluição *versus* circuito fechado), níveis de conteúdo reciclado, emissões de compostos orgânicos voláteis, anulação de substâncias químicas ou nocivas, tecnologias "limpas" e baixo impacto ambiental total.

Os padrões são as ferramentas usadas para se avaliar os atributos e conferir certificações. Um dos exemplos de cumprimento de padrões é a Seção 01350 do Estado da Califórnia, que serve como base para muitas certificações mais completas, incluindo os sistemas Indoor Advantage Gold, CRI Green Label Plus e GreenGuard for Children and Schools. O Padrão de Avaliação de Carpetes Sustentáveis da NSF/ANSI 140-2007 é outro padrão adotado para definir e estabelecer níveis para múltiplos atributos de sustentabilidade com base nos três fatores ambientais – no caso, meio ambiente, economia e justiça social. Esse foi o primeiro padrão do tipo a entrar em vigor nos Estados Unidos. Outro conjunto de critérios recentes é oferecido pelo Cradle to Cradle (C2C – "Berço ao Berço"), um programa de certificação de produtos desenvolvido pela McDonough Braungart Design Chemistry, mas que hoje pertence ao Cradle to Cradle Products Innovation Institute (C2CPII). O C2C tem exigências para "a transparência de produtos/materiais e as características de saúde ambiental/humana dos materiais, a reutilização de produtos/materiais, a energia de produção, o uso de água em uma indústria e a justiça social/ética corporativa" em seu escopo.[9]

Quais são os resultados?

As certificações costumam oferecer níveis de categorização, como estrelas ou quatro patamares – bronze, prata, ouro e platina. Esses níveis de categorização geralmente avaliam atributos múltiplos e têm como base o pensamento no ciclo de vida, o que resulta na obtenção de uma perspectiva ambiental mais completa. Outras certificações trazem escalas binárias que correspondem ao fato de o produto ser aprovado ou reprovado pelos critérios aos quais foi submetido. Embora seja prática para se avaliar o grau de coerência de determinado produto ou material, a classificação do tipo "aprovado ou reprovado" nem sempre oferece garantias de desempenho ou impacto ambiental. Além de compreender a transparência do órgão certificador, o rigor de suas exigências, suas bases

---

[7] BRE Environmental Profile, www.bre.co.uk/envprofiles.

[8] Institute for Market Transformation into Sustainability (MTS), http://mts.sustainableproducts.com/.

[9] MBDC, Cradle to Cradle Certification Program, as of December 2007 is available for download at www.c2ccertified.com.

científicas e o nível de participação de terceiros no processo de certificação, os arquitetos de edificações sustentáveis – e, na verdade, todos os interessados na viabilidade sustentável – precisam saber qual nível de certificação independente é oferecido.

A *certificação própria* é, essencialmente, um tipo de autocertificação, equivalendo a um anúncio ou declaração feito pelo próprio fabricante, sem contar com análises terceirizadas ou independentes. Também é conhecida como alegação *de facto*. Entre os exemplos, encontram-se os anúncios que afirmam que um produto é "amigo do meio ambiente", "natural" ou "não tóxico".

A *certificação por segundos* acontece sempre que um consultor ou grupo industrial, comercial ou de manufatura faz a classificação. Embora os segundos possam produzir os padrões propriamente ditos, a certificação é verificada posteriormente por uma organização independente, que pode ser vinculada com o produto ou seu fabricante.

Um ótimo exemplo de certificação de atributos por segundos é o Formaldehyde Grademark Program, da Composite Panel Association, que segue os protocolos de testes em câmaras de emissões definidos pela ASTM. A certificação por segundos inclui ocasionalmente auditorias de fabricação, mas sempre exige documentos de suporte.

A *certificação por terceiros* ocorre quando a classificação é feita por grupos independentes. Nenhum dos membros da organização responsável tem vínculos com o produto ou seu fabricante, nem está vinculado ao seu comitê diretor ou às suas políticas de ação.

Um dos exemplos de certificação por terceiros é o sistema australiano Water Efficiency Labelling and Standards (WELS) (Figura 15-7), que faz testes de modo a refletir os padrões de eficiência em água estipulados pelo governo da Austrália em relação ao uso de água em eletrodomésticos e aparelhos hidrossanitários. Um representante do WELS, oriundo do Departamento de Meio Ambiente e Patrimônio Natural, fica responsável pelos testes, auditorias, controle e emissão da certificação. A questão do abastecimento de água tornou-se extremamente crítica na Austrália, obrigando todos os equipamentos que consomem água vendidos após 2006 a atender aos padrões WELS.[10]

A Austrália conta com outro processo de certificação por terceiros bastante rigoroso – a certificação de isenção de gases com efeito estufa (Figura 15-8), que se aplica tanto a produtos como à sua fabricação. O National Carbon Offset Standard é administrado pelo Australian Greenhouse Office, usando o protocolo abrangente ISO Life Cycle Assessment (LCA).[11] Um estudo de redução de emissões é preparado para quantificar as emissões de carbono na produção do material ou produto em questão. O painel de verificadores independentes conduz uma análise terceirizada, que se torna ainda mais rigorosa em razão da necessidade de recertificação. A certificação sugere compensações por meio de atividades

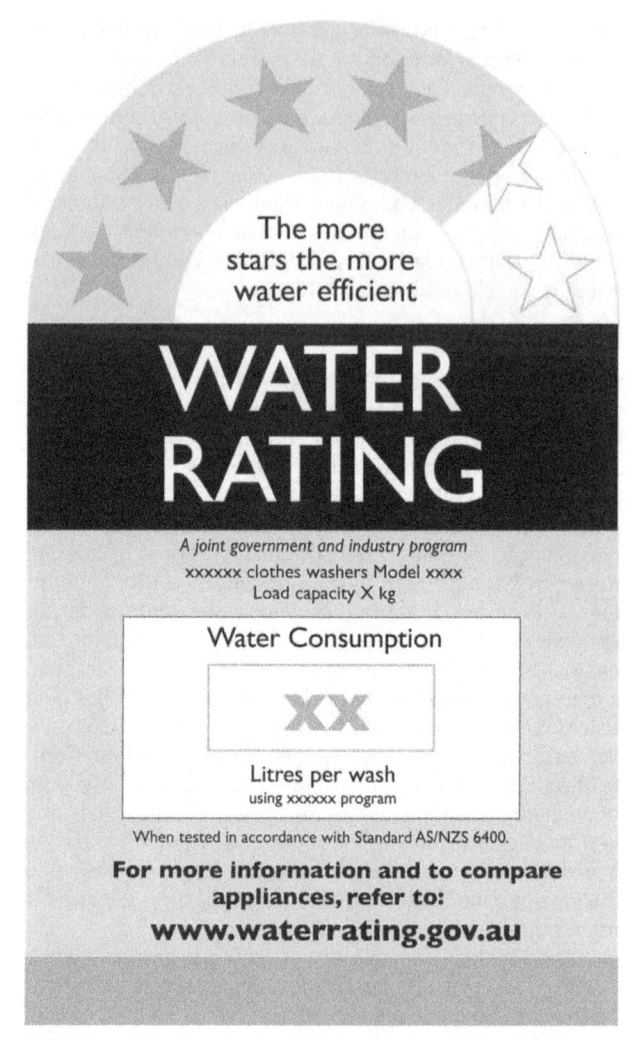

FIGURA 15-7 O selo australiano de classificação do consumo de água. Fonte: Water Efficiency Labeling and Standards Act 2005 do governo australiano (The WELS Act).

específicas que empregam estratégias pré-aprovadas, como medidas de eficiência em energia, redução de resíduos e técnicas de sequestro de carbono.

Os tipos de certificação ISO

A Organização Internacional para Padronização (International Organization for Standardization) surgiu na forma de uma organização não governamental em 1947, sendo conhecida como ISO apesar de a sigla não ser um acrônimo; na verdade, o nome teve origem na palavra grega *isos*, que significa "igual".[12] A meta original da organização era promover padrões internacionais de qualidade, confiabilidade para os consumidores e segurança para produtos e serviços. As demais metas tratavam de proteger os consumidores impondo níveis de qualidade para diferentes atividades, incluindo

---

[10] Water Efficiency Labeling and Standards (WELS), www.waterrating.gov.au.
[11] Australian Government Department of Climate Change, Greenhouse Friendly, www.environment.gov.au/climate-change/carbon-neutral/greenhouse-friendly.
[12] International Organization of Standardization, www.iso.org.

FIGURA 15-8 National Carbon Offset Standard, da Austrália. Fonte: © Commonwealth of Australia Department of Climate Change and Energy Efficiency, environment.gov.au.

pesca sustentável, brinquedos, dispositivos médicos e gestão ambiental. Atualmente, está sendo desenvolvido o ISO 26000, um futuro padrão de responsabilidade social. Desde a sua fundação, a organização tem trabalhado para desenvolver, revisar e divulgar mais de 16 mil padrões, de modo a criar uma linguagem técnica comum.

Três dos padrões que fazem parte da categoria de Gestão Ambiental ISO 14000 determinam os tipos de afirmações ou alegações feitas pelos fabricantes em relação aos seus produtos. A ISO fornece padrões de conformidade para as organizações com o intuito de ajudá-las a "minimizar efeitos nocivos ao meio ambiente causados por suas atividades e também a promover o aprimoramento contínuo de seu desempenho ambiental".[13] Os itens que compõem esses três padrões se refletem nas certificações próprias, por segundos e por terceiros apresentadas anteriormente. Contudo, os padrões propriamente ditos não são considerados categorias ou certificações, visto que a ISO não é um órgão certificador.

O *padrão ISO Tipo I (14024)* é um selo independente com atributos múltiplos que trata do impacto ambiental completo (seletivo).

O *padrão ISO Tipo II (14021)* é uma declaração feita pelo próprio fabricante, ou por uma entidade interessada ou vinculada com o produto ou seu fabricante, que não é submetida a uma verificação independente. Essas declarações costumam usar palavras como "conteúdo reciclado", "eficiência em energia", "eficiência em água", "reciclável" ou "biodegradável". O padrão requer que a declaração seja precisa e passível de verificação, e não vaga ou enganosa.

O *padrão ISO Tipo III (14025)* é uma declaração independente usada para verificar e relatar as informações sobre a Avaliação do Ciclo de Vida (LCA) em 16 categorias ou indicadores pré-determinados. É a única ferramenta ISO para a LCA baseada nos dados de desempenho ambiental.

Os produtos com recomendação ambiental costumam trazer "selos ecológicos", ou seja, nomes conferidos aos produtos em questão com base em seu grau de "sustentabilidade". Infelizmente, o nome "selo ecológico" ainda é bastante vago e não tem uma definição adequada.

Em meio a essa torrente confusa de certificações, classificações e verificações, é importante observar que os selos de produtos com recomendação ambiental (EPP) indicam a realização de algum tipo de pesquisa, o que se refere, em geral, a uma avaliação do ciclo de vida. Para receber uma recomendação ambiental, o produto precisa alcançar um conjunto determinado de padrões – e, assim, nos deparamos novamente com o problema de avaliar o grau de abrangência e rigor do padrão, bem como o nível de independência dos processos de testagem e verificação. Alguns selos ecológicos, no entanto, são superiores aos demais conjuntos de padrões; um dos exemplos é a SCS Sustainable Choice, que indica os móveis que alcançaram os padrões de sustentabilidade da Business and Institutional Furniture Manufacturer's Association (BIFMA) e que receberam a certificação da SCS Indoor Advantage – uma classificação de qualidade do ar de interiores citada no Glossário.

Os produtos com selos de recomendação ambiental influenciam as decisões de compras de muitas prefeituras dos Estados Unidos, incluindo Nova York, São Francisco e Condado de King, no Estado de Washington. Políticas de compra de produtos sustentáveis (também conhecidas como Compra com Recomendação Ambiental) já foram implantadas em muitos estados dos Estados Unidos, como Califórnia, Geórgia, Nova York e Massachussets, e também em outros países (ver box abaixo). Em 2000, a Califórnia criou o Golden Seal Program, um sistema que visa a tornar mais sustentáveis as operações e a manutenção dos prédios do estado. Como parte do programa, os produtos com selos de recomendação ambiental foram revisados pelo Departamento de Serviços Gerais. Hoje, as aquisições preferíveis do ponto de vista ambiental são exigidas por lei na Califórnia, assim como por certas agências federais dos Estados Unidos, incluindo o Departamento de

---

[13]"Environmental Management," International Organization of Standardization, www.iso.org/iso/publication_item.htm?pid=PUB200002.

Iniciativas internacionais de preferência pela compra de produtos ecologicamente sustentáveis

União Europeia (EU): Green Public Procurement (GPP – Promoção de Aquisições Públicas Sustentáveis)
Japão: Promoção da Aquisição de Produtos e Serviços Amigos do Meio Ambiente
Malásia: Rede de Compras Sustentáveis da Malásia
Suécia: MSR – Guia de Aquisições Sustentáveis
Reino Unido: Sustainable Procurement Programme (Programa de Aquisições Sustentáveis)
Viena, Áustria: OkoKauf Wien (Compras Sustentáveis de Viena)

Defesa, o Departamento de Serviços de Saúde e Humanos, o Departamento do Interior, o Departamento de Energia, a Administração Geral de Serviços (GS), e a Agência de Proteção Ambiental (EPA). Grandes instituições, como os centros médicos e as universidades, consideram que fazer compras ecológicas é vantajoso em termos econômicos.

Os tipos de produtos sustentáveis controlados por políticas como essas incluem carpetes, artigos eletrônicos, produtos de limpeza, material de escritório e, com frequência, materiais mais específicos. Diferentemente da avaliação do ciclo de vida (LCA), a análise de custos do ciclo de vida (LCC) é aplicada ocasionalmente sobre esses produtos para orientar o desenvolvimento de programas de recomendação ambiental e a implantação de suas políticas. A análise de custos do ciclo de vida compara o custo total de um material em relação a outro ao longo de todo o seu ciclo de vida, o que inclui processos operacionais e de manutenção.

A Environmentally Preferable Purchasing Model Policy 2006, do Departamento de Gestão de Resíduos do Condado de Alameda, nos Estados Unidos, é um exemplo de política completa de compra de produtos sustentáveis. É um recurso valioso para organizações interessadas em formular uma política de compras preferíveis. A política do modelo cobre as áreas de redução de ruídos, produtos com conteúdo reciclado, energia, água, práticas de edificação sustentável, produtos tóxicos e poluentes e conservação de florestas. Ela também lista os passos a serem seguidos na criação e na manutenção de políticas de qualidade dotadas de prioridades, metas, planos de implantação e exigências de avaliação.[14]

As ferramentas para reunir as informações

Várias ferramentas podem ser usadas como filtros no processo de especificação de materiais. Partindo do nível associado ao menor número de pesquisas independentes, podemos selecionar produtos, materiais e sistemas por meio de toda uma gama de certificações e selos ecológicos. No caso de pesquisas independentes, é possível tomar como ponto de partida bancos de dados de materiais sustentáveis, revisões de produtos feitas por arquitetos de edificações sustentáveis e bancos de dados de recomendação ambiental pertencentes a algumas das agências descritas neste capítulo.

Na prática profissional, é importante realizar pesquisas e abordar questões como as mencionadas no início do presente capítulo. Para registrar tais pesquisas, o ideal é usar questionários que incluam os principais temas do pensamento que considera o ciclo de vida. O questionário HOK's Material Evaluation, descrito na segunda edição do *The HOK Guidebook to Sustainable Design* (New York: John Wiley & Sons, 2005), é um ótimo exemplo de modelo para a avaliação de produtos; seus pontos fortes são

FIGURA 15-9 O Programa Selo Ecológico Europeu, da União Europeia. Fonte: Directorate of the General Environment of the European Commission, European Union Eco-label Programme.

as abordagens detalhadas e as contribuições para com a educação dos fornecedores de materiais em relação às novas necessidades dos arquitetos interessados em se voltar para a sustentabilidade. Muitas outras empresas e consultorias de arquitetura desenvolveram ferramentas próprias para a pesquisa de materiais, preferindo compartilhar seu sucesso em vez de encará-lo como uma vantagem sobre a concorrência.

As especificações

Em um capítulo anterior, fomos apresentados às especificações mais relevantes para os atributos e impactos da eficiência em recursos. Neste capítulo, a discussão de tais especificações se concentra no consumo de energia e na qualidade do ar de interiores.

As especificações servem como um filtro para se identificar e evitar a falsa sustentabilidade (*greenwash*). Na prática profissional, as especificações formais fazem parte do projeto executivo, junto às plantas. Elas orientam os processos de compra ou licitação e construção, orientam o construtor e passam a constituir um documento legal. As especificações convencionais se dividem em três partes: um resumo, as informações do produto e as exigências de execução, que descrevem os padrões de execução (sem dizer ao construtor

---

[14]Environmentally Preferable Purchasing Model Policy, StopWaste.org, www.stopwaste.org/home/index.asp?page=439.

Programas de certificação de produtos em outros países

Canadá
Environmental Choice Program: Produtos e serviços certificados pelo Environmental Choice Program tem comprovadamente menor impacto sobre o meio ambiente, pois se sabe como são manufaturados, consumidos ou descartados. A certificação dos produtos e serviços se baseia ao atendimento a critérios ambientais rigorosos que são estabelecidos por meio da colaboração com indústrias, grupos ambientais e consultores independentes, apoiando-se em pesquisas que consideram os impactos de produtos ou serviços ao longo do ciclo de vida.
EcoLogo: Um programa de certificação e atribuição de selos de sustentabilidade independente, baseado na Avaliação do Ciclo de Vida (LCA), que examina atributos múltiplos como energia, tóxicos e outros impactos ambientais.

Austrália
Greenstar: Entidade sem fins lucrativos que administra os sistemas Greenstar Product Certification e Labeling Program (Programa de Selos de Sustentabilidade). Seu objetivo é "promover a produção e o uso de produtos que maximizem a sustentabilidade, protejam o meio ambiente e protejam a saúde humana".

União Europeia
Programa Selo Ecológico Europeu: Resultado de um esforço para contribuir com o desenvolvimento sustentável, o Programa Selo Ecológico Europeu abrange todo o continente, conferindo selos ecológicos para produtos com impacto ambiental reduzido (Figura 15-9).

Alemanha
Programa Anjo Azul: Programa voluntário para a oferta de selos ecológicos. Há duas décadas, o selo Anjo Azul vem identificando produtos com características ambientais positivas.

Japão
Eco Mark: A Associação Ambiental do Japão desenvolve normas ambientais que permitem aos produtos certificados usar o símbolo Eco Mark.
Green Purchasing Network: A rede foi criada em 1996 para promover aquisições sustentáveis de consumidores, empresas e organizações governamentais no Japão.

Noruega, Suécia, Dinamarca, Finlândia e Islândia
Programa Cisne Nórdico: Neutro e independente, o selo ecológico nórdico é responsável por garantir um determinado padrão ambiental. Apenas os produtos que atendem a exigências ambientais rigorosas com base em avaliações objetivas podem usar o selo ecológico.

Suécia
TCO Development: Esse programa fornece certificação e selo ecológico para móveis de escritório projetados a fim de melhorar o ambiente de trabalho e o ambiente externo.

Fonte: EPA (Estados Unidos): Programas em outros países.

---

exatamente como atender às diretrizes contidas nas especificações).

Para fins de pesquisa de materiais, é preciso prestar muita atenção à seção de informações do produto de cada especificação. Isso acontece porque tais informações refletem as expectativas de atributos ambientais de um produto específico, sejam os conteúdos reciclados mínimos, os níveis máximos de emissão de compostos voláteis ou o desempenho energético esperado de determinado eletrodoméstico.

A Seção 01350 das Exigências Ambientais Específicas, desenvolvida pelo Estado da Califórnia para um edifício de escritórios de uso próprio concluído em 2001, foi submetida a várias alterações com o passar dos anos. Em sua primeira versão, ela era vista como um protocolo de testagem focado na qualidade do ar de interiores; hoje em dia, porém, serve como base para diferentes selos de certificação de produtos, tornando-se parte de um padrão em diretrizes de edificações sustentáveis, como a Collaborative High Performance Schools.

A Seção 01350 do Estado da Califórnia é resultado de preocupações com a saúde humana dentro de ambientes internos construídos. Seus autores acreditam que as questões de saúde humana devem ser os critérios preponderantes nos perfis de sustentabilidade de cada produto. Ela é considerada a primeira especificação de materiais baseada na saúde.

Alterações recentes da Seção 01350 enfatizam os três componentes citados anteriormente: (a) a efetividade e a conservação de recursos naturais; (b) a eficiência e a conservação de energia; e (c) a qualidade do ar e do ambiente internos de edificações sustentáveis. Outras versões orientam apenas o processo de Liderança em Projeto de Energia e Ambiental (LEED), visto que esse é um "processo dentro de outro processo" extremamente complexo, no qual geralmente se faz necessário declarar com clareza quais são as exigências em termos de documentação de apoio para os créditos relevantes.

Conforme mencionamos anteriormente, as especificações acompanham o projeto executivo na prática profissional. Juntos, esses dois exercícios agem como um filtro, barrando a falsa sustentabilidade (*greenwash*).

A especificação da boa qualidade do ar de interiores

Baseando-nos no exercício do Capítulo 13, que especificou a eficiência dos recursos naturais, passaremos, agora, para a revisão de materiais selecionados e seus impactos na qualidade do ar de interiores segundo o Instituto de Especificações da Construção (CSI). Uma vez que as pesquisas baseadas na qualidade do ar de interiores se preocupam com o interior das edificações, as análises de materiais necessárias se encaixam na "Divisão 9 do CSI, Acabamentos". Alguns poucos materiais ficarão em outras numerações. Armários, balcões e móveis embutidos entram na "Divisão 6, Madeira e Plástico". Isolantes e vedantes são cobertos pela "Divisão 7, Proteção Térmica e contra a Umidade". As portas de madeira compósita estão na "Divisão 8, Portas e Janelas". Além das substâncias químicas preocupantes descritas aqui, é importante considerar que muitos outros materiais de construção contêm aditivos que afetam a qualidade do ar de interiores, incluindo anticongelantes, biocidas, fungicidas, conservantes, materiais de petróleo e plástico e mofo (que cresce em fontes de nutrientes como celulose e retardantes de fogo do tipo éteres de difenilo polibromado – PBDE).

Os materiais à base de madeira

A maioria dos elementos de marcenaria, móveis embutidos e bancadas usa algum tipo de madeira composta como base. Os exemplos de madeira composta incluem a madeira aglomerada e o MDF. As molduras, folhas de porta, rodapés, pisos, frentes de gaveta, tampos de mesa e painéis podem conter fibras de madeira composta, ao passo que a madeira composta e o OSB são feitos com restos de madeira. Os adesivos encontrados em tais materiais à base de madeira, bem como vários outros produtos derivados da celulose, costumam derivar do formaldeído – um carcinogênico

FIGURA 15-10 Os produtos de madeira composta costumam usar o formaldeído como aglomerante. Fotografia: Killer Banshee Studios/killerbanshee.com, 2008.

bastante conhecido segundo a Proposta 65 do Estado da Califórnia e a Organização Mundial da Saúde, responsável por identificá-lo como um poluente aéreo tóxico em 1992. Em 2007, o Conselho de Recursos Aéreos do Estado da Califórnia criou regulamentos que visam a controlar os produtos que contêm formaldeído reduzindo os limites de emissões permissíveis, que devem alcançar os do Japão e da União Europeia em 2009 e ficar ainda mais baixos por volta de 2012.[15]

O formaldeído ocorre naturalmente na madeira, além de estar presente no ar dos exteriores. Há dois tipos encontrados em materiais e produtos de construção: o formaldeído de ureia (UF) tem emissões mais elevadas do que o fenol-formaldeído (PF), que não é tão perigoso. As taxas de emissão do último são mais baixas porque a cura durante a manufatura é mais rápida; logo, ele afeta mais os trabalhadores do que os usuários finais. Em um mundo ideal, ambos os formaldeídos seriam evitados, visto que não existem níveis de exposição seguros; ainda assim, alguns sistemas de certificação exigem a ausência de formaldeído de ureia nos materiais (Figura 15-10).

As edificações abrigam outras fontes de formaldeído não oriundas da madeira, incluindo a fumaça de tabaco no ambiente, tecidos e cortinados, substâncias para o tratamento de tecidos, colas, tintas, revestimentos, isolantes com fibra de vidro, produtos de limpeza e higiene pessoal, fornos a gás

---

[15]California Environmental Protection Agency (Cal/EPA), "Air Board Sets Strict Limits on Toxic Formaldehyde Emissions from Composite Wood Products", divulgado em 27 de abril de 2007: "O formaldeído foi considerado um contaminante aéreo tóxico (TAC) pelo ARB em 1992, não apresentando níveis de exposição seguros. Após identificar um TAC, o ARB é obrigado a limitar a exposição das pessoas o máximo possível por meio da adoção de uma ou mais Medidas de Controle de Tóxicos Aéreos. Durante o processo, em 2005, o ARB avaliou os níveis estaduais de exposição ao formaldeído. A avaliação descobriu que os níveis de emissão são demasiadamente altos perto da madeira composta, requerendo controles adicionais".

sem ventilação, aquecedores a querosene e outros eletrodomésticos que queimam combustíveis.[16]

As alternativas ao uso do formaldeído incluem resinas à base de soja ou feitas de metileno difenil isocianato (que não são ideais por utilizarem um composto à base de cianeto) e o acetato de polivinila (PVA) sem moléculas de cloreto, que apresenta os mesmos riscos do PVC. Atualmente, está sendo desenvolvida uma resina feita de fenol-formaldeído e compostos de açúcar que tem a função de substituir uma quantidade determinada de fenol.

O isolamento em mantas

A maioria dos isolantes em mantas feitos de fibra de vidro usa resinas de formaldeído como aglomerante. As alternativas incluem isolantes em mantas de algodão, lã, isolantes com espuma injetada (não do tipo com componentes de cianeto, mas do que usa soja e outros elementos de base biológica) ou sem aglomerantes de formaldeído.

Os seladores, rejuntes e produtos anti-incêndio

Os rejuntes podem ser misturados a seco ou ainda na fábrica, sendo que os últimos às vezes contêm adesivos de vinil e outros aditivos com emissões lentas. As alternativas consistem em aglomerantes de base biológica, cujos baixos níveis de compostos orgânicos voláteis são amplamente divulgados.

Os materiais de assentamento de azulejos

O assentamento de azulejos envolve uma grande quantidade de materiais molhados, como colas, argamassas (seja com base de cimento ou látex), graute e vedações. De qualquer maneira, é possível usar produtos à base de água e com emissões reduzidas ou nulas de compostos orgânicos voláteis.

As placas de forros acústicos

As placas convencionais de forro feitas de papel reciclado – também conhecido como fibra mineral devido à presença de argila e outros aditivos minerais – contêm certo nível de formaldeído, mas o conteúdo reciclado é muito mais alto. Na verdade, o formaldeído pode derivar de fontes de materiais reciclados. Nesse caso, as alternativas incluem placas de forro sem adição de formaldeído, dentre as quais muitas são consideradas convencionais. As demais opções são painéis de forro de metal (alguns feitos de fibras de vidro que contêm formaldeído), forros de fibra de madeira e placas de fibra de vidro com baixo nível de emissão de formaldeídos.

Os pisos flexíveis

Os materiais de piso resilientes têm muitos benefícios. Eles são mais macios para se pisar, amortecem os ruídos e são flexíveis, além de terem grande conteúdo de materiais reciclados, recicláveis ou renováveis. Ironicamente, essas são algumas das propriedades que podem prejudicar a qualidade do ar de interiores. Na verdade, os pisos flexíveis têm um impacto considerável na qualidade do ar de interiores. O mais perceptível é o cheiro forte, semelhante ao emitido por materiais de borracha, que geralmente transmite uma impressão de ar de interiores de má qualidade. Às vezes, o odor fica no ambiente interno por um longo período, sendo agravado pela presença de materiais porosos e absorventes, incluindo cortinados e tecidos.

Embora seja um material de renovação rápida, a cortiça requer várias demãos de selador para se tornar uma superfície durável e resistente à limpeza regular.

Os pisos de borracha virgens têm um odor mais discreto que os pisos feitos de pneus reciclados, o que constitui outro exemplo de substituição por materiais sustentáveis.

Apesar de derivar de materiais com base biológica como o linho e o óleo de linhaça, o linóleo resulta em emissões de aldeído – um problema resolvido por alguns fabricantes mediante o tratamento adicional da camada superior.

É possível que os plásticos alternativos com alto conteúdo reciclado ou ingredientes de base biológica, como o milho, tenham um futuro brilhante na indústria de pisos; entretanto, por se tratarem de produtos novos, será necessário questionar os testes de emissões.

Os carpetes

Os carpetes podem acumular poeira, odores, particulados e pesticidas provenientes do exterior, contribuindo, também, com o crescimento de mofo. Devido ao "depósito" poroso oferecido por materiais macios como o carpete, os contaminantes podem continuar produzindo emissões por longos períodos. As fibras de alto desempenho usadas em carpetes são feitas de vários tipos de polímeros e derivados do petróleo. As bases de carpete podem ser feitas com qualquer plástico, embora, em geral, sejam usados o PVC ou o látex; contudo, também é preciso considerar o impacto dos materiais de base na qualidade do ar do interior. As bases plásticas que são melhores alternativas incluem o polietileno e as poliolefinas, como o polipropileno. Plásticos de base biológica estão sendo desenvolvidos para várias aplicações, inclusive bases de carpetes. Com os produtos de madeira composta, os carpetes representam uma ameaça considerável à qualidade do ar de interiores em razão do grande volume que ocupam no espaço. Além de ser o mais alto padrão de certificação de carpetes, o Green Label Plus, do Instituto de Pesquisa em Carpetes (CRI), é o melhor guia para selecionar os produtos que menos afetam o ambiente interno.

Os revestimentos de parede, tratamentos de janela e tecidos de estofamento

Revestimentos de parede, cortinas, persianas e tecidos específicos costumam conter PVC. As alternativas incluem o uso de papel de fibra vegetal ou produtos sintéticos (de preferência, plástico ou vidro moído) sem biocidas, retardantes de fogo ou tratamentos antimicrobianos.

---

[16]"Formaldehyde and Wood: Sources of Formaldehyde in Buildings," Healthy Building Network, http://healthybuilding.net/uploads/files/formaldehyde-found-in-building-materials.pdf.

As tintas

As tintas podem conter muitas substâncias prejudiciais à saúde humana, como benzeno, tolueno, chumbo, mercúrio, ftalatos e formaldeído, entre outros. Na Europa, o chumbo foi usado na manufatura de tintas até a década de 1940, e nos Estados Unidos, até a década de 1970. Por serem essencialmente películas protetoras que também devem trazer benefícios estéticos, as tintas recebem vários aditivos que buscam atender às exigências de desempenho; são eles: brilho, pigmentos, aglomerantes, agentes contra o acúmulo de sujeira (formaldeído), fungicidas e agentes secantes, entre outros. Devido às suas propriedades químicas, as tintas estão entre os materiais mais difíceis de compreender; dessa forma, a certificação é muito importante. O programa voluntário de adoção do selo Green Seal e os padrões dos Distritos de Gestão da Qualidade do Ar do Estado da Califórnia (South Coast e Bay Area) servem como guias para o conteúdo máximo permitido de compostos orgânicos voláteis em tintas e vernizes, ao passo que a Seção 01350 do Estado da Califórnia, conforme discutimos anteriormente, oferece protocolos para os testes de emissões de compostos orgânicos voláteis. As alternativas ao uso de tintas sintéticas de base petroquímica incluem tintas à base de leite, tintas recicladas (não recomendadas em razão de questões de controle de qualidade) e tintas à base de óleo de linhaça fervido; infelizmente, nenhuma delas deixa de afetar a qualidade do ar de interiores.

Os assentos e móveis modulados

Dentro de escritórios, os móveis e equipamentos estão entre os itens que mais afetam a qualidade do ar de interiores. Entretanto, cada vez mais são produzidos assentos e móveis modulados com certificação de qualidade do ar de interiores. Uma vez que esses sistemas têm muitos componentes, seria extremamente complicado isolá-los e aplicar o pensamento de ciclo de vida focado em qualidade do ar de interiores a cada um. Todavia, as certificações que realizam testes de emissão em câmaras grandes são bastante úteis. Muitos desses sistemas podem ser decompostos, e seus componentes, reutilizados ou reciclados, o que resulta em mais benefícios ambientais. Os componentes que afetam a qualidade do ar de interiores incluem materiais à base de madeira, como o MDF presente nos tampos de mesa, painéis, tecidos de estofamento, peças plásticas, acabamentos e seladores. Já estão à venda móveis modulados de alto desempenho, como materiais de base biológica, de demolição ou reciclados que oferecem muitos benefícios ambientais.

Os sistemas de climatização

A seleção cuidadosa dos materiais é fundamental para um ar de interiores saudável, mas o mesmo pode ser dito do projeto inteligente dos sistemas de climatização. Um sistema de ventilação eficiente (seja mecânico ou de recuperação de calor) com filtros de alto desempenho e altas taxas de troca para substituir o ar viciado, juntamente a ventiladores dimensionados de maneira eficaz para a exaustão e o fornecimento de ar, contribui para a boa qualidade do ar de interiores. Os exemplos de estratégias de projeto incluem evitar lareiras alimentadas com queima de madeira ou substituí-las por modelos embutidos certificados pela EPA. Também é possível considerar outros sistemas, como fornalhas herméticas e aquecedores de água, além de ventiladores controlados por *timers* ou sensores de temperatura e umidade que controlam exaustores de fogões e a ventilação dos banheiros.

Informações gerais sobre produtos de aplicação molhada

É importante fazer uma observação sobre os produtos de aplicação molhada, como tintas, películas, adesivos de carpete, adesivos para revestimento de paredes e adesivos para bancadas e pedra, assim como materiais de assentamento de azulejos, como grautes, rejuntes e calafetos, entre outros; a propriedade mais pronunciada de todos esses materiais é a sua capacidade de afetar a qualidade do ar de interiores e a saúde humana de maneira negativa. O movimento que defende a substituição deles por produtos mais benignos, de modo a reduzir as emissões de compostos orgânicos voláteis, contribui para a saúde tanto dos trabalhadores como dos usuários. Novamente, é preciso lembrar que a especificação de materiais deve ser um processo integrado.

A seguir, algumas regras práticas gerais:

- Escolha produtos à base de água ou com baixo nível de emissão de compostos orgânicos voláteis.
- Descubra se os adesivos ou películas são aplicados em um ambiente controlado no interior das fábricas.
- Prepare os produtos fora do canteiro de obras e deixe-os sem embalagem (deixando os materiais de construção se aclimatarem a condições térmicas similares àquelas do local onde serão instalados), de modo que eles possam emitir seus gases.
- Procure produtos alternativos, como alternativas aos acabamentos de piso e às ceras, feitos de cera de abelha ou de óleos de base biológica.

Os produtos de limpeza têm uma enorme participação nas cargas de compostos orgânicos voláteis e nas emissões de outros poluentes em um padrão regular e de longo prazo, gerando, com frequência, muito mais cargas químicas que os materiais propriamente ditos. Estão chegando ao mercado novas tendências que favorecem o uso de produtos de limpeza e equipamentos que não agridem o meio ambiente; tais produtos e equipamentos estão disponíveis tanto para consumidores como para empresas, podendo ser usados, também, em aplicações de limpeza industrial.[17]

Questione tudo!

Não importa se vêm de fora ou se são emitidos já no interior: os compostos químicos e outros contaminantes são capazes de produzir emissões crônicas de longo prazo. Lembre-se de que os materiais podem ter inúmeras qualidades, bem como vários impactos negativos. Nosso objetivo é desmascarar as características com impactos negativos disfarçadas de sustentáveis e chegar à essência dos atributos realmente sustentáveis de cada material. Este capítulo detalha o processo de análise de materiais porque, apesar dos selos ecológicos e da supervisão profissional, nada substitui a criação de uma

---

[17] Green Clean Certified, www.greencleancertified.com, and Environmental Working Group, www.ewg.org/guides/cleaners/content/top_products.

base de conhecimentos própria. Acostume-se a estudar os materiais por conta própria, considerando seus impactos mais relevantes; ao fazer isso, você consolidará suas habilidades e seus conhecimentos, podendo, inclusive, instruir os fabricantes de materiais em relação às demandas futuras. Esse tipo de questionamento pode transformar o mercado. Como já comentamos, os projetistas frequentemente analisam os selos ecológicos e as certificações para fazer essas investigações (Figura 15-11 A, B, C). O movimento "verde" ou "sustentável" pode ser considerado uma tendência no mundo inteiro, mas, como arquitetos de edificações sustentáveis, é nossa obrigação colocá-lo em prática.

FIGURA 15-11 A–C Os selos e certificações FSC, C2C e SCS podem oferecer subsídios para os processos de seleção de materiais dos projetistas. Fonte: A. © 2008 Scientific Certification Systems; B. © 1996 Forest Stewardship Council; A., C., The Mark of Responsible Forestry; C. Cradle to Cradle™ é marca registrada de MBDC.

EXERCÍCIOS

1. Pense em três materiais encontrados nas edificações que você frequenta diariamente e que apresentam desvantagens por serem fabricados em locais distantes. Dentre eles, quais poderiam ser obtidos na sua localidade? Existem materiais alternativos capazes de substituí-los?
2. Selecione duas tintas de uso interno com acabamento brilhante de dois fabricantes diferentes – uma com nível baixo ou nulo de emissão de compostos orgânicos voláteis e a outra, uma versão popular. Compare os selos analisando o conteúdo de compostos orgânicos voláteis, as certificações Green Seal e South Coast Air Quality Management District (ou SCAQMD, um dos padrões citados pelo sistema LEED) e as emissões previstas pela Seção 01350 do Estado da Califórnia. Foi fácil obter informações sobre os testes de emissões? Os representantes dos produtos se mostraram bem-informados? Quais foram as classificações ou expectativas de desempenho de cada um? Faça o mesmo com isolantes em manta, carpetes, e linóleo *versus* pisos flexíveis convencionais. Apresente suas descobertas em sala de aula.
3. Crie um questionário de materiais que incorpore o pensamento no ciclo de vida e, em seguida, entre em contato com um fabricante de materiais de modo a obter dados para a sua tabela. Quais seriam os cinco principais atributos ambientais considerados por você no caso do produto escolhido?
4. Pesquise entre três e cinco materiais de construção do mesmo tipo, mas produzidos por diferentes fabricantes (por exemplo, três tipos de painéis rígidos de isolamento ou três tipos de carpete) e identifique qual tem menos impacto nas seguintes categorias da LCA: eutroficação (conteúdo de nitrogênio ou fosfato), potencial de destruição do ozônio (conteúdo de CFC-11), potencial de aquecimento global (emissões de CO_2) e acidificação da água (hidrônios, hidrogênios ácidos e dióxido de enxofre). Qual desses três produtos também tem uma Declaração de Produto Saudável? Quais fabricantes também afirmam que seus produtos são "sustentáveis" ou "não tóxicos"?

Recursos

Bonda, Penny, and Katie Sosnowchik. *Sustainable Commercial Interiors*. Hoboken, NJ: John Wiley & Sons, 2006.

"Building Materials: What Makes a Product Green?" *Environmental Building News*, January 2000 (updated February 1, 2006), www.buildinggreen.com/ebn/sample/reprints.cfm.

Geiser, Ken. *Materials Matter: Toward a Sustainable Materials Policy*. Urban and Industrial Environments Series. Cambridge, MA: MIT Press, 2001.

Bancos de dados de materiais sustentáveis e fontes de informação

Building Green's GreenSpec Directory, *Environmental Building News Product Directory*, 7ª edição, O Environmental Building News 2007 é, sem dúvida, o banco de dados de materiais de construção sustentáveis mais abrangente, organizado conforme a ordem do CSI e contendo seções com modelos de especificação.

Outra fonte excelente é um recurso *online* da cidade de Austin (Texas), o *Sourcebook for Green and Sustainable Building*, parte de seu Green Builder Program, originariamente intitulado Austin Green Building Program's (GBP) Sourcebook, Sustainable Sources, www.greenbuilder.com/sourcebook.

Outros recursos

Build It Green (www.builditgreen.org).

O *Sustainability Standard*, da Business and Institutional Furniture Manufacturer's Association (BIFMA), estuda os materiais, a energia, a atmosfera, as saúdes humana e dos ecossistemas e a responsabilidade social de acordo com três níveis de certificação: prata, ouro e platina.

CIWMB Recycled Content Product Directory (www.calrecycle.ca.gov/RCPM/) (California Integrated Waste Management Board).

O *CRI Green Label Plus* avalia o impacto das emissões na qualidade do ar de interiores conforme o protocolo de testes de emissões da Seção 01350 da Califórnia.

O *Forest Stewardship Council (FSC) Certification* avalia as práticas de florestamento sustentáveis sob perspectivas tanto sociais como ambientais. O FSC autoriza programas como o SCS, o SmartWood e o Rainforest Alliance, entre outros, que, por sua vez, conferem as certificações.

A *Global Eco-Labeling Network* (GEN) é uma organização internacional sem fins lucrativos que agrupa organizações independentes que conferem selos de desempenho sustentável, promovendo a credibilidade dos programas de selos ecológicos e divulgando suas funções.

Green Building Resource Guide (www.greenguide.com).

Green Home Guide (www.greenhomeguide.com).

O *Green Seal* é um programa de certificação voluntário com atributos múltiplos para produtos de aplicação molhada; além disso, ele analisa janelas, lâmpadas fluorescentes, resfriadores e sensores de presença.

O *GreenBlue* é um programa de certificação "limpo", que faz parte do *CleanGredients*, ajudando as empresas a encontrar substâncias químicas com menor impacto ambiental de modo a criar fórmulas sustentáveis. As substâncias químicas propriamente ditas são verificadas por terceiros.

O GreenGuard Environmental Institute tem o GreenGuard, para materiais, produtos e sistemas de construção, que avalia as emissões que afetam a qualidade do ar do interior, baseando-se em dois protocolos de testagem de emissões, sendo um deles baseado no CHPS/01350 "Gold", antes chamado de "Children and Schools."

A *Sustainable Materials Rating Technology* (SMaRT), do Market Transformation to Sustainability (MTS), oferece uma série de Consensus Sustainable Product Standards para a análise de materiais de construção, tecidos, roupas, têxteis e pisos, por meio de perspectivas ambientais, sociais e econômicas.

O MBDC's *Cradle to Cradle* (C2C) é um programa de certificação que usa cinco categorias para avaliar produtos com base na filosofia "do berço ao berço" de McDonough e Braungart.

Minnesota Building Materials Database (www.buildingmaterials.umn.edu).

Pharos Project, Healthy Building Network (www.pharosproject.net).

O Scientific Certification Systems (SCS), junto com o Resilient Floor Covering Institute (RFCI), desenvolveu o FloorScore, que testa pesos rígidos e adesivos de modo a atender às exigências da California Section 01350, incorporando, assim, por referência, os limites do Chronic Reference Exposure Level (CREL) estabelecidos pelo OEHHA (Office of Environmental Health Hazard Assessment) e descritos sob o título "What Is an Emissions Chamber Test?". Uma vez que esta certificação pressupõe que haverá outros produtos que emitem compostos orgânicos voláteis dentro do espaço interno, os limites de emissões do FloorScore representam metade dos mencionados no padrão.

SCS *Indoor Advantage GOLD* é uma certificação da qualidade do ar do interior para produtos de construção que atendem às exigências de emissões da Seção 01350 da Califórnia, bem como aos requisitos da BIFMA (M7.1–2006-COVs e X7.1–2006-formaldeído) e à California DGS Indoor Air Quality Specifications for Open Panel Office Furniture. (Veja Scientific Certification Systems (SCS), Environmental Certification Program, Indoor Air Quality, www.scsglobalservices.com/indoor-air-quality-certification.)

SCS *Indoor Advantage* é uma certificação para emissões que afetam a qualidade do ar do interior para móveis e cadeiras de escritório que atendem aos requisites do ANSI BIFMA X7.1–2006. (Veja Scientific Certification Systems (SCS), Environmental Certification Program, Indoor Air Quality, www.scsglobalservices.com/indoor-air-quality-certification.) Tanto o SCS *Indoor Advantage* como o SCS *Indoor Advantage Gold* pode ser aplicado a qualquer produto geralmente utilizado dentro de um ambiente fechado, como móveis modulados, cadeiras e seus componentes, pisos rígidos, tintas, revestimentos de parede, armários embutidos e isolantes.

O SCS *Sustainable Choice* é um programa de certificação transparente e com atributos múltiplos, que contempla fatores tanto sociais como ambientais.

Sustainable Carpet Assessment Standard, ANSI-certified NSF 140–2007, available for download at www.ansi.org/news_publications/news_story.aspx?menuid=7&articleid=722d8bff-486c-49af-b626–596904ef101d.

Como as Paisagens Construídas e as Edificações Contribuem para a Qualidade e a Conservação da Água

16

Jamie Phillips e Kevin Conger, CMG Landscape Architecture

Neste capítulo, discutiremos os sistemas naturais e a mudança para os ambientes urbanos. Antes de transformar nossas cidades em metrópoles efervescentes, a água configurava o continente americano em uma grande variedade de habitats, que incluíam florestas de árvores decíduas, campinas naturais, matas ripárias, pântanos e charcos. Córregos e lagos transportavam a água da chuva. Os pântanos corriam paralelamente aos oceanos, agindo como sistemas naturais de filtragem e proteções contra grandes tempestades. A água da chuva abastecia o fluxo baseado nos córregos e se infiltrava no solo, reabastecendo os lençóis freáticos e aquíferos (Figura 16-1).

▪ A bacia hidrográfica urbana: sua função

Nos Estados Unidos, todas as áreas urbanas se desenvolveram de maneira semelhante, passando de centros de transporte e vilarejos agrícolas a prósperas metrópoles. Pouco a pouco, ao longo desse período de desenvolvimento, os sistemas hídricos naturais foram modificados e reorientados para criar terras secas que pudessem ser ocupadas pelas pessoas. Por fim, as áreas urbanas acabaram cobertas por superfícies impermeáveis, como prédios, ruas e estacionamentos, os quais impedem a infiltração da água da chuva. Os pântanos foram represados e aterrados para gerar terras agrícolas e canteiros de obras. Para irrigar fazendas, os córregos foram redirecionados ou confinados em diques e, a seguir, canalizados. As tubulações passaram a levar o escoamento superficial da água da chuva dos bairros urbanos diretamente para os córregos, rios ou oceanos. Em vez de entrar no solo, o escoamento pluvial passou a correr por superfícies impermeáveis, arrecadando poluentes como combustíveis e detritos e levando-os aos sistemas de esgoto e corpos d'água naturais – córregos, lagos, baías e oceanos (Figura 16-2).

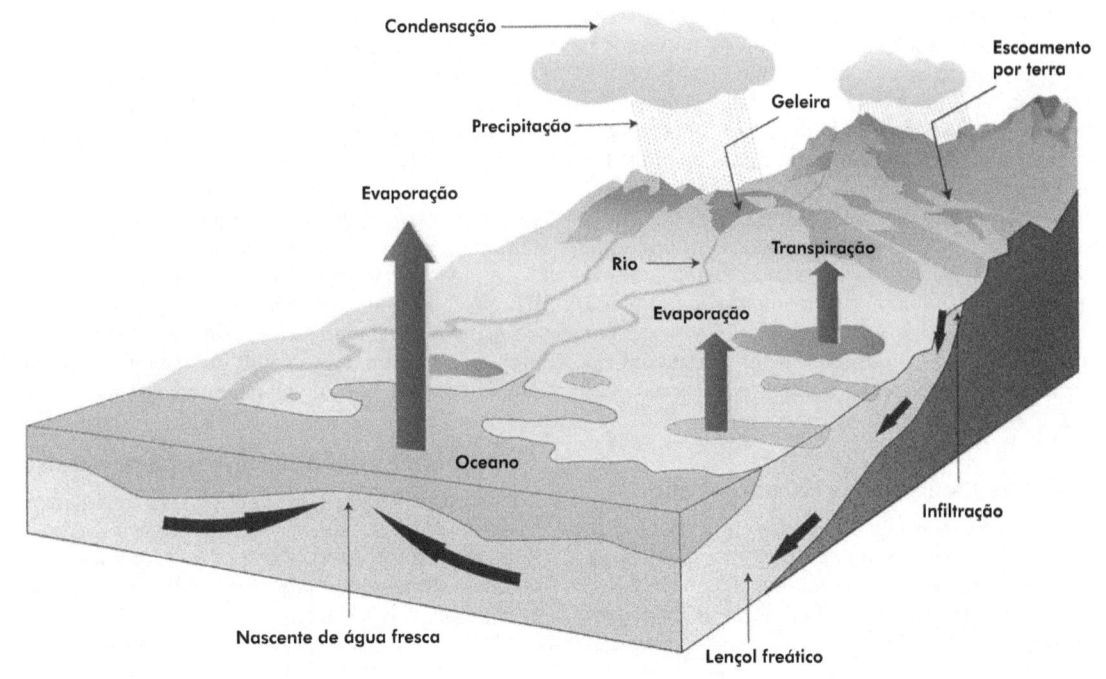

FIGURA 16-1 Diagrama do ciclo da água – ou hidrológico. Fonte: Imagem por cortesia de California Department of Water Resources.

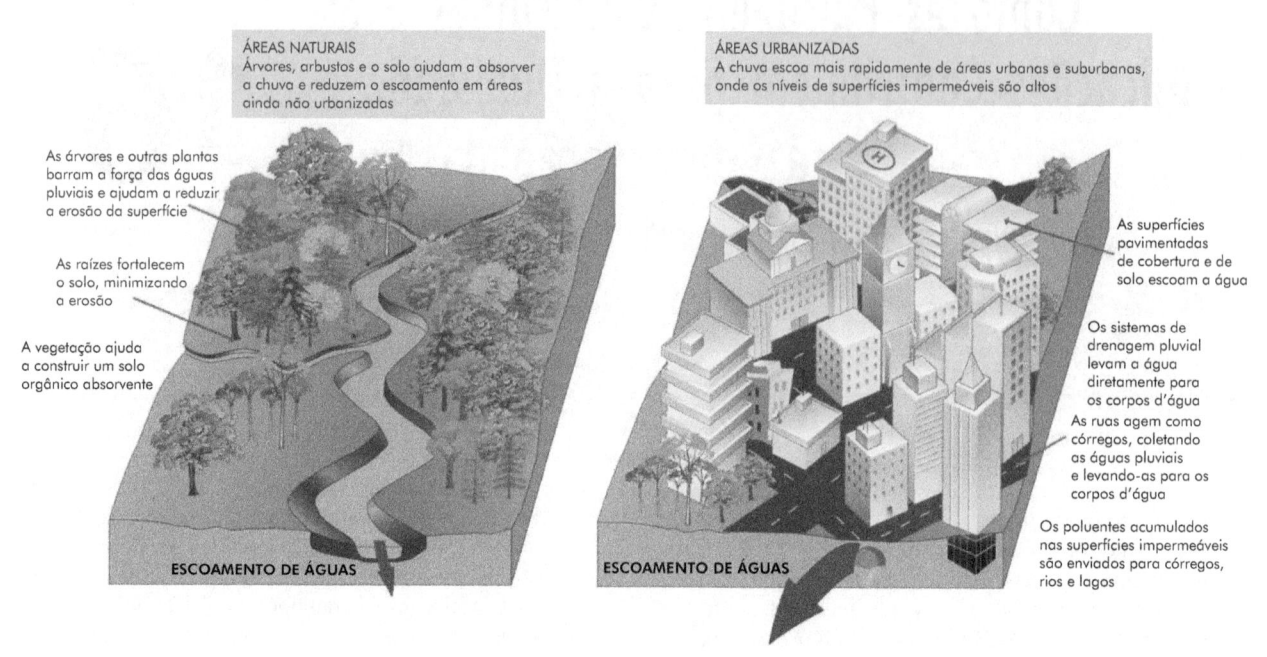

FIGURA 16-2 Diagrama mostrando a transição do estado natural ao urbanizado. Fonte: Killer Banshee Studios.

As superfícies impermeáveis diminuíram o tempo e aumentaram a rapidez dos fluxos fluviais durante as chuvas, e foi desencadeada uma cadeia de consequências imprevistas. Essas consequências atuam ainda hoje e incluem alagamentos mais frequentes e localizados, barrancos de córregos instáveis, perda de vegetação e árvores ripárias, decadência de habitats dependentes da água e oceanos mais sujos. A redução da infiltração resultante da pavimentação das superfícies prejudica o abastecimento dos lençóis freáticos, um fato de extrema importância.

Uma vez alterados, os sistemas de água naturais, assim como seus habitats e ecossistemas específicos, não podem ser recuperados por completo. No entanto, é possível reverter parte desses efeitos adversos por meio de estratégias que promovem o uso de sistemas ecológicos e naturais para administrar a qualidade e o volume das águas pluviais. Os arquitetos e engenheiros podem colaborar com a restauração das funções hidrológicas naturais em bacias de drenagem urbanas, desde que cada loteamento contribua com pequenas mudanças. Trata-se de um esforço gigantesco e de longo prazo. Embora a gestão do escoamento de um único lote pareça irrelevante, se mudarmos a maneira de ocupar a maioria dos lotes conseguiremos proteger a qualidade da água e preservar os ecossistemas naturais em nossas áreas urbanizadas e em urbanização.

As políticas da água nos Estados Unidos

Em 1972, o Congresso dos Estados Unidos aprovou a Lei da Água Limpa (CWA) com o intuito de controlar a descarga de poluentes em corpos d'água receptores, como oceanos, baías, rios, lagos e córregos. Essa lei estabelece as fundações da regulação de água pluvial em todo o país. As políticas e as leis estaduais, regionais e municipais abaixo dessa lei ajudam a garantir que as exigências sobre a água pluvial sejam adaptadas aos padrões geográficos, climáticos e de desenvolvimento de uma cidade.

O escoamento superficial da água da chuva, hoje, é reconhecido pela Agência de Proteção Ambiental dos Estados Unidos como um dos principais contribuintes da degradação da água no país. Apesar de seus impactos enormes na qualidade da água, o escoamento superficial da água da chuva não foi regulado até 1987, quando foi adicionada a seção 402(p) na Lei da Água Limpa. A seção 402(p) estabeleceu um plano de duas etapas para o regulamento do escoamento superficial da água da chuva poluída, de acordo com o Sistema de Eliminação da Descarga da Poluição Nacional (NPDES).

A emenda de 1987 exige que os projetistas minimizem a quantidade de sedimentos e outros poluentes que entram no escoamento superficial da água da chuva de um terreno durante a construção, projetem de modo a minimizar as novas áreas impermeáveis e incluam em seus planos espaços para represar, reter temporariamente ou tratar o escoamento durante toda a vida útil do projeto.

À medida que surgem inovações em termos de tecnologia e projeto, o projeto de baixo impacto e as melhores práticas de manejo e tratamento de águas pluviais se tornam mais efetivos e passam a ser usados de maneira mais consistente durante os processos de planejamento e projeto.

Poluentes preocupantes para a paisagem

Conforme mencionado, as águas pluviais carregam os poluentes acumulados nas superfícies impermeáveis ao percorrê-las, levando-os, em níveis concentrados, até os sistemas aquáticos naturais, o que resulta em danos graves aos ditos sistemas e às áreas de vida selvagem.

Por essa razão, é importante conhecer os tipos de poluentes encontrados na água da chuva, suas fontes genéricas e as maneiras de removê-los do escoamento superficial antes que entrem nos sistemas naturais. A seção a seguir descreve os poluentes comumente encontrados no escoamento superficial da água da chuva de áreas urbanas e ocupadas pelo homem.

O escoamento remove ou dissolve determinados poluentes e os carrega consigo. Após serem expostos ao escoamento, os poluentes são transportados de duas maneiras: na fase dos dissolvidos ou solúveis e na fase dos sólidos ou sedimentos (Figura 16-3).

Os poluentes solúveis, isto é, dissolvidos em água, são transportados pelo escoamento devido à fraca atração exercida pelas moléculas da água. Eles são bastante móveis, visto que se tornam, essencialmente, parte da água escoada, passando por onde ela passa. Em geral, os poluentes solúveis são removidos somente por meio de tratamento químico ou tratamento biológico com plantas ou organismos do solo. A contaminação biológica ocorre quando há um contato ampliado entre a água da chuva e os micro-organismos da vegetação ou do solo.

Os poluentes transportados na forma de sedimentos – ou fase sólida – ficam completamente presos a partículas do solo, de poeira ou à matéria orgânica, podendo se tornar parte delas; às vezes, os próprios poluentes são sólidos. Metais como o ferro, por exemplo, podem ser transportados quando estão presos nas partículas do solo ou como partículas granuladas distintas. A mobilidade dos poluentes sólidos depende do transporte das partículas de sedimentos.

As partículas de sedimentos propriamente ditas estão associadas a dois métodos de transporte. As partículas menores são absorvidas ou "suspensas" na água, que adquire uma aparência turva ou barrenta. As partículas maiores rolam ou são arrastadas ao longo de superfícies terrestres ou fundos de córregos pela força da água em movimento. Logo, os poluentes sólidos são encontrados na água, na forma de pequenas partículas suspensas, ou no fundo dos corpos d'água, junto com as partículas maiores.

Os sedimentos

Os sedimentos advêm tanto da erosão do solo em áreas devastadas ou de canteiros de obra não estabilizados como de superfícies impermeáveis em áreas construídas, onde partículas de solo são depositadas pelo tráfego e pelo vento. Todos os terrenos geram um pouco de sedimentos, mas locais despro-

Poluentes	sedimentos	sedimentos suspensos	matéria orgânica – lixo sólido	nutrientes vegetais – fertilizantes – fósforo	bactérias	metais pesados – cobre, mercúrio, cromo, chumbo	metais pesados – ferro, alumínio, manganês	matéria orgânica – dissolvida	nutrientes vegetais – fertilizantes – nitrogênio	metais pesados – boro, zinco, cádmio	óleos e gorduras	substâncias químicas tóxicas e sintéticas	pesticidas	efeitos da temperatura	sais
Meio de transporte															
Solúvel [U], com sedimentos [B]	B	UB	B	B	B	B		U	U	U		UB	UB		U
Bacias de drenagem															
Rua do tipo 1 – coletor															
Rua do tipo 2 – bairro															
Coberturas de edificações															
Estacionamentos															
Pátios de empresas															
Áreas de manutenção ou serviço															
Lavagem de veículos															
Parques recreativos – áreas esportivas															
Parques com áreas urbanas ou cívicas															
Espaços abertos															
Agricultura															
Bacias e lagoas (bacias de detenção e bacias de detenção secas)															

FIGURA 16-3 Tabela mostrando os poluentes e suas fontes. Fonte: Jamie Phillips, CMG Landscape Architecture.

tegidos ou degradados contribuem com quantidades enormes, não importando o fato de serem áreas relativamente pequenas. Todas as partículas de pó e poeira presentes no solo – ou depositadas em estradas, coberturas ou estacionamentos – são carregadas pela chuva e se tornam sedimentos nas águas pluviais. As emissões industriais aéreas de pó, particulados e inclusive fumaça se tornam sedimentos na água da chuva. Os sedimentos ameaçam a qualidade da água de duas maneiras. Além de poluírem, eles carregam outros poluentes consigo. Com frequência, os poluentes carregados com sedimentos são mais prejudiciais à qualidade da água que os sedimentos propriamente ditos.

A matéria orgânica

Matéria orgânica são os materiais naturais como folhas, gravetos, pedaços de grama e resíduos animais, além de matérias antropogênicos degradáveis, como papel, lixo orgânico e outros dejetos que acabam entrando no escoamento superficial da água da chuva. A matéria orgânica também inclui substâncias dissolvidas provenientes de folhas de árvores, papéis e resíduos plásticos. A maior parte da matéria orgânica ocorre na forma de grandes pedaços sólidos que se sedimentam rapidamente; contudo, as substâncias dissolvidas representam um problema grave. Elas servem como alimento para bactérias e outros organismos que, além de se multiplicarem, também consomem oxigênio, prejudicando a vida selvagem local. Se esse consumo reduz o oxigênio para níveis muito baixos, a água se torna poluída, emitindo fortes odores, e o número e a composição de espécies aquáticas serão afetados, entrando em desequilíbrio.

As bactérias

As áreas urbanas têm grande populações de animais de estimação, gerando lixo e outros dejetos, além de números significativos de animais nativos que se adaptaram à área urbana, como pombas, gaivotas, esquilos e camundongos, todos contribuindo para a contaminação com bactérias no escoamento superficial da água da chuva. As tubulações com vazamentos e o transbordamento de esgotos, fatos mais frequentes em áreas urbanas mais antigas, são fontes de bactérias especialmente potentes. Com facilidade para se prenderem às partículas do solo e se dissolverem na água, as bactérias se acumulam nos sedimentos depositados, representando uma ameaça para a saúde e a segurança sempre que tais sedimentos são agitados.

Os metais pesados

Entre os metais encontrados no escoamento superficial da água da chuva podemos citar:

- Cobre, mercúrio, cromo e chumbo
- Ferro, alumínio e manganês
- Boro, zinco e cádmio

Os metais no escoamento superficial da água da chuva vêm de emissões de automóveis, conservantes das tintas, óleos de motores e derramamentos e lançamentos industriais e comerciais. As demais fontes incluem os minerais naturais presentes em pedras, no solo, em partículas de asfalto e na vegetação. O zinco presente no escoamento provém de coberturas e calhas de metal. Os metais do escoamento superficial da água da chuva são tóxicos a muitas formas de vida e, em situações extremas, podem contaminar as fontes de água pública. Visto que alguns metais se acumulam em animais aquáticos, quantidades tóxicas conseguem subir na cadeia alimentar, terminando por afetar os humanos que consomem peixes ou moluscos com altos níveis de metais acumulados. Os metais mais preocupantes no escoamento superficial da água da chuva são chumbo, cobre, cádmio, cromo e zinco. Mas muitos outros metais já foram identificados nessa água.

Substâncias químicas tóxicas e sintéticas: os pesticidas

É possível encontrar uma grande variedade de substâncias químicas tóxicas e sintéticas na água da chuva; a maior parte vem de produtos manufaturados que liberaram produtos químicos, de processos industriais, da combustão de combustíveis fósseis e de óleos lubrificantes. Autoestradas muito frequentadas apresentam altas concentrações de substâncias químicas sintéticas – em sua maioria, produtos da combustão. Os pesticidas utilizados para controlar a vegetação indesejada e pragas animais podem ser carregados pelo escoamento da chuva. Muitas substâncias químicas têm efeitos tóxicos em diferentes plantas e animais aquáticos. Como ocorre com os metais, algumas substâncias químicas sintéticas e tóxicas se prendem aos sedimentos e se dissolvem na água. Embora possam ficar presas aos sedimentos por longos períodos, tais substâncias costumam se dissolver novamente na água quando as condições químicas e biológicas mudam. Grande parte das substâncias químicas pode se acumular na cadeia alimentar, tornando-se uma possível ameaça à vida aquática, aos peixes e aos alimentos consumidos pelos humanos.

Os óleos e as gorduras

Nas poças e nos córregos, os óleos e as gorduras presentes no escoamento se manifestam como manchas ou reflexos com as cores do arco-íris. Os óleos e outros agentes lubrificantes vazam de veículos e, com as chuvas, são coletados de estradas, estacionamentos e outros locais onde o uso de automóveis é intenso. Os vazamentos de combustível e o armazenamento inadequado contribuem para a poluição da água da chuva com escoamento superficial. A maior parte dos óleos e gorduras se prende aos sedimentos, chegando, por fim, ao fundo dos corpos d'água. Ambas as substâncias se concentram nesses locais, podendo afetar de maneira adversa os organismos que vivem nos sedimentos do fundo.

Os nutrientes vegetais: os fertilizantes e os fósforos

Os nutrientes vegetais mais comuns incluem compostos de nitrogênio e fósforo, que são substâncias químicas presentes em fertilizantes comerciais e esterco, responsáveis por promover e sustentar o crescimento desejado das plantas. Todavia, quando atingem os corpos d'água, esses mesmos nutrientes costumam provocar o crescimento indesejável de algas, bactérias e plantas, resultando em superpopulações de algas e proliferação exagerada de bactérias e plantas na água. Considerando-se que pequenas quantidades de nutrientes bastam para acelerar o crescimento de algas e plantas, é muito importante controlar a quantidade que entra na água da chuva de modo a proteger os corpos d'água receptores. Os nutrientes que se unem à água da chuva provêm de diferentes fontes, incluindo o escoamento de gramados e jardins fertilizados, campos agrícolas, vazamentos de esgotos sanitários e águas servidas de sistemas de tanque séptico. Áreas com tratamento paisagístico intenso, como os campos de golfe e distritos industriais ou comerciais, podem contribuir com grandes quantidades de nutrientes nas águas pluviais. A presença excessiva de nutrientes vegetais na água resulta em um processo conhecido como *eutroficação*, que ocorre à medida que tais nutrientes se acumulam em corpos d'água, provocando o crescimento exagerado de plantas e algas e reduzindo a quantidade de oxigênio disponível para os peixes e outros animais. Com o avanço da eutroficação, os corpos d'água podem apresentar escuma ou traços de algas, água turva, odores fortes e mortandade de peixes; além disso, a água potável pode começar a apresentar gosto e odor desagradáveis. Embora a eutroficação seja um fenômeno natural e lento, ela é muito acelerada pelos poluentes da água da chuva.

Gestão de águas pluviais em áreas urbanas: o projeto de baixo impacto

É possível integrar sistemas de base ecológica e natural ao projeto de infraestrutura, arquitetura e paisagismo para reduzir os impactos da urbanização na qualidade da água e remover os poluentes das águas pluviais. As medidas de proteção da qualidade da água são combinadas a esforços que visam a melhorar os espaços públicos, criar e recuperar as áreas de vida selvagem, articular os sistemas naturais em ambientes urbanos e oferecer ruas com vegetação e arborização. Esse conceito de projeto multifuncional é chamado de *projeto de baixo impacto* e enfatiza a integração da gestão de águas pluviais no planejamento e projeto urbano e promove uma abordagem abrangente, baseada nas bacias hidrográficas, à gestão das águas pluviais. O projeto de baixo impacto pode ser integrado a qualquer tipo de empreendimento, desde espaços abertos e áreas de recreação de uso público até áreas habitacionais e industriais de alta densidade. Ele busca simular padrões de drenagem e processos hidrológicos anteriores às tais intervenções. Sua aplicação mais efetiva consiste em uma abordagem completa que inclui o projeto do terreno, o controle das fontes e os controles de tratamento (descritos a seguir).

Planejamento do terreno: objetivos principais

O planejamento cuidadoso do terreno pode minimizar os impactos do escoamento superficial da água da chuva desde o início do projeto. Quanto mais a gestão de águas pluviais for integrada a cada etapa do processo de projeto, mais fácil será criar uma estratégia multifuncional de gestão da água da chuva para determinado terreno. Integrar a gestão de águas pluviais ao planejamento de determinado terreno minimiza o impacto do escoamento superficial da água da chuva, maximiza a possibilidade de um controle pluvial bem-sucedido e é uma oportunidade de projeto para a expressão do sistema natural como maneira de aumentar a conscientização ecológica.

A preservação e a proteção de córregos, pântanos e vegetação preexistente

Além de aumentar a beleza natural da área, os córregos, os pântanos e a vegetação preexistente oferecem recursos de drenagem natural, coletam a água da chuva, filtram o escoamento e reabastecem os lençóis freáticos. Esses elementos definem e aprimoram a qualidade de um terreno e conduzem e tratam naturalmente a água da chuva que escoa. A vegetação administra de modo natural o escoamento superficial da água da chuva, pois as folhagens retêm essa água, reduzindo sua movimentação e facilitando sua infiltração no solo.

A preservação dos padrões de drenagem natural e da topografia na definição do projeto do terreno

Por meio da análise aprofundada dos padrões de drenagem e da topografia do terreno, é possível utilizar as redes de drenagem preexistentes como uma estrutura a partir da qual se pode organizar o empreendimento. Mudar a topografia de um terreno por meio da terraplanagem pode ter impactos adversos de larga escala na qualidade da água por lançar sedimentos nos corpos de água receptores.

A minimização e a desconexão das superfícies impermeáveis

O solo coberto por estruturas como moradias, pátios, ruas e infraestruturas de transporte é conhecido como superfície impermeável. Para controlar o volume da água da chuva com escoamento superficial, o ideal é minimizar essas superfícies e desconectá-las entre si. Isso permite a arquitetos e engenheiros tratar quantidades menores de escoamento em diferentes áreas de determinado terreno, em vez de lidar com as quantidades maiores e mais poluídas de águas pluviais de toda uma área. As concentrações de poluentes diminuem com a desconexão das superfícies impermeáveis. Além disso, a desconexão das áreas de solo impermeável facilita o tratamento estratégico do escoamento superficial da água da chuva e reduz sua velocidade e quantidade de fluxo, consequentemente aumentando a recarga do lençol freático do próprio local.

Canalize de modo estratégico o escoamento superficial da água da chuva – acompanhe o percurso do primeiro contato da água até o ponto de descarga

Os sistemas de condução das águas pluviais definem o percurso do escoamento desde o primeiro contato superficial da água, onde a transição da chuva em água escoada ocorre, até o destino final (ou ponto de descarga) após os tratamentos para descontaminação.

Considere a água da chuva como um recurso, e não como um dejeto

A gestão tradicional da água da chuva a considerava como um incômodo, como algo que deveria ser eliminado o mais rápido possível. Hoje em dia, sabe-se que a água da chuva é um recurso subutilizado capaz de reduzir a demanda do abastecimento de água potável. A água da chuva nos fornece uma fonte valiosa de água para fins não potáveis, como a irrigação, a descarga de vasos sanitários e o uso em torres de arrefecimento.

Trate a água da chuva em seu ponto de captação

Os tratamentos de águas pluviais são mais efetivos quando os diferentes processos físicos, biológicos e químicos buscam remover um poluente de cada vez. Os princípios que embasam as tecnologias de tratamento da água da chuva sugerem que o tratamento dos poluentes na fonte (por meio do uso de bacias de retenção, pisos porosos e filtros) reduz não somente o custo do tratamento como o risco de que múltiplos poluentes tenham de ser removidos posteriormente.

As grades verdes usadas para remediar um escopo mais amplo de poluentes

As *grades verdes* (ou *treatment trains*, um termo cunhado por Horner e Skupien em 1994) se referem a uma série de técnicas ou recursos separados que participam do tratamento das águas pluviais.[1] Visto que nem sempre se consegue tratar a água da chuva apenas por meio das melhores práticas de manejo, é frequente a necessidade de elaborar uma série de tratamentos para remover os poluentes. Nas grades verdes, cada unidade é projetada para remover poluentes específicos; em geral, a grade é criada para remover primeiramente os poluentes maiores, como grandes pedaços de lixo, enquanto os poluentes menores, como sólidos e substâncias químicas diluídas, são tratados em etapas posteriores.

O controle na fonte

As medidas de manejo que impedem os poluentes de contaminar a água da chuva são chamadas de *controle na fonte*. Além de implementar práticas de projeto de baixo impacto durante o projeto do terreno, os arquitetos devem identificar os locais onde se inicia a poluição das águas pluviais, o que lhes permitirá fazer uso do controle na fonte para evitar ou minimizar o impacto. O emprego de pesticidas não sintéticos e coberturas verdes são exemplos de estratégias de controle que impedem o escoamento de coletar substâncias químicas ou poluentes ao entrar em contato com o telhado. Os controles na fonte também conseguem reduzir o escoamento produzido por superfícies impermeáveis presentes em coberturas, garagens de automóveis, estacionamentos e estradas. O principal objetivo do controle na fonte é manejar o equilíbrio da água, reduzindo o volume do escoamento.

As estratégias de planejamento do terreno e as medidas de controle na fonte minimizam a quantidade da água da chuva com escoamento superficial em um terreno e melhoram sua qualidade. Entretanto, é impossível eliminar todas as superfícies que contribuem com o escoamento. É preciso, portanto, implementar controles de tratamento para acomodar o escoamento restante. Os controles de tratamento são as melhores práticas de gestão para as águas pluviais, como as valas de drenagem gramadas ou os canteiros pluviais projetados para receber e tratar o escoamento superficial da água da chuva de um terreno. Em geral, as boas práticas de manejo para controle e tratamento são projetadas para realizar uma ou mais das seguintes estratégias de tratamento de águas pluviais: infiltração, detenção, biofiltragem, retenção, biorretenção e esgotamento até uma estação de tratamento. As seis estratégias de tratamento são descritas a seguir (Figura 16-4).

As melhores práticas de manejo para controle e tratamento

A infiltração

Levar a água da chuva a um local de reservação e então permitir que ela infiltre vagarosamente no terreno remove os poluentes. O solo retira as partículas poluentes da água assim como os filtros de ar coletam as partículas de poeira presentes no ar. Alguns poluentes se prendem quimicamente às partículas do solo. Outros são alterados pela contaminação biológica dos micro-organismos do solo. Para usar os tipos de tratamento de infiltração, é necessário que o solo do terreno apresente taxas de permeabilidade moderadas. Os solos com taxas de infiltração muito altas liberam a água da chuva diretamente no lençol freático sem antes filtrar os poluentes; por outro lado, os solos com taxas de infiltração muito baixas nem chegam a absorver a água.

- *Bacias de infiltração*: Uma bacia de infiltração é uma área rasa de retenção da chuva que é projetada para a infiltração desta e para usar a capacidade natural de filtragem do solo de remover poluentes no escoamento superficial da água da chuva. Os equipamentos de infiltração armazenam o escoamento até sua absorção gradual no solo e, por fim, no lençol freático. Além de ser extremamente eficiente em termos de remoção de poluentes, essa prática também reabastece o lençol freático.
- *Valetas de biorretenção*: Uma valeta de biorretenção ou biovaleta é uma vala longa, estreita e cheia de pedras sem ponto de descarga e que recebe o escoamento superficial da água da chuva. O escoamento é armazenado temporariamente no espaço vazio entre as pedras, infiltrando-se pelo fundo até chegar ao solo natural.
- *Áreas de infiltração direta subterrânea*: Semelhantes às valetas de biorretenção, as áreas de infiltração direta subterrânea são colocadas no subsolo, sob praças, ruas ou calçadas. A água da chuva pode ser conduzida por tubos até as áreas de infiltração no subleito, ou se infiltrar diretamente através de seções de um pavimento permeável.
- *Pisos permeáveis*: Os sistemas de pisos permeáveis permitem que parte da água da chuva se infiltre pelos pisos em vez de percorrê-los para ser coletada posteriormente.

Dependendo das considerações do terreno e do projeto, é útil implementar essas técnicas de infiltração junto a outras – como no caso de pisos permeáveis modulares sobre áreas de infiltração direta subterrânea (Figuras 16-5 e 16-6).

A biofiltragem

Além das técnicas de infiltração no solo, com a biofiltragem a água pluvial é filtrada pelas plantas, que removem seus poluentes. O acréscimo de biomassa ou plantas vivas à fil-

---

[1] R.R. Horner, J.J. Skupien, E.H. Livingston, and H.E. Shaver, *Fundamentals of Urban Runoff Management: Technical and Institutional Issues* (Washington, DC: Terrene Institute, in cooperation with U.S. Environmental Protection Agency, 1994).

Poluentes transportados por sedimentos							Poluentes solúveis				Poluentes que exigem tratamento complexo					Poluentes
	Sedimentos	Sedimentos suspensos	Matéria orgânica – lixo sólido	Nutrientes vegetais – fertilizantes – fósforo	Bactérias	Metais pesados – cobre, mercúrio, cromo, chumbo	Metais pesados – ferro, alumínio, manganês		Matéria orgânica – dissolvida	Nutrientes vegetais – fertilizante – nitrogênio	Metais pesados – boro, zinco, cádmio		Óleos e gorduras	Substâncias químicas tóxicas e sintéticas	Pesticidas	Efeitos da temperatura	Sais
																		Meio de transporte
																		Solúvel [U], com Sedimentos [B]
	B	UB	B	B	B	B			U	U	U		UB	UB		U		
																		Tipos de tratamento
	▓	▓	▓	▓	▓	▓			▓	▓	▓		▓	▓	▓			Boa manutenção na fonte
	▓	▓	▓	▓	▓	▓			▓	▓	▓		▓	▓				Valeta de biorretenção
	▓	▓	▓	▓	▓	▓			▓	▓	▓		▓	▓				Bacia de infiltração
	▓	▓	▓	▓	▓	▓			▓	▓	▓		▓	▓				Pisos permeáveis/porosos
	▓	▓	▓	▓	▓	▓			▓	▓	▓		▓	▓				Biofiltro
	▓	▓	▓	▓	▓	▓			▓	▓	▓		▓	▓				Biodigestor com plantas e canteiro pluvial
	▓	▓	▓	▓	▓	▓			▓	▓	▓		▓	▓				Biorretenção
	▓	▓	▓	▓	▓	▓			▓	▓	▓		▓	▓				Bacia de detenção
	▓	▓	▓	▓	▓	▓			▓	▓	▓		▓	▓				Bacia de detenção construída
	▓	▓	▓	▓	▓	▓			▓	▓	▓		▓	▓				Bacia de retenção
															▓			Lagoa coberta

FIGURA 16-4 Similar à Figura 16-3, esta tabela descreve os poluentes e os métodos de tratamento para removê-los da água pluvial antes que entrem nos sistemas naturais. Jamie Phillips, CMG Landscape Architecture.

tragem aumenta a capacidade de remover poluentes da água, promovendo a complexidade e aumentando a quantidade de micro-organismos presentes no solo e nas plantas que agem como filtros.

Biodigestores com plantas e canteiros pluviais. Os biodigestores com plantas são canais abertos e rasos com laterais e fundo cobertos por plantas e que coletam e lentamente conduzem o fluxo de água para os pontos de descarga à jusante. Elas são projetadas para tratar as águas por meio da filtragem feita pela vegetação, que ocorre em uma matriz de subsolo construída, e/ou da filtragem para subsolos preexistentes. Elas retêm os poluentes particulados, promovem a infiltração e reduzem a velocidade da vazão do escoamento superficial da água da chuva. As valas de drenagem gramadas fazem parte de um sistema de drenagem da água da chuva e podem substituir sistemas com meios-fios, canais e esgoto pluvial (Figura 16-7).

Os canteiros pluviais ou de chuva funcionam de maneira semelhante aos biodigestores com plantas, embora costumem ser construídos em ambientes urbanos com pouco espaço. Algumas laterais apresentam guias (meios-fios) ou paredes para fins de integração com o projeto do terreno, o que não impede a realização do processo de filtragem.

Jardins de chuva. Os jardins de chuva são áreas rebaixadas nos terrenos que são projetadas para coletar e infiltrar a água da chuva. Eles incluem plantas tolerantes à umidade em solos permeáveis e com alto conteúdo de matéria orgânica, que absorvem a água pluvial e a devolvem em parte à atmosfera por meio da transpiração. Ainda que sejam similares aos biorretentores, eles não costumam incluir a construção de sistemas subterrâneos ou a conexão a drenos subterrâneos, sendo mais adequados para fins de paisagismo habitacional ou para áreas com baixa permeabilidade que apresentam solos de boa drenagem. A parte baixa do terreno se enche de água durante a chuva. A vegetação auxilia na retirada dos poluentes e na absorção da água.

Biorretenção. Esse tratamento funciona como um sistema de filtragem baseado no solo e na vegetação, capaz de remover os poluentes com diferentes processos físicos, biológicos e químicos. Em geral, tais sistemas apresentam várias técnicas sobrepostas, incluindo biodigestores com plantas, leitos de areia, bacias de detenção, camadas de matéria vegetal orgânica, húmus e vegetação. A velocidade do escoamento superficial da água da chuva é reduzida quando esta passa pelo biodigestor e, depois, é distribuída homogeneamente ao

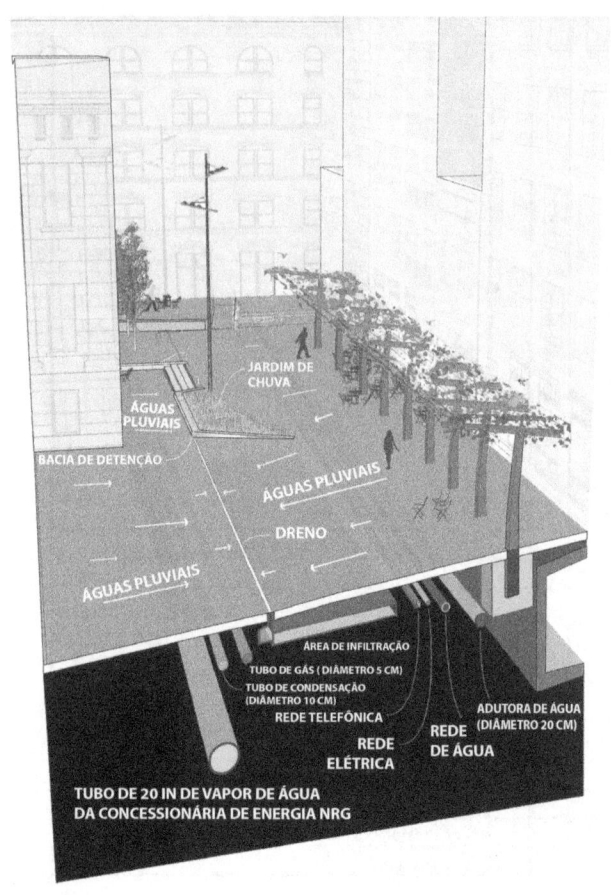

FIGURA 16-5 A água da chuva é filtrada pelo solo e absorvida pela vegetação. Este diagrama mostra o biofiltro usado no Mint Plaza, em São Francisco, nos Estados Unidos, um centro de eventos com espaço público externo. Fonte: CMG Landscape Architecture.

longo de uma área com bacias ou pequenos corpos d'água. A filtragem da água armazenada pelo solo da área de biorretenção até o subsolo leva dias para acontecer. Para que o processo de remoção ocorra, é importante que as superfícies da vegetação e do solo fiquem em contato com os poluentes por um período adequado. Em virtude da complexidade das camadas do sistema de biorretenção, ele é muito efetivo na remoção de poluentes da água pluvial.

A detenção e a sedimentação

É possível reduzir uma grande quantidade de sedimentos permitindo seu acúmulo em bacias de detenção secas ou bacias de detenção úmidas com períodos de espera prolongados. Os períodos de espera são especialmente importantes porque permitem a remoção de mais sedimentos e de partículas sedimentadas mais finas.

Bacias de detenção. Também conhecidas como bacias de retenção ou lagoas pluviais, as bacias de detenção são bacias construídas que possuem uma reserva permanente de água durante todo o ano, com profundidade média de 60 a 120 cm. As lagoas pluviais tratam o escoamento superficial da água da chuva por meio da sedimentação e do tratamento biológico. O principal mecanismo de remoção promove a sedimentação do escoamento pluvial que fica no reservatório, embora a retirada dos poluentes também ocorra por meio de atividades biológicas. As lagoas pluviais estão entre as práticas mais usuais de gestão da água pluvial. Seu projeto apresenta diferentes versões, mas a mais comum consiste na bacia de detenção seca, em que a armazenagem ocorre acima da reserva permanente de modo a deter o escoamento e promover a sedimentação (Figura 16-8).

Bacias de retenção construídas. Bacias construídas que possuem uma reserva permanente de água igualmente ampla e rasa, com profundidade média de 45 cm, um amplo grau de cobertura vegetal e algumas áreas de água aberta. Esses sistemas estão entre as mais efetivas práticas de gestão da água pluvial em termos de remoção de poluentes. À medida que um escoamento superficial da água da chuva flui através do campo de despejo, os poluentes são removidos por meio da sedimentação e do tratamento biológico da área. O fluxo da água através dos sistemas de raiz permite

FIGURA 16-6 Mint Plaza, São Francisco, CMG Landscape Architecture. Fonte: CMG Landscape Architecture; fotógrafo: Imani Hamilton.

FIGURA 16-7 Vala de drenagem gramada e canteiros pluviais filtram a água da chuva que passa através da vegetação e do subsolo. Fonte: CMG Landscape Architecture; fotógrafos: Jamie Phillips (à esquerda), Joshua Partee (à direita).

FIGURA 16-8 Bacia de detenção pluvial de Bay Meadows. As bacias de detenção, também conhecidas como bacias de retenção ou lagoas pluviais, são bacias construídas com espelhos d'água permanentes durante todo o ano. Elas tratam o escoamento superficial da água da chuva com a sedimentação e o tratamento biológico. Fonte: CMG Landscape Architecture; fotógrafo: Jamie Phillips.

que a vegetação remova os poluentes dissolvidos na água da chuva (Figura 16-9).

FIGURA 16-9 Bacias de retenção construídas: esses sistemas se constituem nos melhores habitats dentre todas as boas práticas de gestão, oferecendo o mais alto nível de tratamento da água pluvial. Fonte: CMG Landscape Architecture; fotógrafo: Chris Guillard.

Bacias de detenção secas. As bacias de detenção secas, também conhecidas como lagoas pluviais secas, são bacias cujas saídas foram projetadas para reter o escoamento superficial da água da chuva por um período de tempo mínimo (por exemplo, 48 horas) e permitir que as partículas e os poluentes associados sedimentem. Ao contrário das bacias de detenção com espelhos d'água permanentes, esses sistemas não possuem reservas de água permanentes.

O aproveitamento da água da chuva

A qualidade da água se relaciona com a quantidade da água a tratar. Se conservarmos a água em nossos hábitos cotidianos, haverá muito menos água para limpar e tratar antes que ela reentre em nossos sistemas naturais (Figura 16-10).

Uma maneira efetiva de conservar água para fins não potáveis é usando uma ou várias cisternas (Figura 16-10). As cisternas – ou contêineres geralmente usados para coletar e armazenar água – podem ser pequenas, para poucos litros, ou muito maiores. Algumas cisternas subterrâneas têm capacidade para milhares de litros de água. Embora os modelos subterrâneos sejam comuns, as cisternas também são encontradas no solo ou acima dele, onde é possível usar a força da gravidade para facilitar o reaproveitamento da água. Utilizadas desde a Grécia e a Roma Antigas, as cisternas são especialmente

FIGURA 16-10 Reservatório para água da chuva instalado na Creche do Condado de Marin, em Corte Madera, Califórnia. A água pluvial coletada e mantida nessa cisterna é reusada na descarga de vasos sanitários de um prédio vizinho. Fonte: CMG Landscape Architecture; fotógrafo: Jamie Phillips.

FIGURA 16-11 As coberturas verdes filtram a água da chuva através da vegetação e do solo, removendo os contaminantes e melhorando a qualidade da água. Fonte: CMG Landscape Architecture; fotógrafo: Bruce Damonte.

efetivas na gestão das águas pluviais. As cisternas pequenas podem ser usadas em residências individuais, enquanto as maiores conseguem atender a toda uma comunidade ou área habitacional. Elas podem utilizar bombas e se destinar a fins não potáveis, como irrigação ou descarga de bacias sanitárias, e todas devem ser dotadas de redes para evitar o entupimento, o que também impede que se tornem áreas de reprodução de insetos. Além disso, é importante que haja acesso à luz para inibir o crescimento de algas. As cisternas atuais são muito mais sofisticadas que as usadas na antiguidade. Ainda que costumem ser utilizadas principalmente para irrigação, também existem cisternas com filtros e sistemas de purificação de água, que tornam a água própria para consumo.

Outra maneira de melhorar a qualidade da água está no uso de *coberturas verdes*. Também chamadas de tetos verdes ou ecotelhados, as coberturas verdes colocam vegetação e solo sobre parte da superfície de cobertura ou em sua totalidade. Se comparadas às superfícies sólidas ou aos materiais de cobertura tradicionais, as coberturas verdes oferecem inúmeros benefícios ambientais, incluindo a redução da temperatura e a filtragem dos contaminantes presentes no escoamento por meio da vegetação, o que melhora a qualidade da água. As coberturas verdes são extremamente benéficas porque reduzem as concentrações de cobre, zinco e hidrocarbonetos aromáticos policlínicos (PAH, na sigla em inglês). Além disso, elas reduzem o volume de escoamento superficial da água da chuva com o uso da absorção de um solo especialmente preparado para isso. Vários estudos mostram que as coberturas verdes absorvem 75% de precipitações de meia polegada (1,3 cm) ou menos. Por meio da retirada pelas raízes e da absorção do solo, muitos poluentes presentes na água da chuva são filtrados. Os benefícios oferecidos pelas coberturas verdes aumentam à medida que a vegetação cresce com o passar do tempo (Figura 16-11).

Uma combinação de melhores práticas de gestão construídas em série a fim de tratar poluentes específicos é chamada de grade verde, como já foi mencionado. Além de melhorar a qualidade da água, as grades verdes aumentam a eficiência no longo prazo e reduzem as exigências de manutenção de todos os tratamentos envolvidos no processo. Assim como a pré-lavagem dos pratos sujos aumenta a eficiência de uma máquina lava-louças, a remoção dos sedimentos antes da infiltração da água da chuva aumenta, no longo prazo, a capacidade dos subsolos de permitir tal infiltração, impedindo os sedimentos de entupir os espaços porosos que possibilitam a movimentação da água. As configurações de grades verdes mais comuns incluem:

- Coletor de silte + biodigestor + bacia de retenção
- Cisterna + jardim de chuva
- Canteiro pluvial + valeta de biorretenção
- Cobertura verde + biodigestor com plantas

A conservação de água no projeto de paisagismo

É extremamente importante criar um projeto de paisagismo com vegetação sustentável e eficiente no consumo de água. O projeto de paisagismo com vegetação depende da região. O clima, as condições do solo e os índices de precipitação locais influem no paisagismo. Esses projetos geralmente se tornam sustentáveis quando estão relacionados às condições específicas do lugar. O consumo eficiente de água depende tanto do índice de precipitação em determinado ano como dos tipos de plantas escolhidos para o projeto. Em geral, o ideal é usar espécies nativas ou adaptadas ao clima e às áreas de vida selvagem locais.

Na Califórnia, um estado com grande quantidade de microclimas, baixas precipitações pluviais anuais e espécies vegetais e animais adaptadas de maneira específica, o projeto de paisagismo com vegetação depende muito do contexto do terreno e do consumo de água. (Os sistemas nativos podem ser aprimorados ou prejudicados com o uso de espécies invasivas.) Se forem escolhidas de acordo com as condições do terreno, as novas plantas provavelmente se adaptarão com facilidade. Não serão necessárias práticas que já se tornaram comuns, como o uso de fertilizantes especiais, o controle de pragas e a irrigação intensa. As plantas crescem com facilidade porque estão adaptadas ao local. Essa prática é capaz de reduzir a quantidade de água usada na irrigação.

Em grande escala, muitas cidades criaram sistemas de reaproveitamento de água para fins de irrigação. A água reaproveitada vem do sistema de tratamento de esgoto sanitário, tendo sido tratada até chegar a um nível adequado para o reúso não potável. O uso da água reaproveitada faz parte de uma estratégia de equilíbrio em grande escala. A energia utilizada para limpar e transportar a água recuperada deve ser compatível com a quantidade de água necessária para a irrigação. No caso da irrigação em pequena escala, é possível usar cisternas para armazenar a água vinda da cobertura, a qual será direcionada para a irrigação do local.

São muitos os métodos naturais usados para tratar as águas pluviais por processos biológicos; porém, seu sucesso depende muito da escolha das plantas certas. Como ocorre com todos os projetos de paisagismo com vegetação, é fundamental compreender os objetivos do programa de necessidades e do regime de manutenção de longo prazo. O projeto de paisagismo está relacionado ao solo local e às taxas de infiltração, à quantidade de água que será mantida perto das plantas e ao clima e à zona de vegetação locais.

As plantas que crescem rápido são bastante efetivas em termos de remoção de poluentes, visto que, à medida que se desenvolvem, incorporam poluentes em sua biomassa; logo, quanto mais rápido elas crescem, mais poluentes são removidos. Esse fenômeno é conhecido como *fitorremediação*. Muitas espécies vegetais típicas de pântanos crescem de modo extremamente rápido, o que as torna bastante efetivas na remoção de poluentes. Tais espécies costumam ser usadas no projeto de biofiltros vegetais. Isso é apropriado se os solos de infiltração tiverem drenagem lenta e moderada. Contudo, dependendo da quantidade de precipitações no local, muitas vezes acaba sendo necessário irrigar as plantas de lagoas de detenção durante as estações secas, se o solo tiver alta infiltração. Logo, o projeto de paisagismo com vegetação é bastante específico em áreas de biofiltragem.

A redução da quantidade de toxinas no suprimento de água, junto com o projeto de plantas locais, nativas, tolerantes a secas e a captação da água da chuva, é fundamental para uma gestão inteligente da água. O controle apropriado de pragas é o segredo para reduzir o uso de pesticidas petroquímicos nos sistemas de gestão de um terreno. As práticas mais comuns envolvem o uso de pesticidas sintéticos para matar as pragas. Essas substâncias químicas ingressam no fluxo superficial da água da chuva, mas precisam ser removidas antes que esta seja reenviada aos sistemas naturais. Tais substâncias incluem produtos químicos que se prendem aos sedimentos e produtos químicos solúveis em água, o que exige diferentes tratamentos para removê-los da água. Por essa razão, está sendo estudado e implantado o *manejo integrado de pragas*. Para manter as pragas em níveis aceitáveis de maneira ambientalmente segura, o manejo integrado de pragas, uma abordagem ecológica, utiliza informações referentes aos seus ciclos de vida, junto a técnicas de controle de baixo risco. Uma vez que os problemas com pragas costumam indicar desequilíbrios ecológicos, o objetivo consiste em planejar e administrar os ecossistemas de modo a impedir, em primeiro lugar, que os organismos se tornem pragas. Isso significa que é necessário criar planos de paisagismo focados no uso de espécies nativas ou que se adaptem ao clima e às condições do solo locais. As diretrizes de manejo integrado de pragas ajudam a reduzir ou eliminar o uso de pesticidas artificiais, reduzindo, consequentemente, o risco de o escoamento pluvial coletar substâncias químicas e conduzi-las aos sistemas aquáticos naturais.

Consumo de água e de energia nas edificações

James Reinertsen, AIA, LEED AP BD+C e BO+M, GGP

O consumo de água nos prédios está diretamente relacionado com o de energia. É necessário usar energia para tratar, bombear e enviar água potável aos prédios. A geração de eletricidade utilizada nos prédios também usa água – pelo menos nas usinas com combustíveis fósseis ou nucleares. Nos Estados Unidos, em média, as usinas termoelétricas consomem cerca de 1.900 l de água por megawatt-hora (MWh) gerado, enquanto as hidrelétricas usam 68.000 l por MWh.[2] Vale a pena considerar a economia de água nas usinas, além daquela no próprio terreno, quando forem feitas comparações entre os equipamentos de climatização resfriados a água ou a ar.

O consumo de água nos prédios é, de certas maneiras, análogo ao uso de energia nos prédios. A água e a energia podem ter vários fins, que podem variar conforme o tipo de edificação. Os usos finais devem ser analisados antes que as estratégias de conservação sejam escolhidas. Em certos casos, a água e a energia podem ser recuperadas nos prédios e reaproveitadas. Ambas podem ser medidas e monitoradas no prédio como um todo ou conforme o uso, para melhorar a gestão e identificar as áreas com desperdícios. (Consulte o Capítulo 11 para obter informações sobre a medição de energia.) O ambiente natural oferece tanto água como energia que podem ser coletadas *in loco* e aproveitadas nos prédios na forma de água da chuva e luz solar, respectivamente.

Os usos da água nas edificações

Alguns dos usos da água nos prédios são bastante óbvios: consumo humano, lavagem de mãos, descarga de vasos sanitários, higiene pessoal, etc. Outros usos são menos evidentes. A água é também empregada nos equipamentos de arrefecimento mecânico, no cozimento de alimentos, na lavagem de louça e de roupas. A quantidade de água consumida em uma edificação para cada um desses fins depende do número de pessoas, dos padrões de uso e da eficiência dos aparelhos sanitários ou equipamentos. As necessidades e os padrões de consumo variam conforme o tipo de edificação. Algumas tipologias de construção têm necessidades e usos especiais, como os clubes ou as academias com piscinas, ou os laboratórios úmidos (ou seja, nos quais produtos químicos são manuseados em soluções líquidas) que usam água especialmente filtrada.

---

[2]P. Torcellini, N. Long, and R. Judkoff, *Consumptive Water Use for U.S. Power Production*. NREL/TP-550–33905 (Golden, CO: National Renewable Energy Laboratory, 2003). Refer to page 5 for state-by-stateconsumption numbers, www.nrel.gov/docs/fy04osti/33905.pdf.

No nível conceitual, você pode imaginar uma grande adutora levando água potável, entrando no prédio e então se dividindo em tubos menores, cada um servindo a uma necessidade ou uso final. A quantidade de água necessária para cada um desses usos pode ser estimada, assim como podemos prever o consumo de eletricidade de um prédio por meio de suas cargas de iluminação, equipamentos mecânicos e tomadas. Nas edificações sustentáveis, a conservação da água é o primeiro e mais efetivo passo em termos de custo, e isso significa tentar reduzir a quantidade de água necessária para cada um dos usos. Algumas medidas de conservação podem ser alcançadas por meio do projeto, com a seleção de aparelhos sanitários eficientes. Outras medidas podem depender do comportamento dos usuários, e talvez fracassem sem a conscientização das pessoas sobre como preservar a água e se comprometer ativamente para mudar os padrões e processos de consumo de água.

Na maioria desses usos em uma edificação, a água não desaparece nem evapora. Ela cumpre sua função e, então, geralmente desce por um ralo ou dreno e é coletada com outras águas "residuais" em tubos cada vez maiores, até sair do prédio por um grande cano de despejo. Então ela é direcionada a uma usina de tratamento de esgoto, ou, em certos casos, tratada *in loco*, em um sistema séptico ou de outro tipo.

Conservação de água nas edificações

No projeto de edificações, pode ser útil estabelecer um modelo de referência para o consumo da água, com aparelhos sanitários e equipamentos convencionais com eficiências padronizadas. As alternativas que terão maior eficiência no consumo de água são então comparadas com o modelo. Se as opções estiverem sendo avaliadas em termos de custo e usando-se o cálculo do tempo de retorno do investimento, as economias devem incluir não somente o preço da água potável, mas também os gastos com o tratamento de esgoto. Esses gastos muitas vezes são taxas consideráveis cobradas pelas prefeituras ou concessionárias, que medem somente a água fornecida, cobrando pelo tratamento de todo o abastecimento de água medido.

As torneiras e duchas são exemplos de aparelhos sanitários de vazão, e o fluxo em litros por minuto (l/m) é uma consideração crucial para a economia de água. As vazões de torneiras de lavatórios variam muito, podendo ser de mais de 7,6 l/m a 1,9 l/m. Os controles também podem ajudar na redução do consumo dos aparelhos sanitários de fluxo. Os controles com temporizador utilizados em torneiras de lavatórios determinam um número fixo de segundos por uso, como 12 ou 15 segundos. Controles com sensor permitem o fluxo somente quando algum movimento (geralmente das nossas mãos) é percebido na área abaixo da torneira.

As bacias sanitárias e os mictórios são chamados de aparelhos sanitários de descarga, e a taxa de consumo, em litros por descarga (l/des), é o fator-chave para se calcular as economias de água. Em alguns prédios, podem ser encontradas bacias sanitárias com taxas de descarga de 13,25 l/des, ou até mesmo 18,9 l/des. O padrão atual é de 6,0 l/des, mas também existem aparelhos que utilizam apenas 3,4 l/des. As bacias sanitárias com descarga dupla economizam água ao usar uma menor quantidade de água para descarregar dejetos líquidos (urina) e uma quantidade maior para descarregar dejetos sólidos. Os controles manuais das bacias sanitárias com descarga dupla geralmente têm dois botões contíguos, o menor para dar uma descarga pequena e o maior para a descarga total. Existem controles com sensores totalmente automáticos que fornecem uma pequena vazão se o usuário se afasta dentro de 60 segundos, caso contrário, oferecem o volume de água total. Os mictórios do padrão atual dão uma descarga de 1,9 l, mas mictórios com descargas de 0,57 l ou mesmo sem água são cada vez mais comuns.

Há dois programas federais da Agência de Proteção Ambiental dos Estados Unidos (EPA) que fornecem informações seguras sobre o consumo de água dos equipamentos e aparelhos sanitários. O sistema EnergyStar fornece não somente dados sobre energia como também sobre o consumo de água de máquinas de lavar roupa ou pratos e outros equipamentos comerciais similares. O WaterSense é um Programa de Parceria com a Agência de Proteção Ambiental dos Estados Unidos que testa, identifica e rotula os aparelhos sanitários que oferecem, pelo menos, 20% de economia no consumo de água em relação aos modelos convencionais. O WaterSense também criou uma ferramenta, a *water budget tool*,[3] que ajuda os proprietários a fazer a conexão entre as fontes de água e os padrões de uso.

Diferentes tipos de equipamentos mecânicos de resfriamento usam distintas quantidades de água para a mesma quantidade de refrigeração. As torres de arrefecimento dos resfriadores a água costumam gastar pelo menos 8,7 l de água por tonelada-hora de resfriamento, enquanto os resfriadores por evaporação podem consumir ainda mais água. As torres de resfriamento por evaporação consomem menos de 7,6 l por tonelada-hora de refrigeração. As unidades de resfriamento a ar retiram calor do ar do ambiente sem usar a água para isso, mas costumam ser menos eficientes do que aquelas a água. Os sistemas de bomba de calor geotérmico com água em um circuito fechado não usam água, exceto para o acionamento inicial do sistema.

Nos sistemas de resfriamento intensivos de água, a conservação desse recurso pode ser possível com o uso de controles e da otimização do sistema. Por exemplo, as torres de arrefecimento usam água de três maneiras: na evaporação, no deslocamento e no borrifamento de gotículas de água e exsudação. Quando a água circula através do sistema, algumas de suas moléculas evaporam, o que é essencial para o processo de resfriamento. Contudo, os minerais residuais e outros componentes que estão na água não evaporam. À medida que a mesma água circula pelo sistema várias vezes, a concentração desses minerais aumenta. A partir de determinados níveis, esses parâmetros podem prejudicar o equipamento e diminuir a eficiência do sistema. Assim, a água do condensador é automaticamente removida após certo número de circulações através do sistema e substituída. O número de vezes que a água passa através do sistema é chamado de ciclos de concentração. A exsudação é a remoção controlada da água do sistema para prevenir que os

---

[3] WaterSense water budget tool, www.epa.gov/watersense/water_budget/.

minerais se concentrem demais. O consumo de água das torres de arrefecimento pode ser reduzido por eliminadores de deslocamento e pela otimização do sistema a fim de recircular a água condensada o máximo de vezes possível (maximizando os ciclos de circulação e minimizando a exsudação) e, ao mesmo tempo, manter as concentrações de minerais em níveis aceitáveis. Isso se consegue com a análise dos níveis de minerais na água que abastece o condensador e no ajuste dos ciclos de circulação e da taxa de exsudação, conforme o necessário.

Recuperação e reúso da água nas edificações

A coleta da água que já foi "utilizada" uma vez pode fornecer uma fonte desse insumo para outras funções do prédio. Por exemplo, a água de duchas, lavatórios e muitos outros sistemas é chamada de *água servida* (ou cinza) e pode ser aproveitada para a descarga de vasos sanitários. Em vez da drenagem de duchas e lavatórios por tubulações que combinam vários fluxos de esgoto, podem ser utilizados tubos separados para desviar esses efluentes a um reservatório que alimenta os aparelhos sanitários de descarga. A água potável pode ser utilizada para abastecer esse reservatório se o fornecimento de água servida ficar abaixo de determinado nível mínimo. A necessidade de filtragem para tais sistemas de águas servidas depende da fonte dessas, do uso a que se destina e dos códigos locais (tanto os de edificação como os de saúde).

A recuperação e o reúso da água nos prédios é similar ao que ocorre nos sistemas de economia de energia, como os trocadores de calor ar-ar, que recuperam o calor do ar que sai do prédio e pré-aquece o ar externo que entra. Ambas as abordagens reaproveitam recursos que, de outra maneira, sairiam do prédio.

Para maximizar a economia de água, todos os usos significativos – exceto das bacias sanitárias e mictórios – podem ser considerados como uma fonte possível de águas servidas. Por exemplo, os prédios com piscinas que costumam ter derramamentos de água no perímetro costumam lançá-la no esgoto. Essa água poderia ser reusada em descargas ou, talvez, em um sistema de climatização ou irrigação. A água drenada de sistemas mecânicos poderia ser utilizada em descargas ou na irrigação de jardins. Alguns laboratórios têm sistemas especiais que filtram grandes quantidades de água potável a fim de remover os minerais residuais e produzir quantidades pequenas de água extremamente pura e adequada a experiências. A maior parte da água costuma ser descarregada pelo dreno com esgoto, mas pode ser recuperada e reusada em descargas e irrigação.

A água fornecida naturalmente no terreno

Todo terreno recebe chuva como um recurso hídrico natural, assim como também recebe o recurso energético natural da luz solar. A coleta da água pluvial no próprio terreno já foi discutida neste capítulo. Em muitos projetos, a maneira mais fácil é coletar a água da chuva para usá-la no prédio é recolhê-la na cobertura. Os dados climáticos, a área do terreno, o tamanho da cisterna e a taxa de consumo da água são variáveis cruciais para determinar até que ponto a água da chuva recolhida consegue substituir a água potável para determinado uso.

Tratamento da água *in loco*

Em vez de enviar a água residual para uma estação de tratamento de esgoto, é possível tratá-la no próprio terreno. O componente do esgoto que é mais difícil de tratar são os dejetos humanos de bacias sanitárias e mictórios, pois eles contêm *E. coli* e outras bactérias nocivas.

Existem sistemas de tratamento *in loco* para lidar com esses resíduos humanos. A maioria dos sistemas direciona as águas servidas (o esgoto cloacal) através de uma série de ambientes cuidadosamente construídos, nos quais micróbios benéficos associados a raízes de plantas decompõem os dejetos humanos. Ao término do sistema, a água está limpa o suficiente para ser descarregada no meio ambiente. A The Living Machine ("máquina viva") é um desses sistemas, embora haja outros similares. Alguns deles inclusive limpam a água a níveis de potabilidade, permitindo sua recirculação no prédio, para ser reconsumida.

As bacias sanitárias de compostagem criam condições para que os micro-organismos convertam os dejetos humanos em adubo. Algumas delas incluem um aquecedor (geralmente elétrico) para otimizar a temperatura para os micro-organismos. A análise de viabilidade das bacias sanitárias de compostagem para determinada edificação deve incluir o gasto de energia, a utilidade do adubo (que normalmente não é recomendado para compostagem de alimentos) e a mão de obra para operá-las e mantê-las.

Os custos iniciais para os sistemas de recuperação e reúso da água ou para coletar e reusar a água da chuva devem ser avaliados com base no ciclo de vida. Às vezes há financiamentos especiais disponíveis para superar esse ônus. Também podem ser feitos contratos para fornecer água reciclada no local a preço igual ou inferior daquele cobrado pela rede pública. Isso pode ser oferecido sem custos para o proprietário do prédio, de modo similar àquele empregado com sistemas de energia solar fornecidos por terceiros e que estão se popularizando.

A água – assim como a energia – é um recurso precioso utilizado nos prédios. Com o planejamento cuidadoso, esse recurso pode ser bem gerenciado. Podem ser estabelecidas metas de redução no consumo da água. A identificação dos usos da água, o desenvolvimento de estratégias de conservação, o reúso (quando possível) e o aproveitamento da água da chuva podem ajudar a alcançar essas metas. A medição do consumo real é tão importante quanto o uso sensato da água.

O que é o consumo de água líquido zero?

Marian Keeler

Os engenheiros se referem aos prédios com consumo de água líquido zero como aqueles que "independem do fornecimento de água", ou seja, que não dependem do sistema municipal para o abastecimento, a circulação e o processamento de água. Outros termos correntes são o "consumo de água líquido positivo" e "o fornecimento de água resiliente" (relacionado à sobrevivência passiva). A melhor definição

> ### Definições de consumo de água líquido zero
>
> "Embora algumas pessoas há muito venham afirmando que atingiremos o pico do consumo energético, e, mais recentemente, o pico do consumo de água, a norma era pressupor a abundância da água. A era da abundância está chegando ao fim e sendo substituída pela era dos limites."[1]
>
> *O pico nas fontes de água renováveis* se aplica quando as restrições de fluxo limitam a disponibilidade total de água ao longo do tempo.
>
> *O pico nas fontes de água não renováveis* se aplica a sistemas freáticos nos quais as taxas de produção excedem significativamente as taxas de recarga natural, e o excesso de bombeamento ou a contaminação leva a um pico de produção seguido de declínio, similar às curvas do pico do petróleo, mais tradicionais.
>
> *O pico "ecológico" da água* é definido como o ponto além do qual os custos totais de rupturas e danos ecológicos excedem o valor total do uso humano daquela água.[2]
>
> ---
> [1] Water-Energy Nexus, Pacific institute, http://pacinst.org/issues/water-energy-nexus.
> [2] Peak Water, Pacific Institute, http://pacinst.org/issues/sustainable-water-management-local-to-global/peak-water.

para o consumo de água líquido zero é a compilação das melhores práticas de gestão. "As melhores práticas de gestão para os prédios com consumo de água líquido zero enfatiza os sistemas com ciclo fechado, as medidas ultraeficientes para a redução das demandas do sistema, os sistemas de gestão em pequena escala, o consumo de água adequado ao fim que se destina e a infraestrutura específica e apropriada ao local".[4] O resultado deve ser um sistema integrado que conecte as várias tecnologias a uma sequência específica de operações.

De acordo com algumas definições, há duas premissas para se alcançar o consumo de água líquido zero: primeiro, 100% da água necessária para as necessidades dos usuários deve vir da chuva ou de fontes de reúso. Em segundo lugar, 100% da água da chuva e do esgoto do prédio deve ser tratada e despejada no próprio terreno. Basicamente, toda água que entrar no local deve ser consumida, despejada, tratada e reusada ou absorvida pelo terreno.

Para que possamos analisar o dimensionamento e o custo dos equipamentos necessários para alcançar um projeto com consumo de água líquido zero, precisamos perguntar:

- Quanta água o prédio consome (pegada de água)?
- Quanto há de água disponível para atender a essas necessidades?
- Quais os tipos de fontes de água disponíveis no local? (Três fontes típicas são as águas fecais, as águas servidas e as pluviais.)

Isso é chamado de orçamento de água. "Estabelecer um equilíbrio hídrico (uma análise quantitativa de quanta água entra e quanta sai dos limites do terreno) é um passo fundamental para se entender os fluxos de água *in loco*."[5] Para calcular as demandas de água dos usuários da edificação, pode-se usar os dados históricos e os padrões de consumo, ou usar um orçamento de água ou uma ferramenta de cálculo. Os valores para as áreas de superfície que recebem água da chuva e o nível de infiltração desses locais costumam ser considerados. Outro parâmetro-chave para analisar a disponibilidade de água é entender os dados climáticos regionais e os índices pluviométricos previstos.

O projeto deve considerar as estratégias principais que já foram comentadas em outras partes deste capítulo: o uso de sistemas hidrossanitários e de irrigação com alta eficiência; a gestão da água da chuva que maximize a coleta da água incidente no terreno e infiltre aquela que não pode ser recolhida, evitando o escoamento superficial; a coleta da água pluvial para múltiplos fins, sejam potáveis, sejam não potáveis; e o reaproveitamento das águas servidas de duchas e lavatórios. Os processos de tratamento de efluentes podem ser físicos, químicos ou biológicos. O tratamento integrado ao prédio ou *in loco* pode incluir Living Machines, bacias de detenção construídas, biorreatores de membrana e outros tipos de tratamento com digestores. Além disso, deve-se determinar se as três fontes serão direcionadas e tratadas separadamente, ou combinadas em um sistema de ciclo fechado.

Seja qual for a abordagem dada ao projeto com consumo de água líquido zero, será inevitável que se envolva a retenção temporária ou o armazenamento de longo prazo de grandes quantidades de água em algum local do prédio ou no subsolo. Deve ser considerado o dimensionamento dos reservatórios e o projeto dos sistemas de bombeamento e tubulação para circular a água. Também será calculada a energia necessária para processar, transportar e tratar a água. Estima-se que a movimentação da água e do esgoto corresponda a 20% do consumo total de eletricidade e 30% do consumo total de gás nos Estados Unidos.[6] As emissões de gases causadores de efeito estufa associadas a esses processos seriam de 45 milhões de toneladas por ano.

A medição dos sistemas deve ser um componente do projeto para que a verificação do desempenho possa ser feita. Tendo isso em mente, pode-se fazer o reajuste dos vários componentes do sistema.

O Cascadia Green Building Council, em seu relatório de 2011, Toward Net Zero Water, ressalta vários aspectos que ainda não possuem informações suficientes e que exigem mais pesquisas:

- Avaliação mais ampla dos riscos à saúde e à segurança pública

---
[4] Joel Sisolak and Kate Spataro, "Toward Net Zero Water: Best Management Practices for Decentralized Sourcing and Treatment," Cascadia Green Building Council, March 2011, https://ilbi.org/education/Resources-Documents/Reports-Docs/WaterDocs/toward-net-zerowater-report.

[5] Ibid.

[6] Drops of Energy: Conserving Urban Water in California to Reduce Greenhouse Gas Emissions, Berkeley Law/UCLA Law, May 2011, www.law.berkeley.edu/files/Drops_of_Energy_May_2011_v1.pdf.

- Avaliação do ciclo de vida, considerando os impactos ambientais associados a várias estratégias
- Desinfecção com o uso de cloro em sistemas de tratamento de água da chuva coletada *in loco*
- Mudanças climáticas e resiliência das fontes de água pura
- Comportamento dos usuários em relação ao consumo de água nos prédios, também conhecido como "hábitos perdulários"
- Presença de produtos farmacêuticos e outros componentes químicos encontrados nas fontes de água
- Aumento da demanda de água na agricultura urbana

Para que, de fato, se consiga chegar ao objetivo de ter um prédio com consumo de água líquido zero, precisamos considerar as barreiras para sua implementação. Considere os seguintes pontos:

Embora já se tenha falado muitas vezes sobre diversos problemas, o envolvimento e a conscientização do público devem ocorrer juntos com nossa mudança de comportamento individual e abordagem ao consumo da água. O fornecimento abundante e barato de água é coisa do passado, mas as estatísticas sobre o consumo não refletem esse fato. Em muitas regiões, não se faz o monitoramento das águas freáticas. Com as secas afetando gravemente diversas comunidades, conhecer a extensão ou limitação das fontes de água é crucial para o planejamento de longo prazo. Nos Estados Unidos, a infraestrutura de distribuição de água é centralizada e está se tornando obsoleta, com grandes perdas de energia e eficiência ao longo do percurso, assim como acontece na rede pública de eletricidade. O tratamento da água em uma escala menor (do bairro, descentralizada) deveria ser o novo modelo. Outra grande barreira é que os programas de eficiência no uso de água recebem verbas irregulares, em virtude de erros de análise quanto ao custo de água e a disponibilidade. A eficiência energética recebe muito mais atenção devido aos impactos gerados nas economias e as preocupações ambientais. Além disso, as concessionárias e as empresas públicas de fornecimento de água e energia não costumam compartilhar informações. É preciso que haja colaboração e criação de programas de cooperação.

Em suma, precisamos olhar para a gestão da água de modo abrangente e eficiente.

Mais de 70% da superfície de nosso planeta é coberta por água. De toda a água na Terra, 97,5% é salgada. Ou seja, apenas 2,5% é água doce. Praticamente 70% dessa água doce está congelada nas calotas glaciais da Antártica e da Groenlândia; a maior parte do resto está depositada no solo ou em aquíferos subterrâneos profundos (lençóis freáticos) inacessíveis para o uso humano. Apenas 1% das reservas de água doce do mundo estão acessíveis para o consumo humano direto.[7]

Recursos

Alliance for Water Efficiency, www.allianceforwaterefficiency.org/water-energy-intro.aspx.

Composting toilets, http://greywateraction.org/content/aboutcomposting-toilets.

Cooling Tower water use explanation, www.conservationmechsys.com/wp-content/siteimages/Water%20use%20in%20 Cooling%20Towers.pdf.

Earth: A Graphic Look at the State of the World, Fresh Water, www.theglobaleducationproject.org/earth/fresh-water.php.

Evaporative cooling explanation, www.allianceforwaterefficiency.org/evap_cooling_intro.aspx.

Freshwater resources, www.unep.org/dewa/vitalwater/article32.html.

Glossary of water-related terms, www.allianceforwaterefficiency.org/Glossary.aspx.

Living Machines, www.livingmachines.com/Home.aspx.

Other treatment systems for human wastes, http://sustainablewater.com/technology.

Overview of different types of air conditioning systems, www.seedengr.com/Cent%20Vs%20Decent%20AC%20Systems.pdf.

Pacific Institute, www.pacinst.org.

Third-party water use agreements and funding for water reclamation systems, http://sustainablewater.com/water-purchaseagreement.

Torcellini, P., N. Long, and R. Judkoff. Consumptive Water Use for U.S. Power Production. NREL/TP-550–33905. (Golden, CO: National Renewable Energy Laboratory, 2003), www..nrel.gov/docs/fy04osti/33905.pdf.

Total renewable rater resources by country, interactive chart, http://chartsbin.com/view/1469.

Water.org, http://water.org/water-crisis/water-facts/water.

WaterSense Water Budget Tool, www.epa.gov/watersense/water_budget/.

---

[7]Human Appropriation of the World's Fresh Water Supply, University of Michigan, Global Change Curriculum, 1.4.06, www.globalchange.umich.edu/globalchange2/current/lectures/freshwater_supply/freshwater.html.

Os Bairros e as Comunidades Sustentáveis

Aaron Welch, Saneta deVuono-Powell e Matt Raimi, da Raimi + Associates

17

■ O que são comunidades sustentáveis?

Grande parte deste livro se concentra em aspectos de sustentabilidade focados no projeto e na construção de edificações. Contudo, ainda não entramos em detalhes sobre as características externas às edificações – ruas, padrões fundiários, sistemas de transporte e padrões regionais de assentamento – que afetam a sustentabilidade. Essas questões serão discutidas neste capítulo. Ainda que, em geral, estejam na esfera de ação de planejadores urbanos, planejadores de transporte e urbanistas, elas contextualizam o projeto no nível da edificação. A integração das edificações dentro de bairros, na escala urbana, e a estrutura de sustentabilidade regional são cruciais para um desenvolvimento sustentável completo e para o sucesso das práticas de arquitetura sustentável.

Uma comunidade sustentável pode ser definida como uma cidade ou bairro construído de tal maneira (e usando seus recursos de tal modo) que atenda às necessidades do futuro sem comprometer a capacidade das gerações futuras de suprir suas próprias necessidades.[1] Como já foi dito em outras partes desta obra, o desenvolvimento sustentável tem sido descrito como uma integração dos "três E": *environment* (meio ambiente), *economy* (economia) e *equity* (equidade).[2] Uma comunidade sustentável adota e busca políticas públicas para abordar esses três pilares da sustentabilidade.

São muitas as justificativas para a construção de comunidades sustentáveis. De acordo com a Global Footprint Network, os seres humanos de hoje usam os recursos de 1,5 planeta Terra para obter sua alimentação, água e madeira e absorver seus resíduos e emissões. Isso significa que a Terra leva um ano e seis meses para regenerar o que usamos ao longo de um ano.[3] Ao exceder a capacidade global de carregamento ecológico, os seres humanos estão destruindo o capital ecológico do planeta, como fica evidente nas várias formas de degradação ecológica, inclusive as mudanças climáticas.[4] Nesse contexto, as políticas de conservação de energia e uso de recursos sustentáveis têm importância internacional e se tornarão cada vez mais relevantes e valiosas no horizonte de planejamento de longo prazo.

Em um mundo cada vez mais interconectado e globalizado, os desafios ambientais locais – como a qualidade do ar e da água, o manejo de resíduos e as emergências relativas ao clima – geralmente são afetados por forças que fogem à alçada do governo local, incluindo os sistemas climáticos globais e os padrões de consumo tanto nacionais como internacionais. Ao mesmo tempo, decisões locais referentes ao uso do solo, ao transporte e ao projeto de edificações podem ter impactos regionais e até globais; isso se reflete, por exemplo, em mudanças climáticas, redução da qualidade do ar na região e esgotamento de recursos em todo o mundo.

Em 2007, o Painel Intergovernamental sobre Mudança Climática da Organização das Nações Unidas (IPCC) publicou o *ClimateChange 2007: Synthesis Report*. Esse relatório observou que o aquecimento do sistema climático é inequívoco e, em grande parte, atribuível à atividade humana.[5] Esse aquecimento está relacionado com uma variedade de impactos, desde a extinção de espécies a prejuízos cada vez maiores aos seres humanos, como a desnutrição e as doenças cardiorrespiratórias e infecciosas.[6] Em 2014, o IPCC – que recebeu o Prêmio Nobel da Paz em 2007 – publicou um novo relatório, reiterando que tornar os padrões de empreendimento e desenvolvimento imobiliário (mais especificamente, o uso do solo e as decisões sobre o transporte) mais sustentáveis pode ajudar a mitigar e reduzir a vulnerabilidade das comunidades às consequências das mudanças climáticas.[7] Os núcleos urbanos podem abordar os desafios ambientais implementando políticas de desenvolvimento sustentável especificamente voltadas para os três Es da sustentabilidade.

É possível mitigar a degradação ambiental criando padrões de uso do solo e transporte que minimizem a necessidade de se utilizar automóveis, reduzam o consumo de energia e de recursos naturais e incorporem práticas buscando proteger

---

[1] Paráfrase da definição de sustentabilidade sugerida pela Comissão Brundtland. United Nations, "Report of the World Commission on Environment and Development," General Assembly Resolution 42/187, December 11, 1987.

[2] 2005 World Summit on Sustainable Development, www.un.org/womenwatch/ods/A-RES-60-1-E.pdf.

[3] Global Footprint Network, www.footprintnetwork.org/en/index.php/GFN/page/world_footprint/.

[4] Global Footprint Network, Ecological Footprint Atlas 2010, www.footprintnetwork.org/images/uploads/Ecological_Footprint_Atlas_2010.pdf.

[5] Intergovernmental Panel on Climate Change (IPCC), *Climate Change 2007: Synthesis Report. Contribution of Working Groups I, II and III to the Fourth Assessment Report of the Intergovernmental Panel on Climate Change*, R. K. Pachauri and A. Reisinger, eds. (Geneva, Switzerland: IPCC, 2007).

[6] Ibid.

[7] Intergovernmental Panel on Climate Change (IPCC), Climate Change 2014: Synthesis Report, www.ipcc.ch/pdf/assessment-report/ar5/syr/SYR_AR5_LONGERREPORT_Corr2.pdf.

recursos ecológicos locais, como cursos de água, vegetação e a vida animal.

As cidades também podem ajudar a criar economias sustentáveis capazes de conservar os recursos naturais do planeta indefinidamente e, ao mesmo tempo, de oferecer um padrão de vida adequado para todas as pessoas. As comunidades com economias sustentáveis oferecem emprego, moradia, educação e outros serviços para toda a sua população, limitando, concomitantemente, o consumo dos recursos naturais. A sustentabilidade econômica também é alcançada mediante a criação de setores comerciais e industriais dinâmicos, diversificados e flexíveis, que proporcionem empregos e renda para seus habitantes e o governo. As comunidades sustentáveis também promovem a equidade entre as gerações e os diferentes grupos que compõem a sociedade. Elas estão cientes da importância da igualdade e da justiça, bem como de reduzir as disparidades em termos de riscos e acesso a benefícios entre os grupos.[8]

Este capítulo apresenta um panorama do planejamento na medida em que ele se relaciona com as comunidades sustentáveis, discutindo, também, as características destas; isso inclui a localização do empreendimento, o projeto de urbanismo, a implantação ambiental e as tecnologias sustentáveis. Também é fornecida uma introdução às ferramentas de uso do solo convencionais utilizadas pelos governos locais, que podem ser modificadas de acordo com a implantação de princípios de sustentabilidade.

Breve história do planejamento sustentável

O padrão de desenvolvimento que caracteriza a segunda metade do século XX costuma ser chamado de *expansão convencional* ou *dispersão urbana*. O padrão urbano atual – que ressalta uma separação rígida do uso fundiário, encoraja padrões de desenvolvimento urbano de baixa densidade e se baseia no automóvel como meio de transporte – surgiu há pouco tempo na história da humanidade. Embora as causas do desenvolvimento urbano convencional sejam complexas, são evidentes alguns fatores conjuntos que desempenharam um papel significativo no caso norte-americano: inovações, políticas federais, disponibilidade de energia barata e uma prosperidade sem precedentes após a Segunda Guerra Mundial.

Contudo, há sérios custos ambientais, sociais e econômicos associados aos padrões de desenvolvimento urbano convencional. As mudanças climáticas globais são uma séria ameaça à segurança, prosperidade e saúde do mundo inteiro. As substâncias químicas lançadas no meio ambiente têm contribuído para a degradação ambiental como um todo. Com a dispersão suburbana, as zonas rurais estão sendo ocupadas a uma velocidade alarmante. Habitats de vida selvagem importantíssimos são perdidos diariamente, fazendo com que milhares de espécies entrem em extinção ou sejam ameaçadas.[9]

De acordo com o Census Bureau dos Estados Unidos, o número de pessoas do país que vão para o trabalho de automóvel passou, entre 1960 e 2009, de 41 milhões para 120 milhões.[10] O preço crescente do petróleo e, consequentemente, da gasolina, também tornou esse movimento pendular cada vez mais caro durante o período. A dispersão urbana, ou expansão com baixa densidade relativa (*urban sprawl*), também representa um problema para os governos locais, visto que obriga que recursos limitados sejam gastos na construção de novas infraestruturas, e não na manutenção das preexistentes. À medida que a urbanização dispersa encoraja as populações a se deslocarem para fora de comunidades estabelecidas há mais tempo, a base tributária dessas comunidades diminui, exigindo a redução dos serviços públicos para a população remanescente.[11] Nas últimas décadas, os esforços de planejamento locais e regionais têm buscado maneiras de fugir aos padrões de desenvolvimento convencionais, uma vez que grande parte dos custos ambientais, sociais e econômicos da dispersão urbana se tornam aparentes e aumentam o interesse no desenvolvimento de comunidades sustentáveis.

História do desenvolvimento urbano disperso convencional nos Estados Unidos

O início do século XX testemunhou grandes inovações, que tiveram um papel significativo na mudança dos padrões de planejamento e urbanização, tanto nos Estados Unidos como em outros países. Em 1908, Ford produziu o primeiro carro montado em linha, vendendo mais de 10 mil unidades no primeiro ano e 15 milhões nos 18 anos seguintes, e tornando os automóveis disponíveis aos indivíduos em um nível sem precedentes. Isso permitiu o consumo em massa de automóveis, oferecendo às pessoas outras alternativas ao transporte público e às caminhadas. O sistema de suspensão de caminhões articulados foi inventado em 1926, facilitando o transporte de bens em longas distâncias – uma invenção que, então, foi superada pela criação do contêiner de carga em 1956. Essas inovações lançaram as bases para que as pessoas ficassem mais distantes dos locais de trabalho e comércio. No fim da Segunda Guerra Mundial, o conceito de moradias produzidas em massa (inicialmente utilizado na construção de Levittowns) foi expandido com a construção de condomínios para os veteranos da guerra. Mas os empreendimentos urbanos hoje convencionais na América do Norte não foram totalmente desenvolvidos até que as leis e os subsídios federais entrassem em jogo.

Em 1926, a Suprema Corte declarou a constitucionalidade de uma lei de zoneamento da vila Euclid. Esse caso surgiu após órgãos judiciais terem invalidado o uso do zoneamento racial para manter a segregação. Em Euclid, o zoneamento em questão foi projetado para segregar o desenvolvimento urbano a fim de proteger a vila da ocupação por indústrias. Essa decisão estabeleceu o zoneamento como uma poderosa ferramenta de planejamento que se tornou cada

---

[8]The President's Council on Sustainable Development, "Towards a Sustainable America: Advancing Prosperity, Opportunity, and a Healthy Environment for the 21st Century," May 1999.
[9]Reid Ewing, et al., "Endangered by Sprawl: How Runaway Development Threatens America's Wildlife," 2005, National Wildlife Federation, www.nwf.org/pdf/Wildlife/EndangeredbySprawl.pdf.

[10]American Community Survey Reports, "Commuting in the United States: 2009," September 2011, www.census.gov/prod/2011pubs/acs-15.pdf.
[11]SprawlGuide, "Problems with Sprawl; Costs to Local Governments," www.plannersweb.com/sprawl/prob_tax.html."

FIGURA 17-1 Rumo ao subúrbio. Fonte: Look magazine, 1947.

vez mais utilizada para criar áreas monofuncionais. Hoje, o termo "zoneamento euclidiano" às vezes é empregado para o planejamento fundiário no qual os usos do solo são separados entre si.

Em 1916, o presidente Wilson assinou a Lei Federal de Apoio às Estradas, que destinou cinco milhões de dólares para ajudar os estados a construir novas rodovias. Em 1932, o Congresso norte-americano aprovou a Lei da Renda, que criou um imposto federal sobre a gasolina e foi fortemente ampliada com a aprovação da Lei da Renda das Rodovias Federais de 1956. Em 2006, os gastos federais apenas com autoestradas totalizaram quase 94 bilhões de dólares.[12] Em grande parte, o financiamento de estradas ocorre às custas de investimentos nos sistemas de transporte intraurbanos.

---

[12]U.S. Department of Transportation (DOT), "Funding for Highways and Disposition of Highway-User Revenues, All Units of Government" (Washington, D.C.: U.S. Department of Transportation, 2006).

Assim, o governo federal dos Estados Unidos promoveu o uso do automóvel por meio de seus sistemas de financiamento diretos (Figura 17-1). O governo também financiou a construção de moradias que promovem padrões de desenvolvimento habitacional dispersos. Os subsídios começaram com a criação da Administração da Habitação Federal (FHA) em 1934.[13] A FHA oferecia financiamentos para casas sem entradas, tornando a propriedade das moradias bem mais universal.

Nos 30 anos que seguiram a Segunda Guerra Mundial, foram construídas mais de 40 milhões de moradias, das quais 30 milhões eram casas unifamiliares.[14] O programa da FHA incentivava a construção de casas unifamiliares nas periferias urbanas e desencorajava a construção de bairros com a mistura de raças, casas multifamiliares ou moradias mais densas.[15] As quatro comunidades Levittown que foram planejadas e construídas em Nova York, em Nova Jersey, na Pensilvânia e em Porto Rico talvez sejam os maiores ícones da tendência pós-guerra para a construção de subúrbios (Figura 17-2). Essas comunidades foram construídas com casas produzidas em massa, em linhas de montagem, baseando-se em um número limitado de plantas disponíveis – às vezes 30 casas eram erguidas em apenas um dia – e se tornaram o modelo para o parcelamento urbano em subúrbios do século XX. Esses novos empreendimentos suburbanos frequentemente eram segregados em termos de uso do solo, renda, gênero e raça, e dependiam, acima de tudo, do automóvel para o transporte a centros urbanos, shoppings e locais de trabalho cada vez mais dispersos. Comunidades assim não seriam possíveis se não existisse o automóvel.

O impacto dessas inovações, políticas públicas e infraestruturas foi enorme. No período entre 1950 e 1970 a população suburbana dos Estados Unidos cresceu de 37 milhões para 74 milhões de pessoas.[16] Contudo, nas últimas décadas, as novas realidades econômicas, ambientais e sociais têm desafiado a viabilidade desses padrões de desenvolvimento urbano. As áreas centrais das cidades, cheias de lojas prósperas e animadas e com calçadas amplas, se tornaram vazias e perigosas à noite. Os aglomerados suburbanos perderam seu "senso de lugar" e seu charme, tornando-se massificados, monótonos e desconectados; as ruas de comércio onde se pode caminhar foram transformadas em shoppings e centros comerciais lineares (*strip centers*). Como o transporte de massa e os modais de transporte deixaram de ser ferroviários e se tornaram rodoviários, a proximidade a outras comunidades e centros de transporte maiores perdeu a força e, em certos casos, até deixou de existir.

Impactos do planejamento disperso convencional sobre a saúde

Antes da dispersão urbana se tornar o padrão convencional, os vínculos entre o planejamento urbano e a saúde pública eram fortes. O planejamento e zoneamento urbano norte-americano se desenvolveu com as crises de saúde pública oriundas da rápida industrialização e urbanização no final do século XIX e início do século XX. Os primeiros planejadores exigiram redes de esgoto público para prevenir epidemias de cólera e zonearam as quadras urbanas para proteger os bairros habitacionais das indústrias poluentes, muitas vezes resultando em uma rígida separação dos usos do solo que é típica dessas práticas. No entanto, com o passar dos anos, a preocupação com a saúde pública no planejamento urbano se tornou menos comum. Os profissionais da saúde começaram a lidar com o tratamento de doenças, a educação e o desencorajamento de comportamentos não saudáveis, ao passo que os profissionais de planejamento voltaram suas atenções para questões como o desenvolvimento econômico e o transporte. Em especial, os planejadores se dedicaram a acomodar o rápido crescimento populacional e a busca de deslocamento individual ilimitado possibilitada pelo automóvel. Cada vez mais, o zoneamento se tornou uma maneira de proteger os valores dos imóveis, sendo que muitos projetos de infraestrutura tinham a finalidade de aumentar a base de contribuintes.

Infelizmente, as evidências sugerem que os padrões de desenvolvimento urbano dispersos e dependentes do automóvel têm contribuído para muitos dos mais sérios problemas de saúde pública dos Estados Unidos.[17] Um dos principais impactos desses modelos urbanos é o abandono das atividades físicas. A atividade física limitada é um fator de risco extremamente significativo para doenças cardíacas, câncer, AVCs, diabetes e doença de Alzheimer – cinco entre as 10 principais causas de morte no Estado da Califórnia. Ele também é um fator de risco primário para a obesidade (a doença que mais cresce nos Estados Unidos, junto com o diabetes), que, por sua vez, aumenta o risco pessoal de uma gama de doenças crônicas.[18] Maior densidade de construções, forma urbana orientada para os pedestres, opções de transporte e acesso a recreação aumentam as atividades físicas, que podem ter impactos positivos sobre a saúde.[19] Isso têm sido comprovado por estudos empíricos. Um estudo realizado por Lawrence Frank e seus colegas descobriu que um aumento de 5% na permeabilidade ao pedestre está associado a um aumento de 32% nos minutos de caminhada e ciclismo, a uma redução de 6,5% de quilômetros viajados por veículo per capita e a uma diminuição de 0,25% no índice de massa corporal dos indivíduos, que é uma medida do sobrepeso e da obesidade.[20]

---

[13] U.S. Department of Housing and Urban Development, http://portal.hud.gov/hudportal/HUD?src=/program_offices/housing/fhahistory.

[14] "Tract Housing in California, 1945–1973: A Context for National Register Evaluation" (Sacramento, CA: California Department of Transportation, 2011).

[15] Sprawl Guide, "Roots of Sprawl," www.plannersweb.com/sprawl/roots_housing.html.

[16] Kenneth Jackson. *Crabgrass Frontier: The Suburbanization of the United States* (New York: Oxford University Press, 1985).

[17] Howard Frumkin, Urban Sprawl and Public Health, *Public Health Reports*, 117 (2002).

[18] California Department of Public Health, Center for Health Statistics and Informatics, California's Leading Causes of Death for 2013, www.cdph.ca.gov/programs/ohir/Pages/DDTSummaryIndex.aspx.

[19] L. D. Frank et. al., "Lining Objectively Measured Physical Activity with Objectively Measured Urban Form: Findings from SMARTRAQ." *American Journal of Preventative Medicine* 28, no. 2S2 (2005): 117–125.

[20] L. D. Frank et. al., "Many Pathways form Land Use to Health: Walkability Associations with Active Transportation, Body Mass Index, and Air Quality." *Journal of the American Planning Association* (Winter 2006): 77.

O planejamento também tem outros impactos. As emissões das fontes de transporte estão fortemente associadas às doenças respiratórias, e os acidentes com automóveis matam mais de 36 mil norte-americanos todos os anos.[21] As decisões sobre o uso do solo afetam o acesso que as pessoas têm a alimentos nutritivos, serviços de saúde e segurança, bem como a espaços públicos ativos, e controlam a exposição à poluição do ar e às emissões tóxicas. A falta de saúde mental, por sua vez, está associada a inúmeros fatores relacionados com o planejamento urbano, incluindo períodos longos de deslocamento pendular interurbano até o local de trabalho, exposição ao crime, falta de opções de transporte e falta de acesso a espaços públicos.

As decisões de planejamento afetam as decisões diárias e habituais das pessoas, que, por sua vez, influenciam os resultados na saúde pública – onde morar, trabalhar, viajar; o que comer; onde e quando se divertir, socializar e praticar atividades físicas. Cada vez mais os planejadores, urbanistas e arquitetos terão de compreender como as decisões que tomam diariamente afetam a saúde e o bem-estar geral dos membros da comunidade. À medida que as preocupações com a segurança e a mobilidade têm aumentado na área da saúde pública, também cresce o interesse em seu papel no planejamento. Em 1988, a Organização Mundial da Saúde (OMS) começou o movimento Cidades Saudáveis, reconhecendo a importância do planejamento para a melhoria dos resultados na saúde pública.

Uma das principais conexões entre a saúde pública e o planejamento é o conceito de determinantes sociais da saúde (SDOH). A Organização Mundial da Saúde (OMS) define os determinantes sociais da saúde como "as condições nas quais as pessoas nascem, crescem, vivem, trabalham e envelhecem", e faz referência a um reconhecimento de que as condições ambientais, sociais e econômicas comuns que causam ou exacerbam as doenças são mais importantes do que a carga genética e os comportamentos individuais.[22] O reconhecimento dos determinantes sociais da saúde tem levado muitas pessoas do setor público da saúde a reestruturar suas formas de trabalhar a fim de focar o papel do planejamento do ambiente físico, especialmente o uso do solo, a habitação e o transporte. Os impactos negativos do planejamento urbano disperso convencional nos Estados Unidos e o uso do zoneamento com funções segregadas não são distribuí-

---

[21] Centers for Disease Control Report, www.cdc.gov/nchs/fastats/accidental-injury.htm.

[22] R. Wilkinson and M. Marmot. "Social Determinants of Health: The Solid Facts," World Health Organization, Denmark, www.euro.who.int/__data/assets/pdf_file/0005/98438/e81384.pdf.

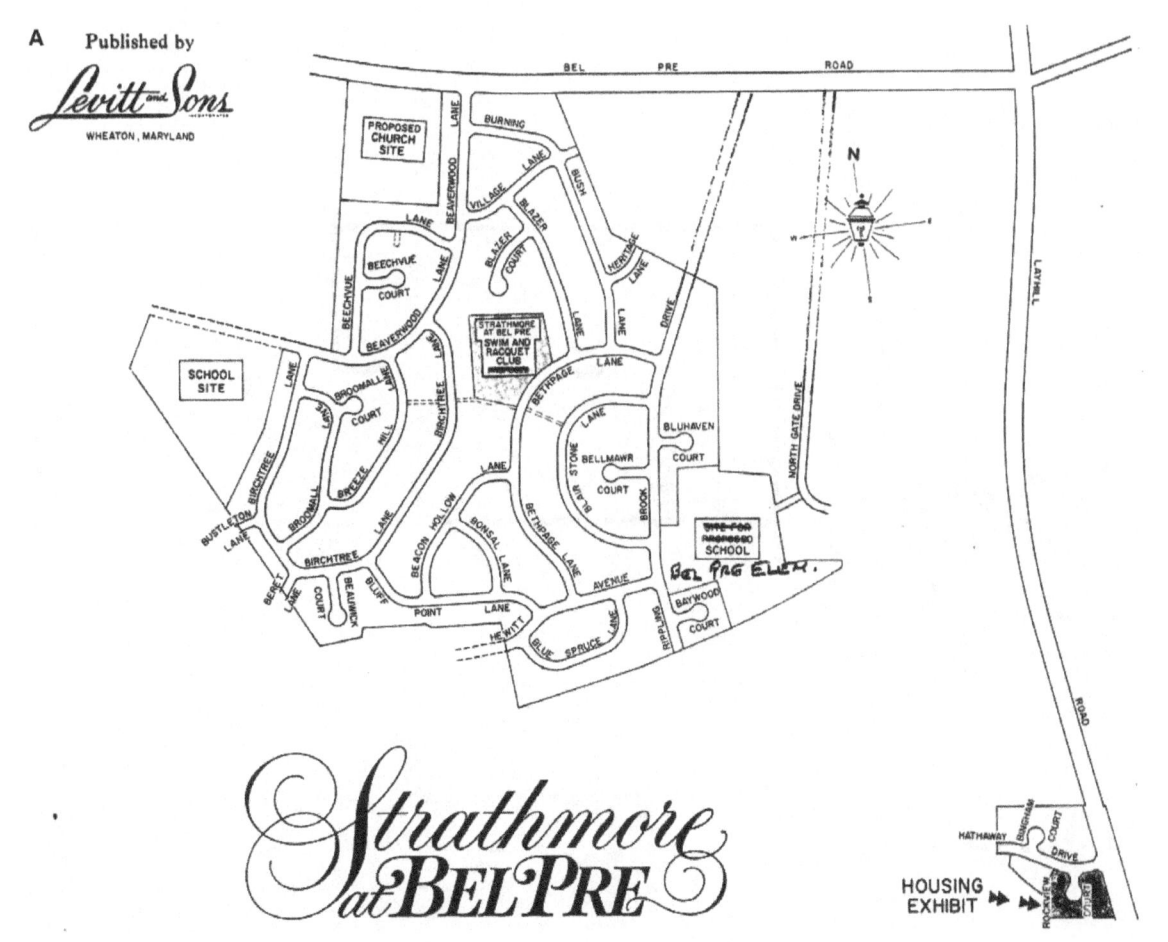

FIGURA 17-2 A, B Uma das quatro comunidades planejadas Levittown, o resultado do ímpeto pós-guerra em direção ao subúrbio. Fonte: Jeffrey J. Auchter Library of Residential Design. (*continua*).

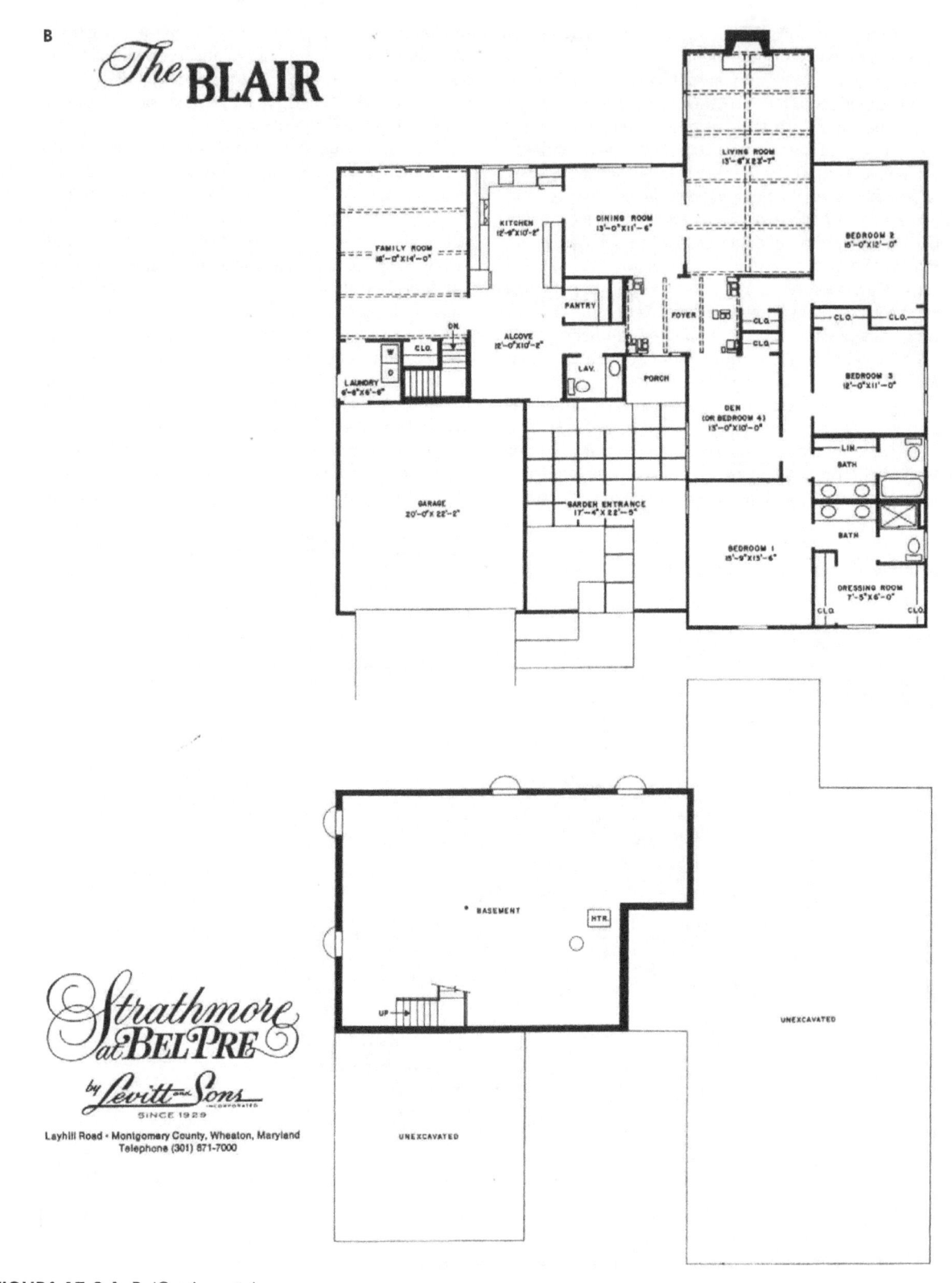

FIGURA 17-2 A, B (*Continuação*).

Análises de impacto ambiental: uma ferramenta para a colaboração

Rupal Sanghvi, MPH, HealthxDesign

O ambiente construído, junto com o contexto social que ele configura, hoje costuma ser aceito como um importante influenciador (e inclusive previsor) da saúde de uma comunidade. Os pesquisadores da saúde pública têm estudado a complexa inter-relação entre as características do ambiente construído e os determinantes da saúde em várias escalas (região, cidade, bairro, prédio). Eles estão descobrindo que muitos dos determinantes da saúde residem fora do contexto tradicional dos cuidados com a saúde. Ou seja, a saúde e o bem-estar acontecem fora da esfera da influência tradicional da saúde pública, dos hospitais e das clínicas. O modo como vivemos, relaxamos e trabalhamos tem importante impacto nos resultados de saúde e afetam toda a população no longo prazo. Projetar e configurar esses ambientes, com base nas evidências científicas já existentes, visando otimizar as estatísticas de saúde seria transformador.

As Análises de Impactos na Saúde representam uma metodologia para transferir os resultados de pesquisas e conhecimentos sobre a saúde pública, a fim de otimizar os impactos na saúde relacionados com as decisões de projeto e planejamento da esfera pública e do ambiente construído. Elas incluem questões sobre transporte, habitação popular, florestas urbanas, sistemas de alimentação, educação, resiliência às mudanças climáticas e equidade – embora não se limitem a isso. De acordo com o Comitê Nacional de Pesquisa das Academias Nacionais dos Estados Unidos, uma análise de impactos na saúde é um "processo sistemático que usa uma variedade de fontes de dados e métodos analíticos e considera informações obtidas com os interessados para determinar os possíveis efeitos de uma política, um plano, um programa ou um projeto proposto que verse sobre a saúde de uma população e a distribuição desses efeitos dentro desse universo de pessoas".

Um princípio-chave da análise de impacto ambiental é a captação integrada de informações de múltiplos envolvidos (atores), incluindo as comunidades e os grupos interdisciplinares e multissetoriais. Essa é uma oportunidade natural para os arquitetos e planejadores ou desenhistas urbanos participarem de avaliações existentes. Além disso, se esses profissionais estiverem cientes dos tipos de métodos que a abordagem envolve, eles poderão se beneficiar dessa ferramenta para o envolvimento, a comunicação e a colaboração com os profissionais de saúde pública. A colaboração pode se dar no nível do projeto, no caso de projetos que têm implicações especiais para populações específicas, e/ou ter o potencial de impactar a saúde de todo um bairro ou mesmo de uma área maior (por exemplo, um plano diretor de campus, uma região de produção de alimentos, um plano de resiliência, um projeto de apoio a moradias).

Destacando o potencial que essa ferramenta tem de promover uma colaboração crítica, Margaret Chan, Diretora-Geral da Organização Mundial da Saúde (OMS), "recomenda fortemente que cada projeto de empreendimento urbano inclua uma análise de impactos na saúde como um de seus componentes obrigatórios".

A análise de impactos na saúde geralmente é formatada da seguinte maneira:

- Avaliação preliminar: determinar se e/ou como a análise de impactos na saúde seria necessária ou conveniente/tempestiva
- Definição do escopo: determinar quais áreas de impacto e pesquisa são mais relevantes
- Identificação e análise dos impactos: determinar os caminhos (da decisão de projeto ao impacto), a magnitude, a natureza, a extensão e a probabilidade dos possíveis impactos na saúde
- Tomadas de decisão e recomendações: explicitar os prós e contras das tomadas de decisão e formular recomendações baseadas em evidências
- Avaliação, monitoramento e acompanhamento: avaliação dos processos e impactos na saúde e monitoria e gestão desses efeitos

Como as análises de impactos na saúde geralmente são feitas para fins de uma tomada de decisão específica e dentro de limitações sensíveis ao tempo, elas não costumam envolver novas pesquisas nem a geração de conhecimentos científicos originais. Ainda assim, as descobertas das análises de impactos na saúde podem contribuir para outras análises do mesmo tipo em contextos similares.

Embora essas análises tradicionalmente foquem na contribuição para a elaboração de políticas de ação e leis, a metodologia está sendo adaptada para os níveis de programas e projetos. O escopo da análise de impactos na saúde pode ser adaptado à necessidade e à oportunidade. Uma análise "de escritório" pode levar entre 2 e 6 semanas e oferecer um panorama dos possíveis impactos. Uma análise "rápida" pode durar 12 semanas e conter mais informações detalhadas sobre os impactos potenciais na saúde, além de incluir um processo mais longo de envolvimento com os interessados. Uma análise de impactos na saúde "completa" pode levar mais de seis meses.

dos homogeneamente entre a população.[23] As pesquisas têm mostrado que os pobres e os negros são desproporcionalmente expostos aos riscos ambientais. Por exemplo, um estudo da Universidade da Califórnia (Los Angeles) descobriu que, embora representem 40% da população do condado de Los Angeles, os latino-americanos residentes compõem os 60% dos moradores que vivem junto a empreendimentos extremamente poluentes.[24] Essa exposição desproporcional aos poluentes ambientais talvez se deva, em parte, ao fato de que os bairros pouco desejados e perto de áreas tóxicas são mais

---

[23] R. Morello-Frosch, M. Zuk, M. Jerrett, B. Shamasunder, A. D. Kyle, "Understanding the cumulative impacts of inequalities in environmental health: Implications for policy," *Health Aff.* 30 (2011): 879–887.

[24] A. Carlson and J. Zasloff, "Southern California Environmental Report Card: Environmental Justice," UCLA Institute of the Environment, Los Angeles, 2001, www.ioe.ucla.edu/reportcard/.

Princípios de projeto sustentável específicos à escala

As seções a seguir resumem princípios do Congresso para o Novo Urbanismo para a orientação de políticas públicas, práticas de desenvolvimento e projeto e planejamento urbano baseados na escala em questão.

A região: metrópoles, cidades grandes e pequenas

- A metrópole tem uma relação ambiental, econômica e cultural importante com as terras agrícolas e paisagens naturais do entorno.
- A construção em bairros com estruturas consolidadas conserva os recursos ambientais, os investimentos econômicos e a malha social.
- Os novos loteamentos devem ser organizados ao redor de bairros e distritos preexistentes; quando isso não for possível, é preciso organizar cidades pequenas e vilas com um equilíbrio entre postos de trabalho e habitações.
- As cidades grandes e pequenas devem beneficiar as pessoas com diferentes níveis de renda, evitando concentrar a pobreza.
- A região deve ser apoiada por uma rede de opções de transporte multimodal.
- As receitas e recursos devem ser compartilhados de maneira mais cooperativa entre as prefeituras e centros regionais.

O bairro, o distrito e o corredor urbano

- Os bairros devem ser compactos, priorizando os pedestres e o uso misto.
- É necessário interconectar as ruas de modo a promover caminhadas, viagens de automóveis mais curtas e conservação de energia.
- Uma ampla variedade de tipos de moradia e níveis de preço fortalece os laços cívicos das comunidades.
- Os corredores urbanos podem ajudar a revitalizar os centros urbanos, ao passo que as faixas de autoestrada costumam depreciar as áreas centrais preexistentes.
- Quando há uma densidade urbana adequada junto aos pontos de parada, o transporte público se torna uma alternativa viável ao uso de automóveis.
- O ideal é inserir as atividades cívicas, institucionais e comerciais em bairros e distritos, em vez de isolá-las em complexos remotos de uso único.
- Vários parques e espaços abertos devem ser conectados e distribuídos dentro dos bairros e distritos.

A quadra, a rua e a edificação

- A função principal de todos os projetos de arquitetura e paisagismo é definir fisicamente as ruas e os espaços públicos como áreas de uso comum.
- Os projetos de arquitetura individuais devem estar intimamente vinculados com o entorno.
- A revitalização de áreas urbanas depende da segurança das pessoas e do patrimônio. O projeto das ruas e das edificações deve contribuir para a segurança dos ambientes, mas sem comprometer a acessibilidade e a transparência.
- Nas metrópoles contemporâneas, os empreendimentos precisam acomodar automóveis de maneira adequada. No entanto, isso deve ser feito de modo a respeitar os pedestres e o formato dos espaços de uso comum.
- As ruas e praças devem ser seguras, confortáveis e interessantes aos olhos dos pedestres. Se configuradas adequadamente, elas encorajam a prática de caminhadas e permitem aos vizinhos trocar conhecimentos e proteger a comunidade.
- O projeto de arquitetura e paisagismo deve estar de acordo com o clima, a topografia, a história e as práticas de construção locais.
- Os edifícios cívicos e locais de reunião pública requerem terrenos importantes para reforçar a identidade da comunidade e a cultura democrática. Tais edificações devem ter tipologias distintas, visto que seus papéis são diferentes em relação aos demais edifícios e locais de reunião que fazem parte da malha urbana.
- Todas as edificações devem transmitir aos usuários uma sensação de localização, clima e tempo. Os métodos passivos de calefação e refrigeração podem ser mais eficientes no consumo de recursos que os sistemas mecânicos.

A preservação e a renovação de edificações históricas, distritos e paisagens garantem a continuidade e a evolução da sociedade urbana. Sistema LEED para o desenvolvimento de bairros.

baratos para as famílias de baixa renda, e, em parte, porque os moradores mais pobres têm menos capital político para se oporem contra essas empresas poluentes.

As respostas ao planejamento convencional norte-americano e à dispersão urbana

Ao mesmo tempo que os profissionais da saúde vêm reconhecendo a importância do planejamento, os planejadores urbanos e arquitetos também têm se dado conta de alguns dos custos do planejamento convencional. Ao longo das últimas décadas, os legisladores, planejadores urbanos e arquitetos têm formado novos movimentos e estruturas para a promoção de padrões urbanos sustentáveis ou se engajado em movimentos e esquemas já existentes. Enquanto o Green Building Council (USGBC – Conselho da Edificação Sustentável dos Estados Unidos) e outras organizações têm tido sucesso na promoção das técnicas de edificação sustentáveis, outras agências e organizações focaram em promover padrões de desenvolvimento que geram comunidades mais sustentáveis, frequentemente reconectando os esforços de planejamento e saúde pública em seus esforços. Dois dos movimentos mais consolidados para a promoção das comunidades sustentáveis são o Novo Urbanismo e o Crescimento Urbano Inteligente.

Novo urbanismo e crescimento urbano inteligente

O Congresso para o Novo Urbanismo (CNU) foi fundado em 1993 por um grupo de arquitetos que incluía Peter Calthorpe, Andrés Duany, Elizabeth Moule, Elizabeth Plater-Zyberk, Stephanos Polyzoides e Daniel Solomon. O Congresso para o Novo Urbanismo estava reagindo àquilo que considerava como sendo os impactos negativos do desenvolvimento urbano convencional: a dispersão e seus impactos ambientais e sociais negativos, incluindo a auto-orientação extrema, as demandas por infraestrutura não atendidas e o isolamento de populações economicamente desfavorecidas. De acordo com o movimento, a perda de espaços abertos, a degradação contínua do patrimônio arquitetônico, o desenvolvimento de comunidades projetadas visando ao uso do automóvel e o aumento da segregação social e econômica são questões inter-relacionadas que podem ser abordadas por meio do desenvolvimento urbano adequado. Em outras palavras, o Novo Urbanismo se propõe a projetar comunidades para pessoas, e não automóveis.

A Expansão Urbana Inteligente (*Smart Growth* – também chamada de Crescimento Inteligente) é uma estratégia que busca ajudar as comunidades a crescer e se desenvolver de modo a promover a prosperidade econômica, a preservação ambiental e uma sociedade justa e forte. O movimento da Expansão Urbana Inteligente surgiu no final da década de 1990 em resposta à dispersão suburbana (*urban sprawl*). As leis fundiárias estaduais e locais (de municípios e condados) – particularmente em Oregon, Colorado e Maryland – foram formalizadas em 1996 em um conjunto de princípios orientadores criados pela Agência de Proteção Ambiental dos Estados Unidos (EPA) por meio de seu Programa de Crescimento Inteligente, apoiado pela rede de Crescimento Urbano Inteligente, uma coalisão de mais de 35 organizações nacionais e regionais.[25] Conforme a Rede do Crescimento Urbano Inteligente, há 10 princípios de crescimento inteligente que deveriam orientar os empreendimentos urbanos e a conservação das comunidades. Esses princípios incluem a criação de uma ampla variedade de oportunidades de moradia, senso de lugar e escolhas de transporte, bem como preservar os espaços abertos, dar uso misto ao solo urbano e encorajar as comunidades e a participação do setor privado.

Os dez princípios do crescimento inteligente

- *Criar uma variedade de oportunidades e opções de moradia.* A oferta de habitações de qualidade para pessoas com diferentes níveis de renda é fundamental para qualquer estratégia de expansão inteligente.
- *Criar bairros onde se possa caminhar.* Comunidades onde se pode caminhar são locais agradáveis para morar, trabalhar, estudar, rezar e se divertir, representando, portanto, um componente essencial da expansão inteligente.
- *Encorajar a colaboração da comunidade e dos envolvidos.* A expansão urbana pode criar ótimos locais para se morar, trabalhar e se entreter – desde que corresponda às expectativas da comunidade.
- *Fomentar comunidades distintas e atraentes com um forte senso de lugar.* A expansão urbana inteligente encoraja as comunidades a estabelecer metas e estipular padrões de desenvolvimento e construção que correspondam aos valores comunitários em termos de estética e diferenciação, oferecendo, também, mais opções de moradia e transporte.
- *Tomar decisões de desenvolvimento previsíveis, justas e efetivas em custo.* Para ter sucesso ao implementar a expansão urbana inteligente, é importante que a comunidade conte com o apoio do setor privado.
- *Promover os usos mistos do solo.* A expansão urbana inteligente apoia a integração dos usos mistos do solo dentro das comunidades, encarando-os como um componente fundamental para se ter um melhor lugar para viver.
- *Preservar espaços abertos, terras agrícolas, belezas naturais e áreas ambientais sensíveis.* A preservação dos espaços abertos apoia os objetivos de expansão urbana inteligente (ou controlada) reforçando as economias locais, preservando áreas ambientais sensíveis, elevando a qualidade de vida das comunidades e orientando a nova expansão de comunidades preexistentes.
- *Oferecer uma variedade de opções de transporte.* A oferta de mais opções de moradia, de comércio, de comunidades e de transporte é essencial para a expansão urbana inteligente.
- *Fortalecer e orientar o desenvolvimento de comunidades preexistentes.* A expansão urbana inteligente orienta o desenvolvimento de comunidades preexistentes que já contam com infraestrutura, procurando utilizar os recursos que elas oferecem e conservar tanto os espaços abertos como os recursos naturais insubstituíveis da periferia urbana.

---

[25] U.S. Environmental Protection Agency, www.smartgrowth.org/network.php.

> • *Tirar partido do projeto de edificações compactas.* A expansão urbana inteligente oferece às comunidades oportunidades de incorporar o projeto de edificações mais compactas como uma alternativa ao desenvolvimento urbano convencional, com uso intensivo do solo.

O Sistema LEED para o desenvolvimento de bairros

Como já foi discutido neste livro, o Green Building Council (USGBC – Conselho da Edificação Sustentável dos Estados Unidos) é a principal entidade independente de certificação de projetos sustentáveis do país. O sistema de certificação de edificações sustentáveis do USGBC, conhecido como Liderança em Projeto de Energia e Ambiental (LEED), foi lançado em 1998. Dentro do programa LEED, existem seis tipos de sistemas de categorização ou certificação diferentes – cada um focado em um tipo distinto de edificação. O ponto comum de todos esses sistemas de categorização ou certificação é a priorização das tecnologias de construção sustentáveis implantadas no nível da edificação, especialmente nos interiores. O LEED para o Desenvolvimento de Bairros (LEED-ND) aborda os locais, o padrão e o projeto de bairros inteligentes, além das técnicas de construção sustentável na escala dos prédios. Lançado em 2009, o LEED-ND vêm sendo desenvolvido conjuntamente pelo Green Building Council, o Congresso para o Novo Urbanismo (CNU) e o Conselho de Defesa de Recursos Naturais, um dos principais defensores do crescimento inteligente nos Estados Unidos. Dessa forma, o LEED-ND integra as melhores práticas de cada movimento, servindo como uma lista de conferência de melhores práticas para as comunidades sustentáveis. Os novos loteamentos, e até alguns bairros preexistentes, que atendem às exigências de um sistema de categorização ou certificação de renome, exibem várias das melhores práticas em termos de uso do solo, transporte, projeto integrado com a natureza e projeto de urbanismo – implantando a tecnologia sustentável nos níveis tanto das edificações como do bairro.

Escalas de planejamento sustentável: a Carta do Novo Urbanismo

A Carta do Novo Urbanismo[26] identifica três escalas básicas de desenvolvimento: a região, o bairro e o prédio. Em cada escala, há uma série de princípios que definem a qualidade e a personalidade do ambiente construído, ajudando a gerar definições apropriadas de comunidades sustentáveis. Essa diferenciação é útil para pensarmos sobre como abordar o planejamento sustentável em uma comunidade. As regiões são formadas por cidades grandes, cidades pequenas e distritos ou comunidades. O Novo Urbanismo vê cada cidade como parte de uma região maior, enfatizando que, ao planejar pensando em seu desenvolvimento futuro, devemos compreender seu lugar dentro de uma região maior e em relação às cidades de entorno. Os blocos de construção primários das cidades incluem bairros, distritos e corredores urbanos que têm usos mistos, em vez de distritos com usos de solo convencionais segregados. Os bairros são, essencialmente, áreas residenciais com espaço para se caminhar e que têm personalidades ou identidades únicas, sendo construídos ao redor de um ou mais nós, como parques, escolas ou centros comerciais. Os distritos são, predominantemente, áreas de uso único separadas das demais partes da cidade. Eles consistem nos principais centros de trabalho e varejo, ainda que, em áreas de crescimento rápido, algumas subdivisões de uso único e com separação física também possam ser consideradas distritos. Os corredores urbanos, por sua vez, são áreas de desenvolvimento linear e, frequentemente, de uso misto, localizadas nos maiores corredores de transporte, como vias arteriais. Os empreendimentos focados no trânsito se concentram ao longo de tais corredores. Na escala da quadra, rua e prédio, os detalhes do ambiente construído – definidos tanto pelos detalhes de arquitetura como de paisagismo – estão na proporção do pedestre. As dimensões dos quarteirões e o projeto das edificações conferem uma ênfase equivalente nos usos de pedestres e veículos.

Componentes do planejamento da cidade sustentável

Como foi observado ao longo deste livro, o projeto integrado cria um *todo* que é muito superior à soma das partes. Embora as peças que compõem a sustentabilidade possam ser positivas por si sós (como é o caso das edificações sustentáveis), a criação de comunidades sustentáveis requer processos de planejamento e projeto em nível municipal e regional, e não apenas na escala do edifício propriamente dito. Decidir onde empreender e de acordo com quais parâmetros é uma aplicação importante do planejamento sustentável. A implantação apropriada para o meio ambiente, o planejamento inteligente da implantação, o projeto urbano sustentável e a infraestrutura verde na escala do bairro são alguns dos principais componentes da criação de comunidades sustentáveis. Eles devem estabelecer as bases da arquitetura sustentável e estar totalmente integrados a todos os projetos sustentáveis. A seguir, trataremos de cada uma dessas questões.

A implantação apropriada ao meio ambiente

Implantar edificações e construções de maneira sensível ao contexto natural é um aspecto importante da proteção da qualidade ambiental local. Isso é particularmente importante para a ocupação de terrenos em zonas rurais, planícies aluviais, habitats selvagens, pântanos e terrenos íngremes, ou em áreas próximas a essas. Sob uma perspectiva sustentável, construir em terrenos urbanizados e ocupados anteriormente é preferível a construir em áreas virgens, uma vez que os primeiros dificilmente conterão recursos biológicos valiosos, como terras agrícolas, charcos e áreas de vegetação e vida selvagem. As planícies aluviais e os terrenos íngremes – cujo aproveitamento pode resultar em aumento da erosão, riscos para a segurança, destruição de habitats de vida selvagem e aumento da poluição da água – também são menos comuns em solos previamente ocupados; esse, no entanto, não é sempre o caso, como evidenciam cidades com topografia acidentada como São Francisco, no Estado da Califórnia, ou sujeitas

---

[26]Talen, Emily, and the Congress for the New Urbanism. *Charter of the New Urbanism* (2nd ed.), Boston: McGraw-Hill Education, 2013.

Definição do sucesso do desenvolvimento sustentável no longo prazo

Abena Darden, LEED AP ND

Como vimos neste capítulo, há várias maneiras de planejar e projetar novas comunidades tendo os princípios de projeto sustentável em mente. Há padrões e sistemas de certificação que os planejadores e líderes urbanos e regionais podem utilizar para guiar normas de zoneamento e desenvolver novos planos diretores para suas comunidades. Mas como se parece um empreendimento urbano sustentável anos após a aplicação de seus princípios? De que modo planejadores, arquitetos e empreendedores podem garantir que as comunidades continuem a prosperar de modo sustentável?

Os novos empreendimentos e as renovações de comunidades degradadas frequentemente implicam anos de planejamento, envolvimento comunitário e aprovação dos órgãos competentes para o projeto tomar forma, e, depois, ainda há o tempo de construção. Durante esse período, tendo-se diretrizes a seguir, a sustentabilidade pode desempenhar um papel crucial no modo como a intervenção é imaginada. Porém, muitas vezes, durante esse processo de projeto e construção, os síndicos e administradores das propriedades, que posteriormente se encarregarão da gestão diária dos novos espaços, e os inquilinos que ali viverão e manterão suas casas, não têm as mesmas ferramentas e recursos necessários para essas comunidades sustentáveis.

A sustentabilidade no nível comunitário é mais do que o planejamento, projeto e construção: é a criação de um senso de lugar no qual os moradores, visitantes e empregadores estão conectados entre si, com seus entornos e a vibração cultural da região. Ao criar um senso de lugar e convívio apropriado à região, os empreendedores e planejadores têm a oportunidade de engajar a comunidade em uma discussão sobre como viver e interagir entre si e com o meio ambiente de modo responsável.

Estudos de caso têm mostrado que os bairros com jardins comunitários e praças públicas que acomodam eventos da comunidade, como feiras de produtos agrícolas, exibições de arte pública ou peças de teatro públicas, geram uma interação social positiva, um processo contínuo que exige a promoção de relacionamentos e o envolvimento. Durante o processo de planejamento, é importante identificar os grupos comunitários que podem ajudar a sustentar esses objetivos e a criar um apoio contínuo. Outra opção é trabalhar com os parceiros locais, como as operações âncora, que desempenharão um papel vital na manutenção da imagem de um corredor principal de comércio varejista ou na oferta de serviços a uma praça comunitária.

O Northwest Gardens, em Fort Lauderdale, Flórida, é um projeto com pré-certificação LEED para o Desenvolvimento de Bairros que apresenta uma proeminente horta de uso comunitário, construída para fornecer alimentos frescos em uma área na qual não havia nada parecido. Após a ocupação, contudo, a horta foi várias vezes atacada por vândalos pertencentes à própria comunidade. Os agressores foram identificados, e a comunidade se deu conta de que construir uma comunidade sustentável não bastava – ela tinha de dar um passo além.

Os moradores jovens, ao estabelecer uma parceria com uma organização de trabalhadores locais e oferecer treinamento e cursos vocacionais sobre a edificação sustentável, realmente se envolveram com essa nova comunidade, tornando-se seus defensores e assumindo a horta, que hoje prospera.[1]

Fresno, na Califórnia, oferece outro exemplo de como uma cidade trabalhou com os princípios de longo prazo do resultado final triplo (social, ambiental e financeiro) para criar uma área central que promovesse as relações cívicas e a sustentabilidade. Durante a década de 1960, Fresno inaugurou seu centro comercial Fulton Mall, uma área reservada a pedestres. Os negócios floresceram e os visitantes estacionavam seus carros e caminhavam entre lojas, cafeterias, restaurantes e outros empreendimentos. Nos anos seguintes, a economia entrou em crise e os negócios começaram a fechar. O local se tornou decadente, com muitas áreas abandonadas, praticamente nenhum tráfego de pedestres e sem atividades noturnas.

Em 2013, a cidade decidiu reabrir a rua para o trânsito de veículos, para aumentar o acesso à área e resgatar parte do movimento que havia se transferido aos centros comerciais lineares (*strip malls*) que haviam proliferado longe do centro. Com um subsídio TIGER de 15,9 milhões de dólares obtido com o Departamento de Transporte dos Estados Unidos, a cidade, junto com parceiros locais, reabriu o Fulton Mall ao tráfego de veículos, buscando revitalizá-lo com a atmosfera de uma *main street* (rua comercial principal), para aumentar conexões, acessibilidade, relações com a comunidade e senso de lugar. O objetivo também era resgatar a vitalidade econômica da área. Com essa revitalização e resgate do senso de lugar, o Fulton Mall hoje realiza eventos comunitários; durante o inverno, oferece um rinque de patinação no gelo conhecido como "Carthop"; e, durante o verão, recebe *food trucks* locais e eventos artísticos, atraindo a comunidade.[2]

Os empreendedores também podem estabelecer uma série de normas e condicionantes para os futuros investidores, proprietários de moradias e administradores de condomínio, que estarão em vigor durante toda a vida útil do empreendimento. Entre essas normas pode-se incluir a proteção de barrancos íngremes, a redução da poluição

---

[1] Abena Darden, "Why LEED-ND? The Neighborhood Certification Value Proposition Connect & Learn," Presentation, GreenBuild, 2014.
[2] www.downtownfresno.org/about/fulton-corridor.

> luminosa, a preservação de habitats e a administração e manutenção de áreas paisagisticamente tratadas. Todos esses fatores pós-intervenção têm um papel crucial na garantia de que uma comunidade projetada para ser sustentável consiga manter sua vitalidade.
>
> A sustentabilidade no nível do bairro e da comunidade é um processo contínuo de colaboração, pensamento para o futuro e evolução de acordo com as mudanças constantes das necessidades ambientais, econômicas e culturais. Quando os planejadores e empreendedores elaboram o plano diretor do projeto, as estratégias de sustentabilidade de longo prazo devem ter o papel de conferir identidade à comunidade. Os novos bairros podem florescer e ter muito sucesso com o estabelecimento de parcerias locais para os esforços pós-ocupação de sustentabilidade, oferecendo centros culturais para os moradores e se protegendo para os futuros ciclos de flutuação econômica.

a enchentes, como Nova Orleans ou as cidades ao longo do Rio Mississippi. Sempre que uma área for urbanizada, o tratamento ambiental adequado do sítio é fundamental para se criar um empreendimento verdadeiramente sustentável.

As terras agrícolas

Evitar a ocupação de terras agrícolas produtivas é essencial para a seleção de um sítio sustentável, bem como para o novo urbanismo e a expansão urbana controlada. A fundação American Farmland Trust estima que, no período de 25 anos entre 1982 e 2007, 16,6 milhões de hectares de terras rurais (uma área correspondente às dos estados de Illinois e Nova Jersey juntas) foi convertida de modo irreversível em área urbana. A taxa de conversão anual entre 2002 e 2007 foi de 570 mil ha. A razão para o ritmo crescente de urbanização de terras agrícolas é a dispersão urbana com baixa densidade. O Fundo de Terras Agrícolas dos Estados Unidos também estima, por exemplo, que durante o período de 1982 a 1997 a quantidade de sítios urbanizados nos Estados Unidos cresceu 57%, embora a população do país tenha aumentado apenas 30%. Da mesma forma, desde 1994, a construção de loteamentos habitacionais com mais de 10 acres representa 55% das áreas urbanizadas do país.[27]

A construção de edificações compactas em sítios configurados ou previamente ocupados perto de áreas urbanas centrais é um modo seguro de evitar a ocupação de terras agrícolas. Além disso, a preservação de cinturões verdes compostos por terrenos não urbanizados contíguos ao redor de áreas urbanas também contribui para a conservação de terras agrícolas. Apesar de serem importantes por representarem espaços abertos esteticamente agradáveis, as terras agrícolas são essenciais para se garantir a produção de alimentos, já que constituem fontes de abastecimento garantido para cidades e países.

As planícies aluviais

Ao escolher um terreno sustentável para um novo empreendimento, é importante evitar o uso de planícies aluviais conhecidas. Muitos rios e córregos encontrados em áreas urbanas foram canalizados, tubulados ou cobertos, seja para proteger empreendimentos preexistentes contra enchentes, seja para liberar novas áreas (que eram planícies aluviais) para fins de ocupação. Contudo, com os eventos climáticos extremos se tornando mais comuns, muitas das proteções dessas áreas não têm sido efetivas e continuarão com esse problema. Além disso, manter intactas planícies aluviais protege espaços abertos que frequentemente são habitats de importantes espécies da fauna e flora ou têm função agrícola. Evitar a urbanização de planícies aluviais, em primeiro lugar, protege os rios e córregos, que, geralmente, passam a ser controlados ou canalizados somente quando aqueles que estão construindo em tais locais percebem que há risco de enchente. Ademais, as planícies aluviais funcionais desempenham um papel fundamental na limpeza e na filtragem de águas pluviais, sendo que, quando intactas, costumam criar um sistema hidrológico capaz de conter enchentes até certo ponto.

Os habitats de vida selvagem e pântanos

A ocupação sustentável de terrenos deve conservar ou restaurar áreas de vida selvagem nativa e pântanos. O Índice do Planeta Vivo da Rede WWF, que mede as tendências globais para as espécies vertebradas terrestres, marítimas e de água doce, estima um declínio de 52% nessas espécies entre 1970 e 2014.[28] Junto com a poluição, a dispersão de espécies nativas, a superexploração de espécies (como a pesca excessiva e a caça ilegal) e as mudanças climáticas, a perda de habitats é uma das principais causas humanas do declínio das espécies no mundo inteiro.[29] A urbanização também pode resultar na perda de habitats (Figura 17-3).

Os principais componentes da gestão sustentável de espécies e habitats naturais incluem a preservação dos recursos preexistentes, a restauração dos recursos degradados e sua gestão sustentável no futuro. Como ocorre com as terras agrícolas, é extremamente difícil e, às vezes, impossível restaurar habitats virgens já comprometidos. Isso significa que a preservação dos recursos ecológicos preexistentes é prioritária para a seleção de sítios sustentáveis, sendo que os novos empreendimentos urbanos não devem ocupar habitats de vida selvagem nem pântanos (Figura 17-4). Quando determinado habitat natural é degradado por ocupação

---

[27]Todos os dados apresentados neste parágrafo foram extraídos do projeto "Farming on the Edge", do *American Farmland Trust*, http://www.farmland.org (site acessado em janeiro de 2015).

[28]World Wildlife Fund, Zoological Society of London Global Footprint Network, and Water Footprint Network, "Living Planet Report 2014: Species and Spaces, People and Places," 2014, http://wwf.panda.org/about_our_earth/all_publications/living_planet_report/.

[29]World Wildlife Fund, Global Footprint Network, and Zoological Society of London, "2010 and Beyond: Rising to the Biodiversity Challenge," (Gland, Switzerland: World Wildlife Fund, 2008).

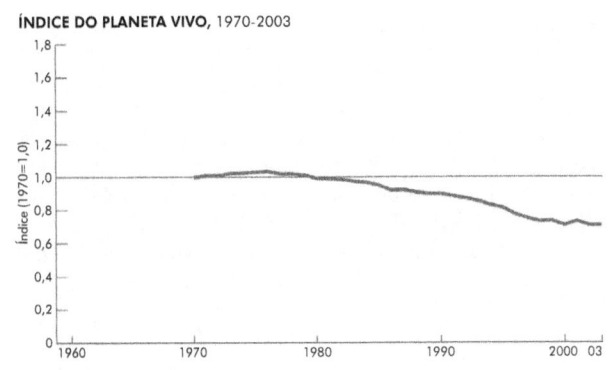

FIGURA 17-3 Índice do Planeta Vivo da Rede WWF (antes conhecida como Fundo Mundial para a Natureza).

anterior, por espécies invasoras ou atividades humanas, o reaproveitamento da área pode ser uma oportunidade para restaurá-la. Isso inclui técnicas como a plantação de espécies nativas, a remoção de espécies invasoras, a recuperação hídrica de pântanos secos, a restauração da hidrologia natural em riachos e rios e a criação de programas de reabilitação da vida selvagem. Também é possível preservar ou restaurar habitats naturais na comunidade como parte de projetos de desenvolvimento. Além disso, é igualmente importante garantir a manutenção e a integração dos programas e projetos de restauração instituídos às atividades humanas desenvolvidas em um sítio.

Os terrenos acidentados

A ocupação urbana de terrenos acidentados pode resultar no aumento da erosão do solo que, além de degradar o habitat de espécies, desestabiliza os sistemas aquáticos naturais. Por outro lado, os terrenos íngremes que preservam sua condição natural conseguem manter o solo superficial e continuam sendo áreas de vida selvagem, filtrando e reduzindo naturalmente as águas pluviais e outros escoamentos. Com a plantação de espécies nativas, os terrenos acidentados que foram destituídos de vegetação voltam a ser sustentáveis. É menos provável que os terrenos íngremes com vegetação ameacem a segurança das pessoas quando ocorrem desmoronamentos e enchentes. Na medida do possível, as novas edificações devem evitar áreas com declividades superiores a 25%. Caso sejam criados loteamentos em terrenos com declividade superior a 25%, deve-se adotar medidas para evitar os impactos negativos descritos acima.

Localidades inteligentes e planejamento

A seleção e o planejamento do local de um empreendimento são fundamentais para a sustentabilidade. É extremamente difícil (e muitas vezes impossível) devolver uma área urbanizada a seu estado natural; logo, a seleção do local do empreendimento costuma ser definitiva. As localidades inteligentes usam o solo de maneira eficiente, possibilitando o uso dos vários modos de transporte e o trânsito de pedestres. Por outro lado, a criação de empreendimentos em terrenos afastados dos centros de tráfego e populacionais dificulta o trânsito de pedestres e veículos, além de consumir grandes parcelas

FIGURA 17-4 O Rio Los Angeles, um exemplo de corpo de água natural que dava suporte ao ecossistema regional e foi convertido a um sistema de gestão de águas pluviais.

de solo. Até no caso de edificações que usam técnicas de construção sustentáveis, a má escolha da localidade costuma neutralizar ou ofuscar os benefícios resultantes.

Reocupação e reúso

Construir em áreas já urbanizadas faz parte do uso sustentável do solo. Os *sítios virgens* (*greenfields*) são todos aqueles ainda não urbanizados, compostos, geralmente, por áreas ecologicamente produtivas, como florestas ou terras agrícolas. A suburbanização convencional (dispersa) envolve subdividir uma área ainda não urbanizada para a edificação e se baseia na oferta ilimitada de terras virgens a baixo custo, muitas vezes favorecendo os vazios urbanos. Os empreendimentos com urbanização dispersa (com *leapfrogs* ou vazios urbanos) se afastam cada vez mais dos centros da cidade, deixando grandes glebas vazias dentro dos limites urbanos e, consequentemente, consumindo e rompendo as áreas verdes ainda não urbanizadas. Um dos princípios mais importantes da sustentabilidade afirma que os recursos naturais, incluindo os sítios virgens, são limitados. À medida que a oferta de sítios virgens baratos diminui, e que os espaços abertos, terras agrícolas e habitats para a vida selvagem se tornam bens cada vez mais valiosos, os terrenos já urbanizados se tornam um requisito importantíssimo para o desenvolvimento sustentável.

Os terrenos que já foram ocupados, por outro lado, podem ser utilizados indefinidamente, por meio da reocupação (reconstrução ou reciclagem de uso). Esses sítios são ditos configurados por já serem total ou parcialmente circundados por lotes anteriormente urbanizados. A urbanização por inserção em áreas já configuradas utiliza o solo de maneira eficiente, preservando *cinturões verdes* coerentes com espaços abertos acessíveis ao redor das cidades. Conforme descrevemos abaixo, ela promove o trânsito de veículos e pedestres de modo muito mais efetivo que a urbanização aos saltos. Um estudo conduzido pela Agência de Proteção Ambiental dos Estados Unidos (EPA) descobriu que a ocupação de vazios urbanos ou terrenos em áreas já configuradas produz benefícios significativos ao meio ambiente e ao transporte.[30]

Os *brownfields* (sítios contaminados) são sítios já ocupados (e, em geral, em áreas urbanas configuradas) que foram contaminados por usos industriais e armazenagem ou descarte de produtos tóxicos, entre outros. Postos de gasolina, equipamentos industriais e bases militares antigas são alguns exemplos de *brownfields*. Uma vez que geralmente requerem a remoção dos contaminantes existentes antes da nova ocupação, o processo costuma ser complicado e dispendioso, fazendo com que tais terrenos fiquem abandonados. Sob a perspectiva da sustentabilidade, porém, os *brownfields* são locais particularmente desejáveis para fins de ocupação. A ocupação bem sucedida de *brownfields* oferece os mesmos benefícios dos sítios já configurados e ocupados, restaura a qualidade ecológica do local e remove as ameaças à saúde representadas pela contaminação. Embora o ideal seja, evidentemente, evitar a criação de *brownfields*, o reaproveitamento dos preexistentes é uma prioridade para fins de uso do solo sustentável.

O desenvolvimento orientado pelo trânsito

O desenvolvimento urbano orientado pela proximidade aos meios de transporte – geralmente chamado de "desenvolvimento orientado pelo trânsito" – tornou-se uma abordagem cada vez mais aceita e promovida por cidades, bairros e agências de transporte. A implantação de empreendimentos perto dos sistemas de trânsito preexistentes aumenta as possibilidades de que as pessoas utilizem o transporte público. Já que o transporte público de sucesso requer certo nível de densidade populacional para funcionar, é inviável, caro e incomum promovê-lo em áreas suburbanas de baixa densidade. Por outro lado, a implantação perto de serviços de transporte preexistentes (geralmente em áreas urbanas ou perto de áreas centrais) apoia os sistemas de transporte e oferece alternativas ao uso de automóveis para os usuários das edificações. O desenvolvimento orientado pelo trânsito costuma incluir muito menos áreas de estacionamento que o número geralmente exigido pela legislação municipal.

Priorizar o trânsito de pedestres em relação ao transporte público pode oferecer muitos benefícios em termos de qualidade do ar, qualidade de vida e saúde pública. Inúmeros estudos já concluíram que um dos principais determinantes do uso do transporte público é a proximidade com serviços de alta frequência e alta densidade. Os dados do Levantamento Nacional do Transporte Pessoal dos Norte-Americanos descobriu que, para deslocamentos diários normais, 70% das pessoas caminham até 150 m; 40% até 300 m; e 10% até 800 m.[31] Um estudo preparado pelo professor Robert Cervero, da Universidade da Califórnia, Berkeley, descobriu que os indivíduos que moram perto das estações de trem suburbano da rede de Trânsito Rápido Pessoal da Baía (BART), na área da Baía de São Francisco, eram aproximadamente cinco vezes mais propensas a ir trabalhar de trem do que o residente padrão da mesma cidade (Figura 17-5). Cervero também descobriu que a opção por viagens de trem diminui em aproximadamente 0,85% para cada 30 metros a mais de distância.[32] Portanto, implementar empreendimentos habitacionais e não habitacionais a uma distância a pé segura e atraente dos pontos de parada aumenta o uso do transporte público, reduz o uso de automóveis e aumenta as qualidades ambiental e de vida totais da comunidade.

Usos mistos

Embora separar usos poluentes ou intensamente industriais dos usos habitacionais e comerciais ainda seja considerado a melhor prática, verifica-se uma preferência crescente por permitir que os padrões fundiários habitacionais, comerciais e de moradia-trabalho se misturem e contribuam uns para os outros. A implantação de empreendimentos perto de áreas de uso misto (habitacional e comercial) diminui a necessidade de se percorrer longas distâncias atrás de bens e serviços. O fato de morar e trabalhar na mesma edificação, ou na mesma área, reduz os impactos ambientais associados ao deslocamento. Os usos mistos encorajam as pessoas a caminhar ou pedalar para atender às suas necessidades diárias; além disso, as viagens de carro necessárias costumam ser mais curtas que em localidades suburbanas convencionais. Em geral, os centros históricos e áreas urbanas apresentam usos mistos bastante diversificados, visto que muitas das edificações que foram construídas antes dos subúrbios – e da separação rígida dos usos – se tornaram populares. Os centros históricos e áreas urbanas também têm uma maior densidade populacional, o que facilita a ocorrência de usos mistos diversificados.

A mistura de usos pode ser horizontal (quando as edificações habitacionais ficam perto de um minimercado, por exemplo) ou vertical, sempre que uma única edificação abriga usos múltiplos. Os exemplos de edificações de uso misto incluem lojas junto ao passeio público com oficinas nos fundos, lojas de varejo no pavimento térreo com habitação nos pavimentos superiores ou negócios realizados dentro das próprias edificações. A maioria das cidades históricas em todo o mundo, sejam elas grandes ou pequenas, contêm edificações de uso misto. Ainda que sua existência seja desencorajada e às vezes até mesmo ilegal em loteamentos suburbanos convencionais, as edificações de uso misto estão voltando a ser aceitas nas cidades dos Estados Unidos, representando uma tendência defendida pelos proponentes da expansão urbana inteligente, do novo urbanismo e da sustentabilidade.

O projeto de urbanismo sustentável

Um projeto de urbanismo de alta qualidade é fundamental para a criação de comunidades sustentáveis. Contudo, na segunda metade do século XX, a maior parte dos loteamentos suburbanos convencionais adotou uma abordagem acrítica e massificada ao projeto de urbanismo. A suburbanização convencional tende a ser mal conectada com os usos das

---

[30] E. Allen, G. Anderson, and W. Schroeer, *The Impacts of Infill vs Greenfield Development: A Comparative Case Study Analysis*, #231-R-99-005. Washington, DC: U.S. Environmental Protection Agency, Office of Policy, 1999.

[31] Richard K. Untermann, "Accommodating the Pedestrian: Adapting Towns and Neighborhoods for Walking and Bicycling." In *Personal Travel in the U.S., Vol. II, A Report of the Findings from 1983–1984*. NPTS, Source Control Programs. New York: Van Nostrand Reinhold, 1984.

[32] Robert Cervero, "Ridership Impacts of Transit-Focused Development in California." Working Paper No. 176, University of California Transportation Center, 1993.

FIGURA 17-5 Um empreendimento urbano voltado para o transporte público.

áreas vizinhas e a depender de automóveis. A ideia de que o projeto urbano sustentável deve aprimorar o espaço público fundamenta grande parte dos conceitos incluídos neste capítulo. Um tecido urbano de alta qualidade é essencial para a criação de cidades sustentáveis onde as pessoas queiram viver, caminhar, se reunir e permanecer. Entre os principais componentes do planejamento de cidades sustentáveis, e também do Novo Urbanismo e da Expansão Urbana Inteligente, encontra-se o projeto de cidades grandes e pequenas orientadas para os pedestres, priorizando outros fatores além do fluxo cada vez mais rápido do trânsito. A seguir, discutiremos os componentes-chave para se superar esses desafios, ou seja, alcançar a conectividade, a urbanização compacta, a adequação das novas edificações ao tecido urbano existente e a ênfase ao reúso e à diversidade, bem como a criação de espaços públicos e áreas verdes adequados.

A conectividade

A conectividade representa a objetividade, ou o número, de rotas seguras disponíveis entre diferentes origens e destinos. Estabelecer a conectividade desde o início do planejamento é crucial para que todos os demais componentes do projeto sustentável funcionem e é difícil de se implementar quando uma gleba já está urbanizada. Bairros e comunidades com alta conectividade permitem que as pessoas caminhem até o trabalho, lojas ou para recreação; diminuem a duração dos deslocamentos de automóvel quando eles são realmente necessários; e promovem as conexões sociais. Uma forte conectividade física dentro da cidade pode aprimorar as redes de ciclovias e ciclofaixas e o acesso dos usuários a parques, escolas, empresas, bairros e outros recursos comunitários – e já está comprovado que o nível de conectividade é um dos principais fatores que determinam a disposição das pessoas a caminhar.[33] O exemplo clássico de uma área com baixa conectividade é o cul-de-sac suburbano. No caso de usuários que vivem em culs-de-sac, às vezes é impossível caminhar até uma habitação vizinha ou loja simplesmente porque não há conexão (Figura 17-6). O ato de dirigir ou caminhar até o mesmo destino às vezes exige uma rota longa e tortuosa. As comunidades sustentáveis, por outro lado, oferecem uma alta conectividade física, especialmente para pedestres, ciclistas e usuários do transporte público. Isso costuma significar que as ruas devem ser lançadas em uma grelha ortogonal ou modificada, com quadras relativamente curtas (com 180 m ou menos).

A urbanização compacta

A urbanização compacta é uma exigência essencial para se promover o ato de caminhar, reduzir a demanda de transporte, fornecer usos mistos diversificados e evitar a dispersão urbana. A compacidade relativa de uma área urbanizada é importante

---
[33]Donald S. Shoup, *The High Cost of Free Parking* (Chicago: Planners Press, American Planners Association, 2005), 143–144.

FIGURA 17-6 Os moradores deste cul-de-sac suburbano têm pouca conexão com a maior parte de sua comunidade e bairro.

em razão da proximidade das edificações, o que influencia a distância a ser percorrida pelas pessoas até determinado destino. Quando a densidade é baixa, como ocorre na maioria dos bairros suburbanos, os automóveis são os meios de transporte mais efetivos, visto que as habitações ficam distantes entre si e de outros destinos, como escolas, lojas e locais de trabalho. Nas cidades grandes, onde as edificações ficam agrupadas, é possível ir a pé de uma edificação a outra ou a outros destinos. Concentrações maiores de pessoas, que são encontradas em áreas mais compactas em termos de edificações, também tornam o transporte público mais viável economicamente, enquanto as áreas de baixa densidade urbana não conseguem sustentar essa infraestrutura ou mesmo construí-la.[34] O grau de compacidade, em geral, é medido em termos de densidade ou intensidade. Em geral, a densidade se refere ao número de unidades de moradia (casas, apartamentos, casas em fita, duplexes, etc.) ou edificações por área de solo. A intensidade ou coeficiente de aproveitamento do terreno, medida pela área construída, costuma se referir às edificações comerciais ou de uso misto, medindo a quantidade total de área de edificações por área de solo. A urbanização compacta também é mais sustentável, visto que utiliza menos solo para oferecer habitações e locais de trabalho para o mesmo número de pessoas, usando a infraestrutura – como redes de água, esgoto e eletricidade – de maneira mais eficiente.

As edificações e o tecido urbano

As edificações interagem com o tecido urbano e o influenciam; todavia, uma vez que o projeto de arquitetura costuma contemplar uma edificação por vez, é comum tratá-las como entidades independentes. Entretanto, as edificações cujos projetos não consideram a integração externa dentro da comunidade perdem a oportunidade de criar comunidades sustentáveis. Uma analogia comum define as ruas e espaços públicos urbanos como "salas de uso público". As edificações representam as paredes, ao passo que as ruas e calçadas, o interior da sala em questão. As comunidades sustentáveis têm espaços públicos confortáveis, bem projetados e bem proporcionados. Em geral, as edificações bem inseridas em seu entorno são as que mais contribuem para a criação de um tecido urbano de alta qualidade.

As edificações desempenham um papel importante na criação de "ruas onde se possa caminhar", isto é, ambientes confortáveis para os pedestres, que encorajam o deslocamento a pé e consequentemente aumentam a saúde pública e reduzem os impactos ambientais. As proporções da "sala de uso público", ou seja, a altura das edificações em relação à largura das ruas, devem transmitir uma sensação de conforto para os pedestres. As edificações demasiadamente baixas em relação

---
[34] John Holtzclaw, et al., "Location Efficiency: Neighborhood and Socio Economic Characteristics Determine Auto Ownership and Use: Studies in Chicago, Los Angeles, and San Francisco," *Transportation Planning and Technology* 25 (March 2002): 1–27.

à rua carecem de uma sensação de lugar, proteção e escala. Por outro lado, as edificações muito recuadas em relação à rua e separadas das calçadas por grandes estacionamentos transmitem, para os pedestres, uma sensação de "sala de uso público" ainda menor. Os demais fatores que deterioram o ambiente aos olhos dos pedestres incluem paredes cegas em quantidade excessiva, edificações com entradas infrequentes, janelas com venezianas ou postigos (escuros) e fachadas pouco atraentes. Grande parte desses elementos negativos se une para formar um dos exemplos modernos mais bem-conhecidos de ambientes pobres aos olhos dos pedestres – o *shopping center* de subúrbio. Em áreas com vários centros comerciais lineares, é comum encontrar uma rua ampla com calçadas estreitas (ou simplesmente sem calçadas) e grandes estacionamentos separando edificações monótonas em termos de arquitetura. Tais locais carecem de qualquer sensibilidade com os pedestres, encorajando, ativamente, o uso de automóveis em detrimento dos outros meios de transporte. Ironicamente, muitas das características dos centros comerciais lineares – como edificações de baixa densidade, estacionamentos amplos e grandes recuos viários – são exigidas por lei em muitos municípios. Contudo, as edificações que apresentam relações apropriadas entre suas alturas e a largura das ruas, fachadas agradáveis e convidativas e uma sensação de lugar são capazes de promover a sustentabilidade. Elas encorajam a conexão com a comunidade, elevam a qualidade do ambiente urbano e promovem caminhadas, melhorando a saúde pública e reduzindo os impactos ambientais decorrentes do transporte (Figura 17-7).

As edificações históricas e a reciclagem de uso

Reutilizar as edificações ao máximo – seja o prédio inteiro, apenas a pele ou somente os componentes reaproveitáveis após a demolição – é um princípio fundamental da arquitetura sustentável discutida neste livro. A preservação e a restauração de edificações, especialmente de prédios com algum significado histórico ou arquitetônico, também são importantes para o projeto de urbanismo e o planejamento de cidades sustentáveis. Além de economizar materiais, esses fatores são capazes de criar uma "sensação de lugar" que é crucial para comunidades sustentáveis e com calor humano. Prédios ou marcos históricos reformados podem se tornar locais importantes de reunião, despertar o interesse pela cidade e a conexão com ela e demonstrar publicamente a prioridade dada à reciclagem de uso e aos investimentos propriamente ditos. Ambientes urbanos atraentes e interessantes encorajam usos mistos diversificados, deslocamentos a pé, reuniões públicas e coesão social, assim como investimentos adicionais em comunidades preexistentes (Figura 17-8).

A diversidade de habitações

A diversidade de habitações ocorre quando diferentes tipos de moradia são oferecidos dentro de uma mesma comunidade. A oferta de moradias de qualidade para pessoas com níveis de renda distintos e em diferentes etapas da vida é parte integral das estratégias de comunidades sustentáveis. Não existe um tipo de habitação capaz de atender às necessidades variadas dos usuários atuais. Ao oferecer uma ampla variedade de tipos

FIGURA 17-7 Uma rua voltada para o pedestre em Jakobstad, Finlândia.

FIGURA 17-8 A arquitetura e o projeto urbano interessantes e de alta qualidade fomentam o senso de lugar.

A acessibilidade universal

A acessibilidade universal consiste em projetar de maneira a permitir acesso equivalente para todas as pessoas, independentemente de deficiências físicas, classe social, grupo étnico ou origem. No caso do projeto de arquitetura e urbanismo, a acessibilidade universal se refere à criação de edificações, parques, cruzamentos de ruas e outros espaços públicos que possam ser desfrutados e utilizados facilmente por todos. A acessibilidade universal não significa apenas oferecer acesso, mas oferecer acesso *equivalente*. Uma rampa de cadeira de rodas que leva à entrada lateral de uma edificação, e não à principal, por exemplo, oferece acesso, mas não um acesso equivalente. As técnicas específicas de projeto universal incluem a criação de moradias que atendam à Lei dos Norte-Americanos com Deficiências (Americans with Disabilities Act); a criação de entradas "sem degraus" para edificações habitacionais; a colocação de calçadas amplas o bastante para o trânsito de cadeiras de rodas em todas as ruas; e a construção de rampas nas intersecções de tráfego.

de habitação – por exemplo, casas unifamiliares, edifícios de apartamentos baixos, torres de apartamentos e habitações para usuários com necessidades especiais – a comunidade consegue fornecer opções de moradia para uma variedade igualmente ampla de pessoas, como estudantes, famílias jovens e idosos. Essa mescla permite que as pessoas permaneçam na comunidade à medida que suas necessidades mudam. Quando dois trabalhadores jovens se casam e têm filhos, por exemplo, suas necessidades de habitação mudam; elas exigirão mais espaço, uma garagem ou área para estacionamento e acesso a áreas de lazer. Por outro lado, quando os filhos crescem e saem de casa, os casais mais velhos precisam de menos espaço e talvez queiram passar menos tempo cuidando da casa ou do pátio. Ao oferecer diferentes tipos de habitação na mesma comunidade, as cidades possibilitam a essas famílias permanecer ali, mesmo com a mudança de suas necessidades.

Ao prever tipos múltiplos de habitação em cada bairro, a comunidade consegue receber uma população mais diversificada, promovendo a distribuição equilibrada de lares para todos os níveis de renda da região. Isso significa que as pessoas que ganham menos, mas são vitais para o funcionamento da comunidade – como professores e funcionários públicos – terão condições de viver e trabalhar em seu interior. Esse fator ajuda na sustentabilidade, uma vez que aproxima as moradias e locais de trabalho, reduzindo, consequentemente, o uso de automóveis e outros meios de transporte. Ele também reforça a sensação de comunidade, isto é, um local onde as pessoas podem morar, trabalhar, ver os filhos crescerem e se aposentar.

Parques e espaços públicos

Uma cidade sustentável completa oferece recursos e serviços que atendam às distintas necessidades de seus residentes em diferentes etapas de suas vidas: escolas, bibliotecas, prédios públicos, centros comunitários, locais de culto, centros de lazer, parques e outras áreas públicas. Esses confortos públicos são essenciais para se atender às necessidades culturais, sociais, espirituais e físicas, podendo ser uma das principais razões para que as pessoas optem por permanecer e investir em determinada cidade ou bairro.

Os parques e espaços abertos são particularmente importantes para os ambientes urbanos, onde áreas verdes e locais de refúgio e reflexão costumam ser escassos. Parques bem projetados também promovem a mobilidade e criam um senso de comunidade ou lugar, ao mesmo tempo que facilitam interações positivas entre os diferentes residentes de uma comunidade. Os espaços urbanos verdes também são uma ótima maneira de evitar alagamentos e enchentes e podem ser utilizados como zonas de transição ao longo de corpos de água ou em baixadas, protegendo da inundação os terrenos ocupados com prédios. Equipamentos comunitários de alta qualidade contribuem para outros conceitos de comunidades sustentáveis discutidos neste capítulo – e também se beneficiam deles. Tais conceitos incluem a conectividade, as ruas onde se possa caminhar, a urbanização compacta com usos mistos, o projeto de edificações que consideram a malha urbana, a reciclagem de uso de edificações e o projeto orientado para a natureza. Os equipamentos de uso público podem contribuir para a formação da comunidade, melhorando a coesão e a integração sociais e fomentando o envolvimento dos cidadãos. Esses equipamentos devem ocupar uma área central do bairro ou cidade, sendo acessados facilmente por meio do transporte público, a pé ou de bicicleta.

Os equipamentos e as opções de transporte

Em 1980, o total anual de milhas viajadas por veículo (VMT) nos Estados Unidos era de aproximadamente 1,5 trilhão. Em 2006, havia dobrado para 3,0 trilhões, superando em muito o crescimento populacional durante o mesmo período e indicando uma mudança monumental no comportamento de transporte.[35] O Comitê de Energia dos Estados Unidos relata que as atividades de transporte hoje correspondem a cerca de 30% das emissões dos gases causadores do efeito estufa nos Estados Unidos.[36] A maioria dos quilômetros viajados por veículo no país é percorrida com automóveis ocupados apenas pelo motorista. Um carro ocupado por apenas uma pessoa gera mais gás do efeito estufa por quilômetro viajado do que qualquer outro modal de transporte. A maioria dos outros modais – incluindo caminhadas, ciclismo, aplicativos de transporte público, compartilhamento de automóveis e transporte público – tem vantagens significativas em termos de sustentabilidade. Eles geram menos poluição e emissões de gases com efeito estufa por passageiro (exceto quando o transporte público subutilizado leva pouquíssimas pessoas por viagem), encorajam a prática de atividades físicas e melhoram a saúde, podem ser mais baratos e oferecem oportunidades para as pessoas que não têm condições de ter um carro ou que optaram por isso. Muitas das estratégias de urbanização descritas anteriormente aumentam radicalmente as chances de sucesso das formas de transporte diferentes do uso individual de automóveis (como caminhar, ciclismo, compartilhamento de carros e formas de transporte público). A disponibilização de um número maior de recursos atraentes para as opções de transporte alternativas e a reavaliação dos estacionamentos também encorajam essas formas de deslocamento (Figura 17-9).

Os equipamentos para pedestres

A melhor prática para se oferecer equipamentos para pedestres é incluir passeios em ambos os lados das ruas ou recursos equivalentes, como caminhos de pedestres específicos. Os exemplos de equipamentos para pedestres também incluem ruas ou áreas públicas fechadas, por inteiro ou parcialmente, para o trânsito de automóveis. Esses equipamentos devem oferecer acesso seguro desde as barreiras, como ruas movimentadas ou trilhos de trem, até uma variedade de destinos interessantes, como lojas e locais de trabalho, equipamentos comunitários, parques, praças e outros espaços de uso comum. Cruzamentos de calçadas, platôs, ilhas ou canteiros centrais e *lombadas de seção reta* estão entre as técnicas mais comuns para facilitar a travessia de pedestres em ruas movimentadas, assim como para indicar quais espaços são reservados para o trânsito de pedestres, e não de automóveis. As demais técnicas que aumentam o conforto e a segurança dos pedestres incluem a *moderação do tráfego* em ruas movimentadas mediante o uso de limites de velocidade mais baixos, a vegetação, o estreitamento de vias, as chicanas, as lombadas de seção reta e os canteiros, entre outras. *A paisagem da rua* – arborização pública, canteiros e mobiliário urbano – proporciona sombreamento, beleza e conforto aos pedestres (Figura 17-10). Conforme mencionamos neste capítulo, as edificações que agem como paredes agradáveis com pontos de interesse são essenciais para se oferecer equipamentos de alta qualidade

---

[35] U.S. Department of Transportation, Bureau of Transportation Statistics, Table 1-33, *National Transportation Statistics 2008*, www.bts.gov/publications/national_transportation_statistics/pdf/entre.pdf.

[36] U.S. Department of Energy, Energy Information Administration (EIA), "Distribution of Total U.S. Greenhouse Gas Emissions by End-Use Sector," *Emissions of Greenhouse Gases Report*, (Washington, DC: U.S. Department of Energy, EIA, 2007), www.eia.doe.gov/oiaf/1605/ggrpt.

FIGURA 17-9 A área necessária para deslocar o mesmo número de passageiros, mas usando-se diferentes modais de transporte.

FIGURA 17-10 Os espaços públicos de Paris, França, são exemplos requintados de ambientes urbanos bem-sucedidos.

para os pedestres. A segurança real e percebida contra o crime também é um fator importante para que os pedestres utilizem tais equipamentos com liberdade (Figura 17-11).

As ciclofaixas e ciclovias

Como ocorre com os equipamentos para pedestres, as ciclofaixas e ciclovias devem ser distribuídas em uma rede conectada, oferecendo acessos seguros e agradáveis para uma ampla variedade de destinos interessantes. Diferentemente dos pedestres, as bicicletas geralmente funcionam como os demais veículos e compartilham as vias com eles, o que faz com que a meta de uma rede cicloviária bem-sucedida seja diminuir os conflitos com os outros veículos e, ao mesmo tempo, proteger os ciclistas e promover viagens mais confortáveis. Em geral, as vias para bicicletas se dividem em Classe I, Classe II e Classe III. As vias da *Classe I* são reservadas para o uso exclusivo de ciclistas ou ciclistas e pedestres. As vias da *Classe II* são faixas demarcadas de largura mínima (ou "ciclofaixas"), designadas para o uso exclusivo de ciclistas em vias compartilhadas. As vias da *Classe III*, por sua vez, são compartilhadas por carros e bicicletas; em vez de oferecer ciclovias, elas conectam seções da rede cicloviária ou são mais indicadas que determinadas ruas. Os grandes percursos conhecidos como *bulevares para bicicletas* também são um tipo de recurso para ciclistas que vem sendo utilizado em um número crescente de cidades norte-americanas (Figura 17-12). Ele é compartilhado por carros e bicicletas, mas corre ao longo de ruas de tráfego moderado que incluem instalações para os ciclistas, como deflexões verticais ou horizontais, bloqueios parciais de cruzamento com passagem apenas para bicicletas, vegetação, estreitamentos de pista, platôs ou almofadas antivelocidade apenas para veículos, e outros equipamentos que favoreçam o ciclismo em vez do uso de automóveis no mesmo local. A maioria dos esforços que visam a melhorar os equipamentos para ciclistas no interior das cidades envolve a expansão e o aprimoramento da rede de ciclovias com essa variedade de recursos.

Áreas de estacionamento suficientes e bem distribuídas também estimulam o uso de bicicletas. Em geral, elas podem ser distribuídas de maneira mais ampla perto das entradas de edificações sem exigir espaços grandes ou projetos específicos; além disso, a conversão de áreas de estacionamento para veículos também oferece espaços múltiplos para as bicicletas. A inserção de estacionamentos protegidos e de permanência prolongada dentro de habitações multifamiliares ou edifícios de escritórios está entre as melhores práticas, assim como a oferta de chuveiros para aqueles que vão trabalhar de bicicleta. Algumas cidades inclusive já começaram a estabelecer padrões para a localização de bicicletários e o número de vagas que devem ser incluídos nos projetos de edificações (Figura 17-13). A Cidade de Emeryville, no Estado da Califórnia, Estados Unidos, passou a exigir um determinado número de vagas de estacionamento para bicicletas como pré-requisito para a aprovação da maioria dos projetos de edificações; recentemente, ela elaborou um projeto de lei que exige que todos os estacionamentos de bicicleta para uso rápido fiquem mais perto das entradas das edificações que os estacionamentos de veículos.

Os equipamentos de transporte público

O transporte público inclui serviços como ônibus, corredores de ônibus, ferrovias leves como bondes ou metrôs, ferrovias

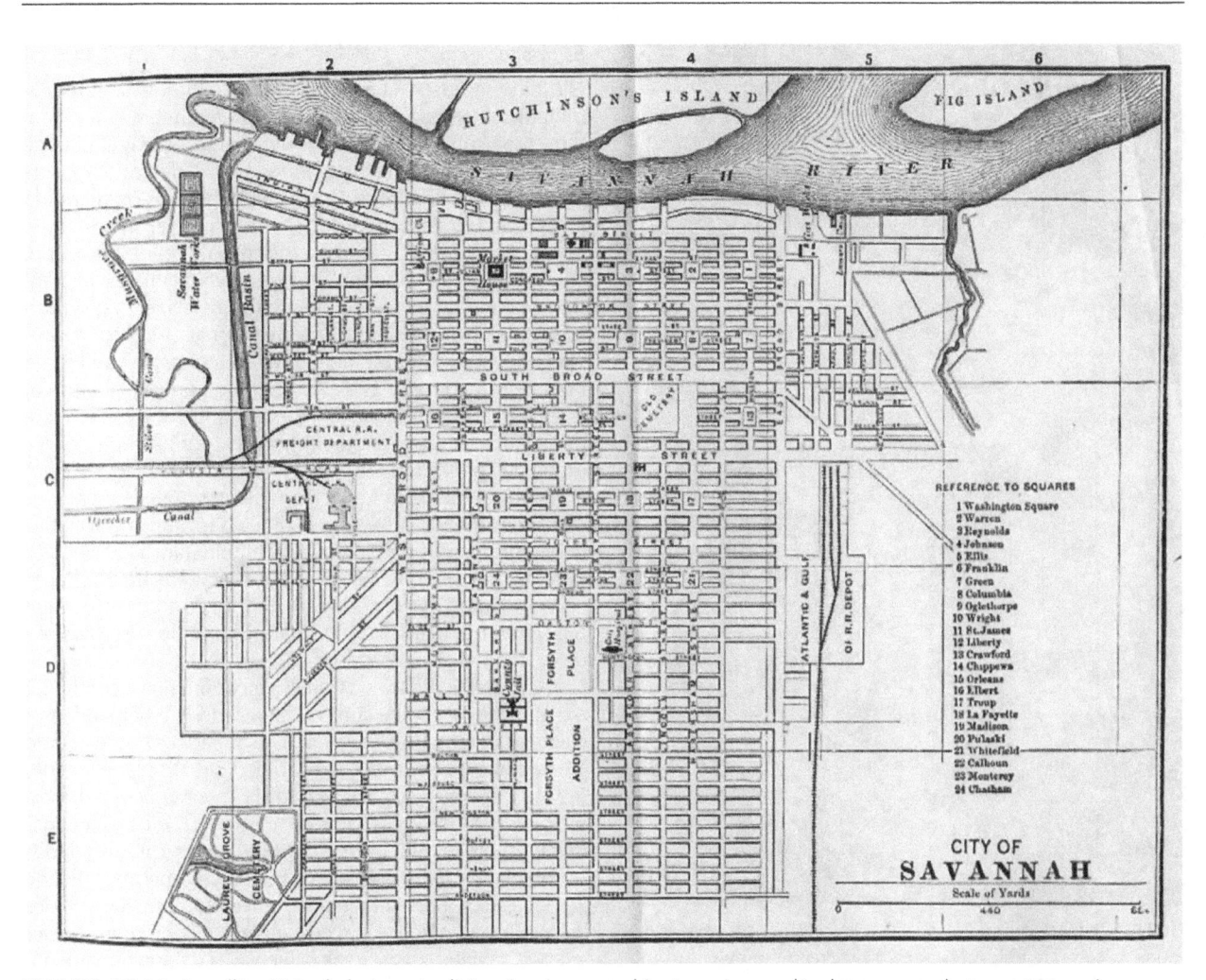

FIGURA 17-11 A malha viária de bairros tradicionais cria um ambiente mais agradável para os pedestres e com maior conectividade.

regionais ou interurbanas, serviços com rotas flexíveis, táxis e balsas. Em termos de sustentabilidade, as vantagens de se implantar empreendimentos suficientemente densos perto do transporte público preexistente já foram discutidas na seção que trata do desenvolvimento orientado pelo trânsito (TOD). Entretanto, oferecer e aprimorar os equipamentos de trânsito como parte dos projetos de edificações e planejamento também é importante para a criação de comunidades sustentáveis. Muitas pessoas não utilizam o transporte público porque é mais confortável, conveniente e barato usar automóveis. A oferta de serviços de transporte aprimorados, no entanto, estimula o uso do transporte público e reduz o número de automóveis nas ruas.

Em geral, o aprimoramento dos equipamentos de transporte público se consegue por meio de uma combinação de esforços. Muitos desses esforços podem ser considerados insignificantes ou mínimos isoladamente, mas, em conjunto, conseguem criar uma sensação geral de conforto e qualidade que melhora a experiência dos usuários. No caso do transporte público preexistente, os novos empreendimentos devem oferecer abrigos iluminados e cobertos (ou parcialmente cobertos, pelo menos) em todas as paradas que ficam dentro ou nas proximidades do projeto. Além de proteger os usuários do vento e da chuva, essas medidas criam uma sensação de segurança e bem-estar. Plataformas de embarque e desembarque para trens e ônibus aumentam a segurança e o conforto. As paradas também devem exibir informações sobre os horários e itinerários, e as cidades e bairros devem oferecer quiosques centralizados e equipamentos conectados à internet que divulguem e informem os serviços disponíveis na comunidade. Como ocorre com os equipamentos para ciclistas e pedestres, a disponibilização de transporte público de alta qualidade costuma afetar o projeto das ruas. Os serviços de ônibus e ferrovias leves são beneficiados pela existência de vias exclusivas, por passagens separadas e pela possibilidade de controle de semáforos, o que permite aos veículos vencer o fluxo do tráfego e manter-se no horário.

Aplicativos de transporte público e sistemas de compartilhamento de automóveis

Esses sistemas oferecem acesso conveniente e de baixo custo a veículos compartilhados por curtos períodos de tempo e podem reduzir a demanda pela propriedade de automóveis.

FIGURA 17-12 A Cidade de Berkeley, Califórnia, desenvolveu uma série de bulevares para bicicletas a fim de criar uma rede de transporte segura para ciclistas.

Esses esquemas começaram nos Estados Unidos em 1994, já são, pelo menos, 75 e contam com mais de um milhão de usuários.[37] À medida que o número de programas têm aumentado, seu alcance também vem se tornando mais amplo, sendo impulsionados por novos aplicativos que ajudam viajantes, motoristas e proprietários de automóveis a se encontrar. Estima-se que cada veículo compartilhado nos Estados Unidos reduz a necessidade de seis a 23 veículos individuais (observe que as médias variam levemente na Europa e na Austrália), sendo que a demanda pelo uso compartilhado de automóveis provavelmente crescerá em razão do aumento dos preços de combustíveis, do entendimento das vantagens do sistema e da limitação de disponibilidade ou aumento de preço dos estacionamentos.[38] Cidades ou loteamentos sustentáveis podem oferecer áreas de estacionamento de veículos compartilhados em locais próximos a centros de tráfego e atividades, divulgar o programa e anunciar sua disponibilidade.

Estacionamentos

Na maioria das cidades dos Estados Unidos, as leis municipais exigem que os novos empreendimentos incluam uma área mínima de estacionamento. As exigências de estacionamento mínimas geralmente são determinadas de acordo com os padrões usados em subúrbios ou de modo a acomodar a demanda de pico que, por ser infrequente, resulta na subutilização do local na maior parte do tempo. Em ambientes suburbanos, com casas unifamiliares ou grandes lojas isoladas, é fácil atender a tais exigências. Entretanto, no caso de projetos em áreas urbanas consolidadas, elas podem ser o golpe final que torna o empreendimento financeiramente inviável. Às vezes, é impossível atender às exigências mínimas devido às limitações espaciais e orçamentárias. Um estudo constatou, por exemplo, que a oferta de apenas uma vaga de estacionamento coberto por unidade em um edifício de apartamentos pode aumentar os custos em até 20%.[39] Muitas cidades já identificaram alguns desses problemas e reduziram ou eliminaram as exigências mínimas de estacionamento para projetos em áreas urbanas consolidadas, perto de locais de tráfego intenso ou que buscam reduzir a demanda de transporte dos usuários por meio de diferentes mecanismos.

A necessidade de estacionamentos continua a configurar a ocupação de muitas áreas urbanas, onde a demanda por garagens determina a densidade de moradia, o zoneamento comercial e a permeabilidade ao pedestre. O planejamento urbano disperso e convencional dos Estados Unidos se baseia na facilidade de acesso com o automóvel, e os estacionamentos eram (e muitas vezes continuam sendo) subsidiados pelas cidades, apesar do fato de reduzirem a permeabilidade ao pedestre e a densidade urbana. Embora as necessidades de estacionamento variem enormemente conforme a região e o uso, a maioria das áreas exige vagas de estacionamento reservadas para escritórios e moradias, mas faz exigências mínimas de vagas para os empreendimentos comerciais. O estacionamento de automóveis geralmente tem preferência ao de bicicletas, embora um carro ocupe 10 vezes mais área do que uma bicicleta.

A eliminação ou redução das exigências de estacionamento na rua pode melhorar a permeabilidade ao pedestre e incentivar a urbanização compacta. A cobrança inteligente pelo estacionamento na rua também pode ter efeitos positivos sobre a densidade e a permeabilidade ao pedestre, além de melhorar a qualidade do ar. Reduzir as exigências do número mínimo de vagas de estacionamento de automóveis e, ao mesmo tempo, construir estacionamentos para bicicletas e bicicletários também encoraja o desenvolvimento urbano voltado para o transporte público e o preenchimento de vazios urbanos. Nos locais em que os estacionamentos ao ar livre forem construídos, o uso de concreto permeável ou asfalto permeável pode criar uma superfície que permite a absorção da água da chuva, reduzindo a carga sobre os sistemas pluviais, melhorando a qualidade da água e reduzindo as ilhas de calor urbano associadas aos estacionamentos convencionais.

---

[37]Susan Shaheen and Adam Cohen, *North America Carsharing Market Trends* (University of California, Berkeley: Transportation Sustainability Research Center, 2013).

[38]Susan Shaheen and Adam Cohen, Worldwide Carsharing Growth: An Intentional Comparison, Institute of Transportation Studies, (University of California, Davis. Research Report UCD-ITS-RR-07-34 (2007).

[39]Donald S. Shoup, *The High Cost of Free Parking* (Chicago: Planners Press, American Planners Association, 2005), 143–144.

FIGURA 17-13 Esse bicicletário de vários pavimentos na estação ferroviária de Amsterdam, Países Baixos, acomoda cerca de 7 mil bicicletas e lota na maioria dos dias.

A infraestrutura verde na escala do bairro

Muitas estratégias para a construção de infraestrutura verde podem ser igualmente (ou mais) efetivas quando são implementadas entre prédios múltiplos, ou mesmo distribuídas por todo um bairro ou cidade. O foco em edificações individuais perde algumas sinergias e abordagens de projeto em potencial. Os exemplos de técnicas que podem ser empregadas em vários prédios ou empreendimentos de toda uma área incluem a orientação solar das quadras e das edificações, as fontes de energia renovável gerada *in loco*, a redução do efeito de ilha de calor urbana, a xerojardinagem, a calefação e o resfriamento na escala do bairro, a infraestrutura verde e as ruas verdes.

A orientação solar

A orientação das edificações afeta sua capacidade de utilizar a energia solar de maneira tanto ativa (como é o caso da energia fotovoltaica) como passiva (como a iluminação natural e a calefação solar direta por janelas e paredes). A orientação solar correta é uma exigência bastante conhecida para o projeto de edificações sustentáveis individuais. A principal meta da orientação solar correta é garantir que os coletores solares passivos ou ativos recebam luz direta de modo suficiente e regular. No entanto, a capacidade de edificações individuais de utilizar o calor e a luz solares de maneira efetiva é limitada por sua interação com os prédios adjacentes e pelo leiaute das ruas e quadras; o domínio desses fatores fundamentais é muito importante para o projeto e o planejamento de cidades sustentáveis. Dependendo da densidade, localização e distância entre os prédios, a orientação solar deveria ser utilizada para maximizar a exposição solar para o Norte (no Hemisfério Sul) e a capacidade de um prédio de aproveitar a energia solar.

As energias renováveis convertidas in loco e de uso compartilhado

A produção de energia a partir de fontes renováveis é uma necessidade reconhecida por todos que buscam uma economia de energia sustentável. Ela evita muitos dos efeitos ambientais negativos – como emissões de gases com efeito estufa, emissões de poluentes e os impactos da exploração do petróleo – associados à produção de energia com combustíveis fósseis. Instalar fontes de energias renováveis para atender vários prédios ou casas costuma ser mais eficiente em custos e energia que optar por fontes de energias renováveis que atendam a somente uma edificação, como é o caso dos sistemas de calefação e refrigeração de bairros descritos abaixo. Os exemplos de fontes de energias renováveis incluem a geotermia e sistemas elétricos como turbinas eólicas, sistemas fotovoltaicos (painéis solares), usinas de cogeração de energia elétrica e térmica usando biocombustíveis, energia hidrelétrica e energia cinética das ondas ou das marés. A instalação de fontes de energia renováveis compartilhadas requer coordenação entre as diferentes edificações ou proprietários, sendo, portanto, mais bem-sucedida em edificações que pertencem à mesma pessoa, que foram desenvolvidas ao mesmo tempo ou que fazem parte de esforços conjuntos de uma cidade, um empreendedor ou outra organização.

A calefação e a refrigeração de bairros

Nos Estados Unidos, em casas ou condomínios convencionais, cada edificação tem sistemas de calefação e refrigeração independentes. Tais sistemas devem ser projetados de acordo com padrões suficientemente altos para que possam atender à *carga de pico* do local – isto é, os períodos do dia em que o grande número de usuários ou as condições climáticas exigem mais dos equipamentos. Uma das alternativas a isso é o sistema de *calefação e refrigeração de bairros*, ou seja, a calefação e a refrigeração diretas de edificações múltiplas por meio de um sistema térmico centralizado. Esse método consegue distribuir as cargas de pico de calefação e refrigeração em um sistema muito maior, exigindo menos infraestrutura e capacidade por edificação individual, aumentando a eficiência por edificação e reduzindo os custos com distribuição de energia.

As fontes de calefação e refrigeração de bairros podem ser tanto convencionais como renováveis. As fontes renováveis mais comuns incluem bombas de calor geotérmicas, bombas de calor com fonte submersa em corpos d'água naturais, aquecimento solar passivo e usinas de cogeração de energia elétrica e calor que utilizam biocombustíveis. As fontes térmicas não renováveis usadas na calefação e na refrigeração de bairros – como o vapor aproveitado de processos industriais, o calor "residual" aproveitado da geração de eletricidade ou de processos industriais, caldeiras convencionais centralizadas e sistemas de condicionamento de ar – também podem configurar sistemas compartilhados de alta eficiência.

Como ocorre com as diferentes fontes de energias renováveis convertidas *in loco* e de uso compartilhado, a instalação de sistemas de calefação e refrigeração de bairros geralmente requer coordenação entre todas as edificações. Os grupos de edificações ou unidades de habitação mais próximas entre si, como hospitais, escolas, complexos institucionais e prédios habitacionais e de uso misto de alta densidade, costumam ser os locais mais viáveis para a utilização de sistemas de calefação e refrigeração de bairros, visto que requerem menos infraestrutura compartilhada que empreendimentos de baixa densidade dispersos.

As infraestruturas eficientes em energia

As infraestruturas na escala da cidade, incluindo iluminação viária, semáforos, iluminação de parques, bombas de água e sistemas de tratamento de esgoto, são responsáveis por uma parcela significativa do consumo municipal de energia. Portanto, a instalação de infraestruturas eficientes em energia, seja como parte de empreendimentos imobiliários ou quando uma infraestrutura antiga é removida, representa uma oportunidade importantíssima para se aumentar a sustentabilidade ambiental. Os exemplos de infraestruturas eficientes em energia incluem a tecnologia de uso de LEDs (diodos emissores de luz) em semáforos e outras fontes de luz, bombas de água com consumo de energia regulável e lâmpadas alimentadas com microgeradores de energia, como painéis fotovoltaicos pequenos.

Gestão de águas pluviais

A gestão da água da chuva é uma preocupação cada vez maior nas áreas urbanas, e é mais fácil de se lidar com ela no nível local (municípios e condados) ou regional. O escoamento superficial da água da chuva é causado pela chuva ou neve derretida que não consegue ser absorvida pelo solo. Com o aumento das superfícies impermeáveis em nossos empreendimentos urbanos, a maior frequência de grandes eventos climáticos e o aumento da concentração de poluentes no meio ambiente, os possíveis efeitos negativos da descarga de água da chuva são colossais. Nesse contexto, a instalação de taludes e biodigestores pode ser uma alternativa efetiva e econômica à construção de canais concretados.[40]

A Agência de Proteção Ambiental dos Estados Unidos (EPA) recomenda o Empreendimento Urbano de Baixo Impacto como uma abordagem à urbanização que contribui para manter as águas pluviais perto das fontes. Essas práticas incluem muitas atividades que podem ser adotadas no nível da edificação, mas que também podem ser adaptadas ao planejamento de conjuntos de prédios e bairros, como a biorretenção, as valas de drenagem gramadas, o tratamento paisagístico e a preservação ou reconstituição de pavimentos permeáveis. Em 2005, a Câmara Municipal da Cidade de Emeryville adotou as Diretrizes sobre a Água da Chuva para Replanejamentos Urbanos Densos e Sustentáveis, que se aplica a projetos com 930 m^2 de área ou mais. Essas orientações enfatizam a minimização de áreas impermeáveis e a gestão da água da chuva *in loco* e têm o benefício extra de melhorar a permeabilidade ao pedestre e a paisagem urbana, além de fornecerem espaços abertos e para recreação adicionais.[41] Estas diretrizes são um bom indicativo do rumo que as administrações de municípios e condados está tomando em todos os Estados Unidos.

As ilhas térmicas

As ilhas térmicas são áreas isoladas dentro de cidades, onde a temperatura ambiente é muito mais alta que no entorno. Elas resultam de pisos, coberturas e outras superfícies revestidas sem proteção solar que absorvem calor do sol e o irradiam, podendo gerar experiências humanas extremamente desagradáveis. Estudos feitos pela Comissão do Governo Local do Estado da Califórnia mostraram que a

---

[40]Natural Resources Defense Council, "After the Storm: How Green Infrastructure Can Effectively Manage Stormwater Runoff from Roads and Highways," 2011, www.nrdc.org/water/files/afterthestorm.pdf.
[41]U.S. Environmental Protection Agency, www.epa.gov/brownfields/tools/swcs0408.pdf.

temperatura de ruas amplas sem cobertura arbórea pode ultrapassar a de ruas sombreadas próximas em até 5°C nos dias quentes.[42] As técnicas na escala do bairro ou da cidade que combatem o efeito de ilha térmica incluem programas de plantação e manutenção de árvores e a construção de ruas e projetos com menos áreas pavimentadas. A utilização regular de materiais de cobertura ou pisos que refletem a energia solar em vez de absorvê-la também pode reduzir o efeito. Coberturas verdes e outras áreas com tratamento paisagístico, pavimentos permeáveis e o recobrimento de áreas de estacionamento com coberturas refletivas são outras técnicas que diminuem o efeito de ilha térmica por meio da substituição ou do sombreamento dos espaços pavimentados que, de resto, absorveriam e irradiariam o calor. Abordagens coordenadas na escala da cidade que visam a reduzir o efeito de ilha térmica terão um impacto muito maior que esforços individuais empreendidos por edificações únicas.

As plantas apropriadas à região

A plantação de espécies apropriadas ao clima em que crescerão é uma prioridade em termos de sustentabilidade, visto que reduz o consumo de água, aumenta a taxa de sobrevivência das plantas, diminui a necessidade de manutenção, gera áreas de apoio à vida selvagem e permite às plantas suportar as condições climáticas. Contudo, muitas cidades, empreiteiros e arquitetos selecionam árvores e vegetação para as ruas com base em seu apelo estético ou sem considerar os recursos necessários para mantê-las. As espécies nativas, que passaram a ser particularmente adequadas para as condições biológicas específicas de diferentes regiões, costumam ser a melhor opção. Elas geralmente são mais tolerantes a secas em climas mais áridos e adequadas para as condições climáticas únicas de cada região, como a cerração, altos índices pluviométricos, ventos ou a presença de determinadas pragas. Ainda que os benefícios das espécies nativas tenham sido mencionados em outras partes deste livro, seus efeitos positivos gerais são obtidos apenas quando implantados na escala urbana.

---

[42]Local Government Commission, "Local Government Commission Report," Newsletter 30, no. 8 (August 2008): 2.

Ferramentas de implementação do planejamento: um panorama

Há várias ferramentas que as administrações municipais usam para orientar o tipo, densidade e padrão de desenvolvimento urbano e que os arquitetos, urbanistas e planejadores urbanos utilizam diariamente. Cada comunidade é diferente, mas listamos a seguir as ferramentas de uso mais comum pelas administrações governamentais norte-americanas:

- Planos diretores regionais ou estaduais. Esses planos definem uma visão de longo prazo para o desenvolvimento e a manutenção de uma comunidade e costumam ser criados por uma prefeitura ou administração de um condado. Os planos diretores regionais são adotados por um corpo legislativo e estabelecem, em textos, mapas, ilustrações e tabelas os objetivos, as políticas e as diretrizes que direcionarão o desenvolvimento físico, social e econômico presente e futuro daquela jurisdição. Os tópicos que costumam ser abrangidos incluem o uso do solo, transportes, habitação, conservação ambiental e serviços e bens públicos. Nos Estados Unidos, as exigências para um plano diretor local são estabelecidas pelo governo estadual, e, portanto, variam muito. Os estados com as leis de planejamento urbano mais rígidas incluem a Califórnia, Flórida, Oregon e Washington.
- Códigos de zoneamento. Esses regulamentos são estabelecidos pelo Poder Legislativo de uma jurisdição e estabelecem as normas e os padrões para os usos permitidos dos imóveis e as restrições de tamanho das edificações dentro de uma área. Mais especificamente, os códigos de zoneamento identificam os usos fundiários admissíveis de modo detalhado para cada lote de terreno de uma cidade, bem como estabelecem exigências dimensionais para os prédios, como altura máxima, recuos obrigatórios, taxa de ocupação do terreno, área máxima edificável, medidas de paisagismo e área de estacionamento. Cada lote de uma jurisdição pertence a um zoneamento, e todas as edificações construídas naquela área devem atender às normas de zoneamento em vigor.
- Diretrizes de projeto. Algumas jurisdições adotam normas ou diretrizes de projeto para tipos de uso ou subáreas de uma cidade. As diretrizes regulam a aparência arquitetônica de um prédio ou as melhorias que devem ser feitas às áreas externas. O propósito geral dessas normas é melhorar a qualidade da área, reforçando o senso de lugar. Embora as normas escritas sejam fundamentais a esses documentos, também se usam croquis, fotografias e diagramas para transmitir informações. Os temas geralmente tratados pelas diretrizes de projeto incluem: implantação do prédio, tipo de estacionamento e docas de carga e descarga, acessos, exigências de paisagismo, sinalização, estilo de arquitetura e paletas de cores. Nos últimos anos, algumas prefeituras têm começado a elaborar diretrizes de projeto para edificações sustentáveis, que focam mais a obtenção de um resultado ambiental desejável, como a redução do consumo de água ou energia.
- Planos diretores municipais. Obrigatórios no Brasil para cidades com mais de 20 mil habitantes, os planos diretores municipais também são adotados pela maioria das cidades norte-americanas, estabelecendo políticas e diretrizes sobre tópicos específicos. Nos Estados Unidos, esses planos em geral põem em prática a visão mais geral do plano diretor regional ou estadual, e incluem parques e áreas de lazer, o projeto de vias urbanas e rurais, facilidades para ciclistas e questões de infraestrutura, como o abastecimento de água e o tratamento de esgoto.

Conclusão

Em geral, as ferramentas de planejamento usadas nas jurisdições são apenas isso – ferramentas. Algumas são utilizadas de modo efetivo para promover padrões de desenvolvimento sustentável, enquanto outras dão continuidade ao padrão convencional de desenvolvimento que tem levado à degradação ambiental. Para criar comunidades verdadeiramente sustentáveis, é preciso reformar e repensar tais ferramentas buscando garantir um equilíbrio entre as necessidades das pessoas e os condicionantes do ambiente natural.

Recursos

Alexander, Christopher, Sara Ishikawa, and Murray Silverstein. *A Pattern Language: Towns, Buildings, Construction*. Center for Environmental Structure Series. New York: Oxford University Press, 1977.

Beatley, Timothy. *Green Urbanism: Learning from European Cities*. Washington, DC: Island Press, 2000.

Benfield, F. Kaid, Matthew D. Raimi, and Donald D. T. Chen., *Once There Were Greenfields*. Washington, DC: Natural Resources Defense Council and Surface Transportation Policy Project, 1999.

Calthorpe, Peter. *The Next American Metropolis: Ecology, Community, and the American Dream* (3rd ed.). New York: Princeton Architectural Press, 1995.

Carlson, A., and J. Zasloff. "Southern California Environmental Report Card: Environmental Justice," UCLA Institute of the Environment, Los Angeles, 2001, www.ioe.ucla.edu/reportcard/.

Duany, Andres, Elizabeth Plater-Zyberk, and Jeff Speck. *Suburban Nation: The Rise of Sprawl and the Decline of the American Dream*. New York: North Point Press, 2000.

Environmental Health Coalition. "Building Healthy Communities from the Ground Up: Environmental Justice in California," Inkworks Press, 2003, www.environmentalhealth.org/EHC_Misc_Archive/BuildingHealthyCommunities.htm.

Farr, Douglas. *Sustainable Urbanism: Urban Design with Nature*. Hoboken, NJ: John Wiley & Sons, 2008.

Frumkin, Howard, Lawrence Frank, and Richard Jackson. *Urban Sprawl and Public Health: Designing, Planning, and Building for Healthy Communities*. Washington, DC: Island Press, 2004.

Jacobs, Jane Jacobs. *The Death and Life of Great American Cities*. New York: Random House, 1961.

Katz, Peter. *The New Urbanism: Toward an Architecture of Community*. New York: McGraw-Hill Professional, 1993.

Kelbaugh, Doug. *Pedestrian Pocket Book*. New York: Princeton Architectural Press, 1996.

Kunstler, James Howard. *The Geography of Nowhere: The Rise and Decline of America's Man-Made Landscape*. New York: Free Press, 1994.

Leinberger, Christopher B. *The Option of Urbanism: Investing in a New American Dream*. Washington, DC: Island Press, 2008.

McHarg, Ian L., *Design with Nature*. Garden City, NY: Natural History Press, 1969.

Pastor, M. Jr., J. L. Sadd, and R. Morello-Frosch. "Reading, Writing, and Toxics: Children's Health, Academic Performance, and Environmental Justice in Los Angeles." *Environment and Planning C: Government and Policy* 22, no. 2 (2004): 271–290. Key resources for getting updated information on recent HIAs. These links represent organizations, funders, and government agencies leading efforts and synthesizing tools to help interdisciplinary and multiple sectors implement this methodology.

Roberts, Paul. *The End of Oil: On the Edge of a Perilous New World*. Boston: Houghton Mifflin, 2004.

Shoup, Donald. *The High Cost of Free Parking*. Chicago: American Planners Association Press, 2004.

Soleri, Paolo. *Arcology: The City in the Image of Man*, 4th ed. Cambridge, MA: MIT Press; Mayer, AZ: Cosanti Press, 2006.

Stair, Peter, Heather Wooten, and Matt Raimi, *How to Create and Implement Healthy General Plans: A Toolkit for Building Healthy, Vibrant Communities through Land Use Policy Change*. Berkeley and Oakland, CA: Public Health Law & Policy and Raimi 1 Associates, 2008.

U.S. Green Building Council (USGBC). *LEED-ND Public Health Criteria Study*. Washington, DC: U.S. Green Building Council, 2006.

www.cdc.gov/healthyplaces/hiaresources.htm.
www.humanimpact.org.
www.liv.ac.uk/psychology-health-and-society/research/impact/about/.
www.pewtrusts.org/en/projects/health-impact-project.
www.who.int/hia/en/.

Os Sistemas de Certificação e as Ferramentas Práticas 18

> As edificações estão entre os artefatos físicos mais duradouros produzidos pela sociedade. Elas costumam ser usadas por 50 a 100 anos, o que faz com que sua permanência tenha um grande impacto no consumo de energia e nos padrões de emissão futuros. A arquitetura de hoje ficará conosco por muito tempo.[1]
> — *Edward Mazria*

Qual é o propósito dos sistemas de certificação de edificações ecológicas? As pessoas que não pertencem ao setor da construção às vezes fazem essa pergunta. Alguns esquemas de certificação abordam os ativos de projeto ou ambientais de um prédio, outros premiam o bom desempenho dos sistemas prediais. Alguns funcionam com base em uma pontuação, outros são mais holísticos, dando mais importância às estratégias que fornecem mais benefícios. Quando comparados uns aos outros, os pontos de um sistema de certificação têm mais credibilidade quando ponderados por seu valor relativo. O professor Raymond Cole observou que os sistemas de certificação são essencialmente compartimentados, o que se torna um desafio: como alcançar a integração e, ao mesmo tempo, trabalhar com partes segmentadas?

O advento do projeto integrado de edificações amplia o espectro de opções de carreira para os profissionais formados em arquitetura, uma vez que inaugura um novo conjunto de habilidades. As recentes normas, códigos e diretrizes de edificação integrada impõem um novo encargo às firmas de projeto tradicionais. Junto à prática de projeto convencional, o estudo de edificações integradas também abre uma nova gama de oportunidades profissionais. O credenciamento como especialista em edificações sustentáveis atualmente se dá durante a prática profissional, mas, cada vez mais, as escolas de arquitetura estão incorporando o processo de formação de especialistas ao currículo universitário. Tendo estudado a edificação sustentável, os recém-formados podem optar por projetar e executar prédios sustentáveis, contratar equipes de consultores para tornar seus prédios mais ecológicos, especializarem-se como consultores no projeto de edificações neutras em carbono ou se associarem a uma instituição promotora dessas práticas, como o Rocky Mountain Institute. Independentemente da carreira escolhida, os sistemas de certificação de edificações sustentáveis e outras ferramentas práticas são fundamentais para o processo de projeto integrado de edificações.

Recentemente, tudo o que é sustentável se tornou global, incluindo as edificações. Hoje, praticamente todas as nações industrializadas têm pelo menos um sistema de certificação de edificações sustentáveis. Até os países menores e menos desenvolvidos possuem diretrizes de sustentabilidade, geralmente voltadas para a proteção dos ecossistemas e o uso eficiente dos recursos naturais locais. Os sistemas de certificação definem diretrizes e níveis de eficiência para as edificações sustentáveis. Eles podem tratar de considerações do terreno e de estratégias de crescimento inteligente (ou expansão urbana inteligente), como o planejamento urbano voltado para os pedestres e o uso de materiais que não contenham toxinas que prejudiquem o meio ambiente e a saúde humana, dando preferência a materiais com certificação. Com frequência, muitos desses sistemas são criticados por não se aprofundarem na questão da sustentabilidade; em vez disso, eles apenas tocam nos problemas. Isso provavelmente seja verdade em qualquer sistema que é novo e está amadurecendo, quando é necessário encontrar o equilíbrio entre o risco de perder novos membros no mercado e a tentação de construir novas alianças e cativar os membros já existentes. O objetivo de longo prazo é aumentar gradualmente o nível das exigências para certificação assim que as estratégias de sustentabilidade se tornarem convencionais. Dessa forma, os sistemas de certificação ficarão mais consistentes.

O que é um sistema de certificação ou classificação de sustentabilidade?

Os sistemas de certificação não são iguais às ferramentas de avaliação do ciclo de vida ou de avaliação de desempenho e impacto ambiental, ainda que a certificação conferida e o desempenho final de determinada edificação possam fornecer avaliações de impacto e outros dados importantíssimos para todos os envolvidos. Os sistemas de classificação, certificação ou selo ecológico proporcionam uma escala para se avaliar a incorporação de estratégias sustentáveis a uma edificação em comparação com prédios mais convencionais. Uma vez que os sistemas são estruturados em categorias subdivididas, tendemos a ver suas estratégias como elementos isolados. Contudo, isso vai contra exatamente aquilo que esses sistemas

---

[1] Edward Mazria, "It's the Architecture, Stupid!" *Solar Today May/June* (2003): 48–51, www.mazria.com/publications.

de certificação buscam inspirar: uma edificação integrada. É preciso que se tenha um pensamento holístico, especialmente quando estivermos planejando um prédio de alto desempenho.

Além de indicar a sustentabilidade da "edificação por inteiro", o desempenho serve para motivar outras equipes de projeto. Considerando a natureza humana e os modelos econômico e comercial da nossa sociedade, não surpreende o fato de os esforços voltados para a sustentabilidade serem motivados pelo conceito de escalas comparativas. Essa estrutura confere uma vantagem em relação à concorrência e promove a liderança nas indústrias de projeto e construção. Em outras palavras, os sistemas de certificação de edificações sustentáveis provocam uma "mudança de mercado" tanto na indústria como na manufatura.

Para comparar edificações e produzir resultados que permitam uma avaliação precisa, os sistemas devem usar métodos de medição consistentes. Os sistemas precisam ser verificáveis, mensuráveis, quantificáveis e tecnicamente robustos. Eles também devem ser suficientemente desenvolvidos, apresentando um portfólio de prédios certificados com relevância para um amplo espectro de tipos de edificação. Além disso, deve haver transparência nos quesitos desenvolvimento e financiamento.

A transparência financeira é importante para que se possa entender as motivações dos grupos que desenvolvem os sistemas. Em geral, trata-se de determinar se a meta é a "autocertificação" ou uma participação equivalente por meio de um sistema de categorização que não seja tendencioso nem injusto – e cujos resultados levem a uma sustentabilidade verdadeira, e não apenas aparente.[2]

O progresso das edificações sustentáveis

Edificações autóctones responsivas ao clima
⇩
Edificações eficientes em energia
⇩
Edificações ecológicas
⇩
Certificação LEED® do mais alto nível
⇩
Edificação viva
⇩
Edificação restaurativa
⇩
Edificações resilientes

Quando obtém uma pontuação alta em um sistema de certificação, a edificação costuma ser beneficiada por fatores como o aumento da capacidade de atrair investimentos, relações públicas de alto valor, incentivos para compradores ou investidores e licenças preferenciais ou até prioritárias em determinados municípios, além de outros benefícios menos tangíveis. Esses sistemas também provocam mudanças de mercado no lado material, bem como aumentam os conhecimentos e as habilidades práticas.

O valor de um sistema de certificação voluntário também depende de seu selo, marca e nome. Os proprietários podem comparar o desempenho de suas edificações em relação a outras com a finalidade de obter níveis de certificação em sustentabilidade mais altos. O fator mais significativo, porém, é que a demanda crescente por edificações sustentáveis e o uso de sistemas de certificação estão transformando a maneira de projetar, construir e vender edificações. As edificações com certificação em sustentabilidade promovem as melhores práticas.

Os críticos veem esses sistemas como listas de conferência sem um método acurado de medição, incapazes de avaliar verdadeiramente o sucesso holístico do projeto enquanto edificação sustentável. Eles afirmam que tais sistemas encorajam apenas o desempenho e os níveis de referência mínimos na busca de um selo ecológico. Além disso, muitos sistemas são deficientes, visto que foram elaborados tendo-se em mente uma única região. Embora níveis de referência regionais sejam importantes, a aplicação de valores universais para áreas distintas acaba sendo prejudicial.

A exigência de monitoramento do nível de umidade em todas as edificações, por exemplo, é uma estratégia irrelevante em climas onde a questão da umidade não é problemática. Os críticos também argumentam que é possível desenvolver estratégias sustentáveis mais aprofundadas, inclusive documentando-as e comprovando-as, mas que alguns tipos de avaliação não se encaixam na estrutura dos sistemas de certificação existentes.

Outros afirmam que os sistemas de certificação são desnecessários, uma vez que as condições ambientais atuais deveriam ser capazes, por si sós, de fomentar uma mudança na maneira de construir. Alguns críticos acreditam que os sistemas de certificação de edificações não têm condições de identificar prédios sustentáveis mais resilientes. Alguns sistemas de certificação são elaborados com base em apenas um tipo de prédio. O protocolo de certificação sustentável LEED (Liderança em Projeto de Energia e Ambiental) para Novas Construções, do Green Building Council (USGBC – Conselho da Edificação Sustentável dos Estados Unidos), por exemplo, foi originalmente elaborado para ser aplicado a edifícios de escritórios comerciais, e não para projetos da área da saúde. É por isso que muitas especializações dos principais sistemas de certificação, como o LEED, foram desenvolvidas, como mostra o surgimento do LEED para Interiores Comerciais, para o Comércio Varejista, para Habitações, para Escolas, para Centros de Saúde, para o Desenvolvimento de Bairros, entre outros.

A variedade dos sistemas de certificação

Os sistemas de certificação de sustentabilidade não são novos. Alguns já existem há quase duas décadas. As diferenças entre

---

[2] K. M. Fowler and E. M. Rauch, "Sustainable Building Rating System Summary," Pacific Northwest National Laboratory, General Services Administration, July 2006.

eles às vezes são importantes. Eles variam em sua essência, por serem aplicações específicas para uma região, que analisam o impacto ambiental ou o desempenho, ou por considerarem o modo como um prédio é administrado (em suas operações ou manutenção). Entre as diretrizes do Living Building Challenge (LBC – Desafio da Edificação Viva), um sistema de certificação desenvolvido pelo International Living Future Institute e o Cascadia Green Building Council, está a busca pela beleza e a essência nas edificações sustentáveis. O LBC também tem uma "pétala" (ou grupo de quesitos) para avaliar a Equidade e a Comunidade, que visa a "transformar empreendimentos a fim de promover um senso de comunidade verdadeiro e inclusivo, que é justo e equitativo, seja qual for a origem, a idade, a classe, a raça, o gênero ou a orientação sexual de um indivíduo".[3]

Outros sistemas, como o Building Research Establishment Environmental Assessment Method (BREEAM), exigem que as equipes de projeto submetam dados comprováveis sobre o desempenho dos sistemas de energia e água do prédio, usando estratégias ponderadas.

Alguns países têm tentado incorporar a avaliação do ciclo de vida (LCA) a seus sistemas, como é o caso do Sistema de Avaliação Abrangente para a Eficiência Ambiental de Edificações (CASBEE, na sigla em inglês, Figura 18-1), criado no Japão. Grupos industriais, como a Associação de Proprietários e Gerentes de Edificações dos Estados Unidos (BOMA), por sua vez, oferecem incentivos para seus membros, que, apesar de motivarem a concorrência, não são avaliações reais capazes de resultar em uma certificação. Na verdade, as instituições acadêmicas e agências governamentais tomaram a liderança no que se refere ao desenvolvimento de sistemas de certificação, o que se deve ao seu comprometimento total com pesquisas imparciais. Alguns municípios têm adotado sistemas de certificação ou redigido diretrizes de edificação sustentável obrigatórias ao elaborar novas legislações, oferecendo incentivos para os construtores.

Os sistemas de certificação internacionais

Diferentemente de países da União Europeia e da Ásia, os Estados Unidos demoraram a perceber que as edificações sustentáveis são fundamentais para a obtenção da independência em energia e da liberdade em relação aos custos crescentes da energia. Na União Europeia, a preocupação com o impacto dos poluentes ambientais também é geral, como já vimos em capítulos anteriores dessa obra. As resoluções resultantes da Convenção de Estocolmo sobre Poluentes Orgânicos Persistentes do Programa Ambiental das Nações Unidas são as bases de vários sistemas de certificação internacionais.[4]

Muitos países europeus, incluindo os Países Baixos, a Alemanha e algumas nações escandinavas, já agregaram a construção e o desempenho sustentável às suas metodologias convencionais de construção. É importante se familiarizar com alguns sistemas internacionais e suas características principais. Consulte a tabela em anexo para ter acesso a uma listagem parcial de sistemas de certificação internacionais.

BREEAM

Entre os sistemas de certificação mais antigos e amplamente adotados, destaca-se o Building Research Establishment Environmental Assessment Method (BREEAM; Figura 18-2), desenvolvido no Reino Unido em 1990 pelo Building Research Establishment Ltd. (BRE).[5]

O BREEAM trata de questões como administração de edificações, consumo de energia, saúde e bem-estar, poluição, transporte, uso do solo, ecologia, materiais e água.[6] A diversidade de sistemas desenvolvidos pelo BREEAM inclui sistemas para foros, edificações preexistentes, edifícios industriais, prisões, escritórios, edifícios de comércio varejista e escolas, bem como um "Código para Habitações Sustentá-

FIGURA 18-1 O sistema de certificação do Japão é conhecido como CASBEE (Comprehensive Assessment System for Building Environmental Efficiency – Avaliação Abrangente da Eficiência Ambiental da Edificação). Cortesia de CASBEE, ©Japan Green Building Council.

FIGURA 18-2 O sistema de certificação do Reino Unido é o Building Research Establishment Environmental Assessment Method (BREEAM – Método de Avaliação Ambiental do Building Research Establishment). Cortesia do Breeam Code for a Sustainable Built Environment.

---

[3] Living Building Challenge version 3.0, A Visionary Path to a Regenerative Future, Equity Petal, Petal Intent, International Living Future Institute, 2014.

[4] "Declaration of the United Nations Conference on the Human Environment," 21st Plenary Meeting, Stockholm, Sweden, June 16, 1972 (Nairobi, Kenya: United Nations Environmental Programme, 1972), www.unep.org/Documents.multilingual/Default.asp?DocumentI D=97&ArticleID=1503.

[5] Building Research Establishment Environmental Assessment Method (BREEAM), www.breeam.org.

[6] Consulte o BREEAM Fact File em www.breeam.org.

veis" adotado oficialmente, que se materializou no sistema de casas ecológicas BREEAM. O BRE também tem condições de desenvolver sistemas específicos para uso internacional, publicando um guia sustentável para especificações e oferecendo um software para avaliação do "custo de vida útil e do impacto ambiental".[7]

Estratégia de sustentabilidade importante: Avaliar as emissões de dióxido de carbono (CO_2) oriundas do transporte envolvido no projeto. Uma localidade rural receberia menos pontos que uma localidade urbana nó de transporte.

Na Austrália

Desenvolvido em 2002 pelo Conselho da Edificação Sustentável da Austrália, o Green Star Australia[8] (Figura 18-3) é um dos sistemas de certificação mais consistentes do mundo. Aplicado a edifícios de escritórios comerciais, ele aborda questões que incluem a redução dos níveis de ruído no ambiente, a eliminação da "oscilação" das lâmpadas fluorescentes, o DFD (projeto para desmontagem) e a separação e a proteção da camada superior do solo durante a construção.

Embora resulte de uma variedade de fontes, incluindo o LEED e o BREEAM, o Green Star é único, visto que oferece uma ferramenta para cada fase do ciclo de vida da edificação: projeto, construção, ocupação e uso. Além disso, assim que a ferramenta de certificação fornece um resultado – no caso, uma nota baseada no percentual de pontos ganhos em relação ao total –, o Green Star aplica os fatores de ponderação. Esses fatores se baseiam nas prioridades ambientais representadas nas diferentes regiões da Austrália. Os níveis de certificação têm quatro, cinco ou seis estrelas, dependendo da classificação de melhores práticas obtida. As ferramentas incluem sistemas de certificação para edifícios de escritórios novos, escritórios preexistentes e interiores de escritórios, assim como sistemas piloto para edifícios de escritórios preexistentes, equipamentos de saúde, equipamentos de educação, centros de varejo, projetos habitacionais multifamiliares, edificações industriais e edifícios públicos. As categorias de estratégias sustentáveis são: gestão, qualidade do ambiente interno, energia, transporte, água, materiais, uso do solo e ecologia, emissões e inovação. O Green Star Australia está associado ao Conselho Mundial da Edificação Sustentável (WGBC).

Observação importante: O Green Star encoraja a especificação de alternativas ao uso de materiais que contenham cloreto de polivinila (PVC), medindo-as no nível de 30% (um ponto) ou de 60% (dois pontos).

Outro sistema de certificação australiano é o National Australian Built Environment Rating System (NABERS), que é administrado pelo Departamento de Meio Ambiente e Mudanças Climáticas de Nova Gales do Sul. Trata-se de um sistema de certificação para edificações comerciais ou habitacionais preexistentes, criado para servir como um padrão de referência para o desempenho das edificações com base nos "impactos operacionais mensuráveis no meio ambiente".[9]

The World Green Building Council (Conselho Mundial da Edificação Sustentável)

David Gottfried, um dos fundadores do Conselho da Edificação Sustentável dos Estados Unidos (USGBC), instituiu o Conselho Mundial da Edificação Sustentável (WGBC; Figura 18-4) em 1998. Hoje, junto ao USGBC, ele está associado à Clinton Climate Initiative e apoia inúmeros esforços direcionados a políticas de edificações sustentáveis, incluindo o UNEP.[10]

O WGBC é gerido por líderes comerciais, ao passo que os sistemas de certificação nacionais individuais costumam ser administrados por ONGs, englobando diferentes setores da economia. Em janeiro de 2015, já havia 72 países-membros do WGBC. Também há vários países que não têm um sistema de certificação de edificações sustentáveis, mas estão interessados em se associar ao WGBC. Eles incluem a Jamaica, o Cazaquistão, a Tunísia e a Romênia.

Observação: É impossível que os sistemas de certificação consigam ter aplicabilidade internacional, assim se consideram adaptações regionais com o WGBC. O uso de carpetes não é comum na Índia, por exemplo, o que fez o Conselho da Edificação Sustentável da Índia sugerir a transformação do crédito de carpetes com baixas emissões de compostos orgânicos voláteis em um ponto pela não utilização do produto.

WORLD GREEN BUILDING COUNCIL

FIGURA 18-4 The World Green Building Council. Cortesia do World Green Building Council.

FIGURA 18-3 O Green Building Council (Conselho da Edificação Sustentável) da Austrália adota o sistema de certificação Green Star. Cortesia do Green Building Council of Australia.

---

[7]Impact, www.impactwba.com.
[8]Green Building Council of Australia, www.gbca.org.au.
[9]National Australian Built Environment Rating System (NABERS), www.nabers.com.au.
[10]World Green Building Council (WGBC), www.worldgbc.org. Os objetivos do WGBC definidos em sua missão consistem em: "Estabelecer princípios comuns para os Conselhos da Edificação Sustentável; falar globalmente em nome dos Conselhos da Edificação Sustentável; apoiar e promover os Conselhos da Edificação Sustentável específicos; estabelecer um centro para transferência de 'conhecimentos' entre os Conselhos da Edificação Sustentável; encorajar o desenvolvimento de sistemas de certificação ambiental com base no mercado; reconhecer lideranças globais em termos de edificação sustentável" (http://www.worldgbc.org).

Movimentos internacionais em prol da edificação sustentável

- Hong Kong: o HK-BEAM (Hong Kong Building Environmental Assessment Method) foi estabelecido em 2002 "pelo setor da construção, e para ele, como um meio de medir, melhorar e certificar o desempenho ambiental das edificações" (www.beamsociety.org.hk/en_index.php).
- França: o HQE (Haute Qualité Environnementale, ou Alta Qualidade Ambiental) foi fundado pela Association pour la Haute Qualité Environnementale. Ele certifica com base em uma avaliação do desempenho do prédio e de suas estratégias de gestão (www.assohqe.org).
- Países Baixos: o GreenCalc, fundado pelo Instituto Holandês da Biologia e Ecologia das Edificações (NIBE) e a empresa de consultoria em engenharia DGMR, mede os materiais, a energia e a mobilidade da água (www.greencalc.com).
- Cingapura: o Green Mark Scheme, desenvolvido em 2005 pela Autoridade da Edificação (BCA), se baseia em energia, terreno, água, desenvolvimento e gestão de projeto e proteção e inovação ambiental (www.bca.gov.sg/greenmark/green_mark_buildings.html).
- África do Sul: o Green Building Council of South Africa (GBCSA), fundado em 2007 junto com o WGBC, está construindo um sistema baseado no Green Star australiano, com categorias que focam a gestão, a qualidade do ambiente interno, a energia, o transporte, a água, os materiais, o uso do solo e a ecologia, as emissões e inovação (www.gbcsa.org.za/).
- Portugal: LiderA (Liderar pelo Ambiente), desenvolvido em 2005 por Manuel Duarte Pinheiro, mede terreno, integração, eficiência dos recursos, impactos da carga ambiental, qualidade do ambiente interno, durabilidade, acessibilidade, gestão ambiental e inovação (www.lidera.info).[1]
- Japão: o CASBEE (Comprehensive Assessment System for Building Environmental Efficiency – Avaliação Abrangente da Eficiência Ambiental da Edificação) foi fundado em 2001 pela organização não governamental Japan Sustainable Building Consortium; trata-se de um sistema de avaliação e, ao mesmo tempo, uma "ferramenta de certificação". Ele mede "o desempenho da edificação em relação às 'cargas' ambientais", e também oferece várias ferramentas para as fases das edificações, resultando em uma certificação Satisfatória ou de classe A, B ou C (www.ibec.or.jp/CASBEE/english/index.htm).
- Alemanha: o sistema Diretrizes para Edificações Sustentáveis, desenvolvido pelo Departamento Nacional de Edificações e Planejamento Regional, avalia fatores como energia, reúso, renovabilidade, duração, reciclabilidade e preservação da natureza, resultando em uma escala de adequação que varia de Bom a Inadequado.[2] O padrão Passiv Haus e o Pacote de Planejamento são diretrizes de projeto voltadas para edificações com baixo consumo de energia, cujo consumo de energia para fins de calefação pode ser reduzido em 80%.
- Itália: certificação Casa Clima de edificações neutras em carbono e benignas ao clima.

[1] Manuel Duarte Pinheiro, "The Portuguese LiderA System: From Assessment to Sustainable Management", Portugal Sustainable Building Conference (SB07 Lisbon), Lisboa, Portugal, 2007.

[2] Bundesamt für Bauwesen und Raumordnung (Escritório Federal da Alemanha para o Planejamento Regional e de Edificações), www.nachhaltigesbauen.de/fileadmin/pdf/Systainable_Building/Guideline_for_Sustainable_Building_300DPI_141006.pdf.

Fonte: Kimberly R. Bunz, Gregor P. Henze, PE, & Dale K. Tiller, "Survey of Sustainable Building Design Practices in North America, Europe, and Asia", *Journal of Architectural Engineering 12*, no. 1 (março de 2006): 33-62.

O Green Building Challenge

Considerando-se a tendência evolutiva do movimento da edificação sustentável, sem falar no aumento do seu foco, faz-se importante acompanhar a evolução dos sistemas de certificação propriamente ditos. Um dos progenitores dos sistemas de certificação modernos é o Green Building Challenge[11] (que, apesar da sigla GBC, não deve ser confundido com os Conselhos da Edificação Sustentável). Surgido em 1996 como um concurso internacional que visava a selecionar a edificação mais sustentável, ou mais "verde", ele se transformou em um esforço coletivo para criar a ferramenta de avaliação de desempenho de edificação e impacto ambiental conhecida como Green Building Assessment Tool (GBTool).

A GBTool teria aplicação internacional em uma grande variedade de contextos, sempre contemplando prioridades e considerações regionais e culturais. Ela também foi concebida como uma base a partir da qual os países poderiam "usar ideias de modo seletivo, seja para incorporá-las em suas próprias ferramentas ou para modificá-las".[12] Suas áreas de desempenho ponderado incluíam consumo de recursos, cargas ecológicas, qualidade do ambiente interno, qualidade de serviços, questões econômicas, planejamento pré-ocupação com plano de transporte pendular e ainda durante o desenvolvimento. As edificações selecionadas, cujas equipes de projeto aceitaram o desafio, foram inseridas em um banco de dados desenvolvido pelo Laboratório de Energias Renováveis dos Estados Unidos e pelo Departamento de Energia dos Estados Unidos – o chamado High Performance Building Database.[13]

[11] Energy Efficiency and Renewable Energy (EERE), www.eere.energy.gov/buildings/highperformance/gbc.html.
[12] Raymond J. Cole, "Report: Review of GBTool and Analysis of GBC 2002 Case-Study Projects," School of Architecture and Landscape Architecture, University of British Columbia, December 12, 2002.
[13] EERE, www.eere.energy.gov/buildings/database/.

O GBC associou-se a uma série de "Conferências Mundiais da Edificação Sustentável", incluindo a Conferência da Edificação Sustentável de Tóquio intitulada Ação pela Sustentabilidade, realizada em 2005.[14] Na época, a missão de pesquisa e desenvolvimento do GBC foi redefinida, e foi ele "reposicionado" de acordo com a Iniciativa Internacional por um Ambiente Construído Sustentável (IISBE).[15] Junto ao UNEP e ao Conselho Internacional para Pesquisa e Inovação em Edificações e Construções (CIB), a IISBE continua organizando e presidindo Conferências Mundiais da Edificação Sustentável a cada três anos. A conferência mais recente foi a SB08, realizada em Melbourne, na Austrália.

Observação importante: a GBTool inspirou os sistemas de certificação nacionais e encorajou muitos países a adotar seus próprios programas, iniciativas e diretrizes de edificações sustentáveis.

O Living Building Challenge

"Imagine um prédio projetado e construído para funcionar de modo tão elegante e eficiente como uma flor: um prédio influenciado por suas características biorregionais, que gera toda sua energia consumida com recursos renováveis, coleta e trata toda sua água e funciona com eficiência e máxima beleza."[16]

É impossível discutir o Living Building Challenge (Desafio da Edificação Viva) sem apreciar o modo como ele é descrito: com paixão, foco na inspiração, no prazer e em temas de beleza que não costumam ser associados a noções de "alto desempenho", mas que sem os quais a arquitetura perderia um de seus atributos essenciais: a conexão com o espírito humano. Tudo isso foi integrado em um padrão com o rigor do apoio científico. Os elementos fundadores do Living Building Challenge (LBC) foram pesquisados por Jason McLennan no início dos anos 1990 e, posteriormente, concebidos com Bob Berkebile para um projeto em particular da firma de arquitetura BNIM. O conceito de "edifício vivo" evoluiu dessa pesquisa inicial e buscou incorporar os princípios holísticos de projeto regenerativo e restaurativo, ocupação do terreno com baixo impacto e ciclos de retroalimentação de energia e água (Figura 18-5).

Em 2007, o padrão LBC foi formalmente lançado e patrocinado pelo International Living Future Institute (ILFI). A palavra *challenge*, que significa desafio, representa a essência do programa. Longe de ser uma diretriz baseada em pontos para o emprego das melhores práticas, o sistema originariamente compreendia 16 pré-requisitos obrigatórios, ou "princípios', que hoje são chamados de "imperativos" e se organizam em sete categorias principais, chamadas de "pétalas". As sete pétalas são Lugar, Água, Energia, Saúde e Felicidade, Materiais, Equidade e Beleza. Para se obter a certificação de "prédio vivo", todos os 20 imperativos de todas as pétalas têm de ser atendidos (Tabela 18-1).

FIGURA 18-5 A versão 1.3 do Living Building Challenge – "nada de créditos, apenas pré-requisitos" – foi lançada em 2007. Cortesia do Cascadia Region Green Building Council.

Também há um segundo percurso que oferece uma certificação parcial chamada de "Certificação de Pétalas", que exige que, pelo menos, três pétalas sejam alcançadas. Para a Certificação de Pétalas ser alcançada, pelo menos uma de três pétalas específicas deve ser obtida (Água, Energia ou Materiais), bem como os imperativos 01 (Limites ao Crescimento) e 20 (Inspiração e Educação).

E também há uma terceira opção, a "Certificação como Prédio com Consumo de Energia Líquido Zero", que envolve a obtenção da Pétala da Energia junto com os Imperativos Inspiração + Educação e Beleza + Espírito. O conceito de edifício com consumo de energia líquido zero, como vimos

TABELA 18-1 Os 20 imperativos do Living Building Challenge v3.0

01 Limites ao Crescimento
02 Agricultura Urbana
03 Trocas entre os Habitats
04 Vida Potencializada para os Seres Humanos
05 Consumo de Água Líquido Positivo
06 Consumo de Energia Líquido Positivo
07 Meio Ambiente Civilizado
08 Ambiente Interno Saudável
09 Ambiente Biofílico
10 Lista Negra
11 Pegada de Carbono Incorporado
12 Indústria Responsável
13 Fontes de Economia para a Vida
14 Geração de Lixo Líquida Positiva
15 Escala Humana + Lugares Humanos
16 Acesso Universal à Natureza e ao Lugar
17 Investimento Equitativo
18 Organizações JUST
19 Beleza + Espírito
20 Inspiração + Educação

Fonte: Living Building Challenge, Documentation Guidance, agosto de 2014, p. 2, https://living-future.org/sites/default/files/reports/14--0828%20v3.0%20Doc%20Reqs%20-FINAL%2Bcover.pdf.

---

[14] A Declaração de Tóquio SB05, "Ação pela Sustentabilidade", publicada na Conferência Mundial da Edificação Sustentável de 2005, realizada em Tóquio (SB05 Tóquio), reuniu mais de 1.700 participantes de mais de 80 países e regiões para discutir questões como cooperação global, compreensão mútua e inovações tecnológicas e de sistemas sociais, entre outros tópicos importantes. Foram reconhecidos os "impactos significativos das práticas de construção e padrões humanos de urbanização atuais no consumo de recursos, na degradação do meio ambiente global e nas mudanças climáticas", e decidiu-se apoiar o Protocolo de Quioto mediante a implantação de estratégias de edificação sustentável. Fonte: Declaration of the participants of SB05 Tokyo, September 29, 2005.

[15] International Initiative for a Sustainable Built Environment, www.iisbe.org.

[16] The Living Building Challenge: A Visionary Path to a Regenerative Future, version 3.0, May 2014. International Living Future Institute, http://living-future.org/sites/default/files/reports/FINAL%20LBC%203_0_WebOptimized_low.pdf.

no Capítulo 12, envolve as estratégias necessárias para que se atenda ao consumo de energia anual de um prédio por meio de fontes *in loco* de energia renováveis, o projeto das vedações externas e outros sistemas passivos.

Atualmente, o sistema está em sua quinta iteração, e a versão 3.0 foi lançada em 2014. Os conceitos de resiliência e comunidade são novos a esse sistema. Como já vimos, a resiliência são os métodos de edificação e operação que são adaptáveis aos avanços das mudanças climáticas. Outros sinais da evolução do LBC são a inclusão dos rótulos Just (Justo) e Declare, que envolvem conceitos de justiça social e transparência no uso de materiais, respectivamente. O aspecto ímpar do rótulo Justo é que ele convida os fabricantes a mostrarem como a justiça social, o apoio às comunidades locais e a equidade – questões que têm ressoado na mente dos defensores dos direitos humanos há décadas – são tratadas pelas práticas de negócios dessas empresas. As empresas que descrevem os benefícios oferecidos a seus trabalhadores (saúde, segurança no local de trabalho, diversidade nas práticas de emprego) recebem esse selo. Os prédios que buscam alcançar o status LBC podem, então, ter produtos de construção específicos com esse rótulo. O rótulo Declare, como vimos no Capítulo 15, é uma declaração de informações sobre o produto que descreve os constituintes químicos que estão nos produtos e materiais de construção. Ele é similar a uma Declaração de Produto Saudável. Na verdade, atualmente estão sendo feitos esforços para harmonizar essas duas declarações.

Assim como ocorre com outros sistemas de certificação, documentos comprobatórios precisam ser apresentados e auditados para que um projeto alcance o status de LBC. No espírito da colaboração, em vez de ser um sistema de avaliações anônimas, o LBC fornece assistência técnica para as equipes de projeto, incluindo em questões fundamentais como a facilitação das *charrettes* de projeto e a reunião dos documentos comprobatórios. O Living Building Standard ultrapassa as exigências do sistema LEED, criado pelo US-GBC, na medida em que incentiva as equipes de projeto a utilizar estratégias de projeto sustentáveis que, embora não reflitam as práticas comuns, são perfeitamente exequíveis dentro da prática de construção sustentável atual. As equipes de projeto não podem solicitar certificação antes que o prédio esteja ocupado e operando há um ano, uma etapa de verificação que não é necessária para os projetos de construções novas do LEED. Outra diferença notável é a inclusão de substâncias químicas de uso proibido em um Prédio Vivo em uma "lista negra". Embora a nova versão 4 do LEED exija a declaração desses produtos, ela não os proíbe expressamente. Essas substâncias químicas foram analisadas no Capítulo 5.

Até 28 de maio de 2014, havia 201 projetos registrados para receber a certificação do LBC em 13 países: Samoa Americana, Austrália, Canadá, China, França, Haiti, Índia, Líbano, México, Nova Zelândia, Romênia, Emirados Árabes Unidos e Estados Unidos.

Missão do Living Building Challenge

"Encorajar a criação de Edificações, Paisagens e Comunidades Vivas em países do mundo inteiro e, ao mesmo tempo, inspirar, educar e motivar o público global sobre a necessidade de mudanças fundamentais e transformadoras."

O WELL Building Standard, do Delos

Um sistema de certificação realmente inédito vem certificando de modo ativo alguns projetos nos últimos anos e parte de uma versão piloto (Figura 18-6). Trata-se do WELL Building Standard®, desenvolvido pelo grupo imobiliário Delos Living. Os fundadores se deram conta de que aquilo que estava faltando em muitos outros dos "sistemas de certificação da velha guarda" é o foco na saúde humana. O WELL é descrito como "o primeiro protocolo de seu tipo que foca no bem-estar humano dentro do ambiente construído". Ele identifica condições específicas, que, quando integradas de modo holístico na arquitetura e no projeto da edificação, melhoram a saúde e o bem-estar dos usuários. O WELL Building Standard é o clímax de seis anos de pesquisas desenvolvidas pelo grupo Delos em parceria com importantes cientistas, médicos, arquitetos e líderes preocupados com o bem-estar das pessoas".[17] Ao contrário de outros sistemas, o WELL recebeu a colaboração e revisão de médicos e cientistas. Com uma estrutura similar ao LBC, o WELL é dividido por temas. No caso, as sete categorias são ar, água, nutrição, luz, boa forma, conforto e mente. Assim como o LBC, a WELL Certification™ exige documentação comprobatória e auditoria *in loco* para a concessão de um dos níveis de certificação: Azul, Prata ou Ouro. O International WELL Building Institute (IWBI) administra o sistema, e os projetos são certificados por um terceiro, o Green Business Certification Institute, o instituto da certificação LEED.

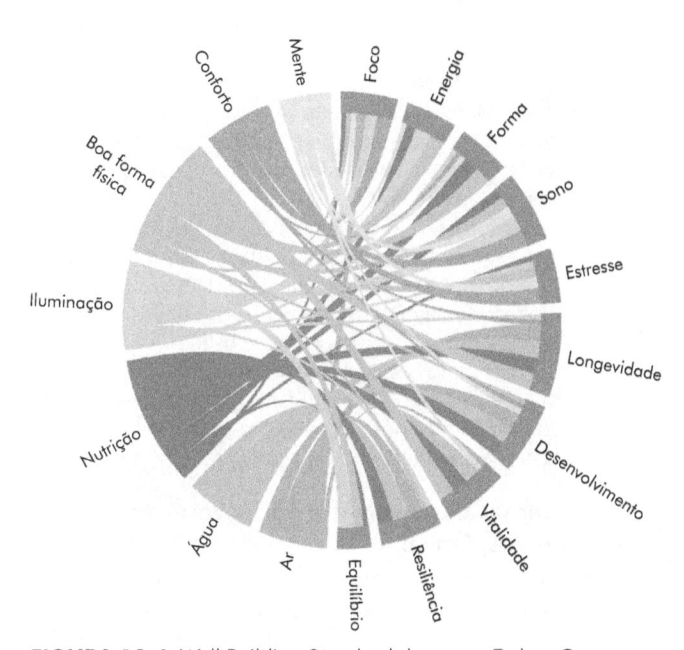

FIGURA 18-6 Well Building Standard do grupo Delos. Cortesia de Delos Living, LLC.

---

[17]WELL Building Standard, International WELL Building Institute, http://well-certified.com/well-building-standard/overview.

O WELL Standard é mais do que apenas mais um sistema de certificação de sustentabilidade, o que fica evidente nos ícones que aparecem ao longo de suas 102 "Características" (*Features*) – o corpo humano com sistemas precisos que podem ser afetados pelo parâmetro sendo descrito. Por exemplo, a medida que visa a um projeto de espaço de trabalho com baixo ofuscamento destaca os sistemas muscular, esquelético e nervoso, enquanto o ícone do tempo de reverberação destaca os sistemas cardiovascular, endócrino e nervoso. Essas Características são medidas baseadas no desempenho (tendo um nível mínimo exigido) ou baseadas em prescrições, e são de dois níveis. Os projetos podem obter o WELL Silver Certification se atingirem os Pré-Requisitos, que são melhorias que contribuem para a saúde dos usuários obrigatórias e feitas ao ambiente construído. Os níveis mais altos são oferecidos por meio de Otimizações opcionais, que podem ser estratégias de projeto, tecnologias específicas ou protocolos.[18]

As Características são numerosas demais para listá-las aqui, mas são descritas de modo abrangente na norma, em sua página 20. Vejamos algumas das Características mais interessantes:

- Um total de 29 medidas são incluídas na categoria Ar, com estratégias como controle de pragas, trocas de ar, entrada saudável, minimização de combustões, ambiente que possa ser limpo e segurança fundamental dos materiais.
- Na categoria Água, há oito medidas que variam da qualidade fundamental da água, tratamento da água e testagem frequente para a identificação de contaminantes agrícolas e contaminantes orgânicos e inorgânicos nos aditivos da água da rede pública. Também há uma característica denominada "promoção da água potável", que exige dos operadores prediais a manutenção de bebedouros limpos que possam oferecer água dentro do nível de qualidade prescrito.
- A característica Nutrição contém 15 itens, como a provisão de informações sobre os nutrientes nas áreas de serviços de alimentação, alimentação consciente, redução do consumo de alimentos processados e materiais seguros para o preparo de alimentos.
- Em Boa Forma, oito características são incluídas, oferecendo estratégias como oportunidades estruturadas para prática de esportes, espaços para atividades físicas, apoio ao transporte ativo, móveis e acessórios ativos, etc.
- Conforto abraça 12 temas, como acústica, conforto olfativo, ergonomia física e visual e mascaramento do som.
- A categoria Mente cobre altruísmo, política de sono saudável, avaliações pós-ocupação, tratamento do estresse e da adição e política do espaço de trabalho saudável.

Os sistemas desenvolvidos por governos e pelo mundo acadêmico

Praticamente todos os sistemas de certificação dos Estados Unidos contaram com a participação do governo e do mundo acadêmico nos primeiros estágios de seu desenvolvimento. As agências governamentais dos Estados Unidos vêm demonstrando interesse nos aspectos da análise de impacto ambiental e ciclo de vida nas edificações sustentáveis. Esses sistemas resultantes frequentemente são híbridos de diretrizes, melhores práticas e sistemas de pontuação. Outras agências, por sua vez, se concentram em atributos de sustentabilidade específicos – na maioria das vezes, a energia.

A Agência de Proteção do Meio Ambiente dos Estados Unidos (EPA), por exemplo, desenvolveu um sistema de certificação que tem o intuito de medir a eficiência energética de tipos de edificação semelhantes. As edificações que se destacam em virtude de seu bom desempenho podem receber uma certificação Energy Star, emitida pelo mesmo órgão. Cada vez mais, governos em nível municipal, estadual e federal têm adotado práticas e diretrizes de edificação sustentável, exigindo a certificação LEED para diferentes tipos de projeto.[19]

Sistemas aplicados a tipos de edificação específicos

Os sistemas especializados voltados para tipos de edificação específicos derivaram dos precedentes descritos anteriormente. Outros setores econômicos, como a hotelaria, o sistema judicial e o comércio varejista, têm adotado diretrizes sustentáveis. Dentre os exemplos de sistemas específicos, destaca-se o *Green Guide for Health Care* (GGHC)[22] (Figura 18-7). Desenvolvido pelo setor de saúde pública, este é um sistema de autocertificação.

Embora não confira uma classificação ou certificação específica, o GGHC oferece um conjunto de parâmetros comparativos aos projetistas de edificações médicas ou do setor da saúde. A estrutura temática do guia se baseia no LEED, e foi aprovada pelo sistema USGBC para ser utilizada como base do LEED para Serviços de Saúde.

A melhor descrição do guia é: um conjunto de ferramentas para "um guia das melhores práticas de projeto, construção e operação de prédios saudáveis e sustentáveis para o setor da saúde".[20] Uma questão crucial para esse setor é como os prédios possam ser gerenciados de modo sustentável, promovendo a saúde tanto dos funcionários como dos pacientes. Por isso, o guia é dividido em diretrizes de construção e operação.

Observação importante: o GGHC enfatiza a importância da redução do lixo hospitalar, bem como a gestão de substâncias químicas, incluindo produtos farmacêuticos e os utilizados em métodos de radiologia e esterilização. Ele obriga a remoção dos bifenis policlorados (PCBs) e a aplicação do controle de amianto.

FIGURA 18-7 Green Guide for Health Care. Cortesia do Green Guide for Health Care, © 2008.

---

[18] WELL Building Standard, version 1.0, Introduction, 6. Delos Living, LLC, 2014.

[19] Uma vez que a adoção das exigências do sistema de certificação LEED na legislação muda quase mensalmente, o ideal é consultar o site do USGBC para ficar a par dos acréscimos: http://www.usgbc.org.

[20] Green Guide for Health Care website home page, www.gghc.org.

O Collaborative for High Performance Schools

O sistema Collaborative for High Performance Schools (CHPS)[21] foi criado em 1999 pela Comissão de Energia do Estado da Califórnia e pelas concessionárias de energia Pacific Gas & Electric, Southern California Edison e San Diego Gas & Electric, juntamente a Charles Eley, unindo-se, em seguida, a várias organizações não governamentais (Figura 18-8). Sua missão é melhorar a eficácia em energia das edificações escolares da Califórnia, assim como definir o termo "alto desempenho". O CHPS é um sistema excelente para se compreender a grande variedade de questões relacionadas a edificações de alto desempenho, enfatizando, especificamente, as escolas.

Usando 85 pontos possíveis em seis categorias de estratégias (terrenos sustentáveis, água, energia, materiais, qualidade do ambiente interno e políticas e operações), o CHPS propõe objetivos de planejamento e projeto que se aplicam tanto à modernização de escolas existentes como a novas construções.

Há duas maneiras de se garantir a incorporação dos critérios do CHPS nas edificações: a verificação por terceiros ("Verificação CHPS" ou sistema reconhecido) e a autocertificação independente sob o selo "Projeto CHPS". É necessário obter pelo menos 32 pontos. As estratégias de edificação e operações sustentáveis do CHPS incluem vários objetivos que são aplicados a outros sistemas e tipos de prédio.

O Enterprise Foundation's Green Communities

O sistema Green Communities é único dentre todos os que já foram desenvolvidos por agências governamentais, uma vez que se aplica exclusivamente a projetos habitacionais populares. Sempre que conseguem obter uma pontuação mínima em relação aos critérios prescritos pelo Green Communities, as equipes de projeto podem se candidatar a incentivos, empréstimos e treinamentos. Os critérios se dividem em oito categorias de projeto integrado: terreno, localização e inserção no bairro, melhorias no terreno, conservação de água, eficiência em energia, uso de materiais benéficos ao meio ambiente, ambiente interno saudável e operações e manutenção.

Observação importante: ao reconhecerem que as populações de baixa renda têm o direito de se beneficiar com os atributos de edificações sustentáveis e que a justiça social é um componente importante da sustentabilidade, os critérios do Green Communities incluem 23 estratégias relativas à qualidade do ambiente interno em áreas como prevenção de mofo, equipamentos de exaustão e ventilação adequados, separação das fontes de combustão, não utilização de pisos de PVC e não utilização de pesticidas.

Os sistemas desenvolvidos por diferentes setores econômicos

O sistema de certificação Green Globes, de base digital, é administrado nos Estados Unidos pela Green Building Initiative – originalmente, um consórcio de "interesses de setores econômicos como serviços financeiros, comerciantes varejistas e atacadistas, fabricantes de eletrodomésticos e outros fornecedores de materiais de construção".[22] Desenvolvido no Canadá, ele buscou inspiração no sistema BREEAM. No Canadá, o sistema Green Globes é conhecido como Go Green/Go Green Plus (Visez Vert), sendo operado pelo BOMA. Esse sistema aborda sete categorias de projeto sustentável: gestão de projetos, sítio, energia, água, recursos, emissões e efluentes e ambiente interno.

Observação importante: o sistema Green Globes dá retorno imediato, solicitando a um membro da equipe que responda a um questionário online, o que ajuda a avaliar os esforços do projeto no que se refere à incorporação de estratégias sustentáveis. Ele é, basicamente, um processo de autoconferência, e não de certificação.

Os sistemas regionais nos Estados Unidos

O Minnesota Sustainable Design Guide 1997

O *Minnesota Sustainable Design Guide*[23] é provavelmente o sistema de certificação de edificações sustentáveis mais abrangente dos Estados Unidos. Este guia ajuda os arquitetos em todas as fases do projeto de uma edificação: elaboração do conceito, construção, pós-ocupação, operações e desempenho, avaliação e medidas de remediação. Utilizando 50 estratégias, ele se foca em seis questões principais, assemelhando-se a muitos outros sistemas de certificação; são elas: terreno, água, energia, ambiente interno, materiais e resíduos.

As estratégias abordadas pelo guia são classificadas de acordo com as prioridades da equipe e os exercícios de estabelecimento de metas. Visando a amplificar tais estratégias, o guia vai mais longe que muitos outros sistemas de certificação, visto que avalia o desempenho estabelecendo metas mínimas para cada estratégia empregada pela equipe.

O sistema de certificação Austin Energy Green Building

Além de ter um programa muito bem-sucedido em termos de energias renováveis e eficiência em energia, a empresa estatal

FIGURA 18-8 Collaborative for High Performance Schools. Cortesia do Collaborative for High Performance Schools.

---

[21] The Collaborative for High Performance Schools, www.chps.net.
[22] Green Building Initiative, www.thegbi.org.
[23] The State of Minnesota Sustainable Building Guidelines, *Minnesota Sustainable Design Guide* (1997), www.msbg.umn.edu.

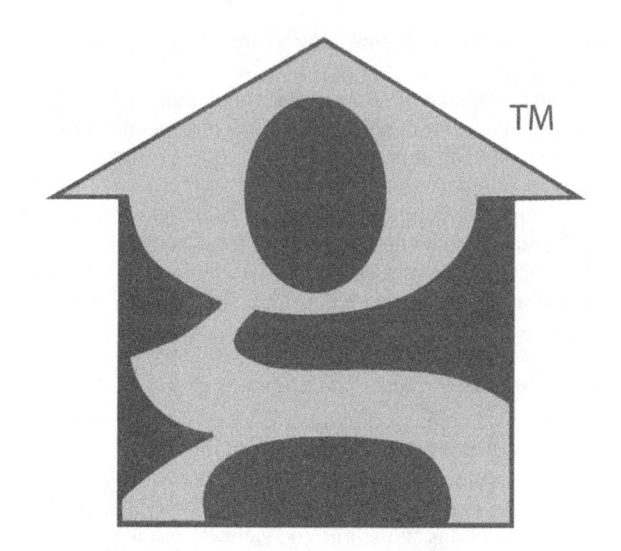

FIGURA 18-9 Green Building Austin. Cortesia de Austin Energy Green Building.

de energia elétrica Austin Energy[24] (Figura 18-9) utiliza seus lucros, anualmente, para custear serviços de infraestrutura urbana. Vale a pena destacar que a cidade de Austin também foi a primeira dos Estados Unidos a desenvolver um programa de edificação sustentável. Seu trabalho inspirou muitos outros sistemas de certificação dos Estados Unidos, incluindo o LEED.

Os sistemas de certificação da Austin Energy para edificações habitacionais e comerciais são extremamente consistentes, oferecendo estratégias abrangentes de edificação sustentável relativas às exigências mínimas a serem atendidas. A cidade exige o cumprimento dos padrões tanto pelos edifícios municipais como pela maioria dos prédios comerciais do setor privado.

No sistema habitacional de 150 pontos, as exigências mínimas tratam de fatores como ventilação adequada, redução do consumo de água por meio da seleção de aparelhos hidrossanitários, tintas com baixo nível de compostos orgânicos voláteis, ventiladores de teto, lâmpadas fluorescentes, isolamento e filtragem, prevenção de vazamentos em dutos e eficiência dos equipamentos de calefação e refrigeração.

Depois de atender às exigências básicas, é possível obter pontos adicionais em categorias como seleção do terreno, projeto da habitação, gestão das perdas da construção, estrutura e vedação externa da edificação, controle térmico e da umidade, instalações e aparelhos hidrossanitários, instalações mecânicas, testagem de desempenho, instalações elétricas, construção e acabamentos internos, terraplanagem e paisagismo e ampliações e reformas.[25]

O formato do sistema de certificação de edificações comerciais, composto por 77 pontos, é bastante similar, incluindo oito categorias de exigências básicas: terceirização das instalações, escoamento de águas pluviais e controle da qualidade da água, coberturas capazes de reduzir o efeito de ilha térmica, consumo eficiente de energia, redução do consumo de água, tintas e revestimentos de uso interno com baixo nível de compostos orgânicos voláteis, coleta e armazenagem de materiais recicláveis e gestão das perdas da construção. Para ganhar pontos adicionais, os projetos devem buscar estratégias que se dividem em outras oito categorias: estrutura integrada da equipe, terreno, energia, água, qualidade do ambiente interno, materiais e recursos, educação e inovação[26]

O Austin Energy Green Building também inclui um sistema de certificação multifamiliar que oferece 74 pontos, constituindo um programa duplo com temas similares.

Fazendo uso da análise ponderada, o sistema de certificação confere até cinco estrelas (uma estrela indica o nível de sustentabilidade mínimo, ao passo que cinco, o nível mais alto), sendo que a quarta e a quinta podem ser obtidas somente quando a contratação das instalações é feita por um verificador terceirizado.

Observação importante: um dos marcos do programa Austin Energy é a ênfase na implantação e no projeto das vedações externas, o que exige sistemas de climatização e de iluminação com projeto e instalação eficientes (por exemplo, o uso da ventilação cruzada e por efeito chaminé), tintas com baixo nível de compostos orgânicos voláteis e muitas medidas para a conservação de água, incluindo o aproveitamento das águas pluviais e limites mínimos de tratamento paisagístico com gramado.

O sistema de certificação californiano GreenPoint

O Condado de Alameda, localizado na Área da Baía de São Francisco, no Estado da Califórnia, desenvolveu uma série de diretrizes de edificação sustentável em 2000, buscando fomentar o projeto de edificações sustentáveis. As diretrizes foram elaboradas por um amplo espectro de agências governamentais, organizações não governamentais, indústrias privadas e profissionais das áreas de projeto e construção, sendo derivadas de um programa comunitário de autocontrole.

FIGURA 18-10 O GreenPoint Rated é um sistema de certificação de moradias da Califórnia. Cortesia de Build It Green.

---

[24]Austin Energy, www.austinenergy.com , and Austin Energy Green Building, http://greenbuilding.austinenergy.com.

[25]Austin Energy Green Building, Single-Family Home Rating Guidebook 2013, disponível para *download* em http://greenbuilding.austinenergy.com.

[26]Austin Energy Green Building Commercial Guidebook 2013, available for download at http://greenbuilding.austinenergy.com.

Foi essa a base do sistema de certificação GreenPoint (Figura 18-10), criado de modo a ser compatível com as diretrizes do LEED para Habitações e da Associação Nacional de Construtores de Habitações dos Estados Unidos, assim como com o sistema de certificação Energy Star for Homes. A ONG Build It Green é responsável por orientar e administrar o processo. Atualmente, os sistemas LEED e GreenPoint colaboram entre si, utilizando os dois selos. O sistema GreenPoint oferece pontos em categorias como energia, qualidade e saúde do ar de interiores, recursos e água; são necessários 50 pontos ou mais para obter uma certificação.

Observação importante: o sistema GreenPoint tem várias estratégias sustentáveis dignas de nota, com destaque para construções resistentes ao radônio, desconstrução em vez de demolição, paisagismo à prova de incêndio, desmaterialização e redução do conteúdo de formaldeído em armários, bancadas, guarnições, contrapisos, degraus de escada e prateleiras.

O Conselho da Edificação Sustentável dos Estados Unidos (USGBC) e a transformação voltada para o mercado

O programa Liderança em Projeto de Energia e Ambiental (LEED) é um conjunto de sistemas de certificação desenvolvido em 1998 pelo USGBC (Figura 18-11). O LEED foi criado com o objetivo de produzir um sistema de certificação nacional consensual voltado para o mercado, dedicado especialmente a edificações de alto desempenho. Por meio da junção dos sistemas de certificação, o LEED consegue abordar o ciclo de vida de diferentes escopos: construções novas, grandes reformas, núcleos e vedações externas, edificações preexistentes e as tipologias de edificação – interiores de escritórios, escolas, lojas varejistas, equipamentos de saúde, moradias e loteamentos – ao longo das fases de projeto, construção, operação e manutenção.

FIGURA 18-11 U.S. Green Building Council (USGBC) e Liderança em Projeto de Energia e Ambiental (LEED). Cortesia do U.S. Green Building Council.

O USGBC confere certificações em quatro níveis – certificado, prata, ouro e platina, dependendo do número de pontos obtidos em cinco grandes categorias de projeto sustentável e créditos de inovação. Com o passar dos anos, o LEED tem se tornado mais consistente, elevando gradualmente os padrões de forma a motivar os participantes a construir edificações resilientes que contribuam para a saúde global em vez de prejudicá-la.

Desde o surgimento do LEED até junho de 2013, 185.071 pessoas se tornaram Profissionais com Certificação LEED (AP), um título conferido a todos que demonstram ter conhecimentos profundos de técnicas de edificação sustentável, bem como do sistema de certificação e seus processos. No mundo inteiro, há mais de 72.500 projetos com certificação LEED, totalizando mais de 1,28 bilhão de m^2 (até agosto de 2015). Ainda assim, apesar do progresso significativo (ou, talvez, por causa dele), o desenvolvimento do LEED tem acarretado uma série de controvérsias.[27]

Conforme costuma ocorrer com inovações do gênero, o LEED tem sofrido devido à turbulência do processo de crescimento integral e estruturado para o qual foi projetado. Em 2005, embora membros de associações profissionais tenham se filiado ao USGBC como pessoas físicas e contribuído para o desenvolvimento do LEED, o conselho aprovou, mediante votação, a entrada de organizações industriais, ainda que sem direito de voto.

Em seus primeiros anos, o LEED também provocou muitas controvérsias significativas, incluindo as decisões relativas à adequação de se conferir um crédito ou ponto de inovação LEED pela não utilização de PVC; se deveria criar créditos para a madeira, permitindo que certificações industriais fossem usadas como padrão para a madeira explorada de maneira sustentável, junto às do Forest Stewardship Council (FSC); ao modo de incorporar a avaliação do ciclo de vida ao LEED; e à maneira de abordar o potencial de destruição da camada de ozônio e de aquecimento global dos agentes refrigerantes usados em equipamentos de climatização.[28]

Quando a indústria se opõe aos esforços do LEED voltados para o aprimoramento do impacto ambiental de materiais, o USGBC enfrenta dificuldades para levar o processo até o fim. Motivado pela proposta de conferência de um ponto LEED pela não utilização de PVC, apresentada em 2001, o USGBC criou um Comitê de Consultoria Técnica e Científica (TSAC) para estudar a questão dos efeitos do PVC na saúde e seus impactos ambientais negativos. Após seis anos de deliberação, que incluíram um relatório preliminar, o TSAC emitiu um relatório final em 2007 deixando a questão em aberto, concluindo que "quando associamos o término da vida útil

---

[27] Green Building Facts, USGBC, www.usgbc.org/articles/greenbuilding-facts; Ao longo dos anos, foram feitas muitas sugestões para transformar o LEED em um sistema mais consistente, incluindo: Randy Udall & Auden Schendler, "LEED is Broken—Let's Fix It," 2005, http://www.igreenbuild.com/cd_1706.aspx.

[28] "The Treatment by LEED of the Environmental Impact of HVAC Refrigerants," aprovado pelo Conselho Diretor do LEED em 25 de outubro de 2004; aprovado pelo Conselho Diretor do USGBC em 08 de novembro de 2004. USGBC Technical and Scientific Advisory Committee (TSAC), "Summary of Findings," in *Assessment of the Technical Basis for a PVC Related Materials Credit for LEED*, 88, line 24, February 2007 (Washington, DC: U.S. Green Building Council, 2007). Este documento está disponível no site do USGBC: http://www.usgbc.org/ DisplayPage.aspx?CMSPageID=1633.

a incêndios acidentais em aterros sanitários e fogueiras nos quintais, o risco adicional de emissão de dioxina coloca, consistentemente, o PVC entre os materiais com piores impactos em termos de saúde humana";[29] contudo, o comitê não chegou a recomendar créditos pela não utilização de PVC.

Enquanto isso, o *Green Guide for Health Care* (Guia de Sustentabilidade para Cuidados de Saúde), criado nos Estados Unidos, e programas de outros países, como a Austrália, têm incorporado estratégias similares em suas diretrizes e sistemas de certificação de edificações sustentáveis; eles defendem a não utilização de PVC, de poluentes orgânicos persistentes e de produtos químicos preocupantes adicionais.

Alguns acontecimentos do ano de 2006 foram revolucionários para o LEED.

Junto à Clinton Climate Initiative, o USGBC uniu-se à Sociedade de Engenheiros de Climatização dos Estados Unidos (ASHRAE), à Alliance to Save Energy (Aliança para Economizar Energia), ao Conselho Internacional para Iniciativas Ambientais Locais e ao WGBC com o objetivo de "mobilizar os principais especialistas em edificações sustentáveis de todo o mundo de modo a aumentar o inventário de edificações sustentáveis em todo o planeta". Para a filiação ao USGBC e seus projetos LEED, essa parceria criou a meta obrigatória de aumentar a eficiência energética dos prédios em 14%, para as novas construções, ou 9%, para as reformas. Além disso, os projetos que obtiverem a certificação Platina receberiam uma devolução de parte das taxas de certificação.

Lançado em março de 2009, o LEED 2009 representou um grande esforço para revisar o sistema LEED ao incorporar a ponderação[30] e estratégias apropriadas a determinada região para vários tipos de edificação e climas. O LEED 2009 conferiu flexibilidade a tipos de edificação específicos, bem como a condições de climas ou terrenos especiais, que não se encaixavam bem no conjunto de certificações LEED. Reconhecendo a pressão sobre o fornecimento global de água potável, o LEED 2009 exigiu uma redução de 20% no consumo desse insumo. Também foram estabelecidos novos percentuais para a otimização de energia. Enquanto o LEED 2009 exigiu uma melhoria de 10% no desempenho energético em relação a um prédio de referência, usando a norma ANSI/ASHRAE/IESNA Standard 90.1–2007 (veja os Capítulos 8–12), o LEED v4 exige apenas 5%, mas usa uma norma mais rigorosa, a ANSI/ASHRAE/IESNA Standard 90.1–2010. (Ambos os percentuais se aplicam a projetos de construções novas.)

Após um exaustivo processo de aprovação, o LEED versão 4, a iteração mais atual do sistema de certificação, foi lançado no International GreenBuild Conference em novembro de 2013. Como diretrizes para o novo sistema, sete categorias de impacto foram desenvolvidas pelo Comitê Geral dos Trabalhos para os projetos que buscassem a certificação LEED v4.[31]

- Reverter as contribuições para as mudanças climáticas
- Melhorar a saúde e o bem-estar humanos
- Proteger e restaurar os recursos hídricos
- Proteger a biodiversidade e as funções do ecossistema
- Promover os ciclos regenerativos de recursos de materiais
- Construir uma economia mais sustentável
- Melhorar a comunidade, a equidade social, a justiça ambiental e a qualidade de vida

A versão 4 do LEED muda significativamente a abordagem aos materiais, tirando-a dos produtos com atributos simples e passando a produtos com atributos múltiplos. O processo integrativo está incorporado no sistema como um crédito à base de pontos. Foram incluídos novos requisitos e limites aprimorados para a gestão do lixo, a redução do consumo de água e o conceito de intervenções com densidades apropriadas e orientadas para o transporte público. Não há dúvida de que o LEED v4 representou um progresso enorme.

As categorias do LEED para estratégias de projeto sustentáveis

Historicamente, sempre houve seis categorias temáticas de estratégias ou créditos no LEED:

- Ocupação do terreno (*Terrenos Sustentáveis*)
- Consumo e conservação de água (*Eficiência em Água*)
- Estratégias de produção e consumo de energia e impactos na atmosfera (*Energia e Atmosfera*, duas áreas inter-relacionadas devido ao foco atual na redução das emissões de carbono e na destruição da atmosfera)
- Uso eficiente de recursos e gestão de resíduos (*Materiais e Recursos*)
- Ambiente interno (*Qualidade do Ambiente Interno*, tópico relacionado à qualidade do ar de interiores e também a fatores como temperatura, umidade, refrigeração, calefação, iluminação natural, acesso ao exterior e ventilação)
- Inovação em estratégias ambientais (*Inovação em Projeto*)

As categorias de créditos da versão 4 do LEED mudaram de modo dramático, adicionando uma categoria para Localização e Transporte, que atribui pontos a estratégias como a proteção de terrenos sensíveis e o acesso ao transporte público de qualidade. A área que sofreu modificações mais profundas foi a categoria Materiais e Recursos. A versão 4 passou a incluir a transparência dos produtos e a responsabilidade ambiental das comparações nas categorias de materiais que antigamente focavam em apenas um atributo. Hoje há requisitos para Redução do Impacto do Ciclo de Vida da Edificação; Divulgação e Otimização dos Produtos de Construção – Declarações de Produto Ambiental; Divulgação e Otimização dos Produtos de Construção – Fontes de Matérias Primas e Divulgação dos Produtos de Construção; e Otimização – Composição dos Materiais. Cada um desses requisitos tem dois graus, baseados

---

[29]USGBC Technical and Scientific Advisory Committee (TSAC), "Summary of Findings."

[30]De acordo com o "LEED 2009 Introduction Memo", de 1º de maio de 2008, divulgado pelo *LEED Steering Committee and Staff* e pelo *USGBC Board of Directors*, "o termo 'ponderação', no sentido aqui utilizado, se refere ao processo de redistribuir os pontos disponíveis no LEED de modo que o valor de determinado crédito reflita com precisão seu potencial de mitigar os impactos ambientais negativos ou de promover os impactos ambientais positivos de uma edificação".

[31]LEED v4 User Guide Introduction, USGBC, http://vimeo.com/67407633.

FIGURA 18-12 A missão do Architecture 2030 é "transformar rapidamente o setor da construção norte-americano e global de um dos principais contribuintes para as emissões dos gases causadores do efeito estufa em uma parte crucial da solução da crise do aquecimento global". O Imperative 2010 se refere ao desafio proposto pelos fundadores da Architecture 2030, que consiste em ajudar a "transformar a educação ecológica em um dos pilares da formação de arquitetos". Copyright © 2003, Inc./Architecture 2030. Utilizado sob permissão. Todos os direitos reservados.

no nível de certificação do produto (Tipo I, Tipo II e Tipo III) e no número de atributos.

Ed Mazria e o 2030 Challenge

O 2030 Challenge (Desafio para 2030), o conceito da Architecture 2030, uma ONG desenvolvida pelo arquiteto Ed Mazria com o apoio de muitas organizações de projeto internacionais[32], foi precursor na ideia de que as emissões globais de carbono precisam ser reduzidas de modo rápido e regular (Figura 18-12). Os incansáveis esforços de Mazria resultaram nas seguintes metas e conclusões:

- Reduzir o uso de combustíveis fósseis em edificações novas em 60% até 2010, 70% até 2015, 80% até 2020 e 90% até 2025, chegando à neutralidade em carbono no ano de 2030 (isto é, deixar de usar energias de fontes combustíveis com emissões de gases com efeito estufa na operação de edificações).[33]

- Incorporar a sustentabilidade no currículo das faculdades de arquitetura até 2010, conforme descreve o Imperative 2010, criado por Mazria, que exige que todos os projetos de ateliê incorporem considerações de projeto sustentável; isso inclui a promoção da "alfabetização no projeto ecologicamente sustentável" e campi universitários neutros em carbono.
- O 2030 Challenge recomenda duas abordagens para se obter as reduções necessárias:
    - Aumentar a eficiência em energia das edificações.
    - Basear-se na energia proveniente de fontes renováveis, e não de usinas termoelétricas a carvão.

De acordo com a filosofia de Mazria, é possível implementar a eficiência em energia em edificações ainda hoje, visto que, no fim, as técnicas custam menos e, ao mesmo tempo, beneficiam a economia e o meio ambiente.[34]

Uma sinopse dos sistemas e padrões

Nos Estados Unidos, políticas públicas, códigos e planos diretores costumam se concentrar no nível municipal; o mesmo se aplica aos programas de incentivos, como as edificações que prescindem de licenciamento ou que têm prioridade – muito comuns nas cidades de Chicago e São Francisco. Os códigos e padrões estaduais e federais não são tão populares, embora algumas agências estaduais e federais de vanguarda, como a General Services Administration (Administração de Serviços Gerais), tenham adotado o sistema de certificação LEED ou outras diretrizes equivalentes. A Califórnia elaborou um código de edificações sustentáveis, o CALGreen, descrito

---

[32] A Missão da *Architecture 2030*: "A Architecture 2030, uma ONG não alinhada e independente, foi criada pelo arquiteto Edward Mazria em 2002, como uma resposta à crise do aquecimento global. A missão da organização é transformar rapidamente o Setor da Construção nos Estados Unidos e no restante do planeta, que deixaria de ser um dos principais responsáveis pelas emissões de gases com efeito estufa e passaria a ser um componente central da crise representada pelo aquecimento global. Nosso objetivo é fácil de compreender: obter uma redução drástica nas emissões dos gases com efeito estufa (GHG) que causam o aquecimento global por parte do Setor da Construção Civil, mudando, para isso, a maneira de planejar, projetar e construir edificações e loteamentos". Architecture 2030, http://www.architecture2030.org.

[33] De acordo com a discussão de metas da Architecture 2030: "Estas metas podem ser alcançadas implantando-se estratégias de projeto sustentável inovadoras, gerando-se energias renováveis *in loco* e/ou comprando-se créditos de energias renováveis (no máximo 20%) e/ou créditos de energias renováveis com certificação", http://www.architecture2030.org.

[34] Edward Mazria and Kristina Kershner, "The 2030 Blueprint: Solving Climate Change Saves Billions," 2030, Inc., Architecture 2030, April 7, 2008, http://architecture2030.org/fi les/2030Blueprint_Press_Release.pdf.

no Capítulo 4, que também contém uma sinopse do desenvolvimento das normas Standards 189 e IgCC.

As ferramentas práticas que orientam os sistemas de certificação

A prática de edificações sustentáveis adota a mesma abordagem integrada, baseada no trabalho em equipe, que norteia este livro. Ao implantar os sistemas de certificação descritos neste capítulo, é particularmente importante que os profissionais do setor integrem esse novo modelo de colaboração multidisciplinar ao projeto sustentável (Figura 18-13).

Várias ferramentas-chave de gestão de planejamento e projeto estão envolvidas na implementação de sistemas de certificação durante as etapas de projeto e construção; e, ao falarmos em "ferramentas", nos referimos a sistemas de registro feitos em papel ou computador e ferramentas orientadas para a definição de objetivos e tomada de ação. Muitas delas já foram identificadas no Capítulo 1, sobre o projeto de edificações integradas. Com o processo de projeto integrado, as fases de definição do conceito de um projeto podem ser as mais criativas e livres, focando o desempenho energético e a gestão da água como tendo papéis cruciais. Nesse caso, as tarefas típicas do consultor em edificações sustentáveis envolveriam o desenho de uma plataforma ou fórum para essa atividade e a criação de um registro da atividade que possa orientar as diretrizes ecológicas para que o projeto avance. Sempre que grupos de pessoas se reúnem para formular um programa comum, pode haver discordâncias ou desapontamentos, ou colaborações negativas. O consultor deve ser ágil o suficiente para desempenhar o papel de instigador, colaborador, diplomata e intérprete – muitas vezes fazendo isso tudo ao mesmo tempo. Em caso de implantação completa dos sistemas de certificação, os passos precisam ser descritos em detalhes por diferentes razões – entre elas, porque os clientes (empreiteiros, proprietários de edificações e outros envolvidos) costumam basear a obtenção de suas verbas no recebimento de um certificado específico. Por essa razão, o consultor precisa ser extremamente cuidadoso ao orientar o processo de certificação.

As exigências de certos sistemas de certificação estão cada vez mais densas e abertas à interpretação, e isso obriga o consultor a estar bem mais atento e familiarizado com os mais recentes avanços e saber como foram tomadas decisões anteriores de determinadas questões. Sistemas como o LEED, por exemplo, se baseiam na estrutura da área jurídica, na qual o aprendizado contínuo e os desafios específicos constituem uma rota alternativa para se obter os créditos. No LEED, essas comunicações são chamadas de decisões sobre interpretação do LEED (ou de um crédito), ou LIs/CIRs. Como no Direito, os "precedentes" orientam o desenvolvimento do sistema e têm a finalidade de incentivar a consistência, além de formar uma base sólida sobre a qual os avaliadores podem avaliar o desempenho de uma edificação sustentável. Em alguns casos, devido à generalidade da lei a ser interpretada, a argumentação persuasiva e o pensamento lógico se tornam habilidades fundamentais para o consultor de edificações sustentáveis.

As principais ferramentas de planejamento

Charretes de projeto. Ao discutirmos o projeto integrado de edificações (Capítulo 1), um dos primeiros passos descritos foi o ato de fazer "uma charrete", isto é, de reunir mentes semelhantes de modo a priorizar metas para as estratégias sustentáveis. Muito já foi escrito sobre a charmosa origem desse termo: ele é característico do ensino de arquitetura desde a École des Beaux Arts parisiense do século XIX. As charretes eram carrinhos com rodas de madeira que circulavam entre os alunos de Beaux Arts na hora de coletar os projetos elaborados para fins de avaliação. Atualmente,

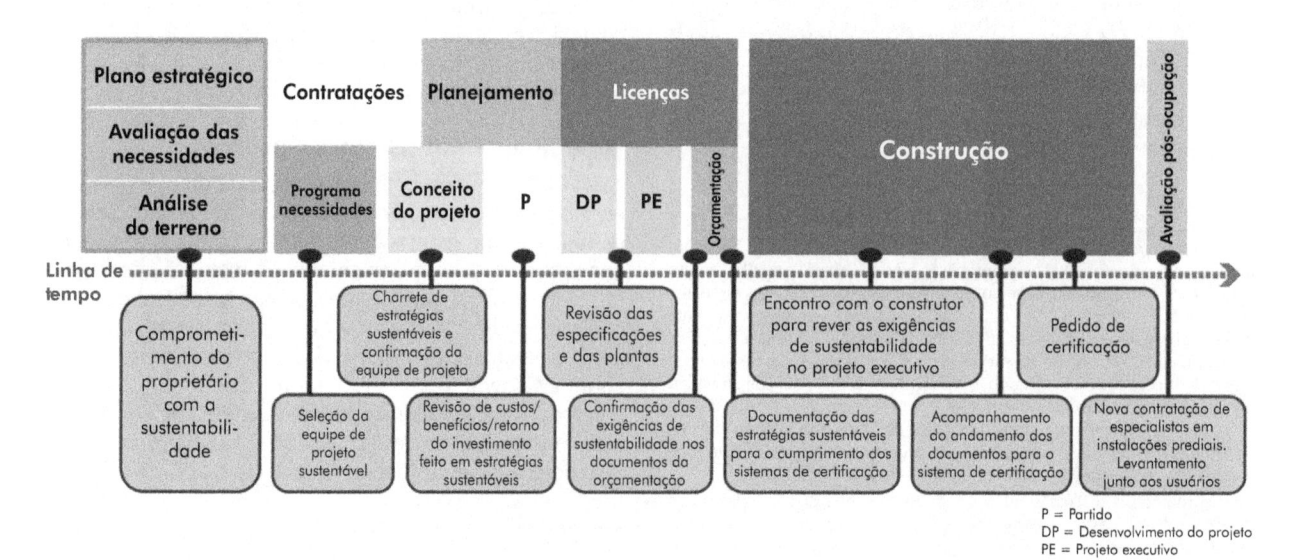

FIGURA 18-13 O modelo de formação de equipe de projeto integrado. Ilustração: Killer Banshee Studios.

o termo continua sendo usado em faculdades e empresas de arquitetura, descrevendo o processo criativo de projeto espontâneo e em grupo. A análise e a crítica de projetos em ateliê são etapas essenciais no processo de projeto sustentável, uma vez que – ao contrário de um projeto concebido em uma torre de marfim – o projeto de arquitetura sustentável ecologicamente não terá sucesso se for criado isoladamente. Edificações sustentáveis bem-sucedidas resultam de charretes colaborativas contínuas.

- *Habilidades necessárias*: facilitação de reuniões, apresentação oral, registro e triagem de informações-chave
- *Produto do trabalho*: registros da *charrette* (ou minutas), roteiro para o projeto, missão dinâmica e visão

Acompanhamento. Essa ferramenta consiste em promover contatos contínuos e agendados tanto com os clientes como com os membros da equipe de projeto. As ferramentas de documentação incluem praticamente qualquer tipo de planilha eletrônica ou software, sendo atualizadas constantemente nas etapas de conferência de maneira a refletir as mudanças nas decisões de projeto, o progresso da orçamentação do projeto da edificação, os imprevistos inevitáveis e as alterações durante a construção. O objetivo do acompanhamento é impedir que as metas e pontos conferidos pelo sistema de certificação não sejam prejudicados por tais variáveis. É necessário que o consultor identifique as linhas mais fracas de comunicação.

- *Habilidades necessárias*: manutenção de registros, administração de arquivos, comunicação escrita, acompanhamento simultâneo de atividades múltiplas
- *Produto do trabalho*: planejamento de um item de ação, relatório escrito dos progressos, planilha do sistema de certificação

Especificações e projeto executivo. Na prática profissional, as especificações e o projeto executivo fazem parte dos documentos prescritos pelos contratos e, consequentemente, são fundamentais para o sucesso da construção da edificação em termos de qualidade e função. Para tanto, é igualmente importante que o projeto sustentável esteja previsto nos documentos legais. O ideal, a menos que o consultor seja um redator profissional de especificações, é não sugerir o uso da linguagem comum em estratégias de sustentabilidade. Muitas empresas de arquitetura e consultoria em edificações sustentáveis optam por incorporar especificações ambientais padronizadas nos documentos contratuais, adequando-as às metas de sustentabilidade do projeto e aos créditos almejados de determinado sistema de certificação. Com frequência, a linguagem inclui uma revisão das especificações contidas nos primeiros rascunhos (finalização de 50% do projeto de arquitetura e 50% do projeto executivo). O mesmo se aplica ao processo de revisão do projeto executivo. Os consultores em sustentabilidade revisam projetos executivos pelas mesmas razões e durante a finalização das etapas do projeto, contemplando questões como o uso de materiais e acabamentos aceitos pelo sistema de certificação e visando a garantir o cumprimento de determinadas metas estratégicas. Quando o projeto é submetido à avaliação de um sistema de certificação por terceiros, um consultor, para evitar surpresas de última hora, pode revisar o projeto executivo de modo a verificar quaisquer estratégias, seja a análise de todos os materiais usados nas paredes em áreas de mistura química, seja a existência de um espaço de armazenagem adequado para bicicletas e recipientes de reciclagem.

- *Habilidades necessárias*: entendimento dos códigos de edificação que se aplicam e de como um prédio é construído, capacidade de ler e interpretar desenhos
- *Produto do trabalho*: resumos da análise de desenhos e especificações, muitas vezes com mais de 30 páginas

Acompanhamento da obra. Reuniões semanais no canteiro de obras fazem parte dos projetos assim que se inicia a execução da obra. Ainda que sua presença não seja necessária em todas as reuniões, é importante que o consultor em sustentabilidade visite o canteiro de obras ao longo das etapas mais importantes, conforme exigem as referências específicas estipuladas pelos sistemas de certificação. A presença regular no canteiro de obras é valiosa para o projeto e a equipe de projeto. Além disso, tendo conhecimento do processo de execução de uma obra, o consultor de uma edificação ecológica pode apontar práticas que poderiam implicar a perda de um crédito LEED. Usar uma tinta de retoque da pintura que tem alto nível de COVs, ou deixar de proteger dutos abertos durante atividades que geram pó são duas práticas que afetam a qualidade do ar do interior de um prédio e, se ocorrerem, terão repercussões na pontuação do sistema de certificação.

- *Habilidades necessárias*: familiaridade com os protocolos de um canteiro de obra em termos de segurança e cronograma
- *Produto do trabalho*: relatórios de campo, apresentação de análises, atualização dos planos de ação, elaboração de minutas de reunião

O processo de aplicação do sistema de certificação. Dependendo da consistência e da abrangência do programa, o processo de aplicação do sistema de certificação no projeto costuma ser demorado. Evidentemente, os sistemas mais visados são também os menos tendenciosos. Vale a pena desconfiar de sistemas que permitem a uma equipe certificar suas próprias edificações sustentáveis, abrindo mão da verificação terceirizada. Essas escolhas geralmente estão associadas a considerações financeiras, mas nem sempre compensam em termos de marketing, visibilidade, credibilidade e satisfação dos usuários. Embora ainda não seja suficientemente sofisticado, o nível de discernimento do público em geral ficará mais alto no futuro, à medida que outros profissionais, além dos arquitetos e projetistas, se tornem mais familiarizados com as diferenças entre os sistemas apresentados neste capítulo.

- *Habilidades necessárias*: capacidade de gerenciamento de projeto, organização de documentos, facilitação para as equipes colaborarem, agilidade com o sistema de certificação sendo utilizado, capacidade de usar os portais online de documentação
- *Produto do trabalho*: aplicações compiladas online na forma de créditos e dando suporte a diagramas de cálculos

Você já deve ter se dado conta de que a maioria dessas tarefas cai nas mãos dos gerentes de projeto. Os gerentes de projeto são preparados para interagir com inúmeros profissionais sempre que o acompanhamento de projetos de longo prazo e documentos detalhados forem importantes. No caso do projeto de edificações sustentáveis, o gerenciamento de projeto é, necessariamente, uma prática holística, visto que existem vários "ciclos de avaliação" para criar, revisar e aprovar ou não as decisões de projeto. Ao longo das fases de um projeto de edificação, ou de seus fluxos, um gerente de projeto deve usar essas e outras ferramentas para garantir o sucesso do projeto. Não surpreende o fato de que muitos consultores em sustentabilidade afirmam que suas tarefas se dividem entre o Direito e a Contabilidade.

EXERCÍCIOS

1. Utilizando as séries de crédito "terrenos sustentáveis" e "eficiência em água" do sistema de certificação do Conselho da Edificação Sustentável dos Estados Unidos (USGBC) (seja o LEED 2009 ou um de seus sistemas de certificação anteriores), avalie o desempenho ambiental de duas edificações idênticas – uma localizada em um clima árido, como o de Brasília, e a outra, em um clima úmido, como o de Curitiba. Quais créditos são irrelevantes para a edificação situada em Brasília? Quais créditos abordam questões ambientais particularmente relevantes para essa região? As estratégias sugeridas pelos créditos são interessantes em termos econômicos?

2. Compare as referências em redução do consumo de água do sistema australiano Green Star e do USGBC. Qual sistema tem as estratégias mais rigorosas, exigindo percentuais de eficiência mais altos? Qual é a principal diferença entre as estratégias de redução do consumo de água australianas e do USGBC? O que impede a implantação de tais estratégias nos Estados Unidos?

3. Quais tecnologias de sustentabilidade deveriam ser implantadas por uma nação em desenvolvimento com o perfil apresentado abaixo? Quais categorias de estratégias ambientais seriam consideradas prioritárias ou possibilitariam inovações tecnológicas? Quais tecnologias de sustentabilidade seriam irrelevantes para o sistema de certificação aplicado a esse país?

População: 147 milhões

Área: 145 mil km²

Fator energético: Entre os 10 países mais eficientes em energia com base no produto interno bruto por unidade de energia

Taxa de alfabetismo: 41%

Renda anual média per capita: 350 dólares

Geografia: Clima tropical muito quente; 60% de terras aráveis; aproximadamente 1.300 mm de precipitações pluviais por ano

Recursos

Better Bricks, www.betterbricks.com.
Better Bricks. 2008. "What Is an Eco-Charrette?" http://betterbricks.com/DetailPage.aspx?ID=275
Collaborative for High Performance Schools (CHPS) Best Practices Manual 2006, available for download at www.chps.net/manual/index.htm#BPM
Gowri, Krishnan. 2004. "Green Building Rating Systems: An Overview," *ASHRAE Journal* 46, no. 11 (November): 56–60.
Green Building Codes and Ordinances, www.smartcommunities.ncat.org/buildings/gbcodtoc.shtml.
Green Built Home, http://www.greenbuilthome.org.
Greening Federal Facilities, www.eere.energy.gov/femp/technologies/sustainable_greening.cfm.
High-Performance Building Guidelines (New York), www.nyc.gov/html/ddc/downloads/pdf/guidelines.pdf.
High-Performance Green Building Guidelines (Pennsylvania), www.newpa.com/sites/default/files/uploads/HighPerformanceBuildingProgram_Guidelines_2013.pdf.
National Charrette Institute, an educational nonprofit that teaches the "transformative process of dynamic planning," www.charretteinstitute.org/charrette.html.
Simon, Donald. 2005. "Industry Trade Associations: Why USGBC Invited Them As Members," *Green Building Quarterly* December, 2005.
Whole Building Design Guide, www.wbdg.org.

Até dezembro de 2014, estes projetos tinham recebido a certificação Living Building:
Bertschi Living Building Science Wing, Seattle, WA
Hawaii Preparatory Academy Energy Laboratory, Waimea, HI
Omega Center for Sustainable Living, Rhinebeck, NY
Smith College's Bechtel Environmental Classroom, Whately, MA
Tyson Living Learning Center, Eureka, MO

A Avaliação do Ciclo de Vida (LCA) 19

Uma ferramenta de avaliação do ciclo de vida (LCA) pode ser definida como um *software* de modelagem ambiental que desenvolve e apresenta os resultados do inventário do ciclo de vida (LCI) e, talvez, a avaliação do impacto do ciclo de vida (LCIA) por meio de um processo rigoroso e analítico que segue cuidadosamente as normas ISO (Organização Internacional para Padronização) relevantes e outras diretrizes aceitas para a LCA.[1]

Nos capítulos anteriores, vimos como as tecnologias sustentáveis usadas nas edificações respondem ao desequilíbrio ambiental e à degradação causados pelo desenvolvimento humano. Descobrimos que esse desequilíbrio ocorre porque as atividades humanas – como a manufatura e o transporte – consomem combustíveis fósseis, contribuem para as mudanças climáticas, exaurem os recursos naturais, produzem resíduos que não voltam para o ciclo produtivo ou não podem ser reciclados, causam fertilização excessiva (eutroficação) ou acidificação e destroem a camada de ozônio. Também foi introduzido o conceito de gestão ambiental.

Neste capítulo, apresentaremos uma ferramenta de avaliação de edificações que, quando usada com outras ferramentas de avaliação de desempenho, como a modelagem de consumo de energia ou a simulação da iluminação natural, serve para selecionar materiais de construção, conjuntos de componentes, sistemas e estratégias da melhor maneira possível – e causando o menor impacto possível no meio ambiente.

Esse processo é conhecido como avaliação do ciclo de vida (ou LCA). Muitas ferramentas de avaliação somente podem ser usadas após a ocupação da edificação, incluindo aquelas que testam a efetividade das instalações prediais e as que exigem um período de acompanhamento para coletar dados (como o consumo de energia) ou examinar as percepções e reações humanas perante as estratégias ambientais. As ferramentas de LCA, por outro lado, possibilitam planejar desde cedo ao tentar fazer previsões quantificáveis do desempenho das estratégias sustentáveis, da economia e da operação das edificações integradas.

Já sabemos que um dos principais empecilhos para a adoção de práticas sustentáveis de construção é a dificuldade de se compreender e quantificar os custos tanto ambientais como financeiros associados às edificações "verdes". A avaliação do ciclo de vida permite quantificar e divulgar os benefícios das práticas sustentáveis de construção. As ferramentas de LCA devem ser usadas ainda no início do processo de projeto, visto que a utilização inicial das ferramentas de avaliação permite implantar o projeto integrado de edificações e reduzir os custos tanto do projeto como da construção. Executar uma LCA já no início do projeto é um desafio, pois, às vezes, os dados não são significativos, mas ainda assim ela é uma boa maneira de documentar o projeto final e seus resultados. Algumas ferramentas se prestam ao planejamento das etapas preliminares de projeto. Para isso, a ferramenta deve ser fácil de usar, registrar a maior parte dos aspectos do ciclo de vida, e, ainda assim, evitar um número excessivo de detalhes. Muitos dos recursos necessários para isso ainda não foram desenvolvidos.

> Quando estamos falando sobre LCAs de prédios e materiais de construção, é útil pensar nos efeitos do prédio como um todo. Tudo, da "pele" ao sistema de climatização ou ao piso, pode afetar o "perfil ecológico" de um prédio, seus impactos ambientais totais. Mas as questões permanecem sendo mais ou menos as mesmas. O que podemos fazer para reduzir o consumo de energia? Um determinado tipo de janela pode ajudar na conservação da energia ao longo de toda a vida útil do prédio? Quantas vezes a janela será substituída durante a vida útil do prédio? Quais materiais são menos tóxicos? Qual é a importância do término do ciclo de vida de um prédio? Faz sentido projetar o prédio para ser desconstruído quando sua vida útil já terminou? Somente LCAs cuidadosas podem responder essas questões, ao medir os impactos ambientais ao longo de toda a vida útil da edificação.
>
> Fonte: "Why LCA?: Life Cycle Assessment, and Sustainability." Rita Schenck, *Building Design and Construction*, Reed Business Information, novembro de 2005.

---

[1] W. B. Trusty, J. K. Meil, and G. A. Norris, "ATHENA: A LCA Decision Support Tool for the Building Community," ATHENA Sustainable Materials Institute, Canada, in Charlene Bayer, Michael Gamble, Russell Gentry, and Surabhi Joshi, *AIA Guide to Building Life Cycle Assessment in Practice* (Washington, DC: Georgia Institute of Technology, American Institute of Architects, 2010).

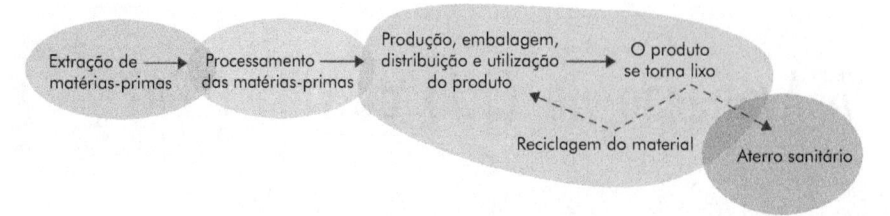

FIGURA 19-1 Os fatores do ciclo de vida na manufatura de um produto. Departamento de Controle de Substâncias Tóxicas da Califórnia.

Definições

A avaliação do ciclo de vida difere, conceitualmente, da análise dos custos *financeiros*, ou seja, o custo do ciclo de vida (LCC). A prática da LCA consiste em uma maneira holística e abrangente de avaliar o impacto *ambiental* total de um material, edificação, sistema ou instalação ao longo de seu ciclo de vida, desde a extração das matérias-primas até o descarte, reciclagem ou desmontagem e reúso, passando pelas etapas de manufatura, empacotamento, transporte, operação, limpeza, conserto e manutenção. Seu objetivo, em outras palavras, é produzir o "ecoperfil" de um material de construção, produto, conjunto de componentes, sistema ou da edificação como um todo.

As boas avaliações do ciclo de vida têm *limites* que determinam o escopo do estudo, que deve ser robusto de modo a fornecer *indicadores* múltiplos, ou seja, previsões do potencial ambiental.[2] É possível utilizar essa ferramenta para analisar os impactos ambientais de toda uma gama de atividades humanas, desde a energia incorporada do transporte de produtos até a produção de alumínio (Figura 19-1). Para os fins desta discussão, focada em edificações sustentáveis, enfatizaremos a aplicação da LCA aos materiais de construção.

O desafio da LCA está em determinar como caracterizar, quantificar e analisar esses impactos e apresentar os resultados em uma maneira que seja útil para os construtores ou empreiteiros e projetistas. Essa questão tem sido muito discutida por cientistas e engenheiros, dando origem a muitos artigos, estudos e conferências. Devido a incertezas, ambiguidades e desacordos entre os envolvidos, sem falar na relutância do governo em alterar as políticas, a LCA é uma ferramenta que requer aprimoramento; acredita-se que ela levará anos para mostrar a que realmente veio.[3]

Entretanto, mesmo em seu atual estágio de desenvolvimento, no qual as descobertas não podem ser consideradas completas, a LCA é muito útil para se avaliar ou comparar os impactos ambientais de diferentes produtos, conjuntos de componentes ou sistemas.[4] Se executada de maneira detalhada, específica para cada canteiro de obras, a avaliação do ciclo de vida é muito eficaz para avaliar os fluxos de energia.

Na verdade, os arquitetos começam a se preocupar com o ciclo de vida quando perguntam aos fabricantes sobre a durabilidade estimada de um carpete em relação a outro, por exemplo. Segundo Jane Bare, "Uma vez que a LCA compara dois ou mais produtos entre si, e como tais produtos precisam ser comparados em todos os aspectos, a durabilidade ou ciclo de vida é uma consideração importantíssima para se determinar a unidade funcional dentro de uma análise".[5]

Os fabricantes também utilizam a LCA para desenvolver produtos que não agridem o meio ambiente (Figura 19-2). A Interface Flooring, por exemplo, utiliza a ferramenta GaBi LCA para determinar as emissões de seus carpetes ao longo do ciclo de vida. O objetivo da empresa é compensar suas emissões mediante a compra de *créditos de redução de emissões* (ERCs), provenientes de energias renováveis, eficiência em energia e fontes de redução das emissões de dióxido de carbono.[6] Da mesma forma, associações industriais têm feito uso da pesquisa independente em LCA para averiguar as alegações de marketing dos fabricantes de produto.

Dois estudos revolucionários usaram tanto a LCA como a LCC para ilustrar as implicações ecológicas e econômicas do cloreto de polivinil (PVC) em relação ao linóleo, à cortiça e à borracha. Bosch constatou que os pisos flexíveis de PVC eram os menos sustentáveis se comparados à cortiça e ao linóleo.[7] Referindo-se aos resultados obtidos por Bosch, Moussatche comprovou, por meio de um modelo de LCC com alcance de 50 anos, que o linóleo – apesar de ter um custo de capital mais alto – tem custos de operação, manutenção e uso inferiores aos do PVC, o que resulta em um sistema com custo total mais baixo.[8]

As normas e a metodologia

A avaliação do ciclo de vida se baseia nas normas da Organização Internacional para Padronização (ISO), a maior e mais completa criadora mundial de normas, responsável por orientar tudo – desde o registro das mudanças climáticas até a fabricação de cosméticos. Entre seus mais de 3 mil corpos técnicos e 153 comitês técnicos, está a famosa norma e certificação ISO 14000. Ela cobre a certificação ambiental e estabelece o planejamento estratégico da LCA. De acordo com as diretrizes de padronização ISO (ISO

---
[2]Tom Lent, personal communication, March 8, 2007.
[3]Nadav Malin, "Life-Cycle Assessment for Buildings: Seeking the Holy Grail," *Environmental Building News* 11, no. 3 (March 2002).
[4]R. Heijungs, et al., "Environmental Life Cycle Assessment of Products; Guide and Backgrounds," I+II, Ministry of Housing, Spatial Planning and the Environment, and the Centre of Environmental Science, Leiden University, 1992.

[5]Jane Bare, comunicação pessoal, 07 de junho de 2007.
[6]Para saber mais sobre a Interface Flooring e a sustentabilidade, acesse www.interfaceglobal.com/Sustainability/Products.aspx.
[7]Sheila L. Jones (Bosch), "Resilient Flooring: A Comparison of Vinyl, Linoleum and Cork," study conducted at the Georgia Tech Research Institute Fall (1999).
[8]Helena Moussatche and Jennifer Languell, "Flooring Materials: Life-Cycle Costing for Educational Facilities," *Facilities* 19, no. 10 (October 2001): 333–343.

IMPACTOS AMBIENTAIS DE MATERIAIS PARA PISOS EXTERNOS

NÍVEL DE IMPACTO AMBIENTAL NEGATIVO	Blocos de granito	Cascalho	Blocos de concreto	Blocos de argila cozida	Asfalto
Potencial de mudanças climáticas	1	1	1	2	3
Energia incorporada: petróleo	1	1	1	2	3
Potencial de impacto na saúde humana	1	1	1	1	3
Impacto na produção de lixo	2	3	2	2	3
Água incorporada	1	2	1	1	1
Impacto na saúde do meio ambiente	1	1	1	1	3
Potencial de degradação de recursos minerais	2	3	1	1	1
Nível de conteúdo reciclado	3	3	1	3	3
Reciclabilidade/recuperação/reúso	1	2	1	1	2
Frequência de substituição	1	3	2	2	3
TOTAIS	14	20	12	16	25

FIGURA 19-2 Exemplo do Green Guide, do BREEAM, mostrando avaliações de tipos de pavimentação: 1 = baixo impacto ambiental, 2 = moderado, 3 = alto. Fonte dos dados: The BRE Green Guide and the Interlocking Concrete Pavement Institute (ICPI); imagem de Marian Keeler.

1997 a, b; 1998 a, b), a metodologia da avaliação do ciclo de vida é composta por quatro etapas: *objetivo e definição do escopo, análise do inventário, avaliação de impacto* e *interpretação*.[9]

- *Objetivo e escopo do período de estudo*: O tipo da edificação, junto com a direção e as orientações dos envolvidos na edificação e seus projetistas, determinará os objetivos da LCA. Se os envolvidos optarem por investigar os impactos ambientais de um isolamento térmico feito de algodão, por exemplo, os pesquisadores terão de estudar, entre muitos outros fatores, o cultivo do algodão, o consumo de energia, quais pesticidas foram usados e onde a planta foi cultivada. A seguir, eles terão de comparar os resultados obtidos com isolamentos ou estruturas isolantes alternativas.

  Existem diferentes maneiras de se conduzir a LCA; algumas análises focam, por exemplo, o período "do poço à roda" (isto é, desde a extração do petróleo até seu uso em veículos), "do berço ao túmulo" (desde a extração até o descarte), "do berço ao portão" (desde a extração até a entrega) ou – a alternativa mais adequada em se tratando de edificações integradas – "do berço ao berço", ou seja, o período desde a extração até a reutilização em uma segunda vida útil, compondo um sistema com circuito fechado.[10]

- *O objetivo ou escopo pode ser o seguinte*: "Comparar os impactos desde a extração até o término da vida útil da instalação de isolantes de fibra de vidro que contêm formaldeído de ureia *versus* isolantes alternativos feitos de algodão".

- *Análise do inventário*: A coleta de dados sobre os materiais que causam impactos ambientais é a segunda fase da metodologia da LCA. São coletados dados sobre os materiais e seus efeitos ambientais, sejam eles tangíveis ou intangíveis e atribuídos direta ou indiretamente ao ciclo de vida do produto. Além disso, são examinados os fluxos totais – sejam as entradas (consumo de recursos) ou saídas (emissões). Entre os muitos impactos ambientais atribuídos às atividades humanas, encontram-se a acidificação (chuva ácida), a eutroficação (excesso de nutrientes na água), a destruição das florestas tropicais, a geração de ozônio, o potencial de destruição da camada de ozônio, o potencial de aquecimento global, a destruição dos recursos naturais e a desertificação. Muitos bancos coletam esses dados. Alguns já estão embutidos nas ferramentas da LCA, outros são sistemas à parte.

- *O inventário pode ser o seguinte*: "São listadas e quantificadas, a seguir, as emissões de substâncias

---

[9]M. A. J. Huijbregts, U. Thissen, J. B. Guinée, T. Jager, D. van de Meent, A. M. J. Ragas, et al., "Priority Assessment of Toxic Substances in Life Cycle Assessment, I: Calculation of Toxicity Potentials for 181 Substances with the Nested Multi-Media Fate, Exposure and Effects Model USES-LCA," Chemosphere 41 (2000): 541–573.

[10]"Transforming Industry: Cradle to Cradle Design," www.mbdc.com/cradle-to-cradle/c2c-framework. See also McDonough and Braungart, Cradle to Cradle (New York: North Point Press, 2002).

químicas decorrentes das atividades associadas ao cultivo de algodão".

- *Análise de impacto ambiental*: De acordo com muitos pesquisadores, provavelmente o mais importante nível ISO no processo da LCA é a análise do impacto do ciclo de vida. Uma análise do ciclo de vida deve quantificar o impacto potencial de um material no meio ambiente (Figuras 19-3 e 19-4). A avaliação dos impactos é responsável por unir o inventário e a sua interpretação, uma vez que constitui o passo que quantifica tal inventário com base nos diferentes modelos de base.[11] Depois de reunir as informações provenientes dos bancos de dados, o usuário pode avaliar materiais, conjuntos de componentes e a edificação como um todo; o processo varia em termos de sofisticação, indo de uma simples listagem de impactos ambientais até análises complexas em *software*.[12] Enquanto o inventário representa o fluxo total, a avaliação dos impactos o "coloca em escala". Sem a avaliação de impacto, "lançar um quilograma de mercúrio no meio ambiente seria equivalente a despejar um quilograma de areia".[13]
- O processo de avaliação de impactos é composto pelos seguintes passos: *classificação, caracterização, normalização* (opcional), *agrupamento e ponderação (opcional) e interpretação*. Seu objetivo é quantificar os impactos e apresentá-los de maneira equilibrada para que os construtores e projetistas possam usá-los com eficiência.
    - *A avaliação de impactos pode ser a seguinte*: "Quando comparada em termos do potencial de impactos à destruição do ozônio, identificou-se ser menos provável que a Opção A causasse impactos à camada de ozônio do que a Opção B.
- *Interpretação*: conforme descrevemos acima, cada estudo contempla bancos de dados de inventário e considera a avaliação de impactos. Não é possível interpretar a avaliação do ciclo de vida sem se compreender os impactos ambientais. Na verdade, porém, a consistência da LCA depende diretamente dos dados encontrados no inventário e dos passos da avaliação de impactos.

Os estudos às vezes se deparam com inúmeros problemas durante a análise do inventário. É possível que, por exemplo, os dados coletados não sejam específicos para as edificações estudadas, que os dados sejam demasiadamente antigos ou que a alocação não seja objetiva.

Na avaliação de impactos, temos o problema do potencial de incerteza e variabilidade das informações (nem sempre são conhecidos os valores de toxicidade e meia vida das substâncias químicas perigosas, por exemplo) (Figura 19-5). A etapa da interpretação precisa considerar todos os pontos fortes e fracos dos dados e os resultados obtidos anteriormente.

■ Os componentes

Embora objetiva, a metodologia da LCA é bastante complexa em seus detalhes. Quando separamos os componentes da avaliação do ciclo de vida e examinamos suas inter-relações e hierarquias, começamos a perceber a complexidade do processo. A avaliação do ciclo de vida é capaz de avaliar uma infinidade de coisas; no caso das edificações sustentáveis, ela analisa materiais, produtos, sistemas e conjuntos de componentes – ou até os prédios inteiros.[14]

As ferramentas

Há muitos anos a Europa tem sido líder no desenvolvimento da LCA e de suas ferramentas. Nos Estados Unidos, onde os pesquisadores não costumam ser adeptos da quantificação de impactos, o progresso foi muito mais lento. Em 1969, a Coca Cola contratou William Franklin para realizar um estudo que investigasse as implicações de se engarrafar o produto em recipientes de plástico; o projeto resultante é considerado o ponto de partida do desenvolvimento da análise do custo de vida nos Estados Unidos.[15]

No entanto, foi somente em 1990 que a Sociedade de Toxicologia e Química Ambiental (SETAC) sediou a sessão global cujos resultados práticos levaram à criação de uma estrutura e de uma terminologia comum para a LCA.[16]

A parceria com o Programa Ambiental das Nações Unidas (UNEP), ao longo da chamada Iniciativa para o Ciclo de Vida, levou ao desenvolvimento de ferramentas práticas de avaliação de produtos para o processo de LCA.[17] Durante uma conferência especializada focada em avaliação do ciclo de vida e edificações sustentáveis, a parceria previu a incorporação das informações relativas ao ciclo de vida dos componentes de

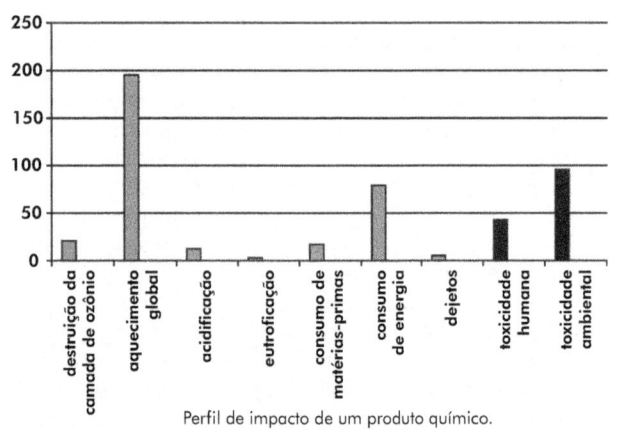

FIGURA 19-3 O perfil de impactos de um produto químico. Cortesia de Pure and Applied Chemistry.

---

[11] Jane Bare and Thomas Gloria, "Life Cycle Impact Assessment for the Building Design and Construction Industry," *Life Cycle Assessment and Sustainability: A Supplement to Building Design and Construction* 3 (November 2005): 22–24.

[12] Monika Herrchen and Werner Klein, "Use of the Life-Cycle Assessment (LCA) Toolbox for an Environmental Evaluation of Production Processes," *Pure Applied Chemistry* 72, no. 7 (2000): 1247–1252.

[13] Bare and Gloria, "Life Cycle Assessment," 23.

[14] Shannon Lloyd, Anne Landfi eld, and Brian Glazebrook, "Integrating LCA into Green Building Design," *Building Design & Construction*, November 2005.

[15] Robert G. Hunt and William E. Franklin, "Personal Refl ections on the Origin and the Development of LCA in the USA," *International Journal of Life Cycle Assessment* 1, no. 1 (1996): 4–7.

[16] J. Fava, R. Denison, B. Jones, M. Curran, B. Vigon, S. Selke, and J. Barnum, eds., "A Technical Framework for Life-Cycle Assessment," Society of Environmental Toxicology and Chemistry (SETAC), LCA Symposium Case Study, Pensacola, Florida, 1991.

[17] Ibid.

Capítulo 19 A Avaliação do Ciclo de Vida (LCA) **321**

Transporte da eutroficação

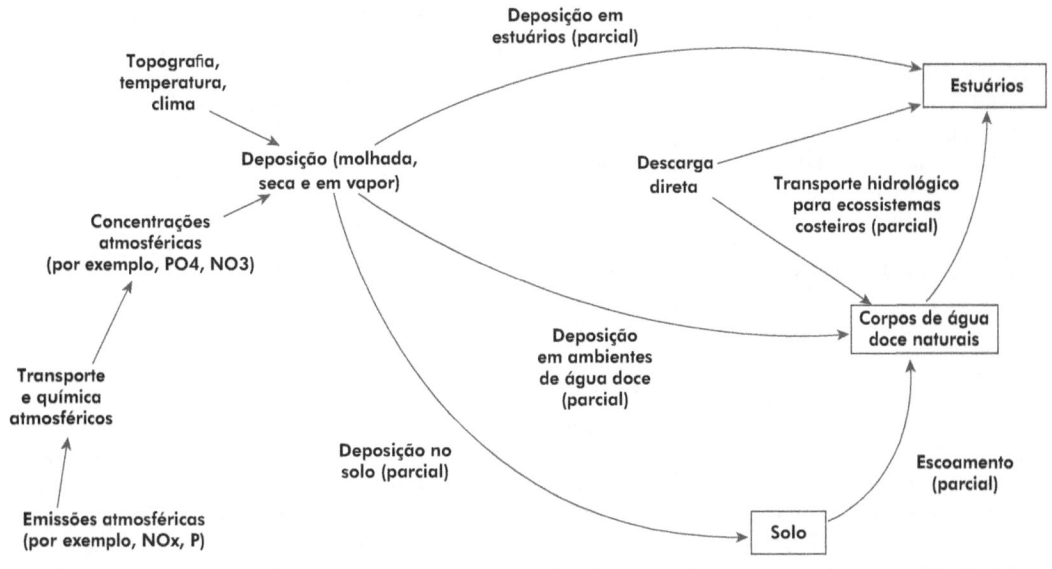

FIGURA 19-4 O transporte da eutroficação. Reimpresso de *Building Design + Construction*, November 2005, © Reed Business Information. Todos os direitos reservados.

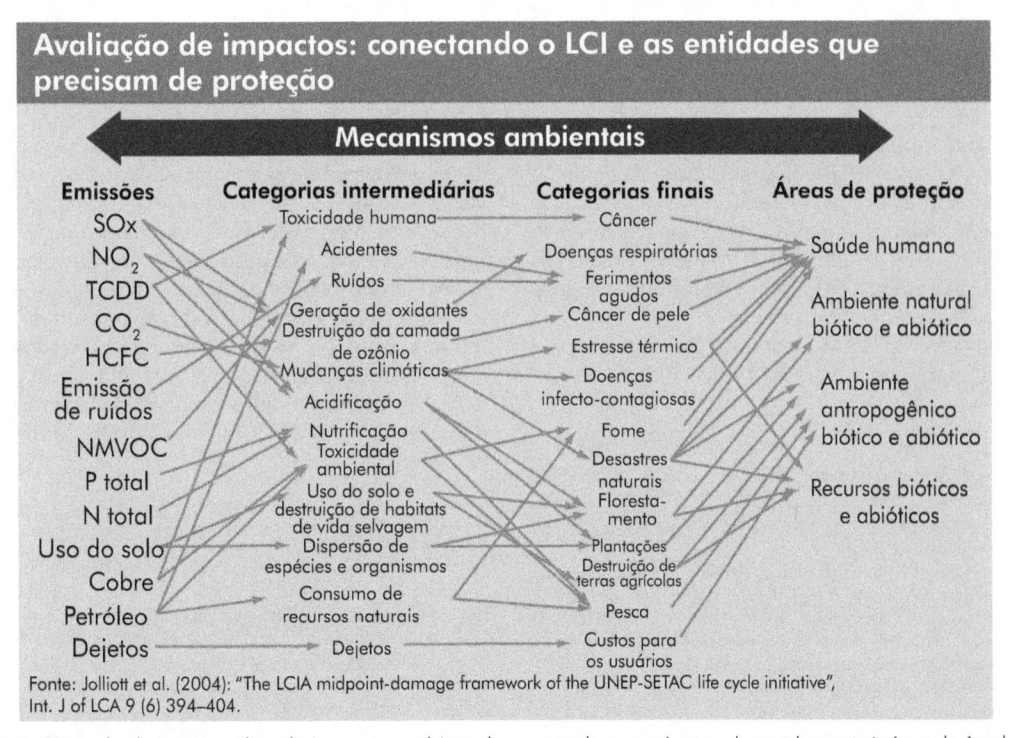

FIGURA 19-5 Exemplo de uma análise de impacto ambiental que estuda as emissões de produtos químicos derivadas de várias atividades humanas e seus impactos, ou pontos finais. Reimpresso de *Building Design + Construction*, novembro 2005, © Reed Business Information. Todos os direitos reservados.

construção, bem como a disponibilidade imediata de metodologias e ferramentas para embasar as práticas sustentáveis do processo. O grupo adotou as normas ISO 14040 com a finalidade de incentivar o progresso da LCA.[18]

Como seria de se esperar, as ferramentas de LCA voltadas para as edificações da atualidade seguem os passos da metodologia ISO. Há ferramentas para se criar bancos de dados de inventários e *software* que utilizam os inventários para avaliar os impactos – além de ferramentas de avaliação de edificações inteiras que empregam os dois procedimentos. Algumas ferramentas genéricas oferecem uma pontuação única, ao passo que outras listam diferentes pontuações com base nos impactos.

Exemplos de bancos de dados com inventários de ciclo de vida

- O Banco de Dados com Inventários de Ciclo de Vida do Laboratório Nacional de Energias Renováveis dos Estados Unidos (NREL),[19] baseado na norma ISO 14048, versão 1.3.1, datada de 12 de outubro de 2006, e os bancos de dados do Athena Institute.
- Os bancos de dados com inventários do Athena Institute foram produzidos pelo Athena Sustainable Materials Institute e pelo Athena Institute International, localizados no Canadá e nos Estados Unidos. Esses bancos de dados levam em consideração as regiões e analisam materiais tanto estruturais como de vedações externas.[20]
- O Eco-Invent[21] versão 3.1, produzida por um consórcio de agências suíças, pesquisa os impactos e as questões relativas a energia, materiais, produtos químicos, metais, agricultura, gestão de lixo, geração de eletricidade, atividades de reciclagem, manufatura de produtos químicos, consumo de água e transporte. Ele faz parte de ferramentas genéricas de *software* de LCA, como o SimaPro 8,[22] bem como de ferramentas de LCA especializadas em projeto e construção.
- O Centro para Projetos e o Centro de Pesquisa Corporativa para a Gestão de Resíduos e o Controle da Poluição produzem o Australian LCA Database, um banco de dados australiano associado. As informações armazenadas nele incluem combustíveis, eletricidade, transporte, materiais de construção e embalagem, gestão de resíduos e alguns dados relativos à produção agrícola.[23]
- O EcoQuantum e o IVAM Data 4 são produzidos pela agência de pesquisas holandesa IVAM, afiliada ao Departamento de Ciências Ambientais da Universidade de Amsterdã. Ambos os bancos de dados estão focados em informações relativas às emissões de substâncias químicas na geração de energia e aos materiais de construção.[24]

Exemplos de ferramentas de avaliação de impacto

As ferramentas de avaliação do ciclo de vida são usadas em todo o planeta, conforme mostra a lista reproduzida na Figura 19-6.

A *Tool for the Reduction and Assessment of Chemical and Other Environmental Impacts* (Ferramenta para a Redução e Análise dos Impactos dos Produtos Químicos e Outros Impactos Ambientais – TRACI) (Figura 19-7) foi desenvolvida pela Agência de Proteção Ambiental dos Estados Unidos (EPA) para estudar os impactos do ciclo de vida e produzir parâmetros de sustentabilidade. Essa ferramenta foi criada de acordo com as normas, diretrizes e manuais existentes nos Estados Unidos, assim como com as condições do país.[25]

Recentemente, o ISO publicou o *Manual de Avaliação do Ciclo de Vida*, também conhecido como "Diretrizes Holandesas".[26] Trata se de uma versão atualizada do primeiro manual de LCA ambiental publicado pelo Centro de Ciências Ambientais (CML) da Universidade de Leiden, situada na Holanda.[27]

O *Envest 2* é produzido pelo Centre for Sustainable Construction do Building Research Establishment (BRE) do Reino Unido e é empregado no protocolo de certificação de edificações sustentáveis do país, BREEAM. Há dois "modos" da ferramenta, um estimador e uma calculadora. O estimador destina-se principalmente aos estimadores que desejam focar os impactos da sustentabilidade; assim, os custos embutidos no programa são custos padronizados. A calculadora permite aos usuários inserirem suas próprias informações sobre custos, mais precisas. Os modelos Envest geram uma pontuação única, que reflete o desempenho ambiental total, chamada de "econota". Quanto maior for a econota, maior será o impacto ambiental. As econotas são conferidas e ponderadas em várias categorias de impacto: mudanças climáticas, exaurimento dos combustíveis fósseis, destruição da camada de ozônio, frete, toxicidade humana pelo ar, toxicidade humana pela água, descarte de resíduos, extração de água, deposição de ácidos, ecotoxicidade, eutroficação, *smog* de verão e extração de minérios.[28]

Ampliando sua capacidade de geração de LCAs, o BRE fez uma parceria na qual fornece seus dados cuidadosamente pesquisados e sua metodologia robusta a um banco de dados e sistema de especificação chamado de *IMPACT* (Integrated Material Profile and Costing Tool – Ferramenta

---

[18]Ibid.
[19]National Renewable Energy Laboratory (NREL), Life-Cycle Inventory Database, www.nrel.gov/lci.
[20]Athena Institute's regionally sensitive inventory databases, www.athenasmi.org/our-software-data/lca-databases/.
[21]O Centro Ecoinvent, ou Centro Suíço para Inventários de Ciclo de Vida, é uma iniciativa conjunta de institutos e departamentos dos Institutos Federais de Tecnologia de Zurique (ETH Zurich) e Lausanne (EPFL), do Instituto Paul Scherrer (PSI), dos Laboratórios Federais de Testagem de Materiais e Pesquisa (Empa) e da Estação de Pesquisa Federal Suíça Agroscope Reckenholz-Tänikon (ART). Para saber mais, acesse http://www.ecoinvent.org.
[22]SimaPro 8 LCA Software, www.pre.nl/simapro.
[23]The Australian National Life Cycle Inventory Database (AusLCI), http://alcas.asn.au/AusLCI/.

[24]Interfaculty Environmental Science Department (IVAM) of the Universiteit van Amsterdam, Research and Consultancy on sustainability, www.ivam.uva.nl.
[25]U.S. EPA's Tool for the Reduction and Assessment of Chemical and Other Environmental Impacts (TRACI), www.epa.gov/nrmrl/std/traci/traci.html
[26]Jeroen B. Guinee, *Handbook on Life Cycle Assessment: Operational Guide to the ISO Standards: Eco-Efficiency in Industry and Science* (Norwell, ME: Kluwer Academic Publishers, 2002).
[27]International Organization for Standardization (ISO), www.iso.org.
[28]BRE, Envest, http://envest2.bre.co.uk/account.jsp.

As ferramentas de LCA e o que elas fazem

	País	Comentários
Ferramentas do Nível 1A		
SimaPro	Países Baixos	Embora os países de origem variem, essas ferramentas podem ser usadas em diferentes regiões mediante a seleção ou a incorporação dos dados adequados. Contudo, o ideal é que a tarefa seja realizada por especialistas em LCA dos países para os quais as ferramentas foram criadas.
GaBi	Alemanha	
Umberto	Alemanha	
TEAM	França	
Ferramentas do Nível 1B		
BEES	Estados Unidos	Combina a LCA e os custos do ciclo de vida. Inclui dados específicos e genéricos.
LCAiT	Suécia	Ferramenta de LCA simplificada para arquitetos e fabricantes de produtos.
TAKE-LCA	Finlândia	Ferramenta de LCA para comparação de produtos de climatização, incluindo o conteúdo de energia dos produtos e o consumo de energia.
Ferramentas do Nível 2		
Athena Environmental Impact Estimator (EIE)	Canadá/Estados Unidos	Todas essas ferramentas usam dados e incorporam sistemas de edificações específicos para o país ou região para onde foram criadas.
BRI LCA (energia e CO_2)	Japão	
EcoQuantum	Países Baixos	
Envest	Reino Unido	
Green Guide to Specifications	Reino Unido	
LISA	Austrália	
LCADesign	Austrália	
Ferramentas do Nível 3		
BREEAM	Reino Unido	Utiliza os resultados de LCA do Green Guide Nível 2.
BGTool	Internacional	Plataforma experimental que aceita os resultados da LCA ou faz cálculos simplificados por meio de calculadoras próprias.
Green Globes	Canadá/Estados Unidos	Confere uma alta porcentagem de créditos de uso de recursos com base em evidências obtidas por equipes de projeto que conduziram avaliações do ciclo de vida por meio de ferramentas do Nível 1 ou 2.

FIGURA 19-6 Ferramentas internacionais de avaliação do ciclo de vida. ©2005 Reed Business Information. Todos os direitos reservados.

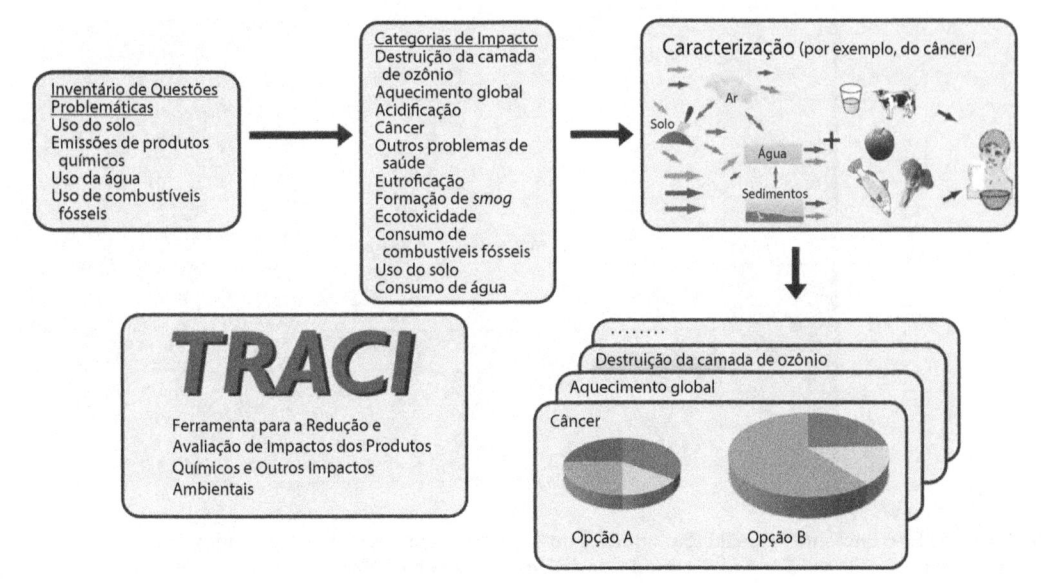

FIGURA 19-7 A ferramenta TRACI foi desenvolvida pela Agência de Proteção Ambiental dos Estados Unidos (EPA) para estudar os impactos do ciclo de vida e gerar parâmetros de sustentabilidade. Cortesia da EPA.

Integrada de Análise de Custos e Perfil de Materiais).[29] A ferramenta IMPACT é utilizada pelos desenvolvedores de ferramentas de LCA para ser inserida em seus próprios *software*. O desenvolvedor de *software* australiano, eToolLCD, é um exemplo de usuário que em breve será "IMPACT-compliant". O principal valor da IMPACT é que ela permite a integração entre LCA, LCC e BIM.

O *Athena Sustainable Materials Institute* (ASMI) é uma ONG de pesquisa dirigida por um Comitê Diretor do setor de aço e concreto junto com a Green Building Initiative. Outros parceiros incluem a Architecture 2030, o National Renewable Energy Laboratory e o Rocky Mountain Institute. O ASMI produz dois tipos de ferramentas de LCA, o Impact Estimator (Figuras 19-8 A e B) e a EcoCalculator. O Impact Estimator é uma ferramenta de *software* dinâmica feita para análises detalhadas de edificações e autoestradas. A EcoCalculator é uma planilha eletrônica desenhada para uma análise rápida de um sistema de edificação, seja comercial, seja residencial. Ambas as ferramentas incorporam os bancos de dados do Athena Institute e devem ser utilizadas para a modelagem de um prédio proposto nos termos simples de um projeto conceitual.[30]

Ferramentas de LCA para produtos

O *Building for Environmental and Economic Sustainability* (BEES) é um *software* para conduzir LCAs de produtos de construção desenvolvido pelo National Institute of Standards and Technology (NIST) por meio de seu Building Fire and Research Laboratory. Essa ferramenta de *software* usa a análise de inventário e impacto ambiental para normalizar e ponderar dados, somando-os de modo a obter uma pontuação única.[31] O sistema BEES inclui 10 categorias de impacto: chuva áci-

---

[29]IMPACT, www.impactwba.com.

[30]Athena Institute, www.athenasmi.org/our-software-data/overview.

[31]National Institute of Standards and Technology, BEES, www.bfrl.nist.gov/oae/software/bees.html and www.bfrl.nist.gov.

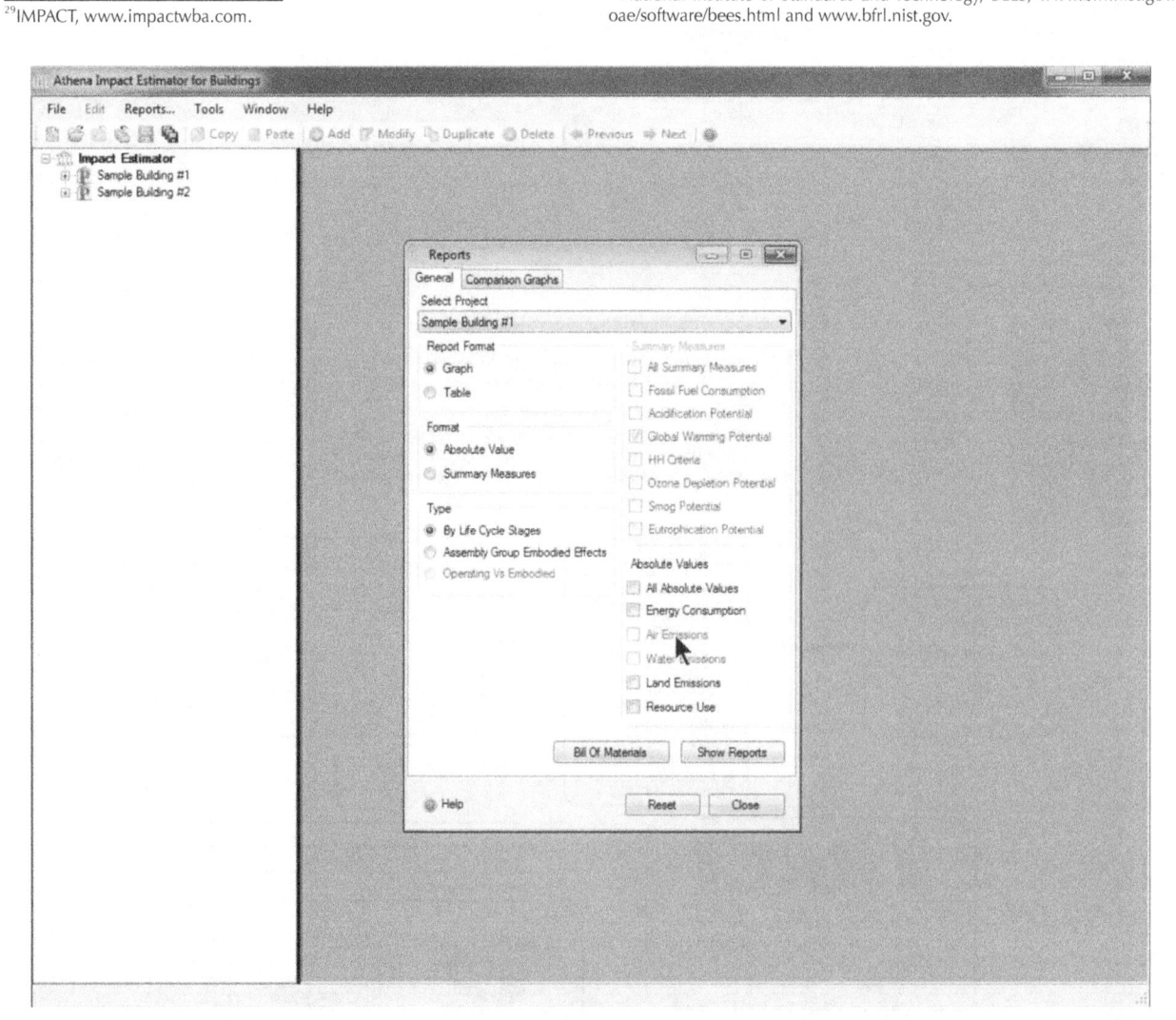

FIGURA 19-8 A, B O Environmental Impact Estimator (EIE) do Athena Institute permite aos usuários inserir valores e impactos em categorias selecionadas. ATHENA® é marca registrada do Athena Sustainable Materials Institute. (*continua*)

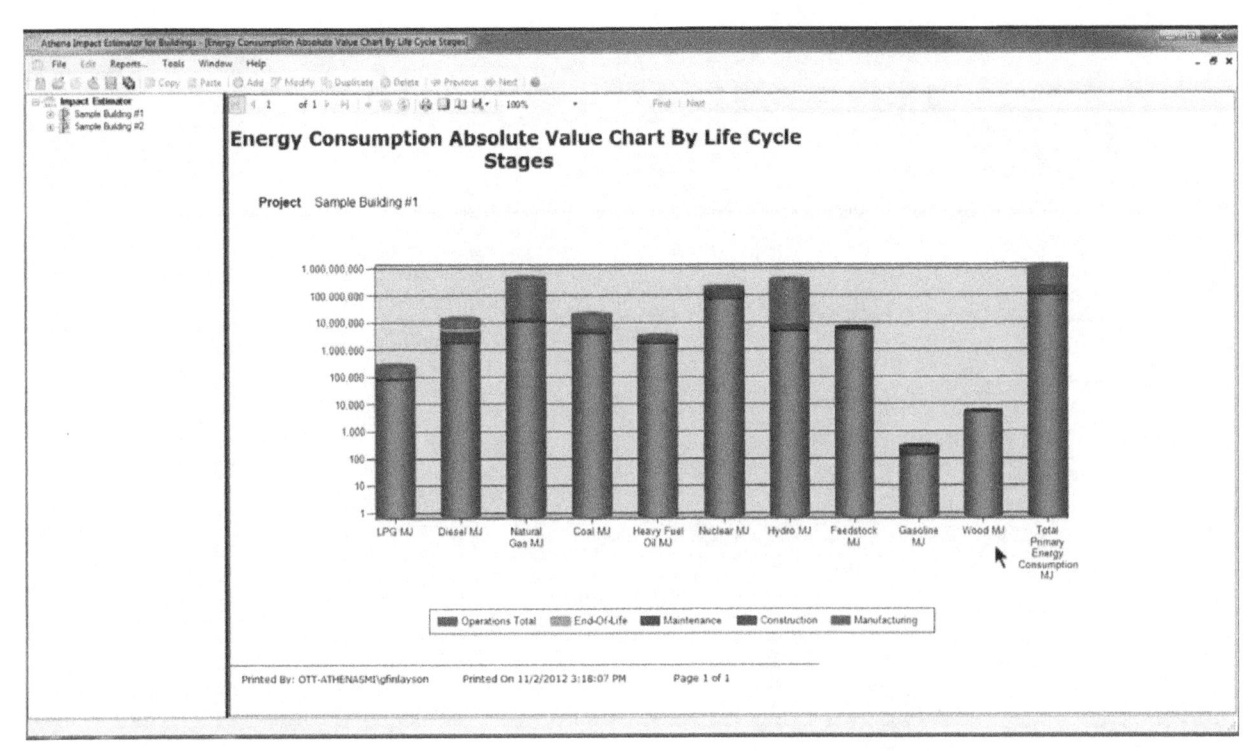

FIGURA 19-8 A, B *(Continuação).*

da, toxicidade ambiental, eutroficação, aquecimento global, toxicidade humana, qualidade do ar de interiores, destruição da camada de ozônio, destruição dos recursos naturais, *smog* e dejetos sólidos (Figura 19-9).

O *SimaPro 8* (Sistema para a Avaliação Ambiental Integrada de Produtos), produzido pela PRé Consultants B.V., é uma das ferramentas de LCA completas mais usadas.[32]

As limitações da avaliação do ciclo de vida

Em sua forma atual, a avaliação do ciclo de vida tem algumas limitações, que são exaustivamente descritas pelos pesquisadores especializados.

Em razão da diversidade de incertezas e da variabilidade e incompatibilidade dos dados, a avaliação do ciclo de vida é uma ferramenta de avaliação complexa que demanda bastante tempo.

Já sabemos que é difícil padronizar e quantificar os dados da LCA. Muitos pesquisadores defendem a criação de um protocolo único, como o Banco de Dados com Inventário de Ciclo de Vida do NREL, que "permite uma avaliação quantitativa do berço ao túmulo dos fluxos de energia e material que são retirados ou lançados no meio ambiente, estando eles associados à produção de um material, componente ou conjunto de componentes".[33]

A avaliação do ciclo de vida não considera implicações sociológicas, como as questões de justiça social envolvidas na extração de recursos em países em desenvolvimento, o que altera os padrões de vida e habitats de vida selvagem. O pesquisador Gregory A. Norris acredita ser possível abordar essa controvérsia concentrando-se em reduzir a pobreza, diminuindo, consequentemente, os impactos na saúde pública nessas nações (Figura 19-10). Ele propõe a criação de um banco de dados com inventários sociais, de modo a categorizar fatores como tempo de trabalho infantil, níveis de salários pagos e acidentes de trabalho.[34]

É particularmente controversa a opinião compartilhada por muitos pesquisadores de que a avaliação do ciclo de vida não calcula adequadamente os impactos na saúde humana.[35] Isso se deve, em grande parte, à incerteza relativa ao cálculo dos impactos de toxicidade humana, visto que eles dependem de muitos fatores. Até a listagem das substâncias químicas incluídas na avaliação de impactos costuma depender dos dados de inventário disponíveis.

Além disso, os diferentes modelos de impacto nem sempre levam em consideração as várias rotas de exposição humana e/ou a carga corporal total. A investigação dos impactos permanentes das emissões químicas constitui um campo de estudo próprio – que continua sendo uma fonte de contro-

---

[32]Outros produtores de ferramentas incluem: ifu Hamburg/ifeu Heidelberg, (Umberto); PE Europe/IKP Stuttgart, (GaBi); Sinum AG, (Regis), Carbotech AG, (EMIS).

[33]National Renewable Energy Laboratory (NREL), Life-Cycle Inventory (LCI) Database Project, www.nrel.gov/lci.

[34]Gregory A. Norris, "Social Impacts in Product Life Cycles: Toward Life Cycle Attribute Assessment," *International Journal of LCA* 11, special issue (2006): 97–104.

[35]Tom Lent, "Toxic Data Bias and the Challenges of Using LCA in the Design Community," presented at GreenBuild 2003, Pittsburgh, PA.

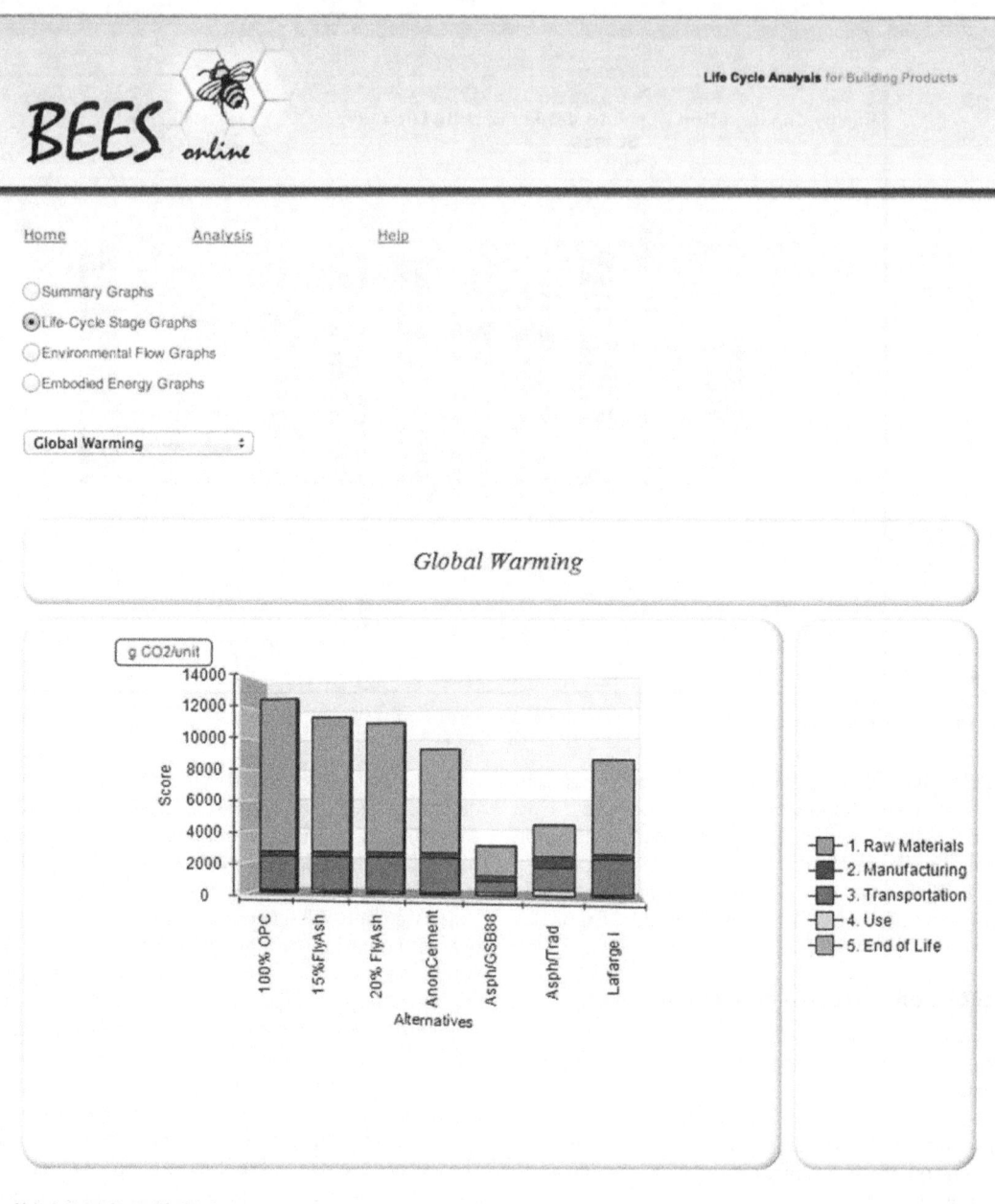

BEES online
Life Cycle Analysis for Building Products

Home   Analysis   Help

○ Summary Graphs
◉ Life-Cycle Stage Graphs
○ Environmental Flow Graphs
○ Embodied Energy Graphs

[Global Warming ‡]

Global Warming

(g CO_2/unit)

Legend:
- 1. Raw Materials
- 2. Manufacturing
- 3. Transportation
- 4. Use
- 5. End of Life

Note: Lower values are better

Category	100% OPC	15%FlyAsh	20% FlyAsh	AnonCement	Asph/GSB88	Asph/Trad	Lafarge I
1. Raw Materials	9973.6548	8749.8650	8335.8622	6644.0089	1891.1990	1979.9634	5927.5413
2. Manufacturing	282.9825	283.0653	283.5713	282.3349	319.3599	681.8466	282.3215
3. Transportation	2222.9109	2223.5480	2227.5928	2217.7953	721.3004	1413.5779	2217.6992
4. Use	138.6354	138.6756	138.9274	138.3157	176.8528	373.6558	138.3103
5. End of Life	0.0000	0.0000	0.0000	0.0000	0.0000	0.0000	0.0000
Sum	12618.1836	11395.1539	10985.9537	9282.4548	3108.7121	4449.0437	8565.8723

The National Institute of Standards and Technology (NIST) is an agency of the U.S. Commerce Department.

Date created: August 24, 2010 | Last updated: May 9, 2011   Contact: Webmaster

FIGURA 19-9 O *software* BEES, do National Institute of Standards and Technology, usa inventário e análise de impactos. Cortesia de Barbara Lippiatt, Office of Applied Economics, Building & Fire Research Laboratory, National Institute of Standards & Technology.

Caminhos desde as decisões de produtos até impactos na saúde humana

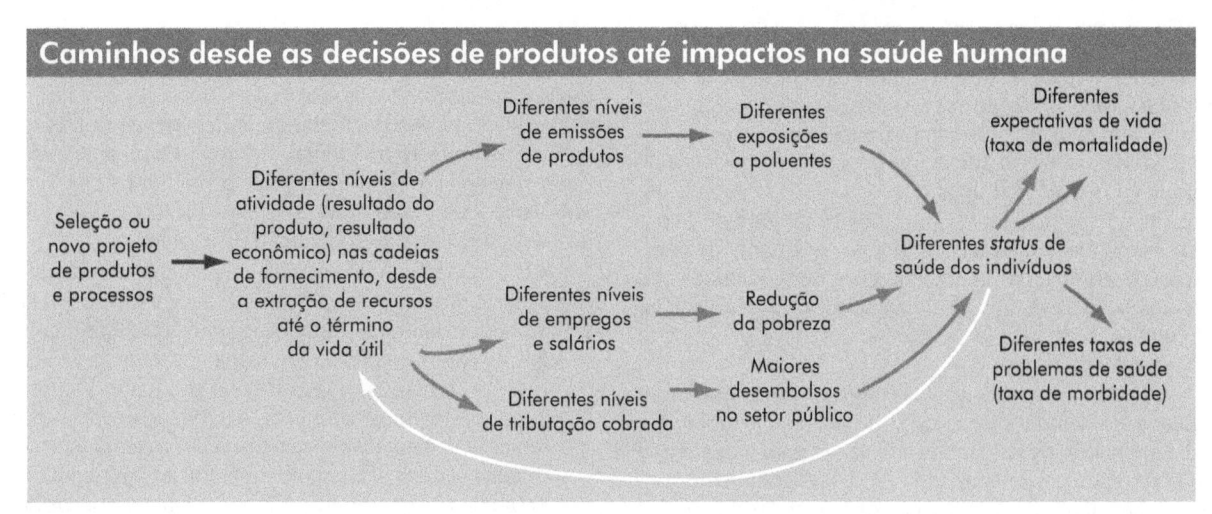

FIGURA 19-10 Os pesquisadores têm estudado como as questões de desigualdade social se relacionam com um banco de dados do inventário da LCA. ©2005 Reed Business Information. Todos os direitos reservados.

vérsias entre os fabricantes, profissionais da saúde e cientistas envolvidos na avaliação do ciclo de vida.

O relatório PVC, criado pelo Conselho da Edificação Sustentável dos Estados Unidos e citado em um capítulo anterior, utilizou o programa Ecoinvent, junto com outros bancos de dados de LCA e a ferramenta de modelagem SimaPro, para comparar os impactos tanto no meio ambiente como na saúde humana de tabecas, pisos e esquadrias de janela feitos de PVC, madeira e alumínio, entre outros materiais. O relatório final foi publicado em fevereiro de 2007.[36]

As respostas

Pesquisadores do Instituto de Ciências Ambientais (CML) da Universidade de Leiden, na Holanda, têm sugerido soluções para as limitações da avaliação do ciclo de vida.

Eles propõem três abordagens para superar as limitações da LCA: "(1) a ampliação da LCA, ou seja, o desenvolvimento de um modelo consistente, (2) um conjunto de ferramentas que utilize modelos separados em conjunto e (3) uma análise híbrida que combine modelos e fluxos de dados".[37]

A última sugestão parece a mais acessível aos olhos de estudantes e projetistas especializados de edificações sustentáveis. Seja qual for a abordagem que o estudante desejar, ele deverá sempre abordar um relatório de LCA de modo crítico, questionando quais pressupostos e limitações fazem parte do relatório. É necessário, em outras palavras, testar os pressupostos que formam a base do estudo de modo a determinar se os mesmos são consistentes com seus objetivos.[38]

O Projeto Pharos – desenvolvido em conjunto pela Healthy Building Network, pelo Cascadia Green Building Council e pelo University of Tennessee Center for Clean Products – é mais uma alternativa para as limitações tanto da LCA como dos programas de edificações sustentáveis, da certificação de produtos e dos padrões em geral.[39] Usando o nome do farol de Alexandria, o Projeto Pharos foi criado com a finalidade de fornecer uma visão completa do impacto do ciclo de vida dos materiais. Foram coletados indicadores em um banco de dados online sobre os produtos e seus fabricantes de 16 categorias nas áreas da saúde, poluição (examinando questões como emissões tóxicas e impactos climáticos), meio ambiente, recursos (examinando o impacto nos habitats e a água incorporada), sociedade e comunidade (lidando com prática corporativas socialmente responsáveis e remunerações justas). Como estudamos no Capítulo 5, o Pharos se transformou em uma ferramenta que foca principalmente no projeto baseado na saúde, tanto humana como ambiental, de uma maneira que a LCA tradicional não consegue. Usando a biblioteca Chemical Library e suas Building Product Libraries, os usuários fazem as relações entre os materiais de construção e os riscos acarretados à saúde e ao meio ambiente. Dentro das bibliotecas do Pharos, há mais de 1.600 produtos de construção comparados em termos dos perfis de 35.310 produtos químicos, cujas LCAs e riscos foram revisados por organizações internacionais e ONGs ecológicas.[40]

O Projeto Pharos cobre questões que vão além da LCA e da certificação de materiais, abordando muitas das necessidades da indústria dos materiais sustentáveis. Ele foi projetado para encorajar a transparência em termos de conteúdo dos produtos, aumentar os conhecimentos dos projetistas e especificadores de materiais e permitir o ajuste dinâmico dos objetivos de modo a refletir o progresso das indústrias fabricantes de materiais. Ele premiará os fabricantes que visam à melhoria contínua em direção aos ideais ambientais, em vez de limitar as pesquisas e o desenvolvimento às exigências mínimas das normas ou selos ambientais.

---

[36]TSAC, PVC Task Group, "Assessment of the Technical Basis for a PVCRelated Materials Credit for LEED," February 2007. www.usgbc.org/ Docs/Archive/General/Docs2372.pdf.

[37]Helias A. Udo de Haes, Reinout Heijungs, Sangwon Suh, and Gjalt Huppes, "Three Strategies to Overcome the Limitations of Life-Cycle Assessment," Journal of Industrial Ecology 8, no. 3 (Summer 2004): 19–32.

[38]Jane Bare, personal communication, March 6, 2007.

[39]Pharos Project, www.pharosproject.net.

[40]Healthy Building Network, www.healthybuilding.net.

A avaliação do ciclo de vida no processo LEED

Entre as dificuldades enfrentadas pela LCA, destaca-se a necessidade de decidir o que fazer com os dilemas inerentes dos sistemas (uma opção, por exemplo, é melhor para o aquecimento global, ao passo que outra se sobressai em termos de controle da toxicidade humana).

É preciso um processo de avaliação (ou ponderação) consistente para solucionar tais problemas. O sistema de certificação de edificações LEED, que considera os fluxos dos materiais, seria o exemplo ideal para se aplicar a ponderação, visto que seus usuários já se sentem confortáveis com certo nível de subjetividade.

Nas primeiras versões do LEED, pontos eram atribuídos a práticas consideradas como positivas para o meio ambiente, ainda que não houvesse uma qualificação para mostrar que dois itens, cada um valendo um ponto, são igualmente "positivos". Em alguns casos, a criação de paraciclos recebe um único crédito LEED Sustainable Sites – exatamente como o uso de materiais com baixo índice de emissões de compostos orgânicos voláteis.

Em setembro de 2004, atendendo a uma solicitação do LEED Steering Committee, o grupo de Avaliação do Ciclo de Vida do USGBC deu início ao projeto "A LCA no LEED". Comitês de consultores compostos por mais de 60 voluntários, incluindo especialistas em LCA, fabricantes, associações da construção civil, universidades, o governo federal dos Estados Unidos, ONGs e comitês de LEED do USGBC divulgaram, em dezembro de 2006, um relatório que continha recomendações referentes à incorporação da avaliação do ciclo de vida no sistema de certificação em questão.

Entre as opções recomendadas para se integrar uma LCA no LEED, estava o desenvolvimento dos materiais de construção a partir de uma lista pré-aprovada de materiais ou sistemas, ou uma ferramenta de LCA.[41] O LEED 2009, o resultado da primeira grande mudança nesse sistema de certificação, adotou a ponderação por meio da LCA.

Na iteração seguinte do LEED, o LEED v.4, a LCA assumiu um papel central, estando inserida em vários dos créditos. Um tema comum nessa versão do LEED é o projeto integrativo, tanto como um processo como um objetivo de projeto de edificação. Hoje um dos pré-requisitos é a participação da equipe do projeto integrativo. A LCA também foi recentemente incorporada no LEED de uma maneira fundamental. É possível fazer uma conexão entre o projeto integrativo e o conceito de ciclo de vida em sentido amplo. O projeto integrativo examina um prédio desde a definição do conceito de projeto até a ocupação e além, considerando a experiência do usuário. Por associação, ele é similar ao processo da LCA, assim como uma LCA apropriada é capaz de analisar o ciclo de praticamente qualquer objeto, substância ou sistema industrial ou natural.

O núcleo da evolução da "LCA na LEED" em sua versão 4 é a nova faixa de créditos de Materiais e Recursos, que analisa a redução dos impactos do ciclo de vida da edificação. As quatro maneiras de se alcançar pontos nesses créditos são: a reciclagem de uma edificação histórica, a renovação de uma edificação abandonada ou degradada, o reúso de componentes ou materiais de construção e a LCA de toda a edificação (consulte a Tabela 19-1). O foco dos créditos tem sido voltado para o potencial de aquecimento global, cuja análise de impacto ambiental é obrigatória, mas há várias outras categorias de impacto que já foram listadas para serem abordadas, como a eutroficação, a acidificação, a destruição da camada de ozônio e a geração de ozônio.

Além do foco no ciclo de vida da edificação e nos métodos de se abordar a LCA tradicional no nível macro, o LEED v.4 também examina e apoia os créditos que lidam com a divulgação dos produtos da edificação usando declarações de produtos ambientais e ingredientes dos materiais. Como já vimos nos capítulos anteriores, a informação sobre os ingredientes dos materiais de construção é um tema variado e com muitas vertentes. Ele também é crucial para uma LCA. Como estudamos no Capítulo 15, as declarações de produto ambiental representam pesquisas de terceiros sobre o impacto ambiental de um produto em vários níveis, do berço ao túmulo. Como as LCAs rigorosas precisam usar uma linguagem comum, foram desenvolvidas as Regras de Categorias de Produtos (PCRs), principalmente na União Europeia, e os Operadores do Programa são envolvidos no processo para verificarem se as exigências das PCRs foram atendidas. Já comentamos várias vezes nesse livro que o objetivo da prática da edificação sustentável ou ecológica é reduzir a pegada ambiental total. Para fazer isso de modo mensurável, devemos analisar os prédios nesse nível granular.

A LCA para os arquitetos

Para fecharmos o capítulo, vejamos uma ferramenta relativamente nova que pode ajudar nessa prática, o aplicativo Tally® LCA App (Figura 19-11). O Tally foi desenvolvido pelo setor de inovação da firma de arquitetura Kieran Timberlake junto com a PE International e a Autodesk. Vários impactos ambientais são abordados pelo aplicativo Tally. Embora foque as contribuições de carbono dos materiais de construção, o Tally também analisa outros impactos ao ozônio, o aquecimento global, a acidificação e a eutroficação, etc. Funcionando como um plug-in para o Building Information Modeling (BIM), o Tally pode abordar as necessidades específicas dos arquitetos e projetistas durante as fases de elaboração do conceito inicial, planejamento e desenvolvimento de projeto.

As etapas iniciais de um projeto são críticas, pois decisões de projeto inteligentes tomadas já no início podem minimizar o risco de retrabalho. Um projeto bem embasado pode reduzir a probabilidade do uso de uma cansativa engenharia de valor (o exercício de se reduzir as despesas de um projeto de construção) e, ao mesmo tempo, obter o grau desejado de desempenho, durabilidade e outras características. A engenharia de valor é o processo de análise do ciclo de vida e redução de custos, assim, quando se faz mais pesquisas de LCA já no início do projeto, menos terá de ser feito depois, e menores serão os gastos com isso. A observação dos impactos ambientais incorporados de um prédio e de todos os seus materiais constituintes pode ser feita considerando-se a edificação como uma totalidade, ou considerando-se os componentes separadamente. De acordo com os desenvolvedores, o Tally "permite aos usuários inserir em cada sistema

---

[41]U.S. Green Building Council (USGBC), "Integrating LCA into LEED," Working Group A (Goal and Scope), Interim Report #1 (Washington, DC: USGBC, 2006), www.usgbc.org/ShowFile.aspx?DocumentID=2241 , January 14, 2009).

Capítulo 19 A Avaliação do Ciclo de Vida (LCA) **329**

TABELA 19-1 Redução dos Impactos do Ciclo de Vida da Edificação

OPÇÃO 4. ANÁLISE DO CICLO DE VIDA DE TODA A EDIFICAÇÃO (3 PONTOS)

Para novas construções (prédios ou partes deles), realize uma análise do ciclo de vida da estrutura e das vedações externas do prédio que demonstre uma redução de, pelo menos, 10% em relação a um edifício de referência em, no mínimo, três das seis categorias de impacto listadas a seguir. Uma categoria obrigatória é o potencial de aquecimento global. Nenhuma categoria de impacto estudada como parte da análise do ciclo de vida pode aumentar mais de 5% o impacto gerado pelo prédio de referência.

O prédio de referência e o proposto devem ser similares em tamanho, função, orientação e desempenho energético durante a operação, conforme define o EA Prerequisite Minimum Energy Performance. A vida útil de ambos os prédios deve ser a mesma e de no mínimo 60 anos, considerando-se totalmente as questões de manutenção e substituições. Use o mesmo *software* de análise do ciclo de vida e conjuntos de dados iguais para avaliar ambos os prédios, e relate todas as categorias de impacto listadas. Os conjuntos de dados devem atender à norma ISO 14044.

Selecione, ao menos, três das seguintes categorias de impactos para analisar as reduções:

- potencial de aquecimento global (gases causadores do efeito estufa), em CO_2e
- destruição da camada de ozônio estratosférica, em kg de CFC-11
- acidificação do solo e das fontes de água, em moles de H+ ou kg de SO_2
- eutroficação, em kg de nitrogênio ou kg de fosfato
- formação de ozônio troposférico, em kg de NOx, kg de equiv. de O_3 ou kg de eteno; e exaurimento dos recursos energéticos não renováveis, em MJ

Fonte: LEED Reference Guide for Building Design and Construction, LEED versão: v.4.

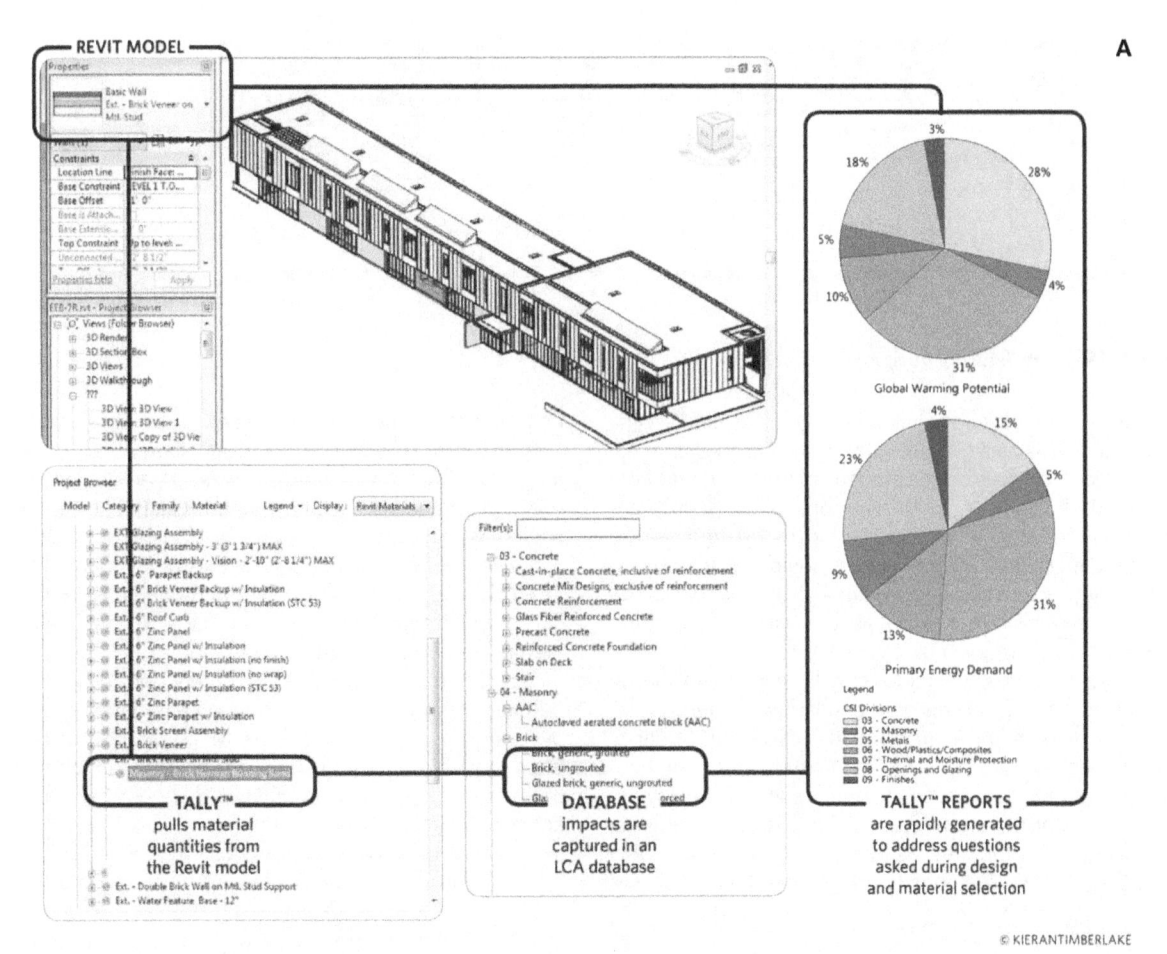

FIGURA 19-11 A, B Tally, o plug-in útil para o arquiteto, para ser empregado no BIM. Tally® LCA App for Autodesk® Revit®. Cortesia de Kieran Timberlake. (*continua*)

O Tally™ pode ser usado para comparar opções de projeto. B

Opção 1: Revestimento com painéis metálicos corrugados

Opção 2: Revestimento com painéis translúcidos (opção selecionada)

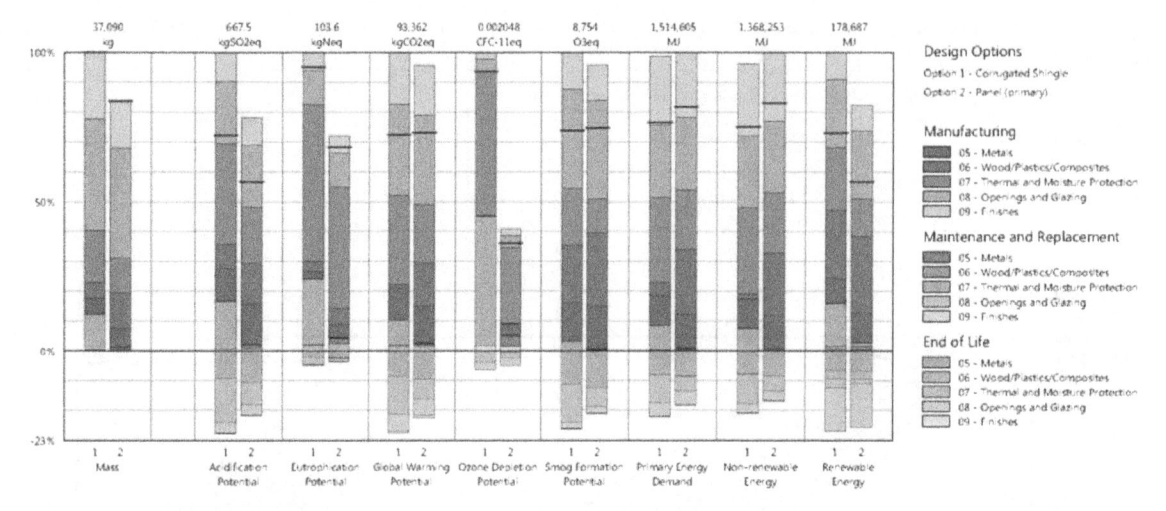

Resultados por etapa do ciclo de vida itemizados de acordo com as divisões do CSI (do Código de Edificações Nacional dos Estados Unidos)

© KT INNOVATIONS

FIGURA 19-11 A, B (Continuação).

do projeto os produtos de arquitetura que ele contém".[42] Uma das características-chave do aplicativo é que ele pode criar um inventário de materiais de construção, conhecido como Lista de Materiais (Bill of Materials). Assim como o BIM permite aos usuários entender os impactos gerados por quantidades de materiais, dimensões dos componentes e outras características, o Tally pode ajudar a esclarecer quais escolhas na seleção de materiais têm impactos na fabricação, no uso e no término da vida útil dos componentes e do prédio.

A coleta de dados adequados para basear as decisões de projeto é uma tarefa enorme e desanimadora. Ao ler os relatórios de LCA, é preciso ser um pouco cético e questionar as possíveis incertezas, uma vez que tais documentos costumam parecer mais precisos do que realmente são.[43]

Evite transformar a avaliação do ciclo de vida na única razão de ser do projeto de edificações. Já conhecemos as limitações da LCA e sua complexidade, mas, para os nossos fins, até que a avaliação do ciclo de vida se torne uma prática comum entre os arquitetos e projetistas, devemos utilizar técnicas gerais, como a coleta e a compreensão das entradas e saídas ambientais,[44] e empregar um sistema de certificação pessoal baseado em nossas prioridades ecológicas. Dessa forma, é possível dar mais atenção a questões globais, incluindo as mudanças climáticas e a neutralidade em carbono, bem como seus impactos na saúde humana, sempre de acordo com os interesses dos estudantes.

Finalmente, é importante compreender que a avaliação do ciclo de vida representa um novo paradigma que ensina os usuários a pensar criticamente e, ao mesmo tempo, facilita o processo de tomada de decisões. Essa forma de pensar reflete a essência da LCA – trata-se de pensar em termos de análise no ciclo de vida.

Como arquitetos, estamos acostumados a resolver problemas e buscar a solução mais apropriada em termos de

---

[42]Tally® LCA App for Autodesk® Revit®, kierantimberlake.com/pages/view/95/tally/parent:4.

[43]Tom Lent, comunicação pessoal de 8 de março de 2007.

[44]Há uma forte sinergia entre as investigações de impacto no ciclo de vida e as teorias de pegada ecológica global que foram desenvolvidas pelo Dr. Mathis Wackernagel, Footprintnetwork, http://www.footprintnetwork.org.

> ## Lista de conferência de LCA para arquitetos
>
> *Nadav Malin*
>
> - Não tente realizar seus próprios estudos de LCA a menos que conte com recursos significativos para transformar tal esforço em uma especialização pessoal.
> - Incentive os fabricantes de produtos a realizar avaliações do ciclo de vida em seus produtos, disponibilizando as informações por fichas com dados de LCA. Consulte as Declarações de Produtos Ambientais Tipo III do ISO (com resultados de análises efetuadas por terceiros), criadas pela Sustainable Product Purchasers Coalition, e/ou o *software* BEES, do NIST – dois mecanismos de disponibilização de dados.
> - Faça perguntas chave em relação aos dados de LCA fornecidos, de modo a avaliar sua confiabilidade e aplicabilidade. Os exemplos de perguntas incluem:
>   - *Quais são as fontes dos dados?* Quais se baseiam em informações primárias provenientes de operações e quais vêm de bancos de dados com informações padrão dos fabricantes? No caso dos dados típicos oferecidos pelos fabricantes, as informações são específicas para alguma região (os Estados Unidos em oposição à Europa) e completamente transparentes no que se refere aos usuários e revisores?
>   - *Quais pressupostos tratam da unidade funcional e da vida útil dos produtos em questão?* Eles correspondem à sua situação?
>   - *Quais são os fatores de incerteza contidos nas informações?* Nenhum banco de dados utilizado atualmente fornece essa informação, mas, segundo Norris, "incertezas de 20% ou mais são prováveis". Se os usuários perguntarem, haverá pressão para se dar uma resposta.
>   - *Quais são as exigências de manutenção do produto e/ou seu impacto nas operações da edificação?*
>   - *As categorias de impacto incluídas nos resultados capturam as informações importantes* ou é possível que os resultados estejam distorcidos por terem deixado de lado categorias essenciais?
> - Resista à tentação de reduzir os resultados da LCA a uma pontuação única para cada produto. A ponderação necessária para tanto introduz pressupostos que talvez não sejam adequados, resultando na perda de muitas informações. Em vez disso, analise os resultados em todas as categorias de impacto disponíveis e, com base neles, faça sua própria avaliação.
> - Não importa se há resultados de LCA confiáveis disponíveis: sempre aplique a avaliação do ciclo de vida e revise as informações sobre o produto de maneira crítica, de modo a fundamentar suas escolhas. Os recursos baseados na avaliação do ciclo de vida incluem artigos de EBN e listagens de produtos GreenSpec elaboradas pela BuildingGreen, bem como os padrões de selos de produto do GreenSeal.
> - Analise a edificação inteira de uma perspectiva do ciclo de vida e busque minimizar os impactos ambientais totais e, ao mesmo tempo, otimizar o desempenho. Em geral, abordagens do tipo sugerem que os impactos correntes das operações da edificação, incluindo o consumo de energia, o consumo de água e os impactos da manutenção, deveriam ser priorizados em relação à escolha de materiais com cargas ambientais totais mais baixas.
>
> Fonte: *Environmental Building News 11*, no. 3, março de 2002.

função e estética. Partindo daí, os arquitetos de edificações sustentáveis já estão acostumados a pensar de acordo com o ciclo de vida. Considerando-se a frequente falta de informações e metodologias, assim como o alto preço das ferramentas de LCA, pensar em termos de ciclo de vida é uma habilidade que precisa ser automática – sendo esse o primeiro passo para se compreender a avaliação do ciclo de vida. A publicação *AIA Guide to Building Life Cycle Assessment in Practice*, do American Institute of Architects (2010), é um recurso excelente e completo para que se possa entender as numerosas ferramentas de LCA e suas funções. Um dos objetivos desse guia é apresentar um conjunto de princípios orientadores da LCA para que os arquitetos os usem desde o lançamento do conceito do projeto. Com isso, espera-se que a LCA se torne uma peça indissociável do processo de projeto tanto para arquitetos como para engenheiros.

Para ir mais longe, os estudantes talvez optem por explorar diferentes ferramentas de *software* com o intuito de descobrir como utilizá-las junto com outros temas deste livro. O campo da LCA está evoluindo rapidamente, resultando na introdução de novas ferramentas ainda mais relevantes para o projeto sustentável. Conforme ocorre com outras técnicas, a avaliação do ciclo de vida apoia, fortalece e valoriza o conhecimento de edificações sustentáveis. Este processo ajuda a transformar os estudantes em profissionais.

EXERCÍCIOS

1. Ilustre o ciclo de vida da cortiça, do linóleo ou do cloreto de polivinil (PVC) e liste os impactos ambientais do material escolhido.
2. Selecione um problema ambiental global que você considera particularmente sério ou irrefutável e liste os possíveis impactos ambientais dos materiais de construção específicos em relação a ele. Indique tipos específicos de materiais que causem impactos positivos e negativos. Proponha tecnologias futuras que responderiam a esses impactos (como o uso de algas que consomem CO_2).
3. Faça a modelagem do ciclo de vida de um projeto de ateliê no qual você esteja trabalhando. Baixe a ferramenta gratuita ASMI EcoCalculator Tool, seja para Commercial

Assemblies, seja para Residential Assemblies em http://calculatelca.com/software/ecocalculator/. Você terá de inserir dados sobre sua localização geográfica, e então o *software* carregará os impactos (eutroficação, acidificação, partículas aerotransportadas, etc.) incorporados em vários sistemas. Quando os valores da área de piso forem inseridos para seu projeto, será gerado uma prévia (*snapshot*) do impacto ambiental do projeto na página de resumo. Tente fazer experiências com diferentes materiais de revestimento e de estrutura. Observe como os impactos dos combustíveis fósseis variam.

Recursos

Bayer, Charlene, Michael Gamble, Russell Gentry, and Surabhi Joshi. *AIA Guide to Building Life Cycle Assessment in Practice*. Washington, DC: Georgia Institute of Technology, American Institute of Architects, 2010.

Cole, Raymond J., Nigel Howard, Toshiharu Ikaga, and Sylviane Nibel. "Building Environmental Assessment Tools: Current and Future Roles." Issue Paper, Action for Sustainability, World Sustainable Building Conference in Tokyo, Japan, September 27–29, 2005.

Federal Green Construction Guide for Specifiers: 01 67 00 Environmental Product Requirements, December 2012, www.wbdg.org/design/greenspec.php.

Guinee, Jeroen B., ed. *Handbook on Life Cycle Assessment: Operational Guide to the ISO Standards: Eco-Efficiency in Industry and Science*. Norwell, ME: Kluwer Academic Publishers, 2002.

Malin, Nadav. "Life-Cycle Assessment for Buildings: Seeking the Holy Grail," *Environmental Building News* 11, no. 3 (March 2002).

McDonough, William, and Michael Braungart. *Cradle to Cradle: Remaking the Way We Make Things*. New York: North Point Press, 2002.

Melton, Paula. *Whole-Building Life-Cycle Assessment: Taking the Measure of a Green Building*, Environmental Building News (April 2013).

Gestão dos Resíduos e o Setor da Edificação 20

Nos Estados Unidos, a geração de resíduos sólidos municipais dobrou desde 1960 devido, em parte, ao aumento da população, mas também porque o habitante médio do país passou a produzir dois quilogramas de lixo por dia – 0,75 kg a mais do que 30 anos atrás.[1]
— *Germany, Garbage, and the Green Dot: Challenging the Throwaway Society*, Bette K. Fishbein

Em muitos casos, a palavra "resíduo" ou "lixo" é incômoda. Para o construtor sustentável, contudo, o resíduo não vale menos do que o aço ou a madeira; talvez ele valha ainda mais, pois não precisa ser minerado ou plantado. Resíduo significa um material que já não tem qualquer viabilidade diversa, exceto a de existir como refugo. Poderíamos falar sobre "resíduos vivos" e "resíduos mortos". É uma pena que o resíduo útil não tenha, de fato, uma denominação própria, porque, ainda que resíduo ou lixo sejam palavras imprecisas, elas são entendidas por todas as pessoas.[2]

É interessante lembrar a mensagem de integração deste livro-texto: resíduos e recursos estão intimamente ligados entre si, como demonstrou a discussão sobre eficiência de recursos do Capítulo 14. Neste capítulo, esperamos transformar a sua ideia de resíduo e fazer você pensar nele como um *commodity*, como o faríamos com um recurso natural qualquer. O lixo é um recurso, uma vez que pode ser recolhido, recuperado, reusado e reciclado (seja na deciclagem – *downcycling* –, seja na suprarreciclagem – *upcycling*). Ele só se torna lixo de fato quando vai para um aterro sanitário ou "túmulo", e já não tem qualquer propósito, daí o termo "do berço ao túmulo" (Figura 20-1).

Neste capítulo focaremos a identificação dos impactos dos resíduos, a variedade de suas fontes, seu ciclo de vida e as maneiras pelas quais a indústria da edificação pode modificar sua abordagem à construção e à demolição por meio da gestão integrada dos resíduos. Agora analisaremos como a profunda gestão sustentável dos resíduos pode ser abordada integrando ainda mais o processamento do lixo com a geração da energia e vários outros benefícios tecnológicos associados ao ecossistema e à qualidade de vida. Investigaremos as tecnologias e práticas da construção e da gestão dos resíduos da demolição. Antes de explorar esses temas, no entanto, é importante entender o risco da toxicidade e a enorme abundância e variedade das fontes de lixo.

FIGURA 20-1 Nessa representação gráfica do ciclo de manufatura, fica aparente onde podemos começar a olhar para o lixo como um *commodity*. Cortesia da Agência de Proteção Ambiental dos Estados Unidos.

> Os resíduos de construção e demolição correspondem a aproximadamente 25 a 30 % de todo o lixo gerado na União Europeia em 2012.
>
> Fonte: Diretoria Ambiental Geral da Comissão Europeia, Comissão Europeia sobre o Meio Ambiente, ec.europa.eu/environment/waste/construction_demolition.htm.

Impactos dos resíduos

Em razão de sua presença em nosso dia a dia e de seu volume bruto, o lixo tem impactos significativos. Há muitos tipos

---
[1] Bette K. Fishbein, Germany, *Garbage, and the Green Dot: Challenging the Throwaway Society* (New York: Inform, 1994), informinc.org.
[2] Comunicação pessoal entre o autor e Peter Vincent, autor de *The '60s Diary*, (San Francisco: Memory Lane Press, 2005).

de resíduos, de praticamente todos os setores econômicos, desde os resíduos sólidos aos resíduos médicos e aos nocivos à saúde (Figura 20-2), e cada um deles requer atenção diferente. Em algumas comunidades, a gestão do lixo é fortemente regulada; em outras, os regulamentos são inadequados para proteger a saúde pública e ambiental. O descarte do berço ao túmulo apresenta uma série de dilemas em função do volume de recursos naturais envolvidos (sua pegada ecológica) no armazenamento e na decomposição. O solo que poderia ter uma produção biológica, ser utilizado como área aberta ou ter outro destino benéfico é relegado a um único uso, geralmente por longos períodos de tempo. Esse processo ineficiente representa uma perda de potenciais. Precisamos administrar o lixo de maneira tão inteligente quanto gerimos os recursos produtivos.

A geração e o descarte de resíduos têm impacto sobre os recursos naturais e sobre a saúde humana. Por exemplo, os incêndios em aterros sanitários afetam a qualidade do ar das comunidades locais, bem como da atmosfera maior, em virtude da transmigração. Como vimos no capítulo anterior sobre os produtos químicos no meio ambiente, a transmigração química é definida como a propriedade de se passar de um meio a outro, ou a capacidade dos produtos químicos de se deslocarem além das fronteiras geográficas estabelecidas pelos humanos. Essa característica costuma resultar no surgimento de depósitos químicos em locais bastante distantes de suas origens. Nossas práticas de descarte de resíduos também podem ser consideradas como fatores contribuintes às mudanças climáticas devido à geração de metano, um poderoso gás causador do efeito estufa que é emitido de aterros sanitários e depósitos de lixo ao ar livre. Além disso, os resíduos afetam o meio ambiente porque os aterros sanitários ocupam sítios virgens e espaços abertos que poderiam constituir áreas biologicamente produtivas, seja para fins de subsistência ou como espaços externos ativos usados pelas comunidades do entorno. Na verdade, a leitura dos dados relativos às opções de descarte nos mostra uma ladainha de maneiras de submeter o meio ambiente às exigências das atividades humanas: nós utilizamos métodos de injeção profunda e depósito, lançamos resíduos nos corpos d'água e no leito dos mares, armazenamos lixo em "minas" permanentes, acumulamos lixo para fins de tratamento por evaporação, secagem ou incineração na terra ou no mar. As nações industrializadas chegam, inclusive, a exportar resíduos a países em desenvolvimento, pois nesses países o descarte é barato e as normas são menos rigorosas[3] (Figura 20-3).

Os locais de descarte de lixo podem liberar substâncias perigosas e tóxicas aos lençóis freáticos, solo e terrenos agrícolas vizinhos, dos quais as comunidades locais dependem. Em muitos casos, a contaminação causada pelos aterros tem efeitos de longo alcance, visto que os contaminantes percorrem a cadeia alimentar e chegam ao corpo humano. Os exemplos de poluentes pervasivos em um aterro sanitário incluem os metais pesados, como mercúrio e cádmio, carbono orgânico e nitrogênio. Os organoclorados também são preocupantes. Trata-se de produtos químicos orgânicos com, pelo menos, um átomo de cloro e que são especialmente comuns em pesticidas. Organoclorados particularmente nocivos são os bifenis policlorados (PCBs), que hoje são proibidos como agentes refrigerantes de equipamentos elétricos, onde outrora estavam presentes. Utilizados por indústrias diversas, inclusive na produção de papel, solventes e plásticos, eles também podem ser produtos derivados de aterros sanitários. Conforme detalhamos no Capítulo 5, muitas substâncias químicas, como os organoclorados, resistem ao processo de decomposição, o que faz com que a sua presença transforme os aterros sanitários em fontes de poluição que durarão séculos – uma condição conhecida como bioacumulação.

Ciclos do lixo

O lixo possui um ciclo de vida, ou seja, um subconjunto do ciclo de vida tradicional, representado na fase do "término da vida útil". Todavia, resíduos são gerados ao longo de todas as fases do ciclo de vida tradicional. Se o lixo for considerado no ciclo dos processos – por exemplo, o ciclo da manufatura

FIGURA 20-2 Um depósito de lixo. Cortesia de Ulrich Mueller, fotógrafo.

FIGURA 20-3 O lixo eletrônico é proibido em aterros sanitários de partes da União Europeia. A falta de controle do produto por parte do fabricante faz com que muitos resíduos eletrônicos sejam descartados em regiões com menor controle ambiental. Cortesia de Natalie Behring, fotógrafa.

---
[3]Nathaniel C. Nash, "Latin Nations Getting Others' Waste," *New York Times*, December 16, 1991.

dos materiais – ele terá as seguintes características ou fases (Figura 20-4):

- Recursos naturais são usados para fins de extração ou coleta de matérias-primas, ao passo que resíduos são gerados por meio da produção ineficiente de materiais.
- Os produtos derivados de processos industriais ou métodos de extrativismo são lançados com a água empregada, as emissões aéreas, a poluição sonora e os odores, o que resulta no potencial de emissões químicas tóxicas.
- Durante a fase de manufatura, os mesmos subprodutos são gerados.
- Durante o transporte de bens para os centros de distribuição, assim como para os canteiros de obras, e retornando deles, os produtos derivados do lixo se manifestam na forma de emissões de carbono dos motores de combustão e de impactos associados ao transporte. Na fase da manutenção, os resíduos são produzidos durante as atividades de limpeza e reparos. Independentemente de sua escala, as atividades de manutenção e limpeza geram resíduos na forma de produtos de limpeza, soluções e ferramentas utilizados. Conforme vimos anteriormente, essas substâncias químicas acabam indo para o meio ambiente. Métodos como a escolha de materiais com baixa necessidade de manutenção, o estabelecimento de procedimentos sustentáveis de limpeza e o uso de produtos de limpeza que não agridem o meio ambiente são capazes de reduzir esse tipo de lixo.
- Ao final da vida útil de um material, produto ou sistema, cada componente pode ser enviado a um fluxo distinto.

Os fluxos de lixo variam de acordo com a disponibilidade de tecnologia e a eficiência dos métodos de transporte de uma região particular. Além disso, os mercados para a reciclagem de detritos, como o reúso para fins agrícolas, precisam ser viáveis e eficientes para evitar as práticas ecologicamente nocivas do uso de aterros sanitários e da incineração. Outra maneira de enfrentar esse desafio do fim da vida útil, como já vimos nos capítulos anteriores sobre a eficiência de recursos, é a abordagem do ciclo de vida desde o início, especificando-se materiais de construção com múltiplos atributos de sustentabilidade – a reciclabilidade ou desconstrutibilidade. Os materiais de base biológica têm essa característica benéfica em função de sua capacidade de decomposição, que depende do nível de conteúdo biológico. Os materiais colhidos ou extraídos na região, fabricados na área, com conteúdo reciclado, de demolição ou rapidamente renováveis também devem ser considerados como tendo atributos prioritários. Dessa maneira, podemos fornecer valiosos resíduos para a produção de outros materiais.

Adotando-se um conceito conhecido como "responsabilidade estendida do produtor ou fabricante", o lixo pode ser limitado ao topo da cadeia. A análise de eficiência dos materiais que é conduzida pelos fabricantes é uma prática que já existe há décadas e é feita não apenas para limitar a quantidade de resíduos, mas também para controlar os custos de produção, reduzir os gastos com energia no ciclo de vida e minimizar a poluição gerada pelos processos de manufatura. Os sistemas de retorno ao fabricante, os incentivos à reciclagem, o levantamento de barreiras ao reúso e reaproveitamento de materiais de demolição e a tributação dos poluentes são algumas das estratégias que têm motivado os fabricantes a participar da proteção ao meio ambiente. Os primeiros setores econômicos a adotarem tais práticas foram as indústrias de embalagens, de produção de óleo e de eletrônicos. No caso dos materiais de construção, a indústria de carpetes foi a pioneira. Por meio de seu programa ReEntry, a fabricante de carpetes Interface já reciclou mais de 287 milhões de libras de carpete desde 1995. Ainda assim, o fluxo de carpete descartado na América do Norte ainda é muito abundante: cerca de 4,5 bilhões de libras por ano.[4] Há dois conceitos intimamente relacionados ao da responsabilidade estendida: o conceito do "Poluidor-Pagador" e o da "Proximidade". O primeiro motiva aqueles que produzem dejetos, por exemplo, as equipes de empreiteiros de uma obra, a deixarem de enviar materiais aos aterros sanitários, impondo pesadas taxas para uso desses locais. O Princípio da Proximidade está voltado para a gestão do lixo sólido municipal. Contudo, o conceito – que obriga que o lixo gerado em uma região deve ser descartado nela mesma –, também poderia ser aplicado a fabricantes de materiais de construção.[5]

■ Definição de lixo ou resíduo

O governo australiano definiu o lixo de modo legal em sua Lei de Proteção Ambiental, de 1994. O lixo inclui "qualquer coisa que tenha sido (a) rejeitada, ou produtos derivados indesejados de atividades industriais, comerciais, domésticas ou outras; ou (b) o produto resultante de atividades industriais, comer-

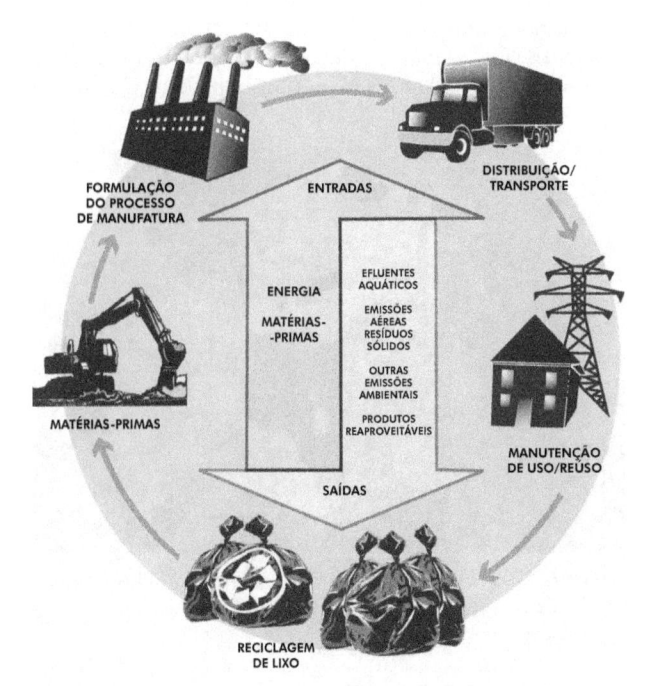

FIGURA 20-4 O ciclo de vida do lixo. Ilustração: Killer Banshee Studios.

---

[4]Interface Carpet to Carpet Recycling, www.interface.com/US/en-US/about?cmsContent=%2Fcarpet%2FReEntry-20.html.
[5]Meg Calkins, *Materials for Sustainable Sites: A Complete Guide to the Evaluation, Selection, and Use of Sustainable Construction Materials* (Hoboken, NJ: John Wiley & Sons, 2008).

ciais, domésticas ou outras que gerem resíduos. Qualquer coisa pode se tornar lixo, independentemente de seu valor".

A "Diretriz 2006/12/EC do Parlamento Europeu e do Conselho de 5 de abril de 2006 sobre o Lixo", elaborada pela União Europeia, divide os resíduos em 16 categorias, incluindo tipos de lixo como resíduos de processos industriais, materiais contaminados e produtos inúteis. O documento complementar "Diretriz sobre o Aterro de Lixo (1999/31/EC)" define metas ambiciosas para se reduzir a proporção de lixo depositado em aterros sanitários para 75% de 1995 a 2010, 50% até 2013 e 35% até 2020. Ele também estabelece prazos para se banir resíduos corrosivos, oxidantes, inflamáveis e explosivos de aterros, assim como resíduos líquidos nocivos, lixo hospitalar e outros resíduos químicos infecciosos e pneus.

Na China, baseando-se nas políticas existentes no Japão e na Alemanha, está sendo desenvolvido um modelo de "economia circular", que se baseia nos conceitos de ecologia industrial – "o lixo de um é o insumo do outro". Essa política se fundamenta sobre o conceito dos três Rs (reduzir, reutilizar e reciclar) para a gestão de materiais.[6]

Na Agenda 21 da Conferência sobre o Meio Ambiente e o Desenvolvimento, da ONU, "Hierarquia do Lixo", foram feitas recomendações internacionais para a gestão de resíduos, que hoje são reconhecidas por muitos países.[7]

- Prevenir ou minimizar
- Reusar ou reciclar
- Incinerar com recuperação de calor
- Utilizar alternativas à incineração e escolher materiais com mais segurança, como a compostagem ou o reprocessamento biológico
- Enviar os resíduos para um aterro sanitário

A norma da Agência de Proteção ao Meio Ambiente dos Estados Unidos (EPA) relativa ao lixo é chamada de Lei de Conservação e Recuperação de Recursos (RCRA), responsável por limitar o descarte de resíduos sólidos e nocivos. O Congresso dos Estados Unidos aprovou a RCRA em 21 de outubro de 1976, com o intuito de tratar os problemas cada vez maiores enfrentados pela nação devido ao volume crescente de lixo municipal e industrial. A Resource Conservation and Conservation Act (RCRA – Lei de Conservação e Recuperação de Recursos), que complementou a Lei de Descarte de Lixo Sólido de 1965 (Solid Waste Disposal Act), estabeleceu os seguintes objetivos nacionais:

- "Proteger a saúde humana e o meio ambiente dos possíveis riscos representados pelo descarte de resíduos.

- Conservar energia e recursos naturais.
- Reduzir a quantidade de lixo gerada.
- Garantir que os dejetos sejam geridos de maneira ambientalmente consciente".[8]

Fontes de lixo

Como já foi mencionado, produtos químicos no meio ambiente são gerados por várias fontes de resíduos: construção e demolição, mineração, extração de pedras, manufatura e o lixo domiciliar urbano. Antes que fossem feitos regulamentos nos Estados Unidos, o meio ambiente natural era o campo de despejo dos dejetos derivados de processos fabris, especialmente por meio da incineração. Nos Estados Unidos, esse método de descarte foi restringido pela Lei de Descarte de Resíduos Sólidos de 1965 (Solid Waste Disposal Act of 1965), uma emenda da Lei do Ar Limpo (Clean Air Act). Métodos para controlar os resíduos e as substâncias químicas das fontes de lixo foram desenvolvidos em decorrência dessa legislação.

Mesmo com a regulamentação dos resíduos industriais e nocivos, o uso de aterros sanitários representa uma fonte contínua de transmissão de substâncias químicas para o meio ambiente; tampouco as práticas de contenção e o aprimoramento da construção dos aterros conseguem mudar esse fato. Os aterros sanitários ainda são os principais destinos para o lixo sólido municipal (Figura 20-5). Alguns tipos de aterros sanitários são cobertos com lajes de concreto moldadas *in loco* a fim de, posteriormente, reaproveitar as áreas para a construção de condomínios. Embora não se saiba exatamente o percentual e o número total de edificações construídas em aterros sanitários, a estratégia de reaproveitamento ainda constitui um problema, já que o espaço ocupado pelos aterros sanitários é limitado por definição e, ironicamente, pode ser encarado como um recurso finito.

Outras fontes de lixo são os dejetos industriais e os perigosos. Os resíduos industriais são definidos como o lixo não nocivo gerado pela produção de bens. Os Estados

FIGURA 20-5 Um grande aterro sanitário em Belfast. Alison Curtis, Castlereagh Borough Council Technical & Environmental Services Department.

---

[6]Segundo a Agência de Proteção ao Meio Ambiente dos Estados Unidos, "A Iniciativa dos Três Rs foi apresentada no Japão em 2004, durante a Reunião de Cúpula do G8 realizada em Sea Island, Geórgia, e endossada por líderes mundiais durante o evento. O Japão lançou a Iniciativa dos Três Rs formalmente em abril de 2005. Em março de 2006, representantes de todo o mundo compartilharam informações relativas às atividades dos três Rs, divulgaram planos para o futuro e consideraram os três Rs do movimento de bens, materiais e produtos através de fronteiras" (http://www.epa.gov/swerrims/international/factsheets/ndpm-3rs-initiative-and-materials-management.htm).

[7]A Agenda 21, conhecida como Declaração do Rio para o Meio Ambiente e o Desenvolvimento, foi adotada por mais de 178 governantes durante a Conferência das Nações Unidas para o Meio Ambiente e o Desenvolvimento realizada na cidade do Rio de Janeiro, Brasil, entre os dias 03 e 14 de junho de 1992.

[8]Resource Conservation and Recovery Act (RCRA), www.epa.gov/epawaste/index.htm.

Unidos geram, de acordo com estimativas da Agência de Proteção Ambiental (EPA) dos Estados Unidos, 7,6 bilhões de toneladas de lixo industrial por ano.[9] Nos Estados Unidos, o Congresso define o que é resíduo perigoso, e seu controle é feito pela Agência de Proteção Ambiental. Muitos tipos de resíduos nocivos são considerados combustíveis, corrosivos, reativos e tóxicos. Tais materiais não podem ser recuperados nem reciclados, e, para descartá-los, é preciso empregar métodos restritos e controlados. Algumas fontes de lixo nocivo são produzidas pelas indústrias cujos resíduos incluem solventes gerados pela refinação do petróleo ou pela fabricação de pesticidas. O tratamento do lodo e do esgoto sanitário produzido por indústrias é outra fonte de resíduos nocivos. Os produtos químicos utilizados para fazer outros produtos químicos também são uma fonte de resíduos nocivos à saúde.

> Em média 60% dos resíduos municipais gerados na Europa terminam em aterros sanitários e em incineradores. Em contraste, a Noruega recicla 68% do seu lixo.
>
> Fonte: Rick Docksai, "A World without Waste?" World Future Society, *Futurist* 48(2) (March–April 2014).

O lixo hospitalar

As fontes de lixo hospitalar representam problemas consideráveis, o que se deve tanto à diversidade dos resíduos como ao desenvolvimento atual das regulamentações procedimentais. Mencionamos esse tipo de resíduos em virtude de sua relação com a construção sustentável no setor da saúde. Grande parte das estratégias de projeto sustentável aplicadas a hospitais envolvem o projeto da infraestrutura das operações. Essas operações incluem a redução dos resíduos com mercúrio, a limpeza sustentável, a segregação dos produtos químicos e a elaboração de planos de emergência para o caso de derramamentos de produtos químicos. Os resíduos radioativos e a água descartada por sistemas de resfriamento também devem ser tratados de modo adequado. O projetista de edificações sustentáveis e os especialistas em saúde precisam entender essas fontes particulares de lixo hospitalar e suas funções, mecanismos de segurança e acomodação, a fim de poderem projetar de modo consciente.

O lixo hospitalar e as complexidades de seu descarte somente começaram a ser regulados no início do século XX. Devido às normas especiais de descarte, a indústria foi incentivada a praticar a gestão responsável do lixo. Em geral, o lixo hospitalar costuma ser descartado em aterros sanitários, ou, o que é mais comum, incinerado, o que pode liberar dioxinas e mercúrio no ar e nas cinzas. Já sabemos que esses métodos de descarte não poupam a atmosfera. A Organização Mundial da Saúde (OMS) observa que entre 10 e 25% do lixo hospitalar é infeccioso, considerando-o como lixo que representa risco à saúde, podendo ser radioativo, tóxico ou infeccioso.[10] Esses resíduos podem incluir produtos farmacêuticos, agentes infecciosos, produtos químicos disruptores do sistema endócrino e genotoxinas, e, ao contrário do lixo da construção, também pode incluir agentes químicos potentes.[11]

Os hospitais dos Estados Unidos geram entre 7 e 10 kg de lixo hospitalar por leito por dia, enquanto os do Oriente Médio produzem apenas entre 1,3 e 3 kg por leito por dia.[12] Além do grande volume, o surgimento de superbactérias e de uma variedade de novas doenças do sistema imunológico ou resistentes a antibióticos (junto com a dificuldade de diagnóstico, tratamento e prevenção) cria condições que exigem muito cuidado no descarte de lixo hospitalar.

Nos últimos anos, a organização médica Kaiser Permanente estabeleceu o objetivo de eliminar, em suas operações, os poluentes orgânicos persistentes; as lâmpadas com mercúrio e o cloreto de polivinila (PVC) de seus materiais de revestimento de pisos internos e de suas bolsas para administração intravenosa (IV); entre outras estratégias. As políticas de compra sustentáveis do setor da saúde, como um todo, buscam prevenir os danos ao meio ambiente provocados pelo lixo hospitalar. Com a compreensão do ciclo de vida e da tecnologia dos materiais de tratamento de saúde e a adoção do princípio da precaução, os profissionais da saúde estão implementando procedimentos de descarte e tratamento mais responsáveis na gestão do lixo hospitalar.

As atividades da Kaiser representam um exemplo perfeito de pensamento holístico no projeto de edificações sustentáveis. É evidente que o futuro das edificações sustentáveis depende de equipamentos hospitalares sustentáveis cuja sustentabilidade seja preventiva e focada na saúde. Os estudantes devem analisar o projeto das edificações de saúde a fim de anteciparem as inovações na edificação sustentável. Armados com os conceitos básicos deste capítulo, os projetistas do futuro terão mais subsídios e estarão mais aptos para abordar essa questão dos resíduos químicos diretamente, por meio do projeto de edificações hospitalares responsáveis.

A gestão integrada do lixo

> "Atualmente, a principal fonte de resíduos na Europa é o setor da construção. Grande parte desse material poderia ser redirecionado, se as empresas investissem nisso. Ganhos ainda maiores também seriam possíveis se elas direcionassem as fibras de isolantes recicladas, ou fibras de vidro recicladas, para usá-las como aditivo para o cimento ou concreto, e reciclassem madeira e aço descartados, usando-os em novos produtos."[13]

Entre as várias maneiras de se vencer o desafio de pensar no lixo como um recurso está o conceito da gestão integrada do lixo. O termo se refere à prática combinada de várias téc-

---

[9]Environmental Protection Agency (EPA), Office of Solid Waste, National Environmental Performance Track, Waste Management, Conversion and Contextual Factors for Waste Management, www.epa.gov/epawaste/index.htm.

[10]World Health Organization (WHO), "Health-care Waste Management, Some Basic Information on Healthcare Waste," www.who.int/mediacentre/factsheets/fs253/en.

[11]Ibid.

[12]WHO, Definição de HCW, riscos e impacto na saúde pública.

[13]Luk Van Wassenhove, Operations Management, INSEAD Business School, as quoted in Docksai, op. cit.

nicas de gestão de lixo, incluindo a redução na fonte (também chamada de prevenção de lixo), a compostagem[14], a incineração, a reciclagem (reúso, reaproveitamento, recuperação, suprarreciclagem (*upcycling*) e deciclagem (*downcycling*)) e a gestão de aterros sanitários. Como já vimos no capítulo sobre recursos, outra consideração que poderia ser abraçada por esse conceito é o compartilhamento de materiais. Discutiremos algumas dessas técnicas aqui, focando a gestão do lixo da construção e demolição.

A indústria da construção tem desenvolvido melhores práticas para lidar com os dejetos de construção e demolição, o que inclui técnicas como a separação *in loco*, a entrega de materiais com pouca embalagem e a armazenagem, além da escolha de transportadoras capazes de levar os resíduos para equipamentos de separação relevantes. Muitas dessas técnicas economizam o dinheiro dos empreiteiros, ao evitar as taxas para o uso de aterros sanitários, mas também aumentam o trabalho administrativo, especialmente para o acompanhamento e a pesagem dos resíduos. Em algumas comunidades que contam com infraestrutura de recuperação e reciclagem, a taxa de resíduos de construção e demolição que escapa dos aterros sanitários chega a 95-98%.

Ao longo das etapas de construção, reforma e demolição, há várias oportunidades para se desenvolver planos de gestão de lixo e melhores práticas. A chave para a gestão responsável e bem-sucedida do lixo da construção e demolição é refletir sobre o fato de que "os prédios da atualidade são as florestas de amanhã – uma fonte de recursos materiais que pode ser enorme se eles forem reusados e reciclados para construções futuras"[15] (Figura 20-7).

FIGURA 20-7 Uma carga de madeira sendo retirada da obra, para triagem e possível reúso. Cortesia de Houston Advanced Research Center.

FIGURA 20-6 Um contêiner de lixo de construção, para a triagem de materiais de construção recicláveis, é um dos itens indispensáveis dos equipamentos alugados por um empreiteiro. Cortesia de Steve Carlton.

Existem três tipos de resíduos de construção e demolição:

- Inertes ou não nocivos
- Nocivos (conforme a Lei de Conservação e Recuperação de Recursos da EPA)
- Componentes nocivos controlados em alguns estados

A maior parte do lixo da construção e demolição não representa riscos à saúde humana[16] e pode ser reciclada por meio de sistemas locais ou regionais; alguns desses resíduos inofensivos são: materiais a base de madeira, paletes, metais, vidro, papéis e plásticos. Outras fontes de resíduos de construção e demolição incluem o concreto e produtos que contém cimento, assim como aço e alumínio. Além disso, outros materiais podem ser reciclados por meio do retorno ao fabricante ou de programas de recuperação (como carpetes e painéis de gesso, por exemplo). É possível transferir os dejetos de limpeza de terrenos ou escavações para centros de triagem, empresas de areia e cascalho e equipamentos municipais de compostagem, entre outros locais. Os materiais de demolição que podem ser reutilizáveis incluem o tijolo, a pedra, o solo, as tábuas e a madeira estrutural e vários acessórios.

---

[14] Observe que a digestão anaeróbica de compostos é produzida em contêineres fechados, evitando-se assim a produção de gás metano.

[15] Bette K. Fishbein, Building for the Future: Strategies to Reduce Construction and Demolition Waste in Municipal Projects, *INFORM* 5, no. 1 (1998): 1–102.

[16] Resource Conservation and Recovery Act, Code of Federal Regulations (CFR), title 40, secs. 260–279 (1976).

Os benefícios da gestão dos resíduos de construção

"Por ano, o mercado mundial de ferro velho pós-consumidor é estimado em 400 milhões de toneladas, e o de papel e papelão, em cerca de 175 milhões de toneladas (UN-Habitat 2009). Isso representa um valor global de, pelo menos, 30 bilhões de dólares por ano."

Fonte: Daniel Hoornweg e Perinaz Bhada-Tata, "What a Waste: A Global Review of Solid Waste Management", Urban Development & Local Government Unit, World Bank, Urban Development Series, no. 15 (março de 2012).

De acordo com o Green Building Council dos Estados Unidos, a gestão dos resíduos da construção é definida como o redirecionamento de materiais de construção, reforma, demolição e desconstrução, e seu envio a um circuito de manufatura ou a atividades de doação, reforma ou reúso.[17] Isso frequentemente é chamado de "fechar o ciclo da manufatura". Vidro, madeira e tijolo são exemplos de materiais que podem ser redirecionados (Figuras 20-8, 20-9 e 20-10).

As práticas de gestão de resíduos de construção são ferramentas poderosas quando se trata de adotar um modelo de produção "do berço ao berço", embora o processo não seja considerado completo a menos que os produtos resultantes contendo material reciclado (material recuperado) sejam, por sua vez, adquiridos e reintroduzidos no ciclo. Reciclar, em vez de jogar fora, é interessante economicamente, pois as taxas de descarte em um aterro sanitário são elevadas, e pode-se economizar e ganhar dinheiro com as atividades de reciclagem.

A reciclagem vale a pena tanto na escala micro como na macro, de latas de refrigerante a elementos de concreto. Os materiais recicláveis são valorizados atualmente, ainda que tenha sido necessário criar mercados para conferir valor aos

FIGURA 20-8 Vidro e concreto sendo reciclados. Cortesia de Frank G. Land, Gabbert Cullet Co., Williamstown, WV.

FIGURA 20-9 Madeira de um galpão desmontado. Cortesia de E. K. Lowry.

FIGURA 20-10 O tijolo é um material de construção que costuma ser reaproveitado. Fotografia: Brian Stevens.

resíduos. Existe um mercado de reciclagem ativo em todos os Estados Unidos. De acordo com o Departamento de Reciclagem e Recuperação de Recursos da Califórnia (CalRecycle), "na Califórnia, a reciclagem e o reúso são um grande setor econômico. Este setor cria empregos diretos, sendo comparado, nesse aspecto, às indústrias de manufatura de máquinas e do cinema".[18]

O conjunto das atividades de construção, reforma e demolição representa mais de metade dos resíduos sólidos produzidos nos Estados Unidos. Existem muitas opções para o descarte desses dejetos; no entanto, os aterros sanitários estão, inevitavelmente, entre seus destinos – principalmente quando se trata de resíduos contaminados por tintas, películas ou adesivos, ou colados por esses mesmos produtos, que, de resto, seriam materiais recicláveis. Ao projetar para a desconstrução e gerenciar os aterros como um recurso, usando-os

---
[17] U.S. Green Building Council, www.usgbc.org.

[18] California Integrated Waste Management Board (CIWMB), "Diversion Is Good for the Economy: Highlights from Two Independent Studies on the Economic Impacts of Diversion in California," report (Sacramento: CIWMB, 2003).

apenas para tipos de resíduos e materiais específicos, podemos aumentar a vida útil desses terrenos, evitando a necessidade de criar novos aterros sanitários.

Cortesia de CalRecycle (antigo Comitê Integrado de Gestão do Lixo da Califórnia).

A demolição ecologicamente sustentável

Intimamente conectada ao conceito de gestão integrada do lixo está a prática conhecida como "demolição sustentável", que, além de abranger as melhores práticas de gestão dos resíduos, também considera os benefícios sociais e econômicos à comunidade. Não há dúvida de que o lixo afeta as comunidades locais, bem como os próprios construtores. Podemos ver inúmeros exemplos ao redor do mundo. Conforme vimos ao longo deste livro, o projeto sustentável e integrado implica pensar nas questões tanto sociais como relacionadas ao projeto e à construção de edificações.

A demolição sustentável se diferencia das práticas de demolição convencionais por três grandes ambições: encorajar que se pense na otimização dos benefícios econômicos da demolição correta; oferecer um ambiente de trabalho seguro para as equipes de trabalhadores da construção; e preservar edifícios e bairros cultural e historicamente importantes.

Nos Estados Unidos, o Deconstruction Institute emite certificados de demolição sustentável com a finalidade de fornecer incentivos e de dar visibilidade em termos de marketing para os proprietários de edificações. Dos 52 créditos possíveis, as equipes têm de atender a todos os pré-requisitos e obter, no mínimo 25 créditos.

Os créditos se dividem em três grandes categorias, incluindo a oportunidade de se propor estratégias de demolição inovadoras. Na categoria dedicada às edificações, os créditos se aplicam às questões do terreno, como não remover a vegetação e criar um plano de controle da erosão e da sedimentação. Os créditos de recuperação de material se referem tanto aos materiais realmente recuperados como à recuperação da energia incorporada. As práticas de redução de lixo são calculadas usando-se a relação entre o volume total da edificação e os materiais recuperados.

As categorias de planejamento urbano e uso do solo estimulam a ocupação de áreas degradadas. A validação das práticas e infraestruturas de demolição sustentável é promovida por meio do conceito de edificação industrial. O mesmo se aplica ao conceito de edificação comunitária, que oferece bolsas e doações para entidades sem fins lucrativos. Na categoria de gestão de materiais, as exigências de certificação se encaixam de maneira lógica na construção de um novo prédio no mesmo terreno mediante o uso de materiais recuperados.

A categoria de saúde e segurança ambiental promove a saúde dos trabalhadores por meio do treinamento em demolição sustentável e da oferta de incentivos e treinamentos relativos à segurança no canteiro de obras. Para lidar de maneira adequada com a descoberta imprevista de materiais perigosos, são estimuladas práticas específicas, como a análise das fontes de amianto e chumbo preexistentes e o planejamento de notificação e descarte. As solicitações de certificação em demolição sustentável são verificadas por terceiros.

Em 2003, o Powell Center for Construction and Environment da University of Florida criou um sistema de certificação de demolições sustentáveis[19] – muito parecido com os sistemas de certificação de edificações sustentáveis. Seus objetivos são:

- Redirecionar os resíduos de demolição que seriam enviados a aterros.
- Recuperar os materiais para fins de reúso e reciclagem.
- Contribuir com a saúde ambiental e econômica da comunidade.
- Promover um ambiente de trabalho seguro e saudável.
- Considerar a demolição necessária de edificações como uma oportunidade de desenvolvimento para a comunidade.
- Preservar o caráter das edificações históricas de uma comunidade.

A incineração

A gestão integrada do lixo também pode significar a minimização do uso das técnicas menos desejáveis, reduzindo seus impactos ou direcionando-as para propósitos benéficos. Um exemplo perfeito é a incineração.

As melhores práticas de incineração, um dos tipos de descarte mais comum, incluem a separação dos tipos de lixo e a queima dos dejetos adequados. Não devem ser incinerados os materiais que contêm PVC e mercúrio. De modo a proteger o meio ambiente e, consequentemente, a saúde, os incineradores não devem ficar perto de áreas agrícolas, escolas e fontes de água. Ao desenvolver práticas de incineração, é

---

[19]Brad Guy, "Green Demolition Certification," University of Florida Powell Center for Construction and Environment, associado com o Deconstruction Institute, e com fundos do Florida Department of Environmental Protection, em agosto de 2003.

Estatísticas de reciclagem de plásticos

O polietileno tereftalato (PET) e o polietileno de alta densidade (HDPE) estão entre os principais plásticos reciclados nos Estados Unidos. As estatísticas referentes ao ano de 2006 mostram que o número de contêineres de PET disponíveis para reciclagem cresceu 7% em relação à produção de 2005. A coleta de contêineres PET também aumentou 9% no mesmo período. O aumento da coleta resultou em uma taxa de reciclagem de PET mais alta (no caso, 23,5%) pelo terceiro ano consecutivo. A taxa de reciclagem do HDPE chegou a 27,1% em 2005. Ainda assim, é possível obter reciclagens mais consistentes. Em 2004, nos Estados Unidos, os consumidores jogaram fora o triplo dos bilhões de quilogramas de plástico que reciclaram.

Fonte: 2006 Final Report on Post Consumer PET Container Recycling Activity, National Association for PET Container Resources (NAPCOR) e The Association of Post Consumer Plastic Recyclers (APR), Sonoma, Califórnia (2006).

> ### O redirecionamento do lixo faz bem para a economia:
>
> **Destaques de dois estudos independentes sobre os impactos econômicos do redirecionamento do lixo na Califórnia, em março de 2003, pelo Conselho de Gestão Integrada de Lixo do Estado da Califórnia**
>
> As atividades de reciclagem e reúso compõem um segmento econômico significativo.
>
> O Estudo de Informações Econômicas sobre a Reciclagem na Califórnia, baseado em dados referentes ao ano de 1999, quantificou a indústria local de reciclagem e reúso, constatando tratar-se de uma indústria extremamente diversificada, bem estabelecida e organizada. O estudo concluiu que a indústria de reciclagem e reúso da Califórnia é responsável por:
>
> - 5.300 empresas
> - 84 mil empregos diretos
> - 2,2 bilhões de dólares em folha de pagamento anual
> - 14,2 bilhões de dólares em receita anual

> ### Emissões oriundas da incineração
>
> A incineração de lixo municipal incorre na geração de emissões que afetam o clima do planeta. Essas incluem, em sua maioria, emissões de CO_2 (dióxido de carbono), N_2O (óxido nitroso), NO_x (óxidos de nitrogênio), NH_3 (amoníaco) e carbono, considerado como carbono total. Dentre todas as emissões da incineração de lixo, as de dióxido de carbono são aquelas que mais afetam o clima. A incineração de um miligrama de resíduos municipais em incineradores de resíduos sólidos municipais está associada à produção ou emissão de aproximadamente 0,7 a 1,2 mg de dióxido de carbono (produção de CO_2).
>
> Fonte: Bernt Johnke, "Emissions from Waste Incineration," Good Practice Guidance and Uncertainty Management in National Greenhouse Gas Inventories, Conference Paper 455, 455–468 (Kanagawa, Japan: Institute for Global Environmental Strategies for the Intergovernmental Panel on Climate Change, 2002), www.ipcc-nggip.iges.or.jp/public/gp/gpg-bgp.html.

necessário considerar estratégias como projeto, operação e manutenção adequados, assim como o treinamento de quem trabalha nessas instalações.[20]

Embora, infelizmente, seja um dos métodos de descarte mais comuns, a incineração gera emissões significativas de dióxido de carbono, conforme mostra o quadro ao lado. A Alemanha – um dos países que mais gera emissões decorrentes de incineração em toda a União Europeia – conta com estações de incineração geralmente equipadas com sistemas de recuperação de calor e, assim, até certo ponto, compensando as emissões de dióxido de carbono.[21]

■ Do lixo ao combustível

A pirólise é uma tecnologia que converte resíduos em materiais sólidos, líquidos ou gasosos. Os sólidos são aproveitados na fabricação de outros produtos, como o carvão vegetal. Já os líquidos resultantes, incluindo óleo e gás, podem ser refinados ou aplicados no próprio processo de combustão.

A gaseificação – um processo que consiste na queima de resíduos com base de carbono ou biogás, transformados, então, em hidrogênio ou metano – produz aquilo que conhecemos como "gás sintético", um combustível que pode ser aproveitado em inúmeras aplicações. Algumas usinas de gaseificação conseguem converter o carvão mineral em hidrogênio e eletricidade, bem como armazenar dióxido de carbono no subsolo, de onde poucos gases com efeito estufa conseguem escapar. A gaseificação é considerada uma forma limpa de descarte de lixo e tem o benefício extra de converter resíduos em combustível. A gaseificação da biomassa, ou de materiais de base biológica, é considerada neutra em carbono porque o dióxido de carbono emitido durante a queima é compensado pelo cultivo da biomassa. Os exemplos de biomassa incluem plantações, madeira, resíduos sólidos e álcool. A tecnologia de gaseificação da biomassa incorpora o princípio da conversão de lixo em energia, sendo considerada renovável. A energia residual é a segunda maior fonte de energia gerada a partir da biomassa. Em 2013, 4.500 trilhões de BTUs de energia de biomassa foram consumidos nos Estados Unidos.[22]

É possível utilizar o processamento com digestores no descarte de materiais orgânicos por meio da digestão anaeróbica ou mecânica. O biogás resultante se torna um combustível que é usado em países em desenvolvimento, por ser um método de descarte de lixo e de produção de energia de baixo custo. O modelo de conversão de lixo em combustível tem benefícios duplos, uma vez que consome resíduos e produz combustíveis.

■ As melhores práticas

Com a gestão integrada do lixo, também é fundamental adotar as melhores práticas no início da cadeia de produção

---

[20] World Health Organization, WHO Fact sheet No. 281, October 2004, "Healthcare waste management: To reduce the burden of disease, healthcare waste needs sound management, including alternatives to incineration," www.who.int/mediacentre/factsheets/fs281/en/index.html.

[21] Johnke, "Emissions from Waste Incineration," 455–468.

[22] Energy Information Administration, Official Energy Statistics from the U.S. Government, (includes wood, waste, biodiesel and ethanol), www.eia.gov/todayinenergy/detail.cfm?id=15451.

dos resíduos. Uma marca registrada dessa prática é prevenir que o lixo sequer seja gerado, e, ao mesmo tempo, explorar maneiras eficientes (e muitas vezes surpreendentes) de lidar com aqueles resíduos que, por ventura, sejam produzidos. A essência do primeiro princípio é seguida pela prevenção da geração de lixo no próprio canteiro de obras. O lixo também pode ser considerado como uma declaração de posicionamento político ou cultural, como mostra as Figuras 20-11 e 20-12. Na Blu Homes Factory, em Vallejo, Califórnia, casas pré-fabricadas moduladas são construídas e parcialmente pré-montadas em um ambiente industrial de alta tecnologia, muito similar às linhas de montagem de veículos tradicionais do século passado (Figura 20-13). Na outra ponta da cadeira de redirecionamento de resíduos, instalações semiautomáticas de triagem de lixo podem criar oportunidades de mercado para materiais que, de outro modo, seriam destinados a um aterro (Figura 20-14).

Segundo a EPA, "136 milhões de toneladas de resíduos de construção e demolição relativos a edificações foram ge-

FIGURA 20-11 Uma instalação propondo o reúso de materiais descartados. Cortesia de Enzo De Martino; ilustração: HA Schult.

FIGURA 20-12 O artista Swoon chegando à Bienal de Veneza com sua armada de barcos feitos de lixo. Fotografia: Tod Seelie.

FIGURA 20-13 As moradias modulares pré-fabricadas estão ressurgindo por se tratarem de um processo de construção eficiente e controlado ainda na fábrica.

FIGURA 20-14 Esta imagem mostra uma máquina automática de triagem de lixo desenvolvida pela empresa britânica de ciência e tecnologia QinetiQ, que usa as tecnologias da indústria militar e do rastreamento de alvos para separar vários tipos de materiais descartados para futura reciclagem. Fonte: © QinetiQ.

radas nos Estados Unidos em 1997.[23] Por outro lado, 209,7 milhões de toneladas de lixo sólido municipal foram geradas no mesmo período".[24]

Prevenção de lixo na fonte é o nome dado ao processo de limitar a quantidade de resíduos gerada no início das atividades de demolição e construção. Essa prevenção pode ocorrer nas fases tanto de construção como de operação e manutenção dos prédios.

Desde o início, devemos projetar tendo em mente a desmontagem, a durabilidade e o uso mínimo de materiais. Os *software* de projeto de arquitetura também visam a esse tipo de planejamento. Plataformas de Building Information

---

[23]U.S. Environmental Protection Agency (EPA), "Characterization of Construction and Demolition Debris in the United States," update (Washington, DC: U.S. EPA, 1997).

[24]U.S. EPA, "Characterization of Municipal Solid Waste in the United States," update, Report No. EPA530-R-98–007 (Washington, DC: U.S. EPA, 1997).

Modeling (BIM), como a Revit™, permitem que listas com quantidades de materiais possam ser analisadas, buscando-se reduções totais no lixo da construção e, assim, maximizando a eficiência de materiais.

Durante as fases de operação e manutenção, é preciso manter a edificação em boas condições, uma vez que o aumento da vida útil e a funcionalidade e durabilidade contínuas postergam a necessidade de demolição.

Instruir os usuários a reduzir os dejetos gerados na cantina ou na sala de fotocópias, por exemplo, também ajuda a diminuir a produção de lixo em termos de operação da edificação. Embora não seja uma ideia muito animadora para os futuros arquitetos e construtores, a essência da prevenção bem-sucedida de lixo com impactos mínimos no meio ambiente consiste em não construir novas edificações, mas em reaproveitar o estoque de edificações preexistentes.

Junto com a prevenção na fonte, a recuperação de recursos é uma alternativa ao envio de materiais aos aterros, o proverbial "túmulo" do cenário de um ciclo de vida típico. Segundo a Agência de Proteção ao Meio Ambiente dos Estados Unidos (EPA), "a demolição de edificações é responsável por 48% da produção de lixo, o que equivale a 65 milhões de toneladas por ano; as reformas são responsáveis por 44%, ou 60 milhões de toneladas por ano; os 8% restantes, ou 11 milhões de toneladas por ano, vêm de canteiros de obras".[25] O termo "recuperação de recursos" é usado com frequência na indústria do lixo, que vê os resíduos como possíveis fontes de materiais que se tornam úteis após serem submetidos a processos térmicos ou biológicos. Os produtos finais incluem combustíveis, adubos, energia de compostagem e substâncias químicas que, conforme vimos anteriormente, podem ser utilizadas na manufatura de novos produtos. Esse conceito também é conhecido como "recuperação de recursos secundários".[26] No que se refere aos construtores, porém, várias atividades realizadas ainda no canteiro de obras permitem o redirecionamento dos materiais de maneira criativa, evitando até os métodos de descarte menos poluentes.

Estimativas indicam que, entre os anos 2000 e 2030, 27% das edificações preexistentes serão substituídas e 50% do estoque total de edificações será construído. Consequentemente, é essencial focar a conservação dos materiais de construção e da energia integrando as práticas de ciclo de vida às práticas e políticas padronizadas de edificações.

Fonte: LifeCycle Building Challenge, Agência de Proteção Ambiental dos Estados Unidos e Instituto de Arquitetos dos Estados Unidos, 17 de dezembro de 2008.

O redirecionamento

Entre as técnicas de redirecionamento de materiais recuperados em demolições encontram-se os programas de retorno ao fabricante de determinados tipos de itens limpos, como materiais de transporte, embalagens, paletes, móveis, acessórios e computadores. Cada vez mais surgem programas de retorno ao fabricante de carpetes e painéis de gesso, entre outros materiais considerados difíceis de reciclar.

Tais materiais acabam fazendo parte do "ciclo" de manufatura de materiais, ao passo que os programas são estruturados de modo que os fabricantes recebam benefícios econômicos em razão da produção. Esse conceito é conhecido como "responsabilidade estendida do produtor (ou fabricante)" (EPR, na sigla em inglês) e "controle de produtos". Ele exige que os fabricantes se responsabilizem por seus produtos até o término de seu ciclo de vida completo.

O conceito de "controle de produtos" funciona apenas quando o consumidor dos materiais – no caso, quem projeta e constrói edificações – conecta as duas pontas do ciclo ao trazer os materiais usados para a rede de distribuição de produtos. Normas de responsabilidade estendida do produtor vêm sendo adotadas em muitas partes dos Estados Unidos e em mais de 30 países.[27]

Os comitês de doação e troca de materiais[28] também permitem que se aproveite ao máximo cada material ou produto, evitando-se que o mesmo vá para o lixo. Tanto o reúso de materiais como a doação de materiais limpos beneficia organizações como a Habitat for Humanity, além de entidades que buscam auxiliar as vítimas de desastres naturais.

O projeto para desmontagem (DfD)

As estratégias que visam a reduzir o desperdício e a tornar mais eficientes as futuras demolições de edificações incluem o conceito de "desmontagem", ou seja, "o projeto orientado para a desconstrução e a desmontagem" (DfD) (Figura 20-15). A Chartwell School, situada na cidade de Seaside, Califórnia, Estados Unidos, projetada pela EHDD, utiliza o processo de DfD que a própria firma desenvolveu e do qual foi pioneira. Muitos bens de consumo, como a cadeira Think, da Steelcase, são projetados pensando-se na desmontagem; a meta consiste em reduzir a produção de lixo e o consumo de resíduos por um fator de 10.[29]

Infelizmente, existem vários empecilhos para a adoção generalizada do DfD, incluindo a dependência crescente do uso de tintas e acabamentos em muitos materiais de construção, a utilização de conectores mecânicos difíceis de remover e o sur-

---

[25] U.S. Environmental Protection Agency (EPA), *Characterization of Building-Related Construction and Demolition Debris in the United States*, Report No. EPA530-R-98-010 (Prairie Village, KS: preparado pela Divisão de Resíduos Sólidos Municipais e Industriais da Agência de Proteção ao Meio Ambiente dos Estados Unidos através da Franklin Associates, 1998).

[26] Government of New South Wales, Department of Environment and Climate Change, www.emrc.org.au/glossary.asp?pg=137.

[27] San Francisco Department of the Environment (SF Environment), www.sfenvironment.org/article/toxics-health/guiding-principles.

[28] O *Green Goat* é um site que conecta construtores com fontes de resíduos e reciclagem: http://greengoat.org/index.html.

[29] "O Fator 10 representa a meta de ser 10 vezes mais produtivo com a metade de recursos (materiais e energia), o que aumenta a eficiência em 10 vezes (*The Dictionary of Sustainable Management*, Presidio School of Management, http://www.sustainabilitydictionary.com/f/factor_10.php). Os conceitos foram extraídos do livro *Factor 4*, de Ernst von Weizsäcker, fundador do Wuppertal Institute for Climate, Environment and Energy, junto com L. Hunter Lovins e Amory Lovins, do Rocky Mountain Institute, e elaborados subsequentemente com base no conceito do Fator 10, desenvolvido pelo Factor 10 Institute, do Programa das Nações Unidas para o Meio Ambiente, http://www.factor10-institute.org/seitenges/Factor10.htm.

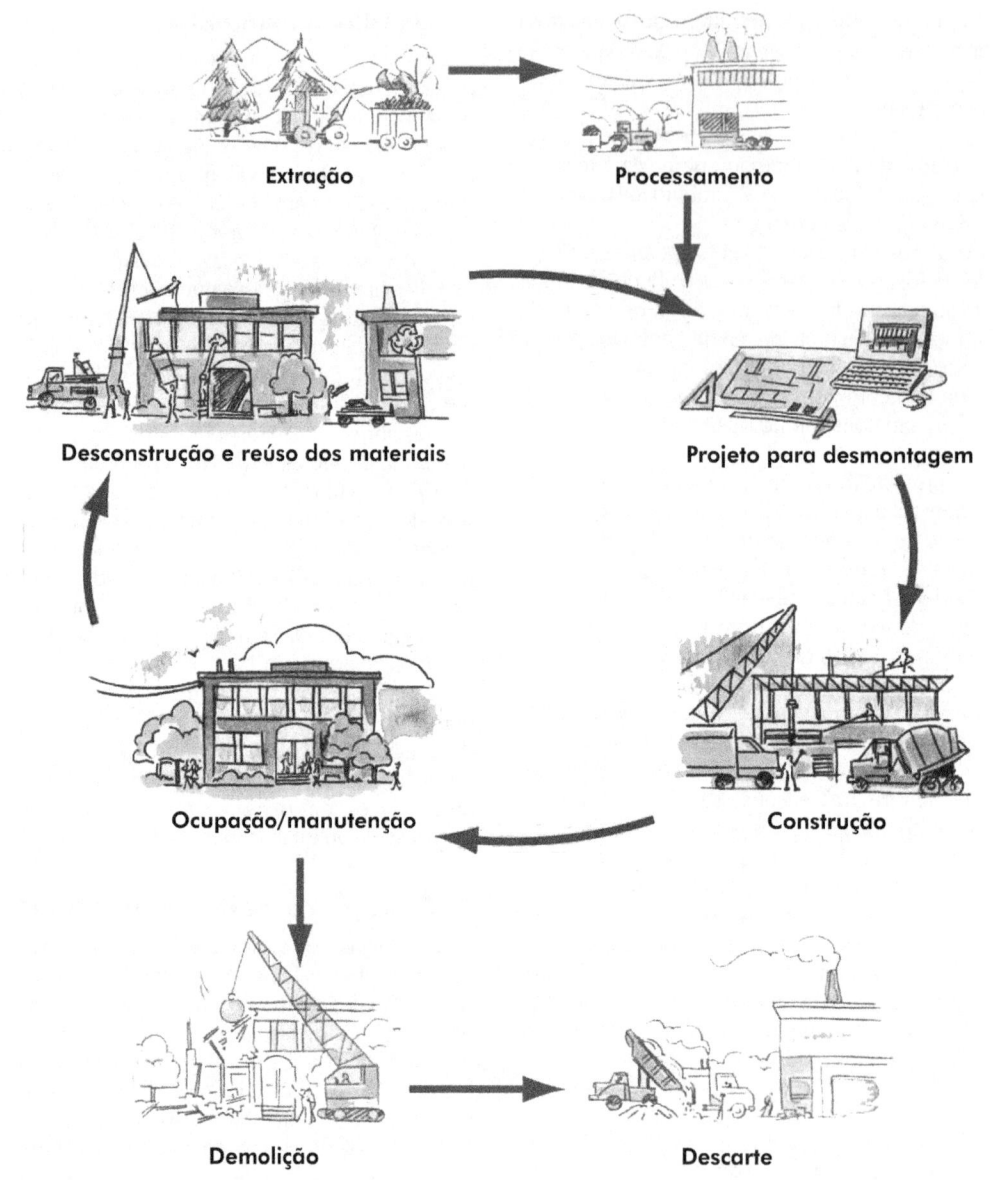

FIGURA 20-15 O projeto para técnicas de desmontagem faz parte de um sistema com ciclo fechado. Cortesia do Environmental Protection Agency Pollution Prevention Office, Região 4.

gimento de materiais compostos cada vez mais complexos, que são "difíceis de remover devido à sua complexidade química".[30]

O Whole Building Design Guide define a desconstrução de edificações como a "desmontagem sistemática de prédios, geralmente na ordem inversa à da construção, de maneira econômica e segura, com a finalidade de preservar materiais para o reúso".[31]

As estratégias de DfD são discutidas em conferências profissionais, sendo que as práticas de projeto para desmontagem propriamente ditas têm afetado as normas e diretrizes de agências e municípios no que se refere à construção e à demolição. Contudo, para se promover uma desconstrução eficiente, o projeto da edificação precisa ser reestruturado em todas as fases de projeto e construção, partindo do projeto conceitual até a construção com materiais e produtos que facilitem a desmontagem.

Charles Kibert cita 27 "Princípios de Projeto para Desmontagem" detalhados, que foram publicados originariamente como dissertação de doutorado por Philip Crowther em 2002.[32]

---

[30]Brad Guy & Nicholas Ciarimboli, "Design for Disassembly in the Built Environment: A Guide to Closed-Loop Design and Building," preparado em nome da Cidade de Seattle, King County, WA, e da Resource Venture, Inc., pelo Hamer Center for Community Design, The Pennsylvania State University, 2006, 3.

[31]Tom Napier, "Construction Waste Management," *Whole Building Design Guide*, www.wbdg.org/resources/cwmgmt.php.

[32]Philip Crowther, "Design for Disassembly: An Architectural Strategy for Sustainability," dissertação de doutorado, Queensland University of Technology, 2002; citado em Charles J. Kibert, *Sustainable Construction: Green Building Design and Delivery* (Hoboken, NJ: John Wiley & Sons, 2005), 300.

Entre os princípios de Projeto para Desmontagem (DfD) destacados por Crowther que afetam as práticas consistentes de construção, destacam-se os seguintes:

- Não aplicar acabamentos secundários aos materiais.
- As peças "inseparáveis" devem ser feitas com o mesmo material.
- Promover a identificação consistente e permanente dos materiais.
- Utilizar uma quantidade mínima de componentes ao construir.
- Evitar ligações químicas, como adesivos, usando conectores mecânicos.
- Usar peças permutáveis nos sistemas da edificação.
- Utilizar componentes modulados e pré-fabricados.
- Certificar-se de que haja uma separação entre a estrutura e a vedação externa.
- Permitir o acesso aos componentes da edificação de modo a facilitar a desmontagem.
- Verificar se há espaço suficiente (ou seja, com tolerâncias adequadas) para a realização das tarefas de desmontagem.
- Identificar cada componente de maneira permanente.
- Manter peças de reserva em estoque.
- Registrar informações relativas ao processo de desmontagem, assim como dados sobre a edificação.[33]

Até certo ponto, os construtores já lidam com alguns desses princípios durante a prática convencional; todavia, muitos conceitos requerem mudanças nos métodos padronizados. As informações referentes à garantia, por exemplo, costumam ser fornecidas para o proprietário da edificação após o término da construção. No caso do DfD, o empreiteiro deve incluir informações adicionais sobre manutenção, conserto e desmontagem futura.

Os planos para a gestão dos resíduos de construção

Conforme mencionamos anteriormente, os empreiteiros que administram os resíduos de construção e demolição de maneira sábia acabam tendo benefícios financeiros.

Na prática, as grandes empresas de construção controlam os custos dos materiais e as despesas com a remoção de lixo. No entanto, para obter taxas significativas e mensuráveis de não envio a um depósito de lixo e de recuperação, os empreiteiros talvez precisem controlar as lixeiras, os detalhes fornecidos pelo transportador de lixo, as doações e trocas de materiais, os selos de peso e os custos associados a cada atividade com mais atenção. O Sistema de Certificação de Liderança em Projeto de Energia e Ambiental (LEED), criado pelo Conselho da Edificação Sustentável dos Estados Unidos (USGBC), oferece um protocolo para documentar e calcular as taxas de triagem de acordo com o seu crédito de gestão de resíduos de construção.

Para promover boas práticas de construção, geralmente os empreiteiros precisam elaborar, por escrito, um plano de gerenciamento do lixo de obra. Planos assim informam antes da construção como os empreiteiros pretendem lidar com os dejetos gerados durante o processo.

Os construtores devem descrever os tipos de materiais que os trabalhadores pretendem remover e aproveitar de construções preexistentes, junto à vegetação e à sujeira ou à terra presentes no terreno. Durante a construção, os trabalhadores devem usar contêineres de coleta para os diferentes tipos de lixo e também para armazenar resíduos mistos.

Embora demande muita mão de obra, a triagem de lixo na própria obra resulta em eficiência mais adiante. É importante que o plano descreva o tipo de coleta e para onde o lixo será levado – se para um equipamento de reciclagem, uma entidade de coleta sem fins lucrativos, o departamento de paisagismo do município, uma troca de material ou um aterro sanitário. Os documentos são necessários por comprovarem o redirecionamento dos resíduos; por isso, os empreiteiros são obrigados a manter registros muito parecidos com aqueles das cadeias de custódia associadas à madeira com certificação de gerenciamento sustentável.

Outras estratégias para lidar com o lixo no canteiro de obras

Ainda que a gestão do lixo de construção e demolição (C&D) seja responsabilidade do construtor, agências municipais e estaduais, bem como toda a equipe de projeto, acabam se envolvendo. Os bons planejamentos geralmente incluem várias estratégias básicas:

- Distribuir os contêineres de reciclagem e lixo em uma "rota importante" tanto dentro como fora do canteiro de obras, estimulando as equipes de trabalhadores a utilizá-los. Algumas escolas incentivam o uso de pilhas de resíduos cercadas por métodos de contenção de modo a evitar vazamento até as águas pluviais. Por serem mais fáceis de ver e monitorar, as pilhas facilitam o descarte adequado mais do que as latas ou contêineres.
- Envolver e conscientizar a equipe e os trabalhadores terceirizados em relação às técnicas de gestão de lixo obrigatórias.
- Comprar materiais no atacado, para evitar o excesso de embalagens.
- Reaproveitar ou devolver as embalagens e contêineres para os fornecedores ou fabricantes – um conceito conhecido como "controle de produto".
- Usar restos de madeira em vez de peças de madeira novas e maiores.
- Juntar o conteúdo de latas parcialmente usadas de produtos aplicados molhados, como as tintas, de modo a evitar o desperdício. Isso reduz os custos associados à compra de mais materiais que o estritamente necessário.
- No caso de materiais que requerem aquecimento ou mistura, misturar os produtos em lotes menores buscando reduzir o desperdício, principalmente quando o período de cura é rápido.
- Durante as fases de projeto de arquitetura e engenharia, usar a engenharia de valor para promover o uso eficiente de materiais de construção – utilizando o mesmo produto para diferentes fins, por exemplo.

---
[33]Crowther, ibid.

- Atualmente, muitos equipamentos municipais de reciclagem aceitam lixo misto, fazendo a triagem nas próprias instalações. Esse método requer menos esforços e planejamento por parte do construtor. No caso de obras maiores, ele costuma gerar taxas de redirecionamento de refugos mais altas.

Leis que orientam as práticas responsáveis de descarte de lixo de construção e demolição já foram aprovadas em Seattle, San Francisco e muitas outras cidades dos Estados Unidos. Algumas dessas cidades estabeleceram padrões de referência para a porcentagem de redirecionamento de resíduos. Várias transformaram metas de manejo de lixo em pré-requisitos para a conferência de licenças de construção e demolição. Em última análise, o redirecionamento bem-sucedido do lixo de construção e demolição depende da supervisão do projeto no próprio canteiro de obras, do conhecimento da infraestrutura local de reciclagem e aproveitamento de refugos e de um plano de gestão de lixo bem elaborado.

As oportunidades para o desenvolvimento das melhores práticas de gestão de resíduos são inúmeras. Essas oportunidades estão distribuídas de maneira bastante ampla, envolvendo cidades, equipamentos de reciclagem, equipes de projeto, equipes de construção e agências reguladoras – sem falar nos usuários de edificações que se esforçam para reduzir a produção de lixo durante a ocupação. (As Figuras 20-16 A e B mostram um exemplo de uma planta de recuperação de materiais de demolição que a Prefeitura de São Francisco pede aos empreiteiros que usem.)

Uma gestão de lixo da construção e demolição bem-sucedida envolve práticas de larga escala que devem desviar grandes volumes de refugos, mas também envolve a participação no nível da comunidade, como ocorreu com os esforços de reciclagem de pequena escala do início da década de 1970. Alguns exemplos inovadores de maneiras de engajar as comunidades na geração de fontes de reúso e reciclagem são mostrados nas Figuras 20-18 e 20-19. Dessa forma, o circuito de redirecionamento do lixo se encerra com o uso criterioso de materiais, sem deixar de lado a conscientização crescente e as operações conscientes. O modo de fazer negócios está sendo submetido a mudanças necessárias por meio de uma combinação consistente de práticas e participação.

O lixo da construção e demolição compreende:

- 40%–50% de concreto e caliça
- 20%–30% de madeira
- 5%–15% de gesso cartonado
- 1%–10% de telhas e mantas asfálticas
- 1%–5% de metais
- 1%–5% de tijolos
- 1%–5% de plásticos

Fonte: U.S. Agência de Proteção Ambiental dos Estados Unidos, "Construction and Demolition (C&D) Materials," www.epa.gov/epawaste/conserve/rrr/imr/cdm/index.htm.

Lixo Zero

O setor da construção vem desenvolvendo uma grande variedade de melhores práticas para se lidar com as complicadas questões do lixo: técnicas de desmontagem, reúso benéfico, conversão em combustível, etc. A questão da gestão responsável dos resíduos tem se tornado cada dia mais crítica com a oferta cada vez menor de aterros regulados e fechados, uma atmosfera com ar comprometido e muitas emissões de carbono. As futuras práticas de gestão do lixo aumentarão a ênfase na prevenção na fonte, visando à produção de lixo zero.

Lixo zero, contudo, tem várias definições. A mais universalmente aceita das definições é uma série de assertivas inter-relacionadas que a Aliança Internacional pelo Lixo Zero (Zero Waste International Alliance) formulou em 2009: "Lixo Zero é um objetivo ético, econômico, eficiente e visionário para orientar as pessoas a mudarem seus estilos de vida e sugerir práticas a fim de emular os ciclos sustentáveis naturais, onde todos os materiais descartáveis são projetados para se tornarem recursos que possam ser utilizados por outros.

Lixo Zero significa projetar e administrar produtos e processos a fim de sistematicamente evitar e eliminar o volume e a toxicidade dos resíduos e materiais. Isso significa que deveríamos tentar conservar e recuperar todos os recursos, e não queimá-los ou enterrá-los.

Colocar em prática o Lixo Zero eliminará todas as descargas no solo, na água e no ar, onde são uma ameaça à saúde planetária, humana, animal e vegetal."[34]

Traduzindo-se para a prática, os programas de Lixo Zero abordam os conceitos que temos discutido ao longo deste capítulo. A Aliança Global para Alternativas aos Incineradores (Global Alliance for Incinerator Alternatives – GAIA), baseada nas Filipinas, lançou o "Mundo com Lixo Zero", um recurso de soluções para os resíduos. Ampliando o que estamos discutindo, suas ações recomendadas incluem elementos de justiça social e envolvimento comunitário.

- Redução do consumo
- Reúso de descartáveis
- Ampliação de responsabilidade dos produtores, especialmente para os produtos mais tóxicos
- Reciclagem completa
- Compostagem ou biodigestão completa de materiais orgânicos
- Participação dos cidadãos e trabalhadores
- Proibição da queima de lixo
- Políticas, regulamentos, incentivos e estruturas de financiamento para dar suporte a esses sistemas

De acordo com a iniciativa Mundo com Lixo Zero, "jogar algo fora" não faz sentido algum, pois lugar algum fica "fora". Tradicionalmente, as comunidades pobres têm sido depositórios de lixo e de instalações de processamento de lixo. À medida que começarmos a sintetizar e integrar os conceitos da gestão do lixo que revisamos neste capítulo, os locais e processos para se fechar os ciclos desses fluxos de lixo começarão a ser identificados. O setor da construção pode adotar um papel de liderança nesses esforços.

---

[34] Zero Waste International Alliance, Zero Waste Definition, zwia.org/standards/zw-definition.

SF Environment
Our home. Our city. Our planet.

PLANO DE RECUPERAÇÃO DE MATERIAIS DE DEMOLIÇÃO
FORMULÁRIO
Programa de Recuperação de Materiais de Construção e Demolição
Município e Condado de São Francisco
Capítulo 14 do Código Ambiental; Ordenança No. 27–06; Normas SFE 06–05–CDO

A

| TIPO DE PLANO: | [ ] NOVO PROTOCOLO PARA LICENCIAMENTO | [ ] DATA DE TÉRMINO DO DEMONSTRATIVO DO RELATÓRIO FINAL _____ |

Instruções Gerais:

- O FORMULÁRIO do Plano de Recuperação de Materiais de Demolição (DDRP) deve ser preenchido e apresentado ao Departamento do Meio Ambiente de São Francisco (SFE) para todas as solicitações de licença de demolição junto ao Departamento de Inspeção de Edificações (DBI) (Formulário No. 6). Entregue para o SFE no endereço ou fax indicado no rodapé desta página.
- O DDRP precisa comprovar que o projeto de demolição obterá pelo menos 65% de redirecionamento de lixo. O entulho misto de construção e reformas conduzido a um Centro Registrado de Triagem de Construção e Demolição de São Francisco será considerado como tendo taxa de redirecionamento de lixo de 65%. Nenhum material de construção ou demolição será levado diretamente a um aterro sanitário ou juntado ao lixo doméstico.
- Assim que o SFE aprovar o DDRP, o mesmo será devolvido para que você o entregue ao DBI antes da emissão da Licença para Demolição. As instruções detalhadas para o preenchimento do relatório final serão incluídas no DDRP aprovado.
- O DBI não emitirá Licenças para Demolição sem um DDRP aprovado.
- UM RELATÓRIO FINAL DEVERÁ SER APRESENTADO DENTRO DE 30 DIAS APÓS O TÉRMINO DA DEMOLIÇÃO.

No. do Protocolo de Licença para Demolição: _____ Data do Protocolo de Licença: _____

Endereço do Projeto: _____ No. da Quadra e Lote do Projeto: _____

Nome do Requerente da Licença: _____ Telefone: (___) _____

Endereço do Requerente da Licença: _____

Nome do Contato: _____ Telefone: (___) _____

Endereço do Contato: _____ Fax: (___) _____
(se for diferente do indicado acima)

_____ E-Mail: _____

Descrição da edificação a ser demolida: Tipo: _____ Área de Piso: _____

Preencha a Tabela de Taxa de Redirecionamento no verso deste formulário indicando o descarte de todos os materiais do projeto por tipo de material. Para possíveis equipamentos ou mercados para o redirecionamento dos materiais, acesse www.sfenvironment.org/c&d. **Para novos protocolos para licenciamento**, indique as toneladas ESTIMADAS. **Para relatórios finais**, indique as toneladas EXATAS com base nos recibos fornecidos pelos receptores dos materiais de demolição. As informações incluídas no relatório final estão sujeitas à verificação pelo SFE.

Instruções para preencher a tabela no verso deste formulário; todos os materiais devem ser quantificados em TONELADAS.

Coluna 1 – Este é o total de toneladas de materiais geradas pelo projeto e listadas por tipo de material.
Coluna 2 – Os materiais que serão triados no canteiro de obras em condições de uso e levados para um depósito de materiais de demolição, onde serão reaproveitados. Eles incluem materiais reaproveitados no local, como formas de madeira e itens inertes usados em aterros, etc.
Coluna 3 – Os materiais triados no canteiro de obras que serão levados para determinado equipamento e transformados em um novo produto. Eles incluem materiais de fontes distintas, como madeira, metal, papelão, gesso cartonado, entulho dos trabalhos em terra, etc.
Coluna 4 – Os materiais que não são triados no canteiro de obras, mas que serão levados para um equipamento que fará a triagem dos dejetos mistos de construção e demolição para fins de recuperação. Os materiais levados para um Equipamento de Triagem de Lixo Misto Registrado em São Francisco receberão créditos correspondentes a 65% de redirecionamento. Uma lista de Centros Registrados de Triagem está disponível sfenvironment.org/c&d
Coluna 5 – Materiais irrecuperáveis (lixo) enviados diretamente a um aterro sanitário ou depósito de lixo; deve descrever.
Coluna 6 – Nome do(s) equipamento(s) que você pretende usar para fins de reúso, reciclagem ou descarte de cada material gerado pelo projeto.

Instruções para entrega deste formulário

Entregue o formulário preenchido e assinado no seguinte endereço: Departamento do Meio Ambiente, 1455 Market Street, #1200, São Francisco, CA 94102.
Att.: Plano de Recuperação de Materiais de Construção e Demolição.
Para esclarecer qualquer dúvida referente a este formulário, à Portaria ou às normas, entre em contato com o Departamento do Meio Ambiente pelo número (415) 355-3700 ou acesse www.sfenvironment.org/c&d.

FIGURA 20-16 A, B Exemplo de um plano de recuperação de materiais de demolição que ajuda os empreiteiros a calcular suas taxas de recuperação. Cortesia de SF Environment, um departamento da Cidade e do Condado de São Francisco. *(continua)*

348 Fundamentos de Projeto de Edificações Sustentáveis

Tabela de Taxa de Redirecionamento *(Ver Instruções na parte da frente deste formulário, que descreve cada coluna).* **B**

Tipo de Material (Toneladas)	1 Total de Toneladas Geradas	2 Recuperação ou Reúso	3 Reciclagem (separação na fonte)	4 Local de Triagem*	5 Descarte (Lixo)	6 Depósito de Demolição ou Outro Destino
Exemplo: Madeira	*50*	*5*		*45*		*Recursos de Construção/ SFR&D*
Madeira Serrada, Paletes e Escoras de Madeira (madeira limpa, não pintada e não autoclavada)						
Armários, Acessórios, Portas, Janelas, Equipamentos						
Metais						
Carpetes						
Base para Carpete						
Papelão						
Placas de Forro						
Gesso Cartonado (usado e pintado)						
Lixo Orgânico						
Concreto						
Asfalto						
Tijolos, Alvenaria, Telhas, Azulejos						
Pedras/Poeira/Solo						
Dejetos Mistos						
Outros (especifique)						
Dejetos Separados, Não Recicláveis e Não Compostáveis (descreva)						
TOTAL	A	B	C	D*		

Calcule **Sua Taxa de Redirecionamento** usando a seguinte fórmula:

[B] + [C] + [D X ___(RD)*] = [ ] Divida por [A] = [ ] X 100= **Sua Taxa de Redirecionamento** %

[*Caso você pretenda levar materiais para um Equipamento de Triagem de Lixo Misto Registrado em São Francisco (de acordo com a Portaria No. 27-06), calcule D x 0,65 (necessária taxa de redirecionamento (RD) mínima da 65% para equipamentos registrados). Caso os materiais sejam processados por um equipamento não registrado, a taxa de redirecionamento (RD) pode ser mais baixa; verifique a taxa de redirecionamento (RD) junto ao equipamento em questão].

Caso **Sua Taxa de Redirecionamento** tenha sido inferior a 65%, explique por que o projeto não conseguiu cumprir com a exigência de redirecionamento de 65%.
_____

Liste as transportadoras que farão a remoção do material desde o canteiro de obras *(anexe páginas adicionais se necessário)*

1)_____ 2)_____ 3)_____

COMPROMETO-ME A APRESENTAR UM RELATÓRIO FINAL para esta Licença de Demolição DENTRO DE 30 DIAS A CONTAR DO TÉRMINO DO PROJETO DE DEMOLIÇÃO; O RELATÓRIO FINAL DEVE VERIFICAR O REDIRECIONAMENTO REAL OBTIDO E **INCLUIR RECIBOS FORNECIDOS POR TODOS OS EQUIPAMENTOS.** *DATA DE TÉRMINO ESTIMADA:*_____

Entregue por (assinatura): _____ **Data:** _____

Nome por Extenso: _____ **Cargo:** _____

EXCLUSIVAMENTE PARA USO OFICIAL DA PREFEITURA

DATA EM QUE O PLANO/RELATÓRIO FOI RECEBIDO PELO SFE: _____

APROVADO: _____ REPROVADO: _____ DATA: _____

COMENTÁRIOS: _____
_____

APROVADO POR: _____ NOME E CARGO: _____

Página 2 de 2

FIGURA 20-16 A, B *(Continuação).*

FIGURA 20-17 Os tecidos coletados em recipientes na rua, em Cadaqués, Espanha, são direcionados a quatro usos: a fabricação de tecidos industriais; a produção de fios e fibras; o envio a países em desenvolvimento, ajudando a criar empregos na indústria têxtil; e a venda em brechós da cidade. Cortesia de Kathryn Hyde © 2014.

"Sem dúvida, o risco do "pico do metal" ou do "pico do calcário" não chama tanto a atenção na televisão quanto a questão do "pico do petróleo", mas os riscos são igualmente reais. A raça humana hoje consome minérios e minerais 27 vezes mais rapidamente e materiais de construção 34 vezes mais rapidamente do que fazia em 1900. *Grosso modo*, todos os recursos estão sendo consumidos, em média, oito vezes mais rápido do que acontecia no início do século XX. Estimava-se que, em 2015, estaria sendo consumido o dobro de recursos da capacidade do planeta de gerá-los. Se essa tendência se mantiver até 2100, nosso consumo de recursos excederá a capacidade do planeta em quatro vezes na virada para o século XXII."

Fonte: Ian Williams, Researcher, University of Southampton, "Towards Zero Waste in Industrial Networks (ZeroWIN)", abril de 2013, citado em Docksai, *op. cit.*

EXERCÍCIOS

1. A infraestrutura de gestão do lixo da Suécia é extremamente bem-sucedida. De acordo com um programa divulgado em uma rádio do país em 2012, "a queima de lixo em incineradores gera 20% da calefação sueca na escala distrital ou do bairro, um sistema de distribuição de calor que bombeia água aquecida por meio de tubos até prédios residenciais e comerciais. Ela também fornece eletricidade para 250 mil lares." Ainda assim, a Suécia não está produzindo lixo combustível suficiente para abastecer suas usinas termoelétricas. Quais são os acordos comerciais que a Suécia criou com seus vizinhos? Consulte o programa "Sweden imports waste from European neighbors to fuel waste-to-energy program," Public Radio International (PRI), Living on Earth, 26 de junho de 2012, em www.pri.org/stories/2012-06-26/sweden-imports-waste-european-neighbors-fuel-waste-energy-program.

2. Discuta com seus colegas uma nova tecnologia possível para o descarte de lixo. Selecione uma fonte de lixo específica, como os materiais biológicos ou restos de madeira de um canteiro de obras, os pneus de borracha usados, etc. Qual tecnologia poderia representar um avanço em relação aos problemas das emissões de dióxido de carbono e os impactos à saúde dos seres humanos próximos às plantas de processamento de lixo? A nova tecnologia sugerida por você poderia ser usada para aproveitar a energia térmica produzida?

3. Entre os fatores que impedem a produção zero de lixo encontra-se o fato de fazermos parte de uma sociedade consumista. Outro fator é o aumento da população, que deve chegar a nove bilhões de pessoas no ano 2050. O que os construtores e planejadores urbanos sustentáveis podem fazer para equilibrar os dois?

4. O que significa a expressão "economia de materiais"? O termo é definido no vídeo The Story of Stuff, de Annie Leonard, disponível para download em http://www.storyofstuff.com.

FIGURA 20-18 Um compactador de papelão colocado na rua, em Budapeste, Hungria. Cortesia de Kathryn Hyde © 2008.

5. Elabore um plano de gestão de lixo para um pequeno condomínio situado em uma região árida e quente, com casas de estrutura de madeira e terraços. Considere que há um prédio de madeira degradado no local, que precisa ser demolido.
6. Colete algumas estatísticas sobre o lixo de construção nos Estados Unidos e compare-as com as de outros países.
7. As imagens das Figuras 20-18 e 20-19 são exemplos de algumas práticas de gestão de lixo na Europa. Em Budapeste, na Hungria, por exemplo, existem oportunidades de reciclagem em nível de bairro. Em Liubliana, Eslovênia, a compostagem na rua ocorre com quiosques de bairro que estão implantados sobre depósitos subterrâneos e são regularmente mantidos pela prefeitura. Discuta possíveis estratégias para incorporar tecnologias de redirecionamento de lixo à infraestrutura de bairro na região onde você mora. Discuta as possíveis armadilhas, a conscientização em nível comunitário e as implicações tanto positivas como negativas da instalação e do incentivo de tecnologias que tenham um escopo mais amplo em termos de materiais residuais.
8. Use uma ferramenta de auditoria de lixo para conduzir uma auditoria de lixo hipotética em um edifício, unidade de habitação ou escola. Consulte a seção "Recursos", a seguir.

Recursos

Allen, Edward, and Joseph Iano. *Fundamentals of Building Construction: Materials and Methods*. Hoboken, NJ: John Wiley & Sons, 2003.

Energy Information Administration, Official Energy Statistics from the U.S. Government, www.eia.doe.gov.

Ferguson, J., N. Kermode, C. L. Nash, and W. A. J. Sketch. *Managing and Minimizing Construction Waste: A Practical Guide*. London: Institution of Civil Engineers, 1995.

Leonard, Annie. *The Story of Stuff*. A short animated film sponsored by the Tides Foundation and the Funders Workgroup for Sustainable Consumption and Production, 2007, www.storyofstuff.com.

U.S. Environmental Protection Agency (EPA). The Resource Conservation and Recovery Act (RCRA), Wastes Information Resources, RCRA Online, www.epa.gov/epawaste/inforesources/online/index.htm.

U.S. Green Building Council, www.usgbc.org.

Woolley, G. R. J. J. J. M. Goumans, and P. J. Wainwright, eds. Waste Management Series, Volume 1, *Waste Materials in Construction: Science and Engineering of Recycling for Environmental Protection*. New York: Pergamon Press, 2000.

Whole Building Design Guide, www.wbdg.org.

Ferramentas de auditoria de lixo

Ask about Ireland, Waste Audit Tool, www.askaboutireland.ie/learning-zone/secondary-students/cspe/stewardship/Change/irish-sectors/large-industry/actions/waste.

Oregon Green Schools, Waste Audits, oregongreenschools.org/school-tools/waste-audits.

Pennsylvania, Department of Environmental Protection, "Conducting a Waste Audit," www.dep.state.pa.us/dep/deputate/airwaste/wm/recycle/FACTS/ComRec.htm.

Solid Waste District, LaPorte County, Indiana, "How to Conduct a Waste Audit," www.solidwastedistrict.com/projects/waste_audit.htm.

Organizações de gestão de resíduos

British Columbia's Product Stewardship Programs: www2.gov.bc.ca/gov/topic.page?id=BEBA70369C274C8FBA4FB42BE828A9EB.

California Integrated Waste Management Board (CIWMB), www.ciwmb.ca.gov/ConDemo.

Extended Producer Responsibility (EPP).

International Solid Waste Association (international body).

Product Stewardship Institute: www.productstewardship.us.

Saint Lucia Solid Waste Management Authority.

Solid Waste Association of North America (North America).

U.S. EPA C&D Debris, www.epa.gov/epawaste/index.htm.

Upstream: "dedicated to creating a healthy, sustainable, and equitable society by addressing the root causes of environmental harm. Our mission is to advance sustainability and reduce climate disruption through product-focused environmental policies," upstreampolicy.org.

Waste Management Association of Australia (Australia peak industry body).

Whole Building Design Guide, Construction Waste Management (CWM) database, www.wbdg.org/tools/cwm.php?s=NY.

Desmontagem

Deconstruction Institute, www.deconstructioninstitute.com.

Guy, Brad, and Nicholas Ciarimboli. "Design for Disassembly in the Built Environment: A Guide to Closed-Loop Design and Building." Prepared on behalf of the City of Seattle, King County, WA, and Resource Venture by the Hamer Center for Community Design, Pennsylvania State University, 2006.

Troca de materiais

California Materials Exchange (CalMAX), www.ciwmb.ca.gov/calMAX.

Materials Exchange Information (MIXInfo), mxinfo.org.

Minnesota Materials Exchange, www.co.cass.mn.us/esd/matex.html.

U.S. EPA Materials and Waste Exchange, www.epa.gov/epawaste/conserve/tools/exchange.htm.

Zero Waste Network, Resource Exchange Network for Eliminating Waste (RENEW), www.zerowastenetwork.org/RENEWDEV/index.cfm.

Glossário

Águas fecais. As águas servidas provenientes de bacias sanitárias. É possível usar sistemas naturais ou integrados a edificações para tratar as águas servidas tendo-se em vista determinados tipos de reutilização. O termo "reaproveitamento" se refere à reutilização das águas fecais.

Águas servidas ou águas cinza. Águas servidas provenientes de atividades como a lavagem de roupas, limpeza, cozimento e banho. Muitas cidades têm infraestrutura para o tratamento de águas servidas.

ANSI. Instituto Nacional Americano de Padrões [American National Standards Institute].

Análise de impacto ambiental. Uma das etapas da avaliação do ciclo de vida (LCA); consiste na análise dos impactos ambientais positivos ou negativos acarretados por uma edificação, material, produto ou sistema.

ASHRAE. Sociedade de Engenheiros de Climatização dos Estados Unidos [American Society of Heating, Refrigerating and AirConditioning Engineers].

ASTM. Sociedade de Testes e Materiais dos Estados Unidos [American Society for Testing and Materials].

Ator ou envolvido. Pessoa, entidade ou agente que investiu, seja como proprietário, financiador, usuário ou projetista, no projeto, na construção e no resultado final de uma edificação.

Avaliação do ciclo de vida (LCA, na sigla em inglês). A análise do impacto ambiental de um produto, material ou sistema ao longo de seu ciclo de extração, mineração, manufatura, transporte, instalação, uso, manutenção e descarte. As categorias de danos ambientais mais tradicionais incluem geração de gases com efeito estufa, acidificação e eutroficação, produção de *smog*, destruição da camada de ozônio, ecotoxicidade, toxicidade humana, geração de poluentes, desertificação, uso da terra e exaustão de recursos naturais.

Bacia de drenagem. A barreira física entre dois sistemas aquáticos e a área que escoa na direção de outros corpos d'água.

Bacias de retenção construídas. Bacias artificiais que se constituem em uma reserva de água grande e rasa, com profundidade média de 45 cm e alto nível de cobertura vegetal, embora, em certas áreas a água fique descoberta. À medida que um fluxo de escoamento superficial da água da chuva passa pela bacia, os poluentes são removidos por meio da sedimentação e do tratamento biológico.

Berço ao berço. O oposto do ciclo do berço ao túmulo. O sistema do berço ao berço trata de produtos que nunca saem do ciclo de manufatura, uso e descarte. Todos os componentes de determinado produto ou material podem ser usados como nutrientes técnicos (sintéticos, mas não tóxicos) ou biológicos (orgânicos), tendo os processos naturais como modelo. Um livro com esse nome (*Cradle to Cradle*) foi escrito por Bill McDonough e Michael Braungart (North Point Press; 2002).

Berço ao túmulo. Uma análise do ciclo de vida que considera a manufatura, o uso e o descarte de um material, produto ou sistema; é o antônimo não sustentável de um modelo do berço ao berço.

BIFMA. Business and Institutional Furniture Manufacturer's Association.

Biofilia. Um conceito criado por Edward O. Wilson, afirmando que os seres humanos estão conectados aos demais sistemas vivos. Traduzida literalmente, a biofilia significa "amor pela vida".

Biofiltragem. Sistema de tratamento de água no qual a água da chuva passa através de plantas, que removem seus poluentes. Entre as técnicas de biofiltragem, destacam-se as biovaletas e os canteiros pluviais com entradas e saídas de água.

Biomassa. A matéria biológica derivada de organismos vivos ou que estavam vivos até pouco tempo.

Biomimetismo. O estudo de sistemas naturais e técnicas de projeto buscando criar tecnologias que abordem os desafios da civilização moderna. Janine M. Benyus, autora de *Biomimicry: Innovation Inspired by Nature* (Nova York: Morrow, 1997).

Biorretenção. Um dispositivo de filtragem vegetal que remove os poluentes por meio de vários processos de tratamento físicos, biológicos e químicos.

BRI (doenças relacionadas às edificações). Embora geralmente seja usado como sinônimo de "síndrome da edificação doente" (SBS, na sigla em inglês), o termo BRI engloba doenças que podem ser atribuídas com maior precisão ao ambiente interno da edificação. As doenças relacionadas às edificações podem ter efeitos imediatos ou latentes, como os relacionados ao câncer de pulmão e à exposição ao radônio nos interiores das edificações.

***Brownfields* ou terrenos contaminados.** Um imóvel com contaminação ambiental percebida ou real que resultou do uso anterior do local (por exemplo, um posto de gasolina ou um curtume). Nos Estados Unidos, os terrenos com grandes concentrações de contaminantes perigosos são chamados de Sítios do Superfund.

Cadeia de custódia. Este termo advém da ciência forense e trata do documento ou conjunto de documentos que comprova a custódia, o controle, a transferência e a disponibilização de comprovantes. No caso do projeto de edificações sustentáveis, a cadeia de custódia se refere ao processo de fornecimento de madeira certificada. Nos Estados Unidos, o Forest Stewardship Council autoriza agências de certificação que, por sua vez, executam auditorias autônomas de florestas e, então, emitem certificados que servem como documentos de origem; esses, enfim, são entregues ao vendedor, ao fornecedor ou ao consumidor.

Calor latente. O calor absorvido ou emitido por um corpo e que não tem como ser medido por um termômetro. O calor absorvido para derreter sólidos ou evaporar líquidos e o calor liberado na condensação de gases são exemplos de calor latente.

Calor sensível. O calor trocado por um corpo que muda de temperatura, podendo ser medido por um termômetro. Um termômetro que mede a temperatura do ar está medindo o calor sensível do ar.

Captação de águas pluviais. O processo de coleta, armazenagem e reúso da água da chuva, feito por sistemas de cobertura mecânicos ou escoamento natural, no qual a água é armazenada em reservatórios ou tanques. A água da chuva pode ser tratada e reusada no próprio local, para fins industriais, irrigação ou mesmo para se tornar potável.

Classificação de ativo. Uma medida do desempenho energético potencial do prédio como ativo fixo. Para avaliar a eficiência de um prédio como ativo, é necessário normalizar seu consumo energético para o clima, as cargas de tomada, a ocupação e as práticas de gestão de energia. As classificações de ativo são análogas às classificações de coeficiente de desempenho ou de taxa de eficiência energética para ar-condicionados ou às classificações de economia de combustível para automóveis.

Climatização. O condicionamento do ar do interior das edificações.

Cobertura verde. Também chamada de telhado verde, cobertura ecológica, cobertura vegetal e cobertura viva. Trata-se da incorporação de vegetação e solo sobre parte ou em toda a superfície de uma cobertura, o que resulta em inúmeros benefícios, incluindo ar interno com temperatura mais baixa, redução do escoamento pluvial pela absorção do solo artificial, criação de um habitat para a vida selvagem, propriedades de isolamento e filtragem de contaminantes pela vegetação, aumentando a qualidade da água. As coberturas verdes são extremamente benéficas porque reduzem as concentrações de cobre, zinco e hidrocarbonetos aromáticos policlínicos (PAH, na sigla em inglês).

Comissionamento. Originado na indústria naval, o processo de controle de qualidade para garantir que os sistemas prediais – calefação, resfriamento, ventilação, condicionamento do ar, hidrossanitário, elétrico, de prevenção e combate a incêndio e segurança patrimonial (entre outros, de acordo com as práticas mais recentes) – funcione do modo para o qual foram projetados (ou seja, conforme as exigências do proprietário) e se pretendia (conforme o memorial descritivo). Trata-se de uma estratégia de sustentabilidade, uma vez que reduz os riscos de falhas não detectadas durante o uso dos sistemas, bem como o consequente desperdício de recursos.

Condutividade térmica. A capacidade de um material de conduzir calor. A transferência térmica ocorre em uma taxa mais elevada nos materiais com alta condutividade térmica do que naqueles onde ela é baixa. É o inverso da resistência térmica.

Conforto térmico. Segundo a ASHRAE, é "o estado de espírito que expressa satisfação com o meio ambiente" em termos de temperatura, umidade, circulação do ar e ventilação.

Conteúdo reciclável. Este termo é usado principalmente nas indústrias de papel e reciclagem. Os materiais recicláveis são considerados em termos de uso inicial, incluindo tanto resíduos pós-industriais (pré-consumo) resultantes da manufatura como resíduos pós-consumo – o nível mais indicado, visto que os componentes dos materiais já foram usados e não serão enviados a um depósito de lixo nem incinerados.

Controles economizadores. Um economizador de ar condicionado; um arranjo com dutos e registros e um sistema de controle automático que, juntos, permitem que um sistema de resfriamento forneça ar externo para reduzir ou eliminar a necessidade de resfriamento mecânico durante clima ameno ou frio. Um economizador de água é um sistema pelo qual o ar de insuflamento de um sistema de resfriamento é resfriado indiretamente com água que, por sua vez, é refrigerada pela transferência de calor ou massa ao ambiente, sem o uso do resfriamento com compressor.

COVs (compostos orgânicos voláteis). Também conhecidos como poluentes aéreos nocivos. São substâncias químicas com pouca solubilidade na água e alta pressão de vapor, o que faz com que emitam vapores rapidamente quando expostas à temperatura ambiente. Os compostos orgânicos voláteis podem emitir *smog* no nível do solo e estão presentes em muitos produtos e materiais de construção molhados, como tintas, adesivos, vernizes, seladores e vedantes. Em geral, o primeiro sinal de presença de compostos orgânicos voláteis é o odor, que permanece nos materiais porosos por semanas ou meses após a aplicação. Sabemos, ou suspeitamos, que muitos compostos orgânicos voláteis são cancerígenos humanos.

Crescimento ou expansão urbana inteligente. Uma estratégia de planejamento desenvolvida no final da década de 1990 como uma resposta à dispersão urbana. O crescimento urbano inteligente faz com que as comunidades cresçam e se desenvolvam de modo a fomentar a prosperidade econômica, a conservação ambiental e uma sociedade mais forte e mais justa.

CRI (Carpet and Rug Institute). Segundo sua missão, o CRI é "a fonte científica de fatos sobre carpetes e tapetes". O CRI emite certificados baseados em testes de emissões para carpetes, conhecidos como Green Label e Green Label Plus.

Custo do ciclo de vida (LCC, na sigla em inglês). Ainda que muitos o confundam com a avaliação do ciclo de vida, o custo do ciclo de vida se refere aos custos financeiros relativos aos processos de extração, mineração, manufatura, transporte, instalação, uso, manutenção e descarte de um material, produto ou sistema.

Desmaterialização. Um termo proveniente da Economia e da indústria manufatureira, que significa fazer mais com menos. No caso das edificações sustentáveis, trata-se de usar menos material para construir uma edificação visando a conservar a energia incorporada e os recursos. Às vezes este termo faz referência à substituição de uma atividade intensa em carbono por outra, com menos carbono.

Dessecante. Substância que atrai ou retém água e seca o ar a seu redor. Os dessecantes induzem a secagem de qualquer ambiente e reduzem a quantidade de umidade presente no ar. Eles podem ser de várias formas e são empregados para preservar alimentos, produtos farmacêuticos, eletrônicos, entre outros. Também se podem fazer sistemas de condicionamento do ar baseados em dessecantes.

Efeito chaminé. O efeito gerado quando as entradas e as saídas de ar são separadas por uma distância vertical adequada, e a estratificação do ar no recinto cria uma corrente ascendente de ar.

Eficiência de consumo anual de combustível. Um descritor da razão de geração anual de energia em relação à entrada anual de energia em um sistema, de acordo com as exigências do Departamento de Energia dos Estados Unidos, (DOE) 10 CFR Parte 430.

Emitância. A razão entre a emitância de calor de um objeto ou uma superfície e aquela de um corpo negro padrão. Para os materiais e componentes de construção, as medições de emitância térmica são medidas em termos de comprimentos de onda do espectro infravermelho. Os materiais com alta emitância térmica irradiam calor de volta à atmosfera mais rapidamente do que aqueles com baixa emitância térmica.

Energia geotérmica. Energia térmica emitida pela Terra e nela armazenada. A energia geotérmica é barata, confiável, sustentável e ecologicamente benigna, mas se limita a áreas perto de pontos quentes de atividade vulcânica, onde está prontamente disponível.

Energia incorporada. Também chamada de energia inserida, a energia incorporada é toda a energia gasta durante a extração, mineração, manufatura, transporte, instalação, uso, manutenção e descarte de um material, produto ou sistema. É possível aplicar o mesmo conceito ao consumo de água (a água incorporada).

Energia operativa. A energia necessária para alimentar os sistemas de um prédio. Esses incluem a iluminação, os equipamentos e aparelhos em geral, o sistema de climatização, ventiladores, elevadores, equipamentos de cozimento, etc. A energia operativa pode ser obtida por meio de eletricidade, gás natural, óleo, energia solar, etc.

Ficha de Segurança do Material (MSDS, na sigla em inglês). Um documento internacional que descreve os componentes não patenteados de produtos que contêm compostos orgânicos voláteis. As categorias padronizadas de tais fichas incluem dados físicos, toxicidade, efeitos na saúde, primeiros socorros, reatividade, armazenagem, descarte, equipamentos de proteção e procedimentos de limpeza no caso de derramamento.

Formaldeído. Um composto orgânico semivolátil (COSV, na sigla em inglês) que ocorre naturalmente em ambientes externos, produtos de madeira e queimas florestais, mas também está associado à fumaça do tabaco e à descarga de automóveis. O formaldeído é usado como adesivo em materiais processados, como a madeira composta, as placas de forro feitas de polpa de papel e o isolamento com fibra de vidro; com frequência, é encontrado em bens de consumo, como cosméticos. Suspeita-se que seja um cancerígeno humano.

Ftalatos. Plasticizantes ou ésteres amaciantes usados em inúmeras aplicações, incluindo cosméticos e outros produtos de higiene pessoal. Eles amaciam plásticos como o cloreto de polivinil (PVC), tintas, detergentes, adesivos e tintas de impressão. Os ftalatos são disruptores endócrinos que podem estar associados ao diabetes e à asma, além de impactos na saúde do fígado.

Fumaça ambiental do tabaco (ETS, na sigla em inglês). Trata-se do fumo passivo, um cancerígeno bastante conhecido, que é responsável por mais de 3 mil mortes por ano nos Estados Unidos, segundo a Agência de Proteção Ambiental dos Estados Unidos (EPA); refere-se à fumaça do tabaco que entra em um ambiente e é inalada por seus usuários.

Green lease. Um *green lease* (ou empréstimo para sustentabilidade) é um esquema que oferece benefícios significativos a inquilinos e proprietários de imóveis. Um *green lease* melhora o desempenho ambiental de um prédio ao encorajar comportamentos que reduzem o consumo de energia. Ele alinha incentivos financeiros de modo que o desempenho ambiental e operacional do prédio seja aprimorado.

Ilha de calor. Também chamada de ilha térmica, é uma área, povoada ou não, que é consistentemente mais quente do que o entorno. A diferença de temperatura geralmente é mais alta à noite do que de dia, e se torna mais evidente quando há pouco vento. Em áreas urbanas, a ilha de calor urbana resulta da falta de vegetação e da abundância de pisos secos, coberturas e superfícies de asfalto ou concreto, que absorvem a radiação solar durante o dia e têm baixa emissividade. Edifícios altos em muitas áreas urbanas criam mais massa termoacumuladora, que absorve e retém o calor.

Iluminância horizontal. A quantidade de luz incidente em um plano horizontal.

Iluminância vertical. A quantidade de luz incidente em um plano vertical.

Índice de refletância solar (SRI). Uma medida da capacidade de rejeitar calor solar, como uma combinação de sua refletância e emitância de raios infravermelhos. Os materiais com SRI mais elevado são as opções de cobertura menos quentes.

Insolação. A quantidade total de radiação solar recebida por determinada superfície durante determinado período.

Intensidade de consumo de energia. A energia total consumida em um prédio, incluindo a elétrica e a de outros combustíveis, normalizada para sua área de piso.

ISO (Instituto Internacional de Padronização). Uma sigla adaptada da palavra grega *isos*, que significa "igual"; o ISO cria padrões que, em grande parte, foram incorporados por tratados internacionais. A série ISO 14000, referente à gestão ambiental, inclui as práticas de edificação sustentável.

Jardins de chuva. Áreas do terreno rebaixadas que são projetadas para coletar e infiltrar o escoamento superficial da água da chuva.

Lagoas pluviais. Também conhecidas como bacias de retenção, as lagoas pluviais são bacias artificiais com corpo d'água permanente; algumas são rasas, com profundidade média de 45 cm, outras com profundidade média de 1,2 a 1,8 metro. As lagoas pluviais tratam o escoamento superficial da água da chuva por meio da sedimentação e do tratamento biológico.

Luminância. A medida de intensidade luminosa por área da luz que se desloca em determinada direção, expressa por candelas por metro quadrado (cd/m^2). A luminância está relacionada às configurações de brilho de um monitor de computador, de uma tela de televisão ou de uma superfície que reflete a luz.

Madeira compósita ou composta. Um produto de madeira artificial feito com materiais a base de madeira, geralmente pré-fabricado e colado com adesivos; entre os exemplos, estão madeira aglomerada e MDF (chapa de fibra de densidade média). Sempre que possível, é importante escolher madeiras compostas sem formaldeído. Os painéis de madeira composta são usados como base para balcões e armários.

Massa termoacumuladora (ou térmica). Uma propriedade da massa de um material de construção que lhe permite armazenar calor, fornecendo "inércia" contra as flutuações de temperatura. Às vezes é chamada de efeito térmico volante.

Microclima. O clima local dentro de uma região climática maior, o qual é afetado por certas condições locais.

Mudança de fase. O processo de derreter um sólido, ou a evaporação de um líquido, e o inverso, quando um gás se condensa ou um líquido se solidifica.

Novo Urbanismo. Movimento criado em 1993 como uma reação a fatores como dispersão urbana, falta de espaço aberto, uso exagerado dos automóveis, degradação de patrimônio construído, demanda descuidada em termos de infraestrutura, isolamento das populações economicamente mais fracas e desenvolvimento de comunidades projetadas voltadas para os automóveis. O Novo Urbanismo defende o projeto de comunidades focadas em pessoas, e não em carros.

PBTs (toxinas bioacumuladoras persistentes). Consistem em poluentes químicos tóxicos que persistem no meio ambiente e que se acumulam na cadeia alimentar, o que ameaça a saúde humana e os ecossistemas. Os PBTs são particularmente preocupantes porque conseguem se deslocar com facilidade pelo ar, pela água e pela terra, ultrapassando terrenos, territórios e gerações. Fonte da definição: U.S. Environmental Protection Agency, www.epa.gov/pbt/pubs/aboutpbt.htm.

Película com baixo valor-E (ou baixa emitância). Um revestimento metálico brilhante e de espessura microscópica aplicado a um painel de vidro incolor a fim de reduzir sua emissividade.

Película espectro-seletiva com baixo valor-E. Um revestimento especial com baixo valor-E. Permite ao vidro transmitir a maioria dos comprimentos de onda da radiação solar, ao mesmo tempo que reflete os comprimentos de onda infravermelha curta não visíveis ao olho humano.

Pisos ou superfícies impermeáveis. Materiais de superfície como a pavimentação de áreas de paisagismo, estacionamentos e calçadas que impedem a infiltração das águas pluviais e o abastecimento dos lençóis freáticos, causando, em vez disso, escoamentos, erosões, sedimentações, enchentes e o transporte de poluentes para áreas de vida selvagem, pântanos e terras agrícolas.

Pisos ou superfícies porosos. Os pisos ou as superfícies porosas permitem a passagem da água através do material de superfície, o que os diferencia dos pisos permeáveis, nos quais a água se desloca no material de superfície. Os dois sistemas permitem o abastecimento dos lençóis freáticos e reduzem a possibilidade de escoamento, erosão, sedimentação, alagamento e o transporte de poluentes para áreas de vida selvagem, pântanos e terras agrícolas; são antônimos dos pisos impermeáveis.

Ponte térmica. Ocorre quando uma camada de isolante é penetrada por um material altamente condutor. Uma ponte térmica conecta os ambientes interno e externo, permitindo que o calor flua pelo caminho de menor resistência térmica criado, embora as camadas próximas de material que são separadas por uma câmara de ar permitam pouca transferência térmica. Isso gera uma taxa mais alta de fluxo de calor.

Produtos químicos sintéticos. Produtos químicos antropogênicos artificiais que costumam ser usados na fabricação de fertilizantes e pesticidas.

Projeto de baixo impacto (LID, na sigla em inglês). Uma abordagem de projeto multifuncional completa e baseada na bacia hidrográfica para a gestão das águas pluviais e o planejamento urbano que leva em consideração o planejamento do terreno, os controles na fonte e os controles do tratamento.

Prédio climatizado. Um prédio que tem sistema de climatização (calefação, resfriamento, ventilação ou controle de umidade, ou mais de uma dessas funções).

Pântano ou charco. Faixa de terra que, em algumas estações, é saturada pela chuva ou por águas freáticas; o ambiente intermediário que conecta sistemas aquáticos e terrestres.

Resfriamento noturno de massas. Ventilação noturna utilizada para pré-resfriar a massa termoacumuladora de um prédio para o dia seguinte.

Resistência térmica. A capacidade que um material tem de resistir à transferência térmica, ou sua capacidade de resistir a um fluxo de calor. A resistência térmica é o inverso da condutância térmica.

Sensibilidade química múltipla (MCS, na sigla em inglês). Os indivíduos com MCS são extremamente sensíveis a produtos químicos orgânicos, incluindo a fumaça do tabaco ambiental, pesticidas, formaldeído, plásticos, produtos que contém compostos orgânicos voláteis e fragrâncias (veja *COVs*).

Sistema de ar externo específico. Uma unidade de manejo do ar destinada especificamente a fornecer ar para o condicionamento.

Síndrome da edificação doente (SBS, na sigla em inglês). Um ambiente interno insalubre devido à má qualidade do ar interno e à falta de ventilação adequada e de circulação do ar, junto às emissões de compostos orgânicos voláteis dos materiais de construção e ao mofo (ver compostos orgânicos voláteis).

Temperatura de bulbo seco. A temperatura que seria registrada por um termômetro seco no ar; ela é utilizada para medir o calor sensível no ar.

Temperatura de bulbo úmido. A menor temperatura que pode ser obtida com a evaporação da água no ar, convertendo o máximo possível de calor sensível em calor latente.

Temperatura de ponto de equilíbrio. A temperatura externa na qual as cargas internas do prédio são suficientes para mantê-lo aquecido sem que haja fluxo térmico nas vedações externas.

Temperatura de ponto de orvalho. A temperatura até a qual o ar deve ser resfriado de modo que fique saturado logo antes de sua condensação.

Temperatura efetiva. O mesmo que temperatura operativa, exceto por ser calculada para uma umidade relativa do ar de 100%.

Temperatura equivalente. A temperatura operativa calculada para uma umidade relativa do ar de 50%.

Temperatura operativa. Parâmetro empregado para medir o conforto térmico que combina o efeito da temperatura do ar, a velocidade do ar e a temperatura radiante média.

Temperatura radiante média. A temperatura média mensurada pela área de todos os objetos que circundam um corpo. Pode ser medida usando-se um termômetro de globo preto.

TOD (desenvolvimento orientado pelo trânsito). Conceito de projeto focado no aproveitamento do terreno usado para descrever comunidades mistas localizadas perto de diferentes formas de transporte público.

Umidade relativa do ar. A quantidade de vapor de água presente no ar e expressa como um percentual da quantidade necessária para sua saturação naquela temperatura.

Ventilação de conforto. Estratégia de ventilação que usa o movimento do ar para aumentar a evaporação da água que se acumula sobre a pele.

VMT (milhas viajadas por veículo). Segundo o Departamento de Estatísticas de Transporte dos Estados Unidos, "um veículo percorre a distância de uma milha. As milhas veiculares totais consistem, portanto, na milhagem total viajada por todos os veículos".

Índice

Números de páginas seguidos por *f* e *t* se referem a figuras e tabelas, respectivamente.

A Declaração do Rio, 31–32
A Sand County Almanac (Aldo Leopold), 24–25
"A World without Waste?" (Rick Docksai), 336–337
Abrigo e assentamento humano, 214, 216
Acabamentos de interior, 66–67, 236–238
Acessibilidade universal, 292–293
Acidentes industriais, 20–21
Acidentes industriais nucleares, 20–21
Acionadores de velocidade variável, 166–167
Acompanhamento da obra, 315–316
Acompanhamento, como ferramenta, 315–316
Acordo de Paris, 36–37
Acordos de Cancun, 34, 36
Acuidade *versus* precisão, 178–180
Acústica, 66–67, 96–98
Administração da Habitação Federal (FHA), 278
Administração de Segurança Física e Saúde Ocupacional dos Estados Unidos (OSHA), 69, 95
Advantix Systems, 162–164*f*
Agência para o Registro de Substâncias Tóxicas e Doenças (Agency for Toxic Substances and Disease Registry – ATSDR), 68–69
Agenda 21 for Sustainable Construction in Developing Countries, 28–32, 335–336
Agentes químicos de guerra, 61
Agrupamento de Interações, 183
Água, 9–11, 230–232
Água da chuva, coleta, 9, 267–269, 270–272
Água incorporada, 230–232
Água quente para consumo doméstico, 166–167
Águas fecais, 10

Águas pluviais aproveitadas, 268–269
Águas pluviais, como recurso, 263–264
Águas recuperadas, 270–271
Águas servidas, 10
AIA (American Institute of Architects), 331–332, 342–343
AIA Guide to Building Life Cycle Assessments in Practice (AIA), 331–332
Ala de Ciências do Edifício Vivo da Escola Bertschi, 41*f*
Alagamentos, por escoamento pluvial, 260
Alemanha, 253, 340–342
Aliança Global para Alternativas aos Incineradores (GAIA), 346, 349–350
Aliança Internacional pelo Lixo Zero, 346, 349
Ambientalismo, 27–30
Ambiente externo, conexão com, 65–68, 101–102
American Farmland Trust, 284, 286
American Time Use Survey NPR, blog, 180, 181*f*
Amoníaco, 61
Análise climática, 114–118, 117*f*, 126, 127*f*, 128
Análise de inventário, 319–320
Análise de sensibilidade, para modelagem de energia, 180
Análise do acesso solar, 126, 127*f*
Análise do custo de ciclo de vida, 5, 6*f*
Análise do terreno, 126, 127*f*, 128, 284, 286–287
Análises de impacto ambiental, 281
Anastas, Paul T., 71–72
Anjo Azul (Der Blaue Engel), 253
Ano Meteorológico Extremo (AME), 115
Ano Meteorológico Típico (AMT), 115
Aparelhos de parede instalados em janelas, 157–158
Aparelhos do tipo split, 158
Aparelhos sanitários de descarga, 269–271

Aparelhos sanitários de vazão, 269–270
Appliance and Equipment Standards, programa, 141–142
APR (Association of Post Consumer Plastic Recyclers), 340–341
Aproveitamento da luz solar, 140–141
Aquecedores, 158
Architecture for Humanity, 229–230
Arcosanti, 45*f*
Área necessária, para equipamentos de climatização, 168–169*t*
Áreas de infiltração direta subterrânea, 264–265
Arquiteto Shigeru Ban, 216
Arquitetura 2030, 198–199
Arquitetura de barro, 42*f*
ASHRAE Standard 189.1, 53, 90–91
ASHRAE Standard 55, 120–121
ASHRAE Standard 62.1, 80, 120–121
ASHRAE Standard 90.1, 198–199
ASHRAE, zonas climáticas classificadas por, 116–118
Asmagênicos, 62–63
Assentos, 255–256
Assistência técnica, 244, 246
Associação Internacional de Ergonomia, 100
Association of Post Consumer Plastic Recyclers (APR), 340–341
Atelier Lion Associés (escritório de arquitetura), 148–149
Aterros, 335–337
ATSDR (Agência para o Registro de Substâncias Tóxicas e Doenças), 68–69
Austrália, 253, 304, 335–336
Autocertificação, 249–250
Avaliação de ameaças à saúde, 69–70
Avaliação de impacto ambiental, 319–320, 321*f*
Avaliação de riscos, 69–70
Avaliação do ciclo de vida (LCA), 317–332
 definições, 317–319

e o processo LEED, 327–328, 329t
ferramentas para, 320, 322, 323f, 322, 324–325, 326f
limitações da, 324–325, 327–328
normas e metodologia da, 318–320, 321f
para arquitetos, 330–332
para desenvolver declarações de produto ambiental, 244, 246
para o projeto arquitetônico, 327–328, 329f, 330
Avaliação ou Pesquisa de Satisfação do Usuário, 96
Avaliação pós-ocupação (APO), 95–96
Avaliação, no processo de projeto integrado, 5–6
Avaliações
de perigo à saúde, 69–70
de impactos, 319–320, 321f
de risco, 69–70

Bacia de infiltração, 264–265
Bacia hidrográficas, 259–260
Bacias de detenção, 266–268
Bacias de drenagem urbana, 259–260
Bacias de retenção, 266–267
Bacias sanitárias, 270–272
Bactérias em águas pluviais, 261–262
Ban Ki-moon, 36–37
Bare, Jane, 317–318
Barreiras contra a água, 135–137
Barreiras contra a umidade, 135–137
Barreiras contra o ar, 135–137
Barreiras de radiação, 128–129
Bartlett, Paul Woods, 56n1
Bazalgette, Sir Joseph, 21–22
Benchmarking, 173–176
Berkebile, Bob, 305–306
Berners Schobers Architects, 145–146
Bhada-Tata, Perinaz, 338–339
Biblioteca Pública de West Berkeley, 173–174, 199, 200, 203f–204f, 205
BIM (Building Information Modeling), 340–342
Biocapacidade, 226–227
Biodigestores, 340–342
Biofilia, 103
Biofiltragem, 264–267
Biomassa, 192–194, 340–342
Biomimetismo, 101–102
Biomonitoramento, 62–63
Biorretenção, 266–267
Bishnoi, 16–18
Blake, William, 18–20
Blessed Unrest (Paul Hawkens), 16–18
Blocos de concreto, 235–236
Blu Homes Factory, 340–342
Bomba de calor independente, 158
Bombas de calor, 158, 162–163
Bombas de calor água-ar, 162
Bombas de calor ar-ar, 162

Bombas de calor com fonte aérea, 162
Bombas de calor com fonte hídrica, 162
Bombas de calor geotérmico, 162–163
BOPs (Builder Option Packages), 130
Bosch, 318–319
Braungart, Michael, 8–9, 18–19
BREEAM (Building Research Establishment Environmental Assessment Methodology), 233–234, 303–304
BRI (doença relacionada à edificação), 70–71
Brises, 100
Brooks, Neil, 16
Brower, David, 21–22
Builder Option Packages (BOPs), 130
Building Information Modeling (BIM), 340–342

C2C (Cradle to Cradle), 249–250
Caixilhos de janela revestidos de vinil, 133–134
Cálculo de carbono, 227
Caldeiras, 157, 159
Calefação de bairros, 296–298
Calefação solar, 130, 166–167
CALGreen, 52, 91
California Section 01350, 83–84, 246–248f, 252–254
Calor latente, 112
Calor sensível, 111–112
Câmara de gás de janelas, 132–133
Caminhos de transmissão, dos produtos químicos, 61–63
Canadá, 253
Cancerígeno, 62
Canteiros pluviais, 264–266
Capacidade de adaptação, 16
Capacidade térmica, 113
Capela de Notre Dame du Haut, 99
Carcinogênicos, 62
Carga elétrica, 140–142
Carga química corporal, 62–63
Cargas do fechamento, 110, 111f
Cargas internas, 110, 115–116, 121–122f
Carpetes, 255–256, 334–335
Carrier, Willis, 109
Carson, Rachel, 19–21f, 56–57
Casa Clima, 305
CASBEE (Comprehensive Assessment System for Building Environmental), 305
Cascadia Green Building Council, 272–273
Catástrofes naturais de 2007 (Munich Re), 214
CCT (temperatura de cor correlata), 139–140
CDM (Mecanismo do Desenvolvimento Limpo), 34, 36
Células fotovoltaicas, 188, 190–191

Células fotovoltaicas integradas à edificação, 190
Centro de Soluções Climáticas, 32–33
Certificação de isenção de gases com efeito estufa, 249–251
"Certificação de Pétalas", 306–307
Certificação por terceiros, 249–250
Certificação(ões). *Veja também certificações específicas*
de demolições sustentáveis, 339–340
de produtos, 247–254f
definição de, 248–249
tipos de, 249–251
Cervero, Robert, 287–288
CGTS (Coeficiente de ganho térmico solar), 131–133, 135–136
CH_2 (Council House 2), Austrália, 96, 97f
Charrettes, 315–316
Chartwell School, 343–344
China, 335–336
CHPS (Collaborative for High Performance Schools), 308–309
Churchill, Winston, 65, 67–68
Ciclo de absorção, 155–156, 157f
Ciclo de compressão do vapor, 155–156
Ciclo de manufatura, 333f, 338–339
Ciclo de vida berço ao túmulo, intensidade da energia, 212
Ciclo de vida de edificações, 107
Ciclo de vida, pensamento, 232–233, 241, 244, 246
Ciclo termoelétrico, 155–156
Ciclofaixas e ciclovias, 294–297f
Ciclos de refrigeração, 155–156
Cinturões verdes, 287–288
Circuito fechado de um processo de manufatura, 230–231f
Circuitos de água, 159–160
Cisternas, 267–268
Civic Square, projeto (Foster + Partners), 2f
Claraboias, 134–136, 147–148
CLASP (Collaborative Labeling and Appliance Standards Program), 121–123
Clima, e consumo de energia, 114–116, 117f, 118
Climate Change 2007 (IPCC), 275
"Climate Change and Health" (WHO), 212
Clinton, William, 43
Cloreto de polivinil (PVC), 60, 311–312, 318–319
Cloreto de polivinila, 63–64
Cloro, gás, 61
Clube de Roma, 28–31
CML (Instituto de Ciências Ambientais), 325, 327
CMR (toxinas cancerígenas, mutagênicas e disruptoras do sistema reprodutivo), regulamento, 88–89

CNU (Congresso para o Novo Urbanismo), 282-283
CO₂, *veja* Dióxido de carbono
Coberturas, 235-237
    frias, 130, 131
    isolamento de, 126, 128-130
    verdes. *Veja* Tetos verdes
Código de Instalações Hidrossanitárias da Cidade de Nova York, 218-220
Códigos de edificação, 2, 47-50
Códigos de edificação sustentável:
    atuais, 47-50, 51f
    códigos energéticos vs., 39
    futuro possível, 51-53
Coeficiente de ganho térmico solar (CGTS), 131-133, 135-136
Colaboração para a Declaração de Produto Saudável, 63-65
Colapso: Como as Sociedades Escolhem entre o Fracasso e o Sucesso (Jared M. Diamond), 16, 227
Cole, Ray, 301
Cole, Thomas, 22-23
Coletor solar por lote, 192
Coletores que concentram raios solares, 191
Coletores solares com tubos a vácuo, 192
Coletores solares planos, 191-192
Coletores térmicos solares, 191-192
Collaborative for High Performance Schools (CHPS), 308-309
Collaborative Labeling and Appliance Standards Program (CLASP), 121-123
Combustível, do lixo, 340-342
COMFEN, 183
Comissão Brundtland, 30-31
Comissão de Energia Atômica (Atomic Energy Commission), 45-46
Comissão de Energia do Estado da Califórnia, 51-52
Comissão de Políticas Materiais do Presidente, 27
Comissionamento, 6
    modelagem de energia durante, 178-179
    na qualidade do ar do interior, 11
    para controles de iluminação, 140-141
    predial, 94-95
Comitê Nacional de Pesquisa das Academias Nacionais dos Estados Unidos, 281-282
Commercial Buildings Energy Modeling Guidelines and Procedures (COMNET MGP), 180
Commoner, Barry, 56n1
COMNET MGP (Commercial Buildings Energy Modeling Guidelines and Procedures), 180
Compensação adaptativa, 121-123

Compostos orgânicos voláteis (VOCs), 69-71
    e a qualidade do ar do interior, 80
    em produtos de aplicação molhada, 256-257
    emitidos por produtos de construção, 81
    na testagem de emissão dos materiais, 88-89
    nas Fichas de Segurança de Material, 244, 246
    provenientes de materiais de construção, 94
    testagem de emissão para, 83-84
Compra com Recomendação Ambiental, 251-252
Comunidade com consumo de energia líquido zero, 195-197
Comunidades planejadas Levittown, 278, 279f-280f
Comunidades sustentáveis, 275-300
    definições, 275-276
    e o crescimento inteligente, 283-284
    e o novo urbanismo, 282-286
    e o sistema LEED, 283-285
    ferramentas de implementação do planejamento, 298-300
    história do desenvolvimento urbano disperso convencional nos Estados Unidos, 276-283
    história do planejamento sustentável, 276
    implantação apropriada para o meio ambiente em, 284-287
    infraestrutura verde em, 296-299
    localidades inteligentes e planejamento para, 286-289
    projeto de urbanismo para, 288-293
    transporte para, 292-298
Comunidades, no planejamento de projeto, 3-6
Concreto, 235-236
Condé Nast Building, 48f
Condicionadores do ar, 108f, 109
Condicionadores de ar compactos, 158
Condicionadores de ar para um cômodo, 158
Condução, 112-113
Condução térmica, 113
Conectividade, em planejamento urbano, 289-290
Conferência das Mudanças Climáticas de Doha (2012), 34, 36-37
Conferências das Partes (COPs), 31-32
Conferências e tratados internacionais, 27-37
    Clube de Roma, 28-31
    Comissão Mundial sobre Meio Ambiente e Desenvolvimento de 1984, 30-31

    Conferência da UNFCCC em Montreal, 33, 35
    Conferência de Estocolmo, 30-31
    Conferências das Mudanças Climáticas da UNFCC, 31-32, 34, 36-37
    Cúpula da Terra de Johanesburgo, 33-35
    Cúpula da Terra do Rio de Janeiro, 31-32
    Programa Ambiental das Nações Unidas, 33-36
    Protocolo de Montreal, 30-32
    Protocolo de Quioto, 31-34
Conferências Mundiais da Edificação Sustentável, 305-306
Conforto térmico, 103, 107-109, 118-119, 119-120f, 119-120t, 120-121
Conforto visual, 101, 121-123
Congresso para o Novo Urbanismo (CNU), 282-283
Consciência pública, sobre produtos químicos, 62-66
Conselho de Ciência da Agência de Proteção Ambiental dos Estados Unidos, 95
Conselho Mundial da Edificação Sustentável, 304-305
Conservação de água, 9-10, 166-167, 172n2, 268-270
Considerações sobre as pessoas, na lista de conferência das moradias saudáveis, 65, 67-68
"Construction and Demolition (C&D) Materials" (EPA), 346, 349
Construction Specifications Institute (CSI), 233-234
Consultative Commission for the International Protection of Nature (1913), 27
Consumo de água líquido zero, 271-273
Consumo de energia, 107-123
    através da história das edificações, 107-109
    calor e os modos de transferência térmica, 111-114
    de edificações, 43
    e o tamanho das edificações, 109
    e o tipo das edificações, 110
    efeito das necessidades dos usuários no, 116-119, 119-120f, 119-120t, 120-123
    efeito do clima e do tempo no, 114-116, 117f, 118
    no ciclo de vida de uma edificação, 107
    no projeto integrado de edificações, 6-8
    padrões de, 110, 111f
Consumo de energia *in loco* (ou secundário) líquido zero, 187

Consumo de energia líquido quase zero, prédios, 188
Consumo de energia líquido zero, 187–207
 definição, 187–188, 189t
 e redes de utilidades públicas, 195–199
 estudos de casos de, 199-200, 202, 205, 200t–201t, 203f–204f, 205–207
 geração *in loco* de energia renovável, 188, 190–194
 na escala comunitária, 195–197
 na Packard Foundation Headquarters, 7f–8f
 políticas públicas para as edificações com, 198–200, 205
 potencial técnico das edificações com, 193–195
 questões de projeto de edificações com, 193–196
Consumo de energia na origem (ou primário) líquido zero, 187
Contabilidade ambiental, 226–228
Contrato de compra de energia elétrica (PPA), 195–198
Controle da ventilação, 11
Controle de pestes, 61
Controle do vapor, 136–137
Controle na fonte, 11, 94, 263–265f
Controles de iluminação, 140–141
Controles individuais do ambiente, 93
Convecção, 112f, 113
Convenção sobre Diversidade Biológica, 31–32
Convenção-Quadro das Nações Unidas sobre Mudanças Climáticas (UNFCCC), 31–32
Convention for the Preservation of Animals, Birds, and Fish in Africa (1910), 27
COP 21, 36–37
Cor, 101
Corona, 43–44f
Corpo de Conhecimento da Usabilidade, 101
Córregos, 262–264
Costello, Anthony, 209, 218–220
Couchot, Kimberly, 56n1
Council House 2 (CH_2), Austrália, 96, 97f
Cradle to Cradle (C2C), 249–250
Créditos de redução de emissões (ERCs), 317–318
Crescimento de micróbios, 81
Crescimento inteligente, 283–284
CRI (índice de reprodução de cor), 139–140
CRI (Instituto de Pesquisa em Carpetes (CRI), Green Label Plus, 255–256
Crianças, 220–221, 243–244
Cromoterapia, 101

Crowther, Philip, 343–345
CSI (Construction Specifications Institute), 233–234
CSI Master Format, 233–234
Cúpula da Terra de Johanesburgo (2002), 33–35
Cúpula da Terra do Rio de Janeiro (1992), 31–32
Cúpula Mundial das Nações Unidas para o Desenvolvimento Sustentável, 33–35
Custo do ciclo de vida (LCC), 317–318
CWA (Lei da Água Limpa), 260

DDT (dicloro-difenil-tricloroetano), 19–21, 56–57, 61
Deciclagem, 231–232
Decisões preliminares de projeto, 176–178
Declaração de Princípios das Florestas, 31–32
Declaração de Produto Saudável, 63–65
Declarações de Produto à Saúde, 246–247
Declarações de produto ambiental (EPDs), 244, 246–247
Deconstruction Institute, 339–340
Degryse, Christophe, 4
Dejetos perigosos, 336–337
Delos, 307–308
Demolição ecologicamente sustentável, 339–341. *Veja também* Gestão de lixo de construção e demolição
Departamento de Energia (DOE), 45–46, 141–142
Departamento de Gestão de Resíduos no Condado de Alameda, 251–252
Departamento de Reciclagem e Recuperação de Recursos da Califórnia (CalRecycle), 339–340
Departamento de Saúde da Califórnia, 88–89
Departamento de Substâncias Tóxicas da Califórnia, 57
Deposição de produtos químicos, 56
Deques, 235–236
Der Blaue Engel (Anjo Azul), 253
Derramamento de óleo da Exxon Valdez, 20–21f
Desafio 2030, 52, 198–199, 312–314
Desenvolvimento de armamentos, 61
Desenvolvimento orientado pelo trânsito (TOD), 287–289f
Desenvolvimento urbano:
 compacto, 289–291
 convencional, 276–283
 sustentável, 30–31, 212
Desmontagem, 232–233, 343–346
Desuperheaters, 164–167
Detenção de águas pluviais, 266–268

Determinantes sociais da saúde (SDOH), 279
Devi, Amrita, 16–18
Diamond, Jared M., 16, 227
Dickens, Charles, 21–22
Dimerização para iluminação elétrica artificial, 100, 139–140, 148–149
Dinamarca, 253
Dióxido de carbono (CO_2):
 como gás com efeito estufa, 210-211
 da incineração, 340–342
 e ventilação, 94
 em biomassa, 192–194
 em materiais de construção, 212
 emissões de, 31–33
Diretoria Ambiental Geral da Comissão Europeia, 333–334
Diretrizes de projeto, 168–169, 299–300
"Diretrizes Holandesas," 320, 322
Dispersão urbana, 276
Disruptores do sistema endócrino, 62
Diversidade na habitação, 290–292
Docksai, Rick, 336–337
Doença relacionada à edificação (BRI), 70–71
Doenças mentais e populações vulneráveis, 220–221
DPR Construction Phoenix Region, 202, 205–207
Du Plessis, Chrisna, 30–31
DuPont, 19–20
Durabilidade, e uso de recursos, 229–230

Earthship, 41f
Eco Mark, 253
Eco92, 31–32
Ecodistritos, 229–230
Ecofeminismo, 17–18
Ecologia industrial, 228
"Ecological Footprint Overview" (Global Footprint Network), 225
EcoLogo, 253
Economizadores de energia do tipo *air side*, 164–165
Economizadores de energia do tipo *water side*, 164–165
Ecotect, 182
Ecotelhados. *Veja* Tetos verdes
Edificação(ões):
 comercial, 110
 consumo de água em, 269–273
 consumo de energia de, 6–7
 de uso misto, 288–289
 e planejamento urbano, 290–291
 emissões de dióxido de carbono de, 211
 história das, 107–109
 históricas, 290–291
 ônus ambiental, 43

uso de recursos de, 8
uso de recursos em, 232-238
Edificações ecologicamente sustentáveis, 39-54
    códigos atuais, 47-50, 51f
    definições, 40-42
    e a política energética dos Estados Unidos, 45-49, 48f
    e ônus ambiental das edificações, 43
    estado atual das, 43-45
    futuros códigos de edificação, 51-53
    origens das, 42-43
Edificações residenciais, 110
Edificações tradicionais, como sustentáveis, 42
Edison, Thomas, 109
Efeito chaminé, 144-145
Efeito de ilha térmica, 130, 131f, 298-299
Efetividade de recursos, 228-233
Eficiência de recursos, 242-244
Eficiência de uso de combustível anual, 157, 159
EIA (Energy Information Administration), 47-49
Eisl, Holger, 56n1
Elementos com estrutura de metal, 235-236
Elementos de sombreamento internos, 133-134
Elementos de sombreamento móveis, 133-134
Eletricidade solar, *in loco*, 188, 190-191
Eliminação de Sistemas, 183, 184
Ely, Richard T., 19-20
Embalagem, redução, 243f
Embargo do petróleo, efeitos do, 42, 43f
Emergency Planning and Community Right-to-Know Act (EPCRA), 62-63
Emerson, Ralph Waldo, 21-22
Emeryville, California, 294-296
"Emissions from the Cement Industry" (Madeleine Rubenstein), 212n5
"Emissions from Waste Incineration" (Bernt Johnke), 340-341
Emissões do consumo de energia líquido zero, 188
Emitância, 113, 114
Energia de operação, 107, 108f
Energia elétrica biológica, *in loco*, 193-194
Energia *in loco*, 171-173
Energia incorporada, 107, 108f, 243-244
Energia na origem, 171-173
Energia solar, 43-44f
Energy Independence and Security Act of 2007, 47-49
Energy Information Administration (EIA), 47-49
Energy Policy Act of 1992, 46-47

Energy Policy Act of 2005, 46-47
Energy-10, 182
EnergyPlus, 181-182
Environmental Choice Program, 253
Environmental Protection Agency (EPA), 340-344, 346, 349
Environmental Working Group (EWG), 65, 67-68, 246-247
EPA (Environmental Protection Agency), 340-344, 346, 349
EPCRA (Emergency Planning and Community Right-to-Know Act), 62-63
EPDs (Declarações de produto ambiental), 244, 246-247
EPS (poliestireno expandido), 128-129
Equipamentos compartilhados, 183
Equipamentos de calefação, 157, 159
Equipamentos de climatização independentes, 158
Equipamentos de liberação de calor, 159-160
Equipamentos de resfriamento, 157, 159-160
Equipamentos de transporte público, 294-296
ERCs (créditos de redução de emissões), 317-318
Ergonomia, 100-101
Erosão, controle, 233-234
Escoamento de águas pluviais, 260
Escola em Damasco, 148-149, 150f-153f
Escritório de Eficiência Energética e Energia Renovável norte-americano (EERE), 47-49
Espaços de transição, para iluminação, 121-123
Espaços públicos, 292-293
Espaços urbanos verdes, 292-293
Especificações, 252-254, 315-316
Esquadrias de alumínio, 133-134
Esquadrias de fibra de vidro, 133-134
Esquadrias de janelas, 133-134
Estacionamentos, 296-298
Estados Unidos:
    edificações com consumo de energia líquido zero nos, 200t-202, 205t
    legislação ambientalista dos, 28-30
    política energética dos, 45-49, 48f
    políticas públicas para as edificações com consumo de energia líquido zero nos, 198-199
Estimativa de custos integrada, 183-184
Estratégias para lidar com o lixo no canteiro de obras, 345-346, 347f-348f, 349
Estudo de Informações Econômicas sobre a Reciclagem na Califórnia, 340-341
Estufas, 143-144

Etapa de desenvolvimento de projeto, 177-178
Ética da conservação de recursos, 22-24
Ética da terra, 24-25
Eurocode, 52
Eutroficação, 262-263, 321f
Exposição à iluminação natural, 98-100, 146-149, 195-196
Exsudação, em torres de arrefecimento, 270-271
Extrativismo de recursos, 9f

Fachadas duplas (fachadas de chuva), 136-138
Fachadas inteligentes, 136-138
Factor 10, 343n29
"Facts and Figures from Cancun Climate Change Conference" (IFRC), 214
Fanger, P. Ole, 103, 118-119
Fase de elaboração dos desenhos de construção, 178-179
Feed-in tariff (FIT), 195-197
Fenol-formaldeído, 254-255
Ferramentas de *benchmarking* orientadas para a ação, 173-174
Ferramentas de planejamento urbano, implementação, 298-300
Fertilizantes, em águas pluviais, 262-263
FHA (Administração da Habitação Federal), 278
Ficha de Segurança do Material, 63-64, 244, 246
Final Report on Post Consumer PET Container Recycling Activity (NAPCOR and APR), 340-341
Finlândia, 253
Fishbein, Bette K., 333
Fitorremediação, 268-269
Florestas sustentáveis, 231-233
Fontes de poluentes, 56-61
Food Quality Act of 1996, 61
Força-Tarefa para a Resiliência das Edificações da Cidade de Nova York, 217-220
Formaldeído, 254-255
Formaldeído de ureia, 254-255
Fornalhas, 157, 159
Fornecimento de alimentos, e mudanças climáticas, 213
Fort Carson, 195-197
Fósforos, 262-263
Fosgênio, 61
Foster + Partners, 2f
Fotossensores, 140-141
França, 88-89
Frank, Lawrence, 278
Frankenstein (Mary Wollstonecraft Shelley), 18-20f
Franklin, Benjamin, 21-22

Fresno, California, 285–285
Ftalatos, 59
Fundação Bullit, 145–146
Fundações de edificações, 235–236
Fundo de Adaptação, 34, 36

GAIA (Aliança Global para Alternativas aos Incineradores), 346, 349–350
Ganho solar direto, 142–144
"Gás sintético", 340–342
Gaseificação, 340–342
Gases com efeito estufa (GHG), emissões, 31–34, 37, 43, 210
Gearhart, Jeff, 81
"Gender and Health in Disasters" (OMS), 220–221
"Gender, Climate Change, and Health" (OMS), 220–221
Geografia, no planejamento de projeto, 2
Geração de energia eólica, *in loco*, 192
Geração *in loco* de energia renovável, 188, 190–194
Germany, Garbage, and the Green Dot (Bette K. Fishbein), 333
Gestão de água, 228
Gestão de águas pluviais, 262–263, 298–299
Gestão de lixo de construção e demolição, 337–340, 345–346
Gestão integrada do lixo, 337–339
Gestão sustentável de habitats naturais, 284, 286–287
GHG (Gases com efeito estufa), emissões, 31–34, 37, 43, 210
Global Footprint Network, 225–227, 275
Go Green/Go Green Plus, 309–310
Gorduras em águas pluviais, 262–263
Grades verdes, 263–264, 267–269
"Grande Mancha do Pacífico," 60
Graus-dia, 115–116, 117f
Graus-dia de aquecimento, 115–116, 117f
Graus-dia de resfriamento, 115–116, 117f
Green Belt Movement, 17–18
Green Building Challenge (GBC), 305–306
Green Building Council of South Africa (GBCSA), 305
Green Building Ordinance, 50
Green Building Tax Credit Program, 50
Green Chemistry (Anastas and Warner), 71–72
"Green Communities", 308–310
Green Globes, 309–310
Green Guide for Health Care (GGHC), 308–309
Green Guide to Specification (BREEAM), 233–234

Green Label Plus (CRI), Instituto de Pesquisa em Carpetes, 255–256
Green Mark Scheme, 305
Green Science Policy Institute, 71–72
Green Star Australia, 304
GreenCalc, 305
"GreenFormat: A Reporting Guide for Sustainable Criteria of Products" (CSI), 233–234
Greening the Government Trough Efficient Energy Management (EO 13123), 46–47
GreenPoint Rated Label, 310–311
GreenScreen, 64–65
Greenstar, 253
Greenwashing, 241, 244, 246

Hammarby Sjöstad, 195–197
Harley Ellis Devereaux (escritório de arquitetura), 199–200, 205
Haute Qualité Environementale (HQE), 305
Hawken, Paul, 16–18, 225
Heerwagen, Judith H., 104
Heliodon, 100
Hewlett-Packard (HP), 230–231f
HFCs (hidroclorofluocarbonos), 31–32
High Performance Building Council, 46–47
"Hipótese Gaia", 24–25, 43–44
Hollande, François, 36–37
Hong Kong Building Environmental Assessment Method (HK-BEAM), 305
Hoornweg, Daniel, 338–339
HP (Hewlett-Packard), 230–231f
HPD™, 63–65
HQE (Haute Qualité Environementale), 305
Human Toxome Project (HTP), 246–247

IES Virtual Environment (VE), 182
Illuminating Engineering Society of North America (IESNA), 121–122, 138–139
Illuminating Engineering Society of North America Lighting Handbook, 138–139
Iluminação
  artificial, 108f, 109, 140–141
  claraboias, 134–136, 147–148
  como necessidade dos usuários, 120–123
  de emergência, 139–141
  do exterior, 139–140
  exposição à iluminação natural, 98–100, 146–149, 195–196
  lâmpadas, 139–141
  lateral, 147–149
  na redução de cargas energéticas, 137–141
  sobre o plano de trabalho, 120–122
  zenital, 147–148
Iluminação geral, 120–121

Iluminação horizontal, 121–122
Iluminância, 138–139
Imissão, de produtos químicos, 56
Impactos ambientais, no planejamento de projeto, 2–3
Inalação de produtos químicos, 62
Incineração, 340–342
Índice de refletância especular (IRE), 114, 130
Índice de reprodução de cor (CRI), 139–140
Índice do Planeta Vivo, 284, 286–287
Indústria da construção civil, 69–71
Indústria de plásticos, 58–60
Indústria do petróleo, 57–58
Infiltração, 263–265, 264–266f
Infraestrutura verde, em comunidades sustentáveis, 296–299
Infraestruturas eficientes em energia, 296–299
Ingestão de produtos químicos, 62
Instalações prediais, 71–76. *Veja também sistemas específicos*
Instituto Ambiental GreenGuard, 246–247
Instituto de Ciências Ambientais (CML), 325, 327
Instituto Internacional de Padronização (ISO), 250–252, 318–320, 322
Interessados, 2
International Energy Efficiency Code (IECC), 128–129, 130
International Federation of Red Cross (IFRC), 214
International Green Construction Code (IgCC), 52–53
International WELL Building Institute (IWBI), 307–308
Interpretação, na avaliação do ciclo de vida, 319–320
IPCC (Painel Intergovernamental sobre Mudança Climática), 209, 275
IPEN (Rede Internacional para a Eliminação de Poluentes Orgânicos Persistentes), 65, 67–69
IRE (Índice de refletância especular), 114, 130
Islândia, 253
ISO (Instituto Internacional de Padronização), 250–252, 318–320, 322
ISO Tipo I (14024), 250–251
ISO Tipo II (14021), 250–251
ISO Tipo III (14025), 250–251
Isolamento de paredes, 126, 128–130
Isolamento térmico, 126, 128–130, 236–237, 254–255

Janelas, 131–135
  elementos de proteção solar adequados, 133–135
  esquadrias, 133–134

iluminação lateral obtida com o uso de, 147–149
medição do desempenho, 131–133
tipos de envidraçamento, 132–134
Janelas com vidros duplos, 132–133
Janelas de fibra de vidro, 133–134
Japão, 253
Jardins de chuva, 264–266
Johnke, Bernt, 340–341

Kaiser Permanente, 336–338
Kalundborg, Dinamarca, 229–230
Keeler, Marian, 271–272
"Keeping Pollutants Out", 95
Kelly, Petra, 28
Kibert, Charles, 343–344

Lagoas pluviais, 266–268
Lajes de piso, 126, 128, 130f
Lâmpadas, 139–141
Landrigan, Philip, 57n4
LBC (Living Building Challenge), 305–307
LCC (custo do ciclo de vida), 317–318
Le Corbusier, 99
Leadership in Energy and Environmental Design (LEED), 252–254
  como sistema de certificação, 310–313
  e a análise do ciclo de vida, 327–328, 329t
  e a qualidade do ar do interior, 84, 88
  e códigos de edificações, 50
  e comunidades sustentáveis, 283–285
Legionella pneumophila, 81
Legislação ambientalista, 29–30
Lehanneur, Mathieu, 102
Lei da Água Limpa (CWA), 260
Lei de Conservação e Recuperação de Recursos (RCRA), 335–336
Lei de Controle de Substâncias Tóxicas dos Estados Unidos (TSCA) de 1976, 65, 67–68
Lei de Descarte de Lixo Sólido de 1965, 335–336
Leiautes de planta, 65–66
Leis antipoluição, antigas, 16–18
Leis de direito à informação, 62–63
Leopold, Aldo, 24–25
Levantamento Nacional do Transporte Pessoal dos Norte-Americanos, 287–288
LID (projeto de baixo impacto), 262–263
LiderA (Liderar pelo Ambiente), 305
Lifecycle Building Challenge (EPA and AIA), 342–343
Limites de Exposição Admissíveis (PELs), 69
Linóleo, 318–319
Lista de conferência das moradias saudáveis, 65–65, 67–68

Lista de materiais (Bill of Material – BIM), 328, 330
Lista de produtos químicos, 63–64f, 64–65f
Listas vermelhas, 64–65
Living Building Challenge (LBC), 305–307
Lixo(s) ou resíduo(s):
  como um *commodity*, 333
  definições, 335–336
  do lixo ao combustível, 340–342
  hospitalar, 336–338
  impactos do, 333–335
  industrial, 336–337
  perigosos, 336–337
  que representa risco à saúde, 336–337
  zero, 346, 349–350
Lixo, gestão, 333–350
  ciclos do lixo, 334–336
  como gestão de recursos, 8–9
  construção e demolição, 337–340, 345–346
  definição de lixo ou resíduo, 335–336
  do lixo ao combustível na, 340–342
  e demolição ecologicamente sustentável, 339–341
  e incineração, 340–342
  estratégias para lidar com o lixo no canteiro de obras, 345–346, 347f–348f, 349
  fontes de, 334–337
  hospitalar, 336–338
  impactos dos resíduos, 333–335
  integrada, 337–339
  lixo zero como objetivo da, 346, 349–350
  melhores práticas na, 340–344
  para reduzir a pegada ecológica, 229–230
  projeto para técnicas de desmontagem, 343–346
  técnicas de redirecionamento, 343–344
Localidades para comunidades sustentáveis, 286–289
Long-Range Air Transport of Dioxin from North American Sources to Ecologically Vulnerable Receptors in Nunavut, Arctic Canada (Commoner, Bartlett, Eisl, and Couchot), 56n1
Lovelock, James, 24–25
Lovins, Amory, 16–18, 225
Lovins, L. Hunter, 16–18, 225
Luditas, 17–18
Lúmens, 138–139
Luminância, 138–140f
Luminárias, 140–141

Maathai, Wangari, 17–19f

Malária, 213
Malin, Nadav, 330–331
"Managing the Health Effects of Climate Change" (Anthony Costello), 209, 218–220
Manejo integrado de pragas (MIP), 61, 268–270
Manual de Avaliação do Ciclo de Vida (ISO), 320, 322
Manual de projeto, 233–234
Manutenção da edificação, 11–12, 90–91, 94–95, 232–233
Marsh, George Perkins, 22–23
Mascaramento do som, 97
Massas termoacumularadoras, 113
Matéria orgânica em águas pluviais, 261–262
Materiais de construção, 70–72
Materiais recuperados, 231–232
Materiais redirecionados, 231–232
Material(is):
  à base de madeira, 235–237, 254–255
  de assentamento de azulejos, 254–255
  de baixa manutenção, 232–233
  de base biológica, 232–233
  eficiência dos, 232–238
Mazria, Edward, 301, 312–314
McDonough, William, 8–9, 18–20
McLennan, Jason, 305–306
MCS (sensibilidade química múltipla), 70–71
Mecanismo do Desenvolvimento Limpo (CDM), 34, 36
Medição de energia, 171–176
  benchmarking, 173–176
  energia *in loco* e energia na origem, 171–173
  medidores gerais, medidores individuais, 172–174
  parâmetros de, 171–172
Medição líquida, 195–197
Medidas de conservação de energia, 172–174
Medidores gerais, 172–174
Medidores individuais, 172–174
Mendell, M. J., 104
Metais pesados, 261–262, 333–334
Metano (CH_4), 58, 210, 333–334, 340–342
Método *bakeout*, 82–83, 95
Metodologia de Estudos de Uso de Edificações, 96
Microclima, 114
Migração (humana), 214
Mineração de esgoto, 228
Miniestufa Móvel BelAir, 102
Minnesota Sustainable Design Guide 1997, 309–310

MIP (manejo integrado de pragas), 61, 268–270
Misturando-se ferramentas de modelagem, 178–179
"Mitigating, Adapting, and Suffering: How Much of Each?" (K. Smith), 212
"Mitos populares sobre a qualidade do ar do interior" (Bud Offermann), 81–83
Mobiliário urbano e acessórios, 235–236
Model Lighting Ordinance (MLO), 139–140
Modelagem energética, 175–185
 acuidade *versus* precisão na, 178–180
 e estimativa de custo integrada, 183–184
 ferramentas para, 177–178*t*, 180–183
 mistura das ferramentas de modelagem, 178–179
 no processo de projeto, 176–179
Modelo de formação de equipe de projeto integrado, 314–315*f*
Modelos de conformidade, 178–179
Moderação do tráfego, 293–294
Modos de transferência térmica, 111–114
Mofo, 81
Monômeros de cloreto de vinila (VCM), 60
Motores em ventiladores e bombas, 166–167
Mousstache, Helena, 318–319
Móveis modulados, 255–256
Movimento Chipko, 16–18
Movimento ecológico, 22–25
Movimentos ambientalistas, 15–25
 e a revolução química moderna, 19–21
 e Revolução Industrial, 18–20
 movimentos com origem no povo, 16–19
 movimentos de conservação e preservação, 20–24
 movimentos ecológicos, 22–25
 origens dos, 15–16, 16–18*f*
Moyers, Bill, 62–63
Mudanças climáticas, 209–223
 ciência e as, 210–212
 e a saúde humana, 212–214, 215*f*, 215*t*, 216
 e as origens dos movimentos ambientalistas, 16
 e descarte de resíduos, 333–334
 e projeto resiliente, 216–220
 populações vulneráveis aos efeitos das, 218–221
Muir, John, 21–24
Mulheres, como população vulnerável, 220–221
Müller, Paul Hermann, 61

Mumford, Lewis, 22–23
Mundo com Lixo Zero, 346, 349–350
Munich Re, 214
Mutagênicos, 62

National Association for PET Container Resources (NAPCOR), 340–341
National Carbon Offset Standard, 249–250, 250–251*f*
National Center for Environmental Health, 62–63
National Energy Policy (2001), 46–47
National Fenestration Rating Council (NFRC), 131
National Institute of Building Sciences (NIBS), 46–49
National Resources Board, 27
Natural Capitalism (Hawken, Lovins, and Lovins), 16–18, 225
"Nature" (Ralph Waldo Emerson), 21–22
Necessidades de equipamentos e aparelhos, 121–123
Necessidades dos usuários, e consumo de energia, 116–119, 119–120*f*, 119–120*t*, 120–123
New Yorker, 19–20
Newsom, Gavin, 50
Níveis de categorização, 249–250
Níveis de exposição de referência (RELs), 243–244, 245*f*
Nível de Elevação contra Enchentes, 218–220
Norma Europeia de Qualidade do Ambiente do Interior EM 15251–2007, 80
Normas de zoneamento, 299–300
"Normas internacionais de certificação dos materiais de construção" (Jan Stensland), 84, 88–89, 89–90*t*–90–91*t*
Norris, Gregory A., 324–325
North American Conservation Congress, 22–24
Northwest Gardens, Fort Lauderdale, Flórida, 285
Noruega, 253
Novo urbanismo, 282–286
Nuclear Regulatory Commission, 45–46
Nutrientes vegetais, 262–263

O Caminho para Wigan Pier (George Orwell), 19–20
O Homem e a Natureza (George Perkins Marsh), 22–23
Obama, Barack, 37
Objetivos de desempenho ambiental, 2
Objetivos de desempenho de energia, 7–8
Offermann, Bud, 81–83
Ofuscamento, na iluminação natural, 101
Óleos em águas pluviais, 262–263

OMS (Organização Mundial da Saúde), 212, 220–221, 279, 336–337
Ônus ambiental, das edificações, 43
Operadores de Programa, 244, 246–247
Orçamento, no planejamento de projeto, 2
Orçamentos de água, 272–273
Organismos geneticamente modificados, 58
Organização Mundial da Saúde (OMS), 212, 220–221, 279, 336–337
Organização para o Ambiente e Desenvolvimento das Mulheres (WEDO), 220–221
Organoclorados, 333–335
Orientação:
 na calefação passiva, 143–144
 na iluminação lateral, 147–148
 na redução de cargas energéticas, 126, 128
 solar, 296–298
Orwell, George, 19–20
Oscilações de temperatura diurnas, 114
OSHA (Administração de Segurança Física e Saúde Ocupacional dos Estados Unidos), 69, 95
Óxido nitroso (N_2O), 210

Padrões de doenças, mudanças, 213
Painéis de radiação, 160–161
Painel Intergovernamental Sobre Mudança Climática (IPCC), 209, 275
Paisagem da rua, 293–294
Paisagismo:
 conservação de água em, 10, 268–270
 de ruas, 293–294
 eficiência de recursos no, 234–235
 interno, 102, 104*f*
 no planejamento de comunidades, 298–299
Palácio do Povo Anasazi, 16*f*
Paley Commission, 27
Pântanos, 262–264, 284, 286–287
"Paradigm Shift: Social Justice as a Prerequisite for Sustainable Development" (Degryse and Pochet), 4
Paredes Trombe, 143–144
Paredes vivas, 102, 104*f*
Parques, 292–293
Partido de arquitetura, 177–178
Partidos Verdes, 28
PBTs (toxinas bioacumuladoras persistentes), 70–71
PCRs (Regras de Categoria de Produto), 244, 246, 327–328
Pedestres, 292–294, 294–295*f*
Pedido de Lima para a Ação Climática, 36–37
Pegada ecológica, 226–227

Pegada ecológica de um empreendimento imobiliário, 233–234
Películas com baixo valor-E, 132–134
Pelling, M., 220–221
PELs (Limites de Exposição Admissíveis), 69
Peru, 36–37
Pesquisa financiada pelo governo federal, 51f
Pesticidas, 61, 261–262, 268–270
Physicians for Social Responsibility, 68–69
Pico "ecológico" da água, 271–272
Pico nas fontes de água não renováveis, 271–272
Pico nas fontes de água renováveis, 271–272
Pinchot, Gifford, 22–24, 27
Pirólise, 340–342
Pisos flexíveis, 255–256
Pisos permeáveis, 264–265
Pisos porosos, 233–236
Pisos resilientes, 255–256
Placas de forro acústicas, 254–255
Placas de forros, 254–255
Planejamento do terreno, 262–263, 288–293
Planejamento sustentável, 276
Planejamento, para comunidades sustentáveis, 286–289
Planícies aluviais, 284, 286
Plano de Ação de Bali, 34, 36
Plano de Implantação de Johanesburgo, 33–34
Planos de recuperação de materiais de demolição, 347f–348f
Planos diretores, 299–300
Planos para a gestão dos resíduos de construção, 345–346
Plantas, em ambientes internos, 102
Pochet, Philippe, 4
Poliestireno expandido (EPS), 128–129
Poliestireno extrudado (XPS), 128–129
Poluentes aéreos perigosos, 69–70
Poluentes:
　e a qualidade da água, 260–263
　fontes químicas, 56–61
　internos, 12f, 81–83f
　orgânicos persistentes, 70–71
　produtos de limpeza como, 95
　provenientes de aterros sanitários, 333–335
　sólidos, 260–262
　solúveis, 260–262
Pontes térmicas, 130
Populações vulneráveis, 214, 218–221
Populações, 218–221
Pós-construção, na modelagem de energia, 178–179
Posselt, Hans, 81
Potencial técnico, 193–195

Powell Center for Construction and Environment, University of Florida, 339–340
Precisão, acuidade *versus*, 178–180
Prêmio Ambiental Goldman, 18–19
Preservação ambiental, 262–264, 264–265f
Presidente do Conselho Norte-americano de Desenvolvimento Sustentável (1996), 229
Prevenção de lixo na fonte, 340–342
Primavera Silenciosa (Silent Spring), Rachel Carson, 19–20, 56–57
Princípio da precaução, 65, 67–70
Privacidade, na lista de conferência das moradias saudáveis, 66–67
Procedimentos de "qualidade do ar do interior", 80
Processo de Flushout, 95
Processo de projeto, 83–84, 88, 176–179
Produção de energia, 269–270
Product Category Rule Guidance Development Initiative, 244, 246
Produtividade, aumento da, 98, 104, 105f
Produtos de aplicação molhada, 256–257
Produtos de limpeza, 95, 232–233, 256–257
Produtos químicos, 55–77
　caminhos da transmissão, 61–63
　consciência pública sobre, 62–66
　da indústria da construção civil, 69–71
　e a qualidade do ar do interior, 12
　e materiais de construção, 70–72
　e o princípio da precaução, 65, 67–70
　e poluentes, 56–61
　em águas pluviais, 261–262
　em aterros sanitários, 333–334
　lista de conferência das moradias saudáveis, 65–68
　repensando os sistemas prediais considerando os, 71–76
Programa Cisne Nórdico, 253
Programa Energy Star, 45–47, 173–174, 270–271
Programa Selo Ecológico Europeu, 253, 252–254f
Programas de construção sustentável, 84, 88
Programas de retorno ao fabricante, 343–344
Projeto arquitetônico, 107–109, 166–168, 327–328, 329f, 328, 330
Projeto de baixo impacto (LID), 262–263
Projeto de edificação convencional, 116–118, 118–119f

Projeto de paisagismo interno, 102, 104f
Projeto executivo, como ferramenta de planejamento, 315–316
Projeto integrado de edificações, 1–13
　definições, 1
　energia no, 6–8
　para qualidade do ar do interior, 81–83
　processo de, 1–6
　qualidade do ambiente interno no, 11–12
　recursos no, 8–11
Projeto orientado para a desconstrução e a desmontagem (DfD), 343–346
Projeto passivo:
　avaliação de, 141–143
　calefação passiva, 142–144
　em edificações com consumo de energia líquido zero, 193–194
　iluminação natural, 146–149
　na redução de cargas energéticas, 141–149
　para o consumo de energia, 7
　para ventilação, 120–121
　resfriamento passivo, 144–147
Projeto Pharos, 11, 64–65, 325, 327–328
Projeto resiliente, 216–220
Projetos de acordo com o mínimo estabelecido pelos códigos de edificações, 50
Proteção contra umidade, 66–67
Proteção térmica, 66–67
Protocolo de Montreal (1987), 30–32
Protocolo de Quioto (1997), 31–34
Protocolo Internacional de Medição e Verificação de Desempenho (MVP), 173–174
PVC (cloreto de polivinil), 60, 311–312, 318–319

Qualidade da água, 259–273
　as melhores práticas de manejo para controle e tratamento, 263–269
　bacias de drenagem urbanas, 259–260
　e as políticas da água nos Estados Unidos, 260–261
　e conservação de água em paisagismo, 268–270
　e mudanças climáticas, 213–214
　e o consumo de água nas edificações, 269–273
　e planejamento do terreno, 262–263
　e poluentes, 260–263
　e preservação ambiental, 262–264, 264–265f
　gestão de águas pluviais em áreas urbanas, 262–263
　impacto dos produtos químicos na, 73–75

Qualidade de ar do interior (IAQ), 79–91
　e a qualidade do ambiente interno, 94–96, 97f
　e poluentes internos, 81–83f
　em projeto integrado, 11
　fatores que influenciam a, 80–81
　manutenção da edificação na, 11–12, 90–91, 94–95
　na especificação de materiais, 243–244, 245f, 252–257
　no processo de projeto, 83–84, 88
　projeto integrado para, 81–83
　testagem de emissão dos materiais para a, 82–84, 85–87t, 88–89, 89–91t
Qualidade do ambiente interno, 93–105
　acústica na, 96–98
　conexão com o ambiente externo na, 101–102
　conforto térmico na, 103
　conforto visual na, 101
　definições, 93
　ergonomia na, 100–101
　exposição à iluminação natural na, 98–100
　no projeto integrado de edificações, 11–12
　qualidade do ar do interior na, 94–96, 97f
　vantagens da, 103–104, 105f
Questões de projeto de edificações com consumo de energia líquido zero, 193–196
Química ecologicamente sustentável, 70–73

Rabliauskas, Sophia, 18–19
Radiação, 112f, 113
Radiação solar, 115
Ranney, Michael Andrew, 210
Razão de eficiência energética (REE), 157
Razão de luminância, 139–140
REACH (Registro, Avaliação, Autorização e Restrição de Produtos Químicos), 84, 88
Reciclagem de água *in loco*, 10–11
Reciclagem, 230–231, 339–341
Recuperação da água, 268–269
Recuperação de calor, em sistemas de climatização, 164–166
Recuperação de recursos, 343–344
Recurso(s):
　água como, 9–11
　águas pluviais como, 263–264
　naturais, 225–226
　tecnologia como, 229–230
Recursos de sombreamento, 133–135
Recursos renováveis, 296–298

Rede Internacional para a Eliminação de Poluentes Orgânicos Persistentes (IPEN), 65, 67–69
Redes de utilidades, 195–199
Redes locais, 195–198f
Redes pontuais, 195–197, 197–198f
Redes radiais, 195–197, 197–198f
Redução da luz, 148–149
Redução de cargas energéticas, 125–153
　análise do terreno na, 126, 127f, 126, 128
　cargas de equipamentos elétricos na, 140–142
　decisões preliminares, 126
　estudo de caso de, 148–149, 151f–153f
　iluminação na, 137–141
　projeto passivo em, 141–149
　vedação externa da edificação na, 126, 128–138
　volumetria e orientação na, 126, 128
Reducing Emissions from Deforestation and Forest Degradation (REDD), 34, 36
REE (Razão de eficiência energética), 157
Rees, William, 226
Refrigeração de bairros, 296–298
Refrigeração, em comunidades, 296–298
Refugiados climáticos, 221
Regras de Categoria de Produto (PCRs), 244, 246, 327–328
Regulamentos, no planejamento de projeto, 2
Rejuntes, 254–255
Relógios astronômicos, 140–141
RESFEN, 183
Resfriadores, em sistemas de climatização central, 159–160
Resfriamento com dessecante, 162–163, 164f
Resfriamento mecânico, 270–271
Resfriamento passivo, 144–147
　em edificações com consumo de energia líquido zero, 195–196
　resfriamento geotérmico, 145–147
　resfriamento por evaporação, 145–146, 271
　resfriamento por radiação, 146–147, 147–148f
　ventilação natural, 144–146
Resíduos de construção e demolição não nocivos, 338–339
Resíduos industriais, 336–337
Resilient Design Institute, 217
Resistência térmica, 113
Responsabilidade estendida do produtor ou fabricante (EPR), 334–335, 343–344
Responsabilidades da equipe e atribuições, 3
Reúso
　de água, 270–271

　de edificações históricas, 290–291
　de materiais, 231–232
　do solo, 287–288
Reúso de esgoto, 228
Revestimento de paredes com madeira, 236–237
Revestimentos de parede, 255–256
Revolução Industrial, 18–20
Revolução química moderna, 19–21
Rio +10, 33–35
Rocky Mountain Institute, 183, 184
Roosevelt, Franklin, 27
Roosevelt, Theodore, 22–24
Rótulo Declare, 64–65, 306–307
Rótulo Justo, 306–307
Ruas onde se possa caminhar, 290–291, 291–292f
Rubenstein, Madeleine, 212n5
Ruído, fontes de, 97

Safe Drinking Water Act (SDWA), 73–74
"Salas de uso público", 290–291
Saneamento, 213–214
Sanghvi, Rupal, 281–283
Saúde humana:
　e as mudanças climáticas, 212–214, 215f, 215t, 216
　e o planejamento convencional de comunidades, 278–279, 281–283
　em avaliações do ciclo de vida, 325, 327f
Schenck, Rita, 317
Schumaker, E. F., 225
Science House, 193–195
SCS Sustainable Choice label, 251–252
SDOH (determinantes sociais da saúde), 279
SDWA (Safe Drinking Water Act), 73–74
Second-party certifications, 249–250
"Securing the Future–UK Government Sustainable Development Strategy," 4, 5f
Sede da Comissão de Utilidades Públicas de São Francisco Public Utilities Commission, 43–44f
Sede da Fundação Packard, 7f–8f, 134–135, 145–146, 162–163, 193–196
Sede do DNR, 145–146
Sedimentos, em águas pluviais, 261–262
Sefaira Concept, 182
Seleção de materiais, 241–258
　certificação de produtos na, 247–253, 252–254f
　ceticismo saudável na, 241
　ceticismo saudável, 242
　de produtos de aplicação molhada, 256–257
　declarações de produto ambiental na, 244, 246–247
　e os testes de emissões, 246–248

eficiência de recursos na, 242-244
em projeto integrado, 11
ferramentas auxiliares na, 251-257
importância do estudo na, 256-257
informações da assistência técnica na, 244, 246
para a efetividade de recursos, 228
qualidade do ar do interior, 243-244, 245f
Seleção do sítio, 65-66, 80-81, 126
Selênio-79, 62-64
Selos, 247-249, 251-252, 256-257f
Selos de produtos com recomendação ambiental (EPP), 251-252
Selos ecológicos, 247-249, 251-252
Sensibilidade química múltipla (MCS), 70-71
Sensores de ausência, para iluminação, 140-141
SETAC (Sociedade de Toxicologia e Química Ambiental), 320, 322
Shelley, Mary Wollstonecraft, 18-19
Sierra Club, 22-24
Síndrome da edificação doente (SBS), 70-71, 79
Sistema de ar externo dedicado, 160-161
Sistema de automação predial, 166-167
Sistema de Certificação Austin Energy Green Building, 309-311
Sistema de climatização com fluxo de ar por deslocamento, 94, 159-160
Sistema de Diretrizes para Edificações Sustentáveis, 305
Sistema de distribuição de ar sob o piso, 94, 95f, 159-160
Sistema de gestão predial, 166-167
Sistema Water Efficiency Labelling and Standards (WELS), 249-250, 250-251f
Sistemas com fluxo de refrigerante variável, 162-163
Sistemas com volume de ar constante, 160-161
Sistemas com volume de ar variável (VAV), 160-161
Sistemas de abastecimento de água, 73-74
Sistemas de águas servidas, 270-271
Sistemas de ar misto, 159-161
Sistemas de ar, produtos químicos em, 72-73
Sistemas de armazenamento térmico, 162-164
Sistemas de calefação, 72-73
Sistemas de certificação, 301-316. *Veja também sistemas de certificação específicos*
  2030 Challenge, 312-314
  aplicados a tipos de edificação específicos, 308-310

  como ferramenta de planejamento, 315-316
  definições, 301-302
  desenvolvidos por governos e pelo mundo acadêmico, 307-309
  ferramentas práticas que orientam, 314-316
  internacionais, 303-306
  Living Building Challenge, 305-307
  regionais, 309-313
  variedade dos, 303
  voluntários, 47-49
  WELL Building Standard®, 307-308
Sistemas de climatização, 155-170
  água quente para consumo doméstico em, 166-167
  centralizados, 155, 157, 159-164
  consumo de energia de, 110
  controles em, 164-167
  descentralizados, 155-157, 159
  diretrizes de projeto para, 168-169
  na lista de conferência das moradias saudáveis, 66-67
  seleção de materiais para, 255-257
  zoneamento térmico em, 166-168
  zoneamento, 126, 128
Sistemas de cogeração de energia elétrica e térmica, 164
Sistemas de compartilhamento de automóveis, 294-296
Sistemas de filtragem de água, 74-75
Sistemas de recuperação de calor das águas servidas, 165-166
Sistemas de refrigeração, 72-73
Sistemas de resfriamento a água, 162
Sistemas de resfriamento a ar e água (climatização), 160-162
Sistemas de resfriamento, 72-73
Sistemas de sombreamento automáticos, 134-135
Sistemas de sombreamento fixos, 133-134
Sistemas de tratamento de água, 74-75
Sistemas de ventilação, 72-73, 80
Sistemas de volume de ar constante, 160-161
Sistemas elétricos, 66-67
Sistemas hidráulicos, 73-76
Sistemas hidrossanintários, 66-67
Sistemas prediais, 71-76. *Veja também sistemas específicos*
Sítios contaminados (*brownfields*), 287-288
Sítios virgens (*greenfields*), 287-288, 333-334
Small Is Beautiful (E. F. Schumaker), 225
Smart-grids, 196n10
Smith, K., 212
SmithGroupJJR, 202, 205
Sobrevivência passiva, 216

Sociedade de Toxicologia e Química Ambiental (SETAC), 320, 322
Solar Decathlon, 45-46f
Sombreamento, 99-101, 148-149
Stensland, Jan, 84, 88-89, 89-91t
Stern, N., 214
Substâncias químicas sintéticas, 261-262
Substâncias químicas tóxicas, 261-262
Substituição de serviços, 228
Suécia, 253

Tabela bioclimática, 119-120f
Tally® LCA App, 327-328, 329f, 328, 330
Tamanho do prédio, 109, 126
Tas, 183
Taxa de ar externo para pessoas, 120-121
Taxa de metabolismo, 118-119
Taxa de ventilação exigida, 120-121
Taxa de ventilação, procedimento, 80
TCO Development, 253
Tecidos de estofamento, 255-256
Técnicas de redirecionamento de lixo, 340-341, 343-344
Tecnologia, como recurso, 229-230
Temperatura(s):
  de cor correlata, 139-140
  de ponto de equilíbrio, 115-116
  de ponto de orvalho, 115
    de bulbo seco, 115
    de bulbo úmido, 115
    efetiva, 118-119
    equivalente, 118-119
    operativa, 118-119
    oscilações diurnas de, 114
    radiante média, 114
  do ar, 118-119
Tempo, 114-116, 117f, 116-118, 214, 215f, 215t
Temporizadores, para iluminação, 140-141
Terapia das cores, 101
Teratogenicidade, 62
Termoacumulação, 162-164
Termostatos, 164-165
Terras agrícolas, 284, 286
Terrenos acidentados, 286-287
Testagem de emissão dos materiais, 82-84, 85-87t, 84, 88-89, 89-91t
Testagem sensorial, 88-89
Testes em câmaras de emissões, 246-248
Tetos verdes, 131, 132f, 228, 267-268, 268-269f
The Economics of Climate Change (N. Stern), 214
The Excursion (William Wordsworth), 15
The Hannover Principles (McDonough and Braungart), 8-9

"The Next Industrial Revolution" (McDonough and Braungart), 18–19
The Vulnerability of Cities (M. Pelling), 220–221
Thoreau, Henry David, 15, 21–23
Tintas, 255–256
Tipos de envidraçamento, para janelas, 132–134, 148–149
Torre Foshay, 109
Torres de resfriamento, 145–146, 146–147f, 270–271
"Towards Zero Waste in Industrial Networks" (Ian Williams), 346, 349–350
"Toxic at Any Speed" (Gearhart and Posselt), 81
Toxicantes do sistema reprodutivo e do desenvolvimento humano, 62
Toxinas bioacumuladoras persistentes (PBTs), 70–71
Trade Secrets (Bill Moyers), 62–63
TRaNsient SYstem Simulation Program (TRNSYS), 182
Transmissão, de produtos químicos, 55–56
Transmitância visível (VT), 132–133, 135–136
Transporte, 276
　acesso ao, 126
　e a saúde pública, 278
　e o desenvolvimento orientado pelo trânsito, 287–288
　para comunidades sustentáveis, 292–298
Tratamento da água *in loco*, 271–272
Tratamento de águas residuais, 74–75
Tratamentos de janela, 255–256
TRM (Temperatura radiante média), 114
Truman, Harry, 27
Turbinas eólicas, 192

U.S. Forest Service, 22–24
U.S. Green Building Council (USGBC), 43, 310–313, 327–328
Umidade relativa do ar, 118–119
UNFCCC (Convenção-Quadro das Nações Unidas sobre Mudanças Climáticas), 31–32
União Europeia (UE):
　definição de lixo ou resíduos pela, 335–336
　políticas públicas para as edificações com consumo de energia líquido zero na, 198–200, 205
　princípio da precaução adotado pela, 69
　product ratings in, 253
　sistemas de certificação na, 303–304
　testagem de emissão dos materiais na, 84, 88–89, 89–90t
Unidades de expansão direta, 160–161
Unidades de manejo do ar, 157, 159, 160–161
Unidades de radiação, 160–161
United Nations Environmental Programme (UNEP), 30–31, 33–36, 320, 322
Urbanização compacta, 289–291
USGBC (U.S. Green Building Council), 43, 310–313, 327–328
Uso de recursos, 225–239
　definições de recursos naturais, 225–226
　e a contabilidade ecológica, 226–228
　e a efetividade de recursos, 228–233
　em edificações com consumo de energia líquido zero, 193–196
　em edificações, 232–238
　no projeto integrado de edificações, 8–11
Usos de água, 269–273

Valas de drenagem gramada, 264–266
Valetas de biorretenção, 264–265
Valor R, 126, 128, 130f
Valor-U, 113, 131–132, 135–136
Vapor de água, como gás com efeito estufa, 210
VCM (monômeros de cloreto de vinila), 60
Vedações externas:
　barreiras contra o ar, água ou umidade, 135–137
　claraboias, 134–136
　coberturas frias, 130–131
　em redução de cargas energéticas, 126, 128–138
　fachadas duplas, 136–138
　isolamento de paredes e coberturas, 126, 128–130
　janelas, 131–135
Vegetação, preservação de, 262–264
Velocidade do ar, 144–145
Ventilação de conforto, 144–146
Ventilação e diluição, 80
Ventilação noturna, 145–146
Ventilação:
　como necessidade dos usuários, 120–121
　e a qualidade do ar do interior, 80
　na qualidade do ar do interior, 94
　natural, 144–146
　sistemas de ventilação com controle da demanda, 165–167
Vento, 115
Vestimenta para regular o conforto térmico, 118–119, 119–120t
Vidro corado, 133–134
Vidro eletrocrômico, 133–134
Vidro inteligente, 133–134
Vigas refrigeradas a água, 160–162
Volumetria na redução de cargas energéticas, 126, 128
Voto médio previsto (VMP), 118–119
VT (Transmitância visível), 132–133, 135–136

Wackernagel, Mathis, 227
Walden, or, Life in the Woods (Henry David Thoreau), 21–22
"Walking" (Henry David Thoreau), 15, 21–22
Warner, John C., 71–72
WaterSense, 270–271
WELS (Sistema Water Efficiency Labelling and Standards), 249–250
WGBC (World Green Building Council), 304–305
"What a Waste" (Hoornweg and Bhada-Tata), 338–339
Whole Building Design Guide, 343–344
"Why LCA?" (Rita Schenck), 317
Williams, Ian, 346, 349–350
Wilson, Alex, 216
"Wingspread Consensus Statement of the Precautionary Principle", 69–70
Wordsworth, William, 15, 21–22
World Green Building Council (WGBC), 304–305
World Wildlife Fund, 62, 284, 286–287

Xi Jinping, 37
XPS (poliestireno extrudado), 128–129

Zona de conforto, 118–119
Zonas climáticas, 115–118, 117f
Zoneamento euclidiano, 276, 277
Zoneamento térmico, 166–168